이런 전쟁
THIS KIND OF WAR

KODEF 안보총서 103

◆

이런 전쟁
THIS KIND OF WAR

◆

T. R 페렌바크 지음 | 최필영·윤상용 옮김 | 황규만 감수

플래닛미디어
Planet Media

고(故) 황규만 장군을 추모하며

●

6·25전쟁 70주년을 앞둔 2020년 6월 21일, 그간 몇 차례 건강의 위기를 넘겼던 황규만 장군이 별세하였습니다. 장군은 한국 사회가 6·25전쟁과 이 전쟁의 교훈을 기억하고 이를 연구하는 데 소홀하다며 평소 안타까워하였습니다. 그래서인지 장군은 6·25전쟁의 역사와 교훈이 담긴 페렌바크의 『이런 전쟁』에 남다른 관심과 애정을 보이면서 경험과 지식을 아낌 없이 나누어주었고, 그 덕분에 1쇄부터 5쇄에 이르기까지 번역의 완성도를 높여올 수 있었습니다. 옮긴이들은 이 책에 황규만 장군이 남긴 마지막 혼신의 노력과 정성이 담겼다는 점을 영광스럽게 생각합니다. 저희는 황규만 장군이 주신 애정 어린 관심과 조언에 깊이 감사하며 5쇄 지면을 빌려 장군의 존경스러운 삶을 기억하고자 합니다.

1949년 7월 15일, 육군사관학교에 생도 1기(후에 육군사관학교 10기로 정리됨)로 입학한 사관생도 황규만은 북한의 기습으로 6·25전쟁이 발발하자 적의 남진을 단 얼마라도 저지해야 하는 개전 초기 절박한 상황에서 생도대대生徒大隊에 편성되어 6월 26일 포천 축선의 내촌 전투를 시작으로 태릉 전투, 한강, 용인 근처의 금량장, 수원에서 각각 전투를 치렀습니다. 이후 명령에 따라 대전으로 철수한 뒤 7월 10일 충청남도청 광장에서 반창고를 잘라 만든 계급장을 동기생끼리 서로 달아주는 임관식을 통해 생도 황규만은 육군 소위로 임관할 수 있었습니다.

1950년 8월 27일은 황규만 장군의 인생에서 평생 이어질 빛나는 전우애가 시작된 날입니다. 수도사단 6연대 소속으로 안강安康 지구 전투를 치르던 황규만 소위는 그를 도우라는 명령을 받고 도음산 384고지(현 포항시 흥해읍)에 오른 김 소위가 이름도 남기지 못한 채 눈앞에서 적탄에 전사하자 시신을 그 장소에 가매장한 뒤 훗날 그를 찾겠노라 기약한 채 철수했습니다. 대령이 된 황규만은 그동안 가슴에 담아둔 다짐을 실천하기로 마음먹고 1964년 5월 7일에 384고지에 다시 올라 김 소위의 가묘假墓를 찾아내어 그 유골을 수습했습니다. 신원은 여전히 알 수 없었지만 장군의 노력 덕에 김 소위의 유해는 같은 해 5월 29일 국립묘지에 안장될 수 있었습니다. 장군은 전역 이후에도 김 소위를 계속해 보살폈으며 끝없는 관심과 노력 끝에 1990년 11월 9일에는 그의 이름이 김수영金壽泳임을 밝혀냈고, 11월 13일에는 유가족을 만나 그가 국립묘지에 영면하고 있음을 알릴 수 있었습니다. 이로써 수십 년 동안 김 소위 유가족에게 드리웠던 길고도 모진 고통도 끝날 수 있었습니다.

일본과 국교가 정상화되자 대령 황규만은 1966년부터 3년 동안 주일본대한민국대사관의 초대 국방무관이라는 결코 쉽지 않은 직책을 맡아 대한민국과 일본의 우호를 강화하는 데 기여하였습니다. 장군으로 진급한 황규만 준장은 육군본부 정보처장으로 재임하던 중 북한이 굴토한 제1땅굴을 발견하고 제2땅굴 발견에 필요한 대부분의 사업을 추진함으로써 대한민국의 안보를 확고하게 하였습니다.

군인으로서의 삶도 존경스럽지만 황규만 장군이 남긴 업적 중 가장 중요한 것은 그가 '군사 전문 서적'이라는 개념을 한국에 소개했으며 늘 책을 읽고 전쟁을 공부하는 군인으로서 귀감이 되는 삶을 살았다는 점입니다. 군과 군사에 관한 책이 전무하다시피 했던 1970년대 중반에 장군은 한국 출판계에 혜성처럼 나타나 『롬멜보병전사』와 『롬멜 전사록』을 번역 출간하여 그동안 군사사軍事史에 목말라 있던 사람들의 욕구를 채워주었을 뿐만 아니라 이 책들의 인세로 후배 장교들에게 꼭 필요한 책들을 구입하여 기증함으로써 책을 읽고 공부하는 군 문화를 만드는 데 앞장섰습니다.

군인의 길을 걸으며 전쟁을 늘 진지하게 고민하고 연구해야 하는 모든 이에게 황규만 장군은 따라 걷고픈 이정표였습니다. 장군은 군을 떠난 이후에도 장군으로서의 품위를 꼿꼿이 유지했지만 그의 정직한 인품처럼 삶은 소탈했습니다. 육군대학 명예교수로서 전쟁을 연구하고 애정을 담아 후배들을 가르치는 노력을 아끼지 않았으며, 특히 전문 지식이 없으면 읽기조차 버거운 500쪽 이상의 군사 서적들을 팔순이 넘어서까지 번역해 출간하였습니다.

군인으로서 국가가 위기에 빠졌을 때 주저 없이 국가의 부름에 응했고, 평생에 걸쳐 고귀한 전우애를 실천했으며, 싸우면 반드시 승리하는 강력한 군대를 만들기 위해 전쟁을 연구하는 삶을 살아 모범을 보인 황규만 장군은 앞으로도 그의 뒤를 따르는 이들에게 길이 기억될 것입니다.

끝으로 황규만 장군의 바람처럼 옮긴이들 또한 6·25전쟁을 바라보고 대하는 한국 사회의 인식과 자세가 바뀌는 데에 이 책이 작게나마 기여하기를 간절히 소망합니다.

다시 한 번 감사의 마음을 담아 황규만 장군의 영원한 안식을 기원합니다.

2020년 7월 14일
옮긴이 최필영·윤상용

추천사

●

『이런 전쟁This Kind of War』 1판 서문에서 저자 T. R. 페렌바크Ferenbach는 이렇게 말했다.

"미국인이라면 미식축구장이나 야구장에서 무엇이 필요한지 잘 안다. 미국인들은 스스로를 단련하고, 수많은 훈련의 고통을 참으며 다가올 어려움에 대비한다. 지나치게 관대한 코치나 감독은 곧 다른 일자리를 찾아보게 되는데, 이는 그들이 이끄는 팀이 더 강하고 더 열심히 하는 팀에게 경기에서 패하기 때문이다. 하지만 평화로운 시기에 부하들을 대학 미식축구 코치가 하듯이 병사들을 강하게 훈련시키고 혹독하게 관리하는 미군 장교는 의문의 여지 없이 보직에서 해임된다."

1962년에는 이 말이 사실이었겠지만, 오늘날은 반드시 그렇다고 할 수 없다. 1970년대 말부터 강인하고 실전적인 훈련에 매진해온 미 육군은 이후로도 그러한 훈련 의지를 굳게 지켜왔다. 그렇지만 워싱턴의 고위 지도자들부터 실제 작전이 벌어지는 전역에 후임자로 배치된 군인에 이르기까지 이 책은 여전히 읽을 가치가 충분하다. 이 책은 이미 잘 알려진 대로 미 육군이 혹독한 전쟁과 진화하는 분쟁에 대비하지 않으면 어떤 결과를 맞게 되는지 우리에게 일깨운다.

우리는 여러 이유로 인해 미식축구의 비유를 주의해서 이해해야 한다. 오늘날 팀team은 국익 또는 국제적 이익을 위협하는 특정 문제에 대응하기 위해 임시로 군 간 합동 또는 연합하거나 아니면 군과 비정부기구의 파트너십 형태일 때가 많다. 비상상 분쟁과 살상 분쟁 간의 차이는 보통 미미한데, 바로 이러한 점 때문에 우리 군대는 골치 아픈 과도기적 상황에 처해 있고, 이는 계속되고 있다. 현대의 군인은 반드시 과거에서 교훈을 배워야 하지만, 현실 세계에서 복무해야 한다.

나는 베를린 장벽이 무너질 때 국방부에서 근무 중이었다. '정의로운 대의 작전Operation Just Cause' [1]과 '사막의 폭풍 작전Operation Desert Storm' [2]은 냉전시대의 어떤 적도 상대할 수 있도록 미 육군 병사들이 훈련받는 동안 훌륭한 육군이 무엇을 발전시켰는지를 미국인들에게 보여주었다.

나는 육군이 성공적으로 쿠웨이트를 해방시키고 감군에 들어갔을 때 육군참모총장이 되었다. 감군은 적절했지만, 우리는 중요한 모토motto 2개 가지고 있었다. "우리가 계속 유지해야 하는 것은 훈련하고 준비하는 것이다"와 "스미스 특수임무부대 같은 부대는 더 이상 없다"였다. 두 모토는 모두 같은 뜻이지만 두 번째 것은 한국전쟁사를 아는 사람만 이해할 수 있다. 스미스 특수임무부대는 북한군의 침공을 저지하는 대한민국을 돕고자 미국이 파견한 최초의 육군 부대였다. 이들은 일본 점령군에서 차출되었는데, 이들의 훈련 기회, 병력 충원 수준, 그리고 장비 수준을 보면 이 부대가 전투에 투입되지 않기를 바랐음을 엿볼 수 있다. 이들은 승산 없는 싸움에서 고전했다. 두 번째 모토는 이들의 이타적인 용기를 깎아

---

1 정의로운 대의 작전: 1989년 미국이 파나마를 침공한 작전.
2 사막의 폭풍 작전: 1990년 쿠웨이트를 침공한 이라크를 격퇴하기 위해 1991년 1월 17일부터 2월 28일까지 미국이 실시한 작전.

내리려는 것이 아니라, 군이 전투에 대비해야 한다면 반드시 해야 할 일들은 결코 망각해서는 안 된다는 것을 휘하 병사들에게 다짐하게 만들기 위한 것이었다. 이 책이 중요한 이유는 군이 반드시 해야 할 일들을 망각하면 어떤 결과를 맞게 되는지를 상기시켜주기 때문이다.

올해는 한국에서 전쟁이 일어난 지 50년이 되는 해이다. 페렌바크의 책에 담긴 메시지에 주목해야 하는 또 다른 이유가 바로 여기에 있다. 이 책은 대한민국을 지키기 위해 엄청난 희생을 감수했던 용감한 우리 병사들에 대한 책이다. 살았든 죽었든 우리 병사들은 자유라는 대의를 위해 지구 반 바퀴를 날아가 모든 것을 전선에 걸었다. 오늘날 우리가 당연하게 생각하는 세상을 만드는 데는 이들의 헌신이 절대적이었다. 만약 악화되는 상황에 유엔UN, United Nations(국제연합)이 신속하게 군대를 보내지 못했다면 타협의 산물인 휴전은 불가능했을 것이고, 오늘날 민주주의 국가들이 이루는 공동체의 강력한 일원이 된 대한민국은 갓 태어나자마자 죽었을 것이다. 이 책은 이런 우리 병사들의 작전과 전술 이야기에 대부분의 페이지를 할애하고 있으며, 이 이야기들 하나하나는 이 책이 처음 출간되었을 때 그랬듯이 지금도 책에서 눈을 떼지 못하게 만든다.

냉전은 끝났지만 그렇다고 소규모 전투에 대한 의지까지 종식된 것은 아니다. 페렌바크 같은 한국전쟁 참전용사들은 마르크스-레닌주의 정권이 이익을 노리는 곳이라면 세계 어디에서라도 한국에서 벌어진 것과 같은 전쟁이 더 많이 일어날 수 있다는 것을 우리에게 일깨워준다. 옛 냉전 시대의 용사들은 '새로운 세계 질서'가 '봉쇄정책' 시절만큼이나 무력 개입을 많이 필요로 하는 것을 보면서 놀라고 실망했다. 페렌바크가 인지한 준비의 이유는 역사가 되었지만, 새로운 필요가 그 자리를 대신 채웠다. 한국전쟁에 담긴 인간적 측면을 연구함으로써 얻게 되는 시각은 이 책의 초판이 세상의 이목을 사로잡았던 때와 마찬가지로 여전히 유효하다.

오늘날 희생을 무릅쓰고 국가에 복무하는 이들은 이 기념비적인 책에서 중요한 교훈을 얻을 것이다.

고든 설리번Gordon Sullivan

예비역 육군대장 · 전 미 육군참모총장

저자 서문

●

장수가 병사들을 대함에 있어 어린아이를 돌보는 것과 같이 하니 그들은 장수와 함께 깊은 계곡과 같은 위험한 곳까지 쫓아가며, 병사들을 대함에 있어 사랑스런 아들을 대하듯 하니 그들은 장수와 죽음을 함께한다.

병사들을 대함에 있어 지나치게 후하기만 하면 쓸 수 없게 되고, 지나치게 자애롭기만 하면 명령을 내릴 수 없게 된다. 이리하여 위계질서가 무너져 통제할 수 없게 되면 이런 병사들은 교만방자한 자식에 비유할 수 있으니 (전쟁에) 쓸 수 없게 된다.

— 손무(孫武), 『손자병법(孫子兵法)』 중에서

북위 38도 선을 따라 어렵게 포성이 멈춘 지 10년이 지났지만, 확정적인 한국전쟁사를 쓰기란 여전히 불가능하다. 이 전쟁은 한 시대를 마감한 것이 아니라 세상이 돌아가는 길 위에 그저 분기점을 만들었을 뿐이다. 한국전쟁은 작은 충돌이자 계획에 없던 접전이었다. 그러나 그 작은 접전에서 세계 최대의 양대 세력이 충돌하여 200만 명 이상이 목숨을 잃었다는 사실은 인류가 걸어온 길옆으로 난 골짜기가 얼마나 깊은지를 분명히 보여주었다.

무엇보다도 한국전쟁은 힘을 시험한 전쟁이 아니라 의지를 시험한 전쟁이었다. 쌍방 중 누구도 전력을 다해 싸우지 않았기 때문이다. 이 전쟁은 서방이 공산권 지도부의 야망과 의도를 오판했다는 것을 보여주었고, 공산권 지도부가 서방에 대해 가진 적대감이 얼마나 강렬한지를 분명히 드러냈다. 자신들의 침략이 불러올 반응을 평가하는 데서 공산권이 크게 실수했음 또한 이 전쟁으로 증명되었다.

1950년 6월 25일에 북위 38도 선으로 병력을 보내 전쟁을 일으킨 자들은 전 세계가 자신들에게 힘을 합쳐 맞설 것이라고, 또 그렇게 하는 것이 내키지 않는다고 반복해서 공언하던 미국이 아시아 본토에 지상군을 투입할 것이라고는 꿈에도 생각지 못했다.

전투가 시작되고 명확한 결론 없이 휴전하게 되었을 때, 양측은 각자 귀중한 교훈을 안고 고향으로 돌아갈 수 있었다. 공산권은 미국을 위시한 자유진영이 새로운 상황에서 혼란에 빠지지 않은 채 빠르고 실제적으로 대응할 의지가 있다는 것을 배웠다. 미국과 유럽의 대중들은 제2차 세계대전이 끝난 뒤의 세상은 바라던 바대로 즐거운 곳이 아니라는 점, 폭격기, 항공모함, 핵탄두만으로는 말끔하게 질서를 유지할 수 없다는 점, 그리고 공산주의의 위협을 무시하면 극단적인 위험을 감수할 수밖에 없다는 점을 알게 되었다.

양 진영 모두 이 전쟁의 결과에 만족하지 못했다. 그러나 희망적이게도 신중해야 한다는 평범한 교훈을 배웠다.

미국이 마주했던 큰 시험이란 소련을 완전히 파괴할 힘이 있느냐가 아니라―미국은 그럴 힘을 가지고 있었다―미국의 지도자들이 광적인 폭력에 무릎을 꿇는 대신 질서정연한 세계를 만들기 위해 싸울 의지가 있느냐는 것이었다. 이미 한 세기 동안 통제 불가능한 폭력이 두 번이나 전 세계를 휩쓸었고, 말로 다 할 수 없는 희생과 파괴가 있었지만, 이룬 것은 아무것도 없었다. 미국인들은 전쟁을 혐오하게 되었지만, 1950년이라고 해서 전쟁을 없앨 가능성이 100년 전보다 더 높은 것도 아니었다.

하지만 대규모 유혈극을 두 번이나 치르고, 엄청난 파괴력을 지닌 핵무기 시대가 되면서 전쟁에 대한 미국인들의 전통적인 태도도 바뀌어야 했다. 미국인들은 전쟁은 성스러운 것이 아니며, 전쟁을 피하려 노력은 하지만 원치 않게라도 일단 전쟁에 발을 들이면 성스러운 분노를 담아 전쟁을 일으킨 자들을 격멸해야 한다고 생각했었다. 한국전쟁을 통해서 미국인들은 새로운 방식에 적응하게 되지만 이는 미국인들에게만 새로운 것일 뿐 미국을 제외한 세계에서는 새로울 것이 없었다. 미국인들은 전쟁의 한계 그리고 전쟁을 끝내는 수단으로서 통제된 폭력을 받아들였다. 20세기에 처음으로 미국의 이 정책은 성공했다. 한국전쟁이 휴전으로 끝난 뒤, 제1차 세계대전이 남긴 비극적인 환멸이나, 1946년 아무것도 해결된 것이 없다는 믿기 힘든 사실에 대한 비통함 같은 것은 없었다. 그러나 처음으로 미국은 무슨 노력을 하든 완전히 승리할 수 없는 세상을 경험했고, 수백만 명을 위해 참사 없이는 물러설 수 없다 보니 그 결과는 충격적이었다.

한국전쟁 중 미국은 국제적으로 도덕성을 강요할 수 없다는 것을, 그리고 자국민들이 비도덕적인 세계에서 살면서 계속 싸워야만 한다는 것을 알게 되었다. 미국은 자신이 악마로 규정한 세력에 맞서 싸울 수 있었지만, 자신도 파괴당할 것을 각오하지 않고서는 적을 꺾을 수 없었다.

미국인은 전통적으로 군사적 차원은 아니더라도 싸울 준비 태세를 갖춰왔고, 남에게 괴롭힘을 당하는 것을 싫어하다 보니 언제나 일정한 호전성을 띠면서도 한편으로는 전투 준비를 꺼려하는 태도를 동시에 보여왔다. 그러다 보니 한국전쟁은 힘든 전쟁일 수밖에 없었다. 아마 미국 역사에서 가장 까다로운 전쟁이었을 것이다.

미국인들은 자신들이 바라는 세계 질서를 지키고자 잘 알려지지도 않고 명분도 없는 한국전쟁에 뛰어들어 별로 아는 것도 없고 고귀한 동기도 없는 병사들을 피비린내 나는 전쟁터에 보내 죽게 만들었다.

비극적이게도 이들은 육체나 정신 그 어느 것도 준비가 되어 있지 않았다.

미국인들은 자신들이 어떤 세계에 사는지, 어떤 의지의 시험과 맞닥뜨릴지, 또 이 시험에서 이기려면 어떤 기강이 필요한지 전혀 깨닫지 못하고 있었다.

그럼에도 불구하고 미국이 한국에 지상군을 투입하자 미국 국민은 모든 위신과 함께 외교정책의 성패를 걸었다.

이 책의 목적은 전쟁의 사건을 상세하게 설명하고 원인을 알아보는 것이지 논쟁거리를 살펴보는 것이 아니다. 군을 찬양하거나 삶에 대한 전통적인 미국식 자유주의 관점을 비웃으려는 것도 아니다. 이들 사건에 등장하는 전통주의자, 군 장교, 그리고 '자유주의자'들 간에 점점 더 신랄해지는 대화에 기름을 들이부을 생각은 추호도 없다. 이 대화는 조국의 요구에 대한 분명한 평가에 의해 야기되었다기보다는 군이 좀 더 엄격한 사회에서 더 편하다고 느낀다면 자유주의자들은 더 안전하다고 느낄 것이라는 사실에 의해 야기되었다.

민간인 자유주의자와 군인은 안타깝게도 서로 다른 것을 보고 있다. 민간인 사회학자들은 평화와 온화와 정의가 공존하는 곳에서 사는 병사들을 우려한다. 군인의 임무는 고통받고 싸우며 죽이고 죽는 것을 병사들에게 가르치는 것이기 때문이다. 역설적이게도 20세기에도 미국 사회는 이두 가지 시민성을 모두 요구하고 있다.

어쩌면 품위 있는 문명을 이루는 가치들과 그것을 널리 지키는 데 필요한 가치들은 절대 화합할 수 없는 것인지 모른다. 한쪽의 완벽한 승리는 아마도 끔찍한 재앙을 야기할 것이다.

이 책을 시작하면서 기강discipline에 관한 설명이 필요하다. 인류의 위대한 가치들 중에서 기강은 '일work'이나 '조국fatherland'처럼 파시스트 사상에 이용되면서 부정적인 의미를 내포하게 되었다. 하지만 이 책에 쓰인 '기강'이란 프로이센 척탄병처럼 생각 없는 로봇처럼 복종하고 자아를 지워버렸다는 뜻이 아니다. 미국 사회학자들과 군인들 모두 기강이란 기본적으로 자제력을 뜻한다는 데 동의한다. 자제력이란 과속하거나 무거워서 불편한 강철 방탄모를 벗으면 제재를 가하는 합리적인 법을 어기지 않는 것, 버는 것보다 더 소비해서는 안 된다는 두려움, 전투 중 정말 필요해질 때까지 수통의 물을 다 마시지 않는 것, 그리고 특정 상황에서 받는 명령이 매우 불쾌하더라도 부모와 교사 그리고 장교에게 복종하는 것을 말한다.

살면서 자제력을 배워본 적이 없는 사람들만이 합당한 기강을 두려워한다. 미국인이라면 미식축구장이나 야구장에서 무엇이 필요한지 잘 알 것이다. 미국인들은 스스로를 단련하고, 수많은 훈련의 고통을 참으며 다가올 어려움에 대비한다. 지나치게 관대한 코치나 감독은 곧 다른 일자리를 찾아보게 되는데, 이는 그들이 이끄는 팀이 더 강하고 더 열심히 하는 팀에게 경기에서 패하기 때문이다. 하지만 평화로운 시기에 대학 미식축구 코치가 하듯이 병사들을 강하게 훈련시키고 혹독하게 관리하는 미군 장교는 의문의 여지 없이 보직에서 해임된다.

하지만 전장에서 받는 충격은 운동장에서 겪는 것보다 수백 배 더 강력하며, 충격의 결과가 국가에 미치는 영향은 어느 것과도 비교할 수 없을 만큼 막대하다.

문제는 전장을 미식축구 경기처럼 이해한다는 것이다. 바람직하거나, 좋거나, 또는 정치적으로 그럴듯한 것을 아는 것이 아니라 무엇이 필요한지를 아느냐가 문제이다.

T. R. F.

1962년 7월 4일 텍사스 주 샌안토니오에서

감사의 말

●

이 책은 공식 기록, 작전, 일기, 역사 기록물, 회고록, 신문 등 다양한 자료를 참고했다. 그러나 무엇보다도 한국에서 근무했던 장병들의 개인 증언들 중에서 골라 모은 것들이 가장 큰 비중을 차지한다. 이런 의미에서 이 책의 상당 부분은 역사라기보다는 전해들은 이야기라 할 수 있으며, 개인의 관점은 각각의 증언에 영향을 미칠 수밖에 없었을 것이다.

기억은 손상되기 쉬운 것이기 때문에 이들 증언에도 오류가 있을 것이다. 하지만 모든 증언에 등장하는 날짜, 부대번호, 지휘관을 비롯한 인물 이름은 가능한 한 공식 자료를 통해 검증했다.

상급 지휘관보다는 대부분 지휘관 주변에 있었던 인물들 위주로 찾아다녔다. 장군들과 지휘관들은 말하는 것을 성가셔 하는 경우가 많고 자신들의 회고록을 남기는 경향이 있다. 이 책은 1950년 6월부터 1953년 7월 사이에 피로 얼룩졌던 한반도 전역에서 소부대들을 이끈 군인들의 행동에 바탕을 둔 소대장들의 기록이다. 이 책에 등장하는 대다수는 직업군인들이기 때문에 이들의 관점은 호전적이지는 않으나 군사적이다. 한국에서 병력을 이끌고 전투를 치르지 않은 군인이라면 이들에게 동의하지 않을 수도 있겠다. 그러나 그들은 이것을 반박할 만한 타당한 위치에 있지 않다.

자신의 눈으로 전쟁을 목격한 이들의 이름은 보고되지 않은 경우가 대부분이다. 어떤 경우든 이들의 이름이 중요한 것은 아니다. 중요한 것은 무슨 일이 벌어졌는가이다.

　우선 텍사스 주 휴스턴의 포트 샘Fort Sam의 조지 램킨George C. Lambkin을 비롯해 이 책이 나오기까지 도움을 주신 수백 분의 현역 군인과 민간인에게 고마움을 전한다. 이들 한 분 한 분의 도움이 없었다면 이 책은 나오지 못했을 것이다. 이 특별판에 사진을 쓸 수 있도록 해주신 도널드 골드스타인Donald M. Goldstein과 해리 마이하퍼Harry J. Maihafer에게도 고마움을 전한다.

차 례

●

| 일러두기 |

1. 이 책의 원서 초판은 1963년 맥밀란(Macmillan) 출판사에서 나왔다. 번역의 판본은 초판 출간 50주년을 맞아 포토맥 출판사(Potomac Books)가 펴낸 50주년 기념판을 번역본으로 삼았으나 지도가 보다 깔끔하게 바뀌었다는 점을 빼면 초판과 기념판 사이의 차이는 없다.

2. 1950년 6월 25일 북한의 남침으로 시작된 전쟁의 공식 명칭은 '6·25전쟁'이다. 다만 이 책이 미국의 시각에서 씌어졌다는 점을 감안하여 번역어는 '한국전쟁'으로 선택했다.

3. 참전국이 다양하다는 점을 감안하여 부대가 속한 국가를 명기했다. 보병연대는 일반적으로 '연대'로 썼으나, 이외의 병종은 해당 병종(예: 해병, 포병 등)을 명기했다. 보병대대와 포대 이하의 부대는 상급부대가 언급된 이후에 나온다는 점을 감안하여 소속 국가를 명기하지 않았다.

4. 원서에 사용된 미국식 단위(마일, 야드, 피트 등)는 한국 표준 단위(킬로미터, 미터 등)로 바꾸었고 이에 맞추어 환산된 수치를 표기했다. 단 무기나 장비의 특성을 드러내는 단위(예: 3.5인치 바주카)는 고유성을 인정하여 변환하지 아니했다.

5. 원서에는 각주가 없다. 이 책에 나오는 각주는 번역 과정에서 옮긴이들이 추가한 것이다.

제1부
개전
Beginning

제1장
서울의 토요일 밤
●

평화를 원하는 자는 전쟁에 대비하라. …
전쟁에서 우세하다고 인정된 힘은 누구도 감히 거스르거나 모욕할 수 없기 때문이다.

— 베게티우스Vegetius, 『군사학 논고』에서

1950년 6월 8일, 조선민주주의인민공화국 수도인 평양에서 발간되는 신문들은 조국통일민주주의전선 중앙위원회의 성명을 실었다. 중앙위원회의 목표로서 발표된 이 성명은 남과 북 전체를 아우르는 선거가 치러질 것이며, 여기서 선출된 국회의원들이 해방 5주년인 8월 15일 이전까지 국회를 구성할 것임을 공표했다.

하지만 이 성명에는 북위 38도 선 이남에 대해 유엔(국제연합)과 미국의 지원을 받아 이승만 박사가 대통령으로 취임한 대한민국에 대해서는 한 마디도 언급되어 있지 않았다.

소련의 타스Tass 통신사가 입수한 이 성명을 《이즈베스티야Izvestia》지가 1950년 6월 10일자에 보도했다. 《이즈베스티야》지 한 부가 러시아어에서 영어로 번역조차 되지 않은 채 우회 경로를 통해 미 의회도서관에 전달되었다.

성명의 내용은 흥미로웠다. 폭풍이 몰려올 것이라는 신호를 보내고 있었다. 안타깝게도 서방 세계의 어느 누구도 이 내용을 굳이 읽으려 하지 않았다.

누군가가 읽었다 하더라도 아마 무시했을 것이다. 폭풍을 알리는 전조들이 지난 4년 내내 소문으로 떠돌아다녔기 때문이다. 아시아에서는 중국 국민당 정권이 무너졌다. 인도차이나에서는 공산당 주도의 전쟁이 진행 중이었다. 소련을 힘의 원천으로 한 세계 공산주의는 핵무기에도 전혀 굽히지 않은 채 공세를 취하면서 서방 국가들에게 불안감을 안겨주고 있었다. 이 때문에 서방 국가들은 방위동맹을 체결하고 있었다.

하지만 서방 국가들은 전쟁에는 대비하지 않았다. 서방 국가 국민들은 마음 깊은 곳에서부터 전쟁을 준비하고 싶지 않았기 때문에 대비에 소홀했다.

따라서 누군가가 평양의 성명을 읽었는지 여부는 중요한 문제가 아니었을 것이다.

* * *

인민군 2군단 작전참모인 30세의 리학구李學九 총좌[1]는 한 주 내내 열심히 일하고 있었다. 1950년 6월 15일 이후 모든 인민군 상비사단은 임시 숙영지에서 이동해 38도 선 바로 북쪽의 계획된 공격개시선을 따라 전개했다. 엄청나게 많은 참모업무가 뒤따랐다는 뜻이다.

6월 24일 토요일, 어둠이 깔리기 시작해서야 리학구 총좌는 업무에서 풀려나 숨을 돌리면서 담배 한 대 피울 여유가 생겼다. 인민공화국에서 토요일 밤은 아무 의미가 없었지만, 모든 인민군 부대들은 6월 23일 자정을 기해 진지에 배치되었기 때문에 앞으로 수 시간 동안은 더 이상 할 일이 없었다.

참모업무를 잘 끝냈다는 뜻이었다.

리 총좌는 조잡한 소련군풍 청색 전투복 상의에 통이 넓은 전투복 바지를 입고 한껏 광택을 낸 긴 전투화를 신은 채 긴장을 풀고 서서 지난

---

1 총좌: 현재에는 폐지된 인민의용군 계급으로, 통상 오늘날의 대령에서 준장 사이의 계급을 말한다.

1950년 아시아 지역의 공산주의 국가와 자유주의 국가

공산주의 국가 | 자유주의 국가 | 중립 국가

여러 날의 각종 소란과 소요를 떠올렸다. 병력 8만 명이 이동을 했다. 일부 사단은 머나먼 압록강에서부터 내려왔지만 이 모든 것이 매끄럽게 진행되었다. 의심할 여지 없이 미제의 사냥개인 남조선은 이런 사실을 꿈에도 모르고 있을 것이다.

인민군의 최용건崔庸健 사령관과 만주사변 때부터 함께 해온 베테랑 참모들의 지휘능력은 스스로도 자랑할 만했다. 유엔과 미국의 지원을 받는 대한민국을 공격하는 계획을 논의하기 위해 1월에 베이징에서 열린 소련-중국 공산당(중공) 고위급 회담 이래로 인민군은 수도 적고 신생 군대인데도 비범한 업적을 달성했다.

38선 인근에는 소련에서부터 수송선에 실려 들어오는 어마어마한 무기와 장비를 수용할 군수창고와 보급소들을 세워야 했다. 105기갑여단 병사들은 모스크바 바로 앞에서 구데리안Heinz Guderian[2] 장군이 이끄는 독일군 기갑사단을 저지했던 소련제 T-34 전차를 운용하는 교육을 받아야 했고, 젊은 조종사들은 복잡한 야크YAK 전투기에 적응해야 했다. 또한 수많은 중공군 출신 한국인 참전용사들이 인민군에 편입되려 기다리고 있었다.

장제스蔣介石가 패배하고 국민당 정부가 대만臺灣으로 망명한 후 중공군은 한국인 병사들을 인민군으로 편입시켰는데, 1950년 6월 현재 그들은 인민군의 30퍼센트를 차지했다.

6월 23일 금요일 자정 직전 9만 명의 인민군이 안개비 속에서 대기하고 있었다. 이들은 중中전차 150대, 항공기 200여 대에 더해 많은 수량의 소화기와 박격포를 보유했으며, 122밀리 곡사포와 76밀리 자주포의 충분한 지원을 받았다. 이들은 총 7개 사단과 1개 기갑여단, 별도의 보병연대, 모터사이클연대, 그리고 광적인 국경경비대 집단인 보안대 1개 연대로 편성되어 있었다.

---

2 하인츠 구데리안(1888~1954): 제2차 세계대전 중 독일군 기갑 전력을 지휘한 인물. 현대 기갑전의 개념을 사실상 창시한 '기갑전의 아버지'로 불린다.

6월 18일부터 리학구 총좌와 장교들은 그들의 명령이 제대로 하달되고 있는지 확실하게 점검했다.

우선 정보계통으로부터 받은 러시아어로 작성된 정찰명령 1호는 각 사단의 공격예정로상에 있는 한국군 방어진지에 대한 정보를 늦어도 6월 24일까지는 전부 획득하고 확인하라고 지시하고 있었다.

이미 38선 이남에는 북한 첩보원 수백 명이 활동하고 있었으며, 이 중 상당수는 남한 국방군의 미군 고문단 밑에서 일하고 있었다. 러시아어로 정찰명령을 작성한 정체불명의 정보계통 장교들은 그들이 요청한 정보를 획득할 수 있었다.

6월 22일 무렵에는 각 사단이 작전명령을 한국어로 하달했다. 1·3·4사단은 기갑부대를 선두로 하여 서울을 향해 의정부 축선을 따라 공격하고 기타 사단들은 동쪽에서부터 공격하라는 명령이 하달되었다. 병사들에게는 기동연습이라고 설명했지만, 장교들은 이것이 전쟁임을 알고 있었다.

골초인 리 총좌는 충혈된 눈으로 자신의 작전 초소 안에서 대기하고 있었다. 밖에서는 막 시작된 장맛비가 푸른 논에 억수같이 쏟아지는 소리가 들렸고, 비로 인해 흙과 비료 냄새가 강하게 풍겼다. 리 총좌는 피곤했지만 흥분을 억제하며 단단히 긴장해 있었고, 어서 시간이 흘러가기만을 기다렸다. 그는 싸구려 시계를 확인했다. 이제 기다려야 할 시간이 그리 길지 않았다.

리 총좌는 이미 명령이 하달되었으며, 모두 그 명령을 이행할 것임을 믿어 의심치 않았다. 소련이나 중국에서 훈련받은 노련한 전투 경험자들로 이루어진 열렬한 핵심 집단을 제외하면 인민군은 계급마다 징집병, 즉 농촌 출신 공산주의자들이 많았지만 이들도 어쨌든 명령에 복종하고 있었다.

인민군에서 주저하는 자는 깔끔하고, 효과적이고, 무엇보다도 영구적인 방법으로 치료를 받았다. 바로 뒤통수에 권총을 들이대는 것이었다.

이승만 대통령 휘하의 대한민국 육군 총참모장인 채병덕 소장은 무언가 만족스럽지 못했다. 키 169센티미터에 몸무게가 100킬로그램에 육박하는 데다 술고래였던 '코끼리' 채병덕 장군은 완전한 바보는 아니었다.

수년간 38선 이북의 공산정권은 지속적으로 대한민국 정부를 상대로 문제를 일으켰다. 북한은 38선을 넘어와 기습적으로 식량을 털어갔으며, 전 도시에 걸쳐 혼란과 폭동을 조장했다. 북한 정권은 남부 지방 산악에 은신한 게릴라들을 독려하고 물자를 공급했으며, 대한민국을 붕괴시킬 수 있는 모든 일에 전력을 다했다. 북한은 채병덕 장군이 지휘하는 병력의 3분의 1 이상이 치안 업무에 묶이도록 유도했다.

특히 3월은 더욱더 힘든 달이었다. 그런데 4월부터는 뚜렷한 이유도 없이 북한의 모든 활동이 중단되었다. 이 때문에 채병덕 장군은 불안했다.

채병덕 장군은 미군과 이 문제를 논의했으나, 한국에 파견된 미 군사고문단KMAG은 크게 신경 쓰지 않고 있었다. 어떤 미군 장교는 공산군이 갈수록 더욱 혼란을 부추기더니 마침내 진정된 것 같다고 채병덕 장군에게 말했다. 미군들은 공산군이 조용히만 있으면 모든 게 다 좋다고 생각하는 것 같았다. 채병덕 장군은 비록 군을 지휘하는 것보다는 위스키와 소다수를 타는 것에 더 능숙한 사람이기는 했지만, 완전히 바보는 아니었다.

채병덕 장군은 3주 전에 발간된 《타임Time》지에 실린 주한 미 군사고문단에 대한 기사와 군사고문단이 한국군과 어떤 식으로 잘 협조해나가는지를 다룬 기사를 읽었다. 미국 밖에 있는 모든 이들이 그렇듯, 채병덕 장군은 《타임》지의 기사가 사실일 뿐 아니라 미국의 공식 입장임을 잘 알고 있었다.

《타임》지는 대한민국 육군이 미국 본토 밖에 존재하는 군대 중에서 단연 최고라고 언급했다. 지속적으로 서울 정보부, 이북 출신의 난민, 정보원, 그리고 38선에 상주하는 휘하 장교들이 전하는 보고가 계속 증가하고 있었으므로 채병덕 장군은 《타임》지의 말에 다소 안도했다. 채병덕 장군은 미군이 뭐라고 하든 간에 공산당을 전혀 믿지 않았다.

하지만 1950년 6월 24일 서울의 밤은 휘황찬란했다. 어깨를 한 번 으쓱해본 채병덕 장군은 오늘 저녁에 치러야 할 전투 준비를 시작했다. 그는 미군 전투복 스타일로 깔끔하게 재단해 맞춘 전투복을 착용하면서 38선에 있는 부하 장교 상당수가 오늘 밤 나가떨어지리라 생각했고, 많은 장교들이 근무지를 나서기 전에 이제나저제나 밖에 나가고 싶어하는 병사들에게 줄 통행증을 남발하리라는 것을 알고 있었다. 미군 고문단은 병사들의 사기를 유지시켜야 한다고 지속적으로 설득해왔다.

날이 어두워졌다. 채병덕 장군은 외출 준비를 마쳤다. 그는 우울한 생각에 빠지는 것보다는 미군들과 술을 마시며 친목을 다지는 것이 얻을 게 많다고 생각했다.

저녁이 깊어가면서 북적이는 인파 속에 하얀 한복을 입은 한 무리의 사람들이 숙정문부터 서울역을 거쳐 온갖 냄새로 가득한 영등포 거리와 골목에까지 모여들어 쌀과 비에 대해 이야기했다. 장마 전까지는 항상 곡물 가격이 급등하고, 모내기한 벼의 뿌리가 말라갔다. 오직 장맛비만이 풍작을 약속하고 사람들의 고민을 덜어줄 터였다.

커다란 검은 구름이 북한산 위쪽에 형성되기 시작하자 노동자도, 장사꾼도, 심지어 일이라곤 하지 않는 양반조차도 기대에 찬 눈으로 바라보고 있었다. 이들은 태풍이 불어달라는 축원도 하고 있었다.

굶주림을 의미하는 맨 흙 냄새를 항상 맡고 살아온 절박한 가난한 빈민들은 그 때문에 비와 쌀 이야기만 하는 것이었다.

하지만 어두운 구름이 깔리며 엷어져가는 햇볕을 가리기 시작하자, 서울의 사교계가 빠르게 움직였다. 이날은 아침에 소나기가 쏟아진 후 덥고 습했다. 한강변 서빙고 사격장에는 주한 미 군사고문단 장교들과 민간인들이 함께 모여 기분 좋게 땀을 흘리고 있었다. 마지막 클레이^{clay}가 총탄에 산산조각 나자 모두 군사고문단 시설 내 수영장에서 잠깐 땀을 식히고는 수영장으로 들어가 본격적으로 시원하게 수영을 즐겼다.

이 작은 미국 식민지가 서서히 활기를 띠고 있었다. 미군 최대 규모의 해외 원정대가 서울에 주둔하고 있었고, 장병 2,000명은 바쁜 한 주를 마감하고 있었다.

지난주에는 포스터 딜레스^{John Foster Dulles}[3]가 서울을 방문했다. 그는 통상적인 귀빈 방문 코스를 돌며 의정부까지 올라가 38선을 방문했고, 여기서 미소 짓는 한국군 장군들과 함께 비무장지대 너머를 바라보는 사진을 한 장 찍었다. 미국이 지속적으로 대한민국에 관심을 갖고 있으며 한국이 민주화를 달성해나가면서 경제가 계속 활성화되는 모습을 자랑스럽게 생각한다는 내용이 담긴 통상적인 보도자료를 언론에 제공하기 위해서였다. 그런 다음 딜레스 전 의원은 자신과 미국의 임무에 안도하며 김포에서 귀국길에 올랐다.

그러나 내자 호텔 옥상 정원에서부터 트레이모어^{Traymore} 호텔 라운지까지 일반인 출입이 통제된 대사관 전용 바^{bar}에 모여 있던 남자와 여자들 중에서 농사 이야기를 하는 사람은 아무도 없었다. 이들은 면세 주류에 대해 이야기했고, 포스터 의원의 방문을 놓고 웃었으며, 북한 최고의 여간첩을 데리고 살다가 발각된 고위급 미군 장교 이야기[4]를 주고받았다. 문제의 장교는 그녀에게 단파 라디오까지 사줬던 것이 밝혀졌으며, 대한민국 정부가 그녀를 총살할 예정이라는 말이 오가고 있었다.

대한민국 정부는 미군정의 영향에도 불구하고 좌익 조직에 대해 인정사정없었다. 하지만 그렇다고 미군 장교를 처형할 수는 없었다. 서울에 주둔하는 미군 장교 부인들 사이에서는 여 간첩과 미군 장교 사이에 머리털이 노란 아이가 하나 있다는 소문이 돌았다. 물론 몇몇 미국인 부부는 이 아이를 입양할 의사가 있다고까지 밝혔다.

---

3 존 포스터 딜레스(1888~1959): 1953년부터 1959년까지 아이젠하워 대통령 임기 동안 국무장관을 역임했다.

4 1950년 2월에 일어난 김수임(金壽任) 간첩사건을 말한다.

시간이 흐르자 대사관 택시들이 바빠지기 시작했다. 이들은 콧노래를 부르며 트레이모어 호텔에서 반도 호텔로, 반도 호텔에서 지산 호텔로 커플들을 바쁘게 실어 날랐다. 최고급 칵테일파티 두 건이 이날 잡혀 있었고, 중세 서양 문화의 으리으리한 상징물 같은 주한 미 군사고문단 행사장에서 토요일 밤 정기 댄스파티가 열릴 예정이었다.

미군 중 그 누구도 영국 공사관의 비비안 홀트Vyvyan Holt[5] 대위가 영국 국민들에게 서울에서 퇴거하라고 권고한 사실을 모르고 있었다. 채병덕 장군처럼 비비안 대위도 불안했다. 그도 이런저런 이야기를 들은 것이 있었기 때문이다.

서울 주재 미 정보기관 역시 많은 정보를 입수하고 있었다. 이들은 입수한 정보를 보고했다. 하지만 최근 소련의 체코슬로바키아 진주와 베를린에서 벌어진 충돌, 중공의 중국 본토 장악 등에도 불구하고 공산 진영의 세계 구상이 서구에게 불리하지 않다는 믿음 때문에 정보기관의 보고는 벽에 부딪혔다. 또한 고위급이 정보를 듣고도 우려하지 않았기 때문에 정보기관도 긴장을 풀었다.

미국의 이 식민지는 달갑지 않은 동양과 분리시켜놓은 벽과 장막 뒤에서 토요일 밤 파티를 시작하려 하고 있었다. 이 모습은 지브롤터부터 홍콩까지 전 세계에 펼쳐진 영국의 다른 식민지의 모습과 다르지 않았다. 더 나은 것도 더 나쁜 것도 없었다. 당연히 더 현명한 것도 없었다.

서울의 술집들이 북적거리기 시작하던 그 시각, 주한 미 군사고문단 단장인 윌리엄 린 로버츠William L. Roberts 준장은 미국으로 향하는 배에 올라 있었다. 보직이 끝나 귀향하는 것이었다. 보직의 대미는《타임》지와의 인터뷰로 장식했다.《타임》지는 인터뷰 기사에서 "남한은 미국 본토를 제외한 전 세계에서 최강의 군대를 갖고 있다"라는 로버츠의 말을 인용했다.

당시 대한민국 육군은 총 8개 사단을 보유했다. 남부에서 빨치산을 상

---

5 비비안 홀트(1896~1960): 주한 영국 영사.

대하는 부대를 빼고는 모든 사단이 미제 M-1 소총으로 무장했다. 토벌대는 일본의 99식 소총으로 싸우고 있었다. 한국군은 기관총은 물론이고, 대부분 소형이기는 했지만 박격포도 보유하고 있었다. 한국군에는 보병사단을 지원하는 야전 포병 5개 대대가 있었다. 이들 포병은 미국이 폐기한 구식 M-3 105밀리 곡사포로 무장했다.

미국 본토를 제외한 전 세계 최강이라는 군대에는 전차도 없었고, 중中구경 야포[6]도 없었으며, 4.2인치 박격포도, 무반동총도 없었다. 수송 자산에는 교체 부품도 없었다. 또한 한국군은 전투기를 단 한 대도 보유하지 않았다.

한국군에게 이런 자산이 없던 이유는 주한 미 군사고문단이 이들 자산을 한국군이 보유하는 것을 바라지 않았기 때문이다. 주한 미 군사고문단은 미 육군 예하에 있지 않았을 뿐 아니라 저 멀리 도쿄에 주재하고 있는 강력한 '총독'인 맥아더 원수와도 아무런 지휘 관계가 없었다. 한반도 문제에 대해 전혀 호전적이 않다는 것을 전 세계에 보여줄 생각이던 미국은 주한 미 군사고문단을 미 국무부 산하에 두고 있었다.

주한 미 군사고문단 장교들 대부분은 미국의 정책이 비호전적 정책임을 이해했다. 이들은 총과 전투기를 애처롭게 요청하는 한국군 장교들에게 "정부가 이미 내린 결정을 바꿀 수는 없는 법"이라고 말했다.

존 무초John J. Muccio 대사는 남한이 북의 공산정권을 공격할 기회를 주어서는 안 된다는 훈령을 받았다. 단 한 번의 공격만으로도 미국은 공존할 의사가 전혀 없다는 것을 소련에게 확실하게 납득시켜줄 터였다. 1등 서기관 해롤드 노블Harold Noble은 "대한민국 국군은 인민군의 공세를 막을 능력이 있을 뿐 아니라 2주 안에 북진하거나 북의 공산정권 수도를 점령할 수 있다"고 선언했으나, 무초 대사는 그럴 만한 일말의 기회도 허용하지 않았다.

---

6 통상 105~150밀리미터 사이의 포를 말한다.

실제 한국군에게 그럴 능력이 있었느냐 없었느냐를 떠나, 노블 서기관의 안심성 발언은 사기를 진작시키기에 충분했다.

로버츠 준장은 《타임》지와 인터뷰를 하면서 한국군 병사들은 훌륭하나 장교단은 별로 그렇지 않다고 지적했다. 사실 아무 교육도 받지 못한 상태에서 불과 11개월 만에 참모와 지휘관을 양성해내고 훈련시키는 것은 불가능했다. 직업군인인 로버츠는 병사란 장교가 만들어내는 수준까지밖에 좋아질 수 없다는 것을 잘 알았다. 하지만 그런 태도는 미국적이지 않을 뿐 아니라 워싱턴 D. C.에서도 별로 원하는 반응이 아닐 것이기 때문에 필요 이상으로 강조할 이유가 없었다.

주한 미 군사고문단과 무초 대사는 베트남과 만주의 공산주의자들이 강하고, 광신적이며, 규율이 잡힌 군대를 아시아에 만드는 중이라는 사실을 몰랐기 때문에 한국군이 싸우게 되리라는 것을 전혀 예상하지 못했다.

어쨌든 1950년 6월 24일 토요일 밤에 고향으로 출발한 로버츠 준장의 타이밍 하나만큼은 완벽했다.

* * *

서울에서 음악 연주가 시작될 무렵, 윌리엄 딘William Frishe Dean 소장은 일본 고쿠라小倉에 주둔하고 있는 24보병사단 사령부가 주최하는 코스튬파티costume party[7]의 귀빈으로 참석하고 있었다. 이 파티는 보병들이 루이스 존슨Louis Johnson 국방장관, 그의 예산 삭감, 초대형 항공모함, 전략공군사령부SAC: Strategic Air Command, 그리고 원자력 시대에 땅개들이 시대에 뒤처지고 있다는 짜증나는 기분을 잠시 잊을 수 있는 방법이었다.

딘 장군은 일을 하지 않는 전통적인 한국 귀족계급인 양반 차림을 하고 나타났다. 키 182센티미터에 몸무게가 91킬로그램이나 되는 몸을 가리는 길고 펄럭이는 도포를 입고 상투를 틀고 갓을 쓴 채였다. 24사단 참

---

7 모든 참가자들이 변장을 하고 참석하는 파티.

모들은 이런 그의 모습이 웃겨 미칠 지경이었다.

딘 장군은 마찬가지로 한국 전통의상을 입고 파티에 온 아내(둘 다 해방 당시 연합군 해방 전력에 포함되어 한국에 온 적이 있었다)에게 스스로의 모습이 좀 웃긴 것 같다고 말했다. 파티가 진행되는 내내 딘 장군은 딱딱한 갓 때문에 머리가 아파왔다.

* * *

서울에 일요일 아침이 밝아오면서 대사관의 바^{bar}는 모두 문을 닫았다. 오직 꿈속을 헤매며 술에 취한 소수의 젊은이들만이 여전히 주한 미 군사고문단 공개홀에서 서성거리고 있었다. 새벽 시간이 다가오면서 개인 파티도 다 끝나가고 있었다.

서울 북방의 북한산 봉우리에 폭풍이 몰려들기 시작했다. 본격적인 장마철에 들어서면서 비가 쏟아져 내려 빗소리를 들으며 잠들기에 좋았다. 사람들은 잠에서 깨어나 새벽의 신선한 공기에 미소를 짓고 다시 잠을 청했다. 남대문을 통해 웃으며 서울을 빠져나가는 일꾼들은 한강다리를 건너며 노래를 불렀다. 이들 아래에는 회색빛 나룻배들이 몰려 있었고, 소형 내화정內火艇[8]들의 옅은 그림자가 안개비가 흩뿌리는 어두운 강물 위에 조용히 내리깔려 있었다.

흰옷을 입은 농부들은 주변의 마을 집집마다 밖에 내놓은 요강을 들어 올려 냄새나는 거름통을 채우며 웃었다. 삶은 고단했지만, 하루치 끼니는 충분히 구할 수 있었다.

서울 시민 약 150만 명은 밝은 미래를 기대하지는 않았으나 하루하루 살아남을 수 있다고 생각했다.

북쪽으로 몇 킬로미터만 올라가면 미국인들이 '롱 러시아$^{Long Russia}$'와 '쇼트 러시아$^{Short Russia}$'라 이름 붙인 도로들이 끝나는 지점이 나왔고, 개성

---

8 내연기관을 사용하는 소형 선박.

시의 38선 너머 한 선교회에는 무초 대사의 말을 믿고 안심한 감리교 선교사들이 여전히 잠에 빠져 있었으며, 저 멀리 서울 동쪽에 있는 화천 근처에서는 리학구 총좌가 다시 한 번 손목시계를 들여다보고 있었다.

그가 고개를 들자 작전초소 안에서 청색 전투복에 장화를 신은 장교와 눈이 마주쳤다. 그들은 모두 젊었고, 강건했으며, 대부분의 성년 시기를 중국군 혹은 소련군과 함께 전쟁터에서 보냈다. 이들은 일본군과 싸웠고, 국민당 군대와 싸웠다. 이제 이들은 미 제국주의자의 앞잡이들과 자신들의 길을 막는 자들과 싸우게 될 터였다.

도처에서 겨자색 면 전투복을 입은 사내들이 동트기 전 습기를 머금은 어둠을 뚫고 모여들었다. 뭉툭한 곡사포 포신에서 위장포를 벗겨냈다. 디젤식 전차엔진은 온 몸을 흔들며 요란하게 작동을 시작했다. 장맛비는 부슬비가 되어 군사분계선을 이루는 어두운 봉우리들 위에 뿌리고 있었다.

녹색 들판이 젖어 반짝였지만 도로 지반은 단단하고 튼튼했다. 긴 포신을 가진 전차들이 움직이기 시작했다.

뒤쪽 계곡에 숨은 채 남쪽으로 진격하라는 명령을 기다리는 2개 사단의 장교들이 오른손을 들어올렸다. 분대장들은 고함을 치기 위해 숨을 들이마셨다. 중포들은 오래전에 옮겨져 장전되었다.

이윽고 고함 소리가 들리자, 새까만 야포들이 흐린 하늘을 향해 불을 뿜었다. 차가운 동해에서부터 안개 낀 서해 모래밭까지, 서울로 향하는 모든 축선을 따라 불길과 소음이 끝없이 이어지며 날이 밝았다.

낮은 차대에 반짝반짝 빛나는 7사단 예하 전차들이 캐터필러에서 진흙을 튀기며 앞으로 질주하기 시작했다. 소련의 늪지대를 다닐 수 있도록 설계된 이 전차들은 단단한 지반 위로 쉽게 주행할 수 있었다. 이들 뒤로 황갈색 상의를 입은 작은 남자들이 소리를 질러대며 무리지어 쏟아져나오기 시작했다.

리학구 총좌는 빛나는 눈동자로 "만세!"를 외쳤고, 참모들도 반복해 만세를 외쳤다.

1950년 6월 25일 일요일 오전 4시 정각이었다. 인정하든 안 하든 상관없이 전 세계가 전쟁에 돌입한 것이었다.

제2장
이토 히로부미의 범죄

●

일찍이 20세기 중 이보다 더 끔찍한 범죄를 보지 못했다….
— 서머 웰즈Summer Wells 미 국무부 차관, 1905~1945년 일제의 한반도 강점을 언급하면서

근세에 한반도에서는 세 번의 전쟁이 벌어졌다. 세 번 모두 외세가 '조선'에서 싸웠고, 매번 패배자는 조선인들이었다. 이는 이미 반복적인 패턴이 되었다. 이번에도 당대의 제국들이 격돌하는 상황이 되었으므로 이 패턴이 반복될 것처럼 보였다.

한국, 혹은 조선은 반도로서 남북 길이는 약 925킬로미터이고, 동서 길이는 평균 242킬로미터이다. 한반도는 플로리다 주와 해안선의 모습이 흡사하나 더 크다. 한반도의 동해안을 따라서 가파른 산맥이 끝없이 솟아 있고, 서해안은 평탄한 갯벌이 펼쳐져 있으며, 하구 퇴적지는 톱니 모양의 해안선이 이어져 있다. 한반도의 내륙은 산봉우리들이 이어지며 넓은 계곡, 저지대, 그리고 계단식 농지가 펼쳐져 있다. 한반도의 강은 대부분 남쪽이나 서쪽으로 흘렀으며, 강폭이 넓고 수심이 깊다.

한국은 언덕과 계곡이 많으며 도로는 발달하지 않았다. 한국은 그 당시에도 그리고 전에도 항상 세계로부터 멀리 떨어져 있었다.

한국은 약간의 쌀을 수출하는 가난한 국가였다. 하지만 인구밀도는 인도 일부 지방을 제외하고는 아시아에서 가장 높았다. 4000년 동안 한국인들은 안개가 자욱한 계곡을 경작해왔고, 독자적인 언어, 학문, 기풍을 이루며 중국 문명과는 다른 문화를 형성했다. 한국인은 중국인, 만주인,

일본인과도 달랐다. 한국인들은 고대 중국으로부터 기본적인 문명의 바탕을 가져왔으며 야만스럽던 시절의 일본에 문화를 전수해주었다. 하지만 이 은자隱者의 나라는 둘러싸인 산봉우리들과 경계를 가르는 바다와 함께 누구와도 마주치지 않은 채 언제나 조용히 평화롭게 살고 싶어했다.

하지만 그 희망은 부질없었다. 한국은 완충 국가였기 때문이다.

한반도는 청나라 영토인 만주를 기준으로 남쪽으로 튀어나와 있으며, 해상에서는 러시아 동쪽 지방에 접해 있다. 또한 남쪽 끝은 일본 열도에서 불과 190킬로미터 정도 떨어져 있다. 일본인의 눈으로 위를 향해 볼 때 조선 반도는 영원히 자신의 심장을 노리는 비수와 같은 모양새였다.

중국도, 러시아도, 그리고 일본에 있는 어떤 세력도 감히 한국을 무시할 수 없다. 한국은 전에도, 지금도, 그리고 앞으로도 주변 누구의 힘이 우세하냐에 따라 아시아 대륙으로 향하는 다리가 되거나 열도로 향하는 디딤돌이 될 뿐이다.

한국을 둘러싼 강대국들은 역사적으로 항상 한국의 영원한 자유와 독립을 선언하고 보장해왔다. 하지만 그들 중 자신이 말한 보장에 진심을 담은 나라는 하나도 없었다. 왜냐하면 이들은 서로서로를 믿지 못했기 때문이다.

따라서 한반도는 항상 아무런 이득 없이 고통을 받아왔다. 그리고 여전히 고통받고 있었다. 한국에 대한 범죄는 계속되고 있었고, 모두에게 한국은 전쟁을 벌이는 땅일 뿐이었다.

* * *

청나라는 한때 조선을 지배했으나 지배관계가 느슨했을 뿐 아니라 지리적으로도 멀리 떨어져 있었다. 하지만 19세기가 되어서 청나라의 힘이 약해지기 시작하자, 러시아와 일본이 동방의 강자로 떠오르기 시작했다. 두 나라의 충돌은 피할 수 없었다.

이들이 충돌한 이유는 불쌍한 조선인 수백 만 명과 조선 땅 때문이 아

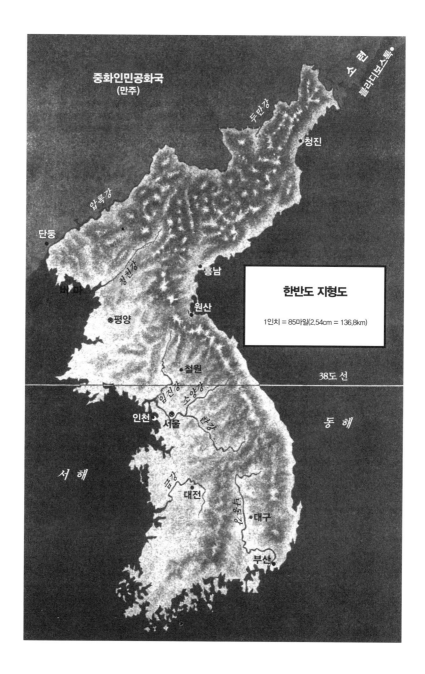

중화인민공화국
(만주)

소 련

블라디보스토크

두만강

청진

압록강

단둥

청천강

흥남

버 마

원산

한반도 지형도

1인치 = 85마일(2.54cm = 136.8km)

평양

철원

38도 선

임진강

소양강

인천

서울

한강

동 해

서 해

금강

대전

낙동강

대구

부산

니라, 압록강 너머의 넓고 비옥한 만주滿洲 때문이었다. 만주는 동아시아에서 가장 풍요로운 땅으로 철광석, 석탄, 수력, 식량, 목재가 풍부했다. 누구든 만주를 지배하는 자는 안전을 위해 조선까지 지배해야만 했다.

새롭게 눈을 뜨기 시작한 일본 제국은 조선 전역에 걸쳐 경제적으로 침투했고, 서서히 만주를 향해 움직였다. 1894년 일본과 청나라는 결국 조선 땅에서 전쟁에 돌입했다.

일본군은 청군과 평양 인근에서 격돌했고, 결국 청군을 격파했다. 1895년 4월 17일에 서명한 시모노세키下關 조약 체결로 청나라는 조선에 대한 모든 영향력을 상실했으며, 대만(타이완)을 일본에 할양했다. 이 전쟁으로 중국의 약점이 드러났으며, 일본 따위는 안중에 없던 서구 열강은 전리품을 취하기 위해 하나로 뭉쳤다. 러시아는 만주의 요새와 기지를 접수하면서 압록강 전역에 걸쳐 압박하며 조선의 북부 지역을 장악할 방법을 찾았다.

모든 열강은 조선의 영원한 자유에 동의했다.

하지만 러시아군은 조선 북부를 장악하기 시작했고, 남부는 일본의 동양척식주식회사東洋拓殖株式會社가 장악해나갔다. 이는 계속 지속되기 힘든 기괴한 상황이었다.

1904년, 일본과 제정帝政 러시아가 전쟁에 돌입했다. 일본 연합함대는 조선의 인천에서 출항하여 북쪽으로 향했다. 일본 해군은 압록강 전역에 걸쳐 공격을 가했으며, 기발한 작전으로 러시아군을 격파했다. 그러는 사이 일본은 조선과 협정을 체결해 이 '은자의 나라'에 독립을 보장하는 대신 조선 영토를 작전기지 명목으로 사용할 권리를 얻었다.

오래된 적은 계속 지켜보지만 새롭게 떠오르는 적은 무시하는 것이 인간의 본성이다. 일본은 사실 태평양을 향해 전진하는 러시아를 우려스럽게 지켜보던 영국과 미국의 도의적·물질적 지원에 힘입어 러시아를 격파할 수 있었다. '불곰 제국' 러시아가 꿈꿨던 것보다 훨씬 더 거대한 야망을 품은 일본은 이제 동아시아의 지배자였으며, 미국과 영국은 이에 환호했다.

하지만 그 당시 미국과 영국은 일본이 구舊질서를 완전히 다 철폐해버리라고는 미처 예상치 못했다.

시어도어 루스벨트Theodore Roosevelt[9] 대통령의 중재로 뉴햄프셔New Hampshire 주에서 포츠머스Portsmouth 조약이 체결될 당시, 만주에서 러시아의 영향력은 봉쇄되고 있었다. 모든 열강은 다시 한 번 조선의 자유를 보장했으나, 포츠머스 조약은 일본에게 조선이 '중요한 정치·군사·경제적 이익'의 대상임을 인정했다.

이제 일본 제국은 자유롭게 움직일 수 있게 된 것이다.

상쾌하면서도 안개가 자욱한 1905년 가을 어느 날, 이토 히로부미伊藤博文 후작은 도쿄로 소환되었다. 일본이 관료제에 프랑스 귀족식 호칭을 도입하면서 이토 후작으로 불리게 된 그는 일본 귀족 중에서도 높은 신분일 뿐 아니라 일본 제국에서 가장 능력 있는 인물 중 하나였다.

이토가 도쿄에 도착하자, 외무성은 그에게 현재 주변 정황에 대해 보고했다. 외무성은 그에게 덴노天皇가 조선 왕(고종)에게 곧 개인 서한을 보내 일본과 친선 동맹을 맺고 일본 제국의 대공영권 안으로 들어오라는 요구를 할 것이라고 알렸다. 하지만 조선의 왕과 대신들은 근시안적이었다. 이들은 일본이 만주를 지배하려 할 뿐 아니라 만주를 착취하려면 '육상의 가교'인 조선을 반드시 지배 하에 두어야 한다는 사실을 이해하지 못했다.

간단하게 말하자면, 조선은 왕과 신하들 중 누구도 일본에게 복속하길 원하지 않았다. 이런 요구 자체가 불경스러운 일이었다. 고종은 여기서 더 나쁜 선택을 했다. 미국 대통령으로 하여금 일본에게 압력을 넣어달라는 내용의 친서를 보낸 것이다.

키가 작고 말쑥한 구릿빛의 신사인 이토 후작은 이 말을 듣고 움찔했다. 그는 가끔 나긋나긋하게 말하지만 항상 심기 불편할 정도로 큰 해군

---

9 시어도어 루스벨트(1858~1919): 제26대 미국 대통령.

을 보유한 시어도어 루스벨트 대통령에 대해 아주 잘 알고 있었다.

"친서가 언제쯤 전달될 것 같습니까?" 그가 물었다.

외무성은 이미 첩자를 보내 조선 왕실 정원까지 드나들고 있었으며, 친서를 받아서 수송할 배의 이름까지 알아낸 뒤였다. 이들은 도착 일자를 계산해보고 시간이 많지 않다는 것을 깨달았다. 만약 백악관에 친서가 전달되면 일본은 체면을 크게 구길 것이며, 더 나아가 조선을 당장 장악할 수 있는 희망도 날아갈 터였다.

이토는 당장 한성으로 가서 이 상황을 호전시킬 수 있는 조치라면 무엇이든지 하라는 명령을 받았다. 만약 친서가 도착하기 전에 일본과 조선이 협정을 체결한다면, 루스벨트로서도 할 수 있는 것이 없을 것이었다.

승승장구 중인 일본 육군은 여전히 조선 땅에 있었으며, 이토의 요청에 따라 하세가와 요시미치長谷川好道 장군[10]이 사령관으로 보직되었다.

이토는 당장 한성으로 향했다. 도착하자마자 그는 조선 왕의 알현 허가를 기다리는 동안 하세가와 사령관과 먼저 의논을 했다. 하세가와는 한성 인근에 이 문제를 쉽게 처리할 충분한 병력이 있기 때문에 이토만 동의한다면 당장 처리하겠다고 제안했다. 차분하게 앉은 이토는 허풍이 섞였지만 솔직한 이 사무라이에게 국제 외교적인 현실을 설명하면서 왜 왕궁 벽에다 포격을 해서는 안 되는지 알려주었다. 그리고 그 대신 하세가와에게 병력을 훈련 명목으로 주변에서 행군시키고, 기포병騎砲兵[11]에게 마음껏 사격연습을 시키라고 명령했다.

북쪽에서는 차가운 바람이 불어오기 시작했고, 밤이 되면 갈색 들판이 얼기 시작했다. 건너편에서는 하세가와의 병사들이 노래를 부르고 고함을 치며 일장기를 펄럭이면서 행군했다. 또한 포병은 한성 성벽 주변에서 번쩍이는 바퀴가 달린 야포를 쏴대며 포연을 뿜어댔고, 기병은 사방으로

---

10 하세가와 요시미치(1850~1924): 일본 육군 원수.

11 기병대 소속의 포수.

뛰어다니며 말발굽을 찍어댔다.

야포는 바람을 타고 굉음을 냈으며, 뒤이어 어마어마하게 새까만 연기를 피워 올렸다. 굉음은 평화롭던 정원으로 들어와 궁궐의 연못까지 울려 퍼졌고, 궁궐이 자리 잡은 산 아래 고풍스런 은행나무 잎들을 흔들어댔다. 이 소리는 남대문을 거쳐 중세에 축조된 적색 성문인 대한문까지 울렸다.

조선의 각료 대신들은 길이 11킬로미터, 높이 7.6미터, 3미터 두께의 한성 성벽 위에 모여 이 장면을 지켜보았다. 이들은 군인이 아닌 학자 출신이었지만 '대일본大日本'의 현대 화력 앞에서는 돌로 축조한 이 정도 석성石城이 얼마 버티지 못한다는 것 정도는 잘 알고 있었다.

하지만 고종이 이미 '위대한' 루스벨트 대통령에게 친서를 보냈고, 각료들은 고종에게 이토를 무시하라고 압력을 넣었다. 고종은 그대로 했다. 그는 자신의 건강이 좋지 않아 왕실 거처에서 나갈 수가 없다고 일본에 통보했다.

지혜롭다기보다는 용감한 무골武骨 출신인 조선의 영의정 한규설韓圭卨[12]은 필요하다면 일본이 조선을 보호령으로 삼겠다는 요구에 끝까지 저항하라고 대신들에게 지시했다. 한규설은 조선 왕실에 충절을 바친 인물이었지만, 10년 전 미우라 고로三浦梧樓 자작[13]이 이끄는 술 취한 일본군 장교들이 왕비를 시해했다는 것과 그날 왕비의 죽음과 함께 고종의 용기도 함께 사그라졌다는 사실을 잘 알고 있었다.

이토 히로부미는 조선인의 습성을 잘 이해하고 있었다. 그는 조선인들이 평화를 지향하며 청교도처럼 절제된 습관을 갖고 살고, 계급체계의 최상위층에는 유럽이나 일본처럼 사무라이 무사들이 아니라 학자들이 있다는 점을 잘 알고 있었다. 그는 조선에는 사실상 군대가 없으며, 조선인

---

12 한규설(1856~1930): 구한말의 무신(武臣).

13 미우라 고로(1847~1926): 일본 육군 중장.

은 동양의 아일랜드인과 같아 매우 변덕스럽다는 것도 잘 알고 있었다. 기분에 따라 기쁨과 좌절 사이를 오가는 변덕스러운 조선 백성은 쉽게 조종당한다는 점도 알고 있었다. 그는 하세가와의 병사들이 행군을 하고 야포가 불을 뿜는 동안 조용히 기다렸다.

결국 이토는 1905년 11월 17일, 조선을 일본의 보호령으로 설정하는 문제를 논의하기 위한 회의를 요청하면서 조선 왕을 비롯한 내각 대신들의 참석을 요구했다. 그는 하세가와에게 느닷없는 명령을 내렸고 하세가와는 이를 따랐다. 이미 조선인들은 충분히 겁에 질려 있었으므로 이제는 행동에 들어갈 시기였다.

1905년 11월 17일 저녁, 땅거미가 지자마자 조용히 일본 정규군 대대가 한성으로 진주했다. 이들은 남대문과 대한문을 통해 들어와 궁궐 안쪽까지 진입했다. 그리고 안뜰을 포위한 후 왕궁 입구에 진지를 구축했다. 일본군은 잠시 후 횃불에 불을 붙인 뒤 길고 번쩍이는 총검을 소총에 장착했다.

이토는 이제 오다리에 과묵한 성격인 하세가와를 대동하고 일본도를 허리에 찬 채 알현실인 넓은 중명전重明殿[14] 안까지 들어왔다. 그가 들이닥쳤을 때 이미 불안에 떠는 조선 대신들이 모여 있었지만, 고종의 모습은 보이지 않았다.

이토는 고종도 참석해달라고 다시 한 번 요구했다. 그의 전갈에도 고종은 모습을 나타내기를 거부했다.

차갑게 미소를 지은 이토는 신하들 앞으로 스치듯 지나가 왕의 거처로 향했다. 그는 결국 왕의 내전 안까지 들어가 사색이 된 고종과 대면했다.

고종은 미소 짓고 있는 이 일본 사내를 상대할 배짱이 없었다. 고종은 말을 더듬으며 "나가주시오"라고 했다. "오늘은 목이 좋지 않구려. 그 문

---

14 1905년 11월 17일에 어전회의가 열린 곳은 경운궁(慶運宮)(1907년 이후로 덕수궁)이며 조약이 체결된 곳은 중명전(重明殿)이다.

제는 대신들과 논의하시오."

이토는 미소를 지으며 머리를 숙여 보인 후 나갔다. 그는 다시 중화전 中和殿으로 돌아가 "임금께서 이 문제를 여러분과 내가 해결하라고 명하셨소"라고 말했다.

한규설은 분노에 찬 목소리로 자리를 박차며 "직접 가서 전하를 뵙고 오겠소!"라고 외쳤다.

이토는 영의정이 나가는 모습을 무심하게 지켜보았다. 그는 한규설 혼자서 내각을 지탱해나가고 있으며, 그가 고종보다 훨씬 용감한 사람임을 알고 있었다. 이토는 이런 상황을 예측하고 있었던 터라 차분히 앉아 한규설이 자신의 앞을 가로질러 문 밖으로 나가게 비켜주었다.

한규설이 밖으로 나가자 일본 공사관의 비서가 그의 옆구리에 권총을 들이댔다. "조용히 하지 않으면 쏘겠소."

그는 한규설을 작은 방으로 몰아넣은 후 무릎을 꿇게 했다.

잠시 후 이토 히로부미가 나타났다. 그는 한규설 앞에 앉아 일본 황실이 그를 필요로 하고 있으며, 이미 대세가 바뀌었으니 슬슬 이에 순응하고 이익을 챙기는 것이 낫지, 불필요하게 싸우다 죽을 필요는 없지 않느냐고 설득했다.

한규설은 이토에게 침을 뱉었다.

이토가 한규설에게 물었다. "임금의 명이라도 끝까지 포기 못 하시겠소?"

한규설이 싸늘하게 답했다. "전하의 명이라도 그렇게는 못 하겠소."

이토는 한규설의 눈동자를 잠시 바라보다가 애석하다는 듯이 크게 한숨을 내쉬었다. 몰아붙이면 한규설도 언젠가는 무너지겠지만, 무너지고 난 자는 쓸모가 없는 법이다. 이토는 무릎 꿇고 있는 한규설을 뒤로한 채 왕의 거처로 다시 돌아갔다.

이토가 고종에게 말했다. "한규설은 배신자입니다. 그는 저와 직접 협상하라고 전하께서 하달하신 명을 거부하고 있습니다. 그는 전하의 명을 모두 거역할 것입니다."

몸을 떨고 있던 고종은 한규설을 해임해야 한다는 이토의 주장에 동의했다. 이토의 싸늘한 시선은 이미 속부터 썩어가고 있는 이씨 왕조의 속사정을 꿰뚫어보고 있었다. 이토는 고종의 유력한 후계자가 태어날 때부터 지능 발달이 늦은 편이라는 이야기를 들은 바 있었다. 이토는 오늘 밤 모든 일이 잘 풀린다면 고종은 오래 살지 못할 것이라고 마음에 새겼다.

이토 히로부미는 고종 앞에서 거만하게 앞으로 나아가 중명전 앞에 모여 있는 병사들에게 일장 연설을 했다. 잠시 후 그는 다시 안으로 들어가 걱정에 찬 얼굴로 자신을 바라보는 조선의 각료들을 바라보았다. 이미 한규설이 자리를 뜬 지 한참 되었고, 이 덕망 높은 반백의 학자들은 시간이 가면 갈수록 용기를 잃고 있었다.

이토는 어깨를 편 후 고개를 높이 쳐들었다. 그는 더 이상 미소를 짓지 않았다. 이토는 잠시 몸을 부들부들 떨더니 각료 대신들을 향해 갑자기 소리쳤다. "한규설은 죽었다! 중국인들은 사라졌고, 러시아는 패배했다. 미국은 1882년에 조선과 협정을 체결했을지 모르나 당신들을 도와주러 오기엔 너무 멀리 있다. 그러니 지금 우리에게 협력하고 부富를 약속받으라. 우리에게 반대하면 죽음이 있을 뿐이다."

각료 대신들은 모두 겁에 질렸다. 그들은 낮은 목소리로 서로 무엇인가 의견을 주고받았다. 잠시 후 하세가와가 들어와 탁상을 일본도로 탁탁 치면서 각료들이 일본과의 보호조약에 서명하지 않으면 자신의 병력을 한성에 풀어놓겠다고 위협했다. 그는 절제 따위는 전혀 없이 겁에 질린 이 양반들을 향해 고래고래 소리를 질렀다. 일본인들은 가차 없이 조선인들을 몰아붙였다. 이미 모든 출구는 총검을 장착한 소총을 든 군인들이 둘러싸고 있었기 때문에 그 누구도 방에서 나갈 수 없었다.

자정이 한참 지나서 눈물로 범벅이 된 외무대신이 외세 악마들이 최근에 설치한 문물인 전화기를 들었다. 그러고는 협정에 도장을 찍기 위해 국새를 가져오라고 명령했다.

국새를 보관하는 비서원秘書院의 관리는 상황이 어떻게 돌아가는지 알앉기 때문에 국새를 가져가기를 거부했다. 하지만 곧 일본군이 그를 발견하고 강제로 국새를 빼앗았다. 국새를 뺏어든 일본군 소위는 만면에 미소를 짓고 의기양양하게 걸어왔다.

이토 히로부미는 결국 강압적인 방법으로 조선과 일본 사이의 보호조약을 체결했다. 그는 조선의 왕을 고귀하게 모시진 않았으나 최소한 대접을 한 공으로 곧 조선 총독에 취임하게 되었다.

* * *

을사조약이 체결되고 14년 뒤, 보스턴 출신의 에드워드 트윙Edward W. Twing 목사가 국제개혁국 동양담당관으로서 조선을 방문했다.

트윙 목사는 1919년에 민주주의와 민족자결주의가 전 세계를 휩쓸었듯 조선에서도 이를 갈망하는 모습을 목격했다.

하지만 조선에서 시작된 운동은 더 이상 진전이 없었다. 일단 일본 당국이 평화적인 시위나 집회까지 가리지 않고 정책적으로 모두 잔인하게 탄압했기 때문이다. 조선인들이 대동아공영권大東亞共榮圈에서 이탈하고 싶어한다는 생각 자체가 일본인들에게는 감당할 수 없는 체면 손상이었다.[15]

어느 날, 트윙 목사는 조선 여학생들이 지나가는 일본군인들 앞에서 "만세"를 외치는 모습을 목격했다. 일본군은 곧장 여학생들에게 발포했다. 다른 여학생들이 아무 소리도 내지 않고 대로를 따라 내려오자, 흥분해 있던 일본군이 다시 이들을 공격했다. 일본군은 이 여학생들을 개머리판으로 내리치고 쓰러뜨린 뒤 옷을 찢어버렸다. 트윙 목사가 보스턴에 보낸 전보 내용을 인용하면 "(일본군) 병사들은 여학생들을 가장 수치스러운 방법으로 다루었다."

조선인은 어떤 등급의 신분이든 상관없이 황국신민皇國臣民이라고 교육

---

[15] 원문에는 대동아공영권이라는 단어가 쓰였으나, 이 용어가 공식적으로 사용되기 시작한 것은 1930년대 후반부터이다.

받았다. 그들은 1919년에 석 달 동안 5만 명 이상이 살해당하거나 적어도 병원 신세를 지게 되면서 이를 더 강하게 교육받았다.

트윙 목사가 보낸 전보에 따르면, 일본인들은 무엇보다도 서구 사상을 접하는 것은 위험하다는 점을 기독교로 개종한 조선인들에게 가르치고자 했다. 실제로도 그랬다. 기독교인은 신토神道 신사에 끌려가 십자가에 묶인 후 무참하게 폭행을 당했다. 기독교 집안의 어린 여성들은 나체 상태로 전신주에 머리카락이 묶인 채 태형을 당한 후 대중에게 보이기 위해 한동안 방치되었다.

트윙 목사는 이러한 광경을 보는 게 괴로웠다. 일본 데이코쿠帝国 호텔에 투숙하면서 일본인의 미소와 문화적 차이나 경험하고 온 관광객들은 모르겠지만, 수년 뒤 난징南京, 말라야Malaya, '바탄 죽음의 행군'[16]의 생존자들은 이때 트윙 목사가 한 말이 무슨 뜻이었는지 이해했다. 하지만 1919년에는 이 말에 귀 기울이는 사람이 거의 없었다. 어쨌든 조선인은 아시아인이었고, 누군가가 지배해야만 하는 대상이었다.

트윙 목사는 또한 일본이 두고두고 자랑한, 조선에 대한 대규모 개혁도 언급했다. 하지만 트윙 목사의 이야기는 공식적으로 세간에 알려진 것과 차이가 있었다.

트윙 목사에 따르면, 일본은 조선어를 말살하는 방법으로 개혁을 진행했다. 새로 밝아온 20세기에 조선 문화를 위한 자리는 있을 수 없었기 때문에 조선의 문서고와 서가는 불살라 정화시켰다. 일본어는 조선 궁궐에서 쓰였을 뿐 아니라 학교에서 허용된 유일한 언어였다.

조선인은 문맹률 문제를 넘어 교육 자체를 받지 못했다. 조선인에게는 해외 유학이 허용되지 않았으나, 오직 신뢰할 수 있는 소수에게만 일본 입국이 허용되었다. 하지만 그렇게 일본에 가도 종교, 역사, 경제, 정치,

---

16   바탄 죽음의 행군: 필리핀에 주둔하던 미군 7만 5,000여 명과 필리핀군이 항복해 포로가 되자 일본군이 이들을 필리핀 남쪽 끝 마리벨레스(Mariveles)에서 산페르난도(San Fernando)까지 약 100킬로미터를 강제로 행군하게 한 사건을 말한다.

법을 공부하기란 어려웠다. 사무라이들이 감당할 수 있는 것보다 더 많은 학자와 불온분자들이 있던 일본에서 조선인은 고작 장작꾼이나 물지겟꾼이 되는 게 운명이었다.

원시경제 개혁은 모든 경제권을 일본에서 태어난 순수 일본인들의 손에 쥐어주는 방향으로 흘러갔으며, 이로 인해 수천, 수만 명의 일본인들이 조선으로 이주했다.

사법司法 개혁에는 일본인이라면 벌금이나 부과할 경범죄에 의무적인 태형이 포함되었다. 사법은 고대부터 이어온 도구인 고문대가 다시 도입되는 방식으로 재정립되었다. 일본 순사가 치안을 맡았지만, 서서히 충성스런 조선인들을 교육시켜 이들에게 교통정리나 죄수 폭행 같은 작은 일들을 맡겼다.

조선의 법률 개혁은 사회 개혁으로 이어졌다. 오래지 않아 충성스런 조선인들은 직장에서 거짓말을 하고, 사기를 치고, 훔치고, 꾀병을 부리는 편법을 썼다. 그리고 이들은 끔찍한 처우를 받았다. 버릇 중에는 변치 않는 것이 있기 마련이다.

알려지기로는 조선인 100만 명 이상이 해외로 피신했다. 일부는 중국으로 갔고, 상당수는 러시아로 갔으며, 심지어 일부는 미국으로 이주했다. 미국으로 간 망명자 중에는 미국 정부를 당황하게 만든 이승만 박사도 포함되어 있었다. 그는 조선이 합병되기 전인 대한제국 여권으로 미국에 입국했으며, 1919년에는 조선인이 받는 핍박에 대해 시위할 목적으로 국제연맹을 방문할 수 있는 사증을 요구했다. 미 정부는 그에게 유효한 일본 여권이 없다는 이유로 이를 단호하게 거절했지만, 실은 오래되지 않은 동맹국인 일본의 기분을 상하게 만들지 않기 위해서였다. 하지만 이 박사는 영향력 있는 친구들이 많았기 때문에 미국에 계속 머물 수 있는 체류 허가를 받았다.

1919년 이후 조선 총독부는 서구에서 온 선교사들이 서구 국가들에서 그 위상이 얼마나 작은지 알지 못했기 때문에 이들을 감히 추방하지 못했다. 수년간 조선인들의 유일한 외부 접촉은 이들 선교사를 통한 것뿐이었다. 덕분에 조선에서는 반서구적 편견이 발생하지 않았다.

조선인들은 여러 인종의 제국주의가 밀려 들어온다는 것을 어렵게 알게 되었다. 백인종뿐만 아니라 흑인종 혹은 갈색인종 혹은 황인종일 수도 있었다. 이후로 조선인들은 정서상 다른 아시아 국가들과 인종적으로 응집력을 갖지 못하게 된다. 일본의 점령과 근절 정책이 이를 대신했다.

1919년 그리고 이후로 트윙 목사를 비롯한 수많은 이들이 조선에서 돌아오면서 그곳에서 무슨 일이 벌어지고 있는지를 알리려 했다.

하지만 세계는 조선에 관심이 없었다. 워싱턴에서 트윙 목사는 결국 조선은 일본의 내부 문제일 뿐이라는 말을 들었다. 미시시피의 농장주들이 농장 노동자들에게 임금을 얼마나 지불하는지 일본이 신경 쓰지 않듯 조선은 미국에게 그만큼의 관심도 안 가는 일이었다.

하지만 어느 일요일 아침 진주만이라 불리는 곳에서 엄청난 사건이 벌어지고 오래지 않아 미국 정부 사람들도 귀를 기울이게 된다.

제3장
전쟁을 일으키기 위해서

●

윗물이 맑아야 아랫물도 맑다.

－ 한국 속담

1945년 8월 어느 뜨거운 여름밤, 포토맥Potomac 강을 낀 워싱턴에서 뒷방에 뭘 숨겨놓고 있는지 궁금해하며 찾아간 사람이라면 방 안의 사람들이 새로운 골칫거리로 땀깨나 쏟는 모습을 보았을 것이다. 골칫거리의 이름은 조선이었다. 국무부–전쟁부–해군부 협조위원회State-War-Navy Coordinating Committee[17], 일명 스윙크SWNCC는 조선에 대해 뭐든 답을 내라는, 그것도 빨리 내라는 지시를 받았다.

히로시마에 원자탄이 터지고 이틀 뒤, 줄곧 3년 동안 노력한 결과 미국은 결국 대일전쟁에 소련을 참여시킬 수 있었다. 소련은 일본에 선전포고를 하기도 전에 만주로 들이닥쳤고 조선 국경을 넘었다.

이반 치스차코프Ivan Chistyakov 상장上將은 병력 12만 명과 함께 압록강을 건너 남하하기 시작했다. 일본군은 도쿄에서 내린 명령에 따라 후퇴했다.

스윙크 소속 위원들은 1943년 12월에 채택한 카이로 선언에서 적절한 시기에 조선을 자유로운 독립국가로 만들기로 약속했으며 이후 얄타와 포츠담에서도 열강들이 조선에서 일종의 국제 신탁통치를 실시하기

---

17 국무부–전쟁부–해군부 협조위원회: 제2차 세계대전이 끝나기 전인 1944년 12월에 추축국의 정치–군사 사안을 다루기 위해 미국 국무부, 전쟁부, 해군부가 모여서 만든 협조 기구.

로 합의했다는 것을 알고 있었다. 소련 또한 포츠담 협약을 받아들였다. 그 후로 표면적으로는 소련이 아시아 대륙에서 일본 제국을 밀어내는 것이 문제가 안 될 것으로 보였다.

하지만 로스케[18]를 단 한 번도 전우라고 생각해본 적이 없는 완고한 현실주의자들만 있던 스윙크는 미국이 되도록 빨리 병력을 아시아로 보내야 한다고 믿었다. 이반 치스차코프는 혼자서 일본의 항복을 받아낼 수 있었으나, 당연히 핵심은 그게 아니었다.

미 정부는 스윙크의 의견에 동의해 최대한 빨리 조선에 파병하기로 결정했다.

하지만 작은 반도 위에 완전 무장한 미국인과 소련인, 그리고 총기를 지닌 일본인이 모여 있으면 복잡한 상황이 벌어질 것은 불을 보듯 뻔했다. 결국 스윙크는 미국과 소련이 일본으로부터 각각 항복을 받아내도록 작전지역을 갈라놓아야 하는 문제를 안게 되었다.

"경계선을 긋고 소련은 저쪽에서 우리는 이쪽에서 일본군을 처리하자"는 제안이 나왔다.

스윙크 위원들 모두 이 의견에 동의했다. 당시 미 국방부에서 합의를 이끌어내는 것은 오늘날보다 훨씬 쉬웠다. 당시에는 항복을 받아내기 위해 전략폭격을 실시해야 한다며 반대하는 독립된 공군이 아직 없었기 때문이다.

하지만 대체 어디에 선을 긋는다는 말인가?

현실주의자들 중에는 "왜 압록강에 그으면 안 되는가?"라고 묻는 사람들도 있었다.

하지만 그러기에는 너무 늦었다. 소련군이 이미 압록강을 건넌 뒤였기 때문이다. 국무부는 만약 미군이 소련군에게 의심의 여지를 주는 날에는 지금껏 모두가 치열하게 싸우며 갈망해온 밝고 새로운 미래가 엉망이 될

---

18 한국어 및 일본어로 러시아인을 얕잡아 부르는 말.

것임을 경고했다. 또한 동맹국에 대한 의례 차원에서 소련에게 이미 점령한 영토에서 철수하라고 말할 수는 없었다.

육군이 제안했다. "일단 지도를 봅시다."

이 상황에서 해군은 별로 도움이 될 것도 없었지만, 어쨌든 동의했다. 벽에 건 전략지도 위에는 패덤^{fathom}[19]이 표시되어 있지 않았다.

장차 미국의 역할을 위험하게 하지 않을 만큼 충분히 북쪽으로 올라가 있으면서 동시에 소련군이 이미 남하했을 수도 있는 지역까지 포함되도록 충분히 남쪽까지 내려온 선이나 지대를 찾아야 했다.

그러던 중 북위 38도 선이 한반도를 거의 반으로 나누며 지나가는 것이 보였다. "이 선은 어때?"

일단 조선의 정치적 수도가 미국 지역 안으로 들어왔기 때문에 국무부는 이에 동의했다.

해군 또한 미측 지역에 거대한 항구 두 곳이 포함되어 있어 만족했다. "남쪽의 부산이 조선 최대의 항구군요."

"더 나은 방안이 있는 분?"

아무도 나서지 않았다.

"그럼 이렇게 상부에 보고합시다."

상부에서도 이 안을 받아들였다. 북위 38도 선을 일본의 항복을 받기 위해 미국과 소련의 책임지역을 나누는 임시 분할선으로 정하기로 한 것이다. 이 선은 일본군의 항복을 받는 절차가 담긴 일반 명령 제1호에 포함되었으며, 이는 확인을 위해 전보로 런던과 모스크바에 전해졌다.

영국은 흡족해했고, 소련도 일단 "좋다"는 답을 해왔다.

그렇게 38선이 정해진 것이다.

스윙크는 독재자들을 제거했다고 해서 세상이 1939년 이전으로 돌아가지 않으리라는 것, 앞으로 세계는 훨씬 복잡한 양극체제가 되어 근본부

---

19 깊이 단위로, 주로 바다의 깊이를 재는 데 쓴다. 1패덤은 약 1.83미터에 해당한다.

터 상충하는 두 사상에 따라 진영이 나뉘게 되리라는 것을 예상하지 못했다. 어쨌든 거기까지는 스윙크의 일이 아니었다. 또한 소련이 향후 무슨 행동을 할지, 혹은 당장 편의를 위해 임시로 그은 이 선이 굳건한 정치적 국경선이 될 것을 걱정하는 것도 이들의 일이 아니었다.

전쟁에서 승리하라는 지시를 받은 육군과 해군은 명령대로 이행했다. 국무부 또한 조지 마셜George Marshall [20] 국무장관 아래서 극동문제 부장관을 지낸 월튼 버터워스Walton Butterworth의 말처럼 "그 어떤 일에도 개인적인 의견을 가져선 안 된다"고 믿었는데, 특히 직업관리라면 더더욱 그랬다.

정치적으로 무슨 일이 앞으로 일어날지를 예측하는 것이 민간 정부 최고위층의 책임이다. 대통령 주위에 있는 사람들은 1948년, 1952년, 1964년 이후를 내다보고 계획하고 있어야 했다.

1945년 여름, 미군은 세계 문제와 전쟁의 최후 해결을 미룬 채 한반도에 발을 들여놓고 있었다.

* * *

1945년 여름, 일리노이 주 모리슨빌Morrisonville 출신인 윌리엄 존스William P. Jones, Jr. 중령은 주둔하고 있던 이탈리아 레그혼Leghorn에서 자신의 1108 공병전투단 본부와 함께 태평양으로 전개되었다. 1108공병전투단은 파나마 운하를 거쳐 9월에 필리핀에 도착했다. 전쟁은 이미 끝났고 병사들은 집에 갈 생각으로 들떠 있었다.

존 하지John R. Hodge 중장이 지휘하는 미 24군단은 이미 일본군의 항복을 받고 점령군 역할을 하고자 한반도에 전개 중이었으며, 그에게는 공병이 필요했다. 하지만 존스 중령은 하지 중장이 필요한 공병을 1108공병전투단에서 차출할 생각이 없다는 것을 알게 되었다.

---

20 조지 마셜(1880~1959): 미 육군참모총장과 국무장관을 역임.

대일 승전일[21] 이후 전역 및 순환 파병자 명단이 새로 작성되었다. 외과의와 치과의가 포함된 대부분의 장교들과 80명의 사령부 병사들 중 15명을 제외한 모든 병사들이 귀향 자격을 얻었다. 공병 병과에서는 정규군인 존스 중령을 제외하고 단 2명의 장교만이 남았다.

다부진 체격, 덥수룩한 수염, 그리고 머리숱이 적은 존스 중령은 자신의 병력이 해산되는 것에 항의했다. 이렇게 훈련된 인원들을 모두 귀국시켜버리면 대체 무엇을 하라는 것인가?

그는 사령부로부터 어떤 말도 듣지 못했다. 항복하거나 점령당한 것이 아니라면 병사들의 귀향이 우선되어야 했다. 대략 20만 명으로 이루어진 정규군은 홀로 임무를 수행해야만 했다. 4년 동안 의회는 전쟁이 끝났는데도 일부 고위 장성들이 사악하게 대규모 병력을 유지하려 하는지를 알아내는 것이 가장 중요하다고 보았다.

의회 그리고 의회 뒤에서 아우성치는 미국 국민들은 전혀 걱정할 필요가 없었다. 대부분의 군 장성들은 그저 한숨만 한 번 내쉬고 포기했기 때문이다.

결국 떠날 병사들은 모두 집으로 떠났다.

존스 중령은 당연히 대체 병력을 받았다. 그는 병참 병과와 보병 병과에서 장교를 받았고, 부대는 이제 겨우 18세로 막 징집되어 기본 교육만 받았을 뿐 간단한 주특기 교육도 받은 적이 없는 병사들만 넘쳐났다.

엔지니어는 없었다. 대부분의 전문집단과 마찬가지로 엔지니어들은 징병이 실시되었을 때만 군에서 복무했다.

존스 중령은 건물 해체 때 쓰는 쇠지렛대도 모를 뿐 아니라 '들보balk'가 야구 용어인 줄 아는[22] 공병단 사령부를 이끌고 한국을 뜻하는 암호

---

21 영어로는 VJ Day(Victory over Japan Day)라 부르며 대일(對日)전쟁이 종전된 1945년 8월 14일을 말한다.

22 balk(보크)는 '들보'라는 뜻도 있지만, 야구에서는 흔히 투수가 루 위에서 규칙에 위반되는 행동을 하는 것을 말한다.

명 '블랙리스트 포티Blacklist Forty'의 일원으로서 한국에서 하지 장군의 명령을 받아야 했다. 하지 장군은 존스 중령을 부산으로 보내 지역 내 공병 약 3,000명을 인솔하라고 했다. 공병의 임무는 미 점령군을 위한 거주시설을 짓고, 귀국 병사들이 떠나고 난 뒤에도 공병 지원을 실시하는 것이었다.

하루하루 그리고 매주 존스 중령은 매우 실망스러웠다. 세계 최강이라 일컬어지는 미 육군은 질서 정연하게 서서히 사라진 것이 아니었다. 그들은 집에 가겠다고 아우성치며 엉망진창인 군중이 되어 분열했다. 석 달 전 입대한 이들도 전쟁이 끝났으니 집에 가야 한다고 믿었다. 어느 누구도 해야 할 일에 대해 생각하는 사람은 없었다.

다행스럽게도 존스 중령에게는 한국에서 귀국을 기다리는 일본 병사들이 자발적인 노동자가 되어주었다. 해방에 도취한 한국인들과 정신적으로는 이미 군복을 벗어던지고 사복을 걸친 것 같은 미군들 모두 노동이라는 말에 시큰둥했다. 반면, 대동아공영권이 사라지자 일본인들은 상냥하고, 항상 웃으며, 전문적이고, 전적으로 도움이 되려는 자세가 되어 있었다. 존스 중령은 일본인들을 작업에 투입했다. 누군가는 일을 해야 했기 때문이다.

하지만 모든 일본인이 본국으로 송환되었다. 송환이 진행되면서 일본군 장교, 전문직 근로자, 엔지니어, 은행원, 부산 지역의 행정 공무원이 일시에 모두 떠나버렸다. 이들이 떠난 자리엔 혼란만 남았다.

대부분의 미국인들처럼 존스 중령도 아직 한국을 감당할 준비가 되어 있지 않았다. 부산의 끔찍한 가난과 먼지, 불결함, 오물, 시끄러운 소리는 서구 사람들에게 혐오감을 자아냈다. 상처에서 고름이 흘러나오는 고아들이 거리에 누워 있었다. 일본의 철권통치가 사라지면서 도시는 마비되었다. 항복하기 전에 일본이 화폐 수십억 엔을 찍어 원하는 사람들에게 마구 뿌렸기 때문에 돈은 휴지 조각에 불과했다. 특히 교육을 받아 책임 있는 지위에 있던 조선인들에게는 친일 혐의가 덧씌워져 있었다.

갓을 쓰고 흰 도포를 두르고 나이를 먹어감에 따라 현명해진 늙은 양반들은 술에 취해 고함을 지르며 길 여기저기서 비틀댔다. 여자와 아이들은 길 한편에 쓰러져 죽어 있었고, 정부 기관이나 지나가는 행인이나 모두 다 이런 시신들을 무시했다. 존스 중령은 교통경찰의 지시를 무시하고 부산 시내의 길을 건너려던 나이 든 한 여성을 보았다. 경찰은 그녀를 뒤로 밀어 넘어뜨렸다. 그 누구도 그녀를 일으켜주지 않았다.

40년 가깝게 식민지 생활과 폭정 아래에서 살아온 세월은 한 달 혹은 일 년 만에 씻길 수는 없었다. 존스 중령은 미군정이 걷잡을 수 없는 혼란을 떠안게 되었다는 사실을 뒤늦게 깨닫고 있었다.

그는 도무지 악취에 익숙해지지 않았다. 부산 시내에는 생선 썩는 냄새, 장작 연기, 쓰레기 냄새, 그리고 씻지 않은 사람의 냄새가 뒤엉켜 있었다. 시내 외곽은 더했다. 대부분의 동양 국가와 마찬가지로 한국인은 인분을 비료로 사용했다. 한국의 논밭 때문에 전 국토는 화장실 또는 일요일 아침의 남학생 클럽 하우스 같은 냄새를 풍겼다.

강에서 빤 옷은 역겨운 갈색이 되었다.

하지만 미군정 장교들은 코를 감싸쥐고 조금씩 일을 정리해가고 있었다. 그 누구도 이런 일을 해본 적도 없거니와 동양인을 상대해본 적도 없었다. 독일, 심지어 일본에서도 문제가 이렇게 산적하진 않았다. 그래도 독일에서는 반反나치화 작업이 공식적으로 끝난 뒤로는 경험과 기술 있는 사람들을 찾기가 수월했다.

한국에서는 정치 성향과 관계없이 정부든 기업이든 행정교육을 받은 사람이 없었다.

존스 중령은 한국의 복잡한 정치 상황에 대해서 간접적으로만 들었다. 공병 장교로서 부산의 화재 문제를 맡게 된 그는 시내에서 화재가 아주 빈번히 일어나고 있다는 것을 알게 되었다. 그는 한국의 소방관에게 그 이유를 물었다.

"아, 성향이 다른 정치집단끼리 상대편 집에다 불을 질러대서 그런 겁니다." 소방관은 쾌활하게 대답했다. 대부분의 부산 시내 건물은 초가지붕이었기 때문에 존스 중령은 눈코 뜰 새 없이 바빴다.

한번은 존스 중령이 화재 현장에 나가보았다. 그는 구식 일본 소방장비를 들고 용감하게 화마火魔와 싸우고 있는 한국 소방관을 보았다. 그때 근처에서 누군가가 소리를 질렀다.

몸을 돌리자, 소방관과 경찰이 한 한국인을 마구 때리는 모습이 보였다. 그 한국인은 엄청나게 두들겨 맞고 있었다. 그때 곁에 있던 미군 소령이 존스 중령의 소매를 잡아끌었다. "중령님, 저들을 방해하지 마십시오. 누가 불을 질렀는지 색출하는 겁니다."

그 후 미군정 차량이 아이를 치는 일이 있었다. 사고 조사를 위해 파견된 장교는 아이의 가족이 별로 개의치 않는 모습이었다고 보고했다. 삶은 힘겹고 처절했고 짧았다. 그들에겐 그저 먹고 살아야 하는 입이 하나 줄었을 뿐이었다.

존스 중령은 미군 PX에 한국인 경비원을 채용했다. 한국인들은 처절할 정도로 가난했으며 돈만 되면 박혀 있는 못이라도 빼낼 정도로 무엇이든 훔치려 했다. 하지만 미군 초병들은 기름통이나 물통을 든 여성이나 아이를 쏘려 하지 않았다. 어쨌든 2, 3명을 죽이고 나자 그들은 가슴이 아팠다. 반면, 한국인 경비원들은 도둑을 잡으면 얼마든지 총을 쏘거나 흠씬 두드려 팼다. 한국인 경비원을 채용함으로써 미군정은 예산을 아낄 수 있었다.

일리노이 출신으로 성실하고 의식이 있는 사람이던 존스 중령은 맡은 일에 최선을 다했다. 하지만 그는 끝까지 한국인을 이해하지 못했고, 이 땅에 미국에서 하는 것 같은 진정한 민주주의를 정착시킨다는 것은 헛된 희망에 불과하다고 생각했다.

무엇을 해야 할지 몰랐던 그는 1946년 초 보직이 끝나자 1년 전 집으로 돌아갔던 병사들과 마찬가지로 집으로 돌아갔다.

* * *

보병인 에드워드 랜더스Edward H. Landers 대위가 인천에 도착한 것은 1946

년이었다. 그는 서울과 인천 사이에 위치한 육군지원사령부ASCOM[23] City에 주둔 중인 미 24군단에 정훈장교로 보직되었다. 델라웨어 주의 오래된 도시인 포트 듀폰Fort Dupont, DE 출신으로 키가 크고 말이 느린 그는 군인의 아들이었다.

육군지원사령부는 주둔군이 건립했으며 대한민국에 있는 미 육군 전투지원부대의 본산이었다. 처음부터 랜더스 대위는 이곳이 마음에 들지 않았다. 하지만 별반 놀라운 일은 아니었다. 애당초 정신이 제대로 박힌 사람이라면 한국에 있는 것 자체를 좋아할 리가 없기 때문이었다.

여름은 덥고 먼지가 많거나 아니면 덥고 비가 많이 왔고, 기온은 섭씨 37도까지 올라갔다. 겨울은 시베리아였다. 시골에는 땅이 얼어붙는 몇 개월을 빼고는 악취가 진동했다.

랜더스 대위는 자신의 보직도 별로 마음에 들지 않았다. 정훈 업무에 누구도 신경 쓰지 않았다. 항상 말을 조심하지 않으면 누군가가 의회에 알렸다. 성실했던 그는 자신이 속담에 나오는 수컷 돼지의 맹장만큼이라도 쓸모가 있을까라고 생각했다.

병사들의 사기는 엉망이었다. 모두 다 집으로 돌아가고 싶어했고, 그중 일부는 집에 보내주는 문제를 놓고 못되게 처신하기도 했다. 그 와중에도 병사들은 할 수 있는 한 잘 지내려 노력했다. 밤이면 여자들이 병영에 들락거렸고, 모두 다 암시장에서 물건을 거래했다. 병사들 사이에서 군기라고는 전혀 찾아볼 수 없었다.

랜더스 대위가 초급장교들에게 이 문제를 물어보자, 그들은 어깨를 으쓱이며 말했다. "뭘 어쩌겠습니까? 전쟁은 다 끝나버렸는데."

육군에 치명적인 조치가 취해졌으나, 육군은 무슨 일을 당했는지도 제대로 이해하지 못했다. 1945년에 육군의 '계급제도'의 불공정을 일소하기 위해 둘리틀 위원회Doolittle Board가 소집되었다. 둘리틀 위원회는 증인

---

23 육군지원사령부(Army Support Command)의 약자.

42명을 면담했고 대략 1,000통에 가까운 투서를 읽었다. 투서를 쓴 이들 대부분은 불만이 가득했다. 많은 사람들은 공정하게 대우받을 권리가 있었다. 800만의 육군을 만들기 위해 일병 진급도 시켜서는 안 될 병사들 수천 명을 장교로 임관시켰다. 특히 현역들에게 안 좋은 일들이 일어났다. 장교와 부사관이 권한을 남용하기도 했다.

기본적으로 군에서 권한 남용을 줄이는 데는 두 가지 방법이 있었다. 하나는 장교 임관제도를 손봄으로써 평범한 자는 거의 임관이 불가능하게 만드는 것으로, 장교단은 소수가 되겠지만 대신 능력은 훨씬 뛰어나게 된다. 다른 방법은 권한을 줄여서 그 누구에게도 남용할 권한이 없게 하는 것이다.

앞으로 길고 긴 평화가 찾아온다고 생각하고 있었을 둘리틀 위원회는 1946년 초에 두 방법 중에서 후자를 택했다.

그것은 좋은 아이디어였으나 제대로 작동하지 않았다. 한국에 있는 중대장들은 여전히 병영에 드나드는 여자들을 지켜볼 수밖에 없었고, 병사들에게 돌려보내라고 말했지만 어떤 조치를 취해야 할지 알지 못했다. 사실 중대장들은 잘 몰랐지만 미국식으로 하자면 그냥 무시하고 자기도 애인을 하나 만드는 것이었다.

그리고 많은 중대장이 그렇게 했다.

알게 뭐냐, 어차피 전쟁은 끝난 것을. 불쾌한 새로운 일이 생긴다고 말하는 놈이 있다면 그는 분명 망할 파시스트거나 그 비슷한 것일 터였다.

뿐만 아니라 성병 감염은 이제 더 이상 군사재판 대상이 아니었다. 근무자를 제외하고는 경례를 해야 한다든가, 부사관을 존중해야 한다는 생각 등은 이젠 시대에 뒤처진 것이었다.

랜더스 대위는 여러 현지인들을 만났다. 어쨌든 미군은 한국인을 위해 한국에 주둔하는 것이며 병사들에게 그것을 계속 말했다. 그는 서울에서 기자를 만났고, 인천에서는 안 박사라는 사람을 만났다. 랜더스 대위는 겨울이라도 집 안에서 신발을 벗어야 하며, 집에서는 예의 바르게 앉아 있어야 한다는 사실을 배웠다. 하지만 한국의 지식인과 나누는 대화는 가끔 당혹스러울 때가 있었다.

안 박사가 물었다. "민주주의라는 게 뭐요?"

기자들도 물었다. "당신들의 민주주의가 한국에 왜 좋은 거죠?"

안 박사가 다시 물었다. "왜 미국인들은 한국인과 관련된 것은 다 거부하는 거요? 왜 우리나라에서 당신들의 생활 방식을 재현하려고 노력하고 있는 겁니까?"

"왜 헌병들은 기차 내 미국인 구역에서 한국인들을 쫓아내는 건가요? 왜 연합군인 소련은 한국을 38선으로 나뉘도록 내버려두는 겁니까? 왜 당신들은 집으로 돌아가지 않으며 우리가 우리나라를 통치하게 놔두지 않는 거요?"… 한국인들은 꼬치꼬치 캐물었다.

"하지만 민주주의란 게 대체 무엇이오?" 안 박사는 랜더스 대위가 30분 동안 열심히 설명하고 난 후에 다시 물었다.

"질문 하나 하겠습니다." 랜더스 대위가 말했다. "어제 저는 한국 소녀 하나가 학교 근처 길에서 넘어지는 것을 보았습니다. 저는 한국 경찰을 불렀습니다. 하지만 오지 않더군요. 그들은 제가 세 번이나 부르고 나서야 다가와 그 소녀를 일으키고는 데리고 갔습니다."

"아, 책임을 지고 싶지 않았던 것이군요." 안 박사가 말했다.

"한국인들에게는 동정심이 없는 겁니까?"

"그럴 리가요. 하지만 불행을 피하는 것이 현명한 거지요." 안 박사가 현명하게 답했다. "자, 이제 민주주의가 무엇인지, 또 왜 그것이 최고인지 말해주시죠."

보병 장교인 랜더스 대위는 숙소로 돌아오며 생각에 잠겼다. 그는 술에 취해 시내에서 돌아오는 흑인 병사들과 마주쳤다. 그들은 경례를 하지 않으려고 랜더스를 못 본 척했다.

수많은 여자들이 육군지원사령부 주위를 배회하며 기지의 불이 꺼지기만을 기다리고 있었다. 랜더스 대위는 한국어로 젊은 여자를 뜻하는 단어, 색시가 생각났다. 한국인들도 중국인들처럼 젊은 여자에게 긍정적인 의미를 담아 처녀라 칭했다.

중산층 집안 여자들은 미국인이 자기들에게 다가오면 "저리 가세요. 저는 색시예요!"라고 말했다.

이 말을 듣고 수습할 수 없을 정도로 혼란스러웠다. 사실 여자란 어쩔 수 없는 존재이고, 인생이라는 것이 원래 그런 법이다.

랜더스 대위는 구식 군인이었다. 그는 한국이나 한국인을 이해할 수 없었고, 이젠 미 육군도 이해할 수 없었다.

그는 전역을 신청했다.

찰스 플레처Charles R. Fletcher 중위는 1946년 7월에 한국에 왔다. 많은 것이 전보다 나아졌다. 해방이 되고 몇 달 동안 나타난 대혼란은 이제 사라졌다. 하지만 불결함과 냄새, 정복당한 민족의 절망감을 보면서 그는 대부분의 미국인들이 겪은 충격을 겪었다. 플레처 중위는 캔자스 주 위치타Wichita 인근의 농장에서 태어나고 성장했기 때문에 한국에 대해서는 전혀 몰랐다.

만일 수백 년 전 미국인들이 조선에 왔다면 이 모든 것을 쉽게 처리했을지 모르나 이젠 아니었다. 미국인들은 수십 년에 걸쳐 물질적으로 미묘하게 변했고, 이제 동양에 온 미국 병사들은 자신을 둘러싼 환경으로부터 스스로를 격리시켜야 했다.

미국인들이 한국에 올 때 오만하거나 넘어설 수 없는 우월감을 가지고 있었다는 뜻이 아니다. 미국인들은 그저 한국인들의 삶의 방식을 받아들일 수 없었을 뿐이다.

개화된 문명이든 고대 문명이든 간에 평균적인 미국인이라면 수세식 변기가 없는 것을 용납할 수 없다. 지금도 못하고, 영원히 못할 것이다. 미 정부와 국제 계획을 세우는 이들은 이 간단한 사실을 직시하는 편이 나을 것이다.

잘생기고 조용하며 파이프 담배를 피우는 젊은 장교인 플레처는 군에 계속 남기로 했기 때문에 나쁜 조건이라 생각되는 것을 최대한 극복했다. 나중에 한국에 온 그의 아내는 미군이 독일과 오스트리아에도 진주해 있지만 그곳에는 그가 할 일이 없다는 것을 상기시켰다.

그는 '신한공사新韓公社'라는, 거대한 기업을 운영하는 허버트 반 잔트 Herbert Van Zandt 소령 휘하로 보직되었다. 미군정 장교들은 여전히 한국 경제의 모든 중요한 부분들을 통제해야 했으며, 38도 선 이남은 일본이 항복한 뒤로 아직까지도 능력 있는 행정 관료를 필요한 만큼 키워내지 못하고 있었다.

미국인도 한국인도 모두 현 체제에 그다지 열정을 보이지 않았다.

신한공사는 태평양 전쟁이 일어나기 전에 극동아시아의 산업을 문어발식으로 지배했던 동양척식주식회사의 후신이었다. 동양척식주식회사는 광산, 제분소, 조선소, 공장, 제련소, 농장을 보유했으며, 이젠 거의 농장만 일부 남아 있었다.

반 잔트 소령은 보병 장교인 플레처를 시골 출신에게는 과분한 광산 및 공업국장 직에 보직했다. 하지만 플레처는 광산 대부분이 모두 38도 선 이북에 있다는 사실을 곧 알게 되었다. 광산은 그냥 잊어버리는 편이 나았다. 공학 기술 역시 존재하지 않았다.

이 무렵 미군정 장교들은 한국의 경제 부흥이 가능하지 않다는 것을 깨달았다. 1945년 이후 밝혀진 몇 가지 사실을 보자면, 우선 한국인의 3분의 2는 38도 선 이남에 살며 농업에 종사했지만, 거의 모든 산업과 천연자원은 북쪽에 있었다.

둘로 나뉜 그들이 각자 생존 가능한 경제를 구축하려면 적어도 서기 2000년은 되어야 할 것으로 보였다.

플레처는 또한 북한을 장악한 러시아인들이 자신들이 원하는 조건에 따라 한국을 통합하든 말든 할 것이라는 것을 알았다. 그들의 조건에는 한반도 전체에 '민주주의'―공산주의― 정부를 형성하는 것도 포함되어 있었다. 이들은 자신들의 지역에 한국인과 미국인 모두 들어오지 못하게 했다.

역사상 조선은 언제나 단일민족국가였다. 남과 북 사이에는 전혀 차이가 없었으며, 미국의 오하이오 계곡$^{Ohio Valley}$처럼 문화를 구분하는 구분선이 있는 것도, 지역별로 각기 다른 기질이 있는 것도, 분명한 지역 방언이 있는 것도 아니었다. 두 지역에는 서로 적대적인 각기 다른 점령군이 있고 각기 다른 정책을 채택하고 있다는 것을 제외하면 분단은 결코 아무 의미가 없었다.

소련은 남한을 재건하려는 미국에 전혀 협조할 의사가 없었다. 협조를 안 하는 것이 아니라 오히려 방해를 하고 있었다. 소련은 남한의 경제적 혼란을 부추기고 정치 시위를 유도했다. 소련은 회의를 요구한 후 합동위원회 설치를 주장했다. 위원회가 열리면 항상 무엇인가를 요구했다. 만약 요구가 관철되면, 새로운 무엇인가를 더 요구했다. 만약 그들에게 무엇인가를 요청하면 "불공평하다"고 고함을 치면서 그대로 자리를 박차고 일어나 북으로 돌아갔다. 간단하게 말해 소련은 전쟁 이후 전 세계 모든 곳에서 그들이 해온 방식 그대로 하고 있었다.

결국 미군정은 소련과의 협력을 포기했다. 하지 장군은 유연하지 못한 태도 때문에 비난을 받았다. 세계는 소련과 일을 함께 하려면 힘이 강하거나 소련의 조건을 받아들이는 것 말고는 다른 방법이 없다는 것을 아직 알지 못했다.

광산 및 공업국장인 플레처는 곧 자신의 보직이 전혀 좋은 자리가 아님을 깨달았다. 그의 밑에서 일하는 한국인들은 신경질적이고 뚱했다. 그중 일부는 자신이 플레처 중위만큼 광업에 대한 지식이 풍부하다고 믿었다. 이들에게 무엇인가를 시키면 그 누구도 지금 당장, 내일, 내년의 차이를 구분하지 못했다.

국장급이라고 해서 삶의 질이 딱히 높은 것도 아니었다. 겨울이 오자 플레처는 항상 코트를 입고 장갑을 낀 채 책상 앞에 앉아 있어야 했다. 하루는 시험 삼아 물 한 컵을 실내 난방기 위에 올려놓았다. 물이 얼어버렸다. 2주 뒤에 다시 컵을 살펴봐도 여전히 얼음이 얼어 있었다.

그의 아내는 하인이 있었지만 직접 아궁이에서 요리를 해야 했다. 아궁이는 집 안 난방을 하는 곳이기도 했다. 플레처는 종종 코트를 입고 장갑을 낀 채 늦게까지 사무실에 있는 게 더 낫다는 생각도 했다.

미 육군은 할 수 있는 만큼 했지만, 1946년 한국은 최악의 보급 위기에 직면했다. 대부분의 육군 장비는 물자를 요구하는 시민들의 빗발치는 요구를 충족하느라 잉여 물자로 전환되어 판매되었으며, 새로 전쟁이 일어나지 않는 한 추가 예산은 배정되지 않을 것으로 보였다.

플레처는 어느 날 사무실에 있다가 삼척에 문제가 발생했다는 소식을 들었다. 그는 사건을 조사하기 위해 사무실을 떠났다. 선동가들은 신한공사의 철광석 광산에서 빈둥대는 일꾼들에게 회사 재산을 가져가도록 선동하고 있었다. 그는 특수경찰을 불러 선동가들을 체포했으며, 이들은 곧 처절하게 얻어터졌다.

다시 서울로 돌아오자 그의 해결 방식을 두고 비판이 있었으나, 그렇다고 더 나은 생각이 있는 사람도 없었다.

미군정의 방침은 신한공사의 경영권을 한국인에게 이양하는 것이었다. 새로운 경영진은 몇 가지를 빠르게 배웠다. 이들은 회사 재산을 자신들 주머니로 빼돌리는 데 금방 능숙해졌다.

그러는 사이, 서울 바로 건너편 경계 지역에서 소련과 마찰이 발생했다. 북에서부터 흘러와 신한공사 소유의 논에 물을 대던 강에 소련이 갑자기 댐을 지어 물길을 막아버렸다. 신한공사의 농업 지원관인 피비Peavey 일병이 조사를 위해 북으로 파견되었다.

소련은 일개 일병과 협상한다고 기분 상해하지는 않았다. 소련 역시 소련군 하급 병사로 위장한 정치장교들이 있었으므로, 눈에 띄지 않기 원하는 피비 '선생'의 바람을 완벽히 이해했다. 소련 측은 피비와 마주앉아 협상을 하면서 논에다 물을 대주는 대신 수확한 쌀의 일부를 원했다.

피비는 이에 대해 한동안 항의했다. 그러나 달리 협상을 진행할 방법이 없다고 판단한 피비는 생각했다. '알게 뭐야?' 그는 어차피 당장 내일이라도 본국으로 귀국하면 전역해 민간인이 될 판이었다. 그는 소련 측과 모든 것을 합의했다. 그는 서울로 돌아왔고, 곧 논에는 다시 물이 흐르기 시작했다.

어떤 식으로 이반^{van}[24]들의 허점을 찔렀냐는 물음에 피비는 그저 점잖게 웃었을 뿐이다. 몇 주 후 그는 미국으로 떠났다.

가을이 다가오자 소련은 약속대로 수확물의 일부를 달라고 요구해왔다. 당연히 미군정은 이 요구에 혼란스러워했고, 왜 소련 측에 수확물을 줄 수 없는지 설명했다.

이듬해 여름, 신한공사는 논밭에 물을 대느라 엄청나게 고생했다.

* * *

그러는 사이, 정치 단체와 정당들이 남한 전역에서 만들어지고 있었다. 하지만 많은 사람들이 관련되지 않은 정당들은 '보름달 짝짓기 모임'처럼 소규모였다.

권력 투쟁이 계속되는 가운데, 이승만 박사가 이끄는 보수정당은 서서히 남한의 정치 기반을 강화해나가고 있었다. 하지 장군은 개인적으로 성미가 고약하고 고집이 센 이승만 박사를 싫어했지만, 이 박사는 워싱턴에 꽤 큰 영향력이 있었다. 기독교인인 그의 뒤에는 선교사들이 버티고 있었다.

또한 선택은 이 박사냐 중도파냐의 문제가 아니었다. 앵글로-색슨계 국가를 제외하면 사실 중도층이 존재하지 않았다. 플레처에게 선택은 좌파냐 우파냐의 문제였다.

플레처의 딸이 서울에서 태어났다. 그리고 그는 곧 본국으로 돌아가게 되었다. 그는 최선을 다했으나 업무를 잘 수행하지는 못했다고 느꼈다. 어쨌든 이 나라는 미국인이 좋아하거나 이해하기엔 끔찍하게 가난했고,

---

24 소련에서 가장 흔한 남성 이름으로, 소련인을 비하하는 말로 사용.

원시적이며, 괴팍했고, 냄새가 고약했다. 찰스 플레처는 마실 물도 안전하지 않고 배관도 안 된 나라에서 상당 기간 지낼 수밖에 없었던 미국인들이 평정심과 열린 마음을 동시에 갖기란 불가능하다는 것을 알게 되었다.

1947년까지 한국에 주둔한 병사들과 마찬가지로 미 정부도 한국 문제에 넌더리를 냈다. 이곳에 엄청난 노력과 자금을 들이부었으나, 문제는 해결되지 않았다.

미군정이 계속 주둔한다면 남한은 혼란에서 벗어나지 못할 것이 분명했다. 한국의 병폐에 대해 오래 지속될 해결책을 제시할 수 없었다. 그리고 미군의 병력 감축에 따라 한국에 발이 묶여 있는 미군 장병 4만 5,000명을 필요로 하는 곳도 세계에 널려 있었다.

한국 문제는 혼자서 해결할 수 있는 문제가 아니었다. 이는 더 큰 문제에 딸린 부분적인 문제에 지나지 않았다. 사람들은 국경선과 대립적 태도가 얼어붙는 것을 보고 이를 냉전冷戰이라 부르기 시작했다. 미 정부 관리들은 세계가 결국 2개의 적대 집단으로 나뉠 것이며, 두 세력이 충돌할 위험성이 증가하고 있고, 긴장을 완화하거나 대규모 병력 감축을 단행한 서방국가들을 강화하기 위해 무언가를 해야만 한다고 보았다.

하지만 해리 트루먼Harry S Truman[25] 정부의 치명적인 약점은 그의 지지자들 대부분이 해외 정책에 무지하다는 사실이었다. 그리고 민주당 지도자들은 외교정책에서 어떤 역할을 맡기에는 교육이나 성향 면에서 전혀 맞지 않았다. 일반적으로 진보적인 공화당원은 전쟁 말기에 워싱턴을 떠났고, 사업가들은 정부와 아무 상관도 없었다. 트루먼이 자신의 외교정책을 실행하기 위해서는 결국 미국의 자유주의 전통으로부터 아주 거리가 먼 기반이 튼튼한 은행가들, 군인들, 그리고 직업외교관들에게 기댈 수밖에 없었다. 대체로 마셜George Marshall파, 클레이Lucius D. Clay[26]파, 맥클로이John J.

---

25 해리 트루먼(1884~1972): 미국의 제33대 대통령.

26 루시어스 클레이(1898~1978): 제2차 세계대전 이후 독일 군정청장 역임.

McCloy[27]파, 포레스탈James Vincent Forrestal[28]파, 그리고 케넌George Frost Kennan[29]파인 이들은 마치 초기 로마제국의 지방 총독처럼 전문적이고, 귀족적이며, 보수적이었다. 이들은 전후 세계를 휩쓰는 폭력적인 열기를 싫어했고, 무엇보다 질서를 중시했으며, 세계 공산주의에 대해 본능적·즉각적으로 적대적이었다.

전반적으로 이들의 생각은 단순하고 분명했지만, 미국인들의 생각과 동떨어지거나 반대되는 생각을 갖고 있었다. 전쟁 중 정부 관리 일부는 돌이킬 수 없는 실수를 저지른 적이 있었다. 이들은 소련인들을 영웅적인 전우로 홍보했고, 미국인들에게 스탈린과 그의 협력자들의 마음속 깊은 곳에는 민주주의가 자리하고 있다고 말했다. 또한 소련이 전쟁에서 싸우는 이유는 미국처럼 순수한 목적 때문이라고 사람들이 믿도록 유도했다.

1945년 12월 초에는 이 모든 것이 허구임이 입증되었다. 하지만 많은 사람들은 여전히 스탈린과 소련을 굳게 믿었다. 다행스럽게도 미국에는 피지배자의 합의에 따르는 정부가 있었지만, 불행하게도 이 정부는 실수를 인정하기를 죽기보다 싫어했다. 결국 소련에 대한 인상은 바뀌지 않았다.

문제는 미국은 지난 대부분의 전쟁에서 그랬듯이 제2차 세계대전을 성전聖戰으로 여기고 싸운 반면, 소련은 처음에는 살기 위해 싸우다가 나중에는 세력을 위해 싸웠다는 것이다. 성전은 보통 결론이 없게 마련이다. 따라서 소련이 평화를 달성한 것은 결코 우연이 아니었다.

아울러 1940년대 말, 다시 국민들로부터 물러설 생각이 없는 미국의 정책 수립가들이 외교정책 결정을 국민과 의회의 통제에서 분리시키려 했던 것은 우연이 아니다. 세상에 최종적인 질서의 희망을 준 마셜 플랜Marshall Plan이나 트루먼 독트린Truman Doctrine 같은 위대한 결정들은 당장에는

---

27 존 맥클로이(1895~1989): 미국의 변호사이며 은행가.

28 제임스 포레스탈(1892~1949): 미국 해군장관 및 초대 국방장관.

29 조지 프로스트 케넌(1904~2005): 미국의 외교관이자 역사가.

미 국민들에게 인기가 없었다. 이를 납득시키기 위해 대단한 노력을 기울였던 것도 아니다. 놀라운 사실은 트루먼 정부가 내린 모든 역사적 결정은 이미 번복이 불가능해진 시점이 되어서야 의회에서 논쟁의 대상이 되었다는 것이다. 외교정책 수립가들이 연방 행정권에 대해 로크^{Locke}식의 개념을 갖고 있는 것은 우연이 아니며, 또한 이들이 국민의 의지에서 벗어난 것도 우연이 아니다.

이들은 전쟁이 일어나지 않는 한 어떠한 정책을 써서라도 공산주의 확산을 의도적으로 교묘하게 봉쇄하기 시작했다. 이 봉쇄전략은 미국의 국익에 매우 중요했으나, 이러한 정책을 언급하는 것만으로도 미국의 애국적이고 선량한 진보주의자 수백만 명은 경기를 일으켰다. 초기 히틀러^{Adolf Hitler}도 풍겼던 자유주의 사상은 비극적이게도 공산주의 폭정을 여전히 보지 못하는 것 같았다.

공산주의 봉쇄정책을 만들어낸 이들의 도덕성을 공격하기 전에 짚고 넘어가야 할 것들이 있다. 이들은 세계를 대상으로 계획을 만들지 않았다. 이들에게는 타인에게 떠안길 민족주의적 혹은 제국주의적 정책이 없었다. 이들은 질서를 유지하고 싶어했고, 가능하다면 현상을 유지하려 했다. 그 시기 소련은 명백히 그 반대를 원하고 있었다. 소련인들은 혼란을 일으키기 위해 최선을 다하고 있었으며, 혼란이 일어나면 계속해서 커져가는 영향력 아래에서 자신들의 폭정체계를 이식하고자 했다.

만약 지구의 민의가 소련에게 자유재량을 부여한다면, 또는 상대편에 맞설 물리적 혹은 도덕적 준엄함이 없다면, 지구의 민의는 그 자신을 위해서도 우회 전략이 필요하다.

따라서 트루먼 정부에는 정치가와 자유주의자라는 기본적인 이분법이 존재했다. 한쪽에는 해네건^{Robert Emmet Hannegan}[30]류, 맥그레스^{James Howard}

---

30 로버트 해네건(1903~1949): 미주리 세인트루이스 출신의 정치인.

McGrath[31]류, 맥그래너리James Patrick McGranery[32]류가 있었고, 다른 쪽에는 군인, 은행가 등이 위치하고 있었다. 이들 각각은 거의 다른 한쪽이 우려하는 외부와 단절된 상태에서 활동했다.

이 패턴에서 벗어난 루이스 존슨은 그중 가장 비극적인 인물이었다. 존슨은 진보적인 사업가이고, 성공 지향적인 인물이며, 돈을 위해서라면 무슨 일이라도 할 수 있는 인물이었다. 존슨이 감군減軍을 시작했을 때, 그가 정확하게 대부분의 미국인들, 진보주의자, 보수주의 사업가들이 원하는 것을 제공하고 있었다는 것을 반드시 기억해야 한다.

트루먼의 비극은 미국 내 지원을 얻으려 의지했던 사람들이 그의 외교정책을 지지하지 않았다는 것이었다. 1940년대에 펼쳐진 정책은 미국인의 사고에서 봤을 때 새로웠다. 이는 혜택을 못 받는 민주당원의 문제도, 사업가인 공화당원의 문제도 아니었다. 이 정책은 질서 정연하고, 세계를 바라보며, 실용적이고, 보수적이었다. 하지만 영국이나 고대 로마의 입장에서 보수적인 것이지, 미국의 입장에서 보수적인 것은 아니었다.

국민의 지지를 거부한 트루먼은 국민의 지지 없이 행동했다. 어쩌면 역사는 그런 점이 그의 가장 뛰어난 위업이었다고 기억할지도 모른다. 역사는 그와 그가 이끄는 내각에 소통능력이 없었다고 비난할 것이다. 피지배자의 동의를 바탕으로 지배가 이루어지는 곳이라면 지배자는 일이 아무리 어려워도 항상 세일즈맨의 입장이어야 한다.

사상 처음으로, 혹은 세계대전 이후 처음으로 미국은 성전의 의미를 조금도 담지 않은 외교정책을 시작했다. 이 정책은 세계질서를 회복하고 질서 정연하게 공산주의를 봉쇄하는 것이었다. 그렇다고 히틀러와 빌헬름 2세가 그런 것처럼 발작하듯이 공산주의를 근절하려 한 것은 아니었다.

---

31 제임스 하워드 맥그레스(1903~1966): 정치인으로서 로드아일랜드 주지사(1941~1945), 민주당 전국위원장(1947~1949), 상원의원(1947~1949), 법무장관(1949~1952)을 역임했다.

32 제임스 맥그래너리(1895~1962): 변호사이자 정치인.

천지가 개벽하는 전쟁으로는 어떤 문제도 해결할 수 없었다.

월슨 대통령 이래로 일부 미국인들은 꽤 많은 교훈을 얻었다.

1947년 이후 유럽에서는 이 정책이 눈부시게 성공했다. 이 정책은 국제정치에 필수라 할 수 있는 군사력을 동원하지 않고서도 성공했는데, 이는 유럽에 걸린 이해관계가 너무도 중요하다 보니 만일 무력이 사용된다면 전면전을 감수해야 한다는 것을 양측 모두 이해했기 때문이었다.

하지만 아시아 정책은 별로 성공적이지 않았다. 미국의 계획가들이 아시아의 중요성을 뒤늦게 깨달았기 때문이다. 이들은 소련이 1949년에 아시아로 움직이는 것을 일찍 인식하지 못했다. 아시아 정책의 우유부단함 때문에 소련이 보기에는 아시아에서 전쟁이 일어날 것이 분명했다.

하지만 이 전쟁은 로키 산맥 동부 평원에서 인디언을 상대로 치른 전쟁을 제외하고 미국이 경험한 모든 전쟁과는 달랐다. 이 전쟁은 트루먼 대통령과 그의 외교정책을 다루는 사람들 그 누구도 바다 건너까지 십자군 원정에 나설 생각까지는 없었기 때문에 성전의 성격을 띨 일이 없었다. 이 전쟁은 지금까지의 전쟁들과 성격이 다르기 때문에 향후 지대한 영향을 가져올 것이 분명했다. 이 전쟁은 어느 한 정부를 쓰러뜨리고 어느 집권 정당을 축출하는 첫 전쟁이 될 것이다. 이는 그 집권당의 행동 때문이 아니라, 그러한 행동을 불안해하고 갈수록 적대적이 되어가는 국민을 상대로 정책 입안자들이 적절히 설명할 수 없기 때문이었다.

인디언 전쟁처럼, 이번 전쟁 또한 불안감과 후유증을 남기게 될 것이었다. 성전은 실패하더라도 감정적으로는 만족스럽게 마련이다. 그러나 정책 전쟁인 봉쇄 전쟁은 그렇지 않다. 이런 전쟁은 이상주의가 아닌 힘이 세상을 지배하는 요소임을, 그리고 이상주의란 힘으로 뒷받침되어야만 한다는 것을 인정하지 않는 한 명분을 찾기가 쉽지 않다.

힘이란 본질적으로 비도덕적인 것이 아니며 추구하는 목표를 얻기 위한 도구라는 개념을 받아들여 본 적이 없는 국가와 국민이 제한된 목표를 위해 싸우고 목숨을 바치기란 어려운 일이었다. 간단히 말해서 성장하기란 어려운 법이다.

한국 문제는 1947년에 다시 스윙크로 돌아왔다. 국무부-전쟁부-해군부 협조위원회의 위원들은 다음 세 가지를 잘 이해하고 있었다.

1. 소련은 한국 문제의 해결책으로 미국과 다른 생각을 갖고 있으며, 이들은 지금, 그리고 앞으로도 절대로 협조하지 않을 것이다.
2. 미국의 엄청난 지원과 경제 원조가 없다면, 한국은 절대로 자립경제를 이룩할 수 없을 것이다.
3. 대규모 전쟁이 벌어지면 한국은 골칫거리가 될 것이고 한국에 주둔하는 병력을 잃게 될지도 모른다.

스윙크는 우아하게 빠져나갈 방법만 있다면 한국에서 빠져나갈 방법을 원했다. 이들은 합동참모본부의 견해를 요구했다. 최종 결정을 내리는 것은 물론 합동참모본부이다. 합동참모본부는 기본적으로 군사 문제가 아닌 정치 문제에는 아무런 영향을 미쳐서는 안 된다. 하지만 1947년 미 정부 내 민간 조직들은 아시아 정책을 기본적으로 군사 문제로 간주하면서 떠넘기고 있었다. 자격의 유무를 떠나 그리고 그 결정을 내리는 것이 아무리 어려워도 누군가는 결정을 내려야만 했다.

이후 군은 마치 처음부터 이러한 권한이 주어져서는 안 되었다는 듯이 결정권을 박탈당한다. 하지만 1940년대 내내 민간인 정책 결정자들은 아시아 문제를 회피하는 경향이 있었고, 이로 인해 군은 필요 이상의 목소리를 내야 했다. 민간인 출신 기획자들은 군의 전력이나 예산을 깎을 때만 확신에 차 기쁘게 앞으로 나섰다.

제2차 세계대전이 끝날 무렵, 일본이 중국에서 얻은 교훈을 이해한 미국의 군사정책은 아시아를 통해 해상 교통로와 항공 교통로를 반드시 장악해야 하지만, 절대 중국에서 적과 지상전을 치러서는 안 된다는 것이었다. 어느 대변인이 말했다. "만주를 지나면서 빈둥거리는 건 의미가 없었다."

군사정책 입안자들이 예상할 수 있는 유일한 다음 전쟁은 미국과 소련 간에 벌어질 전쟁뿐이었다. 그들은 역사적으로 미래에는 미국이 절대로 제한적인 목표를 두고 싸우지 않을 것이며, 실제 전쟁이 벌어지게 되면 소련 본토를 점령하거나 파괴하기 위해 총력전을 펼칠 것으로 예상했다. 이는 잘못된 생각도, 잘못된 계획도 아니었다. 군대는 20세기 미국이 쌓은 경험을 따르고 있었다. 군사정책 입안자 상당수는 워싱턴에서 일부 인사들이 얼마나 보수적이고 실용주의적 사고로 전환했는지를 잘 모르고 있었다. 이는 단 한 번도 국민이나 군에게 설명된 적이 없었다. 군은 계속해서 계획을 짜라고 지시받은 유일한 형태의 전쟁, 즉 전 세계에서 벌어지는 핵무기 대학살 전쟁 계획만을 계속 계획했다.

1947년 9월 26일, 합동참모본부는 포레스탈 국방장관에게 다음과 같이 회신했다.

"군사안보의 관점에서 미국은 한국에서 현재 유지 중인 병력과 기지를 계속 유지해야 할 전략적 이익이 크지 않다."

당시 미국의 핵 독점을 염두에 둔 합동참모본부는 계속 이렇게 썼다.

"… 한국에서부터 적이 개입할 경우 이는 항공전으로 무력화시킬 수 있는데, 이는 대규모 지상전을 펼치는 것보다 훨씬 효율적일 뿐 아니라 비용도 적게 들 것이다."

하지만 합동참모본부는 다른 관점에 대해서도 분명하게 언급했다.

"갑작스럽게 우리 군대를 철수시키는 것은 … 미국의 군사적 위신을 낮출 것이며, 미국의 안보에 훨씬 중요한 다른 지역에서의 협력관계에 불리한 영향을 끼칠 가능성이 높다."

당시 합동참모본부는 한국 문제가 군사적인 것이 아니라 정치적인 것임을 분명히 이해했다. 합동참모본부는 이에 대한 건의 자체를 불안해하고 불편하게 여겼다. 합동참모본부는 예상한 바와 같이 군사적 고려사항에는 한반도에서 병력을 완전히 철수시키는 것이 포함되어 있음을 알고 있었지만, "가라앉는 배에서는 쥐부터 탈출한다"는 말이 아시아 전체에 만연해 있다는 것도 알고 있었다. 한국은 더 이상 미국 안보에 있어 군사적으로 중요한 곳이 아니었다. 하지만 미국이 한국에서 철군하면 일본을 어렵게 만들 가능성이 컸고, 실제로도 그랬다. 중국 국민당이 패망하는 상황에서도 개입하기를 거부하면서 이미 극동아시아에서 미국은 위신에 큰 상처를 받았다.

미국인 정책 기획자 중에는 수백만 명의 지상군과 수십억 달러의 원조가 문제를 억제할 것이라고 보는 사람도 있었다. 하지만 이들은 이런 패를 갖고 있지 않다는 것도 잘 알았다. 외교정책 기관의 상위 부서에 앉아 있는 실용주의자들은 지시와 부서 간 합의로 수많은 것을 이룰 수 있었지만, 이들은 여론을 거슬러가며 병력과 예산을 증액할 생각이 없었다. 이는 모든 의회 민주주의에 내재한 봉쇄정책의 기본적인 취약점이었으며, 향후 계속해서 중국, 한국, 그리고 마지막으로는 베트남에서 되풀이되면서 아시아에서 대처할 수 없다는 것이 증명된다.

합동참모본부의 의견을 들은 정부는 출구를 찾기 시작했다. 미국의 군사적 책임을 회피하되, 한국의 안정을 약속할 수 있을 것 같아 보이는 방법을 찾기 시작한 것이다. 미 정부는 이 문제를 유엔으로 넘겼고, 미국의 재촉을 받은 유엔은 그 즉시 한국을 유엔의 책임으로 받아들여 분할된 한국에 유엔 통치권을 설정했다.

이는 겉으로는 매우 좋은 방법처럼 보였으며 미국이 세계적으로 내세우는 목표와도 일치했다. 하지만 표면 아래에는 여전히 미군의 철군이 남아 있었다. 세상에는 힘의 중심이 오직 2개였는데, 유엔은 그 둘 어디에도 포함되지 않았다.

교황에게 사단을 몇 개나 갖고 있냐고 물었던 스탈린은 유엔이 갖고 있는 사단이 하나도 없다는 사실을 정확하게 알고 있었다. 유엔 한국위원회UNCOK, United Nations Commission on Korea가 38도 선을 넘으려고 하자, 소련은 이들을 무례하게 대했다. 수많은 논쟁이 오갔지만, 유엔 한국위원회가 한반도의 통일을 위해 할 수 있는 것은 하나도 없었다.

절망에 빠진 유엔은 남한에서 반쪽짜리 국가라도 만들기 위해 남한에서만이라도 자유선거를 실시하자고 제안했다. 엄청난 정치적 논쟁이 오간 끝에 1948년 5월 10일에 자유선거가 치러졌다.

선거는 매우 투명하게 치러졌지만, 한국인들은 무질서하고 순종적인 국민인 데다 정치교육을 받은 바가 거의 없었다. 따라서 시카고Chicago나 저지시티Jersey City에서는 정확한 개표가 이루어지기 쉽지 않지만, 부산이나 서울에서는 그렇지 않았다. 이승만을 앞세운 보수당은 합법적으로 권력을 쥐었으며, 8월 15일자로 대한민국大韓民國이 정식으로 건국했다.

소련은 사사건건 반대했다. 하지만 1948년 9월, 소련은 갑자기 이북 지역에 조선민주주의인민공화국을 세웠다. 이 '공화국'은 모든 면에서 훗날 '탱크 민주주의'라 불리는 개념과 통했다. 그러나 소련은 일본의 학정을 피해서 온 100만 명의 조선 난민들로부터 정부를 조직할 유능하고 헌신적인 공산주의자들을 선출할 수 있었다. 소련은 소련 국적을 가진 소련군 장교인 김일성을 수상에 앉혔다. 김일성은 중국 인민해방군과 소련 붉은 군대에서 활약한 조선 출신 참전자 3만 명에게 돌아와서 인민군의 핵심이 되어달라고 요청했다.

시작부터 북한은 남한에는 부족했던 응집력을 갖고 있었다. 북한은 또한 의도적으로 이승만을 거부할 이유가 있었지만, 동시에 그를 위협해야할 이유도 있었다. '조국 통일'이 바로 그 이유였다.

소련은 미국의 철군을 지켜보았으나 그 의도를 잘못 이해했다. 그러나 소련이 미국의 정책을 잘못 이해했다면, 그것은 미국도 자신의 정책을 분명하게 이해하지 못했기 때문이었을 것이다. 불가사의한 모든 수수께끼

들이 크렘린에만 존재하는 것은 아니었다.

전쟁을 일으키려면 최종적인 적이 때로는 상대방이 무엇을 하는지 모르거나 이해할 수 없도록 만들 필요가 있다. 소련의 정책은 이미 국지전, 국가 전복, 테러, 주변부에 대한 군사작전으로 변해 있었다. 미국의 정책은 유럽에 대해서는 선을 그었지만, 아직 아시아에 대해서는 확실하지 않았다. 소련은 이미 중국, 인도차이나로 진출하여 미래의 본보기를 만들었다. 일본과 같이 중요한 이익이 걸린 지역이 아니라면, 미국은 소련이 주도하는 게임에 반대할 것이라는 신호를 보낸 바가 없었다.

이 소란을 일으킨 소련은 미국이 소란이 가라앉기만을 기다리고 있다고 보았다. 따라서 이를 놓고 소련은 명백한 결론을 내릴 수 있었다.

자신들이 보유한 재래식 군사력의 약점을 잘 알지 못했던 미국인들은 어떤 문제가 일어나면 정부가 해결할 것이라고 여기면서 소련이 감히 행동에 나서지 못할 것이라 믿었다.

때때로 모든 사람들이 그릇된 추측을 할 때 전쟁이 일어난다.

대한민국은 경제적으로 홀로 설 수 없었고, 불완전한 민주주의 정부인 이승만 정권은 엄청난 난관에 고전하고 있었다. 북한의 조선민주주의인민공화국은 오직 이승만 정권을 전복시킬 노력만 하고 있었다. 북한은 국경 기습, 사보타주, 게릴라전, 선동과 더불어 경제적 압박을 모두 동원했다.

고집 세고 독단적인 기독교 신자였던 고령의 이승만이 거둔 반박할 수 없는 성공의 징표는 바로 북한이 실패했다는 것이다. 남한 내의 엄청난 침투와 반역 행위, 그리고 정치적 혼란에도 불구하고 38도 선 이남 지역의 국민 대부분은 소련의 도구가 될 통일국가를 원치 않았다.

1949년 1월 1일, 미국은 갓 태어난 대한민국을 승인했다. 한국 특사인 존 무초가 초대 주한 미국대사가 되었고, 미 점령군의 마지막 부대가 빠르게 철군했지만 미국은 협정을 통해 대한민국의 국방경비대를 훈련시키기로 합의했다. 미국의 경제 지원도 계속 이어졌는데, 한국은 이 지원이 없다면 존립할 수 없었다.

1950년 1월 12일, 딘 애치슨Dean Acheson 국무장관은 워싱턴의 연방언론협회에서 연설을 했다. 이 연설 중 그가 대한민국이나 대만 모두 미국의 극동 지역 방위선 안에 들어가지 않는다고 말한 데 관심이 집중되었다. 이는 새로운 사실도 아니었다. 한국을 제외하는 결정은 이미 1947년 9월 17일, 소련이 한반도 문제를 유엔에 상정하겠다고 미국에 통보할 때부터 내려져 있었다. 또한 미국은 여전히 중국 문제에 있어 "먼지가 가라앉기를" 조심스럽게 기다리고 있는 상황이었다.

애치슨 장관은 국가 기밀을 실수로 유출하거나 누설한 것이 아니다. 미국의 정책 결정자들이 심사숙고하거나 군이 대비하던 전 지구적인 전쟁에서 대만과 한국은 그다지 쓸모가 없었다. 하지만 애치슨 장관이나 그의 동료들은 유럽의 문제를 매우 잘 이해하고 있던 반면, 아시아에서 벌어지는 일에 대해서는 아는 바도 이해하는 바도 거의 없었다.

유럽은 더 이상 큰 전쟁을 치르지 않고는 상실할 수 있는 곳이 아니었지만, 아시아는 위기에서 불안정하게 서 있기 시작한 상태였다. 선견지명을 가진 사람 중 다수는 아시아를 불안하게 전망했지만, 이런 전망들은 매번 트루먼 정부 내부에 있는 이분법에 가로막혔다. 실용주의자와 보수주의자들은 "농지개혁자들과 굶주리는 소농"들을 상대로 싸우기 위해 지상군을 아시아에 투입하려 했으나, 미국 진보주의자들의 의견은 이들과 달랐다.

무관심한 미국 국민의 대다수는 설득이라도 할 수 있었겠지만, 지식인들은 절대 설득할 수 없었다. 또한 민주당 정부는 국내의 진보적 대변자들을 완전히 피해갈 수 있다고는 생각하지 않았다.

애치슨은 곧 그의 이름처럼 유명해진 '애치슨 라인Acheson Line'을 그었지만, 소련에는 아무런 통보도 하지 않았다. 하지만 미국은 자신들의 추론에 의거해 유엔에 질의서를 보내면서 대한민국에서 갖고 있던 실질적 이익과 중요한 역할을 모두 포기했다. 애치슨 국무장관이 연설을 하는 동안 소련, 중국, 그리고 북한의 지도자들은 베이징北京에서 회합을 갖고 있었다. 이들은 한반도가 진흙탕이 되면 중국 국민당이 쓰러질 때도 그랬듯이 미국은 그저 한쪽으로 물러설 것이라는 데 의견을 같이했다. 이들은 조선인이 조선인을 공격한다면 핵전쟁으로 비화할 가능성은 없다는 데 동의했고, 아시아에서 관찰한 미국 군사력을 근거로 미국은 더 이상 다른 능력이 없을 것이라고 정확하게 추정했다.

미국은 매수나 협박이 통하는 상대는 아니었지만, 직접적인 위협이 아니라면 역사적으로 모르는 척하는 경우가 많았다.

전쟁이란 한 국가나 동맹국들이 정치적 목적을 이루지 못했거나, 다른 방법으로는 원하는 결과를 도출할 수 없게 되었을 때 일어난다. 공산주의는 유럽에서 최고 수위선 아래로 계속 내려가며 약화되고 있었고, 북대서양조약기구, 즉 나토NATO는 유럽에서 새로운 안정을 약속했다. 공산주의는 아시아에서 커가는 중이었으나, 유엔이 지원하는 대한민국이 길을 막고 서 있었다. 대한민국은 국가 전복에 취약하지 않았지만, 군사력 앞에서는 취약했다. 소련은 만약 미국이 겨우 불완전하게 통제하는 대한민국이 무너져 한반도를 공산주의가 지배하게 되면 일본에서 미국의 존재감과 위신은 위태롭게 될 것으로 보았다.

미국인 대부분이 반박할 목적으로만 읽어온 칼 폰 클라우제비츠Carl von Clausewitz[33]의 저서에는 이렇게 씌어 있다.

"전쟁은 여흥이 아니며, 한낱 대담함이나 승리를 위한 열정도, 값싼 열의의 결과물도 아니다. 전쟁이란 진지한 결과로 이어지는 진지한 수단이다. 전쟁은 언제나 정치적인 조건에 따라 일어나며, 정치적 동기에 의해 발발한다." 이 구절에 레닌은 밑줄을 그었다.

전쟁은 정부가 오직 전쟁을 통해서만 목적을 달성할 수 있다고 믿을 때에 일어난다. 물론 전쟁에서 심각한 위험이 없다고 확신해야 한다.

애치슨이 발표를 하고 이미 소련이 알고 있는 내용이기는 하지만 이를

---

33 칼 폰 클라우제비츠(1780~1831): 프로이센 육군 소장. 『전쟁론(Vom Kriege)』의 저자.

소련에 통보하기도 전에 이미 공산국가 지도자들은 모든 것을 합의한 상태였다. 곧 리학구 총좌와 그의 참모들은 키릴 문자로 작성된 명령서를 받아 한글로 번역했다.

이 명령은 대담했으며 성공할 가능성이 매우 컸다.

그리고 이 계획은 실제로 거의 성공할 뻔했다.

제4장
채병덕 장군의 계획
•

기습에 성공한 지휘관은 자신에게 유리하게 전투력의 균형을 결정적으로 움직일 수 있다. 기습은 적을 언제, 어디를 공격하느냐뿐 아니라 적이 대비하지 않은 방법으로 실시한다.

— 미 육군, 작전Operations, 야전 근무 규정

1950년 6월 25일 일요일 아침, 38도 선(이하 38선) 상에 있던 유일한 미국인은 새벽에 야포 소리를 듣고 잠에서 깨어났다. 대한민국 1사단 12연대 군사고문관인 조셉 대리고Joseph R. Darrigo 대위는 개성 바로 북쪽에 마련된 숙소에서 지내고 있었다. 반쯤 잠이 깬 그는 침대에 누워 소리를 들었다. 밖에는 비가 내리고 있었기 때문에 그가 들은 소리는 천둥이었을 수도 있었다. 그때 그는 바람을 가르는 포탄 파편음과 건물에 부딪치는 총소리를 들었다.

대리고 대위는 잠이 확 깼다. 그는 바지를 찾아 입은 후 한 손에는 구두를, 다른 한 손에는 군복 셔츠를 집어 든 채 침실에서 뛰쳐나왔다.[34] 그는 계단을 내려가다가 겁에 질린 한국인 사환과 마주쳤다.

대리고의 지프는 집 바로 바깥에 주차되어 있었다. 두 사람은 서둘러 차로 뛰어갔다. 밖에는 아무도 없었지만 계속 포격 소리가 들려왔고, 언덕에서 울리는 소리는 낮은 구름 때문에 더욱 크게 울려 퍼지고 있었다.

---

34 백선엽 장군의 회고록에 따르면, 대리고는 백선엽 대령을 만났을 때까지 군화도 신고 있지 못했다고 한다.

대리고 대위는 시동을 걸고 개성 남쪽으로 달리기 시작했다.

개성시 중앙 로터리에 도착한 그는 차를 세우고 주변을 둘러봤다. 약 800미터 떨어진 곳의 기차역으로 마침 12량 열차가 들어오고 있는 모습이 보였다. 그가 지켜보는 가운데 완편된 연대 병력이 겨자빛 갈색 전투복을 입고 열차에서 쏟아져 나오고 있었다.

대리고 대위는 죽(竹)의 장막[35]이 쳐졌을 때 이 철길도 38도 선이 지나는 개성 바로 북방에서 끊긴 것으로 알고 있었기 때문에 인민군이 분명 밤사이에 이를 다시 복구한 것이라 생각했다. 인민군 야포와 전면 공격으로 38선 상의 빈약한 진지들이 파괴되는 동안 이들은 열차에 병력을 태우고 대한민국의 후방을 치기 위해 침착하게 개성으로 내려온 것이다.

병력은 로터리로 진군해왔고, 곧 대리고의 지프를 향해 총알이 날아오기 시작했다. 대리고 대위는 더 이상 개성에서 할 수 있는 일이 없다고 생각했다. 개성에 주둔하는 12연대에 합류할 수도 없었다. 그는 다시 지프를 타고 남쪽으로 달렸으며, 임진강을 건너 문산리로 가기 위해 속도를 냈다.

* * *

미 육군 용어인 NKPA^{North Korean People's Army}, 즉 '북한 인민군'의 기습은 완벽하게 협조되기는 했지만, 모든 곳에서 동시에 시작된 것은 아니었다. 새벽 4시 정각부터 서쪽에서부터 공격을 시작하여 1시간 이상 동쪽으로 연속적인 공격을 가했다.

38선을 넘어 들어간 이들과 공산당 첩보원들이 이미 남한 내부로 깊숙이 침투한 상태라서 인민군은 대한민국 국방경비대의 모든 부대 위치를 하나도 놓치지 않고 다 파악하고 있었으며, 각각의 한국군 부대보다 더

---

35 1946년 3월 5일 처칠이 미국 미주리 주 풀턴의 웨스트민스터 대학교에서 학위를 받으며 한 연설에서 사용했던 '철의 장막(Iron Curtain)'에 빗대어 나온 표현으로, 중국과 자유진영을 갈라놓은 정치적 분계선을 뜻한다.

압도적인 전력을 배치해 공격했다. 모든 공격은 거의 예외 없이 완벽한 기습에 성공했다.

미군 고문관 대부분을 포함한 장교들과 대다수의 병사들은 이날 서울이나 지방 도시들에서 외박 중이었다. 한국군은 38선을 따라 4개 사단을 전개해 배치했지만, 실질적으로는 각 사단 예하의 3개 연대 중 1개 연대만이 사전에 계획된 방어진지를 점령하고 있었다. 잔여 연대들은 대부분 38선에서 15~60킬로미터 남쪽에 있는 예비지역에 주둔하고 있었다.

인민군 기갑 전력은 전방의 한국군 부대를 완벽하게 기습했을 뿐만 아니라 전투에 투입되지 않은 부대까지 공격했다. 한국군은 장비와 훈련이 부족했으나 이 기습이 더 치명적이었다.

대략 아침 6시경 서울의 주한 미 군사고문단 본부도 옹진반도에 주둔하는 국군 17연대의 군사고문관들로부터 무전을 수신했다. 고문관들은 "연대가 집중공격을 받고 있으며, 격파당하기 직전이다"라고 보고했다. 이들은 다음 명령을 하달해줄 것을 요청했다. 하지만 미 군사고문단은 일요일 아침부터 벌어지는 이 상황을 수습하기 위한 어떤 명령도 내리지 못했다. 한국인들끼리의 전쟁이기 때문에 미군 장교들은 남한의 편에서 싸워야 할 것인가, 단순히 고문단의 임무를 계속해야 할 것인가, 아니면 철수해야 할 것인가?

무초 대사는 중국의 국공내전國共內戰 선례를 볼 때 미 군사고문단이 물러나야 한다고 느꼈다. 군사고문단 본부에서 자원한 조종사 2명이 옹진반도에 있던 미국인 5명을 L-5 연락기에 태워 서울로 데려왔다.

서울 서쪽의 옹진반도는 방어가 가능한 곳으로 판단되었지만, 불과 수 시간 후 백인엽白仁燁[36] 대령이 지휘하는 17연대는 상륙함을 통해 인천으로 퇴각했다.

옹진반도보다 동쪽에서는 대리고 대위를 깨웠던 기습공격이 개성 북

---

36 백인엽(1923~2013): 대한민국 육군 중장. 백선엽의 친동생.

방의 방어를 무너뜨리고 있었다. 오직 한국군 12연대 예하의 2개 중대만이 임진강을 건너 남쪽으로 퇴각할 수 있었으며, 나머지 부대원들은 전부 살해당하거나 포로가 되었다. 한국군 1사단 예하의 잔여 연대인 11연대와 13연대는 개성에서 동쪽으로 약 25킬로미터 떨어진 고랑포리에 예비부대로 주둔 중이었다. 이들은 젊지만 유능한 백선엽白善燁[37] 대령이 지휘하고 있었다.

대리고 대위가 개성에서 열차에서 내리는 인민군을 보고 있을 때, 백선엽 대령과 그의 참모 몇 명은 서울의 미 군사고문단 숙소 방 문을 두들기며 대리고 대위의 상관인 로이드 로크웰Lloyd H. Rockwell 중령을 깨우고 있었다. 백선엽 대령은 로크웰 중령을 깨우자마자 인민군이 공격했다고 말했다. 그러고는 자신이 지휘하는 11연대에 전화를 걸어 임진강 남쪽의 문산리 북쪽으로 이동해 사전에 준비한 방어진지를 점령한 후 고랑포리에서 13연대와 함께 방어할 수 있도록 했다.

백 대령과 로크웰 중령 모두 한국군 1사단이 임진강 이남에서만 북한의 공격을 저지할 수 있을 것이라는 데 동의했다. 두 사람과 백 대령의 참모들은 즉각 임진강까지 올라가면서 임진강의 다리들을 폭파하라고 명령했다. 하지만 퇴각 중이던 12연대의 후미에 인민군이 바짝 붙어 따라오고 있었기 때문에 폭파 명령을 이행할 수 없었다.

아침나절이 되자, 11연대와 13연대는 인민군 1사단과 105전차여단과 치열하게 교전하고 있었다. 한국군 병사들은 누구보다도 용감했지만 소련제 T-34 전차를 저지할 무기가 전혀 없다는 사실을 곧 깨달았다. 미 육군이 공여한 2.36인치 대전차로켓은 소련 전차의 장갑을 뚫기에는 역부족이었고, 한국군은 포병 자산 또한 매우 취약했다. 하지만 한국군 1사단은 고랑포리를 지켜냈다.

다른 부대들이 모두 패퇴하는 모습을 본 한국군 병사들은 고폭탄 뭉치

---

37 백선엽(1920~): 대한민국 육군 대장.

를 껴안고 인민군 전차 하부로 몸을 날려 강철의 괴물들을 멈추고자 했다. 다른 병사들은 폭탄을 어깨에 둘러메거나 장대에 달고서 다가오는 적 전차를 향해 달려갔다. 어떤 병사들은 결사적으로 전차 상부로 뛰어올라 철봉이나 갈고리로 전차 해치를 열고 안으로 수류탄을 던져넣으려 했다. 하지만 개활지에서, 심지어 다수가 전개된 전차를 상대로 이런 전술을 시도하는 것은 자살행위나 다름없었다. 전차 1,2대가 방향을 틀거나 폭발했지만, 그와 함께 전차에 달려든 한국군 병사들도 폭사했다.

한국군 병사들은 전차 기관총탄에 맞아 죽든가 전차를 지원하는 인민군 보병의 총탄에 쓰러졌다. 병사들은 전차에 깔려 비명을 지르며 죽어갔다. 이런 식으로 거의 수백 명이 죽고 나서야 생존자들은 전차를 맨손으로 상대하겠다는 생각을 버렸다.

여전히 한국군 1사단은 책임 지역을 지키고 있었다. 1사단은 동쪽에서 벌어지는 참사 때문에 퇴각할 수밖에 없을 때까지 결사적으로 방어진지를 고수했다.

* * *

인민군의 주공은 철원 계곡을 뚫고 북에서 서울로 이어지는 주 관문인 의정부 회랑까지 진출했다. 왼쪽에는 인민군 4사단이 연천-동두천리 도로를 따라 의정부로 남진하고 있었고, 오른쪽에는 인민군 3사단이 포천-금화 도로를 따라 이동했다.[38] 각 사단의 선두에는 전차 40대로 이루어진 연대가 굉음을 내며 질주했다.

38선을 따라 흩어져 있는 1연대, 포천에 배치된 9연대, 동두천리의 3연대와 함께 한국군 7사단은 이러한 북한의 총공격을 받았다.

아침 8시 30분, 한국군 7사단의 참모장교 한 명이 서울의 국방부에 무

---

38 북한군 총참모부가 6월 22일 내린 '전투명령 제1호'에 따르면 4사단이 서울 공격의 주공부대이다.

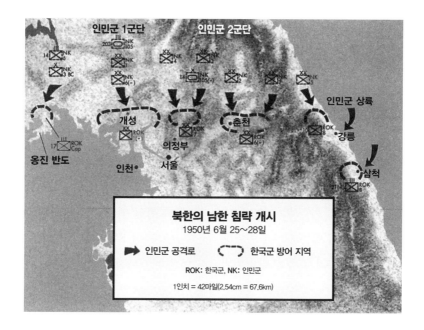

전을 날렸다. "우리는 38선 인근에서 전면 공격과 강력한 포격을 받고 있다. 적은 최초 목표지점들을 이미 점령했다. 당장 증원이 필요하다. 현재 사단 예비대까지 적과 교전 중이다."

가용한 증원 병력 따위는 없었고 강도 없고 도로를 차단할 능선도 없었기 때문에 질주하는 적의 전차를 막을 방법이 전혀 없었다. 교전하던 한국군 7사단은 의정부로 퇴각했다. 6월 25일 저녁 무렵, 걱정에 휩싸인 민간인들도 총소리가 점점 더 가까워지는 것을 들을 수 있었다.

만약 의정부가 무너지면 서울은 방어가 불가능했다.

더 먼 동쪽에는 화천군 남부와 인민군 2군단 사령부가 위치한 화천 저수지 인근에 아름다운 고도古都인 춘천이 있었다. 공작산 꼭대기에는 밝은 색으로 옻칠한 기둥과 칙칙한 적색 지붕 기와로 지어진 한국에서 가장 유명한 사찰이 있는데, 이 건물은 남한 사람들이 도서관으로 개조했다. 인민군 2군단은 춘천을 목표로 전차를 지원하지 않은 채 인민군 2사단을 투입했다.

인민군 2사단은 늦어도 일요일 오후까지 춘천을 점령하고 전차를 갖춘 인민군 7사단은 춘천 남동쪽에 있는 홍천을 공격할 계획이었다.

인제에서 남쪽을 향해 실시한 인민군 7사단의 공격은 즉각 성공을 거두었다. 하지만 춘천에서 벌어진 전투는 매우 중대한 영향을 미쳤다.

한국군 6사단 7연대는 춘천 북쪽 소나무로 덮인 능선의 고지대에 구축한 콘크리트 진지와 벙커에 배치되어 있었다. 일요일 오전, 이들 진지에는 사단장인 김종오金鍾五[39] 대령이 일요일 외출을 금지해 툴툴거리는 한국군 병사들로 가득 차 있었다. 미군 군사고문관인 맥페일McPhail 중령은 사단 사령부가 있는 원주에 있었다. 6사단 포병은 잘 훈련되어 있었다.

인민군의 공격은 춘천 북방 고지에서 멈췄다. 적재적소에 떨어지는 포병 사격이 인민군 6연대를 산산조각 냈다. 이미 전투 준비가 되어 있던 방어군들에게는 공포도, 혼란도 없었다.

아침나절에 전투가 진행되는 동안 맥페일 중령은 전투에 도움을 주기 위해 원주에서 서둘러 출발했으며, 오후 늦게 6사단 예비연대가 시내로 들어왔다. 필사적인 공격과 격렬한 전투에도 불구하고 인민군 2사단은 춘천으로 진입할 수 없었다.

어둠이 내리자, 화천에 있는 인민군 2군단 작전지휘소는 난관에 부딪혔다. 리학구 총좌는 홍천을 향해 밀어붙이는 인민군 7사단을 전환하여 춘천에 대한 공세에 합류시키라는 명령을 받았다. 인민군 2사단은 이미 이날 전투만으로도 큰 타격을 입었다. 2사단의 사상자율은 거의 40퍼센트에 달했다.

기갑 전력이 없는 적을 상대로 완편된 한국군 6사단은 동요 없이 능력 이상을 해냈다. 한국군 6사단은 사흘 동안 춘천을 방어한 후 사단의 동쪽과 서쪽에서 벌어진 참사로 강력하게 유지하던 사단의 방어진지를 더 이상 지킬 수 없게 되자 철수했다.

---

39 김종오(1921~1966): 대한민국 육군 대장.

한반도를 길게 관통하며 험준해서 통과가 거의 불가능한 태백산맥의 동쪽에서는 동해 해안도시들에 주둔한 한국군 8사단이 공산당 게릴라들과 싸우고 있었다. 8사단 예하의 몇 개 대대들은 6월 25일 일요일에 태백산맥에서 임무를 수행하고 있었고, 다른 대대들은 38선부터 삼척까지 여기저기 흩어져 있었다.

일요일 아침 날이 밝자마자 8사단 참모장교들은 10연대 고문관인 조지 케슬러George Kessler 소령에게 뛰어갔다. 그들이 말했다. "지금 38선 전역에 걸쳐 국군이 치열한 공격을 받고 있습니다!"

어떤 조치들이 취해지기도 전에 적이 삼척 북부와 남부에 상륙하고 있다는 전화 보고들이 들어왔다. 38선을 따라 무슨 일이 벌어지든지 간에 마지막 보고는 심각했다. 케슬러 소령은 자신의 지프에 10연대장을 태우고 삼척 북쪽의 바다를 향해 동쪽으로 달렸다.

케슬러 소령은 바다가 내려다보이는 높은 언덕에 차를 세웠다. 케슬러와 10연대장은 바다 멀리에서 몰려오는 엄청나게 많은 정크선과 범선을 보았다. 언덕 아래 해안에는 대대 규모의 인민군이 해안에 상륙해 산개하고 있었다. 케슬러 소령은 차를 뒤로 후진해 그곳을 빠져나갔다.

삼척 남쪽으로 달린 이들은 그곳에서도 거의 똑같은 광경을 목격했다. 한국군 야포가 불을 뿜으며 바다에 떠 있는 배 2척을 격침했지만, 적어도 1,000명은 되는 무장 병력이 해안에 상륙했다. 대부분 게릴라 핵심 집단인 이들은 한국군과 싸우는 대신 태백산맥으로 숨어들어서 이제껏 계속 게릴라전을 펼쳐온 빨치산들과 연계했다.

38선 북쪽에는 766유격대[40]의 지원을 받는 인민군 5사단이 산개해 있는 한국군 8사단을 공격해 해안을 따라 남쪽으로 몰아내고 있었다. 8사

---

40 766부대: 1949년 3월 함경북도 회령에서 오진우를 부대장으로 창설되었으며 남로당원과 강동정치학원 출신이 주를 이룬 유격대.

단장은 질서 정연하게 철수를 시작하기 전 육군참모총장에게 보고했다. 무슨 일이 벌어지든 간에 머나먼 동쪽 끝에서 벌어지는 전투는 이기는 것도 지는 것도 아니었다.

일요일 아침나절에 채병덕 장군과 미 주요 고문관들은 진행 중인 북한의 공격이 그저 쌀이나 빼앗으러 온 수준이 아니라는 것을 깨달았다.

서울의 육군본부는 혼란에 빠져 있었지만, 부사관들과 병사들은 공포에 흔들리지 않았다. 인민군의 이런 공격과 같은 만일의 사태에 대비한 계획이 수립되어 있었던 것이다.

서울의 장교들은 수도인 서울로 들어오는 열쇠는 의정부 회랑이라는 것을 알고 있었다. 서울을 노리는 모든 심각한 위협은 의정부를 거쳐야만 하며, 만약 적이 의정부를 통과해버리면 서울 남부의 한강을 제외하고는 인공적이든 자연적이든 적을 막을 어떤 지형지물도 없었다. 면밀하게 짜여진 계획에 따르면, 한국군의 주 노력은 의정부 회랑에 집중되어야 하지만 현재 이곳은 유재흥劉載興[41] 장군이 지휘하는 7사단이 현재 엄청난 압박을 받고 있었다.

채병덕 육군참모총장은 불안한 마음으로 명령을 내리기 시작했다. 육군의 모든 예비 부대는 북쪽으로 이동해 서울을 통과한 뒤 의정부 회랑으로 이동하라는 명령을 받았다.

한국군 2사단은 서울에서 남쪽으로 145킬로미터 떨어진 대전에 있었다. 5사단은 훨씬 더 남서쪽인 광주에 있었고, 3사단은 한반도 반대편인 대구에 주둔 중이었다.

최초로 명령을 받은 2사단은 곧 이동을 시작했다. 미군 군사고문들을 대동한 사단 선두부대는 14시 30분에 기차를 통해 북쪽으로 출발했다. 6월 25일 해질 무렵 5사단 일부도 도로로 이동 중이었고, 3사단 일부 부대도 이동하고 있었다.

41　유재흥(1921~2011): 대한민국 육군 중장.

한국군 사단들은 기계화나 차량화가 되어 있지 못했다. 대부분 사단의 차량은 예비 부품이 없어 사용이 불가능했으며, 사단들은 신속하게 움직일 수 있도록 조직되지 않았다. 하지만 이 사단들은 최선을 다해 조금씩 북쪽으로 움직이기 시작했다.

'뚱보' 채 장군은 자신의 명령이 하달되자 더욱 초조해했다. 그는 미 군 사고문관인 하우스만James Harry Hausman[42] 대위를 대동하고 의정부 지역을 두 번 다녀오면서 작전계획을 수립하려 했다. 채 장군은 무엇이든 매우 신속하게 조치하지 않으면 너무 늦을 것이라 생각했다.

그의 추측은 옳았지만, 그가 취할 행동은 잘못된 것이었다. 그 행동은 패배를 불러오게 된다.

* * *

서울에서는 더 이상 비나 쌀에 대한 이야기는 들리지 않았다. 공산군이 공격했다는 소문이 퍼지자, 사람들은 애국심에 불타는 분노로 치를 떨었다. 한국인들은 이렇게 분노하면서도 다른 한편으로는 안심하고 있었다. 모든 한국인들은 나라가 분단된 것을 참을 수 없다고 생각했는데, 이 점에 대해서는 경무대에 앉아 있는 옹고집 노인인 이승만 대통령부터 남쪽 시골의 소작농까지 의견이 일치했다.

지금 북쪽의 괴뢰 국가가 공격을 해왔지만, 이는 곧 정리될 것이 분명했다. 북한은 대한민국의 승리하는 군대에게 패퇴할 것이다. 그리고 곧 통일이 될 것이다. 정부 성명과 보이스 오브 아메리카Voice of America(미국의 소리)[43] 방송 소식을 들어온 한국 국민들은 절대적으로 한국군을 신뢰했

---

42 제임스 해리 하우스만(1918~1996): 16세에 미 육군에 입대했으며 1946년 7월 26일 한국에 파견되어 조선경비대 창설을 지원했다. 한국 육군의 아버지라는 별명을 가지고 있다. 여수-순천 반란을 진압하는 데 기여했으며, 6·25전쟁 중에는 미 국방부에서 한국 및 극동아시아와 관련된 정보 업무를 담당했다. 1956년에 주한 유엔군사령관 특별고문으로 한국에 돌아와 활동하다 1960년에 전역했으나 이 직책은 1981년에 한국을 떠날 때까지 유지했다.

43 보이스 오브 아메리카: 전 세계 청취자를 대상으로 운영되는 미국의 방송사.

다. 한국인들은 미국이 약속한 군사 원조가 산더미처럼 들어올 것이고, 결국에는 최종 승리를 거머쥘 것을 믿어 의심치 않았다.

아침 9시, 김포공항이 공중공격을 받고 있다는 보고가 들어왔고, 아침나절에 소련제 야크ᴿᴬᴷ가 서울 시내 주요 도로에 기총소사를 해댔지만 아무도 그 심각성을 이해하지 못했다. 적 항공기가 서울에 진입한 모습을 보고 경악한 사람들은 미국인 거주 지역 사람들 중 일부뿐이었다. 이들은 장비가 걱정스러운 한국군의 실제 상황을 아는 사람들이었다.

정오쯤, 한국군 부대들이 서울을 지나 북쪽으로 이동하고 있었다. 그들이 탄 트럭, 철도 차량, 지프, 자전거, 그리고 달구지가 긴 행렬을 이루며 몰려들었다. 서울 사람들에게 달구지는 이상해 보이지 않았다. 또한 군에 전차 같은 전투차량이 하나도 없다는 사실 역시 누구도 주목하지 않았다.

병사들은 군가를 부르며 서울로 몰려 들어왔고 거리를 메운 많은 시민들은 이들을 향해 환호했다. 대한문부터 서울역까지, 서울은 북받치는 감정으로 끓어올랐다.

전통적인 흰 옷을 입은 소작농들도, 검은 갓을 쓰고 회색 수염을 기른 나이 많은 양반들도, 서구식으로 양복을 입은 말쑥한 사업가들도 모두 소리치며 한국군을 격려했다. 카키색 전투복을 입고 북으로 이동하는 한국군 병사들의 모습에 서울의 모든 구석구석이 거대한 열기에 휩싸여 하나로 뭉쳤다.

만세! 이겨라! 만세! 통일! 만세! 만세!

일요일 하루 종일, 카키색 대열은 차를 타고, 자전거를 타고, 도보로 북쪽으로 향했다.

하지만 본국에서 멀리 떨어져 한국에 와 있는 아내와 아이들을 둔 미국인 거주 지역의 남자들은 점점 더 불안해하고 있었다. 한때 미 대사관 직원으로 일했던 존 콜드웰John Caldwell이라는 이름의 생선상인은 야크기가 서울 상공에 나타났다는 뉴스가 나오자마자 대사관 고위 관리에게 전화를 걸어 뉴스에 대해 물어보았다.

전화를 받은 대사관 직원은 많이 화가 나 있었다. 그가 말했다. "존, 문제가 심각합니다. 야크기가 김포에서 미국 비행기에 기총소사를 했어요. 미국 정부 재산을 파괴한 겁니다!"

일요일 오후 4시 무초 대사는 미국 대사관 라디오 방송인 WVTP에 나와 미국인들을 안심시켰다. 방송에서 그는 겁을 먹어야 할 이유가 없으며 한국군이 이미 공산군의 공격을 저지했다고 말했다. 한국에서 퇴거는 없을 것이라고도 했다.

하지만 38선에서부터 계속해서 정신없이 들어오는 전화 보고를 받은 주한 미 군사고문단 장교들은 별로 낙관적이지 못했다. 이들은 여전히 지휘권을 갖고 있는 미 대사에게 항의했다. 이들은 여자와 아이들만이라도 항공편으로 이곳에서 내보내야 한다고 주장했다.

오후부터 밤까지 격렬한 논쟁이 계속되었다. 사실 무초 대사의 태도를 비난할 수는 없다. 군사적 재난 상황이 벌어지면서 외교관인 그에게 갑자기 지휘권이 주어졌고, 본국에서의 지시도 없었으며, 분명한 정책도 없었고, 미국이 어떤 정책을 따라야 할지에 대해서도 아는 바가 없었다. 그는 계속 자신감을 보여야 한다고 믿었으며 동시에 미국이 개입하지 않으리라고, 적어도 직접 개입하지는 않을 것이라고 진심으로 믿었다.

자정에 무초 대사는 퇴거 요청을 갑자기 받아들였다. 그러나 항공편으로 미국인 민간인들을 퇴거시키는 계획에 대해서는 여전히 수락하지 않았다. 공산군 비행기들이 날아다니고 있는데, 만약 이들 중 한 대라도 난민이 탄 항공기를 격추시켰다가는 국제적인 사건으로 번질 것이라 생각했기 때문이다.

인천에는 노르웨이 국적의 작은 배가 있었는데, 여자와 아이들 682명은 이 배를 타고 일본으로 이동하도록 했다. 노르웨이 배는 비료를 가득 싣고 있었으며, 객실은 12명만 수용할 수 있었다.

큰 키에 피부색이 어둡고 안경을 쓴 무초 대사는 이 시점에서도 나비넥타이를 한 채 요지부동이었다. 사실 그는 퇴거에 반대하는 입장이었다.

인민군이 기적적으로 서울을 점령하더라도 공산군이 미국인들에게 외교면책특권을 허용할 것이라고 생각했기 때문이었다. 이미 중공을 승인한 영국도 서울에 외교관을 유지할 예정이었다.

서울에 남은 영국 외교관 중 일부는 다시는 영국 땅을 볼 수 없었다. 결국 영국인들도 공산당의 본성을 제대로 이해하지 못했던 것이다.

WVTP 라디오는 모든 미국인 군속 여성과 아이들에게 정해진 장소에 모여 인천으로 향하는 대사관 버스를 기다리라고 지시했다. 인천에 도착하면 라인홀트Reinholt라는 작은 수송선이 이들을 싣고 일본 기타큐슈北九州의 고쿠라小倉 시로 향할 예정이었다.

사흘 뒤, 라인홀트가 고쿠라에 입항할 때 승선 인원 중 50명이 들것에 실려 병원으로 향해야 했다. 승선 인원 중 다수는 땡볕에 노출되고, 못 먹고, 사람에 치이고 배에 가득 실린 비료 냄새 때문에 쓰러졌다. 하지만 그나마 이 여자들과 아이들은 운이 좋은 편이었다.

* * *

일요일 늦게 의정부 중심부까지 불길한 총소리가 점점 더 가까워지면서 채병덕 장군은 주요 지휘관들과 긴급 회의를 했다. 채 장군은 전투 계획을 수립했다.

의정부로 들어오는 통로 두 곳을 모두 막고 있는 유재홍 장군의 7사단은 동두천리 도로를 따라 서쪽으로 전환하여 새벽이 되면 공격을 개시할 예정이었다.

이형근李亨根[44] 준장이 지휘하는 2사단은 도착과 함께 포천 전투지역을 모두 인수한 후 오른쪽 도로를 따라 7사단과 협조하여 공격을 실시할 예정이었다.

역습을 당한 인민군은 의정부 바로 앞에서 진격을 멈출 것이며, 운이

---

[44] 이형근(1920~2002): 대한민국 육군 대장.

좋다면 여기서 모두 격파할 수도 있을 것이다.

유재홍 준장은 명령을 받고 자정이 되자 7사단을 서쪽으로 이동시키기 시작했다.

이형근 장군은 이 계획이 성공할 것이라 전혀 생각지 않았다. 그는 2사단이 여전히 이동 중이며, 오직 사단 사령부와 2개 보병대대만이 의정부인근까지 도착했다고 설명했다. 그는 2사단 전체를 의정부 북쪽에 아침까지 전개하는 것은 불가능하며, 그때까지 사단이 도착하지도 못할 것이라고 말했다.

채병덕 장군이 말했다. "그때까지 뭐든 가용한 부대로 공격에 합류하라."

"하지만 그렇게 하면 소부대들을 한 번에 하나씩 축차적으로 공격에 투입해야 합니다. 게다가 제 병사들이 밤새 행군하고서 새벽에 전투를 치를 수는 없습니다. 우선 제 사단 전체, 적어도 대부분이라도 제자리를 잡을 때까지 역습을 보류해야 합니다!"

하지만 채 장군은 완고했다. "요청을 기각하네. 공격은 계획대로 실시한다."

이형근 장군은 미 군사고문관인 하우스만 대위의 얼굴을 보았다. 하우스만도 이 장군에게 동의했기 때문에 그를 옹호했다. 이형근 장군의 2사단은 주요 역습을 할 상황이 아니며, 그런 식으로 병력을 투입하면 사단전체가 무너질 수도 있다고 조언했다.

하지만 하우스만은 지휘권이 없었다. 그는 그저 우방국 정부가 빌려준 조언자일 뿐이었다. 그리고 이 순간 심지어 그의 지위부터 불분명했다. 만약 그가 대위가 아닌 소장少將이었다 해도 채병덕 장군의 결정을 뒤집을 수는 없었을 것이다. 설령 결정을 뒤집을 수 있었다 해도 대한민국 육군참모총장의 결정을 뒤집으려는 시도는 올바르지 않다고 느꼈을 것이다.

비 오듯 땀을 흘리던 채 장군은 더 이상의 반론을 들으려 하지 않았다. 분개한 이형근 장군은 방을 나가 의정부에 있는 지휘소로 향했다.

칠흑 같은 밤이 순식간에 지나갔다. 유재홍 장군의 병사들 중 다수는 야간행군 후 지쳐서 사기가 반쯤 꺾인 상태로 동두천리 도로를 따라 늘어서 있었다. 유 장군은 아침이 되면 역습을 실시하라는 명령을 내렸다. 이 명령을 내릴 때 유 장군은 북쪽에서 간헐적으로 번쩍이는 불빛을 지켜보면서 지휘소 안을 서성였다. 새벽이 되면 그가 지휘하는 7사단이 공격하도록 조치해야 했다.

하지만 그의 우측방인 의정부에서 사단 사령부 인원들에게 둘러싸인 채 이형근 장군은 아무것도 하지 않았다. 그의 2개 대대는 지쳐서 도로 위에서 졸고 있었다.

그는 마음을 굳혔다. 그는 무엇이든 할 생각이 전혀 없었다.

제5장
대참사

●

비록 잘못된 일일지라도, 무언가를 하라.
— 미 육군 보병학교의 비공식 교리

국제날짜변경선 때문에 한국과 미국 사이에는 하루 차이가 난다. 북한이 공격했다는 소식이 전해졌을 때, 워싱턴은 6월 24일 토요일이었다.

한국 시간으로 일요일 오전, 미국 무관과 무초 대사는 정보참모부장과 국무부에 각각 전문을 보냈다. 무초의 전문 중 일부이다.

"공격의 성격과 공격이 개시된 방법으로 볼 때 이 공격은 대한민국을 상대로 한 전면 공세인 것으로 보인다."

한편, 다양한 통신사 소속의 기자들은 서울발 기사를 각자 전송했다.

각양각색의 출처에서 나온 소식이 토요일 밤 8시쯤 워싱턴에 처음 도착했다. 반면 무초의 전문은 9시 30분에 들어왔다. 워싱턴의 토요일 밤은 만사가 느리게 흘러갔고 여름이면 특히 더했다. 혼란이 정리된 것은 다음날인 일요일 아침이 되어서였다.

거의 비슷한 시각에 여전히 한국에 남아 있던 유엔 위원회도 뉴욕 유엔 본부에 보고했다. 트뤼그베 리Trygve Lie[45] 유엔 사무총장은 롱아일랜드에 있는 관사에서 전화로 소식을 들었다. 이 덩치 큰 노르웨이 신사는 반사적으로 내뱉듯이 말했다. "이것은 유엔을 상대로 한 전쟁이야!"

---

45 트뤼그베 리(1896~1968): 유엔 사무총장. 노르웨이의 정치가.

분노한 트뤼그베 리 총장은 일요일 오후 2시에 유엔 안전보장이사회의를 긴급히 소집했다.

한편 워싱턴의 관리들은 깜짝 놀랐다. 며칠 뒤 육군 대장 라이먼 렘니처Lyman Lemnitzer가 분노한 국방장관에게 보고한 것처럼 미 정보기관은 북한이 남한을 공격할 능력이 있고 소련의 모든 주변부에 유사한 능력이 존재한다는 것을 알았지만, 어느 정보기관도 위험이 임박한 곳으로 한국을 지목하지 않았다.

1949년, 유럽에 대한 소련의 압박이 느슨해지고 베를린 봉쇄 해제와 함께 북대서양조약기구NATO, North Atlantic Treaty Organization(이하 나토)가 창설되자, 미국 정부 또한 느슨해진 경향이 있었다. 미국의 적극적인 개입과 핵무기의 우위 덕에 유럽에서는 전쟁이 임박해 보이지 않았다. 반면 아시아 정책은 확실하게 안정되지 않았다.

유럽은 어쨌든 소련의 가장 중요한 목표였지만 소련은 전략 목표를 유럽에서 아시아 주변으로 이동했고, 서구는 이것을 이해하지 못했다. 서구는 증거는 없었지만 소련의 전면공격에 대해서만 생각하는 경향이 있었다. 서구 강대국들이 전혀 대비가 되어 있지 않은 제한적인 군사작전의 가능성을 생각해본 사람은 거의 없었다.

하지만 6월 25일 이후로 미 정부는 소련이 유럽을 목표로 공격을 준비하면서 미국의 관심과 병력을 다른 방향으로 돌리는 단순한 연막으로서 한국을 이용하는 것이 아니라고 확신할 수 없었다. 이런 이유 때문에 미국은 대한민국을 지키기로 다짐하고도 한반도에 대규모 전력을 투입하기를 주저했다.

미국의 정책가들은 소련이 미국처럼 한 번에 모든 것을 얻으려 하기보다는 조금씩 목적을 달성하려 할 수도 있다는 것을 서서히 깨달아가고 있었을 뿐이었다. 소련의 사상과 마찬가지로 소련의 전략은 직접적인 미국의 방식과 달리 항상 기만적이었다.

6월 25일 일요일, 미 정부는 공산당의 행동에 경악했다. 미 정부 안의 지배적인 의견은 이처럼 노골적인 군사작전은 생각할 수도 없는 짓이라는 것이었다.

예상 못한 기습에 미국 정보기관의 계속되는 실수가 부각되었다. 다양한 정보기관들은 미 정부에 엄청난 정보를 보고했다. 이들은 잠재적인 적들이 보유한 사단, 야포, 전차, 함정 수를 알고 있었다. 하지만 미 정부는 그 정보의 진위를 평가할 수 없었다. 적국 수도의 공식 기관들에 침투한 정보원을 단 한 명도 갖고 있지 않았기 때문이다. 따라서 정보기관은 잠재적 적국이 무슨 생각을 하는지, 또는 무엇을 하려는지 예측할 수 없었다.

이는 과거와 전혀 다르지 않았다. 1941년 12월, 미 정보기관은 일본 제국해군연합함대의 강력한 항공모함 특수임무단이 군항을 떠난 것을 알고 있었다. 하지만 일본의 생각을 공식적으로 이해하지 못한 상태에서 이 사실은 미 정부에 아무 의미도 없었다.

1950년 상황도 과거와 다를 바 없었고, 아마 미래에도 별 변화가 없을 것이다.

6월 25일 일요일 아침, 워싱턴에서 상황을 주시하던 사람들은 8년 6개월 전 또 다른 일요일 아침에 받았던 비슷한 충격을 떠올렸다.

트루먼 대통령은 주말을 맞아 미주리 주의 인디펜던스 ^{Independence} 시에 있었다. 그는 당장 워싱턴으로 돌아갈 채비를 했으며, 그날 저녁 블레어 하우스^{Blair House}에서 국방부와 국무부 고위 관리들과의 회의를 소집했다.

하지만 미 정부의 충격은 공포보다는 분노와 짜증에 가까웠다. 대한민국을 엄습한 군사적 참사가 얼마나 큰 것인지 제대로 아는 사람은 없었다.

공산군이 대한민국을 노골적으로 침공하면서 파생된 충격이 서구에 파문을 일으키고 있을 때, 전쟁 둘째 날이 시작된 서울은 상대적으로 차분했다.

초기의 흥분이 가시자, 150만 명의 서울 시민은 확신을 가지고 북에서 한국군이 승전한다는 소식이 오기만을 기다렸다. 한국군 병력은 여전히 서울을 거쳐 의정부와 기타 이북 지역으로 이동했으며, 국립 라디오 방송에서는 안심하라는 내용이 계속 흘러나왔다.

둘째 날이 조용히 지나갔다. 6월 26일 오후, 7사단이 의정부 북쪽에서 역습했다는 소식이 서울에 방송되었다.

적군 1,500명이 전사하고, 전차 58대가 격파되었으며, 다른 물자가 산처럼 노획되었다는 소식이었다. 라디오를 듣던 시민들은 열광적으로 환호했다.

하지만 저녁 무렵, 겁을 먹고 도망쳐온 피난민들이 떼 지어 북에서 서울 외곽으로 쏟아져 들어오기 시작했다. 귀 기울이면 멀리서 바람을 타고 대포소리가 들렸다. 그 소리는 조금씩 가까워지고 있는 것 같았다.

* * *

6월 26일 오전, 강력한 기갑 전력을 선두에 세운 인민군 3사단과 4사단이 의정부 북쪽에서 공격 태세를 갖추고 있었다. 밤사이 재편성을 위해 잠시 정지했던 두 사단은 의정부 회랑을 향해 합쳐지는 축선을 따라 공격을 했는데, 3사단은 포천에서 의정부로 이어지는 도로를, 4사단은 동두천리에서 의정부로 이어지는 도로를 이용해 이동했다.

하지만 인민군 4사단은 곧 어려움에 직면했다. 한국군 7사단이 격렬하게 역습하면서 이날 오전 처절한 전투가 서쪽에서 벌어졌다. 유재흥 장군의 7사단은 서울의 라디오 방송에서 나온 것과 같은 성과를 내지는 못했으나, 적어도 적의 공격을 막고는 있었다.

하지만 동쪽 포천으로 이어지는 도로변에 위치한 7사단의 오른쪽 측면에서 미군 고문관은 이형근 장군의 2사단 지휘소에 들어갔다가 참모들과 앉아 있는 이 장군을 발견했다. 이형근 장군은 의정부에서 북쪽으로 3킬로미터 떨어진 도로 일대에 예하 2개 보병대대를 배치하고 이들에게 참호를 파라고 지시하고는 아무것도 하지 않았다.

약한 대대 전력으로 공격해봐야 소용없다고 생각한 이형근 장군은 공격을 명령하지 않았다. 아침 8시, 그의 병사들이 도로를 따라 남쪽으로 전진하는 인민군 대열을 보았다. 이들은 곧장 야포와 박격포 사격을 시작했다.

40대로 이루어진 전차 대열이 인민군 공세를 이끌고 있었다. 한국군이 쏜 포탄이 터지자, 인민군 전차들이 잠깐 정지했다. 그러더니 도로를 따라 배치된 한국군 보병부대를 본 전차들이 사격하면서 전진했다.

한국군의 경야포가 쏜 포탄 몇 발이 인민군 전차에 명중했지만, 두터운 장갑을 두른 T-34 전차들을 멈추게 할 수는 없었다. 전차는 한국군 방어선을 요란하게 뚫고서 지나간 뒤 계속해서 의정부로 향했다.

전차가 통과한 뒤로는 인민군 보병이 총검을 착검하고 돌격했다. 전차들이 방어진지를 뭉개며 뚫고 지나가자, 한국군 2사단 병사들은 참호를 버리고 퇴각하기 시작했다. 몇 분도 지나지 않아 살아남은 한국군 병사들은 주위를 둘러싼 산 속으로 사라졌다.

이형근 준장과 참모들은 남쪽으로 퇴각했다.

동두천리 도로에서 완강하게 싸우던 유재흥 장군은 의정부에 적이 나타났다는 소식을 들었다. 측방이 차단당할 것을 염려한 그는 공격 중단을 명령했다. 7사단은 의정부 남쪽으로 무질서하게 철수했다.

2사단은 사실상 사라져버렸다. 2사단은 무질서하게 소규모 부대들로 쪼개져 싸우고 있었다. 7사단 또한 예정에 없이 철수하면서 흩어져버렸다. 잘 훈련되고 제대로 된 지휘를 받는 병력만이 엄청난 압박을 받으면서도 질서 정연하게 철수할 수 있는 법이다. 이미 수적으로도, 무장으로도 열세인 데다가 막을 수 없는 소련제 전차가 주는 끔찍한 공포, 독일군이 '판처 열병panzer fever'이라 부른 공포심을 이겨낼 방법이 전혀 없던 7사단은 결국 끔찍한 패배를 맛보고 말았다.

인민군 3사단과 4사단은 의정부에서 합류했으며, 105전차여단의 전차들은 다시 남진하기 시작했다.

하지만 6월 26일 어둠이 내리기 시작할 무렵에는 이런 상황에 영향을 끼칠 수 있을 만한 한국군 병력이 서울 북방에 존재하지 않았다.

이형근 장군은 명령에 불복종했으나, 방어진지에 있으면서도 사단이 산산조각 난 사실로 미루어볼 때 그가 채병덕 장군의 명령을 이행해 공격했어도 실패했을 것이다. 한국군의 기동 계획은 성급했고, 무분별했으며, 불가능했다. 기초 소총병 교육을 적절하게 받은 유능한 보병은 11개월 정도면 만들어낼 수 있다. 하지만 능력을 갖추고 제대로 교육받은 지휘관과 참모를 그 기간에 양성하기란 불가능하다.

한국군 병사는 체력이나 용기에는 전혀 문제가 없었다. 서울 북방에서 지나치게 많은 전사자가 발생했다는 사실은 다른 사실을 보여주고 있었다.

6월 25일 일요일, 미 군사고문단 참모장인 린 로버츠Lynn Roberts 준장이 한국을 떠난 후 선임 장교가 된 라이트Wright 대령은 일본에 있었다. 토요일 밤, 라이트 대령의 아내는 요코하마橫浜에서 집으로 돌아가기 위해 배를 타고 있었으며, 라이트 대령도 수 일 내에 아내의 뒤를 따라 출발할 계획이었다. 하지만 그가 일요일 아침 교회 예배를 드리고 있을 때 전령이 찾아와 조용히 그의 귀에 속삭였다. "대령님, 당장 한국으로 가셔야 할 것 같습니다."

라이트 대령은 교회에서 나와 서울에 전화를 걸었다. 서울에서 들어온 보고를 들은 그는 곧장 비행기에 올라 6월 26일 월요일 새벽이 되기 바로 전에 김포공항으로 날아갔다.

그는 일본을 떠나기 전에 한국에서 미국인 군속 가족을 퇴거시키는 계획을 세웠다. 미국 국적의 배들은 한국으로 방향을 돌리도록 했고, 공군은 이들 선박을 엄호하라는 명령을 받았다. 항공기들은 노르웨이 국적의 비료운반선인 라인홀트 호가 월요일 아침 일찍 인천에서 출항하면 이 배를 보호하라는 지시를 받았다.

이제 서울에 온 라이트 대령은 상관인 무초 대사와 회의를 열고 한국 육군본부에 파견된 군사고문관 33명을 제외한 미 군사고문단 전원을 퇴거시키기로 결정했다. 이 명령이 하달되자, 미 군사고문단 장교들은 전선에서 떠나기 시작했다. 이들 대부분은 다음날 오전 수원 비행장을 통해 일본으로 떠났다.

6월 26일 하루 종일 서울의 미 군사고문단 본부는 야전에 있는 고문관들로부터 혼란스럽지만 정확한 보고를 받았다. 하지만 보고 내용은 좋지 않았다.

6월 26일 야간에는 대한민국 정부도 국민들에게 전파했던 내용과는 다른 정확한 보고를 받기 시작했다. 보고가 들어오면서 대한민국 정부가 느끼는 불안감은 점점 더 커져갔다. 밤사이 정부는 서울에서 남쪽으로 145킬로미터 떨어진 대전으로 이전하는 계획을 세웠다. 다음날 아침 일찍 국회의원들은 소리를 지르며 신랄하게 논쟁을 벌였고 내각과는 관계없이 국회는 서울에 남기로 의결했다.

27일 자정이 막 지나서 무초 대사는 서울을 떠나라는 국무부의 명령을 받았다. 그는 대사관 직원들을 수원으로 이동시킬 계획을 세웠다. 반면 라이트 대령과 라이트가 선정한 미 군사고문단 장교들은 한강을 건너 영등포 남쪽으로 8킬로미터 떨어진 시흥리로 갔다. 대한민국 육군본부는 미군에게 통보도 하지 않은 채 이미 시흥리로 가버린 뒤였다.

이틀간 중지되었던 미국인의 퇴거는 약간의 혼란 속에서 재개되었다. 무초 대사와 직원들은 6월 27일 화요일 오전 9시에 수원으로 이동했다. 일본에서 날아온 미 공군기의 엄호를 받으며 미국인 민간인들과 미 군사고문단 참모들은 수원 공항에서 이륙하기 시작했다. 이들 뒤로 미국인들은 황급하면서도 혼란스럽게 퇴거했다. 보기에 따라서는 비극적이기도 했다.

미국인 개인 또는 미국 정부가 소유한 차량 1,500대는 모두 버려졌다. 이 차량들을 절박하게 원할 한국군에게 전달할 노력은 시도조차 없었다. 7만 5,000리터가 넘는 연료도 대사관 수송부에 그대로 방치한 상태였다. 미화 10만 달러어치의 엄청난 음식과 4만 달러에 달하는 7월분 면세주류도 모두 방치되어 인민군의 손에 들어갔다.

적에게야 도움이 되겠지만 이런 손실 따위는 얼마든지 대체가 가능했다. 하지만 6월 27일 이른 시각, 5,000명이 넘는 대사관의 한국인 직원 인사기록이 그대로 사물함에 방치되었다는 것은 끔찍한 실수였다. 미국 대사관의 비밀 기록은 모두 불태워버렸지만, 성실한 한국인 직원들의 인 사기록은 누구도 생각지 못했다. 더 정확히 말하면, 대사관 직원 중에서 자신들이 마주한 공산주의자의 본성을 제대로 이해한 사람은 아무도 없 었던 것이다.

이들 인사기록이 인민군의 손에 들어가게 되면, 공산군 치하에서 서울 에 남아 있는 직원들은 살아남을 수 없을 것이다.

하지만 미국 시민 2,202명은 한 명의 인명 손실도 없이 한국에서 전원 퇴거했다.

미 군사고문단 지휘관인 라이트 대령은 아무런 통보도 없이 서울을 떠 난 채병덕 장군과 한국군 육군본부를 찾기 위해 시흥리로 차를 몰았다.

라이트 대령은 이동 중 도쿄에 있는 맥아더Douglas MacArthur 원수의 전문 을 무전으로 받았다. 맥아더는 미국 합동참모본부가 자신에게 주한 미 군 사고문단을 포함하여 모든 미군을 지휘하도록 했다고 말했다. 맥아더는 ADCOMAdvance Command으로 불리는 전방사령부와 연락단을 즉각 한국으 로 보냈다. 미 군사고문단은 다시 서울로 돌아갔다.

시흥리에 도착해서 라이트는 맥아더가 보낸 새로운 전문을 받았다. "맥 아더가 라이트에게 개인적으로 보냄: 이전 위치로 이동할 것. 중대 결정 을 곧 내릴 것임. 기운 내기 바람."

라이트 대령은 일이 어떻게 돌아가고 있는지 전혀 감이 오지 않았지만, 최소한 전문에서 맥아더의 손길을 느낄 수 있었다. 이 두 전문을 근거로 삼아 라이트 대령은 채병덕 장군에게 육군본부를 다시 서울로 돌려보내 야 한다고 주장했다. 이는 쉽지 않은 일이었지만, 27일 저녁 무렵 육군본 부는 서울로 다시 돌아갔다.

하지만 서울은 두려움에 사로잡혀 있었다. 의정부의 역습이 실패했다 는 소식을 듣지는 못했지만, 피난민과 부상병들이 계속해서 서울로 쏟아

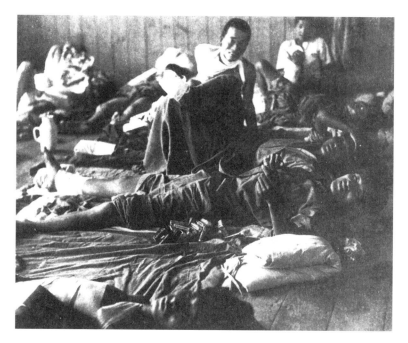

"전쟁이 시작된 후, 한국군이 초전의 예봉을 모두 감당해야 했다." 1950년, 병원에 누워 있는 부상당한 한국군 병사들.

져 들어왔고, 이 때문에 공포가 서서히 확산되고 있었다. 인민군 항공기들이 서울시 상공을 날면서 항복 전단을 뿌려댔다. 공포는 계속 커져갔다. 인민군 야전사령관인 최용건崔庸健 차수는 서울을 향해 "항복하라"는 방송을 내보냈다.

6월 27일 밤이 되자, 서울은 완전히 혼란에 빠졌다. 수많은 시민들이 한강인도교를 넘어 남쪽으로 도망가기 시작했다.

서울의 군 당국은 도로장애물을 설치하고 서울 북쪽의 모든 교량을 파괴하는 계획을 세웠고, 한강을 가로질러 남쪽으로 이어지는 교량의 경간徑間을 명령에 따라 파괴할 계획이었다. 하지만 6월 27일 한밤중이 되었을 때는 시민들의 공포가 병사들에게까지 확산되어 있었다. 북에서 철수하는 병사들은 도저히 저지할 수 없었던 끔찍한 전차에 대해 이야기했다. 한국군 병사들은 전차를 갖기는커녕 전차라는 것을 들어본 적이 없었다. 소문이 계속 퍼지면서 전차는 천하무적의 괴물로 여겨지기 시작했다. 또한 한국군 병사들에게는 대전차지뢰가 한 발도 없었다.

도로장애물은 전혀 방어를 하지 못했고, 북쪽의 다리들은 파괴되지 않았다. 패퇴한 한국군 수천 명이 서울로 쏟아져 들어오기 시작했고, 적을 저지하기 위해 남아 있던 후위대는 차츰 사라졌다.

이제 새로운 위협이 등장했다. 엄청나게 많은 공산주의자들과 공산당 동조자들이 이미 지난 몇 년 동안 서울에 잠입해 있었는데, 인민군이 접근해오자 이들은 공개적으로 스스로를 드러냈다. 갑자기 아무도 믿지 못하게 되었다. 심지어 육군 참모들도 서로를 향해 "공산주의자!"와 "배신자!"라고 외쳐댔다.

자정 무렵이 되자 육군 참모들에게도 두려움이 엄습해왔다.

인민군 선두부대는 이미 19시 30분에 서울에 진입했지만, 방어군의 결사적 저항에 잠시 물러섰다. 23시에 T-34 전차 1대와 인민군 1개 소대가 창덕궁 화원으로 진입했다. 그러나 놀랍게도 서울시 경찰국은 이 전차를 파괴하고 동행하던 인민군 보병을 해산시킬 수 있었다.

서울 현지의 상황은 아주 희망이 없는 것은 아니었다. 사대문 안에는 중무장한 한국군 수천 명이 있었고, 도시 자체도 거대한 장애물이었다. 더 많은 예비 병력이 북쪽으로 올라갈 동안 한국군은 시가전을 벌이면서 지연 전술로 인민군을 며칠간 지연시킬 수 있었다.

대한민국 육군의 상당수는 여전히 한강 이북에 있었다.

하지만 이 시점 한국 육군의 지휘계통이 붕괴되었다.

자정 무렵, 스콧Scott이라는 이름의 미군 중령이 한국 육군본부 작전국 책상 앞에 앉아 있었다. 책상 위에 놓인 전화들은 서울 북쪽의 변두리를 따라서 방어선이 돌파되고 있다는 보고를 쏟아내기 시작했다. 보고가 들어오자, 스콧 중령은 작전국의 한국군 장교들이 지도를 접기 시작하는 모습을 보았다.

그는 참모총장인 채병덕 장군에게 가서 물었다. "본부를 철수하라고 명령하셨습니까?"

채 장군이 대답했다. "그런 적 없소."

같은 시각 라이트 대령은 미 군사고문단 주요 장교들에게 조금이라도 자두라고 명령했다. 라이트 대령을 포함해 미 군사고문단 장교들 대부분은 일요일 아침부터 바쁘게 뛰어다녀서 탈진하기 일보직전이었다. 미 군사고문단 숙소는 육군본부에서 가까웠으며 전화가 가설되어 있었다.

라이트 대령과 참모장인 그린우드Greenwood 중령이 잠자리에 들었다. 눕자마자 그린우드 중령의 전화가 울렸다. 육군본부에 파견된 작전국 고문 세드베리Sedberry 소령의 전화였다.

세드베리가 전화기에 대고 말했다. "맙소사, 한국군이 한강에 있는 교량들을 폭파할 겁니다. 지금 작전국장인 김 장군과 만나 서울에 있는 모든 병력과 물자가 남쪽으로 이동할 때까지 뒤로 미뤄달라고 부탁하려 합니다만…."

육군본부에서 당직근무 중이던 미 군사고문단 장교들은 라이트 대령에게 전화를 걸었지만, 대신 전화를 받은 장교는 자고 있는 라이트 대령을 방해하려 하지 않았다. 그의 배려는 이해할 법했지만, 이 때문에 라이트 대령은 죽을 뻔했다.

미 군사고문단과 채병덕 장군 간에는 적의 전차가 육군본부에 도달하기 전까지는 절대로 서울 남쪽에 있는 한강 다리들을 폭파하지 않겠다는 분명한 합의가 있었다. 하지만 육군본부로 뛰어간 그린우드 중령은 채 장군을 찾을 수 없었다.

한국군 3개 사단이 모든 무기와 수송수단을 보유한 채 여전히 서울을 방어하고 있었다. 적은 다음날 정오 전에는 절대 서울 중심까지 진출할 수 없을 것으로 보였으며, 그 이후에라도 다리를 폭파할 시간은 충분해 보였다.

하지만 채병덕 장군은 이미 사라진 뒤였다. 그는 명백히 본인 의사와 무관하게 서둘러 본부를 나선 후 남쪽으로 향하는 트럭에 올라 있었다.

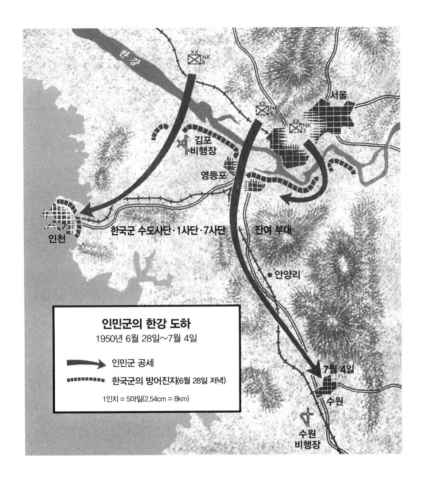

인민군의 한강 도하
1950년 6월 28일~7월 4일

→ 인민군 공세

▪▪▪▪▪ 한국군의 방어진지(6월 28일 저녁)

1인치 = 5마일(2.54cm = 8km)

이제 육군본부는 김백일金白一[46] 준장이 지휘하고 있었다.

김백일 장군은 한강인도교를 01시 30분에 폭파하라고 국방차관[47]이 명령했으며 자신은 이를 거스를 권한이 없다고 그린우드 중령에게 말했다.

2사단은 이미 서울에 도착해 있었고, 사단장인 이형근 장군이 몇 분 뒤에 육군본부에 들어섰다. 교량들을 폭파하라는 명령이 내려졌다. 이형근이 김백일에게 달려가 호소했다.

---

46 김백일(1917~1951): 대한민국 육군 중장.

47 당시 국방부 차관은 장경근(張暻根, 1911~1978)이었다.

"최소한 내 병력이 장비와 함께 한강 남쪽으로 철수하게라도 해주십시오. 이건 말도 안 되는 명령입니다."

이형근 장군의 말에 마음이 흔들린 김백일 장군은 육군본부 작전국장인 장창국張昌國[48] 소장을 마지막으로 찾아갔다.

"당장 한강으로 가 공병감에게 폭파를 중지하라고 전해라!"

그가 명령을 내리자마자 김백일 장군은 육군본부의 철수를 명령했다.

미 군사고문단 장교들은 여전히 라이트 대령과 연락이 되지 않았다.

상황을 잘 이해하고 있는 장창국 장군은 밖으로 나가 지프차에 올랐다. 그는 한강인도교로 달렸지만, 거리는 이미 피난민과 겁먹은 민간인들, 남자, 여자, 아이들, 가축들로 혼잡해 더 이상 나아갈 수 없었다. 그는 욕설을 내뱉고 계속 경적을 울려대며 인파를 뚫고 나갔다. 그는 다리 남쪽에서 작업 중인 한국군 공병대와 연락하기 위한 유일한 지점인 다리 북쪽 끝 경찰 전화박스에 도착해야 했다.

02시 14분, 장창국 소장이 탄 차는 여전히 다리 북쪽 끝에서 140미터 떨어진 곳에 있었다. 간선도로와 한강인도교는 차와 보행자들로 가득 차 있었다. 도망치는 피난민들, 육군 트럭, 군인들, 민간인들이 8차선 도로와 다리 위의 3개 차선을 가득 메우고 있었다. 장창국 장군은 민간인과 군인 수천 명이 다리를 건너는 모습을 보았다. 그는 땀을 흘리면서 줄지어 늘어선 차들을 가로질러 맹렬하게 한 걸음씩 밀고 나갔다.

그는 시간이 얼마 없음을 잘 알았다.

미 군사고문단 장교인 해즐렛Hazlett 대령과 하우스만 대위는 자정쯤 수원까지 이동해서 도쿄와 통신을 구축했다. 두 사람이 지프를 타고 다리를 막 건너고서 하우스만 대위가 자신의 손목시계를 봤을 때가 02시 15분이었다.

---

48 장창국(1924~1997): 대한민국 육군 대장.

그 순간 한강인도교가 폭파되었다.[49] 칠흑 같은 밤을 가르며 오렌지색 불길이 치솟았고 땅이 흔들렸다. 귀를 찢는 듯한 소리와 함께 한강 남쪽의 경간(徑間) 2개가 소용돌이치는 검은 물속으로 떨어졌다.

폭발로 민간인과 군인 몇 명이 죽었는지 또는 몇 명이 비명을 지르며 한강에 빠져 익사했는지 알 수 없을 것이다. 가능한 대로 추산해보자면, 1,000명에 가까울 것이다.

한강인도교 위로 모여든 사람들에게 아무 사전 경고가 없었다. 이후 육군 공병감[50]은 군법회의에 회부되어 재판을 받은 후 한강인도교 파괴 책임을 물어 총살형을 당했다. 하지만 이승만 정부의 누구도 육군에 한강인도교를 파괴하라고 명령한 국방차관은 문제 삼지 않았다.

한강인도교를 너무 이르게 폭파하는 바람에 한강 북쪽에는 꼼짝할 수 없게 된 한국군 사단과 병력 4만 4,000명은 죽거나 흩어질 판이었다. 또한 이들의 중요한 야포와 장비도 이들과 함께 사라지게 될 터였다.

병사 일부는 탈출했다. 치열한 전투를 벌인 유재홍 준장의 7사단은 사단장과 병사 1,200명이 기관총 4정을 가지고서 한강 남쪽에 도달했다. 철봉으로 전차에 맞선 1사단 병사들을 지휘한 백선엽 대령은 부하 5,000명과 함께 김포 인근에서 한강을 건넜지만, 보유했던 야포는 뒤에 남겨두고 와야 했다.

춘천에서 용감하게 싸우던 6사단은 한강인도교 폭파 소식을 듣고서 공작산 북쪽의 진지와 참호를 버릴 준비에 들어갔다. 삼척에서는 8사단이 자체적으로 퇴각을 시작했다. 이 두 사단은 한국 육군에서 유일하게 피해를 입지 않았지만, 대신 고립된 상태였다.

이형근 장군도 탈출에 성공해서 자신이 왜 뚱보 채병덕 장군의 명령에

---

49 한강인도교 서쪽에 있는 한강철교는 1950년 7월 3일 미 공군기가 폭격으로 파괴했다.

50 당시 공병감 최창식(崔昌植) 대령은 한강인도교 폭파의 책임자로 지목되어 9월 21일에 사형이 집행되었다.

따르지 않았는지를 라이트 대령에게 설명했다. 하지만 한국군 장교들 대다수는 부하들과 함께 전사했다.

6월 28일, 오직 오합지졸만이 한강 남부를 방어하고 있었다. 육군본부는 25일에는 9만 8,000명이던 장병 중에서 겨우 2만 2,000명만 생존을 확인할 수 있었다.

"미국 밖에 존재하는 최강의 육군"이라 불리던 대한민국 육군은 그저 패배한 정도가 아니었다.

말 그대로 궤멸되었다.

제6장
유엔이라는 망토
●

…따라서 전쟁은 그저 정치적인 행위가 아니라 진정 정치적인 도구이고, 정치적 교류의 연속이며, 다른 수단을 이용하여 같은 목적을 완수하는 것이다….

– 칼 폰 클라우제비츠, 『전쟁론』 중에서

유엔에서 트뤼그베 리 사무총장은 오랫동안 이어질 뿐 아니라 결과적으로 유엔이 살아남을 수 있도록 한 전통을 세웠다. 초대 유엔 사무총장이 된 노르웨이 출신의 트뤼그베 리는 자신이 크고 작은 모든 회원국의 종이거나 안보리의 명령만 기다리는 행정 대리인이라고 생각하지 않았다. 미국 대통령이 미국을 운영하는 집행자이듯 스스로도 최고 집행자라고 생각했으며, 그렇기 때문에 안전보장이사회와 총회로 이루어진 유엔의 의회에 안건을 제시할 수 있다고 판단했다. 미국 대통령과 마찬가지로 그의 권한은 이들 의회 기관의 동의로부터 나와야 하지만, 마찬가지로 대통령처럼 제안하고 지시하고 지원을 요청할 수 있었다.

트뤼그베 리 총장은 공산군이 대한민국을 공격했다는 통보를 받은 순간 유엔에 당장 위기가 닥쳤다는 사실과 유엔의 미래에 본질적으로 내재한 위험을 인지했다. 유엔 같은 조직은 비록 실제로 이루어질 희망이 없는 야심 찬 시도에 불과할지라도 세계 평화를 지키기 위해 만들어졌다. 평화를 깨는 모든 행위는 유엔을 나락의 언저리까지 몰고 갔다. 만약 유엔이 성공하면 그것은 존재할 수 있는 시간을 조금 더 번 것에 불과하다. 그러나 만약 유엔이 완전히 실패하면 유엔은 인류의 마음에서 사라질 뿐만 아니라 국제연맹League of Nations이 유명무실했던 것처럼 그 전철을 밟는 것은 그저 시간문제였다.

평생 강력한 이웃 국가로부터 잔인한 대접을 받아온 작고 힘없는 나라에서 살아온 트뤼그베 리 사무총장은 유엔의 목적과 필요성을 굳게 믿었다. 만약 유엔이 약소국들을 최소한으로도 보호할 수 없다는 것이 드러나면 유엔은 쓸모가 없으며 결국에는 사라질 것이 분명했다.

대한민국에 활기찬 삶을 가져다준 유엔한국위원회를 세우는 데 기여한 트뤼그베 리 사무총장은 공산군의 노골적인 공격을 개인적인 모욕으로 받아들였다.

미국의 전폭적인 지원을 받으며 빠르게 움직인 트뤼그베 리는 유엔 안전보장이사회를 뉴욕 시간으로 6월 25일 오후 2시에 긴급히 소집했다. 1950년에 안전보장이사회에는 중립 국가가 단 하나만 있었기 때문에 안전보장이사회는 대한민국 위기에 대한 안을 전례 없이 빠르게 제시하고, 토론하고, 수정한 후 결의로 채택했다.

하지만 트뤼그베 리의 결의와 빠른 행동에도 불구하고, 그의 성공을 가능하게 한 것은 거부권을 행사할 수 있는 다섯 나라 중 하나인 소련이 회의에 참석하지 않았다는 한 가지 사실 때문이었다. 1950년 1월 10일, 소련 대표는 중공을 유엔에 받아들이는 문제를 두고서 오늘날 '소련의 퇴장'으로 알려진 의사장 퇴장을 단행했을 뿐 아니라, 이후로 안전보장이사회 회의도 계속 거부하고 있었다.

만약 안드레이 그로미코Andrei Gromyko[51]나 그와 같은 역할을 하는 사람이 일요일 오후 뉴욕에 있었더라면, 아마 유엔은 한국 문제에 행동을 취할 수 없었을 것이다. 또한 유엔은 그 순간 생명을 다했을 수도 있다.

트뤼그베 리는 소련의 전술적 실수를 이용하면서 서방 강대국들과 함께 대한민국에 대한 무력 공격을 평화를 파괴하는 행위로 규정하는 강력

---

51 안드레이 그로미코(1909~1989): 소련의 외교관.

한 결의안[52]을 통과시켰다. 이 결의안은 다음을 촉구했다.

1. 적대 행위를 즉각 중단하고,
2. 북한 당국이 군대를 38선 이북으로 즉각 철수하며,
3. 모든 회원국은 이 결의를 이행하기 위하여 모든 지원을 유엔에 제공하는 반면 북한 당국에는 지원을 삼갈 것.

표결에 참여한 국가는 중화민국中華民國, 쿠바, 에콰도르, 이집트, 프랑스, 인도, 노르웨이, 영국, 그리고 미국이었다. 당시 쿠바와 이집트는 혁명 전이었기 때문에 서방 진영에 속해 있었다. 미국 사람은 자본주의자이기 때문에, 그리고 소련 사람은 그냥 러시아 사람이라는 이유로 공산주의 국가인 유고슬라비아는 기권했다.

오후 6시가 갓 지나 결의안이 공표되었다.

몇 시간 뒤, 당시 공사 중이던 백악관 건너편의 블레어 하우스에서 트루먼 대통령은 행정부의 핵심인 국방부와 국무부의 중요 인물들을 만났다.

밤 10시 30분 무렵, 미국의 극동아시아 정책이 확정되었다. 트루먼 정부의 진정한 외교정책은 공산주의 봉쇄였으며 이들은 미국이 봉쇄를 시작해야만 한다는 데 전반적으로 동의했다.

미국의 안보가 직접적으로 위협받고 있지는 않았지만, 세계에서 미국의 정치 질서가 위협을 받고 있었다. 중국은 이미 적대 진영으로 사라져버렸다. 중국을 잃으면서 아시아에서 힘의 균형이 이동해버리자, 미국인뿐 아니라 대담하게 행동하지 않았던 정부의 많은 이들은 극도로 불안해했다. 만약 대한민국을 잃는다면, 일본은 그저 실 하나에 매달린 형국이

---

52 유엔 안전보장이사회결의 제82호: 이사회는 총 11개 국가로 구성되어 있었는데, 찬성 9(미국, 프랑스, 영국, 중화민국, 쿠바, 에콰도르, 이집트, 인도, 노르웨이)로 채택되었다. 공산주의 국가인 유고슬라비아는 회의에는 참석했으나 표결에는 기권했고, 소련 대표인 야코프 말리크(Yakov Malik)는 회의에 불참했다.

될 것이며, 만약 일본마저 잃는다면 미국은 다시 진주만 공습 직후의 상황으로 돌아가게 될 것이었다.

미국의 국익은 행동을 요구했고, 마침 미국 정부의 행동을 허용하는 두 사건이 발생했다. 하나는 유엔의 개입으로 자국의 이익을 보호하는 것 외에는 주어질 수 없는 국제적 제재권이 미국에 부여되었다는 것이고, 다른 하나는 공산주의자들이 평화로운 국민을 대상으로 공개적이고 잔인하게 무력을 사용했는데 이는 진보, 좌파, 보수, 무당파無黨派 할 것 없이 모든 미국인들 사이에서 즉각 반감을 불러일으켰다는 사실이다.

자기 책상을 가리키며 "모든 책임은 내가 진다"라고 말하기 좋아한 트루먼은 결정을 피할 사람이 아니었다. 그가 다른 문제를 다룰 때는 과도하거나 성급했는지 모르지만, 핵무기 투하 결정에 대해서만큼은 이미 과도하거나 성급하지 않게 행동한 바 있었다. 그는 마셜 플랜을 믿었으며, 그리스와 터키에서 트루먼 독트린을 선포했다. 국내 문제를 두고서 생각이 혼란스러울 수도 있었겠지만, 트루먼은 책임을 전가하거나 실수해서 일을 망칠 사람이 아니었다.

유럽뿐 아니라 세계 어디서든 공산주의의 침략을 저지해야 하는 중요성을 전적으로 깨달은 미국 정부는 대한민국을 지원하겠다고 굳게 다짐했다. 진실이 무엇인지 아무도 모르지만, 세계는 한국을 미국의 피보호자로 보았고 아시아에서 미국의 위상은 불안정한 상태에 처해 있었다.

하지만 미국 워싱턴 시각으로 1950년 6월 25일 밤 10시 30분, 대한민국을 돕는 게 얼마나 힘들지는 아무도 몰랐다.

* * *

미 합동참모본부는 극동사령부FECOM, Far East Command 사령관인 맥아더 장군이 서울-김포 지역을 상실하지 않도록 한국에 탄약과 군용 장비를 보내고, 이들 물자가 안전히 도착하도록 해상과 공중에서 엄호하며, 한반도에서 미국 민간인들을 퇴거시키기 위해 함정과 항공기를 제공하고, 직접 상황을 파악하여 대한민국에 어떤 지원이 필요한지를 평가할 조사단을 보내는 것을 허가했다.

동시에 미 7함대는 필리핀과 오키나와沖繩의 모항에서 일본 사세보佐世保[53]로 이동하여 이곳에서 미 극동해군사령관의 작전 통제를 받도록 되어 있었다.

맥아더는 당시 서울에서 시흥으로 이동 중이던 미 군사고문단 단장 라이트 대령에게 곧장 전보를 보내 이렇게 전했다. "힘을 내기 바란다."

몇 시간 뒤, 소련제 야크 전투기 3대가 인천 상공에서 미 공군기들을 발견하자 발포했다. 미 공군은 미국 민간인과 이들 가족들이 퇴거하는 동안 공중 엄호를 위해 한국에 와 있었는데, 야크기들의 공격으로 날개에 구멍이 뚫리자 곧장 대응했다. 미 공군기들은 야크기 3대를 모두 격추했다.

몇 시간 뒤, 야크기 4대가 서울 상공에서 추가로 격추되었다. 이날 미 5공군 소속 68전천후전투비행대대와 339전천후전투비행대대, 35전폭기대대는 일본에서부터 총 163소티sortie[54]를 출격했다. 구형 인민군 야크기는 F-80 제트기나 F-82 제트기의 상대가 되지 못했다.

본국에서는 아무도 몰랐지만, 미군은 이미 교전을 시작한 것이었다.

6월 28일 이른 아침 서울에서는 "중대 결정이 목전에 다다랐다"는 순간에도 미 군사고문단 참모장인 윌리엄 H. S. 라이트 대령은 벌써부터 수많은 난관에 봉착했다.

한국 정부가 한강인도교를 폭파하기로 결정한 새벽 1시부터 육군본부에서 당직근무 중이던 미 군사고문단 장교들은 계속 라이트 대령에게 연락하려고 노력 중이었다. 미군 장교들은 한국군 육군본부가 곧 서울을 떠날 것이라고 그에게 보고하고, 미 군사고문단도 함께 떠나야 하는지를 알

---

53 사세보: 일본 나가사키(長崎) 현의 항구도시로, 1945년 미 5해병사단이 점령한 후 주일 미 해군 함대기지가 설치되었다.

54 소티: 프랑스어로 외출 또는 출구를 뜻하는 sortie에서 유래한 단어로, 항공기가 활주로에서 출격해서 다시 활주로로 돌아올 때까지를 뜻함.

고 싶어했다.

하지만 라이트에게 걸려오는 전화를 받은 장교는 '대령님'이 주무시도록 놔둬야 한다고 생각했고, 결국 미 군사고문단의 루이스 비에먼Louis Vieman 중령이 직접 라이트 대령의 숙소로 가서 사환 소년을 시켜 메시지를 전달했다.

라이트가 깨자마자, 비에먼은 육군본부에서 벌어지는 혼란스러운 상황을 보고했다. 그가 보고를 막 끝냈을 때 한강인도교가 폭파되었다. 남쪽에서 엄청나게 큰 오렌지색 불빛과 굉음이 울려 퍼지자 지쳐 있던 라이트 대령은 바짝 정신을 차렸다.

그는 곧장 모든 미 군사고문단 장교들을 한자리에 모으고 트럭들을 찾아 서울 동쪽의 다리로 향했다. 이들이 동쪽 다리에 거의 도달하자, 한국군 병사들이 그쪽 다리도 끊겼다고 알려줬다. 차를 돌려 한강 인근 서빙고 지역에 있는 미 군사고문단 건물로 돌아가 동이 트기를 기다렸다.

서울 곳곳이 화염에 휩싸였다. 철수하는 한국군이 도시 내에서 인민군과 싸우면서 총소리가 계속 들려왔고, 도시는 혼란에 빠져 있었다. 어둠 속에서 분산된 한국군 병사들은 움직이는 것은 무엇이든 쏴버리면서 한강을 향해 철수했다.

새벽이 되자, 미 군사고문단은 소규모 정찰대를 내보냈는데 이들은 이미 파괴된 다리의 동쪽에 있는 광나루에서는 나룻배로 도강하고 있다고 보고해왔다. 또한 이들은 미군을 매우 좋아하는 이치업 중령과 접촉했다. 이는 매우 다행스러운 일이었다. 왜냐하면 이 중령은 미군의 고충을 이해하며, 이들이 강을 건너도록 도와주겠다고 말했기 때문이다.

수요일 오전, 라이트 대령과 그의 장교단은 한강 강둑을 따라서 일어난 대혼란을 목격했다. 한국군 병사들과 민간인들이 나룻배 주변에 떼를 지어 서 있었고, 서로 싸우면서 여전히 배의 소유권을 지키려는 사공들에게 사격하고 있었다. 이치업 중령은 사공에게 미 군사고문단 장교단을 강 너머로 건네주라고 명령했다. 사공이 강변에 모인 인파 곁으로 배를 대기를 거부하자, 이 중령은 사공의 셔츠에 총구멍을 내주었다.

이 중령은 이렇게 주의를 환기시켰고, 미 군사고문단은 한 번에 몇 명씩 2시간에 걸쳐 강을 건넜다. 라이트 대령은 지휘용 무전기가 실린 트럭과 함께 도하해야 한다고 주장하면서 마지막으로 강을 건넜다. 이 무전기는 미 군사고문단이 일본과 연락할 수 있는 유일한 수단이었다. 라이트 대령이 결국 트럭과 무전기를 배에 싣자, 포병 사격이 강변에서 터졌고 전차포의 날카로운 소리도 가까운 곳에서 들렸다.

남쪽 강둑에서 라이트 대령은 소규모 선두 그룹과 함께 수원으로 향했다. 나머지 일행은 24킬로미터 떨어진 안양리로 걸어갔는데, 이곳에서 이들은 15시에 라이트 대령이 보낸 트럭들을 타고 수원으로 갔다.

미 군사고문단 일행은 한 명의 손실도 없이 목적지까지 도착했다.

* * *

6월 27일 19시경, 도쿄에서 온 맥아더의 조사단이 수원 공항에 내려 무초 대사와 만났다. 조사단은 맥아더의 연합군 최고사령부GHQ[55]에서 파견한 장교 13명과 병사 2명으로 구성되어 있었으며, 단장은 존 처치John H. Church 준장이었다. 조사단이 일본을 떠나자, 맥아더 원수는 미 합동참모본부로부터 한국 내의 모든 병력을 지휘할 권한을 부여받았다. 그는 지휘권을 인수하자마자 조사단을 '연합군 최고사령부 전방사령부 겸 한국연락단ADCOM, Advance Command and Liaison Group in Korea'(이하 전방사령부/한국연락단)으로 명명하고는 미 군사고문단을 통제하고 한국군을 지원하는 추가 임무를 부여했다.

깡마르고 뾰족한 얼굴에 깔끔한 카키색 전투복을 입은 처치 준장은 수원에서 아직 서울에 있던 라이트 대령에게 전화를 걸었다. 라이트가 그날

---

[55] General Headquarters의 약자로서, 이는 일본어로 연합국군최고사령관(聯合國軍最高司令官)으로 불린 Supreme Commander for the Allied Powers(SCAP), 즉 맥아더 원수와 맥아더의 지휘를 받는 사령부를 뜻하는 용어로 사용되었다.

밤에 서울에 들어오지 말라고 했기 때문에 전방사령부/한국연락단은 수원의 농촌진흥청 농업 시험장 건물에 들어가서 추후 상황 전개를 지켜보기로 했다.

다음날 새벽 4시, 겨우 5분 차이로 한강인도교 폭파를 막지 못한 해즐렛 대령과 하우스만 대위는 지프를 몰고 수원까지 왔다. 이들은 곧장 처치 장군에게 보고했다.

이들은 서울의 다리들이 모두 폭파되었으며, 이미 인민군 전차가 서울 시내에 진입했고, 한국군은 대오를 잃고 흩어졌다고 말했다. 서울에 있는 미군사고문단 장교들이 고립되어 있을 것 같아 몹시 걱정이라고도 되뇌었다.

처치 준장은 연합군 최고사령부에 있는 어느 누구도 제대로 이해하지 못하는 끔찍하게 복잡한 상황에 발을 들여놓았다는 것을 깨달았다. 그는 우선 해즐렛에게 채병덕 육군참모총장부터 찾아보라고 지시했다.

마침내 채병덕 장군이 전방사령부/한국연락단에 도착하자, 처치 준장은 맥아더 원수가 한국 내 모든 미군 작전을 맡게 되었음을 알렸다. 그는 채병덕 장군도 전방사령부/한국연락단 건물로 들어오는 것이 어떻겠냐고 제안했다. 미묘하지만 현실적인 변화가 한미 관계에 일어나고 있었으며, 미 군사고문단 장교들의 항의를 들은 처치는 누군가가 지휘권을 가져야 한다고 생각했다.

처치는 채 장군에게 서울에 남은 한국군 병력들이 계속 싸우도록 독려하고, 한강 이남에 낙오자 수집소를 운용하며, 이들을 결집시켜서 어떤 희생을 치르더라도 한강선을 방어하도록 명령해야 한다고 강력하게 권고했다.

채병덕 장군은 장교 1,000여 명과 병사 8,000여 명을 모아서 한강을 따라 임시로 편성된 부대들을 전개할 수 있었다.

겉으로 보이는 것만큼이나 침울했던 처치 준장은 맥아더 장군에게 무전을 보내 미국이 원래의 한국 국경을 회복하려면 지상군을 투입해야만 한다고 보고했다. 초저녁에 처치는 다음날 아침 고위 장교가 수원으로 날아갈 것이라는 답과 함께 수원 비행장이 여전히 운용되고 있느냐는 질문을 받았다. 처치는 그렇다고 대답했다.

6월 29일 아침 8시, 극동공군 사령관 직무대행인 얼 파트릿지Earl E. Partridge 소장은 바탄Bataan으로 불리는 맥아더의 C-54 전용기에 탑승한 스트레이트마이어Stratemeyer 장군으로부터 무전을 받았다.

전문은 간단했다. "스트레이트마이어가 파트릿지에게: 북한의 활주로들을 즉각 접수할 것. 비밀사항. 맥아더가 승인함."

극동공군FEAF, Far East Air Force은 해외 주둔 공군으로서는 최대 규모의 미군 항공 전력을 보유했다. 스트레이트마이어 중장은 9개 전투비행단과 작전이 가능한 전투기 350대를 보유했다. 그중 오직 4개 전투비행단만이 한국군 지원이 가능한 위치에 배치되어 있었으나, 일본에서 먼 곳에 있던 부대들에게 가까운 곳으로 이동하라는 명령이 즉각 하달되었다.

극동공군은 곧장 북한 공군에게 큰 피해를 입히기 시작했다. 프로펠러 추진식인 야크기와 북한 조종사는 하늘에서 미군 제트기의 상대가 되지 못했다. 북한 공군이 대패하는 동안, 극동공군은 인민군 지상군 선두부대를 상대로 수백 차례 이상의 공격 임무를 수행했다.

첫 몇 시간 동안은 득보다 실이 많았다. 지상통제반이 없는 데다가 지상 상황이 극히 혼란스럽다 보니 극동공군 조종사는 적과 아군을 분간할 수 없었다.

백선엽 대령은 자신의 1사단 중 반쯤 남은 부대들과 한강을 건너 후퇴하던 중 미 공군의 공격을 받았다.

미군 항공기는 백 대령 부대에 로켓탄을 쏘고 기총소사를 실시해 수십 명이 죽거나 다쳤고, 백 대령과 참모들은 황급히 배수로로 몸을 던져야 했다.

탄약이 떨어진 제트기들이 멀리 사라지자, 백 대령은 얼이 빠진 참모들을 다시 모으며 말했다. "봐라! 너희들 중 누구도 미군이 우리를 도우러 올 것이라고 믿지 않았다. 하지만 이제 왔다는 걸 알겠나!"

참모들도 정말 미군이 전쟁에 개입했다는 사실을 인정했다.

극동공군은 얼마 안 되는 인민군 공군을 순식간에 제압할 수 있었다. 그러나 미군의 항공 전력만으로는 지상전의 결과에 크게 영향을 줄 수 없었다. 인민군은 피해를 당하면서도 계속 전진했다.

그동안 미군 지상군도 한국에 들어왔다. 507방공포병대대의 장교 33명과 병사들은 X파견대Detachment X로 명명되어 수원으로 날아온 후 공항 주변에 M-55 기관총 4정을 설치했다. 몇 분 후 일본에서 C-54 바탄이 이륙하자, 이 부대가 야크기 4대와 교전해 1대를 격추했다.

맥아더와 스트레이트마이어를 비롯해 고위 장성들이 수원 비행장으로 오고 있던 순간 활주로는 소련제 야크기의 폭격을 받고 있었다.

바탄이 수원 비행장에 내릴 때, 공격으로 파괴된 미군 C-54가 활주로에서 불타고 있었다.

지상에 내린 맥아더는 황금색 실로 장식된 정모를 쓰고, 카키색 셔츠 위에 가죽 재킷을 입었으며, 왼손에는 옥수수 파이프를 든 채 이승만 대통령과 무초 대사, 그리고 처치 장군과 만났다. 이들은 구형 세단에 함께 올라 처치의 전방사령부/한국연락단 본부로 향했다.

처치는 밤이 되면 한국군 약 2만 5,000명을 한강 이남에 배치할 수 있을 것이라고 맥아더에게 말했다. 맥아더는 한강에 가서 직접 상황을 보겠다고 고집했다. 그는 한강으로 가는 길에 마른 얼굴을 긴장시킬 만한 상황을 충분히 목격했다.

흰옷을 입은 엄청나게 많은 한국인 피난민이 남쪽으로 달아나고 있었다. 그중에는 완전히 무질서하게 도망치는 한국군 병사 수천 명도 섞여 있었다.

맥아더는 즉각 미 지상군을 투입해야 할 상황이라고 자신의 견해를 처치에게 조용히 말했다. 그는 도쿄로 돌아가자마자 합동참모본부에 지상군 투입을 요청하기로 했다.

18시에 바탄은 일본을 향해 날아가고 있었다.

* * *

6월 27일 밤 뉴욕에서는 유엔 안전보장이사회가 다시 열렸다. 이 무렵에 유엔 안전보장이사회의 전쟁 중지 촉구 결의안이 공산국가들로부터 묵살당할 것이 분명해지자, 동시에 미국은 한국에 대한 침략을 중단시키겠다고 결심했다.

소련 대표는 여전히 회의에 참석하지 않았다.

1950년, 유엔에 대한 미국의 영향력은 여전히 압도적이었다. 나토 동맹국과 남미 국가들은 일관되게 미국의 편에서 표결권을 행사했기 때문에 안전보장이사회와 총회 모두에서 다수를 차지했다.

이제 안전보장이사회는 전쟁을 멈추려는 성과 없는 노력에 대한 의견을 담은 결의안을 채택했고, 결의안의 마지막에서 미국은 다음 내용을 촉구했다.

> … 국제연합 회원국들은 무력 공격을 격퇴하고 국제평화와 지역 안보를 되살리는 데 필요한 지원을 대한민국에 제공하기를 권고한다.[56]

안경을 쓴 백발의 워렌 오스틴Warren Austin 주 유엔 미국대사는 본질적으로 원하는 것을 모두 손에 넣었다. 미국은 대한민국을 돕기로 이미 결정했고, 이제는 유엔이라는 망토를 짜고 그 아래서 자국의 정책을 실행하게 되었기 때문이었다.

장차 이 망토는 도움인 동시에 방해가 된다.

이 결의안의 정보를 받은 소련은 자국 대표를 돌려보내 안전보장이사회의 자리를 지키는 것이 낫겠다고 판단했다. 하지만 소련이 효과적으로 방해하기에는 이미 늦었다.

---

56 유엔 안전보장이사회 결의 83호(1950년 6월 27일): 찬성 7, 반대 1(유고슬라비아)로 채택되었다. 이집트와 인도는 출석은 했으나 표결에는 참여하지 않았다. 소련은 회의에 여전히 불참했다.

워싱턴에서는 적에게 뚫려버린 한국군이 와해되었다는 보고들이 들어오면서 긴장이 고조되었다. 6월 29일 12시 전에 루이스 존슨 국방장관이 트루먼 대통령에게 전화를 걸었다.

모든 각료들 중에서 아마 존슨 국방장관이 현재 전개되는 상황에 가장 크게 충격을 받은 사람이었을 것이다. 미국이 결코 다시는 지상전을 치르지 않으리라 믿었던 그는 미 육군이 지상전을 치르는 것을 거의 불가능하게 만들어버렸다. 하지만 존슨조차도 이런 상황을 처리하는 데 미국이 얼마나 취약한지를 제대로 이해하지 못했다. 일반적인 여론을 따라 지상군의 군살을 도려내려던 그는 전력의 핵심과 사기와 효율성까지 감소시켰다.

이날 오후 존슨 장관과 다른 지도자들은 트루먼 대통령과 만났고, 극동사령부에 새로운 지시가 하달되었다.

1. 맥아더는 한국군을 위한 통신과 물자 지원을 위해 한국 내 미 육군 근무 병력을 지휘할 권한을 갖는다.
2. 육군 전투병력을 활용하여 부산-진해 지역의 공군과 해군기지를 유지한다.
3. 북한의 군사목표를 표적으로 해군과 공군 전력을 모두 사용할 수 있으나 중국과 소련 국경으로부터 충분한 거리를 두도록 한다.
4. 대만에 대한 중공의 침공을 막는 동시에 중화민국의 장제스가 중국 본토를 공격하지 못하도록 막는다.
5. 마지막으로, 한국군이 필요로 하는 모든 보급품과 탄약을 대한민국 정부에게 보낸다.

이 지침도 설령 소련이 한국에 개입하더라도 소련과 전쟁을 시작한다는 결정이 내려지지 않았다는 점을 분명히 명시하는 것으로 끝났다. 이미 '가능하다면' 이 전쟁의 범위를 제한해야 한다는 강력한 결심이 워싱턴에서 나타나고 있었던 것이다.

미국 정부 관리들은 여전히 소련의 역할에 대해 불안해했다. 전면전이 절대 일어나지 않으리라고 누구도 확신할 수 없었다. 전쟁에서 제한적인 목표라는 개념을 받아들여본 적이 없던 미국은 이런 상황에서 소련의 속셈을 파악하는 것이 여전히 어려웠다. 하지만 나중에 트루먼 대통령이 천명한 바와 같이 미국은 예전에 일본과 독일에게 했듯이, 소련과 중국의 광활한 영토에 미국의 의지를 강요할 가능성은 전혀 고려하지 않았다. 미국은 이 강대국들을 상대로 한 전쟁은 미국에 아무 해결책도 제시할 수 없으며, 인력으로 가능하다면 피해야 한다고 판단했다. 만약 공산주의 강대국들이 전면전을 자제한다면, 미국 또한 이를 따라갈 방침이었다.

하지만 공산 진영이 정치와 군사라는 장기판에서 강력한 한 수를 두었기 때문에, 소련의 도박을 억제시키지 않고 계속 나아가도록 놔둬서는 안 된다는 즉각적인 결정을 내리게 된 것이었다.

이 지시는 맥아더의 한국에 대한 개인적 정찰 보고서가 워싱턴을 폭탄처럼 강타한 지 몇 시간 만에 하달되었다. 위의 지시에 따라 미 정부는 하늘과 바다를 제외하고는 한반도에서 미군이 교전에 들어가는 일이 없을 것이라고 판단한 것이 분명하다. 해전과 항공전은 이미 미국이 잘 준비하고 있었을 뿐만 아니라 피해도 경미할 것으로 예상되었다.

맥아더의 전문은 다음과 같이 이어졌다.

"현 전선을 유지하고 후일 잃어버린 영토를 회복할 수 있는 유일한 방안은 미 지상군을 한국 전투지역에 투입하는 것뿐입니다. 효과적인 지상군 부대 없이 공군과 해군만 계속 활용해서는 전쟁을 결정지을 수는 없습니다."

게다가 맥아더는 1개 연대전투단[57]을 한국으로 이동시키도록 허락해달라고 요청했으며, 나중에 필요하다면 2개 사단으로 증강하겠다고 밝혔다.

---

57 보병연대를 뼈대로 소규모 전차, 포병, 공병, 방공 등이 보강되어 제한적이나 독립된 작전을 펼치는 부대를 뜻한다. 미 육군에서는 제2차 세계대전 때 만들어져서 6·25전쟁까지 사용되었다.

맥아더가 보낸 전문은 미 육군참모총장인 로턴 콜린스$^{Lawton\ J.\ Collins}$ 대장이 처리하기에는 너무 민감했다. 그는 프랭크 페이스$^{Frank\ Pace}$ 육군장관에게 전화를 걸어 도쿄와 텔레타이프^{teletype} 직통선을 연결해달라고 요청했다.

맥아더는 텔레타이프를 통해 이미 가진 권한, 즉 부산 지역에 병력을 투입하는 것으로는 임무를 달성하지 못할 것이라는 점을 되풀이했다. 그는 또한 콜린스 육군참모총장에게도 결심할 것을 요구했다. "시간이 절대적으로 중요합니다. 그리고 지체 없이 명확한 결정을 내리는 게 가장 중요합니다."

콜린스는 당장 상부에 보고해 30분 안에 답을 보내겠다고 답했다. 그리고 콜린스는 페이스 육군장관에게 전화로 텔레타이프로 맥아더와 나누었던 대화를 알려주었다. 콜린스가 전화를 끊자마자 페이스는 백악관의 블레어 하우스로 전화했다.

워싱턴 시간으로 6월 30일 새벽 4시 57분이었지만 트루먼 대통령은 벌써 일어나 있었다. 그는 페이스의 보고에 귀 기울였다.

미국은 실제로는 이미 전쟁에 개입한 것이었다. 미 공군은 북한의 공군기를 격추하고 비행장들을 폭격했다. 하지만 군인이든 민간인이든 워싱턴에 있는 누구도 북한 공산군의 행동이 실제 어느 정도이며 어떤 대응이 필요한지 이해하지 못했다.

이미 미국에게 한반도 사태는 점차 실전으로 치닫고 있었다. 하지만 이때까지도 트루먼은 북한의 침공을 저지하는 데 미국이 맞닥뜨릴 진정한 어려움이 어느 정도일지는 가늠할 수 없었다. 그는 그저 미국이 지금 대응하는 데 실패하거나 또는 대응하지 못하면 아시아 전체를 잃어버려 세계의 형세가 치명적으로 기울 것이라는 정도만 예상했다.

페이스가 맥아더-콜린스 대화의 핵심을 보고하자, 트루먼은 주저하지 않고 페이스에게 연대전투단을 전개하라고 지시했다. 그는 2개 사단 문제는 2시간 안에 알려주기로 했다.

이 소식은 즉각 맥아더에게 전달되었다.

그리고 6월 30일 아침나절, 트루먼은 국무부와 국방부의 핵심 인물들과 회동했다. 이때 트루먼은 권고 조치 2개에 동의했다. 하나는 육군 2개 보병사단을 일본에서 한국으로 전개하는 것이고, 또 하나는 북한을 해군으로 봉쇄하는 것이었다.

공산군이 공공연히 급격하게 움직였기 때문에, 역설적이게도 도덕적 이유로 공산주의를 봉쇄하는 데 반대했던 구성원들의 감정적 지지를 받던 유엔이 미국에게 합법적이고 도덕적인 근거를 제공했다. 국무부와 국방부의 강경론자들은 이로써 자신들이 자유로워졌다고 생각했다. 이들 중 다수는 미국 지식층과 국민들 사이에서 정부의 딜레마를 이해하지 못하는 보수주의자들의 그릇된 공격에 오랫동안 어쩔 줄 몰라 했다. 그들은 싸울 준비가 되어 있었다.

트루먼 정부는 대한민국에 대한 공격을 막는 데 필요한 어떠한 수단을 사용하든 간에 미국과 세계의 최선의 이익에 맞게 행동했다.

그러나 특이하게도 미국 정부는 나중에 문제를 일으킬 수밖에 없는 행동을 하고야 말았다. 트루먼 정부의 모든 주요 정책 결정이 그랬듯이 이번에도 결정은 번복할 수 없게 된 뒤에야 국민에게 공포되었다. 이미 도쿄에 명령한 후 트루먼은 내각, 부통령, 양당 의회 대표를 불러 지금까지 어떤 조치를 취했는지 설명했다.

사실상 트루먼은 행정 조치로 미국을 전쟁에 돌입시켰다.

일부 정치가들은 당연히 동요했다.

오후가 되자, 트루먼 대통령은 한국 파병을 '국지적 군사행동'이라는 용어로 언론에 간단한 성명을 발표했다.

이와 거의 동시에 오스틴 주 유엔 미국대사는 안전보장이사회에서 연설하며 미국이 한국에서 취하는 행동은 6월 25일과 27일에 각각 채택된 결의들을 엄격하게 따르고 있다는 것을 세계에 알렸다.

무언가 새로운 일이 벌어졌다. 미국은 적의 공격을 받지도 않았고 자국민의 생명이나 재산을 보호하는 것도 아닌데도 전쟁에 뛰어들었다. 그렇다고 제1차 세계대전이나 제2차 세계대전 때처럼 세계를 구한다는 성전의 정신으로 참전한 것도 아니었다. 미 국민은 전쟁을 시작했다. 이는 헌법에 따라 단독으로 선전포고권이 있는 의회가 목소리 높여 요구하거나 국민이 요구해서가 아니었다. 이는 태평양을 가로지르는 힘의 균형을 유지할 목적으로 바다 건너에 있는 미국인 총독의 촉구를 따른 행정 조치 때문이었다.

세계에서 이미 바뀌어버린 자국의 위치에 적응하지 못한 많은 미국인들은 이를 결코 이해하지 못했다.

트루먼은 아주 먼 전선에서 작전에 돌입하라고 미군에게 명령을 내렸다. 이는 일찍이 여왕 폐하의 평화를 방해하는 자들에 맞서 여왕의 연대를 파병한 대영제국의 디즈레일리Disraeli 총리가 내렸을 법한 명령이었다. 혹은 픽트인Picts[58]들이 국경에 나타났다는 브리타니아 총독의 전언을 들은 로마의 황제가 로마 군단에 내렸을 법한 명령이었다.

이는 로마제국의 행군하는 군인들의 목숨을 수없이 많이 앗아갔고 해가 빛나는 곳이면 어디든지 영국인들의 무덤을 수없이 많이 만든 그런 종류의 전쟁이었다.

1950년 당시 세상에는 새롭고 야만스러운 폭정이 지구를 휩쓰는 혼란을 막을 수 있는 강대국과 국민은 오직 하나뿐이었다. 미국은 좋든 싫든 어마어마한 강대국이 되어 있었다. 또한 미국은 좋든 싫든, 강대국이자 도덕적인 국가로 남으려면 반드시 싸워야만 하는 전쟁이 있으며 그 과정에서 국민의 일부는 대가를 반드시 치러야 한다는 것을 알게 되었다.

한국으로 2개 사단을 전개한 트루먼 대통령은 로마 군단과 영국 여왕의 왕립 연대를 따라하고 있었다. 미국인들이 받아들이든 아니든 간에 세상에는 언제나 호랑이들이 있기 마련이며 이들은 무력 말고는 막을 방법

---

58 픽트인: 로마 제국 시기부터 10세기까지 스코틀랜드 북부와 동부에 거주하던 부족.

이 없다.

하지만 트루먼과 미국인들은 그럴 만한 군대가 없었다.

미국에는 10개 육군 사단, 유럽주둔군^{European Constabulary}[59], 그리고 9개 연대전투단이 있을 뿐이었는데, 그나마 유럽주둔군을 제외하면 전투력이 70퍼센트 수준밖에 되지 않았다. 각 연대는 정상적인 3개 대대가 아니라 2개 대대밖에 없었고, 각 포병대대는 편제상 예하에 3개 포대가 있어야 하지만 2개 포대밖에 없었다.

어느 사단도 전시 편제에 따른 무기와 장비를 모두 보유하지 못했으며, 사단마다 가진 것이라고는 M-24 경전차뿐이었다. 각 사단이 보유한 장비는 고작 제2차 세계대전 때 썼던 낡은 것들뿐이었다.

하지만 미 육군의 가장 큰 약점은 측은한 수준의 병력 수나 무기가 아니었다.

1945년 이후로 미 육군은 국민의 요구에 따라 민간화되어 있었다. 징집된 사병들은 군인이 되어서도 민간인 신분을 버리려는 시도조차 하지 않는 새로운 유형의 정규군이었다.

이들은 평균보다 더 낫거나 못하지도 않은 평범한 미국의 청년들이었다. 이들은 나가서 싸우다 죽으라는 명령을 위해 군복을 입었지만, 정신적으로, 도덕적으로, 그리고 물리적으로 전투에 적합하지 않았다.

이들은 군복은 입고 있었지만 마음은 여전히 민간인이었다.

* * *

고대 로마 군단과 자랑스러운 영국의 유서 깊은 연대들도 선술집의 인간쓰레기, 영양실조에 걸린 사람들, 그리고 변화를 갈망한 가난한 농군의 아이들로 채워졌었다. 그들은 입대해 혹사당하고 혹독하게 다루어지

---

[59] 유럽주둔군: 1946년부터 1952년까지 서독과 오스트리아의 미군 점령 지역에서 점령 및 치안유지군으로 활동한 부대로서 3만 8,000명으로 이루어졌다.

면서 강철 같은 군기를 가진 강철의 사나이들이 되어갔다. 그들은 죽음을 그저 삶의 일부로 받아들이는 전문 장교들의 지휘를 받았다. 이들에게 군 복무는 고향이며, 어떤 전쟁이든 전쟁은 직업이었다.

오래된 군대들은 마치 칼처럼 도덕적이지도, 비도덕적이지도 않았다. 도덕성은 정부가 이들을 어떻게 쓰느냐에 따라 달라졌다. 하지만 일단 정부가 이들을 쓰게 된다면, 이들은 질문도 없었고 실패하지도 않았다. 그저 가란 곳을 향해 행군했을 뿐이다.

아직 이 새로운 세계에서 자신의 위치를 제대로 이해하지 못했던 1950년대 미국은 로마 군단 같은 군대가 없었다. 미국에게는 인도 국경을 순찰하며 경비했던 '더러운 푸른 셔츠'의 사내들도 없었다. 미국은 일종의 시민들로 이루어진 군대가 있었으며, 이들은 의무만큼 자신들의 권리와 특권도 알고 있었다. 그리고 미국이 의존할 수 있는 것은 더 많은 시민으로 채워진 예비군뿐이었다.

시민은 고향을 지키거나 성전을 치르기 위해 달려간다. 하지만 전선은 시민이 지킬 수 없다. 그 이유는 공화국에는 시민이 해야 할 더 나은 일들이 있기 때문이다.

1950년에 그리고 그 이후로 트루먼 대통령과 그의 내각은 제3차 세계 대전으로 안내하는 전쟁 나팔을 불며 나라를 광분시킬 수도 있었다. 하지만 이들은 대량학살은 이익이 안 되며 어떠한 대량학살도 있어서는 안 된다고 보았다.

힘의 균형은 대량학살 없이도 유지할 수 있다. 하지만 그것은 어디까지나 전쟁 나팔을 불지 않을 때 가능하다. 세계는 1914년에 이러한 교훈을 너무나도 잘 습득했다.

트루먼 정부의 외교정책은 공산주의를 무너뜨리는 정책을 사용한 적이 결코 없었다. 최후의 전쟁인 아마겟돈Armageddon을 치르지 않고는 달성할 수 없기 때문이었다. 대신 미국의 정책은 강대국의 자연스러운 균형이 회복될 때까지 공산주의를 봉쇄해서 더 이상 공산 제국주의자들이 채울

빈 땅을 없게 하는 것이었다.

공산주의 세계도 대한민국을 공격해서 성전을 선언하려 한 것이 아니었다. 공산 진영 역시 죽을 때까지 싸우는 전쟁을 하자고 전쟁 나팔을 분 것은 아니었다. 공산권은 주도면밀했다. 공산권은 옛날 왕들과 폭군들이 했던 제한전쟁과 패권정치라는 게임을 하고 있었다.

미 정부는 이 게임을 별로 내켜하지 않았던 것 같다. 하지만 게임이 미국에 불쑥 다가왔다. 항복하거나 또는 대량학살을 벌이는 것 말고 다른 대안은 없었다.

자유민의 유일한 약점은 이들이 항상 도덕적으로 의심한다는 것이다. 다행스럽게도, 1950년 미 정부 관리들은 이런 의심을 극복했다.

트루먼 대통령은 군대에게 전선으로 진군할 것을 명령했다. 그는 미국 민간의 힘으로 이들을 뒷받침할 준비가 되어 있었다. 그는 불경스러운 이들을 물리치라는 것이 아니라 그저 전선을 유지하라고 군대를 보냈다.

하지만 트루먼 대통령에게는 진정한 군대가 없었다. 그에게는 이 위험한 게임을 이해하지도, 그렇다고 받아들이지도 않는 민간인들의 지원을 받는 시민으로 이루어진 군이 있을 뿐이었다. 이들 중 항복하겠다는 사람은 거의 없었다. 그러나 대부분은 전쟁을 대량학살과 연관 지어서 생각했다. 이들은 아직 싸울 준비가 되어 있지 않았다.

시민들이란 전쟁 나팔소리를 듣기 전까지는 그저 무장한 오합지졸에 지나지 않기 마련이다.

제2부

전투
Battle

제7장
스미스 특수임무부대

●

병력을 축차적으로 투입하고 싶어하는 지휘관은 없다. 나 또한 예외가 아니다.
— 윌리엄 프리쉐 딘William Frishe Dean 소장, 미 24보병사단장

1950년 7월 1일 아침 8시가 조금 지나서 미 21보병연대 1대대장인 찰스 스미스Charles B. Smith 중령은 이타즈케板付 공군기지에서 딘Dean 사단장에게 출두했다. 비스듬히 내리는 장맛비 속에서 브래드 스미스Brad Smith 중령의 뒤로는 항공기로 한국에 전개될 400명이 넘는 장교와 병사들이 서 있었다. 이들은 전투복에 철모를 착용하고 소총과 오래되어 낡은 지원화기들을 들고 있었다. 병사 한 명당 탄약 120발과 이틀분의 전투식량을 소지했다.

이들은 나이가 대부분 스물이 채 되지 않았고, 전쟁터에서 분노에 차 발사되는 총소리를 들어본 것은 6명 중 1명꼴이 될까 말까 했다.

휜칠하고 바짝 자른 모래색 머리카락 아래로 진지한 표정을 짓고 있는 딘 소장이 스미스 중령과 악수했다.

"부산에 도착하면 우선 대전으로 향하게. 우리는 인민군을 부산으로부터 최대한 멀리 떨어진 곳에서 저지하고 싶네. 가능한 한 북쪽에서 주요 도로를 봉쇄하고, 처치 장군과 접촉하게. 만약 만나지 못하면 대전으로 일단 이동한 후 할 수 있으면 그 너머까지 가보게. 더 자세한 정보를 줄 수 없어 미안하네만, 이게 알고 있는 전부일세. 자네와 장병들 모두의 행운을 비네."

1939년에 미 육군사관학교를 졸업한 당시 서른네 살의 미남인 스미스 중령은 경례를 하고는 병사들에게 대기하고 있는 C-54 수송기에 오르라고 명령했다.

이들이 바로 스미스 특수임무부대Task Force Smith로, 맥아더가 위용을 과시하기 위해 오만한 이름을 붙여 한국에 선발대로 보내 공산군을 저지시킬 전력이었다. 딘 장군은 그가 지휘하는 24사단 전체를 한반도로 이동시키라는 명령을 받았지만, 사단 전체가 일본 전역에 길고 넓게 흩어져 있었다. 항구 6곳 가까이에 흩어져 있는 부대들을 모으는 데 쓸 가용한 배도 당장 없었다. 결국 사단은 부분적으로 모일 수밖에 없었으며, 처음 모인 부대가 바로 스미스 특수임무부대였다.

닷새 뒤, 스미스 특수임무부대는 수원과 오산 사이에 난 도로를 따라 진지를 파고 자리를 잡았다. 인원이 부족한 2개 중대는 대대 본부 인원과 통신 병력까지 모두 합한 것인데, 이들은 소총 외에 75밀리 무반동총 2정, 4.2인치 박격포 2문, 2.36인치 대전차로켓 6정, 60밀리 박격포 4문을 갖고 있었다. 미 52야전포병대대의 포대 하나가 경輕곡사포 6문을 가지고서 합류해 보병부대의 1,800미터 후방에 자리를 잡았다.

도로가 직각으로 보이는 능선 위의 완만한 언덕에 참호를 팠다. 날씨는 비가 오고 추웠지만, 국도에서 약 100미터 위에 위치한 능선 꼭대기에서 스미스 중령은 수원 시내를 거의 다 내려다볼 수 있었다.

전방사령부/한국연락단의 처치 준장은 그에게 이렇게 말했었다.

"이곳에는 교전이 거의 없네. 우리에게 필요한 건 전차를 봐도 도망치지 않을 병사들이야. 일단 자네들을 북상시켜 한국군을 지원하고 그들의 사기를 북돋을 계획이네."

7월 5일 오전, 자신감을 갖고 기다리던 스미스 특수임무부대는 약 1.6킬로미터의 전선을 맡고 있었다. 아침이 밝아오자, 소총수들은 각 무기를 시험사격해봤고, 포병은 주변을 둘러싼 야산에 배치되었다. 준비가 끝난 뒤에는 모두 모여 차가운 전투식량C-Ration으로 아침식사를 했다.

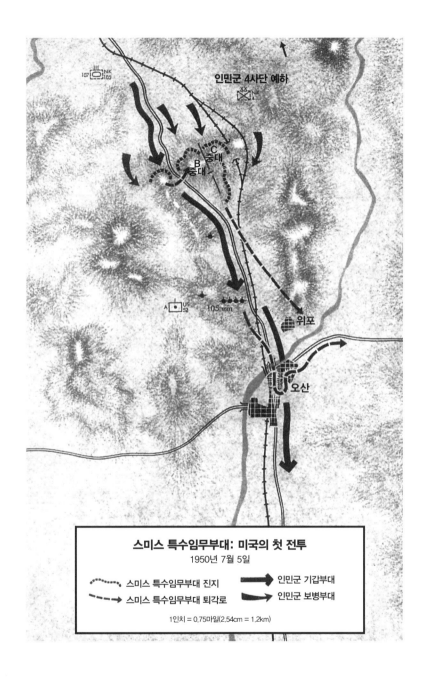

스미스 특수임무부대: 미국의 첫 전투

1950년 7월 5일

- 스미스 특수임무부대 진지
- 스미스 특수임무부대 퇴각로
- 인민군 기갑부대
- 인민군 보병부대

1인치 = 0.75마일(2.54cm = 1.2km)

포병 한 명이 포대에 대전차포탄이 6발밖에 없는 것을 알고 걱정을 했는데, 그것은 일본에서 찾은 포탄의 3분의 1에 해당했다. 그가 물었다. "만약 인민군 전차가 보병 방어선을 돌파하면 야포들은 다 어떻게 되는 겁니까?"

보병 장교 중 한 명이 웃으며 답했다. "걱정 말게. 적은 그렇게 깊이까지 못 들어와."

이들은 인민군이 누구와 싸우는지 깨닫게 되면 곧장 돌아서서 도망칠 것이라고 생각했다. 스미스 특수임무부대의 어린 병사들은 자신감이 넘쳤다. 이때만 해도 겁을 내는 병사는 한 명도 없었다. 이들이 부산에서 기차에 오를 땐 화려한 현수막이 걸리고 군악대가 역 광장에서 연주를 해 주었다.

이들은 이번 작전은 경찰의 치안유지 활동 수준에 불과하며, 곧 일본으로 귀환할 것이라고 들었다. 일본에서의 생활은 매우 좋았기 때문에 생각만 해도 즐거웠다. 거의 모든 병사가 개인 구두닦이 소년과 첩을 두고 있었다. 미군 중위의 급여가 장관과 비슷한 나라에서 일등병도 축첩畜妾이 가능했다. 훈련도 심하지 않았다. 인구가 많은 일본에서는 실제 훈련을 할 곳도 없었다. 미 8군의 월튼 워커Walton Walker[60] 장군은 이에 대해 문제를 제기했지만 할 수 있는 게 거의 없었다.

스미스 특수임무부대의 어린 병사들은 정규군 군번을 가졌지만, 군 복무를 좋아하지 않았다. 이들은 여론의 지지를 등에 업고서 군대가 민간인의 생활이나 가정생활과 최대한 비슷해야 한다고 주장하던 새로운 종류의 미국 정규군이었다. 군기는 이들을 짜증나게 했고, 의회 의원들은 지나치게 군기를 잡지 말라고 권고했다. 덕분에 병사들은 모두 살찌고 있었다.

이들은 아마 유사 이래 처음 병사로서의 삶에 만족하는 미군이었을 것이다. 이들은 어디에나 있는 미국 청소년들 같았다. 이들은 사회가 믿으

---

60 월튼 워커(1889~1950): 미 육군 대장.

라고 가르친 것만 믿었다. 이들은 시원시원했고, 자신감이 넘쳤으며, 세상살이는 힘들 것이 없다고 생각했다.

군의 진정한 역할은 싸우는 것이며 극소수를 뺀 모든 군인의 운명은 고통스러우며 필요하다면 죽는 것임을 그들에게 가르치지 않은 것은 이들의 잘못이 아니었다.

아침 7시 무렵, 퍼붓는 비 사이로 스미스 중령은 수원 방향으로 난 도로에서 움직이는 무엇인가를 보았다. 7시 30분쯤에 그는 자신이 있는 능선을 향해 오는 전차 8대의 대열을 분명히 볼 수 있었다.

8시 무렵, 보병부대에 배속되어 도로에 배치된 관측장교가 전화기를 집어 들고 외쳤다. "사격 임무!"

뭉툭한 105밀리 야포에 포탄이 장전되고 폐쇄기가 닫혔다. 포수들이 가늠자로 조준을 했고, 포반장은 한 팔을 들어 올렸다. 8시 16분, 2번 곡사포가 흐릿한 하늘을 향해 불을 뿜으며 한 발, 두 발을 발사했다. 잠시후 모든 포들이 일제히 사격했다.

보병 참호에서 약 1,800미터 떨어진 곳에 있던 적 전차들은 여전히 다가오고 있었다. 고폭탄이 전차 대열을 향해 날아가 터지면서 선두의 전차에 불꽃과 강철과 진흙이 튀었다.

"맙소사! 여전히 오고 있어!" 병사 한 명이 소리 질렀다.

스미스 중령은 국도를 담당하게 한 75밀리 무반동총에 탄약이 얼마 없다는 것을 알았다. 그는 병사들에게 적 전차가 약 600미터 앞까지 올 때까지는 사격하지 말고 대기하라고 명령했다.

도로에 낮게 붙어 전진해오는 새까맣고 기괴한 인민군 전차들은 주변에서 터지는 고폭탄에 별로 신경 쓰지 않는 듯 거만하게 전진했다.

도로에 대전차지뢰만 매설했어도 전차를 저지할 수 있었을 것이다. 하지만 한국에는 대전차지뢰가 한 발도 없었다. 항공지원이 있었으면 저지할 수도 있었겠지만, 비 때문에 항공기도 뜰 수 없었다.

이제 병사들은 능선을 따라 만든 진지로 들어가 도로에 한 줄로 늘어선 30대 이상의 전차를 상대해야 했다.

전차들이 600미터 앞까지 전진하자, 2정의 무반동총이 전차들을 향해 불을 뿜었다. T-34 포탑에 2발씩 명중했지만 별다른 효과는 없었다. 하지만 이 때문에 전차들은 전진을 멈추고 85밀리 주포로 능선을 조준했다. 전차포들이 불을 뿜고 7.62밀리 동축 기관총들이 능선에 총탄을 쏟아부었다. 미군 병사들은 갑자기 바닥에 납작 엎드려야 했다.

올리 코너Ollie Cornor 소위는 이 광경을 보다가 바주카bazooka 하나를 집어들고 도로 옆의 도랑으로 달려 내려갔다. 2.36인치 로켓발사기를 가장 가까운 전차에 조준한 그는 약 13미터 떨어진 거리에서 발사했다. 소형 성형작약탄이 두터운 소련제 전차 장갑을 때렸지만 관통하지 못했다. 분노한 코너는 다시 한 발을 장전해 장갑이 가장 얇다고 생각되는 전차의 뒤쪽을 향해 쏘았다.

그는 로켓을 모두 22발 쐈지만, 한 발도 전차에 피해를 주지 못했다. 일부 로켓은 너무 오래된 나머지 제대로 폭발하지도 않았다. 그저 작은 도로장애물을 만났다고 생각한 인민군 전차병들은 스미스 특수임무부대와 본격적으로 싸우려는 시도조차 하지 않은 채 계속 도로를 따라 남으로 내려갔다.

스미스 특수임무부대원들은 진지에서 머리를 내민 채 전차들이 모퉁이를 돌아 포병 진지를 향해 사라지는 것을 지켜보았다.

나중에 일부 신문은 T-34 전차가 의심스럽다고 주장했지만, 그런 것은 전혀 없었다. 이미 구닥다리가 된 설계를 바탕으로 한 이 전차는 1940년대 초반에 모스크바 전선에서 독일군 전차와 싸웠다. 어쩌면 T-34는 제2차 세계대전 때 개발된 최고의 전차일 것이다. 기동성이 매우 우수하고, 차체가 낮아 눈에 잘 띄지 않으며, 매우 단단한 장갑을 갖추고 있었다. 물론 T-34를 저지할 수 있었지만, 한국군이나 스미스 특수임무부대가 가진 유물 같은 장비로는 어림도 없었다.

미 육군은 T-34 장갑을 관통할 수 있는 개량형 3.5인치 로켓발사기를 개발한 상태였다. 이런 무기를 만들어서 기쁘기는 했지만, 미 육군은 실제로 야전의 병력이나 동맹국에는 아직 제공하지 않았다. 또한 장거리 폭격기, 핵무기, 항공모함, 그리고 바주카를 만들기에는 국방예산도 충분치 않았다. 고통스럽게 피의 대가를 치른 미국은 1945년에는 미래 전쟁이 어떨지를 이해하지 못했지만, 이젠 장거리 폭격기와 항공모함이 안보에 절대적으로 중요하다는 사실을 깨달았다.

미국은 강대국의 위상을 유지하기 위해 핵 운반 체계 개발을 가장 최선으로 지원해야 했다. 그러나 핵무기를 사용하지 않고 강대국으로서의 영향력을 세계에 행사하기 위해서는 지상군이 전투에서 살아남을 수 있도록 해주는 기본적인 무기를 제대로 갖춰야 했다.

만약 그럴 생각이 없다면, 미국은 군대를 전투에 투입할 도덕적 권리가 없는 것이다.

곡사포 진지로 돌진해오던 전차 2대가 대전차고폭탄에 맞아 파손되었다. 이들은 도로 한편으로 물러나 후속 전차들이 지나갈 수 있도록 했다. 파손된 전차 2대 중 하나는 불길에 휩싸였다. 승무원 2명이 두 손을 들고 포탑에서 탈출했고, 세 번째 승무원은 자동권총을 든 채로 나왔다.

이 병사는 도로 근처 참호에서 미군 기관총 사수들을 보자마자 부사수를 쏴 죽였다. 미군은 곧장 인민군 전차 승무원 3명을 모두 사살했다. 하지만 한국에서 첫 미군 전사자가 발생했다.

그러나 이 첫 미군 전사자에게도 길동무가 생기게 된다.

다른 전차들은 여전히 멈추지 않은 채 도로를 따라 계속 달렸다. 곡사포 사수들은 적 전차를 직접 겨냥해 포격했다. 약 130~270미터의 거리에서 105밀리 포탄이 발사되었다.

해치hatch를 걸어 닫은 인민군 전차병들은 미군의 곡사포 진지를 찾을 수 없었다. 인민군 전차들은 닥치는 대로 응사하면서 도로를 따라 계속 달려 곡사포 진지를 지나쳐버리고 말았다. 전차 한 대가 무한궤도에 포탄을 맞아 움직일 수 없게 되었다. 하지만 이제 대전차탄은 떨어졌고, 심하게 동요한 미군 포수들은 공산군 기갑 전력이 몰려오는 것을 바라만 보았다.

기갑 전력의 주력이 사라진 후, 휘하에 남은 1개 포대로 적과 싸운 52 야전포병대대장 페리Perry 중령은 움직일 수 없게 된 전차를 파괴하려 분대 병력을 모았다. 그는 전차병들에게 항복을 요구하다가 오른쪽 다리에 총알이 관통했다.

포병들은 전차병들이 전차를 버리고 나올 때까지 전차를 공격했다. 전차를 버리고 나온 인민군 병사 2명은 페리의 부하들과 짧게 총격전을 벌이다 사살되었다.

미군은 그제야 더 북쪽에 있는 보병 진지로 이어지는 모든 통신선을 전차들이 지나가면서 끊어버린 것을 알아차렸다. 무전기는 낡은 데다가 비에 젖어 작동하지 않았고, 포병은 앞에서 무슨 일이 벌어지는지 전혀 알 수 없었다. 이들이 아는 것은 오직 엄청나게 많은 전차들이 지나갔으며, 전투가 잘못 흘러가고 있다는 것이었다.

10분 뒤, 또 다른 전차들이 도로를 따라 설치한 곡사포 진지를 향해 몰려왔다. 이들은 1대, 2대, 혹은 3대씩 달려오고 있었다. 조직적이지 않아 보이는 이 전차들은 앞서 왔던 전차 대열처럼 적 보병이 뒤따르지 않았다.

20세기 중반에 제대로 훈련을 받고 선진국 기준에 맞는 무장을 갖춘 군대와 싸운다면, 이 전차들은 만만한 상대였을 것이다. 하지만 스미스 특수임무부대는 제대로 된 무기도 없었고 훈련도 받지 못했다.

새로운 전차 대열이 시야에 들어오자, 포대는 흩어지기 시작했다. 장교들은 전차를 향해 사격을 지시했지만, 병사들은 이탈하고 있었다. 일부 병사는 허둥지둥 도망쳤다. 어떤 병사는 그저 포에서 뒷걸음만 쳤다. 어느 순간 장교들과 선임 부사관들은 자신들만 홀로 남겨졌다는 것을 깨달았다.

장교들은 욕을 쏟아내며 포탄을 직접 집어 들어 포를 장전했다. 부사관들은 포를 조준한 후 방아끈을 당겼다.

또 한 번 전차들은 포대를 날려버리기 위해 멈추지 않고 남쪽으로 계속 달렸다.

한 다리를 절던 페리 중령은 나무에 기대서서 드웨인 스콧^{Dwain Scott} 중위와 함께 병사들에게 다시 포대로 돌아오라고 외쳤다. 두 번째 전차 제대에 속한 전차들은 미군 포대에 포 1발도 쏘지 않았으나, 미군 야포는 전차 궤도를 무력화하여 적 전차 1대를 멈추게 할 수 있었다.

하지만 곡사포 하나가 85밀리 포탄에 맞아 파괴되었고, 도로 한편에 주차되어 있던 트럭 여러 대가 전차 포탄에 맞아 불타고 있었다. 페리 중령을 빼면 포대에서 1명만이 적 총탄에 피해를 입었다.

훨씬 북쪽에 있는 스미스 중령의 보병부대에서는 적 전차 포탄에 맞아 약 20명의 사상자가 발생했다.

마지막 전차가 통과하자, 도로는 다시 조용해졌다. 포병들은 포 주변에 앉아 휴식에 들어갔으며, 소총수들은 참호를 더 깊게 파기 시작했다. 비는 계속해서 퍼붓고 있었다.

약 1시간이 지나자, 스미스 중령은 쌍안경으로 수원에서부터 남쪽으로 이동하는 트럭의 긴 대열과 보병들을 보았다. 얼핏 봤을 때, 대열의 길이가 적어도 9.5킬로미터쯤 되어 보였다. 새로운 대열은 전차 3대가 이끌고 있었고, 그 뒤에는 트럭들과 수 킬로미터에 걸쳐 행군 병력이 뒤따랐다.

이 부대는 서울을 점령한 인민군 4사단 예하의 16연대와 18연대였다.

약 1시간 후 부대는 스미스 특수임무부대의 진지까지 접근해왔다.

이제 미군 병사들은 더 이상 자만하거나 즐겁지 않았다. 오히려 겁에 질려 있었다.

스미스 중령은 선두의 전차와 트럭이 약 900미터 앞에 접근할 때까지 사격을 하지 말라고 지시했다. 그리고 이들이 접근하자, "놈들에게 불벼락을 내리자!"라고 외쳤다.

인민군 대열은 좁은 길에서 막혀 있었기 때문에 싸울 준비가 되어 있지 않았다. 이들은 앞서 지나간 105전차여단의 전차 대열들과 사전에 통신을 주고받지 않은 것이 분명했기 때문에 스미스 특수임무부대의 공격을 예상하지 못했다.

노련한 병사들을 핵심 축으로 하는 인민군은 강인하고 전투로 단련되어 있으며 심리적으로도 전투 준비가 되어 있었지만, 20세기 기준으로 볼 때 과학적인 군대가 결코 아니었다. 의지할 만한 기술이 없었으며 통신과 기계화 장비를 다루거나, 심지어 박격포보다 더 큰 야포를 다룰 줄도 모르는 본질적으로 서투른 농군農軍에 불과했다. 구심점에 있는 노련한 병사들이 전투에서 소진되면, 강요를 받아 새로 입대한 병력은 신뢰성이 떨어지고 그러면 인민군은 불안정해질 것이다.

하지만 전쟁 초기 몇 달 동안 인민군은 그들의 상대보다 전투 준비가 잘 된 뛰어난 군대였다.

스미스 중령은 발포 명령을 내렸다. 능선 뒤에서 박격포가 불을 뿜자, 박격포탄이 큰 포물선을 그리며 날아가 트럭 대열을 덮쳤다. 트럭들이 폭발하고 불길에 휩싸였다. 인민군은 소리를 지르며 도랑으로 뛰어들었다. 기관총이 도망가는 이들을 맹공격했다.

일부는 도로 위에서 죽었다. 나머지는 도랑에 뛰어들었지만, 머리 위로 떨어진 4.2인치 박격포탄에 폭사했다. 인민군 대열은 멈춰 섰으며 혼란에 휩싸이기 시작했다.

하지만 여전히 스미스 중령은 선두 전차 3대를 멈추게 할 만한 그 어떤 것도 가지고 있지 않았다. 인민군 장갑차들이 진지에서 200미터밖에 안되는 곳까지 다가와 기관총탄을 퍼붓고 포로 때려댔다. 능선을 따라서 배치된 미군이 죽어나가기 시작했다.

스미스 중령은 불타는 트럭들이 뿜어내는 연기 너머로 연겨자색 전투복을 입은 인민군 1,000여 명이 도로 옆 논으로 전개하기 시작한 것을 보았다. 이들의 제1파波가 능선을 오르기 시작했지만, 소총과 기관총 사격에 저지되었다.

인민군도 기관총을 가지고 있었지만, 놀랍게도 이들은 굳이 능선을 우회하려 하지 않았다.

인민군 포병이 스미스 중령의 진지에 포격을 시작했다. 하지만 스미스 중령은 지원 포대와 연락이 되지 않았다. 야포나 항공지원이 있다면 눈앞의 도로에 밀집한 인민군을 박살낼 수 있겠지만, 둘 다 가지고 있지 않았다. 스미스는 적 전차들이 포대를 파괴했다고 생각했지만, 실제로는 곡사포 1문만 파괴되었을 뿐이었다.

보병이 능선에서 싸우는 동안, 포병은 그저 앉아만 있었다. 페리 중령은 가설병들에게 통신선 복구를 두 번 명령했으나, 그들은 적의 사격을 받는다고 투덜대면서 두 번 다 그냥 돌아왔다.

낡고 비에 젖은 무전기는 한 대도 작동하지 않았다.

용감하고 능력 있는 장교인 스미스 중령은 자신이 할 수 있는 최대한 능선을 사수했다. 그는 적을 저지하며 이른 오후까지 능선을 완강히 지켰지만, 탄약이 떨어지기 시작했으며 부대를 조금이라도 더 구하려면 빨리 부대를 이 상황에서 탈출시켜야 한다고 판단했다.

눈앞에 엄청나게 많은 적이 있을 뿐 아니라, 측방으로도 자동화기로 무장한 적이 밀려오고 있었다.

적의 포화 속에서 철수하는 것은 기동작전 중 가장 어려운 일에 속한다. 경험 많은 병력과 함께 하기에도 위험한 작전이지만, 규율이 안 잡히고 끔찍한 첫 전투 경험으로 심하게 충격받은 신병들을 철수시키는 것은 치명적일 수 있다.

스미스 중령은 우선 2개 중대에게 우측의 좁은 능선을 따라 내려가 오산 방향으로 철수하라고 명령했다. 1개 소대가 철수하면 다른 소대들이 이를 엄호하기로 했다.

C중대가 뒤로 먼저 빠지기 시작했고, 그 뒤를 의무중대와 대대 본부가 따랐다.

하지만 B중대의 1개 소대는 철수 명령을 받지 못했다. 소대장인 버나드Bernard 중위는 어느 순간 진지에 혼자 있다는 사실을 깨달았다. 그는 병사들에게 타 부대가 모두 빠져나가면 철수하라고 명령했다.

철수작전은 즉시 무질서한 혼란에 빠졌다. 먼저 철수하는 것이 모든 면에서 유리한 상황에서 그 누구도 마지막으로 철수하고 싶어하지 않았다. 병사들은 공용화기를 버린 채 진지에서 뛰어나왔다. 이들은 기관총, 무반동총, 박격포를 적에게 넘겨주었다.

스미스 특수임무부대는 철수를 위해 참호에서 나오다가 측방으로부터 엄청난 기관총 사격을 받아 심각한 피해를 입었다. 근거리에서 발사된 자동화기들은 철수하던 미군들에게 큰 손실을 안겨 스미스 특수임무부대를 무질서한 소규모 부대로 무너지게 만들었다.

미군은 전사자들을 쓰러진 곳에 방치했으며, 심하게 부상을 입어 걸을 수 없게 된 부상병 30여 명도 포기했다. 이름이 알려지지 않은 한 의무부사관은 부상병들을 두고 떠나기를 거부했지만, 두 번 다시 그의 소식을 들을 수 없었다.

스미스 중령은 마지막 중대가 고지에서 철수하자, 보병이 모두 철수한다는 사실을 포병에게도 알리려 페리 중령의 진지로 달려갔다. 페리를 만난 스미스는 곡사포 5문이 멀쩡하며 페리를 뺀 1명만이 부상을 입었다는 사실에 깜짝 놀랐다. 하지만 포병이 전투를 돕기에는 이미 너무 늦었다.

포병은 이미 철수 준비가 끝나 있었다. 이들은 재빠르게 곡사포의 조준경과 폐쇄기를 들어내어 모두 차량에 실었다. 스미스와 다리를 저는 페리, 그리고 포병은 트럭들을 주차해둔 오산까지 5킬로미터를 걸어갔다. 트럭들은 피해를 입지 않았다.

하지만 오산은 이미 적 전차가 점령했다. 소규모 호송부대가 흙길을 따라 동쪽으로 달려 안성으로 향했다. 이들은 안간힘을 쓰며 언덕을 오르고 논에서 철벅이며 걷는 낙오병 무리들과 곧 마주쳤다. 진흙을 뒤집어쓰고 도망치던 이들은 철모를 내던졌다. 일부는 신발까지 벗겨졌으며, 상당수는 전투복 상의도 잃어버렸다. 소총 몇 자루와 1인당 2, 3개의 탄 클립을 제외하면 무기를 가진 사람은 아무도 없었다.

이들은 트럭이 지나가자 소리쳤다. 포병은 차를 세운 후 낙오병 100여

명을 태웠다. 이들은 동쪽으로 계속 달려 적으로부터 최대한 멀어졌다.

능선을 접수하고 만족한 인민군은 더 이상 추격하지 않았다. 게다가 미군은 승자가 만족할 만한 좋은 것들을 많이 버려두고 떠났다.

7월 6일 이른 아침, 스미스 중령 휘하에는 병사가 185명밖에 없었다. 이후 C중대장이 부하 65명을 데리고 합류했다. 포병은 장교 5명과 병사 26명을 잃었다.

생존자들은 며칠 동안 한국의 작은 마을들을 거쳐 도망쳤다. 일부는 계속 걸어서 동해안까지 갔으며, 일부는 반대로 서해안까지 걸어갔다. 한 명은 배를 타고 결국 부산까지 갔다.

전력을 과시해 인민군에게 겁을 줘 진격을 저지한다는 오만한 구상으로 운용된 스미스 특수임무부대는 인민군을 정확하게 7시간 동안 지연시켰다.

제8장
사라진 A중대

●

슬프게도 ⋯ 전투가 끝나자 날쌔게 움직이던 민병대원은 전쟁에 시달린 영웅으로 남았다. 공직 출마자들은 이들이 얼마나 용감했는지 말했으며, 뉴올리언스 전투, 템스 강 전투, 런디 레인Lundy's Lane의 영광은 설명했지만 헐Hull의 항복, 윌킨슨Wilkinson의 실패, 블란덴스버그Blandensburg의 패주는 그냥 넘어갔다. ⋯ 교훈과 문제점은 국민과 정부로부터 잊혀졌다.

― 제임스 에드먼즈James E. Edmonds, 『싸우는 바보들Fighting Fools』 중 1812년 미영전쟁에 대한 서술

스미스 특수임무부대가 오산 북방에서 적 전차를 처음 목격했을 즈음, 미 24보병사단 34연대는 남쪽으로 24킬로미터 떨어진, 초가집과 진흙길만 있는 작은 마을 평택에 있었다. 미 24사단은 조금씩 축차적으로 한국에 도착하고 있었는데, 대형 상륙함이나 수송함으로 부산에 입항한 후 기차를 타고 대전과 북쪽의 전투지점들을 향해 이동했다.

전쟁의 부담이 미 24사단의 어깨 위로 매우 빠르게 떨어지고 있었다.

한강 북방에서 주력을 상실한 한국군은 사기가 꺾여 있었다. 서울이 함락되면서 한국군에게는 남아 있는 장비가 거의 없었고, 처음부터 남쪽에 있던 병력은 일본군 물자를 쓰며 무장이 빈약했다. 고위 장교 한 명이 동료에게 "빨갱이!"라고 외치는 가운데 참모들은 서로를 비난하고 있었다. 채병덕 육군참모총장은 사라졌다. 미 육군보병학교를 졸업한 이범석李範奭 장군이 임시 참모총장이 되었다.

절대로 막을 수 없고, 파괴할 수 없으며, 모든 한국군 지휘관들의 계획과 희망을 꺾어버린 존재는 바로 공산군의 전차였다. 전쟁터에 나타난

T-34는 모든 곳에서 선봉에 섰다. 이범석 장군은 대對전차전에 대한 개념이 있었지만, 이를 시도할 담력을 가진 한국군 장병을 더 이상 찾을 수 없었다. 이미 무모하고 용감한 이들은 초전에 전사했다.

이범석 장군의 후임인 정일권丁一權 장군은 모든 문제를 미군에게 맡겼다. 이제 미군이 왔다. 그간 미 고문관들은 소련 전차가 무의미하고 취약하다고 끝없이 말해왔다. 그러니 이제 '아름다운 나라美國'에서 온 군인들이 공산군 전차를 처리하면 되는 것이었다.

처음에는 미군도 걱정하지 않았다. 미군은 북한이든 남한이든 누구보다 낫다고 자신하고 있었다.

7월 5일, 미 34보병연대 예하의, 편제에 비해 인원이 적은 1대대와 3대대가 평택에 도달하자, 딘 소장은 평택과 안성을 잇는 선에서 강력한 방어선을 형성해야 한다고 판단했다. 이곳에는 황해로 흘러가는 지류가 좌측방을 방어해주고, 우측에는 야산과 상태가 안 좋은 도로들이 있었다. 남쪽으로 향하는 주보급로는 평택을 거쳐 안성으로 통했다. 그 남쪽에서 한반도는 모든 방향으로 뻗어나간다. 특히 서쪽에서 방어하는 것은 평택-안성 선을 따라서 방어하는 것보다 훨씬 더 복잡했다.

7월 3일에 비행기 편으로 한국에 도착한 딘 소장은 미 34연대 1대대에 평택 북쪽으로 이동하여 주 도로를 막도록 명령했다. 미 34연대 3대대는 동쪽으로 20킬로미터 떨어진 안성으로 보냈다.

1대대의 젊은 장병들은 스미스 특수임무부대원들과 비슷했다. 이들은 역겨운 냄새를 풍기는 나라의 모든 것을 신물이 나도록 봐왔다. 이들은 아마도 벌써부터 안절부절못할 일본인 애인이 기다리는 일본의 멋진 민간 숙소로 돌아갈 생각을 하고 있었다.

1대대 장병 모두는 한국에는 기껏해야 며칠 정도 있을 것이라고 생각했다. 이야기 들은 것도 거의 없었고, 심지어 장교들이라고 더 아는 것도 거의 없었다. 하지만 이들은 이렇게 말했다. "그저 이 구크gook[58]들이 미군 전투복을 보는 순간까지만 기다려! 돌아서서 꽁지가 빠지게 도망칠 테니까!"

대전에서 북쪽으로 향하는 기차를 타고 이동하던 1대대는 이탈리아에서 수많은 전공을 세운 에이리스^Ayres^ 중령을 새로운 대대장으로 맞았다. 에이리스는 중대장들에게 자신 있게 말했다.

"우리 북쪽에는 북한 병사들이 있을 것이다. 이들은 제대로 훈련받지 못했다. 이들 중 절반만 무기를 갖추고 있으므로 이들을 저지하는 것이 전혀 어렵지 않을 것이다."

대체 누가 에이리스 중령에게 상황 브리핑을 해주었는지는 끝끝내 알려지지 않았다.

중대장들은 병사들에게 돌아와 이 모든 작전은 그저 경찰의 치안유지 활동 수준에 불과하며, 오래지 않아 모두 사랑해 마지않는 일본 사세보로 돌아갈 것이라고 말했다.

어린 병사들이 치안유지 활동을 무엇으로 알아들었을지는 확실치 않다. 하지만 누구도 이 용어를 전투와 결부하지 않았다는 것은 분명하다.

1대대는 스미스 특수임무부대를 폭삭 젖게 만든 그 차가운 비를 맞으며 평택 북쪽으로 행군했다. 1대대는 평택 북방으로 3킬로미터쯤 떨어진 녹음이 우거진 야산에 멈췄다. 국도와 철길이 양쪽의 낮은 고지를 통과하는 횡단로로 이어져 방어하기가 좋은 지형이었다. 에이리스 중령은 도로 동편에 B중대를 배치하고 C중대는 예비대로 지정했다.

A중대장 르로이 오스번^Leroy Osburn^ 대위는 중대를 왼편에 있는 야산에 배치했다. 통신선은 야산 아래에 있는 논을 가로질러 국도와 기찻길을 통하는 횡단로로 이어졌다.

A중대는 참호를 파고 들어갔다. 붉은 빛이 도는 갈색 흙은 거칠고 쉽게 파였지만, 부슬비가 계속 내리면서 참호에는 곧 차갑고 더러운 물이 차올랐다. 전력이 약한 중대가 맡기에는 전선의 면적이 넓었으며 참호들은 서로 멀리 떨어져 있었다. 드리스켈^Driskell^ 중위의 1소대원들은 아래를 지나

---

61 구크: 동양인을 비하하는 단어.

는 도로 옆에 있었기 때문에 풀이 무성한 야산 위에 있는 중대 지휘소를 볼 수 없었다.

2소대와 3소대는 고지를 따라 참호를 팠다. 화기소대는 주로 이들 뒤에 배치되었다. A중대는 140명밖에 없었는데, 이는 전시 병력의 3분의 2도 안 되는 것이었다. 미국은 여전히 평시였으며, 이 상태는 5년째 지속되고 있었다.

병사는 M-1 소총이나 카빈carbine을 휴대했고, 총알은 100발 이하를 소지했다. 중대에는 경기관총이 3정 있었지만, 기관총마다 총알은 4상자밖에 없었다. 소대마다 브라우닝 기관총을 1정씩만 보유했고, 총알은 기관총당 200발밖에 없었다.

화기소대는 60밀리 박격포 3문만 방열했다. 화기소대는 75밀리 무반동총도 보유했지만, 해당 탄약을 보급받지 못했기 때문에 후방에 남겨두고 오는 것이 나을 수도 있었다.

그리고 수류탄이 한 발도 없었다.

어린 A중대원들은 참호를 파다가 비가 내리는 바깥에 나가 앉아 가끔 소리쳐 서로를 불러댔다. 낮에는 아무 일도 일어나지 않았다.

소규모 정찰대가 도로를 따라 북쪽을 돌아보고 오산 남쪽에 전차가 있다고 보고했다. 그리고 어둠이 내리자 지쳐서 횡설수설하는 스미스 특수임무부대의 생존자 4명이 에이리스 중령의 지휘소로 찾아왔다. 이들은 다소 황당한 이야기를 했고, 에이리스는 이들의 말을 믿지 않았다.

미 24사단 포병연대장 직무대리인 바스Barth 준장은 자신의 미 25사단이 한국에 도착하기를 기다리던 중 지휘소에 들렀다. 바스는 오산에서 탈출한 스미스 특수임무부대의 페리 중령과 이야기를 나눈 적이 있었다. 딘 소장과 연락한 적이 없어 그의 기동 계획을 모르던 바스 준장은 평택에서 벌어지는 상황에 참견했다. 오산 북쪽에서 적을 지연하던 부대에 덮친 재앙에 동요한 바스는 에이리스에게 할 수 있는 한 최선을 다해 현 위치를 고수하고 절대로 측방을 내주거나 포위당하지 않도록 주의하라고 명령했다.

바스가 에이리스에게 말했다. "절대로 브래드 스미스 꼴이 나서는 안 되네."

그 후 바스 준장은 미 34연대 지휘소로 가서 연대장인 러브리스^{Loveless} 대령에게 미 34연대가 천안에서 남쪽 방향으로 대대들을 통합하는 것이 좋겠다고 제안했다. 러브리스 대령은 바스 준장이 지휘계선과 일반 운영 계획에서 어떤 위치에 있는지 잘 몰랐지만, 어쨌든 그는 준장이었고 이 때문에 그의 지시를 따르는 큰 실수를 저질렀다. 러브리스는 3대대가 적과 접촉하지 않았는데도 안성으로 철수하라는 명령을 내렸다. 이제 우측방이 노출된 상태가 되었다.

러브리스는 무능해서 보직 해임된 전임자 대신에 불과 얼마 전에야 미 34연대 지휘권을 이양받은 상태였다.

비는 대기 중인 1대대 위로 밤새 내렸다. 이런저런 소문을 들은 일부 병사들은 점차 불안해하기 시작했다. 장교 하나가 병사들에게 계속 강조하며 말했다. "이번 작전은 그저 치안유지 활동 그 이상은 아니다."

A중대장 오스번 대위는 공격을 받을 가능성은 있지만, 확률은 낮다고 생각했다. 그는 스미스 대대의 낙오병들을 주의해서 보라는 명령을 받았으나 웬일인지 이 명령은 소대에까지 내려가지 않았다.

7월 6일 아침이 밝자, 모든 참호에는 빗물이 가득 차 있었다. 제임스 하이트^{James Hite} 일병이 부소대장에게 말했다. "저 참호에 들어가야 한다면 정말 끔찍할 것 같습니다."

새로 소대에 합류한 부소대장으로서 전투 경험이 있는 콜린스^{Collins} 중사는 계속 참호선을 따라 오르내렸다. 그는 부하들에게 기회가 있을 때 먹어두라고 지시하고는 전투식량을 개봉했다. 그리고 차가운 콩조림을 꺼내 자리에 앉아 먹었다.

이날 아침은 습하고 안개가 끼었다. 콩조림을 절반쯤 먹은 콜린스는 북쪽에서 엔진 소리가 들리는 것 같았다. 쌍안경을 집어 든 그는 흐릿하게 보이는 전차 몇 대가 길 위에 있는 것을 발견했다. 전차들 뒤에는 옅은 갈색 전투복을 입은 엄청난 수의 보병이 얼룩덜룩한 논에 산개해 있었다.

콜린스는 소대장인 리들리^{Ridley} 중위에게 보고했다. "소대장님, 적이 몰려오는 것 같습니다!"

리들리 중위는 콜린스가 본 것은 아마 도로를 따라 철수하는 스미스 특수임무부대의 일부일 것이라고 대답했다.

그러자 콜린스가 큰 소리로 대꾸했다. "이 부대에는 전차가 있던데요. 21연대는 전차가 없습니다."

그러는 사이, 에이리스 중령은 오스번 대위의 지휘소까지 걸어서 올라갔다. 그곳에서 에이리스와 오스번은 논에서 산개하는 보병들을 보았지만, 시계가 좋지 않다 보니 이들이 누구인지 정확히 식별할 수 없었다.

오스번과 에이리스는 이 병력이 스미스 중령의 부하들일 것이라는 데 의견을 같이하고는 몇 분 더 계속 지켜보았다. 하지만 이들은 대대 병력의 수보다 훨씬 많은 병력이 전개하는 것을 보고서야 정신을 차렸다.

에이리스는 곧장 박격포 사격을 명령했다. 초탄 몇 발이 들판에서 터지자, 몰려오던 보병은 더 넓게 산개했다. 적은 절대로 진격을 멈추지 않았다.

고지 위에 있던 콜린스 중사는 선두의 전차 포탑 해치가 닫히더니 적 전차의 길고 이상하게 생긴 85밀리 주포가 자신을 향해 움직이는 것을 보았다.

콜린스가 부하들에게 소리쳤다. "탄 날아온다! 엎드려!"

날카로운 소리와 함께 포탄이 고지로 날아와 터지면서 웅크린 소총수들 위로 진흙이 비 오듯 떨어졌다. 병사들은 마치 개구리가 연못으로 뛰어드는 듯한 소리를 내며 참호로 뛰어들었다.

"사격 개시! 사격 개시!" 콜린스가 외쳤다. 제2차 세계대전에 참전했던 병사 2명도 명령을 받아 다시 외쳐댔다.

고지 위의 미군은 이제 인민군이 잘 보였지만, 거의 모두가 사격을 시작하지 않았다. 콜린스는 참호에 함께 있는 소총수 2명을 돌아보며 외쳤다.

"어서! M-1 소총을 들고 있잖아! 그걸로 쏴! 어서!" 그는 그중 한 명을 날카롭게 찔렀다.

하지만 병사들 대부분은 마치 인민군이 정말로 자신들을 죽이려 한다는 것을 믿으려 하지 않는 듯 그저 입을 벌린 채 인민군을 바라만 보았다. 한참 동안 결과야 어찌되었든 사격을 한 것은 분대장과 소대장뿐이었고, 병사들 중 절반 이상은 총알을 한 발도 쏘지 않았다.

후방에 배치된 화기소대의 하이트 일병은 여전히 자신의 개인호 옆에 앉아 있었다. 하이트는 오스번 대위의 지휘소 가까이 있는 고지에서 폭발이 일어나는 것을 목격했다. "오발탄 같은데…."

그러자 부소대장이 하이트에게 외쳤다. "망할! 오발탄이 아니야! 적탄이다!" 커다란 섬광과 함께 하이트는 몸을 돌려 물이 가득 찬 자신의 개인호로 뛰어들었다. 부소대장도 함께 뛰어들었다.

오스번의 지휘소에 서 있던 에이리스 중령은 적의 공격을 몇 분 동안 지켜보았다. 그러더니 에이리스는 머리를 흔들며 오스번에게 중대를 퇴각시키라고 말했다. 에이리스는 고지에서 내려와 지휘소까지 걸어가서 지휘소의 병사들에게도 철수하라고 명령했다.

많은 인민군 병사들이 들판을 가로질러 다가오자, 고지 위의 미군은 겁에 질려 있었다. 오른쪽에 있는 B중대도 공격을 받기 시작했다. 12대가 넘는 전차들이 앞뒤가 닿을 만큼 빽빽하게 모여 있었다. 이는 매우 좋은 표적이었지만, 고지 위의 콜린스 중사는 75밀리 무반동총 탄이 없었기 때문에 욕만 하고 있었다.

콜린스는 대대에 4.2인치 박격포 사격 지원을 요청했지만, 전차포 1발이 대대의 유일한 박격포 관측병 옆에서 터졌다. 관측병은 다치지 않았지만, 충격을 받아 말을 잃었다. 그를 빼고는 박격포 사격통제를 할 줄 아는 사람이 없었기 때문에 박격포 포수들은 혼란에 빠진 채 멍하니 서 있었다.

전진하면서 사격 중인 인민군은 이제 불과 수백 미터 앞까지 다가왔다. 어찌나 가까운지 콜린스는 멈춰 선 적이 소총에 새로운 탄창을 장전하는 모습까지 볼 수 있었다. 고지의 동쪽으로 내려가기 시작한 B중대는 남쪽으로 철수했다.

오스번 대위가 부하들에게 소리쳤다. "철수 준비를 하라! 하지만 먼저 B중대를 엄호한다!"

A중대는 여전히 간헐적으로 사격을 하고 있었다. 병사들은 멍한 채 그저 바라만 보고 있었다. 오스번의 외침을 들은 화기소대는 곧장 자리에서 일어나 후방으로 이동했다.

그때 고지 위의 2개 소총소대가 B중대는 신경 쓰지 않고 참호에서 나오기 시작했다. 이들은 야전배낭을 버린 채 참호에서 뛰쳐나왔고, 대부분은 여분의 총알을 챙기는 것도 잊어버렸다. 심지어 몇몇은 서둘러 도망치면서 소총까지 두고 왔다. 이들은 안개 속에 보이는 작은 초가집 마을이 있는 고지 남쪽 면으로 내려갔다. 오스번과 소대장들은 철수를 위해 A중대를 조직하기 시작했다.

마지막 2개 분대가 고지에서 내려오자, 자동화기가 이들에게 총알을 퍼부어댔다. 2개 분대는 공황에 빠졌다. 병사들은 도망치기 시작했다.

도망치는 병사들은 오스번을 지나쳐 정신없이 내달렸으며, 오스번과 같이 있던 병사 일부도 함께 도망치기 시작했다. 공포는 전염성이 강했다.

오스번과 소대장들은 부하들에게 멈추라고 소리를 질렀다. 일부는 멈추었지만, 대부분은 계속 달렸다. 오스번은 이리저리 뛰어다니면서 할 수 있는 한 최대로 부하들을 모았다.

도로를 바라보는 평지에 참호를 파던 1소대는 고지 위의 2개 소대보다 적의 사격에 더 많이 노출되어 있었다. 철수 명령을 듣자마자 병사 4명이 참호에서 뛰쳐나와 질척이는 들판을 가로질러 달렸다. 도망치던 병사 하나의 등에 총알이 명중했다. 나머지 소대원들은 이제 참호를 버리는 것이 두려워 움직이려 하지 않았다.

드리스켈 중위가 지휘하는 병사 17명은 철길이 나 있는 둑을 따라 참호를 팠는데, 이 자리에서는 나머지 A중대원들이 보이지 않았다. 이들은 심지어 철수 명령도 받지 못했다.

어느 순간 이들은 왼쪽에 있는 고지 위에 인민군 병사들이 서 있는 것을 보았다. 드리스켈이 불안해한 것도 이해할 만했다. 그가 전투 경험이 풍부한 부소대장에게 물었다. "내가 이제 뭘 해야 한다고 생각하나?"

부소대장이 대답했다. "당장 여기서 도망쳐야죠!"

드리스켈은 철길을 따라 퇴각하라고 부하들에게 명령했다. 하지만 이들 중 다수는 혼란스러운 데다가 겁을 잔뜩 먹어 움직이기를 거부했다. 대열 뒤로 이동해서 부하들을 챙기지 못한 드리스켈은 이들을 데려오기 위해 되돌아갔다. 몇 분 뒤, 부상자를 찾기 위해 초가집을 수색하던 인민군 분대가 드리스켈과 미군 병사 4명을 포위했다. 드리스켈은 항복하려고 했다.

하지만 인민군 병사 1명이 드리스켈을 사살해버렸으며, 나머지 미군에게도 사격을 가해 3명은 죽고 남은 1명은 도망쳤다.

참호에서 나오기를 거부했던 병사들도 두 번 다시 볼 수 없었다.

후방에 있는 평택에서는 오스번 대위가 중대원들을 수습해 재편성하고 있었다. 장거리 행군에 병사들 대부분은 진이 빠졌으나, 공황을 극복했다. 이들은 오스번이 더 작은 단위로 병력을 나누어 더 멀리 후퇴하라는 명령을 내릴 때까지 빗속에서 대기했다.

눈앞에 적을 두고도 총알 한 방 쏘지 못하는 부하들이 그렇게 많다는 데 역겨움을 느낀 콜린스 중사는 생존자들에게 왜 발포하지 않았냐고 다그쳤다. 10여 명이 소총이 작동하지 않았다고 대답했다. 콜린스가 총을 확인해보니 진흙이 끼어 있거나 손질 후 잘못 조립되어 있었다.

부하들 중 다수는 총기 조립을 할 줄 몰랐다. 콜린스는 겨우 하루 전에 중대에 합류했기 때문에 이는 분명 콜린스의 잘못이 아니었다.

재편한 A중대는 남쪽으로 이동했다. 이번에는 적어도 남쪽으로 이동하는 동안만큼은 중대원들이 부사관들의 명령에 복종했다.

중대원 중 25퍼센트 이상이 실종되었다.

빠져나온 부상병들은 걸을 수 있었지만, 박격포탄이 터져 충격을 받은 관측병은 누가 도와주지 않으면 이리저리 헤매고 다녔다. 중대원들은 순번을 정해 돌아가며 그를 도왔다.

비가 그치자, 날은 덥고 습하고 참혹했다. 병사들은 땀을 쏟았다. 이미 수통을 다 던져버렸기 때문에 진흙탕이 된 배수로나 인분을 거름으로 주어 냄새나는 논에서 동물처럼 물을 마실 수밖에 없었다.

남쪽으로 내려가는 내내 A중대원들은 앞서 이곳을 지나간 1대대원들이 버리고 간 미군 장비들을 볼 수 있었다. 버려진 장비로는 방탄모는 물론이고 우비, 탄띠, 심지어 소총도 있었다. 오후 늦게 A중대원들이 휘청대기 시작하더니 중대 대열이 3킬로미터까지 늘어졌다.

오스번 대위는 낙오병은 그 자리에 두고 갈 것이라고 부하들에게 전달하라고 했다. 다들 아무 말 없이 그저 계속 걷기만 했다.

박격포 관측병은 계속해서 혼잣말로 중얼거렸다. "비雨, 비, 비…."

그를 돕던 동료가 싸늘하게 쏘아붙였다. "좀 닥치면 안 되냐?"

해질녘에 옷은 누더기처럼 보이고 사기가 떨어져 비틀대는 사내 무리가 무질서하게 천안으로 들어왔다. 먼저 도착한 1대대는 지쳐서 흙길 위에서 무신경하게 코를 골며 자고 있었다.

오스번 대위는 한국군 트럭 몇 대를 발견해 부하들을 태웠다. 대대는 그에게 A중대를 천안에서 3킬로미터 남쪽으로 이동시켜 방어진지를 준비하라고 명령했다.

A중대는 날이 저문 뒤 지정된 곳으로 이동했다. A중대원들은 이제 참호를 팔 도구가 전혀 없었다. 일부는 맨손이나 취사도구로 얕은 진지를 팠다. 대부분은 축축한 땅 위에 쓰러져 잠을 청했다.

* * *

대전에 있던 딘 소장은 스미스 특수임무부대에 벌어진 소식을 모두 듣고도 상황을 너무 나쁘게 여기지 않았다. 스미스는 최선을 다했고, 그 덕에 미 34연대는 평택-안성 방어선을 구축할 수 있는 소중한 시간을 벌 수 있었다.

딘은 평택-안성 방어선을 지키는 것이 자신이 세운 방어계획의 핵심임을 잘 알았다. 그가 실수한 것은 전력도 부족하고 훈련도 덜 되었으며 군기도 빠지고 준비가 안 된 미 34연대에 인민군처럼 강하고 숫자가 많은 적과 싸우는 임무를 주면서 이를 해내리라 믿었다는 것이었다.

7월 6일 16시 무렵, 딘은 1대대가 천연적인 방어지형에서 25킬로미터 아래에 있는 천안 이남으로 철수했을 뿐만 아니라, 안성에 남겨둔 3대대도 적과 접촉 한 번 하지 않은 채 30킬로미터 남쪽에 있는 천안까지 물러섰다는 사실을 알게 되었다.

딘은 지프를 타고 천안으로 달렸다. 그는 미 34연대장인 러브리스 대령의 지휘소로 들어가 크게 화를 냈다.

미 34연대가 평택에서 철수하는 바람에 사단의 좌측방이 통째로 노출되어버렸다. 해당 위치에는 반공청년단으로 불린 단체가 있었으나, 딘은 이들을 제대로 신뢰하지 않았다.

러브리스는 바스 준장이 전 부대를 안성에서 불러들이라고 지시했던 정황을 딘에게 말했다. 빗속에서 작동하는 무전기가 거의 없어 바스와 연락이 끊겨 있던 딘은 보고를 듣고 이를 받아들일 수밖에 없었다.

안성을 들먹이면서 딘은 누가 대체 평택에서 철수를 허락했는지를 물었다.

지휘소 안에는 긴 침묵이 흘렀다. 러브리스가 에이리스를 쳐다봤다. 한참 후 에이리스가 말했다. "그 책임은 제가 지겠습니다."

딘은 방향을 틀어 북쪽으로 향하라는 말이 목구멍까지 올라왔다. 하지만 막상 말을 꺼내려다 보니 이미 날이 어두워진 데다가 행군 도중 야간 매복에 당할 위험도 있다는 것을 깨달았다. 딘은 이미 많은 혼란을 겪었다고 생각했다.

딘은 실수를 인정하자는 고통스러운 결정을 내렸다.

하지만 딘은 지휘소로 돌아오자마자 이 문제를 다시 생각했다. 그는 러브리스에게 적과 접촉할 때까지 북쪽으로 연대를 이동시키고 접촉이 있으면 지연작전을 펼치라고 명령했다.

딘은 자신의 지휘 의도를 모두에게 분명히 밝히지 않아 느닷없이 철수한 책임은 자신이 지기로 결심했다.

하지만 누가 책임을 지든 간에 결과는 비극적이었다.

* * *

7월 7일 오후 늦은 시간에 미 34연대의 작전장교인 존 딘^{John J. Dunn} 소령은 딘 소장의 명령에 따라 천안에서 북쪽으로 이동하는 미 34연대 3대대와 함께 있었다. 3대대는 선두부대가 사격을 받을 당시 고작 몇 킬로미터밖에 이동하지 못한 상태였다. 전진하던 부대가 멈췄다.

3대대는 사계^{射界}가 훌륭하게 펼쳐진 도로 주변에 전개해 적을 지연시킬 준비에 들어갔다.

딘 소령이 3대대장과 이야기하는 동안, 지프를 타고 대대보다 앞서 나가 있던 정찰소대장이 지휘소에 출두했다. 정찰소대장은 상의에 난 총알구멍 여러 개와 수통을 꿰뚫은 총알 자국 하나를 보여주었다. 그의 소대는 작은 마을 앞에서 약 40명의 적으로부터 매복기습을 당했지만, 3명만 빼고 모두 탈출에 성공했다.

대대의 선두 소총중대가 이들 3명을 구하러 곧바로 투입되었고 딘도 동행했다. 이들은 이동 중에 대대 작전장교인 시가스^{Seegars} 소령과 만났다. 시가스는 실종된 병사들을 발견했다고 말했다. 이 말을 들은 딘은 소총중대에게 공격을 중지하고 도로에서 차단진지를 점령하라고 명령했다.

중대가 뒤로 빠지기 시작할 때, 소총탄이 몇 발 날아왔다. 그 즉시 일부 미군 병사들은 미친 듯이 무차별적으로 총을 쏴댔고, 딘 소령은 이들을 간신히 제지시켰다. 갑자기 우군 박격포탄이 중대 위로 떨어지기 시작했다.

화가 치민 딘은 박격포 공격을 중지시킬 사람을 찾아 후방으로 달려갔다.

3대대 진지에 도착한 던은 3대대가 도로를 따라 철수하는 것을 보고는 깜짝 놀랐다. 지휘소에서 던은 대대장도 부대대장도 찾을 수 없었다.

던은 차를 몰고 연대 지휘소로 가서 3대대의 행동을 보고했다. 대령 진급을 한 지 얼마 안 된 로버트 마틴Robert R. Martin 대령은 러브리스 대령과 함께 있었다. 마틴은 급박하게 일본에서 날아온 터라 군용 단화와 개리슨 모자[62]를 쓰고 있었다. 그는 제2차 세계대전 때부터 알고 지낸 딘 소장의 요청을 받고 한국으로 날아왔으며, 딘 소장은 18시부로 마틴에게 미 34연대 지휘권을 부여했다.

던의 말을 들은 마틴은 연대가 자신의 명령을 들을 것이라 생각하느냐고 던에게 물었다.

"들을 것입니다. 연대장님." 던이 대답했다.

"그러면 그들을 다 원위치로 돌려보내게!"

던은 요란스럽게 차를 몰아 후퇴 중인 3대대를 정지시킨 후 이들을 원위치로 이동시켰다. 대대가 방향을 돌리자마자 던은 시가스와 3대대 소속 중대장 2명을 자신의 지프에 태우고 또 다른 지프에는 병사 몇 명을 태운 뒤 대대보다 앞서 이동했다.

200~300미터쯤 떨어져 있는, 상태가 양호한 버려진 진지에서 두 지프를 향해 총알이 날아왔다. 던 일행은 40명쯤 되는 적이 매복해 있다가 기습한 것으로 판단했다.

던과 시가스는 그 즉시 총상을 입었다. 특히 시가스의 부상은 심각했다. 몇몇 병사들도 부상을 입었다. 총알이 빗발치자, 지프 2대는 돌면서 멈췄고 탑승한 사람들은 도로로 굴러떨어졌다.

던은 머리에 심각한 총상을 입었다. 동맥에서 뿜어져 나오는 새빨간 피가 도로에 떨어지고 있었다. 던은 힘들게 도로에서 나와 덤불로 기어가 지혈을 할 수 있었다. 병사 한 명이 시가스를 끌고 와 엄폐했다.

---

62 챙이 없는 배 모양의 약모(略帽).

함께 있던 장교 중 총격을 당하지 않은 한 명은 도움을 청하겠다며 남쪽으로 향했다.

적 정찰대에 포위당한 채 자세를 낮추고 있던 던은 작은 둔덕 위로 기어 올라갔다. 도로 아래로는 선두 부대 바로 뒤에서 따라오던 3대대 예하의 선두 소총중대가 보였다. 총격전이 시작되자, 이들은 땅에 엎드려 응사를 시작했다.

움직이기에는 너무 큰 부상을 입은 던은 얼굴을 알아볼 수 있을 만큼 소총중대와 가까이 있었다. 하지만 선두 소총중대의 장교들은 부상자들이 코앞에 있다는 것을 알고 심지어 여기저기 흩어진 적 정찰병들보다 전력이 우세했지만 앞으로 나오려 하지 않았다.

던은 한 장교가 다급한 목소리로 외치는 소리를 들었다. "철수! 철수!"

그리고 적으로부터 전혀 압박을 받지 않던 소총중대는 철수해버렸다.

믿지 못할 광경에 실망한 던은 부하들이 아군을 구하려 시도조차 하지 않은 채 철수하는 모습을 두 눈을 뜨고 지켜볼 수밖에 없었다. 이후 던은 북한의 포로수용소에서 3년을 지내게 된다.

2시간 뒤, 규모가 더 큰 인민군 부대가 도로를 따라 진격해와 던과 다른 병사들을 포로로 잡았다. 이날 저녁, 분 시가스 소령은 도로 가에서 사망했다.

7월 7일 하루 종일 1대대 A중대는 천안 남쪽의 도로에서 대기하면서 한국인 농부들에게 빌린 삽으로 진지를 보강했다. 한국인 농부 대부분은 자신들의 논밭을 버리고 남쪽으로 도망치고 있었다. 이날 하루 종일 장맛비가 내렸고, 병사들은 잡담을 하며 빈둥댔다.

왠지는 모르지만 모두를 기분 좋게 하는 소문이 돌았다. A중대가 곧 일본으로 돌아간다고들 했다. 이런저런 소문들을 빼면 낮에는 중요한 일이 하나도 없었다. 중대의 식량은 한국인들에게서 얻은 음식이 전부였기 때문에, 중대원 상당수는 굶주림에 시달렸다.

이들 북쪽에 있는 천안에서는 밤새 전투가 벌어졌지만 겁을 먹기에는 너무 멀었다.

* * *

미 34보병연대를 지휘하게 된 로버트 마틴 대령은 재앙의 가능성을 물려받았다. 연대 지휘부는 와해되어 명령을 내리기에는 역부족이었고, 명령은 중대와 소대에서 무시되기 일쑤였다. 마틴은 자신이 할 수 있는 유일한 최선, 즉 몸소 시범을 보이려 노력했다.

미 34연대 3대대는 엉망인 채로 천안을 거쳐 철수했다. 7월 7일 초저녁에 마틴은 3대대를 찾아가 대대장에게 돌아가서 천안을 방어하라고 명령했다. 그런 뒤 그는 몇몇 병사들과 함께 천안 시내로 들어갔다.

이날 밤 3대대 예하 중대가 방어하는 천안 서쪽에서 혼란스러운 전투가 벌어졌다. 7월 8일 자정이 지나자 마틴과 병력 80명이 천안에 고립되었으며, 시내에 인민군 전차가 있다는 소식이 천안 남쪽에 있는 연대 지휘소에 전해졌다.

이 보고를 들은 딘 소장은 속이 상해 밤새 잠들지 못했다. 마틴은 딘의 개인적인 요청을 받아들여 한국까지 온 것이었다.

하지만 마틴은 천안에서 탈출한 후 도시로 들어가는 보급선은 잘 살아 있으며 방어 전력에게 탄약이 필요하다고 보고했다. 그리고 7월 8일 아침이 밝아오기 전 마틴은 포위된 천안으로 다시 돌아갔다.

천안 시내를 돌아다니는 인민군 전차 6대는 기차역, 교회, 그리고 눈에 띄는 미군과 차량에 전차포를 쏴댔다. 천안 전투는 무질서한 시가전으로 발전했다. 인민군 보병은 6시에 천안 시내로 행군해 들어왔으며, 여전히 천안을 방어하던 미군 2개 소총중대는 차단당했다.

이른 아침, 마틴은 2.36인치 바주카포를 들고 천안 거리를 샅샅이 뒤졌다. 연대장이 할 일은 아니었지만, 지금은 누군가는 해야 했다. 몇 안 되는 병력을 모아 공격을 이끌면서 마틴은 적 전차에 대항했다.

연대 작전 부사관인 제리 크리스텐슨Jerry Christenson을 대동한 마틴은 천

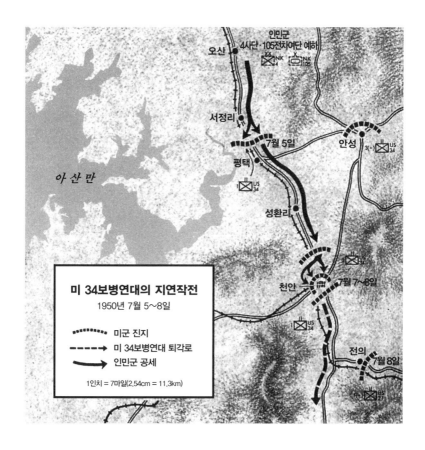

미 34보병연대의 지연작전
1950년 7월 5~8일

미군 진지
미 34보병연대 퇴각로
인민군 공세

1인치 = 7마일(2.54cm = 11.3km)

안 시내 중앙 도로 동쪽의 한 초가집에 서서 T-34를 마주했다. 사수 역
할을 한 마틴은 대전차화기를 조준한 후 발사했다. 작고 한물간 로켓은
적 전차의 강철 차체에 맞고는 폭발하지 않고 튕겨나왔다.

동시에 전차도 포를 발사했다. 8미터도 안 되는 거리에서 85밀리 전차
탄이 작렬하며 마틴을 두 동강 내버렸다.

크리스텐슨Christenson은 뇌진탕으로 한쪽 눈알이 튀어나왔지만, 그는 끔
찍한 고통 속에서도 가까스로 눈알을 집어넣었다. 그는 인민군에게 포로
로 잡혔다.

마틴 대령이 전사하자, 천안 방어선도 무너졌다. 천안의 미군은 대규모
로 전선을 이탈했다. 도주하지 않은 병력은 우세하고 훨씬 무장이 잘 된

인민군에게 쓸려 나갔다.

* * *

마지막 전투가 천안에서 진행되는 동안 A중대는 아침식사를 하고 있었는데, 이틀 만에 처음으로 맛보는 제대로 된 식사였다. 식사를 마친 뒤 중대는 천안에서 철수하는 미군 병력을 보았지만, 몇 시간 후에 A중대 지역에 적 포탄이 떨어지기 시작했다.

첫 포탄이 터졌을 때 오스번 대위는 남쪽으로 퇴각하라는 명령을 내렸다. 1대대 전체가 다시 퇴각을 시작했다.

오후 내내 그리고 자정까지 A중대는 빠른 속도를 유지하며 남쪽으로 행군했다. 해가 뜬 뒤 트럭들이 A중대를 금강 일대의 새로운 진지로 실어 날랐다. 이곳에서 병사들은 새로운 참호를 깊게 팠다. 이들은 처음으로 탄약을 재보급받았다.

일본으로 돌아간다는 소문은 자연히 사라졌다.

* * *

7월 8일 아침, 월튼 워커 중장은 대전에 있는 미 24사단 사령부로 날아왔다. 그는 자신이 지휘하는 미 8군의 4개 사단 전 병력이 한국으로 오고 있다고 딘 소장에게 말했다.

맥아더 또한 합동참모본부에 후속 병력과 장비를 미 본토와 다른 곳에서 보내달라고 이미 요청한 뒤였다.

워싱턴 주 포트 루이스Fort Lewis에 주둔하는 미 2보병사단, 미 82공수사단 예하 연대전투단, 미 함대해병군의 연대전투단과 강력한 해병 항공대, 그리고 상륙부대, 육군 공병, 3개 전차대대 중 원래부터 극동아시아 지역에 있던 부대는 하나도 없었다.

맥아더는 전쟁을 종결짓기 위한 기동 계획을 이미 구상 중이었다. 이는 서해안을 우회해 인천에 상륙하는 것이었다. 하지만 이를 실현하기 위해 얼마나 오랫동안 인민군의 진격을 저지해야 하는지는 맥아더 원수를 포함해 누구도 알지 못했다. 날이 갈수록 맥아더의 요구사항은 계속 늘어만 갔다.

7월 8일, 딘은 맥아더에게 다음 전문을 보냈다. "인민군과 인민군 병사들의 훈련 상태와 장비를 이제까지 매우 과소평가했다고 확신했습니다."

맥아더는 스트레이트마이어 중장에게 폭격기 전력으로 인민군 지상군을 타격하도록 했다. 이는 중(重)폭격기를 비효율적으로 사용하는 것이었지만, 지상지원을 할 수 있는 항공 전력이 충분하지 않았다. 공군은 대규모 지상전 지원을 하게 되리라고는 전혀 예상하지 못했던 것이다.

항공력으로는 인민군의 진격을 저지할 수 없었다. 하지만 극동공군이 제공한 항공 엄호와 적시적인 공중 지원, 그리고 물자가 없었다면, 미군 지상군 부대들은 훨씬 열악한 환경에 처했을 것이다.

맥아더는 미 합동참모본부에 다음 전문을 보냈다.

"한국의 상황은 심각하다. … 극동 미군은 소련의 지휘와 중공 지상군 부대의 기술 지도가 결합되어 있음을 점점 확신하고 있다. 이들은 북한 깃발을 달고 싸우지만 더 이상 북한 고유의 군사력이라 생각되지 않는다. 현 상황은 대규모 전쟁으로 확전하고 있다."

* * *

천안은 교통의 중심지였으며, 잘 포장된 도로들이 천안에서 서쪽과 남쪽으로 달렸다. 평택을 포기하자 미 24사단의 좌측방이 완전히 노출되었고, 천안을 점령한 인민군은 한국의 서부와 남부로 향하는 출입로 대부분을 확보했다. 이제 딘 소장은 한강 남쪽에 흐르는 첫 번째 거대한 강줄기인 금강을 끼고 방어할 수밖에 없었다. 금강은 천연 방어선이었으며, 중요한 도시인 대전을 마치 해자(垓字)처럼 둥그렇게 둘러쌌다.

한반도 남동쪽으로 한참 내려간 낙동강 뒤에 있는 대구와 부산을 제외하면 대전은 남한에서 마지막으로 남은 군사 요충지였다. 만약 대전이 적의 손에 들어가면 낙동강을 제외하고는 실질적인 방어선은 없으며, 낙동강에 선 방어군은 한국 땅의 작은 구석만 간신히 유지하는 형국이 될 것이었다.

미군 부대들이 더 많이 한국으로 들어오고 있었고, 딘은 더 많은 부대를 집결시키고 있었다. 그는 미 25보병사단이 며칠 안으로 작전에 투입될 수 있으리라 기대했으며, 미 1기병사단(사실 편제는 보병사단이나 전통에 따라 기병사단이라는 이름으로 불릴 뿐이었다)도 도착하고 있었다. 하지만 다음 중대한 전투에서 딘은 미 24사단 예하의 34보병연대, 21보병연대, 그리고 19보병연대에 의존할 수밖에 없게 된다.

7월 8일 늦게 딘은 그날 내린 지시를 확인하는 공식 작전 명령을 내렸다. "무슨 일이 있어도 금강 방어선을 유지하라. 최대한의 반복과 지연이 중요하다."

그는 미 19연대와 미 21연대, 그리고 이미 공격을 받고 비에 젖은 미 34연대까지 금강을 따라 반원 형태로 전개시켰다. 딘은 만약 이 방어선을 못 지키면 대전뿐 아니라 중요한 도로들과 철도까지 적의 손에 들어가게 된다는 것을 잘 알았다.

7월 9일, 여전히 A중대는 금강 북쪽의 잘 준비된 진지에 있었다. 오후에는 엄청난 포격을 당했고, 이어서 1소대가 지키는 좌측방을 인민군 보병이 공격했다.

1소대원 대부분은 평택에서 참호 속에서 나오지 않아 사망했기 때문에 참호에는 12명밖에 없었다. 인민군은 그 위로 빠르게 쏟아져 들어와 참호 속의 미군에게 총격을 가했다.

병사 5명이 참호에서 나와 고지 아래로 도망쳤다.

오른쪽에 참호를 파고 들어가 있던 2소대원들은 1소대가 있던 고지를 올려다보았다. "누가 저기에 깃발을 걸었어?" 한 부사관이 물었다.

그러자 고함이 터졌다. "저건 인공기야!!"

고함을 지르며 총격을 가하는 인민군이 2소대를 향해 고지에서 쏟아져 내려왔다. 2소대는 아직 사주방어진지를 구축하지 못한 상태였다. 2소대는 좌측방에 효과적으로 사격을 할 수 없었다.

"당장 여기서 빠져나가자!"

2소대는 무기와 부상자들을 챙겨서 철수했다.

A중대의 잔여 부대는 어두워질 때까지 그곳에서 버텼다. 얼마 후 소총 사거리 바깥으로 빠져나오라는 명령이 내려왔다. 다음날 이른 아침, A중대는 금강 남쪽으로 건너왔다.

A중대원들은 인민군이 강을 건너 몰려오기 전까지 잠시 한숨 돌렸다. 7월 20일 동이 틀 무렵, A중대는 대전 북쪽으로 이어지는 주 도로에 진지를 구축했고, 화기소대 병력 4명은 도로 아래쪽에 대전차로켓발사기와 함께 배치되었다. 날이 더 환해지자 이들은 길게 늘어선 인민군 보병의 산병선散兵線 세 줄이 우측 고지 꼭대기를 통과하는 것을 목격했다. 왼쪽을 보니 더 많은 적이 오고 있었다.

도로 아래에 있던 병사 4명은 450미터쯤 뒤에 있는 대대 지휘소를 향해 달렸다. 제일 상급자인 부사관이 대대장에게 보고했다.

대대장은 부사관에게 약간 흥분한 것 같다고 말했다. 부사관은 대대장에게 당장 도로를 내려다보기를 권했다. 대대장은 지휘소 천막 밖으로 나갔다. 그 순간 동이 트는 하늘을 배경으로 붉은 섬광이 터졌다.

큰 혼란이 발생했다. 포병, 박격포, 소화기, 그리고 전차포가 불을 뿜었다.

철수하고 싶은 충동을 억누르기 어려웠다.

대대는 대전 너머 남쪽으로 이동했다. 최초 A중대는 질서 정연하게 이동했으나 곧 다른 부대들의 병사들과 뒤섞였고, 이렇게 섞여 들어온 병사들은 A중대 장교들의 명령을 따르지 않았다. 곧 모든 것이 혼란스러워졌다.

병사들은 진흙길을 걷기 힘들다며 전투화를 벗어던졌다. 이들에게는 수통도, 음식도 없었다. 병사들은 모두 지치고 의기소침했으며, 어떤 이들은 억울해했다. 태양이 구름을 뚫고 내리쬐자, 한국 특유의 한여름 무더위가 이들을 녹여버렸다. 일부 병사들은 어지럼증을 호소하며 구토를 했다.

이들은 서로 냉소적인 농담을 주고받았다. "내가 경찰이라며, 그런데

내 경찰 신분증은 대체 어디 있는 거야?" 또는 "망할, 이 동네 범죄자들은 총도 큰 걸로 갖고 다니네!"

이들 중 자신이 왜 한국에 있는지, 또는 왜 미국이 북한 공산당과 싸우는지 설명을 들은 이는 없었다. 신경을 쓰는 사람도 없었다. 이들은 그저 일본으로 돌아가고 싶을 뿐이었다.

하지만 이들은 일본이 아니라 최후 결전이 있을 낙동강 전선을 향해 가고 있었다. 낙동강 전선에서 미군 병사들은 미 정부가 한국에서 물러날 뜻이 전혀 없다는 사실을 깨닫게 된다. 만일 살아남고 싶다면 싸워야 했다.

이들은 군인이란 엄청난 고통을 겪기 마련이며 자신들이 죽을 운명일 수도 있다는 것을 한국이라는 곳에 세워진, 세상에서 가장 힘든 학교에서 배우는 중이었다. 이들은 이전에는 한 번도 들어보지 못한 사실, 즉 세상에는 호랑이들이 도사리고 있다는 것을 배우고 있었다.

이들의 뒤에는 일본에서 갓 도착한 신편 사단 소속 소대들과 중대들이 전투를 치르기 위해 전선에 속속 투입되고 있었다. 이 소대들과 중대들은 자기가 속해 자라온 사회보다 더 나을 것도, 못할 것도 없는 A중대의 병사들처럼 어린 미국 청년들로 채워져 있었다. 물론 A중대보다 더 나은 부대도 있고 그보다 못한 부대도 있었을 것이다. 하지만 이들이 어떠하든 그들만으로는 병력이 충분하지 않았다.

그 어떤 미국인도 이들을 또는 이들이 한 일을 조롱할 수 없다. 이들에게 일어난 일은 1950년 여름을 살았던 미국인 누구에게도 일어날 수 있었다. 이들은 미국 사회가 오랫동안 열망해서 마침내 이루어낸 군대를 대표했다. 이 군대는 제멋대로이고, 군기가 빠졌으며, 모두가 평등했다.

이들은 세상에 호랑이가 없다고 믿으며 자라왔지만, 지금은 몽둥이만 하나 들고서 호랑이들과 싸우라며 세상 어딘가에 내던져져 있었다. 이것은 전적으로 이들이 자라온 사회의 책임이었다.

제9장

대전(大田)

●

나는 대전에 있었다고 변명할 생각이 없다.
당시 나는 그곳이 내가 있어야 할 곳이라고 생각했다.
– 윌리엄 프리쉐 딘 소장

끔찍하고도 충격적인 1950년 7월의 첫 며칠 동안 미 육군의 고급 장교 사상자 수는 남북전쟁 이후에 벌어진 그 어느 전쟁의 사상자 수와 비교해도 더 많았다. 그럴 수밖에 없었다. 한국에 있는 미군 연대들 사이에는 제대로 작동하는 무전기가 손에 꼽을 정도였기 때문에 지휘소와 전방 진지 사이에는 통신이 거의 오갈 수 없었다.

만약 지휘관이 돌아가는 상황을 알고 싶거나 명령을 확실하게 전달하려면 직접 현장에 가야만 했다.

게다가 부사관이나 초급 장교에 대한 존경심이 없는 병사들은 이들이 내리는 명령을 자주 무시했다. 특히 명령이 불편하거나 마음에 들지 않으면 더더욱 그랬다.

소대장들이 패배주의자가 된 것도 이해가 될 만했다. 다수의 소대장들이 살육을 당하듯 전사했지만, 그것이 끝이 아니었다.

대령들과 장군들이 이성을 잃어서 대전차공격조 곁에 서 있거나 소총 사격을 지휘하기 시작한 것이 아니었다. 그것 외에는 달리 방법이 없었기 때문이었다. 따라서 로버트 마틴 대령 같은 사람들은 소총수 임무를 수행하다 산화했고, 미 34연대 3대대장인 스미스 중령 같은 대대장들은 부대가 무너져 후퇴해야 했으며, 딘 소령처럼 소총중대 앞에서 진군했던 이들은 목숨을 잃었다.

사실 값비싼 일꾼은 소모용이었다. 그들 역시 목숨을 담보로 보수를 받았다. 그러나 이는 바람직한 전쟁수행 방법이 절대 아니었다.

미 34연대가 천안에서 참패당하는 동안 '송곳'이라는 별명으로 불린 미 21연대는 조치원 인근의 지연 진지에 있었다. 21연대에서 '빅 식스Big Six'로 불린 스티븐스Stephens 대령은 혼란의 현장을 목도했다. 그의 부대와 인접한 한국군이 쓸 보급품이 뒤엉킨 채 기차로 도착했다. 한국 철도원들은 통제가 불가능했고, 일부 화차는 보급품을 실은 채로 후방으로 출발했다. 사방에 피난민이 있었다.

건장하고 탄탄한 체격의 스티븐스 대령은 딘 소장으로부터 진지를 4일간 고수하라는 명령을 받았다. 그는 1개 포대, 약간의 공병, 그리고 1개 경전차중대를 지원받았다. 7월 10일, 앞서 브래드 스미스 중령과 함께 오지 못했던 21연대원들로 구성된 복합 대대는 조치원 북쪽으로 1.2킬로미터쯤 뻗은 능선을 지키고 있었다.

스티븐스는 부하들과 능선에 있었다.

이른 아침, 전방에 펼쳐진 초록 논 위로 안개가 끼었다. 곧, 안개 속에서 한국말이 들렸다. 일부 미군들이 미친 듯이 총을 쏘기 시작했다.

스티븐스는 사격을 멈추라고 고함을 질렀고, 병사들은 사격을 중지했다.

진지 왼쪽에 있는 고지 위의 소대가 맹렬한 공격을 받고 있었다. 박격포탄이 능선 위로 쏟아졌고, 안개 속에서는 전차 엔진 소리가 들렸다. 하지만 사전에 계획된 박격포와 야포 포격은 서서히 앞으로 나오는 인민군 보병의 물결을 뒤로 밀어냈다.

서서히 안개가 걷혔다. 하지만 스티븐스와 지원 박격포 사이의 유·무선 통신수단이 사라졌다. 교신이 끊긴 것이었다.

9시에 인민군 보병이 미군 진지로 기어 올라오려 했다. 포대가 반복적으로 포격을 가해 이들을 다시 밀어냈다. 하지만 작은 마을에서 나온 전차 4대가 능선을 향해 자동화기를 쏘면서 맹렬히 돌진하기 시작했다. 여기에는 아무런 대책이 없었다.

11시에 근접 박격포 지원이 없는 상태에서 왼쪽 고지를 지키고 있던 빅슬러Bixler 중위는 적을 일정거리 바깥에 묶어둘 방법이 없었다. 빅슬러가 스티븐스에게 무전을 날렸다. "증원이 필요합니다. 부상자가 많습니다. 철수를 허락해주십시오!"

"조금만 기다리게. 증원 병력이 가고 있어." 스티븐스가 대답했다.

스티븐스는 근접항공지원을 요청했다. 곧 항공기 몇 대가 고지 너머에서 굉음을 내며 날아와 로켓으로 전차들을 공격했다. 가시적인 성과는 없었지만, 공격 중이던 적 보병을 분산시켰다. 무장을 전부 소진한 항공기들은 남쪽으로 사라져버렸다.

하지만 공습이 이뤄지는 동안 예상치 못한 일이 일어났다. 적의 포격에 능선과 포병 진지를 연결한 통신선이 끊어졌고, 관측장교의 무전기가 망가졌다.

인민군은 다시 고지로 올라오기 시작했고, 아군의 포격은 방어하는 미군 머리 위로 떨어졌다. 스티븐스가 방어하던 능선을 적이 점령했다고 생각한 미군 포병은 스스로 판단해서 능선에다 포격을 가했다.

스티븐스는 욕을 하며 지휘용 지프로 달려갔다. 그리고 연대 본부에 포병에게 연락해 포격을 중지하도록 요청했다. 하지만 포탄은 계속해서 쏟아져내렸다.

아군의 포격 속에서 기어서 능선으로 간 스티븐스는 빅슬러로부터 연락을 받았다. 빅슬러는 이미 포위당했으며 부하들 대부분이 쓰러졌다고 했다. 그 후로 빅슬러로부터 더 이상 연락이 오지 않았다.

화력전이 벌어지는 동안 능선 우측방 여기저기서 아군 병사 몇몇이 퇴각하는 모습이 보였다. 고함이 들렸다.

스티븐스는 병사 여러 명이 후방으로 도망치는 모습을 목격했다. 스티븐스가 소리쳤다. "엄청난 세금으로 양성한 저 병사들을 다시 진지로 돌려보내라! 이러라고 봉급 받는 거야!"

하와이 출신의 일본계 부사관 한 명이 최선을 다해 병사들의 극심한 공포를 막으려 했지만, 겨우 병사 몇 명만 모을 수 있었다.

불과 몇 분 후, 스티븐스는 고지를 포기해야겠다고 판단했다. 그는 이때까지 자신과 함께 있던 소수의 병사들에게 퇴각하라고 손짓했고, 이들은 능선의 뒤쪽 사면을 가로지른 뒤 냄새나는 논을 거쳐 도망쳤다. 퇴각하는 도중 미군 전투기 2대가 급강하하며 기총소사를 해댔다. 아무도 다치지 않았지만 냄새나는 검은 흙에 얼굴을 파묻어야 했던 병사들은 앞으로 쌀을 좋아하게 될 일 따위는 없을 것이었다.

예하 3대대 진지로 온 스티븐스 대령은 곧장 젠슨Jensen 중령에게 잃어버린 능선을 역습하라고 명령했다. 젠슨은 격전 끝에 빅슬러가 맡았던 고지를 뺀 모든 지역을 회복했다.

다시 찾은 고지에서 젠슨은 미군 병사 6명이 등 뒤로 손이 묶인 채 머리에 총알을 맞아 처형당한 것을 발견했다.

미 21연대는 능선에서 물러나 조치원으로 퇴각해야 했지만 계속해서 싸웠다. 김일성이 직접 '서울' 사단이라고 이름 붙여준 노련한 인민군 3사단은 7월 11일 일찍 미 21연대 3대대를 공격해왔다. 이는 대부분 인민군이 했던 공격 유형대로 완벽하게 실행된 기습공격이었다.

엄청난 포격이 미군 전방을 고착하는 동안 인민군 병력과 전차들은 돌파하거나 우회해 장애물을 설치했다. 계속 그래왔듯이 적 전차들이 통신선을 끊어 무전기가 작동하지 않았다. 젠슨 중령과 대대 참모 대부분은 결국 전사하거나 실종되었으며, 대대 병력의 60퍼센트 이상이 쓰러졌다.

적이 쓸고 지나간 후 살아남은 이들은 후방으로 몰려갔다. 이들은 수통도, 총알도 없었다. 이들은 진흙이 가득한 논에서 전투화를 잃어버렸으며, 무거운 철모도 벗어 던져버렸다. 10명 중 9명은 무기도 버리고 왔다.

후방에서 스티븐스 대령이 스미스 특수임무부대였던 1대대의 잔존 병력을 새 진지에 편성했다. 하지만 정예부대인 인민군 3사단과 인민군 4사단이 바싹 붙어 있었다.

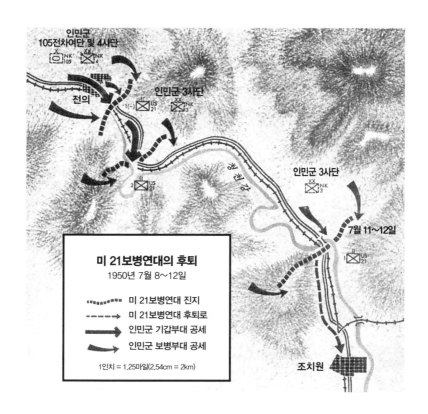

미 21보병연대의 후퇴
1950년 7월 8~12일

▪▪▪▪▪▪▪▪ 미 21보병연대 진지
▪▪▪▪▶ 미 21보병연대 후퇴로
━━▶ 인민군 기갑부대 공세
━━▶ 인민군 보병부대 공세

1인치 = 1.25마일(2.54cm = 2km)

　7월 12일 12시, 스티븐스는 딘에게 무전을 보냈다. "완전히 포위당함. 1대대는 왼편이 뚫림. 우측 상황도 좋지 않음. 중간 저지 진지를 구축할 수단이 아무것도 남지 않았으며, 금강 방어선까지 철수할 수밖에 없음. 철수 지시를 내렸음."

　철수는 질서 정연했다. 16시에 어쩔 수 없는 낙오병들을 제외한 21연대 모두 금강 남쪽으로 도하했다. 남쪽 강안에서 스티븐스는 새로운 저지 진지를 구축했다. 그는 방어선에 총병력 325명을 배치했는데, 이는 1대대와 3대대를 모두 합친 전투 전력이었다.

　스티븐스는 인민군 정예부대를 사흘 동안 저지했다. 그의 분전은 미군이 한국에서 처음으로 남긴 인상적인 전투 성과였다. 일부가 도망치기는 했지만, 미 21연대원 대부분은 싸우다 전사했다.

　미 21연대원들은 잘 싸웠지만, 대가는 처절했다.

이들은 철수하면서 갓 도착한 '치카마우가^{Chikamauga}[63]의 바위'라는 별명을 가진 미 19보병연대의 방어선을 통과했다. 이들은 딘 소장의 명령에 따라 서둘러 전방으로 이동해왔다.

사실 미 19연대는 서두를 필요가 없었다. 이들이 얻어맞을 차례가 다가오고 있었다.

* * *

한반도 남서쪽을 흐르는 금강은 한강 남쪽을 흐르는 강들 중에서 폭이 넓고 수심이 깊어 방어선으로 활용이 가능한 곳이다. 금강에서 남쪽으로 15~25킬로미터 떨어진 곳에 중요한 도시 대전이 있다. 대전은 1950년에 인구 12만 명으로 한국에서 여섯 번째로 많은 사람이 살았다. 금강과 대전 사이에는 방어하는 데 쓸 수 있을 만한 지형이 전혀 없다.

만약 금강을 잃는다면 대전도 불가항력으로 잃게 되어 있었다. 따라서 미 육군은 남한 전역으로 도로와 철도가 연결되는 대전을 잃어서는 안 되었다.

딘 소장은 대전을 잃지 않겠다는 굳은 결의를 다졌다.

7월 12일까지 딘은 모든 병력에게 금강 남안으로 도하하고, 도하 후에는 모든 다리를 폭파하라고 명령했다. 딘은 마치 편자처럼 대전을 둘러싸고 흐르는 금강의 굴곡을 따라 가용한 3개 연대를 배치했다. 미 34연대는 왼쪽에, 미 19연대는 오른쪽에, 그리고 스티븐스가 지휘하는 미 21연대 잔존 병력은 예비로서 남동쪽의 저지 진지에 배치했다.

이 3개 연대는 한국에 도착할 때부터 전투력이 70퍼센트 수준인 데다가 설상가상으로 전술적으로도 온전하지 않았다. 미군 교리와 훈련은 3개 대대를 기본으로 편성되지만, 각 연대는 대대가 2개씩밖에 없었다. 한

---

63 지명 자체는 테네시 주 차타누가(Chattanooga)에 있는 치카마우가 계곡을 말하나, 여기서는 남북전쟁 중에 벌어진 치카마우가 전투에서 따온 명칭이다.

국의 모든 상황에서 연대장은 전선에 1개 대대를 배치하고 나머지 하나는 예비로 두든지, 아니면 2개 대대를 모두 전선에 세우고 예비대 없이 싸우는 수밖에 없었다.

그 어떤 미군 장교도 이런 식으로 전투 편성을 해본 경험이 없었다. 미 육군 병과학교들은 전투에 투입되면 미 육군이 그동안 '군살'이라며 빼버린 병력을 채워줄 것이라고 여겼기 때문에 적은 병력을 가지고서 새롭고 획기적으로 작전하는 방법을 발전시키지 않았다. 그리고 그러기에는 너무 늦었다.

창설 이래 가장 어려운 시험을 치르게 된 미 24사단은 이미 상태가 좋지 않았다. 미 21연대는 1,433명을 잃었고, 1,100명만이 남아 있었다. 미 34연대는 2,020명이 남아 있었고, 미 19연대는 2,276명이 남아 있었다. 사단을 지원하는 병력까지 모두 합친들 미 24사단에는 1만 1,400명이 전부였다.

이렇게 만신창이가 된 미 24사단을 공격할 부대는 적어도 전차 50대의 지원을 받는, 전투로 단련된 인민군 3사단과 4사단이었다. 당시 이 2개 인민군 사단들의 전투력은 60~80퍼센트였다. 물론 이들도 철원 계곡에서부터 아무 피해도 받지 않고 진격해온 것은 아니다. 완편된 인민군 사단은 장교와 병사를 합쳐 1만 1,000명이었기 때문에 인민군의 병력은 미군에 비해 2 대 1에 조금 못 미치는 비율로 우세했다.

전 세계의 어느 지휘참모대학도 2 대 1도 안 되는 병력의 우세로 승리할 수 있다고 가르치지는 않는다. 공격군은 수적으로 훨씬 우세해야 한다. 하지만 지휘참모대학은 인간이란 하찮은 존재가 아니라고도 가르친다. 어마어마한 불리함에 맞선 미군은 그 사실을 몇 번이고 되풀이하며 증명했다. 미군은 훨씬 많은 병력을 가진 적들을 몇 번이고 꺾어왔다.

하지만 1950년 7월 한국의 대전 앞에서 미 24사단은 재난을 맞기 직전이었는데, 이는 단지 적의 수가 더 많아서만은 아니었다.

미군 방어선의 좌측에서는 미 34연대 3대대가 금강 남쪽 기슭을 맡았다. L중대, I중대, K중대는 참호를 파서 진지를 구축했고, 화기중대인 M중대는 이 3개 보병중대 사이에 박격포를 방렬했다. 대대 후방으로 4킬로미터 떨어진 곳에는 63야전포병대대의 105밀리 야포가 화력 지원을 준비했다. 더 멀리 뒤로는 미 34연대 1대대의 잔여 병력이 집결지에서 쉬고 있었다.

3대대에는 통신 수단이 전혀 수립되어 있지 않았다. 대대 본부와 예하 중대들 사이에는 아무것도 없었고, 중대 본부나 소대, 분대 사이에도 통신 수단이 거의 없었다. 얼마 없는 전화를 연결할 전선은 대부분 이전 진지에서 상실해서 남아 있지 않았다. 구식 무전기용 배터리는 방식이 달라 쓸 수 없었다. 뭐든 보내달라고 요청하는 것도 시간 낭비였다.

L중대장인 스티스Stith 중위는 대대와 통신이 가능한 무전기를 하나라도 찾으려고 돌아다녔지만 허사였다.

군사 용어로 말하자면, 연대 내 지휘 상황은 악화되어 있었다. 전사한 마틴 대령을 대신해 연대를 지휘한 패피 워들링턴Pappy Wadlington 부연대장은 잘 해내고 있었다. 하지만 기진맥진한 3대대장 스미스는 후송되었고, 연대 작전장교와 정보장교는 전투피로를 겪고 있었다. 연대의 지휘를 맡게 된 연대장 직무대리인 패피 워들링턴부터 그 아래 참모 직위까지 연대는 온통 준비되지 않은 장교들이 맡게 되었다.

금강 주변에서 보낸 첫날 밤, 40명밖에 없던 K중대가 의무 후송 문제로 철수해 대전으로 이동했다. 전투력이 악화되는 상황이었기 때문에 워들링턴은 K중대가 자산이라기보다는 골칫거리라고 판단했다.

이제 왼쪽에서는 오직 I중대와 L중대만이 금강을 지키고 있었다. I중대와 L중대 모두 왼쪽에는 더 이상 아무도 없으며 오른쪽에 배치된 미 19연대와는 3킬로미터 이상 떨어져 있다는 것을 알았다.

7월 13일 밤새도록 비가 왔다. I중대와 L중대는 무기력하게 새벽을 맞이했다. 7월 14일 이른 아침, 강 건너편에서 전차 소리가 들렸다.

곧 전차포탄이 날아오기 시작하면서 화염과 쇳덩어리가 미군 중대들을 두들겨댔다. 하지만 T-34는 금강으로 들어가 도하할 수 없었으며, 포탄은 그다지 심각한 피해를 주지 못했다.

아침나절이 되자, L중대로 돌아온 정찰병들은 3킬로미터 아래 지점에서 인민군 보병이 강을 건너고 있다고 보고했다. 이미 500명 이상이 강을 건넜다.

미 63야전포병대대에서 보낸 연락정찰기는 인민군이 작은 배 2척을 이용해 1척당 30명씩 태워 강을 건너고 있다고 보고했다. 63야전포병대대의 작전장교는 보다 유효한 표적을 기다리기로 했다. 연락정찰기는 곧 야크기에 쫓겨 물러났다.

그 사이 L중대장인 스티스는 화기중대로부터 지원 기관총과 박격포를 모아야겠다고 판단했다. 하지만 찾을 수 없었다. 야포와 박격포 포격이 이제 L중대 위로 쏟아지기 시작했다.

스티스는 이동할 때가 되었다고 판단했다. 그는 금강변 봉우리들에서 철수하라고 L중대에 명령했다. L중대가 철수하던 중 소대장인 웨겐브레스Wagnebreth 부사관은 잠시 멈춰 미 63야전포병대대 장교 한 명에게 인민군이 금강 남쪽에 있다고 알려주었지만, 해당 장교는 이를 듣고도 별 느낌이 없어 보였다.

L중대는 대대 본부까지 철수했다. 대대장은 무슨 일이 벌어졌는지 깨닫자 그 자리에서 L중대장을 해임한 후 군사재판에 회부하겠다고 말했다.

그 사이, I중대의 중대장 대리인 조 힉스Joe Hicks는 L중대에 무슨 일이 일어났는지 궁금해하고 있었다. 힉스도 대대와 연락이 되지 않았다. 외롭다는 느낌마저 드는 가운데 그는 산발적인 포격을 받으며 하루 종일 진지에 머물렀다. 어둠이 깔릴 때쯤, 힉스는 논산에 있는 미 34연대 나머지 부대와 합류하라는 명령을 받고 철수했다.

금강을 건넌 인민군 연대는 조 힉스의 I중대와 교전을 원치 않았다. 인민군 정찰병들은 미군 후방으로 침투해서 훨씬 가치가 높은 표적인 미 63야전포병대대를 발견했다. 보병과 마찬가지로 포병 또한 이미 병력이 감축된 상태였다. 2개 포대, 본부, 그리고 지원포대로 구성된 63야전포병대대는 관목과 소나무가 점점이 자란 낮은 야산에 난 보조 도로를 따라 자리를 잡고 있었다.

미 63야전포병대대도 프랑스 혁명 기념일에 벌어진 재앙과도 같은 순서를 따르고 있었다. 대대장은 병에 걸려 대전으로 후송되어 윌리엄 드레슬러William Dressler 소령이 대신 지휘를 맡았다. 63야전포병대대는 금강 방어선을 지키고 있으리라고 짐작되는 보병들과 대대 관측장교들 중 그 누구와도 연락이 되지 않았다. 유일하게 통신이 가능한 것은 미 34연대 본부였는데, 여기와는 연결이 된들 전혀 도움이 되지 않았다.

이른 오후, 전초기지 한 곳에서 적이 고지에 있다는 보고가 들어왔다. 포병대대 본부는 그것이 우군이므로 발포하지 말라고 해당 전초기지에 지시했다. 잠시 후 문제의 전초기지는 점령당했으며, 전초기지에 있던 기관총은 방향을 돌려 본부 포대를 공격했다.

이렇게 해서 미 63야전포병대대는 공격당하고 있다는 사실을 알게 되었다.

박격포탄이 본부 포대 지역에 떨어져 어두운 포연과 함께 폭발했다. 포탄 1발이 대대 통신교환기에 명중하는 바람에 포대들과의 통신이 모두 두절되었다. 지휘소, 의무반, 그리고 무전 트럭에 포탄이 명중하면서 대대에 남아 있던 모든 통신 수단이 파괴되었다.

탄약 보급차가 연기를 내기 시작하다가 폭발하자, 본부 포대는 대혼란에 빠져 병사들이 사방으로 달아났다. 기관총이 마치 채찍처럼 이들을 후려쳤다. 총알이 사격지휘소 천막 입구에 구멍을 뚫어댔다.

드레슬러 소령은 상병 한 명과 함께 참호로 뛰어 들어가 반격을 시도했다. 하지만 두 사람 모두 참호 안에서 전사했다.

본부 포대의 몇 명은 남쪽으로 이어지는 골짜기로 도망쳤다.

약 200미터밖에 떨어지지 않은 A포대가 동시에 공격을 받았다. 약 100명으로 구성된 인민군 중대가 고함과 괴성을 지르며 A포대로 몰려 들어갔고, 그러는 사이 박격포탄이 포대에서 계속 터졌다.

A포대원 중 일부는 소화기로 용감하게 반격했다. 포대장은 전사했다. 결국 포대원 중 일부는 아무 무기도 없이 남쪽으로 도망쳤다.

다음은 B포대의 차례였다. 적 보병 400명이 포대 주위를 둘러쌌고 몇 분 동안 마치 '커스터Custer 중령의 마지막 저항[64]' 같은 순간이 재현되었 다. 그때, 갑자기 적을 공격하기 위해 나타난 한국군 기병부대가 서쪽에 있는 인민군에게 맹공을 퍼붓는 사이에 포대는 질서 있게 후퇴했다.

포병들은 폐쇄기와 조준경을 제거한 후 포를 버렸다.

미 63야전포병대대는 보유한 포 10문과 차량 80대를 모두 잃었다. A포 대의 곡사포 5문은 고스란히 버려졌다. 그리고 많은 실종자가 발생했다.

인민군이 첫 돌격에서 못 보고 지나친 지원포대는 A포대 생존자들로 부터 조심하라는 경고를 받았다. 지원포대는 남쪽으로 24킬로미터 떨어 진 논산으로 걸어서 내려갔다.

낙오병 한 명이 봉곡리에 있는 미 34연대 지휘소에 다다랐다. 패피 워 들링턴 중령은 돌아가는 상황을 깨닫고는 에이리스 중령의 1대대에 명 령해 상실한 병력과 장비를 구하도록 했다.

오후 늦게 미 34연대 1대대는 도로를 따라 공격대열을 형성해 북쪽으 로 이동했다. 미 63야전포병대대가 썼던 진지가 보이는 곳에 다다른 1대 대는 기관총과 카빈 사격을 받았다.

1대대는 소화기 공격 때문에 정지했다.

에이리스는 만약 어두워질 때까지 구출에 실패하면 철수하라는 명령 을 받았는데, 벌써 땅거미가 내리고 있었다. 1대대는 원래 진지로 돌아갔

---

64 미군이 1876년 인디언 연합군과 싸운 대(大)수우(Sioux) 전쟁 중에 치른 리틀 빅 혼(Little Big Horn) 전투를 지휘한 조지 커스터(George A. Custer) 중령의 패전을 말한다.

다. 하지만 1대대는 계속 그곳에 남아 있지 않고 트럭 여러 대에 나누어 탄 후 논산을 향해 남쪽으로 이동했다.

그날 밤, 딘 소장은 포기한 물자에 공습을 명령했다. 이와 같은 실행은 표준 작전 절차가 되어갔다.

피비린내 나는 비극적인 오후였다.

* * *

7월 14일 해질 무렵, 여태껏 배워온 모든 병법은 대전 방어 상황이 위태롭다는 것을 보여주었지만, 윌리엄 딘 소장은 여전히 낙관적이었다. 하지만 이는 헛된 낙관론이었다. 딘은 적을 지연시키라고 반복해서 명령했고, 그의 병력은 반복해서 철수하면서 위기를 키워갔다. 사기가 무너지는 것을 깨달은 딘 소장이 예하 부대들에 이런 지시를 내렸다.

"우리가 고수할 지점을 찾을 때까지 모든 것을 지켜라. 어쩌면 상황이 그렇게 나쁘지 않아 고수할 수 있을지도 모른다. 정찰을 계속 실시하라. 어쩌면 적에게 한 방 먹인 후 부대를 재편할 수 있을지도 모른다. 이제 나는 이곳을 떠난다."

미 24사단의 방어선은 뚫렸고 미 19연대는 측방이 노출되었다.

딘 소장은 곤경에 빠졌으나 아직 한 방을 맞지만 않았을 뿐이었다.

* * *

'치카마우가의 바위'로 불린 미 19보병연대는 7월 14일 금강의 핵심 도하지점인 태평리를 지키고 있었다. 미 34연대는 좌측방에 있었고, 한국군 부대들이 우측방을 방어했다. 미 24사단 예하 연대들 중에서 전력 손실이 없는 연대인 19연대는 금강 방어선의 가장 중요한 정면을 책임지고 있었다.

금강의 굴곡을 감안할 때 전선의 길이는 48킬로미터에 이르렀다. 미 19연대는 예하에 2개 소총대대만 있었으므로 부대 간 간격이 넓었고, 일부 지역은 운에 맡길 수밖에 없었다. 금강은 폭이 180~270미터, 둑의 높이는 1.2~2.5미터였으며, 깊이는 1.8~3.6미터로 들쭉날쭉했다. 따라서 금강은 적의 돌파를 막을 어마어마한 천연장애물이었다.

하지만 여기저기 모래톱이 발달했고, 어떤 곳은 걸어서 건널 수 있었다.

7월 14일 당시 치카마우가의 바위는 제2차 세계대전에 참전했던 가이 멀로이 2세^{Guy S. Meloy, Jr.} 대령이 지휘했다. 유능하고 용감한 멀로이 대령은 존재감과 신뢰감을 주었다. 그는 오소 윈스테드^{Otho Winstead} 중령이 지휘하는 1대대를 전방에 배치하고, 2대대를 후방에 예비로 배치했다. 멀로이는 6개 포대로부터 직접지원을 받았다. 그는 금강 뒤의 주요 도로 상에 있는 발산리에 연대 지휘소를 설치했다.

낮 동안 강 건너편에서부터 미군을 시험하는 공격이 있었으나, 모두 실패했다.

그러다가 오후 늦게 멀로이는 좌측방이 무너진 것을 알게 되었다. 그는 얇게 펼쳐진 방어선 측방과 후방을 적에게 빼앗기지 않도록 토머스 맥그레일^{Thomas McGrail} 중령이 지휘하는 2대대를 좌측으로 보낼 수밖에 없었다. 이제 멀로이에게 남은 연대 예비대는 F중대가 전부였다.

멀로이는 금강 전투를 시작해보기도 전에 이미 진 것이다.

그는 미 21연대로부터 지원은 기대할 수 없었다. 두드려 맞아 사실상 전투 불가 상태가 된 '송곳' 21연대는 적어도 한국군에 사기를 북돋는 데 도움이 되리라며 딘 소장이 대전 동쪽으로 이동시켰다.

7월 15일 밤이 되자, 멀로이는 예하 부대들에게 인민군의 야간 도하를 주의하라고 지시했다. 지난 이틀간 강 건너에서 적이 전력을 증원하는 것이 목격되었다. 미 공군이 반복해서 적 대열을 폭격하고 피해를 입혔지만, 적을 멈추지는 못했다. 인민군은 압도적인 미 공군 전력에 대처하는 지혜가 생겼다. 인민군은 주간에는 도로에서 벗어나 초가집과 과수원에 전차와 차량을 위장한 채 머물렀다.

강 양측의 초가집들이 폭격과 포격으로 불이 붙어 불타고 있었다. 어둠이 짙어지며 진흙빛 강물에 붉은빛이 퍼져나가고 있었다.

그때, 소규모 인민군 무리가 강으로 들어가 헤엄치거나 물살을 헤치며 강을 건너려 했다. 미 19연대의 기관총과 무반동총이 이들 대부분을 사살했지만, 소수는 강 남안으로 숨어들었다.

밤이 깊어지자, 산발적인 포격이 있었다. 금강을 마주하는 불안한 전선에 연기와 화약 냄새가 짙게 깔렸다. 한숨도 잘 수 없었다.

7월 16일 새벽 3시 정각, 강을 따라 인민군 항공기 한 대가 날더니 후미에서 조명탄을 투하했다. 이를 신호 삼아 금강 북안은 엄청난 사격으로 활활 타는 듯했다.

야포, 전차포, 박격포, 소화기가 남쪽 강안을 응징하듯 일제히 사격을 시작했다. 사격의 양은 멀로이가 일찍이 유럽에서 보았던 것만큼 대단했다. 포화 아래로 인민군이 강을 넘기 시작했다. 이들은 배와 뗏목에 올라타거나, 물을 헤치며 걸어서 건너거나, 수영으로 건넜다. 이들은 마치 산불을 피해 도망치는 쥐떼처럼 강으로 쏟아져 들어왔다.

멀로이는 갖고 있는 모든 자산을 동원하여 이들을 상대했다. 하지만 이 중요한 순간에 전쟁에서 종종 발생하는 불가피한 사고가 그에게 엄청난 타격을 안겼다.

11야전포병대대의 155밀리 곡사포 하나가 요청에 따라 조명탄을 쏘고 있었다. 조명탄 덕에 1대대는 강을 볼 수 있었지만, 이 불빛은 적의 주요 집중 지점에서 살짝 벗어나 있었다. 윈스테드 중령은 조명 범위를 살짝 이동해달라고 요청했다. 이 범위를 옮기는 데 1~2분이면 충분했지만, 포수가 명령을 잘못 이해하는 바람에 포를 완전히 다른 방향으로 돌려버리고 말았다.

이 때문에 가장 중요한 순간에 강은 오랫동안 어둠에 휩싸였고 적 보병은 남안으로 쏟아지듯 넘어왔다.

인민군은 남안에 발을 딛자마자 C중대와 E중대 사이의 틈으로 쏟아져 들어가 C중대 1소대를 공격했다. 격렬한 사격소리를 들은 C중대장은 1소

인민군의 금강 방어선 돌파

1950년 7월 13~18일

⟶ 인민군 공세   ┅┅┅ 미 19연대 진지

∿∿∿ 인민군 도로 방벽   ⇨ 미 19연대 역습

⇢ 미 19연대 퇴각로

1인치 = 3마일(2.54cm = 4.82km)

대장인 마허Maher 중위에게 전화를 걸었다.

마허 중위가 기운차게 대답했다. "괜찮습니다. 저희는 잘 버티고 있습니다!"

하지만 마허가 수화기를 내려놓자마자 총탄이 그의 머리를 관통했다. 거의 동시에 소대는 적에게 유린당했다. 소대 선임하사는 겨우 10명 정도만 이끌고 중대에 합류할 수 있었다.

이제 새벽까지 1시간만 남은 가운데 어둠을 틈탄 인민군은 미 19연대 1대대로 침투하여 박격포와 지휘소를 공격했다.

미 19연대 전방 좌측에서도 인민군이 강을 넘어오고 있었다. 첫 조명탄이 터지자 B중대원들은 진지 왼쪽과 후방의 높은 곳에 선 대대 규모의 인민군을 목격했다. 그리고 시시각각 더 많은 인민군이 강을 넘어오고 있었다.

어느 순간 갑자기 인민군이 온 사방에 있는 것만 같았다. 윈스테드 중령은 지휘소와 박격포가 공격받고 있으며, 방어선 중간이 무너지고 있다고 멀로이 대령에게 보고했다. A중대와 B중대 모두 일부가 적에게 돌파당했다. 인민군은 연대 진지 가운데를 통해 몰려오고 있었다.

이 공격은 어떻게든 막아야 했다. 멀로이와 윈스테드는 역습 전력을 조직하기 시작했다. 사전에 구성된 예비대가 없었기 때문에 이들은 연대의 조리병, 운전병, 정비병, 행정병뿐 아니라 모든 참모 장교들까지 불러 모았다.

이 혼성군은 역습에 투입되어 9시경에 적을 격퇴했다. 일부 인민군은 심지어 강까지 도망가 강을 건너 북쪽으로 넘어갔다. 역습을 지휘한 1대대 작전장교 쿡Cook 소령과 부관 장교 해킷Hackett 대위가 전사했다.

멀로이는 안도의 한숨을 돌리고 딘에게 전화해 상황이 통제되고 있다고 보고했다.

하지만 이 혼란한 아침에 멀로이는 전체 그림이 어떻게 그려지는지 몰랐다. 보고가 끝나자마자 윈스테드는 자신의 1대대 후방을 적이 치열하게 공격하고 있다고 보고했다. 윈스테드는 이들을 격퇴할 자산이 전혀 없었다. 포대들은 모두 공격을 받으면서 필사적으로 지원을 요청했다.

원래 새벽에 실시되어야 할 근접항공지원도 무슨 일인지 오지 않고 있었다.

그리고 연대 후방으로 5킬로미터 떨어진 주 보급로 상에 도로장애물이 있는 것이 보고되었다. 탄약 차량이 부대까지 올 수가 없었다.

적 침투부대는 미 19연대의 유일한 예비대인 F중대를 공격하며 꼼짝 못하게 화력으로 잡아버렸다.

멀로이 대령과 작전과장인 로건Logan 소령은 후방의 도로장애물을 확인하러 갔는데 고지를 통해 밀려오는 적 침투부대들이 신속히 병력을 증강하고 있었다. 적 대부분은 흰옷을 걸쳐 농부로 위장했다.

적의 도로장애물에서 멀로이는 슬픈 상황을 목격했다. 대부분 근무 부대원인 지역 내 미군은 개울과 사격으로 지원되는 높이 12미터인 제방 사이로 난 좁은 길 위의 장애물을 제거하려 노력도 않고 있었다. 미군 병력은 사방에 누워 있고, 지휘체계도 완전히 무너졌으며, 장애물 방향으로 가끔 사격은 했지만 전혀 피해를 주지 못했다.

멀로이는 당장 뛰어들어 질서를 잡아보려 했다. 그는 통로 위의 고지를 공격할 병사들을 모으려 하다가 심각한 총상을 입었다.

그는 로건 소령에게 지휘권을 1대대장인 윈스테드 중령에게 넘기라고 말했다. 윈스테드에게 이를 통보한 로건은 대전에 있는 사단 사령부와 어렵게 연락이 되었다. 로건은 딘 소장에게 상황이 좋지 않고, 멀로이 대령은 부상을 입었으며, 윈스테드 중령이 19연대를 대신 지휘한다고 보고했다. 걱정이 된 딘은 도로장애물을 격파할 병력을 보내겠으며, 19연대는 최대한 장비를 챙겨서 즉각 철수하라고 지시했다. 사단장의 지시가 전달되자마자 적 포탄이 미 19연대 무전기 트럭을 직격했고 사단과의 모든 통신이 두절되었다.

로건에게 도로장애물을 치우기 위해 뭐라도 해보라고 지시하면서 윈스테드는 대대로 돌아가 강가에서 병력을 데려오려 했다. 시간은 벌써 정오를 지났다.

한여름 장마가 끝나고 모습을 드러낸 뜨거운 태양이 열기를 쏟아내기 시작했다. 이른 오후에 온도계는 섭씨 37도를 가리켰고, 비탈면은 습도가 높은 용광로 같았다. 미 19연대 병력은 다른 일본 주둔 부대원들과 체력적으로 다를 바가 없었다. 이들도 열기와 한국의 가파른 비탈에 익숙지 않았다. 이 전투는 미 19연대원들이 부여받은 첫 임무였지만, 이들은 지난 사흘 동안 제대로 쉬거나 잠을 자지 못했다. 야간에 전투를 치르고서 찾아온, 해가 16시간씩 내리쬐는 한여름의 긴 하루를 이들은 도저히 감당할 수 없었다.

경무장한 인민군은 고지들을 거쳐 쏟아져 들어와서 연대 후방의 높은 곳에 있는 진지들을 접수하고 있었다. 인민군은 무심한 듯 계곡 사이를 달렸으며, 마치 토끼처럼 산등성이 위로 불쑥 나타났다. 이들은 평생 이렇게 살아왔기 때문이다.

만약 멀로이 대령이 예비대를 충분히 가졌더라면 도로장애물을 직접 상대하러 병력을 지휘하지 않아도 되었을 것이다. 그리고 그의 후방에 있던 적병은 별 피해를 주지 못했을 것이고, 주 방어선은 퇴각 명령이 있을 때까지 버틸 수 있었기 때문에 후방의 적도 하나씩 제거할 수 있었을 것이다.

하지만 가용한 모든 전투원은 금강 전선에 있었고, 후방에서 미친 듯이 침투하는 적을 쓸어버릴 방법이 없었다. 정오 무렵, 병사들의 사기도 떨어지기 시작했다. 긴 밤과 뜨거운 여름 속에서 병사들은 헐떡거리며 지쳐갔다. 고지로 올라가 차단진지에 있는 인민군을 해치우라는 명령을 받아도 병사들 대부분은 엎드린 채 고개를 돌렸다.

금강 방어선을 담당한 중대들은 적 포화 속에서 윈스테드의 명령에 따라 퇴각을 시작했다. 방어선에서 물러서고도 이들은 갈 길이 멀다는 것을 깨달았다. 후방의 고지와 덤불에서 적의 기관총탄이 미친 듯이 날아왔다.

장교들은 연이어 사격을 해대는 고지들을 공격해 탈출구를 뚫을 병력을 계속해서 편성할 수가 없었다. 병사들이 두려워해서 편성할 수 없는 게 아니라, 인민군과 싸우러 고지로 걸어 올라갈 수 없기 때문이었다.

부하들을 조직하려 노력하던 윈스테드는 전사했다.

예비대인 F중대는 남쪽에 있는 도로장애물을 공격하라는 명령을 받았다. 하지만 공격을 받고 있던 F중대는 예비대 진지에서 출발조차 할 수 없었다.

남쪽에서는 딘 소장이 19연대 1대대를 구출할 부대를 편성하고자 모든 노력을 다하고 있었다. 맥그레일 중령이 지휘하는 19연대 2대대는 동측방에 있는 진지에서 내려와 도로장애물을 격파하라는 명령을 받았다.

맥그레일은 남쪽에서 도로를 따라 올라오다가 인민군의 집중 포화를 받았다. 차량들은 불이 붙었고, 그 자신도 도랑에서 꼼짝도 못하는 가운데 주변의 부하들은 죽거나 부상을 입었다. 장애물 너머 능선을 공격하려던 G중대는 부상병을 챙기면서 진지를 팔 수밖에 없었다. 2대대원들 역시 고지 위로 기어 올라갈 수 없었다.

해가 지면서 장애물을 격파하려던 시도가 끝났다.

반면 오후 내내 북쪽에 있는 병력은 도로장애물이 제거되기만을 기다렸다. 일부는 기다리지 않고 고지를 통해 남쪽으로 움직이기 시작했다. 참모 장교들은 멀로이 대령을 가용한 경전차에 실어 안전한 곳으로 보내려 했다. 이 전차는 차량 20대쯤을 이끌고 빠져나갔으나, 장애물 바로 남쪽에서 전차의 엔진이 멈췄다.

호위하던 전차가 멈췄는데도 전차병 또는 부상당한 멀로이 대령을 옮겨 실으려 멈추는 차량은 한 대도 없었다. 크게 부상을 입었지만 의식은 있던 멀로이는 전차장戰車長에게 소이수류탄 한 발을 해치 아래로 던지라고 지시하고는 도랑 아래에 엎드려 이를 지켜보았다.

밤늦게 장교 한 명이 트럭을 몰고 돌아와 멀로이와 멀로이 주변에 모여 있던 다른 부상병들을 구조했다.

멀로이가 떠나고 1시간 뒤, 장애물 북쪽을 지휘하던 펜스터마커Fenstermacher 대위는 잔여 병력 500명에게 도로가 아닌 들판을 횡단해 이동할 준비를 하라고 명령했다. 그는 대기 중인 트럭 100여 대에 휘발유를 붓고 불을 지르라고 명령하자마자 목에 총을 맞고 쓰러졌다. 땅거미가 내리자 병력은 고지를 향해 흩어졌다.

일부 병력은 살아남았지만 그러지 못한 이들도 있었다. 부축을 받아 살아나온 부상병들도 있었지만, 그 자리에 버려진 부상병들도 있었다. 무탈한 병사들이 더 이상 부상병들을 업고 가려 하지 않자, 군종신부인 허먼 펠홀터Herman G. Felhoelter 대위는 부상병들을 버려두고는 가지 않겠다고 했다. 다른 고지에서 쌍안경으로 지켜보던 부사관은 펠홀터 신부가 부상병들 곁에서 무릎을 꿇고 기도해주다가 인민군에게 살해당하는 모습을 목격했다.

밤새 그리고 이튿날 내내 미 19연대 잔여 병력이 대전과 주변 마을들로 끊임없이 몰려왔다. 2대대의 E중대와 G중대만 온전했다. 1대대는 절반도 안 되는 병력만이 귀환했다. 연대 본부는 장교와 병사가 모두 이례적으로 큰 피해를 입었다. 지원 포병도 엄청난 피해를 입었다.

7월 17일, 딘 소장은 미 19연대를 미 34연대 B중대와 진지교대시켰다. 치카마우가의 바위는 재조직하고 장비를 다시 받기 위해 대전에서 남동쪽으로 40킬로미터 떨어진 곳으로 이동했다.

* * *

대전 전투는 패전이었다. 딘 소장은 이제 격파당한 3개 연대의 잔여 병력밖에 없으며 연대마다 남은 병력은 잘해야 대대 규모밖에 안 된다는 것을 알고 있었다. 미 21연대는 오산과 조치원에서 격파되었고, 미 34연대는 평택과 천안에서 연달아 깨졌다. 미 19연대는 금강에서 비싼 대가를 치렀다. 이 연대들은 인원과 장비도 열세했지만 극도로 지치고 사기 또한 바닥을 쳤다.

딘도 지쳐 있었다. 그는 14일 동안 한숨도 돌리지 못한 채 연속해서 위기를 헤치며 살아왔다. 대전에서 지연전을 펼 생각을 하기는 했지만, 여기까지 내려와 별 희망도 보이지 않는 최후의 결전을 치를 생각은 전혀 없었다.

하지만 7월 18일, 미 8군 사령관인 월튼 워커 중장이 대전으로 날아왔다. 워커는 한반도 상황에 대해 많은 자료를 모아왔으며, 언제 어디에서 적을 막을 것인지를 두고 불안해했다. 미 국방부는 여전히 개입과 '치안 유지 활동'을 가볍게 생각했으나, '조니 워커'라는 별명의 워커 중장은 펜타곤이 자신감을 유지하든 말든 좌불안석이었다.

7월 11일, 미 정부의 공식 성명이 발표되었다. "적 전차 65대가 손상을 입거나 파괴되었다." 같은 날 도쿄의 극동사령부는 "미 공군의 지속적인 폭격으로 인민군의 사기가 꺾이고 있다"고 발표했다.

1950년 7월 13일 《뉴욕 타임스New York Times》는 미 육군이 신병 2만 명을 요청했다면서 "이는 어디까지나 신병 입대자들로서 이들 중 누구도 곧 한국으로 출발하지 않으며 이들 중 다수는 한국에 가지 않을 것이다" 라고 미 육군이 말했다고 보도했다.

7월 14일, 《타임스Times》 또한 도쿄발 7월 13일자 특파원 전문이라며 아래 기사를 내보냈다.

> "비록 적이 때로는 수적으로 20 대 1이 넘게 우세하지만 전선에서 보내오는 특보들은 역사상 가장 능숙하고 영웅적인 방어전과 후방 전투에서 발생하는 미군의 피해를 크게 과장했다. 그리고 적 사상자는 적이 감당할 수 있는 것보다 훨씬 더 많이 발생하고 있다."

금강 방어선에서 미군의 피해를 인정한 《타임스》는 펜타곤의 발표를 인용했다. "적은 60톤이 넘는 소련제 전차들과 병력 15만 명을 앞세워 맹공격을 했다." 하지만 공격에 참여한 인민군은 실제로는 2만 명도 안 되었으며 한국에서 관측된 가장 큰 전차는 34톤짜리 T-34였다. 안 좋은 소식은 미처 손쓸 수 없는 어려움 때문에 벌어졌다는 말로 언제나 물 타기 되었다.

불과 이틀 뒤, 1950년 7월 16일자 《타임스》는 이런 낙관적인 보도를 이어갔다. 이 기사는 미국 전역의 신문사들이 인용했다. "로턴 콜린스 육군참모총장은 '미군과 미군의 장비를 칭찬했다. 참모총장은 신병임에도 불구하고 병사들은 특출하게 임무를 잘 수행해왔다'고 말했다."

같은 날 도쿄의 극동사령부는 이런 논평을 내놨다. "철수와 방어작전이 필요하지만 사기와 전투 효율성은 여전히 우수하다."

미국에서는 공군력, 공습작전, 그리고 공군이 적에 끼치는 피해에 대한 기사가 끊임없이 나왔다. 그러나 공군력이 인민군의 진격을 막지 못하면서 이들 보도는 점차 애처롭게 들렸다.

모두가 미 국방부와 극동사령부의 공식 발표와 궤를 같이할 때 《뉴욕 타임스》의 리처드 J. S. 존스턴Richard J. S Johnston과 핸슨 볼드윈Hanson Baldwin 같은 기자들도 있었다. 존스턴은 미군에 대해 이렇게 보도했다. "지금까지 이렇게 쓸모없는 전쟁을 본 적이 없다." "피비린내 나게 싸우는 지난 며칠 동안 허세와 자기 과신은 무너져버렸다."

1950년의 문제 중 하나는 문제 그 자체를 인식하는 것이었다.

워커 중장은 한국으로 오고 있는 사단들과 병력을 이용하여 한국 남동부의 낙동강을 따라 방어선을 유지할 수 있다고 판단했다. 이미 그의 상관인 맥아더 원수는 강습상륙작전으로 적의 후미를 치는 계획을 수립하고 있었으나, 이 계획은 적의 진격을 낙동강 목전에서 멈추게 하지 못하면 아무런 의미가 없었다.

워커는 미 34연대 지휘소에서 딘과 대화를 나누면서 인민군을 대전에서 이틀은 더 지연시켜야 미 1기병사단과 25사단을 대전 동쪽으로 전개시킬 수 있다고 말했다. 이후 워커는 대구에 있는 8군 사령부로 돌아갔다.

8군 참모장이 딘을 얼마나 어렵게 만든 것이냐고 묻자, 워커는 이렇게 답했다. "전적으로 신뢰하고 있다고 해줬네. 만약 대전을 조기에 포기해야 한다고 판단하면 그렇게 결정하라고 했고 그 결정을 지지하겠다고 했네. 딘은 싸움꾼이야. 그 친구는 할 수 있다면 한 치의 땅도 적에게 내주지 않을걸세."

워커의 말이 맞았다.

딘은 대전이 함락될 때 대전에 남아 있었다고 나중에 비판을 받게 된다. 비판하는 사람들 대부분은 한국의 현장 상황을 이해하지 못했다. 이들은 후방의 안전한 진지에서 최후 방어 명령을 내리는 고급 지휘관이 어떻게 그렇게 쉽게 적에게 짓밟히게 되었는지 이해할 수 없었다.

이해가 되기는 하지만 미 육군은 이 문제를 논의하기를 꺼려했다. 심지어 미 육군 내부에서 이야기하는 것도 꺼려했다. 군이 자유가 지나쳐 방임 수준의 사회로 돌아가면, 그리고 그런 사회의 방식을 채택하려 하면, 결국 군은 스스로 손을 묶는 셈이다. 군이 비평가들을 상대로 방어적인 모습을 보이기 시작하면 두 번 다시 주도권을 쥘 수 없다. 문제에 대한 답이 당장 없다면 문제를 무시하는 것이 진정한 용기이다.

딘은 통신 수단이 거의 없었다. 만약 전방의 병사들에게 무슨 일이 벌어지는지 알려면 직접 전방으로 가봐야만 했다. 슬프게도 그는 후방으로 명령을 전달하는 것이 전방으로 명령을 전달하는 것보다 훨씬 쉽다는 사실을 깨달았다.

전방에 펼쳐진 혼란스러운 상황에서, 부대들은 통신이 계속 끊긴 채 남쪽으로 이동하고 있었기 때문에 딘은 실제 상황이 어떤지 알 수 없었다. 이것은 그가 대전에 그렇게 오랫동안 버티고 있던 이유 중 하나였다.

그가 사면초가인 대전에 남은 데는 세 가지 근본적인 이유가 있었다. 첫째, 지휘관이 병사들과 어깨를 나란히 하고 있다는 것을 보여주어 34보병연대와 여타 방어부대의 무너지는 사기를 북돋을 생각이었다. 둘째, 미군과 함께 싸우는 한국군 장교와 참모들에게 모범을 보일 생각이었다(하지만 이 무렵에 한국군 장교들과 참모들 대부분은 사실상 부산행 급행열차에 올라 타 있었다). 셋째, 딘 스스로 북한군의 전투 능력을 가까이에서 지켜볼 생각이었다.

하지만 훗날 딘이 회고록에 적었듯이 그는 나무를 보겠다며 지나치게 숲에 가까이 가 있었다.

인민군의 대전 공격은 인민군의 다른 공격과 유사했다. 이들은 방어군 지휘부를 계속해서 찾아내어 공격함으로써 그들이 후퇴하도록 만들었다. 동시에 측방을 때리거나 후방으로 침투해 퇴로를 차단했다. 딘을 포함한 어떤 지휘관도 후방에서 무슨 일이 벌어지는지를 알 수 없었다. 유럽식으로 훈련되어 전선을 깔끔하게 유지하길 원하는 미군 장교들에게 이것은 너무 늦었다 싶을 때까지 상황을 파악할 수 없게 만드는 전술이었다.

딘은 상황이 전개됨에 따라 미 34연대에서 자신이 원한 부대들은 대전 시내에 배치했고, 사단 본부를 비롯한 사단의 기타 부대들은 모두 동쪽으로 보냈다. 그가 한참 후에 회고했듯이, 이후에 한 일은 유능한 부사관이

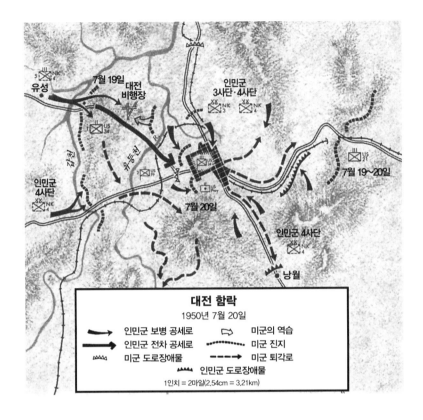

대전 함락

1950년 7월 20일

➡ 인민군 보병 공세로	⇨ 미군의 역습
➡ 인민군 전차 공세로	••••••• 미군 진지
⋀⋀⋀ 미군 도로장애물	--→ 미군 퇴각로
⋀⋀⋀ 인민군 도로장애물	

1인치 = 2마일(2.54cm = 3.21km)

라면 누구나 할 수 있는 일이었다. 하지만 딘이 이런 말을 할 때는 옛 미 육군을 염두에 둔 것이지 1950년의 미 육군을 생각한 것은 아니었다.

이후 사흘 동안 벌어진 작전에 대해 하루 단위로 거리 곳곳에서 벌어진 일을 상세하게 서술하는 것은 의미가 없다. 결국 미군이 앞서 겪은 일들이 반복되었기 때문이다. 인민군이 공격했다. 방어군은 싸우다 퇴각했다. 적은 후미로 돌아가 미군을 고립시켰다. 미군은 산산조각이 났고, 지킬 수 있는 것만 지켰다.

7월 20일 아침, 이미 온전하지 못한 대전 방어선이 계속 좁혀지는 가운데 딘은 엄청난 포격소리에 잠에서 깼다. 대전은 사방이 불타고 있었고, 이엉이 타며 나는 코를 찌르는 연기는 동아시아에서 늘 풍기는 오물의 악취, 그리고 화약 냄새와 서로 경쟁하듯 뒤섞여 있었다. 7월 20일 아침이 되었을 때 딘은 대전에서 이틀만 버티면 증원 병력이 도착할 것이라는 희망이 사라지는 것을 느꼈다. 이미 사기가 떨어진 방어 병력은 대전으로 뿔뿔이 흩어지기 시작했고, 적의 포화는 점점 더 좁혀왔다.

동이 트기가 무섭게 딘은 인민군 전차들이 대전 시내에 있다는 소식을 들었다. 딘은 34연대 지휘소에 있었다. 미 34연대는 언제나처럼 예하의 2개 대대들과 통신이 되지 않았다. 측방이 어디인지도 알 수 없었고, 심지어 실제 전쟁이 어디서 벌어지고 있는지도 알 수 없었다. 수일 만에 처음으로 딘은 사단장으로서 내릴 결정이 더 이상 없었다.

딘은 전차 사냥에 나서기로 했다. 당시에는 몰랐지만 딘이 미 34연대의 지휘권을 부여한 보샴^Beauchamp 대령도 같은 일을 하고 있었다. 마틴 대령처럼 보샴 대령 또한 모든 이들이 T-34에 신물을 내는 것을 알았지만, 그나마 마틴 때보다는 상황이 나은 게, 그때까지 알려진 모든 전차 장갑을 뚫을 수 있는 3.5인치 바주카가 미국에서부터 항공기로 공수되어 한국 도착해 있었다는 것이다.

보샴이 전차파괴조를 이끄는 가운데, 3.5인치 바주카가 대전 서쪽에서 전차 1대를 격파했다.

딘은 전속부관인 클라크^Clarke 중위 그리고 한국인 통역 김金 씨와 함께 돌아다니다가 신형 바주카를 가진 병사를 발견해 함께 전차 사냥에 나섰다.

전차파괴조는 도로에서 전차 2대를 발견했다. 이 전차들은 불타는 미군 탄약 수송차 바로 뒤에 있었다. 전차들은 기관총을 난사하며 전차포를 쏴댔기 때문에 전차 사냥꾼들은 도로변 건물로 들어가야 했다. 하지만 시내에 연기가 자욱했기 때문에 딘과 부하들은 전차 후미로 더 가까이 살금살금 다가갈 수 있었다.

전차들은 방향을 돌려 이들을 향해 다가왔다. 바주카 사수가 조준을 했지만 너무 긴장한 나머지 제대로 겨냥을 할 수 없었다. 그는 바주카 한 발을 발사했지만 몇 미터 앞의 길 위에서 로켓이 터졌다.

문제는 사수가 로켓을 딱 한 발만 가졌다는 점이었다.

"어느 누구도 믿을 수 없었다." 미군 보병들이 민간인 옷을 입고 위장한 인민군 병사의 시신 옆을 지나고 있다.

모든 인민군 전차가 그렇듯 눈앞의 T-34는 자신만만하게 이동하며 딘의 전차파괴조를 지나쳤다. 딘은 이성을 잃었다. 그는 45구경(0.45인치) 권총을 꺼내 전차가 지나가는 내내 탄창이 비도록 총을 쏴댔다.

그런 다음 딘의 전차파괴조는 그곳을 도망쳐 나왔다.

그 사이 흰옷을 입고 농부로 위장한 인민군 수백 명이 시내로 침투하고 있었다. 일단 시내로 들어선 인민군은 위장 복장을 벗어던지고 미군에게 총격을 가했다. 곧 저격수도 사방에 깔렸다.

미군 장교들은 사단 본부 병력과 근무지원 병력까지 투입하여 이들을 제거하려 했으나 수월치 않았다. 당시 미국 소년들은 카우보이와 인디언 놀이를 하며 자란 세대가 아니었고, 실탄에는 더더욱 익숙하지 않았다.

오후가 되자, 딘은 또 다른 바주카 사수를 발견했는데 이번에는 탄약수도 함께 있었다.

저격수의 총알을 피하고 저격수 몇 명을 제거한 딘의 전차파괴조는 또 다른 전차를 사냥하려 했다. 하지만 이번 표적은 인민군 보병이 둘러싼 데다가 소총 사격 때문에 가까이 접근하기가 어려웠다. 딘과 전차파괴조는 어느 집 마당을 가로질러 도로를 내려다보는 건물 2층으로 몰래 올라갔다.

여기서 조심스럽게 창문을 통해 밖을 본 딘은 전차의 85밀리 포구가 자신을 향하고 있는 것을 보았다. 거리는 기껏해야 4미터밖에 되지 않았다.

바주카 사수는 딘이 가리키는 지점을 겨냥해 발사했다. 로켓이 발사되면서 나온 후폭풍이 방 안을 뒤흔들었다. 전차의 포탑과 차체 사이에 명중한 성형작약탄이 불꽃을 뿜으며 전차 안으로 타들어갔다.

전차에서 귀를 찢는 듯한 끔찍한 비명이 들려왔다.

"다시 쏴!" 딘이 명령했다.

3발을 쏘고 나자 비명이 갑자기 멈추었고, T-34는 연기를 뿜기 시작했다.

어떻게 지나갔는지는 모르지만 긴긴 하루가 끝나고 있었다. 딘은 이제 대전에서 탈출할 때라고 판단했다. 미 34연대 지휘소에서 그는 동쪽으로 향하는 탈출로에 장애물이 있다는 것을 알게 되었다. 딘이 대전을 헤치면서 탈출할 준비를 하는 동안, 미 1기병사단의 경전차 몇 대가 딘의 철수를 지원하러 대전으로 오고 있었다.

딘은 미 34연대 본부를 이들과 함께 보냈다. 곧 도시 외곽에서 이들이 쏘는 포격이 들렸다.

이제 어둠이 깔렸다. 함께 남아 있던 패피 워들링턴 중령은 딘 소장도 탈출할 때라고 말했다. 그는 딘의 후퇴를 지원하기 위한 전차를 추가로 보내달라고 요청할 참이었다.

딘은 그 제안을 받아들이지 않았다. 개인적인 일로 과도한 지원을 요청하는 느낌이 들어서였다. 딘은 대전 동쪽의 장애물을 제거할 기갑 자산을 요청하는 전문을 보낸 뒤 남아 있는 인원들과 함께 각자 차에 올라 앞서 간 전차들이 간 길을 따라 움직였다.

곧 이들은 앞서 출발한 호송대를 따라잡았다. 호송대는 매복공격을 당했다. 불타는 트럭들이 도로를 메웠다. 도로 양쪽의 건물들도 불타고 있었고, 미군 보병들은 적을 상대로 한쪽에서 지독한 전투를 벌이고 있었다.

딘의 지프는 그곳을 돌파해 불타는 트럭들을 굉음을 내며 우회했다. 하지만 뜨거운 불길은 딘의 일행에까지 미쳤다. 운전병은 계속해서 속도를 올렸다. 장애물은 앞에 있었고, 트럭은 굉음을 내며 교차로를 통과했다. 전속부관인 클라크 중위가 말했다. "꺾어야 할 곳을 지나쳤다!"

하지만 저격수가 쏜 총알이 사방에서 도로 위로 빗발쳤다. 이젠 지프의 방향을 되돌리는 것은 무리였다. 딘은 운전병에게 곧장 달리라고 명령했다. 멀리 돌아가더라도 안전하게 가기로 했다.

하지만 이것은 정말로 멀리 돌아가는 길이었다. 딘은 여기서 길을 잘못 든 바람에 1953년 9월까지 미 육군에 다시 합류할 수 없었다. 35일 후 야산에서 길을 잃고 떠돌며 아군에게 돌아가고자 영웅적으로 고군분투했던 윌리엄 딘 소장은 한국인들의 배신으로 인민군의 포로가 되었다. 딘은 인민군이 달려들 때 차라리 자신을 죽이도록 유도했으나, 적은 그의 손목에 줄을 감은 후 경찰서로 끌고 갔다. 그리고 인민군은 통상 주정꾼이나 가둬둘 목적으로 마련해둔 유치장에 딘을 던져넣었다.

인민군은 늙고 초췌하며 체중이 59킬로그램밖에 안 나갈 정도로 쇠약한 이 사내가 미 육군 장군이라는 사실을 한참 뒤에야 알았다.

한때 딘은 자신이 지휘관으로서 한 일에 대해서는 나무로 된 훈장조차 받을 자격이 없다고 말한 적이 있다.[65] 그러나 그의 조국은 딘의 수고를 똑똑히 지켜보았다.

미 정부는 훗날 딘 소장에게 미군 최고 훈장인 명예훈장Medal of Honor을 수여했다.[66]

---

65 포로 생활을 마치고 미국으로 돌아온 딘 장군은 1954년에 이를 기록한 『딘 장군의 이야기 (General Dean's Story)』를 출간했고, 스스로에 대한 평가는 이 책에 실려 있다.

66 미 의회는 1951년에 대전 전투의 공적을 기려 딘 소장에게 명예훈장을 추서하기로 결정했다. 이에 따라 트루먼 대통령은 1951년 2월 16일 전사한 것으로 알려진 딘 소장을 대신하여 딘의 부인인 밀드레드 딘(Mildred Dean), 아들인 윌리엄 딘 2세(William Dean Jr.), 딸인 마조리 딘 (Marjorie Dean)에게 명예훈장을 전달했다.

제10장
후퇴

●

뒷문을 계속 열어놓을 수 있는 사람은 이 세상에 나 말고는 아무도 없다.

— 미 8군 사령관 월튼 H. 워커 중장이 1950년 7월에 미 1기병사단장 호바트 게이Hobart R. Gay 소장에게

7월 22일 정오, 대전 동쪽의 영동을 지키던 미 24보병사단 예하 부대들은 전선을 미 1기병사단에게 넘겼다. 동시에 워커 중장은 유고 중인 딘 소장을 대신하여 존 처치John H. Church 소장이 미 24사단의 지휘권을 인수하도록 했다.

미 24사단은 17일 동안 전투를 치르면서 160킬로미터를 후퇴했다. 미 24사단은 완전 편성된 1개 보병사단을 무장시킬 수 있는 많은 물자를 잃었다. 미 24사단은 사단 병력의 30퍼센트 이상을 잃었고 특히 고급 장교들의 손실률은 비정상적으로 높았다. 2,400명 이상이 전투 중 실종자로 분류되었다.

하지만 만약 미 24사단이 투입되지 않았더라면, 미군은 절대로 한국에서 제대로 자리 잡지 못했을 것이다. 딘 소장이 대전에서 며칠을 더 버티며 워커 중장에게 시간을 벌어주지 못했다면, 아마 부산의 최종 방어선 (낙동강 방어선)은 무너졌을 것이다.

미 24사단은 체면을 세우지도 못할 전투도 많이 했지만, 영웅적인 공적도 수백 건 이상 남겼다. 하지만 가장 영웅적인 행동은 용감하게 잘 싸운 개인들, 즉 장교 또는 병사가 이루어냈다. 그러나 엄정한 군기가 없었기 때문에 이들의 용기는 집단의 힘으로 승화될 수 없었다. 그 결과, 이들

중 많은 수가 무의미하게 죽어갔다.

모든 미군 전투원은 전사자가 대량으로 발생하고 더럽고 지치고 무기도 없는 미 24사단이 대전 너머로 밀리는 것을 보면서 이렇게 혼잣말을 할 뿐이었다. "신의 은총이 아니었다면 나도 저 꼴이 되었겠지."

미 24사단은 미 육군 어느 부대와 비교해도 절대 약한 부대가 아니었다. 일본에서 온 미 25보병사단, 1기병사단, 7보병사단 모두 전쟁터에 투입되자 미 24사단과 똑같은 약점을 보였다.

이 사단들 중에서 전투에 대비해 장비를 제대로 갖추고, 훈련이 잘 되어 있고, 정신적으로 준비된 부대는 없었다. 미군의 현대 역사상 처음으로 미군 지상군 부대가 전쟁 초반에 투입되었다. 미군이 준비하는 동안 전선을 유지할 동맹군도 없었다. 미국인들은 영국군이 됭케르크^{Dunkerque}에서 무슨 일을 겪었는지 처음으로 이해하게 되었다.

미국인들은 어떤 전쟁이든 언제나 처음에는 누군가가 전선을 유지해줄 것이라고 거의 무의식적으로 믿어왔다.

각성만 이루어지면, 민주주의는 힘의 모든 면에서 전체주의 국가에 대적할 수 있다. 오히려 민주주의가 전체주의보다 더 강할 수 있는데, 전체주의에는 관료주의의 나약함이 내재되어 있기 때문이다. 히틀러 같은 인물이 지휘하면 병사들은 진군하겠지만, 이 히틀러 같은 인물이 미쳐버리면 그런 그에게 안 된다고 말할 사람은 없다.

하지만 자유로운 국민에게는 변치 않는 약점이 있다. 국민이 스스로 일어나기 전까지는 정부가 먼저 국민을 준비시키거나 국민에게 희생을 강요할 수도 없고 그러려고 하지도 않는다는 것이다.

1950년 7월 하순, 한국에 투입된 다른 여러 미군 사단 소속의 젊은이들 또한 군인이 되는 데는 미 24사단 병사들만큼이나 관심이 없었다. 이들은 전투를 제외한 온갖 다른 이유 때문에 입대했다. 이들은 적 체제에 대한 적대감도, 그에 맞설 마음도 전혀 없었다. 이들은 미국이 세계에서 가진 위상이나 또는 미국 정부가 반드시 택해야 할 방책도 전혀 알지 못했다. 미국 정부는 부대란 어때야 하는지를 일깨우는 데도 더뎠다.

전문성이 없던 초급 장교들과 병사들은 패배한 프랑스 육군에서 드 비니^{de Vigny} 같은 인물이 되살린 군기^{軍旗}와 부대에 대한 자부심과 늠름함이 전혀 없었다. 만약 그 정도로 부대를 사랑하는 마음과 전문성, 그리고 강철 같은 기강이 있었다면 아마 이들의 싸움도 크게 달랐을 것이다.

상황 파악이 느렸던 미 정부 또한 이를 바로잡는 일을 전혀 하지 않았다. 미 정부는 병사들에게 세상이 어떻게 돌아가는지, 그리고 그 속에서 미국의 책임이 무엇인지를 진지하게 설명해주지 않았다. 의심할 것도 없이 미 정부는 한국에서 벌어진 분쟁을 며칠 그리고 몇 주 안에 빠르게 정리하기를 희망했지만, 개전 초기 미 지상군이 처한 한심한 상황으로 인해 이 희망은 이내 절망으로 바뀌었다.

병사는 기강과 훈련으로 싸우며, 국민은 동기와 이상으로 싸운다. 이 둘 다 없다는 점을 감안하면, 미군은 꽤 잘 싸운 편이다. 미 21보병연대장 스티븐스 대령은 이렇게 말했다. "장교든 병사든 전쟁이라고 불릴 수준도 안 되는 싸움에 아무 관심도 없었다. 그것은 수많은 생명을 앗아간 처절한 싸움이었지만, 우리가 거기서 얻을 것은 하나도 없어 보였다…."

일단 미군이 투입되자, 미 국방부는 낙관주의라는 꿈속에서 사는 것처럼 보였다. 미 국방부는 처음부터 미국은 비록 제한적이라도 실제 전쟁에 참전하며, 전쟁의 결과란 일반적으로 불확실하다는 점을 분명히 했어야 한다. 날이 갈수록 공식 브리핑은 본토의 국민과 병력 누구에게도 실제 상황에 대한 현실적인 그림을 보여주지 않았다.

탁상공론을 일삼는 전략가들이나 2년차 ROTC 정도만 하더라도 지도 한 장만 가지고 있었다면 상황을 파악할 수 있었을 것이다.

제2차 세계대전 중에 미국으로부터 당해 산산조각이 나면서도 몽상에서 헤어나오지 못했던 일본 제국 정부의 공식 보도자료를 닮아가는 데 염증을 느낀 이들 중에는 《뉴욕 타임스》의 군사전문기자인 핸슨 볼드윈도 있었다. 그는 다음과 같이 기사를 썼다.

"… 국방부는 … 전쟁이 시작되고 나서부터 진정용 시럽 수준의 응원과 달콤한 말, 그리고 밝은 면을 너무 자주 전하고 있다."

기자들도 실제 사실을 분명히 다루지 않기는 마찬가지였는데, 한국에 파견된 기자들이 특히 더했다. 전투를 나쁘게 보도하는 일은 거의 없었다. 7월 말까지 특파원들은 미군 방어선에 "인민군이 파도처럼 계속 밀려와" 부딪치고 있다고 계속해서 보도했다. 신문들은 계속 "우리는 여전히 4 대 1로 수적 열세"라는 사실을 활자화했다. 일부 신문은 10 대 1로 보도하기도 했다. 《뉴욕 타임스》는 어느 초급 장교의 주장을 실었다. "적이 우리보다 15배는 많지만, 우리는 불리한 조건에 맞서 탄약이 소진될 때까지 잘 싸우고 있다." 이렇게 미 육군은 기자들을 지원하고 사주할 뿐 기자들의 환상을 깰 노력은 전혀 하지 않았다. 기자들이 전쟁을 이해하도록 돕는 것 외에 미 육군 지휘관들이 해결해야 할 문제들이 산적해 있었다.

실제로는 7월 20일을 기준으로 인민군의 병력이 약간 우세했다. 7월 22일쯤에는 유엔군과 인민군의 병력 수가 비슷했다. 7월 말 무렵, 사실상 유엔군의 수가 인민군의 수를 압도했으며, 이 수적 우위는 이후로도 한 번도 바뀌지 않았다.

하지만 인간이라는 변수는 하찮은 요소가 아니다. 수가 많다고 항상 전투에서 이기는 것도 아니다.

종군기자들은 지휘 실패를 목격했고 이를 재빠르게 보도했다. 지휘 실패는 실제로 많았다. 고급 지휘관이 보직에서 해임되었다거나, 혹은 신경쇠약이나 의식을 잃고 쓰러져 일본행 비행기에 올랐다는 소문도 자주 돌았다. 일본에 주둔한 미 육군 점령 사단들은 전부 평시 편제를 따랐기 때문에 전투에서 병사들을 지휘할 자격이 없는 장교들이 일정 부분 지휘관으로 보직되어 있었다. 이는 평시 체제라면 어느 군대에서나 불가피한 부분이었다.

하지만 중요한 지휘권을 행사하는 장교들이 명령이 이행될지 확신하지 못한다는 것을 아는 특파원은 거의 없었다. 연대장이 결정적으로 중요한 고지를 지키려 부하들을 보내지만 부하들이 표결 결과에 따른다는 듯 계속해서 후방으로 행군함으로써 명령을 거부하는 것을 보게 된다. 이는 명령이 이행되지 않는 것을 보여주는 대표적인 사례이다.

부하들에게 '빚지고는 못 사는 사나이'로 알려진 콜리Corley 대령은 전투에서 수훈을 세운 인물이다. 그는 사령부에 이렇게 편지를 보냈다. "부대마다 장교 숫자를 2배로 늘려주기 바란다. 한 명은 앞에서 끌고, 다른 한 명은 병력을 몰아야 한다."

특파원들은 이런 이야기들을 들어도 끝내 기사화하지 않았다. 자유로운 언론이란 무엇을 선택하는가에 따라 진실을 보도하거나 또는 무시할 자유를 똑같이 갖고 있기 때문이다.

* * *

7월 22일, 미 1기병사단이 대전 동쪽에 있는 영동에서 첫 전투에 들어갔다. 미 25사단은 남동쪽에 있는 상주 지역의 방어선으로 이동했다.

영동을 빼앗겼다. 미 25사단은 남쪽으로 이동했다.

전투는 혼란스럽고, 지옥 같았으며, 피비린내가 진동했다. 한마디로 7월 초에 벌어졌던 광경이 다시 펼쳐졌다. 신규로 투입된 두 사단은 미 24사단과 똑같은 약점을 반복했다. 미 24사단보다 더 나은 것도 없었다.

전선은 계속해서 남쪽으로 밀려 내려왔다.

비록 전투 준비가 되어 있지 않았지만, 수많은 병사들과 부대들은 예정에 없이 전투에 투입되었을 때 훌륭하게, 혹은 그 이상으로 잘 싸웠다. 하지만 그런 노력으로 전투의 흐름을 바꿀 수는 없었다. 미 29보병연대 예하 2개 대대가 오키나와에서 한국으로 투입되었다. 전투 준비가 되어 있지 않던 미 29연대는 7월 중순에 일본에서 6주 동안 훈련할 수 있는 시간을 약속받았다. 하지만 전선이 계속 남쪽으로 밀려오면서 이 약속을 지킬 수가 없었다. 7월 25일, 미 29연대의 2개 대대는 진주 전선에 투입되었다. 병사 중에는 신병이 400명이었다. 새로 지급받은 소총은 영점도 맞춰지지 않았고, 박격포 시험사격도 없었으며, 새 기관총에서는 여전히 총열 보호 기름이 흘렀다.

미 29연대 3대대장인 해롤드 모트$^{Harold\ W.\ Mott}$ 중령은 진주에서 전진하여 하동을 점령하라는 명령을 받았다.

진주에는 한국군의 채병덕 소장이 있었다. 채 소장은 미군에게 악화되는 상황을 알린 후, 비록 예하에 병력이 몇 명 되지는 않지만 미군에 합류하도록 해달라고 졸랐다. 미군은 채병덕 소장이 어디까지나 모트 중령의 통역관이자 향도嚮導[67] 자격으로만 합류하는 것에 동의했다. 전 육군참모총장인 채병덕 소장은 이에 동의했다.

이튿날 하동으로 이어지는 길에서 채 소장과 미군 지휘부는 새로 준비한 방어진지로 병사 무리가 접근하는 것을 발견했다. 이들 중 상당수는 미군 전투복을 입었으나, 일부는 인민군의 겨자색 전투복을 걸쳤다. 이 잡다한 무리가 100미터 전방까지 다가오자 채 소장이 앞으로 나서서 물었다.

"어느 부대 소속인가?"

이 무리는 순식간에 도랑으로 뛰어 들어갔다. 도로에 있던 미군도 기관총을 쏘아댔다. 그러자 도랑 속의 적뿐 아니라 북쪽 고지로 올라간 적으로부터 총알이 날아왔다.

머리에 총알을 맞은 채병덕 소장은 동맥에서 피가 흥건하게 뿜어져나오며 사망했다. 끝까지 충성스러웠던 전속부관 2명은 총탄이 날아다니는데도 채 장군의 시신을 수습해 트럭에 실었다. 채병덕 소장은 그간 저지른 실수와 실패가 무엇이었든 간에 어쨌든 최후에는 군인으로 죽었다.

적의 공격을 받아 모트와 그의 참모 몇 명도 부상을 입었다. 곧장 미 29연대 3대대는 적의 강한 화력 공격을 받았으며, 양방향에서 강한 공격이 가해졌다.

---

67 군의 선두에 서서 길 안내를 맡는 사람.

남쪽으로 이동하는 전선
1950년 7월 14일~8월 1일

••••• 8월 1일 미 8군 전선
⟶ 인민군 공세 방향

1인치 = 40마일(2.54cm = 64km)

이들은 적에게 포위당할 때까지 잘 싸웠다. 퇴각 명령이 떨어지자 3대대는 다른 미군 부대들과 마찬가지로 똑같은 약점을 보였다. 사상자들 때문에 전력이 약해졌고, 특히 장교들 중에서 사상자가 나오면서 3대대는 무너졌다.

300구가 넘는 시신과 대부분이 장교인 포로 100여 명을 뒤로한 채 3대대의 잔여 병력은 가까스로 진주에 도달했다. 이들 중 다수는 안전하게 진주에 도착했을 당시 전투화와 속옷차림이었다.

얼마 후 3대대는 재편되었고, 예하 중대들은 손실이 많은 미 19연대로 보내져 해당 부대를 보충했다.

전선은 계속해서 남쪽과 동쪽으로 이동했다.

대구에 사령부를 둔 워커 중장은 미 8군에게도 위기가 닥쳐오는 것을 예감했다. 그는 킨Kean 소장이 상주에서 보여준 성과가 불만스러웠다. 워커는 킨에게 이 사실을 알렸다.

워커는 미 1기병사단이 대전-대구 축선으로 빠르게 후퇴하는 것을 보았다. 그는 미 1기병사단장인 호바트 게이 소장에게 실망하고 있음을 내비쳤다.

유럽에서 패튼George Smith Patton Jr. 중장의 참모장을 지낸 게이 소장은 후퇴하는 방법을 잘 모른다는 점을 인정했다. 지금껏 그는 후퇴에 참가한 적이 없어 이런 군사 경험을 쌓을 기회가 없었기 때문이다.

부대들은 조직력이 부족하고, 대대와 포대들이 없으며, 통신장비도 제대로 갖춰지지 않고, 장비는 형편없는 데다가 사기는 바닥을 치고 기강도 약했다. 게다가 여름이 길어지면서 미 8군은 또 하나의 문제에 직면했다.

1950년 7월과 8월, 한국은 비정상적으로 건조했다. 장마는 일찍 끝났고, 타는 듯한 열기와 가뭄이 이어졌다. 기온은 이상하리만큼 높게 올라가 때로는 40도에 다다랐다.

남한의 산비탈은 가파르다. 낮은 산등성이도 60도 경사가 다반사이다. 심술궂게 내리쬐는 태양 아래에서 산등성이는 용광로처럼 열기가 이글댔고, 산등성이를 덮은 관목 아래에는 그늘진 곳도 거의 없었다.

그리고 배설물이 뿌려진 논의 갈색 물 외에는 마실 물이 거의 없었다.

멀리서 보는 땅의 풍경은 아름다웠다. 규칙적으로 이어진 계단식 논들은 각각 미묘하게 다른 푸른색을 띠었다. 그러나 각각의 논은 습하고 코를 찌르는 냄새가 나는 오븐 같았다. 헐벗은 야산은 마치 오븐 속에 들어간 접시 같았다.

한 미군 장교의 말을 빌리자면, 미군 병사들이 트럭에서 내려 고지와 산등성이로 올라갈 때 "파리처럼 우수수 떨어져내렸다." 험한 지형을 걷는 데 익숙지 않던 미군 병사들의 다리는 금방 지쳤다. 열기 속에서 애를 쓰며 걷느라 머리가 지끈거렸다. 전쟁 초반 몇 주 동안 미군 병사들은 인민군 총탄보다는 탈진과 열사병 때문에 더 많이 쓰러졌다.

물이 부족한 상황에서 마실 물에 대한 판단과 자제가 없다 보니 도랑이나 논의 물을 그대로 마셨고, 이로 인해 혹독한 이질로 고생했다.

미군 병사들은 셔츠와 벨트가 부식될 만큼 땀을 흘렸고, 배는 상어의 배처럼 하얗게 되었다. 식염은 필수 탄약과 더불어 부대에 항공투하를 해야 했을 정도로 중요한 물품이 되었다.

한국은 지형이 고지와 계곡으로 나뉘기 때문에 도로가 부족하다. 한반도는 기계화된 육군에 맞는 지형이 아니다. 고지를 통해 한 장소에서 다른 장소로 이동하는 가장 중요한 수단이면서 때로는 유일한 수단은 걸을 수 있는 두 발뿐이다.

하지만 도보행군에 단련되지 않은 미군 병사들은 도로를 선호했다. 이들은 도로를 따라서 방어하고, 공격하고, 퇴각했다. 만약 차량이 갈 수 없으면 이들도 움직이지 않았다.

극동사령부의 작전으로 인해 인민군은 도로를 선호하지 않았다. 전술공군은 도로 위에 있는 인민군에게 기총소사하고, 로켓을 발사했으며, 불을 질렀다. 인민군은 도로를 떠나 능선으로 들어갔지만, 그렇다고 이것을 별로 신경 쓰는 것 같지 않았다. 이들은 끈기 있게 한국 소농들처럼 경사면을 따라 기관총, 박격포, 산처럼 쌓인 총알을 모두 짊어지고 무심한 듯 올라갔다.

인민군은 미군 뒤편 고지대에 기관총을 설치해 보급로를 차단했다. 미군은 이들을 제거하기 위해 고지를 공격하느라 애를 먹었다. 미군은 도로가 차단되면 고지를 넘어서 안전한 곳으로 거의 이동할 수가 없었고 중장비는 그대로 버리고 가버렸다. 이 때문에 미 육군은 소련 다음으로 인민군에게 총과 총알을 가장 많이 제공한 셈이 되었다.

가장 큰 문제는 1950년 한국에서 미 육군 보병이 로마시대 카이사르Gaius Julius Caesar의 로마군단이 했던 것과 거의 똑같은 행동을 하고 똑같은 고통을 받고 있다는 것이었다. 20세기가 되면서 보병전의 양상이 바뀌었으나 진흙 속의 병사들이 받는 부담은 거의 달라지지 않았다. 그러나 1950년의 지상전은 별로 변화하지 않은 반면, 미국 사회와 미군은 크게 바뀌어 있었다.

미국 사회라면 컨버터블 자동차에 대응하는 최고의 무기는 또 다른 컨버터블 자동차겠지만, 한국에서는 튼튼한 두 다리가 그 역할을 하기 일쑤였다.

병사들의 한심스런 성과를 지켜보고 있던 텍사스 출신의 고집 센 '불독Bulldog' 월튼 워커 중장은 자신의 지역에 어떤 열정을 느끼기 시작했다. 워커는 맥아더 원수에게 직접 한국으로 와달라고 요청했다. 워커와 맥아더는 알몬드Almond 소장만 배석한 채 회의를 열었다. 맥아더는 한국에서 철수는 없으며, 됭케르크가 재현될 일은 없다고 못 박았다. 워커는 동의했다.

워커는 이후 자신이 지휘하는 사단들과 함께 이동하며 명령을 내리기 시작했다. 7월 26일, 그는 낙동강 너머 방어진지로 철수하는 계획에 대한 준비명령을 이미 내린 상태였다. 이번에 워커가 방어명령을 내리자, 언론은 즉각 이를 '사생결단stand or die'이라고 표현했다.

워커는 미 8군이 더 후퇴해야 하리라는 것을 알고 있었다. 그는 정말 버티며 지키거나 그렇지 못하면 죽으라는 의도로 명령을 내린 것이 아니었다. 그는 남하하는 적을 저지하기 위해 최선을 다하고 있었다. 어디선가는 반드시 지켜내야 한다는 결의가 지위고하를 막론하고 모든 이들에게 필요했다.

워커가 직접 전선을 오르내리는 모습은 긍정적인 효과를 낳았지만, 그가 7월 29일에 내린 명령은 언론의 반향 말고는 별 효과가 없었다.

전선이 남쪽으로 이동했다. 8월 1일, 워커는 낙동강을 건너 질서 정연하게 철수하도록 명령했다. 낙동강은 부산을 둘러싼 마지막 천연 방벽이다. 강을 건너자마자 다리는 모두 폭파되었고, 모든 병사는 최후의 결전을 위해 참호를 팠다.

낙동강 뒤에 있는 미 8군 뒤로 바다까지는 80킬로미터밖에 되지 않았다.

미군과 한국군 사단들은 며칠 동안 낙동강을 건넜고 워커의 명령을 어기며 인민군과의 전투를 피했다. 8월 3일 저녁 무렵에는 후위 부대인 미8기병연대의 1개 대대를 제외하고 모두 낙동강을 건넜다. 다리를 곧 폭파할 예정이었기 때문에 이 대대는 강 서쪽의 왜관에서 강을 건널 준비를 했다.

하지만 이 후위 부대에는 문제가 있었다.

피난민 수천 명이 후위 부대에 몰려와 강을 건너게 해달라고 애원하고 있었다. 인민군에게 겁을 먹은 한국인 수십만 명은 전투부대보다 앞서거나, 어깨를 나란히 하거나, 또는 뒤를 따르면서 작전환경을 극도로 복잡하게 만들고 있었다.

후위 부대가 다리를 건너 강 동쪽으로 향하자, 길게 늘어선 피난민들이 그 뒤를 따랐고 이리저리 밀치는 사람들로 다리는 가득 찼다. 분명하게 명령을 내리면 다리를 폭파하라고 지시했던 게이 소장은 이들에게 강 건너로 되돌아가 다리를 비우라고 명령했다.

이들은 이 명령을 따랐고, 땅거미가 지기 시작했다. 피난민들을 서쪽 강변으로 밀어내자, 후위 부대는 방향을 돌려 우군 강안으로 빠르게 이동했다. 하지만 이들이 방향을 돌리자마자 다시 피난민들이 미친 듯이 다리로 따라와 기병부대가 다리를 넘기도 전에 다리 위를 가득 메웠다.

사단장의 명령에 따라 이들은 같은 일을 3번이나 반복했지만 성공하지 못했다. 피난민들을 쏠 수도 없었지만 그렇다고 이들이 계속 다리 위에 있도록 놔둘 수도 없었다. 다리가 폭파될 것이라고 알렸지만 아무 소용이 없었다.

결국 밤이 깊어지면서 인민군이 접근해왔다. 후위 부대가 세 번째로 강을 건너려 하자, 수많은 피난민들이 바짝 뒤로 따라붙었다. 결국 게이 소장은 창백한 얼굴로 명령을 내렸다. "폭파해." 그에게 다른 선택은 없었다.

피난민 수백 명이 결국 무너진 다리와 함께 강으로 추락했다.

제11장
방어선
●

철수든, 후퇴든 그것을 뭐라고 부르든지 간에 더 이상 전선 재조정은 없다.

– 월튼 H. 워커 중장이 미 25보병사단 참모들에게 한 말

유엔은 모든 전력의 지휘권한을 미국에게 위임했고, 유엔 회원국은 아니지만 대한민국 역시 유엔군사령부에 한국군의 지휘권을 넘겼다. 8월 4일 무렵, 유엔군은 모든 전력을 낙동강 방어선으로 불러들였다. 그때까지는 오직 한국군과 미국의 일본 점령 3개 사단만이 인민군과 교전하고 있었다. 이들은 피를 흘리고 쓰러져 전선에서 뒤로 밀려났다. 이들은 산더미 같은 장비와 수많은 병력을 잃었다. 한반도 끝 구석에 남은 조그만 발판으로 밀려난 전투원들은 모두 지쳐 사기가 꺾이고 울분에 차 있었다.

워커 중장은 미 24사단의 전면적인 재건이 필요하다고 맥아더 원수에게 보고했으며, 동시에 미 25사단의 공격 능력에 심각한 의구심을 품고 있다고 말했다.

낙동강 뒤에서 유엔군은 직사각형 모양의 땅을 지키고 있었는데, 이 면적은 잘해봐야 세로 160킬로미터, 가로 80킬로미터 정도였다. 서쪽에는 낙동강이 방벽을 이루었다. 북쪽에는 높고 험준한 산맥이 있어 공격군이 돌파하기 쉽지 않았다. 나머지 모든 면은 바다가 둘러싸고 있었다.

하지만 사각형 아래에 있는 주요 항구인 부산을 통해서 재건된 미군 전력이 한국으로 계속해서 들어오고 있었다. 수송과 기술지원 인력은 손상을 당한 사단들을 보강하기 위한 대량의 보급품을 쉴 새 없이 하역했

다. 더 중요한 사실은 병력이 지속적으로 도착하기 시작했다는 것이다. 일본에서는 플러쉬아웃 작전Operation Flushout을 통해 미군 병사 수천 명이 사무직 보직에서 전투 병력으로 재편되었다. 교체 병력도 미국 본토에서부터 들어오기 시작했다. 미 육군은 전 세계 각지에 진공청소기를 켠 듯 병력을 빨아들였으며, 그 배출구는 부산이었다.

수많은 지원도 계속해서 들어오고 있었다.

그리고 낙동강 뒤에서는 전쟁의 주역도 바뀌고 있었다.

워커 중장은 방어선 안에 북쪽에서 남쪽까지 8개 사단을 배치했다. 한국군으로는 3사단, 수도사단, 8사단, 6사단, 1사단을 배치했다. 전력이 약화된 미군 부대들인 1기병사단, 24사단, 25사단, 그리고 하와이에서 온 5연대전투단에는 한국군 병력을 보충시켰다.

이제 방벽 뒤로 지켜야만 하는 분명한 땅을 가지고서 워커는 처음으로 연속적인 전선을 확정할 수 있었다. 미 8군은 마가린을 바른 것처럼 얇게 배치되기는 했지만, 마침내 인민군의 우회를 막아줄 확실한 측방이 생겼다. 물론 커다란 빈틈들도 있기는 했지만, 적어도 하나의 전선을 형성했다.

워커는 천천히, 힘들게, 그리고 간절하게 한 사람 한 사람을 긁어모아 예비대를 편성했다. 매일 아침 워커가 참모장에게 물었다. "이제까지 확보한 예비대가 몇 개인가?"

이제야 미군 지휘관들은 훈련받은 대로 전투 계획을 짤 수 있었다. 양 측방에는 우군이 있고, 후방에는 예비 전력이 마련되어 있었다.

아시아에서 싸우는 미 육군은 유럽에서 했듯이 연속한 전선에 전술적·심리적으로 의존하려 했다. 이는 중대하면서도 계속되는 약점이었다. 아시아에서는 지형과 공산군의 전술 때문에 이런 전선이 거의 형성되지 않았다. 공산군은 바닷물처럼 몰려와서는 강한 방어지점을 우회해 둑이 약한 곳을 무너뜨리며 쳐들어왔다. 언론이 선택해 머리기사로 사용한 '인해 人海'라는 비유는 해당 작전에 투입된 적의 수를 오해하게 만들었다는 점

낙동강 방어선

1950년 8월 4일

· · · · · · · 8월 1일 미 8군 진지

● ● ● ● 8월 4일 미 8군 전선

1인치 = 7마일(2.54cm = 11.3km)

만 빼면 사실이었다.

　상대적으로 소수인 인민군이 미군이 지키는 고지 주변으로 몰려와 후방으로 진출해 미군의 보급로를 차단했다. 도로에 의존하는 미군 지휘관들은 당연히 불안해질 수밖에 없었다. 지휘관과 병사를 가리지 않고 미군은 퇴각해서 새로운 전선을 구축할 생각을 하기 시작했다. 여러 관점에서이는 생각의 틀 때문이었다. 미군 후방에 있는 인민군은 수가 적고, 보급도 부족하며, 본대와 접촉이 계속 끊기기 일쑤였다.

주먹밥 세 덩어리로 하루를 연명하고 깎아지른 경사를 두 다리에 의존해 총과 탄약을 둘러메고 올라가는 인민군에게 이런 고립은 전혀 문제가 되지 않았다.

인민군이 보여준 이런 강인함 때문에 고립되어 작전하기를 혐오한 미군은 절박할 정도로 차량에 의존하게 되었다. 역설적이게도 미군이 75년 전 인디언과 싸우던 군대였다면 새로운 형태의 전쟁을 완벽하게 이해했을 것이다. 미 육군은 미 서부의 평지와 산맥에서 한때 히트-앤드-런hit-and-run 전술과 게릴라전에 대해 배울 것이 있다는 것을 깨달은 적이 있었다. 미군은 열심히 말을 타고, 열심히 걷고, 가벼운 무장으로, 적에게는 쉴 틈을 주지 않으면서 고립된 대형으로 작전하는 것을 배웠었다.

하지만 어렵게 배운 교훈도 곧 잊어버리는 법이다.

그러나 1950년 8월에 빡빡하게 짜인 사각형 방어선 안에서 미 육군은 드디어 훈련받은 대로 싸울 수 있었으며, 이제야 압도적인 화력을 쏟아부을 수 있게 되었다. 긴 보급선을 따라서 흩어져 있다면 기계화는 적의 차단에 취약하기 때문에 약점이다. 그러나 기계화는 사각형 방어선 안에서는 필요할 때 빠르게 이동하도록 해주었다. 발로만 기동하는 적이 돌파구를 확장하는 것보다 미군이 더 빠르게 움직일 수 있었기 때문에 이제 기계화는 자산이었다.

방어선 안의 미군 병사들은 더 나은 전투능력을 발휘하기 시작했다. 이는 좌우에 아군 하나 없고, 취약한 후방에 한 번에 1개 연대나 1개 대대가 투입되던 때에는 절대 상상할 수 없었던 전투 방식이었다.

그리고 1950년 8월에는 다른 요소도 중요하게 작용했다. 1개월 이상 전투를 치르면서 미군 신병들이 처음에 받았던, 믿을 수 없을 만큼 놀라운 충격은 많이 가셨다. 이제 미군은 무엇을 해야 하는지를 힘들게 배우고 있었다.

또한 미군은 철수하지 않을 것임을 알았다. 워커 중장은 미군에게 말했다. "부산으로 철수하면 역사상 가장 큰 살육이 벌어질 것이다." 만약 미군이 낙동강 방어선을 지키지 못하면, 그들은 살육당할 것이었다. 과장 없이 말하자면, 이제는 지켜야 할 동기가 있었다.

그때까지는 대부분의 미군이 엄청나게 괴롭힘을 당했지만, 더 이상 밀려서는 안 될 시점이 온 것이다.

왜 한국에 와 있고, 어째서 싸우며 죽어야 하는지 설명을 듣지는 못했지만, 이제는 많은 병사들에게 자부심이 자리 잡았다. 망할 '동양 놈들'이 이제까지는 하고 싶은 대로 충분히 밀고 다녔다.

미군은 군기도 없고, 훈련도 안 되어 있고, 적의도 없이 전쟁터에 왔다. 불런^{Bull Run} 전투부터 카세린^{Kasserine} 전투까지 그랬던 것처럼 반은 군인이고 반은 민간인인 미군 병사들은 첫 전투에서는 호되게 당했다.[68] 하지만 미군 병사들은 자신들이 해야 하는 임무의 성격을 서서히 이해하기 시작했다.

미군 병사들은 일단 임무를 이해하고 나자, 임무를 수행하기 시작했다.

* * *

프리드리히 대왕^{Friedrich II}은 전쟁에 나갈 때는 들판의 소농들이나 마을의 상인들이 군의 출정 사실을 몰랐거나 신경 쓰지 않았다는 것을 자랑스러워했다. 프리드리히 대왕은 자신의 강인한 척탄병들조차 감당하기 힘들 정도로 큰 전쟁에 작은 국가인 프로이센을 밀어넣었기 때문에 자신의 자랑대로 살 수 없었다. 하지만 그것은 이성의 시대^{the Age of Reason} 동안 치른 전쟁 조건에 정확하게 부합하는 말이었다.

18세기에는 지배자와 병사들 모두 끝이 없는 전쟁에 신물이 나 있었다. 거의 2세기 동안 모두들 성전聖戰을 제창했고, 군은 마치 먹을 것을 찾아 날뛰는 메뚜기 떼처럼 유럽을 쓸고 다녔다. 수백만 명이 죽었지만 야

---

68 찰스 헬러(Charles Heller) 중령과 윌리엄 스토프트(William Stofft) 준장은 1776년부터 1965년까지 미군이 치른 9개 전쟁의 사례들을 모아서 1986년에 『미국의 첫 전투들(America's First Battles)』이라는 책을 펴냈는데, 제목이 암시하는 것은 미국이 치른 모든 첫 전투는 만족스럽지 않았지만, 실패에서 교훈을 얻고 결국 전쟁에서 승리했다는 것이다.

만의 끝에서 남는 것은 아무것도 없었다. 생존자들은 멸종을 눈앞에 두고도 칼뱅주의자, 천주교도, 루터교도를 자처했다.

프리드리히 대왕의 시대에도 사람은 여전히 사람이었고 경쟁은 불가피했다. 하지만 이들은 더 이상 성전을 알리는 천사의 나팔소리를 믿지 않았다. 만일 나팔이 울렸어도 귀를 기울이려 하지 않았을 것이다. 여전히 전쟁이 사방에서 벌어지고 있었지만, 이제 전쟁은 이전과 달리 새롭고 제한적인 모습으로 발전했다. 한곳에서는 한 지역을 장악하고, 다른 곳에서는 한 지역을 방어하고, 말을 잘 듣는 책임자는 왕으로 앉히고, 반대로 말을 듣지 않는 이들은 왕좌에서 쫓아냈다.

유럽의 정치가들은 서로 다투면서도 세상에 어떤 질서가 있기를 바랐다. 이들은 이를 힘의 균형이라 불렀다. 이는 몹시 취약한 체계였지만, 그들이 고안할 수 있던 최상의 체계였다.

200년이 흐른 뒤, '무장한 국가들' 시대에 인간은 야만성에 새로 의존하고도 여전히 아무것도 발전시키지 못했다. 세계 모든 국가를 평화롭게 통합하여 영속적인 세계 질서를 만들자는 새로운 희망이 있었지만, 희망은 여전히 희망일 뿐 그 이상은 없었다. 여전히 패권은 세계가 움직이는 가장 중요한 중심점이었다. 그리고 무엇이 되었든 균형이 유지되지 않는다면 결국 세계는 다시 한 번 최후의 '성전'을 일으킬 것이 분명했다.

1950년에 소련이 주도하는 공산권이 세계 질서의 균형을 흔들자, 미 정부 관료들은 자신들이 알고 있는 최선의 방법으로 이에 대응했다. 미국 관료들은 공산주의와 비공산주의가 힘으로 대결하면 결국에는 박살난 세상에서 누가 살아남을지를 정하는 것 말고는 아무것도 정리되는 것이 없을 것이라고 진심으로 생각했다. 이들은 이 시험을 오로지 최후의 수단으로만 받아들이려 했다.

미 정부 관료들은 제한된 목표를 두고서 제한된 전쟁을 한다는 공산주의식 게임을 말없이 받아들였다. 이 전쟁은 그들이 촉발시킨 것이 아니라 강요되었다는 것을 잊어서는 안 된다. 이들의 잔인한 선택은 재앙적이고 굴욕적이며 혹은 굴복적인 선택이었다.

1950년 7월 16일,《뉴욕 타임스》는 다음과 같은 멋진 사설을 게재했다.

> "한국에서 적에게 수적으로 압도당하고, 무장도 뒤처지는 군인들을 보
> 면, 분명 연민과 슬픔, 존경의 감정이 뒤섞일 것이다. 이것은 우리가 그들
> 에게 요구한 희생이며, 이들의 행동이 이 전쟁을 작은 전쟁으로 유지하는
> 데 도움이 되고 소수의 죽음으로 수백만 명의 학살을 막을 것이라는 희망
> 에 의해서만 정당화된다. 이것은 끔찍한 선택이다. 우리는 이것을 보고서
> 쾌활할 수도 없고, 심지어 차분할 수도 없다. 그렇다고 신경질적이 될 필
> 요는 없다. 우리는 이를 불가피한 거대한 전쟁이나 문명의 붕괴로 받아들
> 여서는 안 된다."

대재앙을 선택했어야 한다고 여전히 불평하는 많은 사람들은 군대가
머나먼 전선을 지키고 있기 때문에 그들이 염원하고 바랐을 문명이 살아
있을 수 있다는 것을 잊어버린다.

그리고 자유롭게 태어난 미국인이라면 그 누구도 항복을 지지할 수도
없고 지지하지도 않는다.

트루먼 정부는 한국에 대한 전쟁이 가진 한계를 받아들였고, 이 결정은
이후 한 번도 바뀌지 않았다. 하지만 트루먼 정부는 프리드리히 대왕이
가졌던 강철 같은 척탄병 4만 명을 원했던 것 같다. 왜냐하면 야전의 병
사들과 미국의 상인들이 방해받지 않고 조용히 지낼 수 있으리라는 희망
이 없었기 때문이었다.

목표를 한정하는 것에 더하여 제한전의 두 번째 구성 요소는 어떤 임
무라도 처리할 수 있을 만큼 충분히 크고 전문적인 군대이다.

1950년, 아시아의 개발도상국과 싸우면서도 미국은 자국민에게 의지
해야 했다. 무엇보다도 한국전쟁이 가져온 정신적 충격의 이유가 바로 여
기에 있다.

머나먼 전선은 시민들이 지키는 것이 아니다. 시민들에게는 버려진 나라의 버려진 고지에서 그 나라를 위한 일처럼 보이는 것을 하다가 죽는 것보다 해야 할 더 좋은 일들이 있기 때문이다.

1950년 7월까지 트루먼 대통령은 예비군을 동원해야 한다는 압박을 받았다. 하늘과 바다를 미국이 통제한다는 것이 무슨 뜻인지 잘 알고 있던 맥아더 원수는 진정한 미국식 개념의 전쟁, 즉 적의 측방에 상륙작전을 계획하고 있었다. 맥아더는 해병대를 원했다.

미 해병대는 당시 9만 명 이하였으며, 세계 7대양에 흩어져 있었다. 합참이 1개 해병사단을 요청하자, 해병대는 대통령의 재가를 받고 미리 조직된 예비군들을 소집했다.

미 육군, 공군, 그리고 해군은 극동에 전개된 모든 부대들이 순식간에 전쟁에 개입하게 되리라는 것을 눈치 챘다. 긴급 상황이 새롭게 닥칠 때는 대응할 전력이 전혀 없게 된다는 뜻이었다. 각 군은 각각 예비군을 동원하겠다고 신청해 허락을 받았다.

트루먼 대통령은 미 국방부의 요청에 따라 주방위군 4개 사단, 그보다 작은 부대 수백 개, 그리고 예비군 수천 명을 소집했다. 병력을 보충하기 위해 징병이 즉시 필요했다.

도시에서든 시골에서든 남자들이 아무 일 없이 본래의 모습 그대로 남아 있을 희망은 없었다. 현대 민주주의는 술집에서 병사를 쓸어 모으고, 사회에서 소외된 이들을 철봉으로 때려 척탄병으로 키워내고, 기술도 직업도 없는 사람들을 억압해 멀리 떨어진 곳으로 보내 왕국을 위해 죽게 하면 안정적이고 운 좋은 시민들이 이를 보고 잘 죽었다고 말하던 반봉건제의 프로이센이나, 부르봉 왕가 시절의 프랑스, 혹은 휘그Whig당 시절의 영국이 아니었다.

전쟁은 모든 대도시, 모든 마을, 그리고 거의 모든 시골 마을에까지 영향을 미친다. 전쟁은 아들과 아버지가 팔다리를 잃거나 전사하게 만들어 수많은 이들의 가슴을 아프게 만든다. 천사의 나팔소리를 듣지도 못하면서 이를 전쟁의 웅장함과 공포로 연관시키는 많은 이들은 결코 이해하지 못한다.

하지만 늦여름부터 미국인들은 전쟁을 인식하기 시작했다. 갑자기 물건 사재기가 일어났다. 타이어, 커피, 설탕을 사재기하면서 경제생활에 이상이 생겼다.

트루먼 정부는 이를 제지할 수 있었다. 미 정부는 제한전을 치를 목적으로 동원령을 내릴 생각이 없었으며, 실제로도 동원령은 없었다. 미 정부는 이 전쟁을 전쟁이라 부르길 거부했고, 공황은 천천히, 단계적으로 사라졌다.

미국은 부유했고, 돈과 탄약은 문제가 아니었다. 물론 경기 침체가 있었지만, 공장 설비를 교체하면서 이는 연기와 함께 사라졌다. 제2차 세계대전 때처럼 미국은 역사에서 유일하게 무기와 먹을 것을 동시에 감당할 수 있는 나라였다. 미국의 어느 의회도 국방예산을 거부하지 않을 것이며, 돈은 빌리면 그만이다. 전쟁을 위한 특별 예산도 필요 없다. 전투는 그저 '기타 예산'에서 충분히 조달이 가능했고, 실제 그렇게 조달되었다. 총, 트럭, 그리고 전투화는 통상적인 생산 능력 범위 내에서 생산될 수 있었고, 실제로도 그렇게 했다.

임금, 음식값, 그리고 섬유 가격이 오르면서 미국은 새로운 전시 번영을 누렸다. 미국 본토에서는 이전보다 여러 가지 사정이 갑자기 나아졌다. 사람들은 이에 만족했는지도 모른다. 부진하던 경기가 갑자기 활기 넘쳤고, 모든 것은 다 잘 돌아가는 것 같았다.

하지만 20세기 중반에도 전쟁은 여전히 인간을 필요로 했다. 총과 군화, 그리고 버터는 돈으로 살 수 있을지 모르지만, 사람은 살 수 없다. 인간이 고통받고 죽어야 하는 것만 빼면 모든 게 다 좋았을지도 모른다.

사람들은 천사의 나팔소리를 들으려 애썼지만, 불확실한 소리만을 들었을 뿐이다. 나팔소리는 조금이라도 들려야 했지만, 미 정부는 광적인 흥분과 제어되지 않는 전쟁의 열기를 원치 않았다. 미국인들은 이를 이해하지 못했고, 점점 더 혼란스러워했다.

미국 정부는 식량과 무기 문제들을 처리할 수 있었지만, 사람의 문제만큼은 해결할 수 없었다.

미군이 투입된 뒤 미국 신문들은 한국군의 공적이나 상황에 다시는 관심을 갖지 않았다. 그 결과, 한국전쟁에서 한국군이 어떤 기여를 했는지를 아는 사람은 거의 없었고, 대부분은 한국군의 기여를 평가 절하했다.

전쟁 첫 주에 한국군은 무기와 참모급 훈련이 극도로 빈약하고 나빴기 때문에 서부에 있던 한국군은 대패했다. 한국군 장교와 병사 대부분은 전투 중에 전사했다.

하지만 동부에서는 한국군 사단들이 전력을 유지했으며 지연작전을 펼치면서 남쪽으로 내려갔다.

7월 초에 미군 장교들은 한국군의 재편을 시도했지만 장교의 손실이 어마어마하게 큰 데다가 미군의 장비조차도 심각하게 부족했기 때문에 재편이 어려웠다. 그러나 7월 24일 무렵, 5개 사단으로 구성된 한국군 2개 군단이 편성되어 장비가 지급되었다. 하지만 한국군의 장비는 미군 사단의 장비와 동등하지 않았고, 이는 전쟁이 끝날 때까지 계속되었다.

한국군은 특히 포병이 약했으며, 전투력 균형을 맞출 수 있는 전차가 편제되어 있지 않았다. 하지만 그래도 싸울 각오가 되어 있었다.

1950년 7월 내내 한국군은 계속해서 전투를 치렀다. 그중 일부는 놀라울 정도로 선전했다. 사상자 수를 비교하면 잘 알 수 있다. 전쟁이 시작되고 첫 6주 동안 미군은 6,000명을 잃었지만, 한국군은 7만 명 이상이 전사하거나 부상을 입거나 실종되었다.

미국의 도움이 없었더라면 대한민국은 완전히 패했을 것이다. 그러나 한국군은 3년의 전쟁 기간 동안 가장 많은 인명 손실을 당했다.

1950년 여름, 한국군은 승승장구하는 인민군을 상대로 계속해서 대규모로 교전해 인명 손실을 겪으면서도 인민군에게 치명적인 피해를 입혀왔다. 그러나 이때까지도 미군 장교들이 이를 한국군의 공으로 돌리지 않았다는 사실에 주목해야 한다. 하지만 일부 한국군 부대들은 수많은 장병이 전사하는 와중에도 인민군 연대들과 심지어 사단들까지도 격파했다. 이는 나중에 인민군 기록이 입수되기 전까지는 잘 알려지지 않은 사실이었다.

유엔군이 낙동강 방어선 후방에 모이는 동안 미군 장교들은 인민군 사상자를 3만 명으로 추산했다. 실제 인민군의 손실은 6만 명에 가까웠는데, 이 피해의 대부분은 한국군과 싸우다 입은 손실이었다. 8월 5일, 낙동강을 마주하게 된 인민군 사단들의 전력은 절반으로 감소해 11개 사단을 합친 총 전력이 7만 명도 넘지 못했을 것이다.

8월 4일까지 인민군이 보유한 총 전차는 겨우 40대였다.

1950년 8월 4일, 유엔군은 낙동강 방어선 뒤에 총 14만 1,808명의 병력을 집결했는데, 이 중 한국군이 8만 2,000명이었다. 미군 지상 전력은 4만 7,000명이었다. 낙동강 방어선의 결정적 전투가 시작된 8월 말 무렵에는 미군 전력만으로도 인민군을 능가했다. 8월 19일 무렵에는 방어선 안에 미군 전차 500대가 있었는데, 이는 인민군의 기갑 전력을 5 대 1이 넘게 압도하는 수치였다.

미 극동공군은 제공권을 완벽하게 장악했으며, 원하기만 하면 북한의 보급선을 어디고 노릴 수 있었다. 극동공군은 미군 병력 최전선 앞의 지역에 엄청난 전술항공력을 집중할 수 있었다.

참전하고서 6주 동안 유엔군은 영토를 내어주면서 시간을 벌고 있었다. 이들의 공간은 계속 줄어들고 있었지만, 인민군도 시간이 점점 더 부족해졌다. 미군의 잠재력을 생각할 때 전투를 오래 끈다는 것은 북한으로서는 성공의 가능성이 없다는 것을 의미했다.

8월 무렵 인민군 전력은 고갈되고 있었다. 일부 남한 사람을 강제 징집해 만든 대체 병력을 투입시켰다. 군인이라고 하기 어려운 이 신병들은 중국 인민해방군 출신의 광적인 참전용사인 부사관, 장교, 그리고 장군들의 지휘를 받았다. 복종하지 않는 자는 총살되었다. 한국인들을 상대로 한 이 방식은 일정 부분 성공적이었다. 인민군의 방식이 한국군의 병력 동원체계보다 더 빠르게 전투요원을 보충한다는 사실은 한국 근무 미군 장교들의 골칫거리였다.

1950년 8월 4일, 인민군은 사실상 모든 이점을 상실했지만, 두 가지는 여전히 남아 있었다. 하나는 인민군이 여전히 주도권을 쥐고 있다는 점이었다. 비록 인민군은 병력, 물자, 시간이 모두 바닥나고 있었지만, 공격 정신은 여전히 강건했다. 또한 가용한 거의 전 병력인 인민군 7만 명이 낙동강 전선에 투입되었다. 인민군 병사는 총알만 지급해준다면 하루 종일 주먹밥 세 덩어리만 먹으며 싸울 수 있었다.

30일 넘게 지치고, 떼죽음을 당하며, 잘 먹지 못한 바로 이 군대가 미군과 한국군을 벽까지 몰아붙였던 것이다. 하지만 30일 동안의 결과는 가느다란 실에 매달려 있는 형국이었다.

인간은 하찮은 존재가 아니다. 비록 공산주의자라 해도 인간의 마음은 하찮은 것이 아니다. 그리고 미군은 이것을 잘 기억하게 된다.

* * *

1950년 한여름의 암울한 나날 동안 제공권과 제해권이 없었다면 한반도에 주둔했던 유엔군은 패배할 수도 있었다. 극동공군은 미 해병대와 미 해군으로부터 강력하게 지원을 받으면서 순식간에 남북한의 하늘과 주변 해역을 지배했다. 상대적으로 약한 데다 현대화되지 못한 인민군 항공 전력은 곧 바닥을 드러냈으며, 8월 무렵에는 더 이상 전쟁에 영향을 미치는 요소가 아니었다. 전술 지상지원 임무를 수행할 준비가 되어 있지 않던 극동공군은 처음에는 전공 못지않게 많은 피해도 끼쳤다. 극동공군은 미군 진지를 공격하고, 도로에 있는 우군인 한국군 부대에 심각한 피해를 입혔다. 하지만 이런 실수들은 금방 고쳐졌다.

극동공군은 제공권을 장악하자마자 늘어질 대로 늘어진 인민군 보급선을 차단하기 시작했고, 전방으로 향하는 재보급물자 중 많은 양을 파괴했다. 하지만 한국 같은 나라에서 제공권은 그 자체만으로 결정적인 것이 아니다. 전 국토는 산으로 끊겨 있었고, 인민군은 전적으로 도로에 의존하지 않았다. 인민군 부대는 보급품을 도보로 계곡과 능선을 넘어 운반했으며, 상당히 많은 양이 전방까지 도달했다. 서양 군대라면 물자를 산더미같이 쌓아놓았겠지만, 대체로 물자가 충분치 못한 인민군은 그러지 않았다.

전술공군은 땅 위의 보급품을 상당량 불태우고 파괴했지만, 아직도 꽤 많은 보급물자가 전방에 도달하고 있었다. 기복이 심한 한국 지형에서 수송부대도 없이 공중 전력의 공격을 받아가면서 스스로 재보급할 수 있는 능력은 인민군이 만들어낸 얼마 안 되는 작은 기적 중 하나였다.

북한에는 확실한 목표물이 부족했으며, 방어 중이던 지상군은 절망적인 상황이었기 때문에 극동공군은 전쟁 초반부터 전방 지원에 집중했다. 사실 포병 자산을 대신해 항공기를 투입하는 것은 비용이 많이 발생한다. 하지만 1950년에 미국은 극동에 야포보다 상대적으로 항공기를 더 많이 보유했다. 낙동강 방어선 위로 지속적인 공중 엄호와 인민군의 공격을 매우 크게 방해한 기총소사와 로켓, 그리고 네이팜탄 공격이 없었더라면 방어선은 필연적으로 돌파당했을 가능성이 매우 높다.

한국전쟁 내내 개활지로 나온 적은 즉각 효과적인 공중 공격의 대상이었다. 인민군이 이룩한 또 다른 작은 기적은 이 약점을 안고 생존하는 방법을 배우는 능력이었다. 인민군은 위장과 야간 이동에 매우 능해졌다.

전쟁이 시작되고 첫 몇 달 동안 미군 전투기와 폭격기 조종사들은 이상한 환경에서 전투를 치렀다. 일본에 주둔하는 조종사들 중 다수는 아내 그리고 가족과 함께 기지에서 평시에 살던 대로 살았다. 많은 조종사들은 동이 트기 전에 날아올라 하루 종일 한국의 불타는 고지들을 가로질러 기총소사를 하고 적 병력에 로켓을 쏘고는 돌아와 밤이면 아내와 카드놀이를 했다.

이런 식의 삶은 식솔들이 바다 건너에 있는 것보다 조종사는 물론 조종사의 가족에게도 훨씬 더 힘들었다.

미 해군은 전쟁 내내 한 번도 치열한 전투를 치르지 않았지만, 한반도에서 미군의 역할에 해군 또한 공군만큼 필수적이었다. 해군은 물자와 병력을 끊임없이 계속 수송했다. 만약 바다를 통해 즉각 한국을 증원할 능력이 없었다면, 모든 것은 사라졌을 것이다. 연안 해역을 통제하지 못했다면, 유엔군의 노력은 거듭 위험에 빠졌을 것이다.

항공력과 해군력 없이는 어느 국가도 바다 건너 머나먼 전선을 지킨다는 희망을 가질 수 없다. 미 공군도 미 해군도 적을 상대로 전쟁을 수행하는 기본 임무는 부여받지 못했다. 그러나 미국이 한반도 바깥으로 전쟁이 확대되는 것을 막을 수 있었던 것은 미 공군과 미 해군 덕분이었음은 더없이 분명하다. 하늘과 바다에서의 미국은 결코 지상에서처럼 약하지 않았으며, 직접적인 적인 북한과 중공보다는 비교할 수 없을 만큼 강했다.

적은 미군 기지들이 내내 취약했지만 한국 이외의 미군 기지나 보급로를 진지하게 타격하려 하지 않았다. 충분한 항공기와 잠수함이 있었기 때문에 공중이나 해상에서 타격했다면 미군의 한국 증원군에게 큰 피해를 입혔을 수도 있었을 테지만, 그랬다면 이보다 훨씬 더 심각한 보복을 당했을 것이다. 한국전쟁 중 미 공군과 미 해군 모두 각각의 '특권적 성역'에서 작전을 계속 이어갔다.

자신들이 강한 곳인 하늘이나 바다에서 심각한 도전을 받지 않았다는 사실로 미뤄볼 때, 만약 미국이 지상에서도 같은 정도로 준비가 되어 있었다면 전쟁은 일어나지 않았거나, 발발했더라도 신속하게 종료되었을 것이다.

미국이 승리에 대한 희망을 가질 수 있었던 절대적으로 중요한 요소는 항공과 해군 전력이었지만, 적의 선택으로 전쟁은 지상전 위주로 진행되었다. 부르봉 왕조의 프랑스 육군이 전 세계 최강을 자랑했을 당시 프랑스 각료 한 명은 만약 프랑스가 해상 강국 영국에게 진지하게 도전하려면 우선 해군력부터 갖춰야 한다는 것을 힘주어 지적했다. 200년 후 미국도 같은 입장이었다. 지상에서 공산주의의 진출을 저지하려는 강력한 의지가 있었다면, 미국도 우선 진흙탕 속에 들어가야만 했다.

한국에서의 전쟁은 보병전이었으며, 근본적으로는 20세기에 일어났던 다른 보병전과 다르지 않았다. 보병전이 더 이상 쓸모없다는 인식이 잠재 의식에 박혀 있는 사람들에게 이는 정치적인 이유와 함께 한국전쟁이 매우 달갑지 않은 주요 이유였다.

미 공군과 해군도 위험하고 어려운 임무를 감당하면서 오랫동안 싸웠다. 항공병들과 수병들도 전사했지만, 이 전쟁은 기본적으로 보병전이었다. 특정한 이틀 동안 미군에서 발생한 사상자 수를 비교해보면 시사하는 바가 있다. 육군 615명(20명 전사, 126명 부상, 417명 실종), 해군 0명, 공군 1명(실종). 다른 날, 육군 328명(20명 전사, 181명 부상, 127명 실종), 해군 0명, 공군 3명(1명 부상, 2명 실종).

전투가 벌어진 곳은 안개 낀 계곡, 험준한 산맥과 고지들이었다. 한국 전쟁은 이런 좁은 계곡과 척박한 고지를 배경으로 펼쳐졌다.

인민군은 정복자로서 38선을 넘어왔으며, 앞으로도 계속 정복자로 남을 생각이었다. 공산주의자들은 당시 알려졌던 것보다 더 많이 남한에 침투해 있었다. 인민군이 도시를 하나씩 접수하는 동안 공산당 간부들은 남한을 통제할 준비가 되어 있었다.

수십만의 한국인들이 군대보다 앞서 피신했지만, 남한 사람 2,000만 명 전체가 도망칠 곳은 아무데도 없었다. 남한 사람 대부분은 원래 거주지에 남았으며, 특히 땅을 소유하고 있던 소농들이 그러했다.

북한 사람들은 통제할 준비가 되어 있었다. 한국인 중 상당수가 공산주의에 반대했지만, 공산주의자들은 신속하게 통제권을 잡았다. 이는 아시아에서 공산주의자들이 쓴 방법을 따른 점령 유형이었다.

북한의 지배자들은 마을의 상인이나 중산층에 대해서 결국 제거 대상이라는 것 외에 별 관심이 없었다. 보통 이런 집단의 사람들은 방치되거나 나중에 요주의 인물로 지목되어 체포되었다. 하지만 다른 집단의 사람

"대전에서 대규모 집단학살 매장지가 발견되었다." 1950년 인민군에게 처형당한 남한 민간인들.

들은 곧장 요주의 인물로 지목되었다. 대한민국 공무원들은 말단 서기까지 투옥되거나 살해되었다. 대부업자나 유명한 지주 같은 사람들은 정치적 이익을 위해 즉각 처형되었다. 어디서든 부자를 사랑하는 사람들은 거의 없다. 북한은 쉽게 통제할 수 없거나 공산국가에 동화될 수 없는 사람들을 죽여야 한다는 가정을 실행에 옮겼다.

서울과 대전에서 벌어진 일들은 전형적이었다. 서울에서는 어떤 식으로든 미국인을 위해 일한 모든 남성과 여성은 발견 즉시 처형되었다. 주한 미국 대사관은 대사관 직원들의 인사기록을 통째로 남겨두고 가버렸다. 모든 전직 정부 공무원들도 살해당하거나 수감되었다. 도시에 있던 젊은이 다수를 인민군으로 끌어가고, 나머지 사람들을 노동력으로 활용하는 조치가 즉각적으로 이루어졌다.

대전에서는 공산 정권의 잠재적인 적을 샅샅이 색출한 후 벌벌 떠는 불운한 이들을 100명 단위로 손을 묶고 줄줄이 엮어 대전 바깥의 집단 매장지로 끌고 갔다. 그곳에서 총살이 시작되었다. 9월에 이 지역으로 다시 돌아온 미 육군은 시신 약 7,000구가 묻힌 집단학살 매장지를 발견했다. 그 속에는 미군 시신 40구도 함께 있었다.

집단 매장지는 목포, 공주, 함양 등을 포함하여 인민군이 지나간 곳이면 어디든 있었다.

인민군의 학살은 무작정 야만스럽게 이루어진 것이 아니었다. 공산 정권은 정치적 목표를 달성하는 데 절대로 신뢰할 수 없는 사람들을 죽이고 있었던 것이다.

혁명과 공포정치는 밀접한 관련이 있다. 시간이 흐른 후 혁명만이 평가를 받게 된다. 미국이 독립전쟁에서 군사적으로 승리한 후, 300만 인구 중 4분의 1 이상을 차지하던 골수 왕정 지지자들은 재산을 빼앗긴 뒤 캐나다나 다른 곳으로 추방당했다. 미국이 건국 초기에 이뤄낸 성공 중 상당수는 공화국 안에서 조직적인 반대가 없었기 때문에 가능했다.

프랑스 혁명 이후, 혁명에 반대해서 싸웠던 귀족 수천 명은 귀국을 허락받았지만, 이들의 후손들은 오늘날까지도 혁명의 원칙을 받아들이지 않으면서 영속적인 불안정 요인이 되고 있다.

공산주의자들은 소름 돋을 만큼 끔찍한 잔혹행위를 실제로 자행하면서 자신들이 무엇을 하고 있는지 알고 있었다.

한국에서 공산주의자들이 자행한 공포를 조장하는 잔혹행위는 그 잔인한 정도와 공산주의식 효율성이라는 측면에서 볼 때 오늘날 존경할 만한 서양의 사회적 격변 당시의 그것을 능가하고 있다.

하지만 공무원과 반공주의자들을 쏴 죽이는 동안 공산 정권은 빈민층에게 식량을 공급하기 위해 모든 노력을 기울였다. 아시아의 공산주의자들은 국민의 대부분이 소작농인 국가에서는 오로지 소농만이 정치적으로 진짜 가치 있는 존재라는 것을 항상 인식하고 있었다. 토지는 재분배되었다. 나중에 정권이 공고해지면 물론 그 토지도 몰수할 것이지만, 중국의 경우처럼 이는 가난한 사람 수백만 명의 지지를 확고히 하기 위한 우선적인 조치였다.

서구 민주주의에서 가장 중요한 중산층은 아시아 대부분의 국가에서 거의 존재하지 않는다. 중산층이 있다 하더라도 땅에서 허리가 부러져라 일하는 사람들이 그들을 질시와 증오의 대상으로 간주하기 때문에 숫자만 많은 중산층은 자산이 아니라 정치적 부채에 가깝다. 소농은 중산층 없이 살 수 있다고 생각한다.

금지된 계층을 싹 쓸어내는 동안 인민군은 토지를 기반으로 일하는 소작농들을 최대한 정중하게 대했다. 인민군이 빈민층에게 잠자리와 식량을 요구할 때는 반드시 이에 대한 값을 지불했다. 물론 아무 짝에도 쓸모없는 화폐였지만, 어쨌든 대가를 지불했다. 서울에서 대한민국 조폐창을 접수한 인민군은 현재까지도 쓸 수 있을 정도의 엄청난 화폐를 마구 발행했다.

공산 정권은 소작농을 잘 이해했기 때문에 인구의 90퍼센트가 소작농인 나라에서는 전부 성공할 수 있을 것이라고 생각했다. 애초부터 소농들은 공산 정권 하에서도 별로 잃을 것이 없을 뿐 아니라, 오히려 얻을 것이 많다고 생각했다. 불과 얼마 후 모든 토지가 집단농장이 되고 아버지의 형상을 한 철권통치가 시작되고 나서야 공산화된 소농들은 자신들이 무엇을 잃게 되었는지 깨달았다. 그러나 이미 때가 너무 늦었다. 공산화되면서 이들은 개인으로서의 존재가 사라졌고, 가장 비참한 가난조차도 빼앗아갈 수 없었던 정체성을 잃었다.

공산주의는 사실 프로파간다propaganda를 빼면 소농들에게 줄 것이 아무것도 없었다. 공산주의자들에게는 자신들의 계획을 위해서라면 롤스-로이스Rolls-Royce 조달업체보다도 소농이 더 쓸모가 없었다. 하지만 아시아 공산주의는 궁극적으로 성공하려면 무엇보다도 소농들의 선의가 필요하다는 것을 항상 인식하고 있었다. 대화는커녕 소농을 이해하지 못한 미국인들은 소농이 다수인 세계에서 더욱 외로워졌다.

구체제 인사들을 처형하고, 상인과 지주를 무너뜨리는 동안 농부들이 소유한 나무에서 딴 복숭아 하나하나까지 병사들이 정중하게 현찰을 지불하게 만든 북한 당국이 이제 한국에 주둔하고 있었다. 계속되는 가난에 치이고 잔혹한 압제가 일상이 된 국민들은 풀지 못한 응어리를 가진 채 마지못해 굴복한 적이 적어도 한 번은 있는 사람들이었다. 북한 당국이 보여준 이런 행동들 앞에서, 서방이 한국인들 사이에서 일어날 것이라 기대했음직한 격렬한 반대의 목소리는 전혀 설 자리가 없었다.

공산주의는 38선 이남으로 쳐들어와 머물렀다. 만일 힘으로 밀어내지 못하면 공산주의가 그대로 자리를 잡을 기세였다.

제12장

소방대

●

상황이 심각하여 밀양을 상실할 가능성이 높다. 낙동강 전역에 걸쳐 사단급 병력의 적이 밀려오고 있다. 오늘 밤에는 더 많은 적이 도하할 것으로 예상된다. 만약 밀양을 상실한다면 … 우리는 한국에서 철수해야 할 것이다. 나는 해병여단이 내일 낙동강 돌출부로 이동해 적을 상대할 것이라는 것에 용기를 얻었다. 이들은 불가능한 확률의 기적을 기대하고 있으며, 내 생각을 입증할 분명한 근거는 없지만, 나는 이들이 적을 저지할 것 같다는 생각이 든다.

… 이 해병들은 돌담이라는 별명으로 불린 잭슨 장군[69]이 세년도어에서 이끌던 부대가 틀림없이 가졌을 자부심, 신뢰, 그리고 강인함을 갖고 있다. 이들은 됭케르크에 있던 콜드스트림Coldstream 왕실 근위연대를 떠오르게 한다. 이런 근거가 약한 추론을 근거로 나는 승리에 대한 희망을 놓지 않고 있다.

– 1950년 8월 16일, 밀양에 있던 영국군 장교가 보낸 전문에서 발췌

1950년 8월, 낙동강 방어선의 거의 75퍼센트가 낙동강을 따라 형성되었다. 남쪽으로 흐르는 낙동강은 한국에서 두 번째로 큰 강이다. 낙동강은 논과 야산들 사이를 굽이쳐 흐른다. 평균 강폭은 400미터, 평균 수심은 1.8미터이다. 뜨겁고 건조했던 1950년 여름 동안 수심이 낮아졌을 때는 넓은 모래사장과 모래톱이 드러났지만, 언제나 낙동강은 엄청난 장애물이다.

강 뒤편 동쪽으로는 760미터나 되는 고지들이 있고, 특히 방어선에서

---

69 토머스 조너선 "스톤월" 잭슨(Thomas Jonathan "Stonewall" Jackson, 1824~1863): 미국 남북전쟁 중 남군 장군으로 복무.

가장 높은 북쪽에는 고지들이 910미터까지 솟아 있다. 유엔군, 미군, 그리고 한국군이 방어선을 구축한 곳은 가장 높은 고지들이 있는 바로 이곳이었다.

강력하게 저지할 방어선을 구축한다는 기대 따위는 없었다. 그러기에는 병력이 여전히 충분치 않았기 때문이다. 병력은 고지들 위에 참호를 파고 들어가 낙동강과 동쪽에서 이어지는 주요 접근로를 내려다보았다. 이 거점들은 낮에는 관측소 역할을 하고 밤에는 청음 초소^{聽音 哨所} 역할을 하면서 소규모 조밀한 방어선들을 굳게 지켰다. 낙동강을 따라 구축된 이 전초기지들을 따라 지프차와 기타 기계화 정찰조들이 그 지역을 순찰했다.

적이 성공적으로 도하하더라도 대응할 수 있는 예비 병력이 낙동강의 수 킬로미터 후방에 대기했다. 지원 무기, 야포와 박격포 또한 고지들 뒤편에 설치되었으며, 도하가 이루어질 것으로 예상되는 지점을 가려내어 위협지점에 대규모 화력을 쏟아부을 준비를 했다.

방어의 목적은 강 동쪽의 감제 지형과 핵심 도로망을 지키는 것이었다. 사실 진지방어를 하듯이 모든 곳을 지켜내리라고 기대할 수는 없었지만, 미군 방어부대들의 기동성은 실전에서 빛을 발할 터였다. 만약 적이 어느 곳에서든 낙동강 도하에 성공하더라도 방어선 다른 곳들로부터 병력과 화력이 신속하게 집결할 수 있었다.

방어선 안에는 교두보에 이르는 천연접근로가 4개 있었다. 첫째는 항구가 있는 마산으로 통하는 남쪽 길이었고, 다른 하나는 철도망과 도로망이 모이는 교통 요지인 밀양으로 이어지는, 일명 낙동강 돌출부였다. 잠재적인 공격로 하나는 대구로 이어지는 도로와 철도였다. 마지막 하나는 북동쪽에서 해안을 따라 경주로 통하는 계곡이었다.

인민군은 기동계획을 수립하면서 이 4개의 천연접근로를 거의 동시에 모두 이용하려는 의도가 분명해 보였다. 인민군의 계획은 병력이 적게 배치된 방어선을 여러 곳에서 공격하면 적어도 한 곳에서는 돌파구가 만들어 질 것이라는 가정을 하고 있었다. 이 때문에 낙동강 동쪽을 방어하는 병력은 한계점까지 늘어져 있었고 사방에서 부담감이 느껴졌다.

힘들고 처절한 싸움이 낙동강 방어선 거의 모든 곳에서 8월 내내 벌어졌다. 낙동강 돌출부에 가장 심각한 위협이 가해졌고, 여기서 벌어진 전투는 처절하고 결사적인 8월 전투의 전형이었다.

1950년 7월 이후로 사단이나 연대 단위로 상세한 작전을 짜는 것이 불가능해졌다. 한국에 있던 모든 부대는 절망과 영광의 순간을 경험했다. 하지만 특정한 부대들의 경험을 상세히 묘사하면 모든 작전의 특징이 드러난다. 고약한 냄새를 풍기는 논이 있던 계곡에서 벌어진 일은 이제부터 전쟁이 끝날 때까지 벌어질 이후의 사건들과 거의 비슷했다.

* * *

낙동강과 남강이 서로 만나는 곳에서 북쪽으로 몇 킬로미터 떨어져 있고, 낙동강이 서쪽으로 큰 활 모양을 그리며 흐르는 동쪽에 가로 6킬로미터 세로 8킬로미터 면적의 고리 모양으로 둘러싸인 영산이라는 마을이 있다. 강이 싸고도는 이 땅을 미군은 낙동강 돌출부^{Naktong Bulge}라고 불렀다.

낙동강이 세 방향을 둘러싼 이곳의 지형은 우선 야산이 많으며, 동쪽으로 평평하고 영산 앞에는 거대한 호수 3개가 있었다. 영산이라는 마을은 동서남북으로 뻗은 비포장도로가 서로 만나는 교차로이다.

낙동강 방어선에서 적의 침투 위험이 가장 큰 곳이 낙동강 돌출부였다.

8월 4일, 인민군 리권무^{李權武} 소장은 합천^{陜川}에 설치한 지휘소에서 강 동쪽을 관측했다. 8월이 되자, 리권무는 이미 인민군 최고의 영웅이 되어 있었다. 그는 조선민주주의인민공화국의 공화국영웅[70]이 되었고 제1급 국기훈장을 받았다.

그의 인민군 4사단은 3사단과 함께 남으로 향하는 공세의 선봉이 되어

---

[70] 공화국영웅: 1950년 6월 30일 북한 최고인민회의 상임위원회 정령으로 제정되었다. 공화국영웅 칭호는 북한의 최고영예이며 이 칭호를 받은 자에게는 북한 최고훈장인 '국기훈장 제1급 및 표창장'이 각각 수여된다.

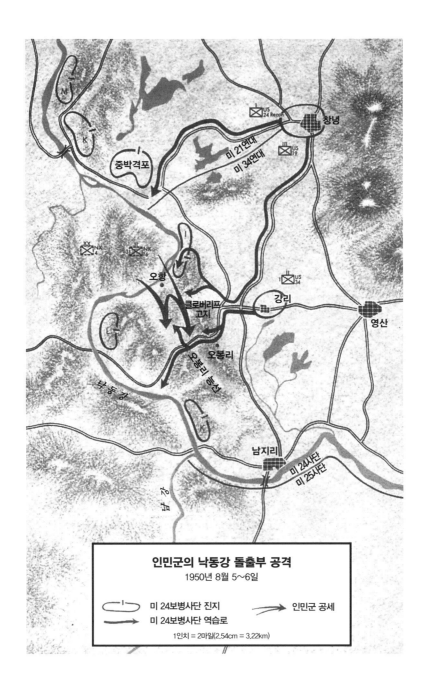

인민군의 낙동강 돌출부 공격
1950년 8월 5～6일

미 24보병사단 진지
미 24보병사단 역습로
인민군 공세
1인치 = 2마일(2.54cm = 3.22km)

서울을 점령하고 대전에서 미 24사단을 격파했다. 4사단은 김일성으로부터 '서울 사단'이라는 명예로운 칭호까지 얻었다.

리권무는 인민군 고위 지휘관들이 그렇듯이 평생 싸워온 사람이었다. 조선 피난민으로 만주에서 태어난 그는 중국 팔로군에 합류하여 일본군 그리고 중국 국민당 군과 싸웠다. 그는 러시아에서 장교 양성 과정에서 수학했다. 40의 나이에 그는 군 경력 정점에 서 있었다.

노련한 병사들로 이루어진 그의 인민군 4사단은 여전히 7,000명의 병력을 유지하고 있었다. 그의 사단으로 공격 명령이 하달되었다. 리권무는 거의 준비도 없이 예하 대대들을 푹푹 찌는 낙동강 전선에 투입했다.

8월 5일 자정 적색과 노란색의 신호탄이 올라가자, 인민군 4사단 16연대가 오항 나루에서 넓은 강으로 뛰어들었다. 이곳의 수심은 한국 성인 남성의 어깨 높이 정도밖에 되지 않았다. 일부 병사들은 임시변통으로 만든 뗏목을 탔지만, 병사들 대부분은 벌거벗은 채 옷과 소총을 머리 위로 높이 들고 강물로 들어갔다.

이를 본 미 24사단 사단장 처치 장군은 깜짝 놀랐다. 처치는 인민군의 공세가 자신의 작전지역 훨씬 북쪽에서 이루어질 것이라 생각했기 때문이다.

인민군 16연대는 강 동쪽에 무사히 도착해서 옷을 입고 미군 방어 거점들 사이로 전진해왔다. 더 많은 인민군이 강을 건너는 사이 인민군 16연대는 미군 부대들을 공격하기 시작했다. 8월 7일이 되자 병력과 장비를 상실한 데다가 사기까지 떨어져 전투력이 40퍼센트도 안 되던 미 24사단을 상대로 인민군은 클로버리프 고지Cloverleaf Hill와 오봉리 능선 모두를 장악했다. 이 두 곳은 동쪽으로 8킬로미터 떨어진 영산으로 통하는 도로를 감제하는 곳이다. 인민군은 중요한 교통 중심지인 밀양으로 이어지는 도로를 멀리서 내려다볼 수 있었다.

만약 밀양이 인민군에게 점령당하면 낙동강 방어선에는 심각한 문제가 발생할 터였다.

이제 인민군은 오랜 러시아 방식으로 나루터에 낙동강을 가로지르는 수중다리들을 만들었다. 이 다리들은 보이지 않았기 때문에 공중 공격에 취약하지 않았다. 4사단의 다량의 중장비들이 이 다리들을 통해 강을 건넜으며, 포병은 포대 단위로 사격을 시작했다.

영산은 인민군의 포격을 받게 되었다.

처치 장군은 역습을 지시했다. 미 2보병사단 신병들이 전선에 배치되었다. 2사단 9연대가 미국에서 막 도착한 것이다.

클로버리프 고지와 오봉리 능선을 잇는 중요 전선에서 지독한 전투가 열흘 동안 치열하게 벌어졌다. 고지의 주인은 매일같이 바뀌었으며, 낙동강 방어선이 유지되거나 위협을 받느냐가 여기에 달려 있었다.

1950년 7월 첫째 주, 애리조나 주 투산^{Tucson} 출신의 프랭크 무뇨즈^{Frank Muñoz} 중위는 한국 파병 명령을 받았을 때 9연대 H중대(중화기중대) 부중대장이었다. 1946년 4월 이래 워싱턴 주 포트 루이스^{Fort Lewis}에 주둔해온 '만주 침입자^{Manchu Raiders}'라는 별명을 가진 9연대는, 무뇨즈의 말을 빌리자면 열중쉬어 상태로 지내왔다.

연대 병사들 중 다수는 3년 전 거의 동시에 입대했다. 한국으로 파병되기 2개월 전 많은 병사들의 복무기간이 만료되어 대다수는 전역을 택해 민간인이 되었다. 6월 25일, 9연대의 모^母부대인 2사단은 전투력이 50퍼센트였는데도 이 상태로 훈련을 진행하고 있었다. 평시였기 때문에 일부 훈련은 매우 기초적이었다.

북한의 남침 소식을 들었을 당시 무뇨즈 중위는 진주만 때와 똑같은 흥분을 느꼈다. 그 당시 그는 애리조나 주 방위군에서 현역으로 복무하고 있었다. 제2차 세계대전이 끝나면서 그는 군인을 직업으로 선택했다. 중간쯤 되는 체격에 다부진 몸, 힘 있는 검은 눈동자를 가진 28세의 사내는 당시 육군이 '직업 예비군'이라 부르는 신분이었는데, 군이 받아주는 한 계속 그 상태로 지낼 생각이었다. 그는 전투복에 깊은 긍지를 느꼈으며, 자신이 장교가 되었다는 사실에 더더욱 깊은 자부심을 가졌다.

군은 2사단에게 1주 안에 워싱턴 주 타코마Tacoma에서 승선하고, 그동안 전력을 100퍼센트까지 채우라고 지시했다. 무뇨즈는 이렇게 말했다. "마치 진공청소기를 켠 것 같았다. 군은 온 사방에서 사람들을 빨아들였다. 책상 앞에서, 병원에서, 창고에서. 부대는 순식간에 인원이 찼다."

안타깝게도 이렇게 도착한 이들 중에는 보병이 아닌 사람이 있었고, 이들보다 더 많은 사람들은 소총수 보직에 흥미가 없었다.

9보병연대는 2보병사단의 선발대로서 한국으로 떠난 첫 부대였다. 9연대는 1950년 7월 31일 부산에 상륙했지만, 일부 중요 장비들이 함께 도착하지 않았다. 연대가 배 여러 척에 나눠 탔기 때문이었다. 이들은 부산에서 모든 문제를 정리하는 데 며칠이 더 걸렸다.

H중대는 배 위에서나 배에 타기 전이나 정식으로 전쟁에 대한 브리핑을 받지 못했다. 병사들은 그저 뉴스에서 소식을 듣고, 신문에 나온 지도를 보았을 뿐이다. 그 이상으로 그들에게 무엇인가를 알려줄 수 있는 사람도 없었다. 젊고 진지한 H중대장 에드워드 슈미트Edward Schmitt 중위는 태평양을 건너며 병사들에게 딱 한 차례만 말했다.

그가 매우 진지하게 말했다. "우리는 전쟁터로 간다. 지금부터는 실수할 때마다 목숨이 희생될 것이다." 슈미트는 제2차 세계대전에서 전투를 경험했으며, 미군이 한반도에 진주할 때 함께했다. 그는 부하들에게 무기와 장비를 유지하는 것의 중요성을 강조했으며, 한국의 지형에 대해서 뭔가 설명하려 노력했다.

하지만 부산에서는 어디에서 전쟁이 벌어지고 있는지 아무도 몰랐다. 부둣가는 시끌벅적했다. 장비는 노천에 산처럼 쌓여 있었고, 뭔가 정신없이 일이 많이 벌어지는 동안 서부전선에서 벌어지는 절망적 상황의 징후는 아무 데도 없었다.

9연대는 밀양으로 향하는 기차에 올랐고, 밀양 위 높은 고지에 진을 쳤다. 연대는 낙동강을 따라 자신들에 앞서 전선을 지켜온 24사단 및 1기병사단 예하 부대들과 연결하고 정찰을 실시했다.

여기서 9연대는 엄청나게 많은 전쟁담을 접했다. 이들은 미군 수십 명이 손을 등 뒤로 묶인 채 머리에 총알을 맞았다는 등의 잔학행위 소문을 들었다. 이들은 마치 게릴라처럼 작전하는 인민군 전술, 야간작전, 약점을 찾는 탐색, 민간인으로 위장한 인민군에 대해 설명을 들었다.

포트 루이스에서 갓 도착한 '만주 침입자'들이 보기에 24사단은 얻어터지고, 별로 실력도 없어 보이며, 매우 불안해하는 것 같았다.

인민군이 낙동강을 건너 낙동강 돌출부로 넘어온 닷새 뒤, 슈미트, 무뇨즈, 그리고 중대원들은 24사단의 방어선에 생긴 구멍을 틀어막으라는 명령을 받았다. 이들은 냄새나는 논 옆으로 난 뜨겁고 먼지 가득한 도로를 따라 행군해서 '클로버리프'라 명명된 낙동강변의 고지 위로 올라갔다.

서늘한 미국 북서부에서 막 도착한 장병들에게 한국의 열기는 끔찍했으며, 이 때문에 병사들의 효율성이 떨어졌다. 상당수가 낙오했다.

키 182센티미터에 백발이 성성한 2대대장 해리슨Harrison 중령은 프랭크 무뇨즈처럼 직업 예비군이었다. 해리슨은 중화기중대와 중화기중대의 자동화기 및 박격포를 예하의 E중대, F중대 G중대 사이에 넓게 펼쳐놓았다. 2대대는 할당받은, 24사단 바로 뒤편에 있는 고지들을 점령했으나 이틀 동안은 아무 일도 일어나지 않았다.

사방에서 치열한 전투가 벌어졌지만, H중대는 직접 교전하지 않았다. 8월 14일 내린 비로 열기가 일시적으로 식었지만, 동시에 공중 공격 지원도 끊어졌다. 8월 14일, 9연대의 1대대와 2대대는 클로버리프 고지의 인민군 진지들을 공격하라는 명령을 받았다.

치열한 전투를 치르고 엄청난 병력을 잃었지만 1대대와 2대대 모두 고지군의 산마루를 점령하는 데 실패했다. 타는 듯한 열기 아래에서 하루 종일 전투를 치루느라 지쳐버린 2대대원들은 능선을 따라 참호를 팠지만, 어두워진 후에도 전투는 끝나지 않았다.

밤이 되자 인민군이 공격해왔다.

프랭크 무뇨즈의 첫 접전은 후방에 75밀리 무반동총을 배치한 슈미트가 무뇨즈를 자신의 진지로 부르면서 이루어졌다. "우리 애들 좀 챙겨줘. F중대에 배속된 기관총소대 일부가 진지에서 벗어났어. F중대가 적에게 점령당했네!"

무뇨즈는 자신의 지프에 올라탄 후 운전병에게 F중대 고지로 달리라고 명령했다. 고지 뒤에 다다르자, 인민군이 몰래 도하시킨 SP-76 자주 포들의 집중 포화를 받는 F중대가 보였다. 무뇨즈는 고지 뒤의 경사로에 지프를 세우고 걸어서 어둠 속으로 들어갔다. 고지 뒤의 계곡에는 보자스Bozarth 중사가 지휘하는 박격포소대가 81밀리 박격포를 계속 쏘고 있었고, 무뇨즈는 닷지 3/4톤 트럭이 대기하고 있는 것을 발견했다.

하지만 고지의 전면 경사를 따라 참호를 파고 들어가 있는 F중대는 어둠 속에서 돌파당한 후 뿔뿔이 흩어져 있었다. 병사의 상당수가 퇴각하면서 연락이 끊겼다. 중대장은 전사했다. 장교 대부분도 부상을 입었다. F중대는 더 이상 전투가 가능한 부대가 아니었다.

어둠 속 적의 포화를 받으며 프랭크 무뇨즈는 어렵사리 병사 몇 명을 모아서 이들을 고지 아래로 내려 보냈다. 바로 오른편에 있는 다른 고지에는 분명히 적이 없었다. 무뇨즈는 규합한 병사들에게 적이 없는 고지로 가도록 명령했으며, 낙오병들을 모으면서 오른편 고지에서 방어선을 다시 구축하려 했다.

이때 이들은 주변에 있는 고지들에서 줄지어 논을 통과하는 다른 부상병들과 마주쳤다. 이들은 무뇨즈에게 새로 방어선을 구축하는 고지 앞 벌판에 부상병들이 쓰러져 있다고 말했다. E중대도 F중대처럼 심각하게 타격을 입고 어둠 속에서 뿔뿔이 흩어졌던 것이다.

무뇨즈는 흩어진 잔여 병력을 모두 모아 참호를 파게 한 뒤 무전으로 슈미트를 호출했다. 그는 E중대에 대한 사실을 중대장인 슈미트에게 알렸다.

슈미트가 명령했다. "혹시 도와줄 수 있는지 살펴보게."

잠시 후 프랭크 무뇨즈는 E중대를 무전으로 호출할 수 있었다. 상사가

E중대를 지휘하고 있었다. 머리에 총상을 입은 E중대의 슐츠^{Schultz} 중위는 심각한 상태였다. 무전을 통해 프랭크와 E중대의 조던^{Jordan} 상사는 서로의 위치를 확인했다. E중대원 대부분은 부상을 입은 채 고지 앞 논에 쓰러져 있었다.

무뇨즈가 조던에게 말했다. "부상자들을 데려올 인원을 보내겠다. 이쪽으로 이동해라. 우리가 엄호한다."

무뇨즈는 E중대를 지원하기 위해 5명을 보냈다. 그리고 곧이어 이들이 발견한 병사 15명이 고지에 있는 무뇨즈의 중대에 합류했다. 그는 부상병들을 후송하라고 명령했다. 이들은 고지 뒤쪽으로 내려온 후 동쪽으로 사라졌다.

무뇨즈는 무선으로 대대 본부에 연락했다. 무뇨즈는 해리슨 중령도 총상을 입어 부대대장이 대신 대대를 지휘하고 있다는 것을 알았다. 부대대장은 무뇨즈에게 현 위치를 유지하라고 명령하고 리 차오몬^{Chu Mon Lee} 중위를 보내겠다고 했다.

리 중위가 곧 도착했고, 남은 밤 동안 고지 주변에서는 산발적인 총성만 들렸다. 하지만 가끔은 박격포탄이 떨어졌다. 새벽 무렵에 프랭크 무뇨즈 휘하 병사 2명이 부상당했다. 한 명은 다리를 다쳤지만 걸을 수는 있어 고지 아래로 내려 보냈다.

다리를 절며 고지 뒤편 차폐 지역으로 내려가던 이 부상병은 흐릿하고 불길하게 보이는 T-34 전차 한 대와 마주쳤다. 자기 눈을 믿을 수 없던 이 부상병은 전차의 해치가 열리는 것을 보았다. 그러더니 인민군 한 명이 해치에서 나와 자신을 향해 기관단총을 쏴댔다. 하지만 어슴푸레한 빛 덕분에 이 부상병은 목숨을 구할 수 있었다. 그는 바닥에 엎드려서 무뇨즈가 있는 고지로 기어서 돌아갔다.

후방에서 전차 소리를 들은 무뇨즈는 욕설을 몇 마디 내뱉었다. 그는 병사 몇 명을 모아 3.5인치 대로켓을 들고 고지 후면으로 조용히 내려갔다. 여전히 깜깜했기 때문에 이들은 전차에서 몇 미터 안 되는 곳까지 기어서 다가갈 수 있었다. 바주카 첫 발을 전차에 명중시키면서 무뇨즈 일행은 전차를 멈춰 세웠다.

하지만 전차병들은 여전히 전차 안에 있었다. 적어도 무뇨즈는 전차에서 누가 나오는 것을 보지 못했다.

우려 속에서 이들은 강철로 만든 침묵하는 괴물을 지켜보았다. 동쪽이 밝아지면서 갈색과 녹색 논으로 빛이 퍼졌다. 이들에게는 더 이상 로켓포탄이 없었다.

날이 밝자 슈미트 중위는 고지 뒤쪽에서 올라왔다. 밤새 무뇨즈 중위는 사실상 2개 중대를 지휘했지만 상관이 도착하면서 다시 H중대 부중대장으로 돌아갔다.

슈미트가 전차를 가리키면서 물었다. "전차가 왜 저러고 있는 것인가?"

"아직도 승무원들이 안에 있는데 포기를 안 합니다." 무뇨즈가 말했다.

"망할." 슈미트가 말했다. 그는 탁 트인 공간에 올라서서 해방 후 군정 주둔 기간 동안 배운 한국어로 전차에 대고 소리를 질렀다. "이리 와!"

슈미트가 전차에 올라가 포탑을 주먹으로 두들겨대도 전차는 아무 반응이 없었다. 슈미트는 전차 측면 포탑 위로 기어 올라가 해치를 열려고 했다. 그때 갑자기 전차 안에서 움직임이 있었다. 승무원은 해치를 빠끔 열더니 그 틈으로 권총을 내밀어 슈미트를 근거리에서 쐈다.

부상을 피한 슈미트가 전차에서 뛰어내리며 외쳤다. "망할 자식, 버르장머리를 고쳐주마! 누구 백린수류탄 갖고 있으면 한 발 줘봐!"

안전핀을 뽑은 슈미트는 백린수류탄을 전차의 뒤편 공기흡입구로 집어넣었다.

인민군 전차병들은 전차 안에서 불타면서 끔찍한 비명을 여러 차례 질렀지만 끝내 나오지 않았다.

부중대장으로서 프랭크 무뇨즈는 후방에 있는 중대 지휘소로 돌아갔다. 그가 도착하자, 대대 작전장교인 우더드Woodard 소령의 전화가 와 있었다.

우더드 소령이 말했다. "프랭크, 잘 듣게. G중대가 상태가 안 좋아. 반

오스텐Van Oosten 대위가 열사병으로 후송되었어. G중대에 장교가 딱 하나 남았는데 사기가 꺾였네. G중대를 맡아볼 텐가?"

"맡으라시면 그렇게 하겠습니다만 자원하지는 않겠습니다." 무뇨즈가 말했다.

G중대는 E중대나 F중대처럼 소총중대였으며, 소총중대를 지휘하는 것은 화기중대 부중대장 보직과는 차이가 컸다. 우선 훨씬 위험했다.

우더드 소령이 말했다. "명령일세."

그렇게 프랭크 무뇨즈는 G중대 지휘권을 인수했다. 고지 위에서 중대와 만난 그는 최근 전투에서 G중대가 정면 강습을 몇 차례 받았다는 것을 알게 되었다. 중대원 중 다수가 근거리 소총 사격에 당했으며, 다른 이들은 박격포 파편에 부상을 입었다. 편제상 병력은 213명이지만 무뇨즈가 맡을 당시에는 딱 50명이 남아 있었다.

그는 유일한 장교인 행크 메릿Hank Merritt 중위를 발견하고는 자신이 새로운 중대장이라고 소개했다.

메릿은 짐을 벗게 된 것에 기뻐하는 것 같았다. 그가 우물거리는 소리로 말했다. "프랭크, 와줘서 고마워."

프랭크 무뇨즈는 G중대가 충격에 빠져 있음을 곧 깨달았다. 중대원들은 충분한 준비도 없이 치열한 전투에 뛰어들었다. 포트 루이스에 있었던 원래 중대원들은 평시 훈련 일정을 소화했는데, 반나절 훈련이 대부분이었던 데다가 그나마도 달리기와 스포츠가 많았다. 7월부로 충원된 신병들은 해외에서 훨씬 더 손쉬운 보직을 맡다가 온 경우가 많았다.

제2차 세계대전이 끝나고 5년은 즐거운 시기였지만, 이제는 그 대가를 치를 때가 되었다. 무뇨즈는 그 대가란 끔찍하게 많은 병사들의 죽음이라고 생각했다.

무뇨즈는 임무를 수행하기에는 인원이 적고 사기도 낮다는 것을 깨달았다. 소총수 거의 대부분은 고지 후사면에 참호를 파고 들어간 뒤 숨어서 나오지 않았다. 이들은 총을 쏘러 나오는 것조차 달가워하지 않았다.

무뇨즈는 많은 중대원들의 이름을 알고 있었다. 그는 능선을 따라 파놓은 참호를 따라 걸으며 중대원들과 대화했다. 자신들이 조국을 위해 싸우고 있다는 말을 비롯해 많은 이야기를 해주었다. 이들을 믿게 하는 것은 쉽지 않은 일이었다.

중대원 중 하나가 말했다. "말도 안 됩니다. 우리가 지금 조국을 위해 집에서 1만 6,000킬로미터나 떨어진 곳에 와서 싸우고 있다는 겁니까?"

일부 중대원들은 큰 전쟁이라면 기꺼이 싸우겠다고 말했다. 무뇨즈는 미국인들은 습성상 대규모로 하는 일에 자부심을 느낀다는 것을 알고 있었다. 하지만 이들은 이런 어리석은 전쟁에 흥미가 없었다.

그럼에도 그는 참호를 일일이 돌면서 모든 병사와 대화하며 할 수 있는 최선을 다했다.

무뇨즈는 뛰어난 장교였다. 그도 개인적으로 이번 전쟁에 열정은 전혀 없었다. 하지만 정부로부터 급여를 받고 임관했으므로, 트루먼이 주는 급여가 아무리 적더라도 임무를 위해 모든 것을 바칠 준비가 되어 있었다.

그는 인민군이 공격을 시작했을 때 막 진지 방문을 끝내고 방어선 중간에 있는 자신의 진지로 돌아가던 중이었다.

박격포탄이 능선 위로 쉬익 하는 소리와 함께 떨어져 날카로운 파열음과 함께 폭발하며 기름 투성이 연기를 내뿜었다. 소용돌이치는 먼지를 뚫고 금속음을 내는 파편들이 튀었다. 개활지 한가운데에서 포격을 당한 무뇨즈는 당장 개인호로 뛰어들었다. 그는 45구경 권총밖에 없었다. 무슨 일이 벌어지리라는 것을 감지한 무뇨즈는 권총을 뽑아든 후 약실에 총알을 채워넣었다.

2분 동안 박격포탄이 능선을 따라 계속 터졌다. 그러더니 갑자기 포격이 멈췄다.

무뇨즈는 박격포 포격이 끝났다는 것을 인지한 순간 참호에서 뛰어나가 능선 꼭대기까지 달려갔다. 그곳에서는 전방에 펼쳐진 논을 다 내려다볼 수 있었다. 그는 굉장히 빠르게 뛰어갔지만, 이미 늦었다.

무뇨즈는 능선 위에서 인민군 병사 하나와 아주 가까운 거리에서 마주
쳤다. 무뇨즈가 먼저 움직였다. 그는 45구경 권총으로 불과 몇 미터 앞에
있는 인민군을 사살했다. 사격을 하는 무뇨즈의 시야에 착검한 채 아무렇
게나 총을 쏴대면서 고지 전사면으로 몰려오는 인민군 2개 부대가 들어
왔다.

그는 가장 가까운 참호로 뛰어 들어갔지만, 이곳에는 이미 브라우닝 기
관총을 든 병사가 앉아 있었다. 그는 병사에게 손짓하며 외쳤다. "당장 정
면을 향해 사격해!"

적은 고지 위로 몰려와 참호로 이어진 G중대의 얇은 방어선으로 달려
왔다. G중대는 적에게 사격으로 응수했고, 적은 방어선 겨우 몇 미터 앞
에서 정지했다. 인민군 제1파는 프랭크 무뇨즈가 있던 진지 바로 앞 몇
미터 지점에서 무너졌다.

제1파가 무너지자, 무뇨즈는 곧장 일어나 방어선 중간에 있는 중대 지
휘소로 돌아와 메릿과 합류했다. 무뇨즈는 부하 2명이 참호에서 뛰쳐나
가 도망가다가 적이 쏜 총탄을 맞고 쓰러지는 것을 보았다. 그는 G중대
가 거의 막바지까지 몰렸다는 사실을 깨달았다.

"행크, 최후 방어사격을 요청하게!"

그때 인민군 제2파가 능선을 향해 돌격을 시작했다. 대혼전 속에서 인
민군 일부는 G중대의 참호로 뛰어들어 총검전을 벌였다.

무뇨즈는 고지로 당장 화력을 집중하라고 포병 관측장교에게 소리 질
렀다. 관측장교인 하트먼Hartman 중위가 소리쳤다. "안 됩니다! 그렇게 할
수 없습니다!"

그러자 무뇨즈는 야전전화기를 집어 들고 대대 본부에 직접 전화했다.
그는 포병 연락장교를 찾아 원하는 대답을 받아냈다. 곧 무뇨즈의 진지
위로 105밀리 야포 일제사격이 두 번 실시되었다.

몇 초 후, 포탄이 쏟아져내리며 귀를 찢는 듯한 폭발음이 들렸다. 포탄
은 여전히 능선 아래에서 몰려오던 인민군 대부분을 처치했다.

무뇨즈의 부하들은 모두 참호에 들어가 있었기 때문에 피해를 입지 않았다. 하지만 개활지에 있던 적들은 모두 죽었다. 그리고 G중대원은 적에게 갑자기 공격받기 전 상태처럼 고지 위에 홀로 남겨졌다.

무뇨즈는 전화로 대대에 보고했다. 남은 하루 동안 고지 주변에서 산만한 포격이 있었을 뿐이었다. 82밀리 박격포탄만 몇 발 떨어졌다.

그날 밤 상부는 G중대를 고지에서 내려오게 한 후 이틀간 휴식을 취하게 했다.

* * *

미군은 역습을 시도하면서 모든 병력과 물자를 동원했으나, 클로버리프 고지와 오봉리 정면의 아군 지역을 간신히 지킬 수 있었을 뿐이었다. 9연대와 낙동강 돌출부 내의 모든 전투부대를 지휘하는 힐Hill 대령은 예비대가 없어 더 이상 기동을 기대할 수 없었다.

힐 대령과 미 24사단장인 처치 장군은 당장 할 수 있는 것은 현 위치에서 계속 방어하는 것뿐이라는 데 동의했다. 8월 15일이 되자, 이들은 돌출부를 유지하는 것만으로도 버거웠다. 앞서 8월 13일에 처치 장군이 워커 장군에게 인민군 4사단 전체가 낙동강을 건너려 한다고 보고했으나, 워커는 능선을 따라 피비린내 나는 교착 상황이 벌어지고 있다는 것이 명백해진 다음에야 비로소 보고를 믿게 되었다.

당시 워커는 초조하고 불안했으며 퉁명스러웠다. 하지만 워커에게는 문제가 산적해 있었다. 당시 8군 전선은 문제투성이였으며, 모두가 도와달라고 악을 쓰고 있었다.

8월 12일, 킨Kean 특수임무부대는 유엔군 최초로 역공을 펼치다가 '피의 협곡bloody gulch'이라 불리는 계곡에서 심각한 난관에 부딪혔다. 남쪽 끝의 전선은 매우 어려운 상황이었다. 또한 낙동강 돌출부는 서쪽이 계속 팽창해 인민군은 대구 전방에서 낙동강 전선을 압박하면서 이 필수적인 중심부로 병력을 집중시키고 있었다. 북동쪽 끝자락에는 한국군 사단들이 동해안을 따라 계속해서 남쪽으로 밀리고 있었다.

8월 둘째 주부터는 온 사방에서 전투가 벌어졌으며, 월튼 워커 중장도 위기 속에서 하루하루를 보냈다. 그의 명령은 병력 돌려막기의 연속이었다. 전선을 따라 모든 곳에서 위험에 직면하자, 그는 가장 위험한 지역을 정확하게 추정해야 했다. 전쟁에서 '거의 맞힌 것' 따위는 아무 의미가 없기 때문이다.

워커가 계속 올바른 결정들을 내렸기 때문에 그의 군사적 명성은 확고해지게 된다.

8월 15일, 인민군도 같은 생각을 가졌듯 영산-밀양 지역이 인민군의 공격축 중에서 가장 위험한 곳이라는 점을 감안한 워커는 처치에게 무뚝뚝하게 말했다. "자네에게 해병여단을 주지. 당장 이 상황을 정리하게. 빨리!"

미 해병대의 크레이그Craig 장군의 지휘를 받는 해병여단은 미국 본토에서 얼마 전에 도착했다. 맥아더 원수는 장차 실시할 상륙작전에 쓰려고 해병여단을 아껴두려 했지만 낙동강의 상황이 이미 너무 위험해져 있었다. 소방대로서 해병여단이 필요했다. 당시 5,000명으로 구성된 해병 부대는 워커의 주된 예비대였다.

미 9보병연대가 고지 위에서 처절하게 피를 흘리며 두들겨 맞는 동안 미 해병여단은 8월 17일에 낙동강 동쪽의 적 돌출부를 없애버리라는 명령을 받았다.

* * *

이 위기의 나날 동안 낙동강 방어선 안에 있는 유엔군의 상황은 실제로 어둡게 보였다. 적에게 어떤 상황이 발생했는지를 알아야 정확한 평가가 가능했다. 미군 고지 다른 쪽에서는 리권무 소장이 지휘하는 인민군 '서울' 4사단이 엄청난 난관에 봉착해 있었다.

각각 1,500명으로 구성된 3개 소총연대로 공격하던 인민군 4사단은 클로버리프 고지와 오봉리 능선 앞의 완강한 미군 방어선과 격돌하면서 엄청난 사상자가 발생했다. 인민군 4사단은 주로 남한의 마을들에서 강제로 끌어온 민간인들을 보충병으로 받았지만, 이들 대부분은 군사 훈련은 고사하고 무기도 없이 전선으로 왔다. 이들 중 최대 40퍼센트는 기회만 있으면 탈출했다. 공격에 적합하지 않은 나머지는 노무 병력으로 동원되어 참호를 파거나, 탄약을 나르거나, 식량을 구해오는 등의 일을 했다.

낙동강 동쪽에서 리권무는 보급에 엄청난 난관을 겪고 있었다. 식량은 귀했다. 강이라는 장애물을 건너 교전 부대까지 탄약을 실어 나르는 것이 갈수록 어려워졌다. 원래 북한에서 가져온 보급품이 고갈되었을 뿐만 아니라 미군의 항공 차단은 지나치게 늘어진 보급선을 조여오기 시작했다.

대단히 중요한 오봉리 능선을 고수하고 있던 인민군 18연대의 장기덕張基德 대좌는 8월 14일 이후로는 탄약 재보급을 전혀 받지 못했다.

경상을 입은 병사들은 치료도 받지 못한 채 모두 전선으로 복귀했다. 보다 심각하게 부상을 입은 병사들도 달리 돌봐줄 방법이 없었다. 이들은 아무 치료도 받지 못한 채 다수가 죽어갔다.

하지만 중국과 만주에서 싸워본 인민군 분대장들과 소대장들의 사기는 여전히 굳건했다. 리권무 소장과 장기덕 대좌가 이들 초급장교와 부사관들을 믿는 한, 자신들이 지휘하는 부대의 전투력도 믿을 수 있었다.

용기와 전투력은 다양한 신념과 깃발에서 나온다. 미군이 리권무와 장기덕의 잔인하고 폭압적인 방식을 어떻게 느꼈든 간에 인민군의 용기가 여전히 높다는 사실은 부정할 수 없었다.

조선민주주의인민공화국의 영웅으로 1급 국기훈장 수훈자인 리권무에게 철수할 생각 따위는 전혀 없었다.

* * *

한국전쟁이 발발했을 당시, 소수 병력인 미 해병대에서 전투를 경험한 병력은 10퍼센트 미만이었다. 하지만 다행스럽게도 이 10퍼센트가 주로 장교와 부사관에 집중되어 있었다. 대부분의 해병대 지휘관들은 전쟁이 어떤지를 잘 알고 있었다.

언제나 대부분이 자원병으로 구성되어온 해병대는 제2차 세계대전 이후 육군에 가해진 대규모 감축을 피할 수 있었다. 전쟁 동안 미국의 여론은 육군에 대해 신랄하고 가혹했지만, 육군에 비해 20배는 작고 폐쇄적인 해병대에게는 너그러웠다.

1950년, 미 해병대 장교는 여전히 정예 장교였으며, 해병 부사관은 로마 카이사르 시대 이래로 훌륭한 부사관이 해왔던 대로 행동했고 허튼 짓을 하지도 용납하지도 않았다. 또한 해병대 지휘관들은 유일한 임무이자 근본 임무가 전투라는 것을 절대 잊지 않았다.

해병대는 그곳에서 복무하는 해병대원들을 편안하게 놔두지 않았다. 해병대는 예전에도 그랬듯이 언제나 힘들고, 더럽고, 잔혹한 훈련 방식을 고수했다.

해병대는 자신들의 방식을 유지하면서 용기나 선견지명을 명예로 생각하지 않았다. 제2차 세계대전이 끝난 후 몇 년간은 미국의 여론이 해병대를 압박하지 않았고, 지휘관들에게 사회의 이상을 잠자코 따르라고 몰아붙이지 않았다. 하지만 한국전쟁이 끝나고 얼마 지나지 않은 어느 밤에 불운한 리본 크릭^{Ribbon Creek} 사건[71]이 벌어지자, 의회 위원회 앞에 선 해병대 사령관은 자신들의 권리를 옹호하는 데 육군 장성들과 마찬가지로 별 능력이 없음을 보여주었다.

훈련을 받는 병사에게 고통을 강요하거나 어쩌다 발생하는 일이기는 하지만 사고로 목숨을 잃게 하는 것은 끔찍한 일이다. 하지만 이 방법 외에 병사들을 어마어마하게 커다란 전투 공포에 대비시킬 수 있는 다른 방법은 없다.

---

71 1956년 4월 8일 야간에 발생한 사망 사건으로, 해병대 훈련교관이던 매튜 맥키언(Matthew McKeon) 하사가 사우스캐롤라이나 주 패리스(Parris) 섬의 해병대 훈련소에서 훈련을 받는 소대를 리본 개울(Ribbon Creek)이라는 습지성 개울로 행군시켰다가 6명이 사망했다. 그는 낮에 음주를 한 상태로 훈련을 시킨 혐의가 적용되어 유죄 판결을 받았다.

1950년에 해병은 현역이든 예비역이든 전장에서 죽을 준비가 육군보다 훨씬 더 잘 되어 있었다.

합참의장이 완전 편성이 이루어진 1개 사단을 요청했을 때, 해병대는 미 해군 해병 전력의 1해병사단에서 오직 1개 여단밖에 편성할 수 없었다. 해병대는 모자라는 병력을 충원하기 위해 함정 근무자와 육상 근무자를 샅샅이 뒤졌고, 모든 지상 예비역을 현역으로 소집했다. 해병대는 준비되지 않은 병사들이 전투에 투입되지 않도록 최선을 다했지만, 우선적으로 임무를 고려할 수밖에 없었다. 결국 1950년 여름 이후 요구 수준 이하로 훈련을 받은 신병들이 동양으로 떠났다. 민간인의 삶을 막 시작했던 다수의 예비역들 또한 여느 군의 예비역들처럼 현역 전환 명령을 고통스럽게 받아들였다.

타군과 마찬가지로 해병대 내에 억울해하는 정서가 남아 있었지만, 이 사실은 잘 알려지지 않았다.

하지만 좋든 싫든, 전쟁의 이유를 믿든 안 믿든 간에 해병대는 전쟁터로 떠났고 명령에 복종했다.

* * *

미 5해병연대의 레이먼드 머레이Raymond L. Murray 중령은 남쪽의 먼지 자욱한 마산에서 밀양으로 이동했다. 여기서 머레이 중령과 크레이그 장군이 공격 계획을 논의하는 동안 피곤하고 땀에 젖은 해병들은 흙빛을 띠고 흐르는 밀양강에서 목욕을 했고, 끈적끈적한 논흙이 묻어 형편없게 된 전투복과 장비를 대체할 새 피복과 장비를 지급받고서 어떤 임무를 받을지 궁금해하고 있었다.

이 해병대원들은 한국 남쪽에서 제한적인 전투만을 치렀지만 태평양을 건너며 배에 붙은 살은 이미 땀으로 다 빼낸 뒤였고 여름 열기에 익숙해지기 시작했다. 작렬하는 태양에 대비가 되어 있지 않기는 해병대도 육군과 거의 마찬가지였지만, 이들은 육군과 다르게 서서히 적응하고 있었다.

해병은 상당한 자신감에 차서 힘차게 걸었다. 이들은 한국에 있는 여느 미국 젊은이들과 같았지만, 잘 훈련된 미합중국 해병이라는 것을 명심하고 있었기 때문에 기대에 부응하는 기준을 자각하고 있었다.

성전聖戰이나 조국을 지키기 위한 전쟁이 아닌 전쟁에서는 자기 자신과 임무에 대한 자부심을 갖고 전쟁의 거친 충격을 흡수하고 무엇을 해야 하는지 알게 하는 충분한 훈련을 받은 사람만이 잘 싸우게 마련이다. 인종에 상관없이 죽거나 죽이기를 좋아하는 사람은 거의 없다. 이 해병들은 해병으로 복무한다는 것에 자부심을 가졌다. 각자 힘든 훈련 속에서 일정 수준에 도달했기 때문에 이들에게는 해병으로서의 자부심이 조심스럽게 서서히 주입되었다. 이들은 동료가 쓰러지도록 그냥 놔두지 않았다. 해병에게는 군기가 있었다. 군기의 본질은 명령을 의심하는 것이 아니라 최대한 현명하게 명령을 완수하는 것이다.

해병대의 인적 자원은 일반 사회의 구성원보다 특별히 더 나은 것이 없었다. 하지만 해병은 반복되는 망치질을 받으며 새로운 형태로 연마되었고, 계속되는 불길을 견디며 강해졌다. 해병은 미국이 보유한 부대 중 고대 로마 '군단'과 가장 유사한 부대였다. 이들은 고향 바닷가부터 보헤미아의 바닷가까지 해병의 깃발을 따라서 어디서든 잘 싸웠다.

임시 해병여단이 배속된 미 24사단의 처치 장군은 9보병연대가 전투를 치른 클로버리프 고지와 오봉리 능선을 한 무리의 적 고지로 보았다. 하지만 머레이 중령은 낙동강 돌출부에 대한 전면 공격을 실시하기 전에 해병대가 오봉리의 적을 초토화시켜도 되겠냐는 허락을 구했다. 머레이는 오봉리 능선을 빠르고 쉽게 항복시켜 확보할 수 있으리라 생각했으며 이렇게 확보한 능선을 전면 공격개시선으로 이용할 셈이었다. 사실 이 생각은 틀렸지만, 처치 장군은 머레이의 제안에 동의했다.

해병의 공격 순서가 정해졌다. 해롤드 로이즈Harold S. Roise 중령의 2대대가 선봉에 서고, 5연대 1대대, 3대대가 그 뒤를 따랐다. 8월 17일 자정이 지나자 2대대가 오봉리 능선 앞 집결지로 이동했다.

2대대 D중대와 E중대가 공격을 선도하는 것으로 정해졌다. 이들은 이른 아침 상쾌한 공기 속에서 이동하기 시작해 7시에는 공격 목표인, 이판암과 소나무로 둘러싸인 매력적이지 않은 긴 능선을 볼 수 있는 위치에 도착했다. 능선에서 갈빗살 모양으로 뻗어나간 6개의 돌출부는 물이 차 있는 논으로 이어졌다. 돌출부들과 야트막한 야산들 사이로는 논이 드넓게 펼쳐져 있었다. 지금 해병들은 야산들 뒤에 모여 있었다.

해병여단에게 지급된 지도는 1950년에 유엔이 사용했던 모든 지도들처럼 옛 일본의 측량을 근거로 한 것이라서 부정확했다. 해병들은 자신들이 정확히 어디 있는지 알지 못했다. D중대의 지머^{Zimmer} 대위는 E중대의 스위니^{Sweeney} 대위와 함께 이 능선을 '붉은 칼자국^{red slash} 고지'라고 불렀다. 해병의 공격 진지에서 보면 붉은 흙이 많은 능선 중심 가까이에 새로 생긴 산사태 자국이 마치 입을 벌린 것처럼 보였기 때문이다.

지머 대위가 스위니 대위에게 말했다. "붉은 칼자국이 보이는 바로 저 지역을 점령하도록 하지." 스위니도 동의했다. D중대와 E중대는 항공기와 야포의 공격준비사격이 끝나면 2개 소대를 앞으로 보내 8시에 공격하기로 했다.

제1파로 전방에 보낼 가용한 병력은 오직 120명에 불과했다.

이제 동해 먼 바다에 있는 미 해군 항공모함인 바도엥 스트레이트^{Badoeng Strait}와 시실리^{Sicily}가 맞바람을 맞으며 해병 F4U 코르세어^{Corsair} 전투기 총 18대로 이루어진 2개 비행대대를 출격시켰다. 날개가 마치 갈매기 날개처럼 생기고 무거운 폭탄을 장착해 꼴사나운 모습의 코르세어는 연료탱크가 부족했기 때문에 네이팜탄을 실을 수 없었다.

10분 동안 24사단 포병은 오봉리 능선 후방으로 나 있는 접근로들과 능선의 후사면을 따라서 타격했다. 포병이 사격을 멈추자, 해병 항공대가 마치 벌떼처럼 고지 위로 날아와 오봉리 능선을 따라 폭탄을 퍼부었다. 진흙, 먼지, 그리고 화염이 능선 전체를 뒤덮어버렸다. 이를 지켜보던 처치 장군은 능선이 마치 연기 속에 떠 있는 느낌을 받았다.

폭탄을 모두 사용한 코르세어는 굉음을 내며 멀어져갔다. 8시, 병력이 충분치 않은 해병 4개 소대가 계곡을 가로질러 900미터 떨어진 능선으로 진격했다.

공격 진지에서 이를 지켜보던 종군기자 몇 명이 목표의 이름이 뭐냐고 장교들에게 물었다. 아무도 이름을 모르는 것 같아서 종군기자 하나가 자신의 기사에 이곳을 '무명無名 능선'이라고 명명했다.

논 3개를 가로질러 목화밭 가장자리까지 도달한 해병들은 능선 위가 아닌 측방에서부터 자동화기 사격을 받았다. 사격이 더 치열해지자 공격하는 소대들 사이에 간격이 생기기 시작했다.

적의 사격에도 불구하고 소대는 오봉리 경사면까지 도달했다. 그러자 이번에는 박격포탄이 이들 머리 위로 떨어졌다. 그리고 여기서부터 경사가 매우 가팔랐기 때문에 해병들은 천천히 그리고 고통스럽게 기어올라 산마루로 향했다.

마이클 신카Michael J. Shinka 소위가 지휘하는 D중대 3소대만이 능선 정상에 도달했다. 신카가 '붉은 칼자국' 바로 오른편에서 위로 이어진 배수로를 발견하자, 소대원들은 이곳을 통해 몸을 구부려 가쁜 숨을 몰아쉬며 포복으로 산마루로 올라갔다. 소대원 30명 중 3분의 2만이 능선에 도착했다. 그나마도 다른 소대들은 가파른 지형과 치열한 사격에 막혀 경사면 중간쯤에서 멈춰 있었다.

오봉리 꼭대기에 오른 해병 20명은 양 측방에 몸을 숨길 곳이 없었다. 이들은 인민군이 판 빈 참호선을 발견했다. 오른쪽에 있는 적 진지로부터 기관총탄 세례가 시작되자, 해병은 모두 참호 안으로 뛰어 들어갔다. 그리고 잠시 후에는 적 진지로부터 수류탄 여러 발이 공중으로 솟아올라 능선의 후사면으로 굴러들었다.

해병대는 비탈 아래에 있는 적의 저항은 제압할 수 있었지만, 우측에서 종사從射하는 기관총을 멈추게 할 방법이 없었다. 참호에서 나오기만 하면 누구든 기관총탄에 맞았다. 불과 몇 분 만에 마이크 신카Mike Shinka는 병사

5명을 잃었다. 오른쪽에도 왼쪽에도 그를 지원하는 해병들은 없었다. 그는 능선이 지나치게 뜨겁다고 느꼈다. 그는 소대 선임하사인 리스^{Reese}를 소리쳐 불러 부상병들을 데리고 내려가라고 명령했다. 3소대도 모두 고지 아래로 내려가라고 지시했다.

부상병들을 우비로 싸서 끌다가 배수로를 통해 고지를 미끄러지듯 내려오던 해병들은 중간쯤 되는 곳에서 적절한 엄폐물을 찾았다. 신카는 무전기로 중대 지휘소와 교신했다.

그는 지머 대위에게 말했다. "만약 우리 등을 향하고 있는 저 측사^{側射}만 제거해주신다면, 저희가 고지에 올라가 점령할 수 있습니다." 병력을 세어본 신카는 30명 중 15명만 남은 것을 알게 되었다. "공중 공격과 병력을 더 지원해주십시오. 할 수 있습니다."

지머 대위가 말했다. "자네에게 줄 추가 병력이 없네. 하지만 공중 공격은 준비 중일세."

D중대와 E중대의 모든 소대들은 능선을 따라 멈춰 섰다. D중대의 예비대는 신카 소대의 측방에 있는 소대를 지원하기 위해 투입되었다. 코르세어 공격기가 다시 돌아와 폭격하기를 기다리는 동안, 신카를 포함한 소대장들은 최선을 다해서 새로운 공격을 시도했다.

해병대 항공기들은 굉음을 내며 다시 한 번 오봉리 위를 날면서 발밑이 흔들릴 때까지 고폭탄을 능선에 퍼부어댔다. 폭격이 끝나자 미군 전차들이 능선 동쪽의 탁 트인 계곡에서 나와서 오봉리의 측면과 산마루를 향해 주포를 발사했다.

큰 피해를 당한 해병소대들이 다시 고지로 올라갔다. 적의 사격이 시작되었다. 적의 사격 대부분은 북쪽의 클로버리프 고지 지역에서 날아왔다. 인민군은 미군 폭격 때 포기했던 능선 꼭대기의 참호들로 서둘러 돌아가서 전방 비탈로 수류탄을 계속 굴렸다.

마이크 신카 소위와 소대원들은 능선 돌출부를 점령할 유일한 해병 전력이었다. 이번에 신카 소위는 팔다리가 온전한 해병 9명과 함께 올라갔다. 이들은 왼쪽 능선에서 움직이는 사람들을 발견했다. 여전히 일어서 있던 소대 선임하사가 이들을 불렀다. "E중대인가?"

하지만 응답 대신 자동화기의 총탄이 날아왔다.

"개자식!" 리스 중사가 욕을 내뱉으며 브라우닝 기관총으로 응사했다.

다시 한 번 신카의 소대는 방어하기 어려운 위치에 있었다. 왼쪽, 오른쪽, 그리고 오봉리 능선 후사면으로부터 적의 사격이 가해졌다. 리스는 다리에 관통상을 입고 쓰러졌고 다른 해병은 복부에 총알을 맞았다.

산마루에서 총알이 마이크 신카의 턱을 부숴버렸다. 자신의 피 때문에 질식할 것 같은 신카는 웅크려 목의 피를 내뱉었다. 그는 무전기를 쓸 수 없었다. 그는 모두 능선 경사면에서 내려가라고 부하들에게 손짓했다.

부상을 입은 채 남겨진 해병이 없는지 확인하기 위해 능선 위를 살펴보던 신카는 팔에 총알을 맞았다. 총알을 맞은 충격으로 쓰러진 신카는 비탈로 굴러떨어졌다.

신카와 피투성이가 된 부하들이 기어서 엄폐된 배수로로 오는 동안, 적의 총알 폭풍은 오봉리에 공세를 펼치던 미 해병대 전체를 산산조각 냈다. 15시 무렵까지 공격에 투입된 해병 240명 중에서 23명이 전사하고 119명이 부상을 입었다.

수많은 사람들이 전사했으나 오봉리 능선을 점령하지 못했다.

16시에 뉴턴Newton 중령이 지휘하는 5해병연대 1대대가 능선 전방에 있던 2대대의 잔여 병력과 교대했다.

* * *

오봉리 능선을 지키는 인민군 18연대를 지휘한 장기덕 대좌는 상황이 점점 절망적이 되어간다는 것을 알았다. 낮 동안 그의 휘하에서는 사상자 600명이 발생했고, 그 과정에서 클로버리프 고지를 지키던 인민군 16연대는 장기덕 대좌를 지원하기 위해 1개 대대를 보내야 했다. 탄약보급은 무서운 속도로 줄어들고 있었다. 그에게는 의료 물자도 없었기 때문에,

부상병들은 치료를 받지 못해 그냥 죽어가고 있었다.

장기덕 대좌는 미군 항공기와 야포가 계속 두들겨대는 가운데 새로운 미 해병들이 능선을 다시 공격하면 단 하루도 더 버틸 수 없음을 잘 알았다. 그는 미 해병대의 주파수에 맞춰진 미군 SCR-300 무전기를 노획했기 때문에 미 해병 1대대가 오봉리 전방에서 미 5해병연대 2대대와 교대한 것을 알았다. 그리고 미 해병들이 수많은 이야기를 무전기에 대고 주고받았기 때문에 대략 어디쯤에 미 5해병연대 1대대 예하 중대들이 있는지도 알았다.

마침내 머레이 중령은 오봉리를 공격하기 전에 클로버리프 고지를 점령해야 한다는 사실을 깨달았다. 그날 오후 늦게 미 9보병연대 2대대는 인민군 16연대를 지원진지에서 밀어냈다. 미 19연대와 34연대는 클로버리프 고지 북쪽으로 인민군 돌출부의 우측방을 공격해서 얼마간의 성공을 거두었다.

측방을 돌파당하게 생기자, 장기덕 대좌는 낙동강 서쪽으로 철수를 요청했으나 거부당했다.

장기덕 대좌는 여느 인민군 고급 지휘관들처럼 소련에서 군사교육을 받고 중일전쟁에 참전한 노련한 인물이었다. 그는 미군이 인민군 18연대를 공격하기 전에 먼저 미군을 격파하는 것이 유일한 희망이라고 생각했다. 그는 병력도, 식량도 부족했지만, 무엇보다 가장 심각한 것은 탄약이었다. 하지만 그는 여전히 눈앞에 종심이 얇게 배치된 미 해병대 방어선 중 원하는 장소에 우세한 전투력을 집중시킬 수 있었다.

8월 17일 어둠이 내리자, 그는 공격하기로 마음먹었다.

* * *

미 5해병연대 1대대의 A중대와 B중대는 8월 17일 오후에 심각한 피해를 입은 미 5해병연대 2대대와 진지 교대를 실시한 후 공세를 이어갔다. 이들은 오봉리 능선의 야산 2개를 점령하고 어둠이 깔리자 철통같이 방어했다. 이들은 예상되는 적의 접근로로 포병 표적을 조정했고, 방어선 앞에는 조명지뢰를 연결한 인계철선을 깔았다. 해병들은 밤에 적이 강력하게 반격할 것이라고 예상은 했지만, 무전을 감청한 적이 아군의 위치를 정확하게 파악하고 있다는 것을 전혀 알지 못했다.

2시 30분이 되자, 어둠 위로 녹색 조명탄 한 발이 솟아올라 오봉리 위에서 터졌다. 밤새 조명탄 빛과 파열음이 이어졌다. 적 분대들이 해병들을 향해 돌진해오며 수류탄을 던지고 자동화기를 미친 듯이 쏘아댔다. 분대마다 조금씩 앞으로 나아가다 쓰러지면 그 뒤로 새 분대가 공격을 반복했다.

비명과 총소리 속에서 인민군은 A중대로 밀고 들어와 돌파했고 A중대를 돌파한 뒤 B중대 방어선까지 몰아쳤다. A중대의 1개 소대가 고립되었지만, 소대의 방어진지들은 흐트러지지 않은 채 형태를 유지했다. 결국 A중대는 점령했던 야산에서 철수할 수밖에 없었고 비탈을 따라 안부鞍部로 내려왔다.

B중대 방어선에 대한 인민군의 공격은 실패로 끝났다. 약 45분 동안 아슬아슬하고 격렬한 근접전이 능선 돌출부 위에서 벌어졌다. 그리고 인민군의 공세는 서서히 기세가 꺾였다.

2시간 뒤 날이 밝기 시작했다. 동쪽 하늘이 밝아오면서 공격이 완전히 멈추었다. 흐릿한 아침 태양 아래서 해병대 2개 중대 진지 앞에 흩어져 있는 인민군의 시신은 200구가 넘었다. 기어서 도망가거나 또는 실려갔을 부상병의 수는 짐작만 할 뿐이었다. 그러나 인민군 18연대는 회복이 불가능할 정도로 산산조각이 났다.

하지만 미군 역시 대가가 만만치 않았다. 전날 저녁, 석양을 지켜봤던 미 해병의 절반은 더 이상 대지 위에 서 있지 못했다.

날이 밝자, 해병들은 적의 퇴로를 따라 한 차례 더 공격을 실시했다. 하지만 곧 적의 기관총이 A중대의 진격을 저지했다.

A중대의 존 스티븐스John Stevens 대위는 기관총 진지에 대한 공습을 요청

했다. 하지만 그의 중대원들 앞에 있는 기관총이 고작 100미터도 떨어져 있지 않았기 때문에 대대 본부는 아군과 지나치게 가깝다는 이유로 코르세어 전투기의 기관총 진지 공습을 허가하지 않았다. 스티븐스가 항의했다. 그는 참호에 설치된 기관총 때문에 진격할 수 없으며 철수하더라도 부하들을 잃기는 마찬가지라고 말했다. 또한 부하들은 모두 참호에 숨어 있다고 보고했다. 결국 대대도 공습에 동의했다.

지상 관제 장교의 유도를 받는 코르세어 전투기들은 위험이 따르는 도박을 하지 않았다. 코르세어 한 대가 선도비행을 하며 목표 상공에서 표적을 가리키자 그 뒤로 500파운드 폭탄을 장착한 동료기同僚機가 굉음을 내며 날아왔다. 인민군 기관총을 둘러싸고 있던 산비탈은 폭발하면서 엄청난 폭음에 휩싸였다.

스티븐과 해병들은 사방으로 튀는 돌과 흙을 헤치며 연기 속으로 뛰어들어갔다. 이들은 기관총이 파괴되고 사수들이 뇌진탕으로 사망한 것을 확인했다. 해병 한 명도 전사했지만, 몇 분 후 미 해병대는 고지를 점령했다.

5해병연대 1대대가 능선 일부를 소탕하는 동안, 머레이 중령은 5해병연대 3대대를 북쪽으로 투입했다. 3대대는 적의 저항을 거의 받지 않고 재빠르게 이동했다.

오봉리 뒤에는 패배해 사기가 꺾인 인민군 수백 명이 낙동강을 향해 서쪽으로 몰려가고 있었다. 이제 포병 관측장교와 하늘 위의 전술항공기가 활약할 차례였다. 진격하는 해병에 밀려 개활지로 들어간 인민군 병사 수십 명은 포화에 휩싸여 죽었다.

8월 18일 오후가 되자, 인민군 4사단 전체가 도주 중이라는 사실이 분명해졌다. 육군과 해병은 적을 서쪽으로 밀어붙여 강가로 몰았고, 낙동강 도하지점에 계속해서 포탄이 떨어졌다. 8월 19일 이른 아침에는 미 해병대와 미 34보병연대가 강변에서 합류했으며, 그날 저녁에 실시한 정찰에서 낙동강 동쪽에서 한 단 명의 적도 발견하지 못했다. 낙동강 돌출부의 첫 전투는 미군의 완벽한 승리로 막을 내렸다.

"소방대가 도착했다." 1950년, 낙동강 전선에서 박격포 포화를 견디고 있는 미 해병대원들의 모습.

인민군 4사단은 3,000명 미만의 병력만이 다시 강을 건너갔다. 4사단 예하 연대마다 실질적 병력은 300~400명에 불과했다. 이들은 1,200구가 넘는 시신을 남겨두고 갔고, 미군은 이를 매장해야 했다. 더 중요한 사실은 인민군 4사단이 화기도 버려두고 갔다는 것이었다. 이들은 야포 34문, 기관총 수백 정, 소총 수천 정을 버린 채 도주했다. 실질적으로 '서울' 사단은 격멸당했다.

소방대가 도착했다. 그들은 화염 속에서 불타올랐지만 이제 그 화염은 꺼졌다.

8월 19일 리권무는 대전에서의 영웅적 업적으로 4사단이 근위사단으로 지정되고 김일성에게서 훈장을 받았는데, 이는 며칠 전에 공표되었다. 북한의 공화국 영웅인 그에게는 쓰디쓴 순간이었다.

제13장
낙동강에서의 죽음

●

만약 적이 대구로 진입한다면 나와 내가 신뢰하는 이들은 모두 거리에서 적들에게 대항할 것이며, 여러분도 모두 똑같이 할 준비가 되어 있기를 기대한다. 이제 모두 사단으로 돌아가 열심히 싸우길 바란다!
관짝에 들어가 있을 게 아니라면, 전선에서 또다시 여러분의 등을 보고 싶지 않다.
　　　　— 1950년 9월 위기 중 미 8군 사령관 월튼 워커 중장의 훈시 중에서

낙동강 돌출부가 낙동강 방어선을 위협하고 있었고, 미 8군에는 심각한 문제들이 여기저기서 계속 튀어나왔다. 대구 전선을 지키고 있던 미 1기병사단은 치열한 전투를 치르고 있었다. 먼 남쪽 전선에서는 약점들이 노출되었다. 한국군 사단들이 맡은 동쪽의 기계와 포항 지역에서는 모든 전선이 무너질 것처럼 보였다.

동쪽은 산악인 데다가 모든 곳을 방어할 만큼 병력과 포가 충분치 않았기때문에, 워커는 동부에서 도박을 감행하고 있었다. 그는 해안을 따라 내려오는 인민군 12사단이 한국군 부대를 제압할 충분한 전력을 갖고 산을 넘어오기 힘들 것이라고 보았다.

하지만 인민군은 험준한 지형을 넘어와 한국군 3사단을 포위한 뒤 영일 공군기지를 위협했다. 8월 11일이 되자, 지상군을 지원하기 위해 영일 비행장에서 이륙한 전투기들은 미처 바퀴를 다 집어넣기도 전에 기총소사를 시작하고 있었다.

8월 13일, 극동공군은 아직 미군 보병과 전차부대가 둘러싸고 있는데도 영일 기지를 포기하기로 결정했다. 활주로에 적의 포탄이 떨어진 적이

없었지만, 미 5공군은 철수했다. 미 5공군은 사실 적의 유효한 화력에 노출된 적이 단 한 번도 없었다. 한국군과 인민군이 이 지역을 놓고 시소를 타듯 전투를 치를 때 항공기들이 꼭 필요했다. 연합통신을 통해서 철수 소식을 알게 된 맥아더와 그의 참모장인 에드워드 알몬드Edward Almond 소장은 매우 화를 냈다. 맥아더는 곧장 극동공군에 자신은 영일 기지를 계속 유지할 생각이며, 항공기들이 일본으로 귀환하는 것을 바라지 않는다고 알렸다. 그런데도 F-51 2개 비행대대는 규슈의 쓰이키築城 기지로 돌아갔다.

궁지에 몰린 한국군 3사단은 전투를 치르며 해안까지 이동해 8월 16일과 17일 이틀에 걸쳐 미 공군과 미 해군의 엄호를 받아 탈출했다. 한국군 3사단은 훨씬 더 남쪽에 상륙한 뒤 전투를 이어갔다.

포항은 적에게 함락당했다.

하지만 한국군은 인민군의 진격을 멈추게 할 전투력을 갖고 있었다. 인민군 12사단이 산악이라는 장벽을 넘지 못할 것이라는 워커 중장의 판단은 크게 빗나가지 않았다. 인민군 12사단 병력은 험준한 산길을 넘느라 지쳐버렸다. 이 때문에 야포도 가져오지 못했고 보급의 어려움은 심각한 상황에까지 이르렀다. 8월 12일 이후 닷새 동안 인민군 12사단은 식량을 보급받지 못해 시골에서 먹을 것을 찾아다녀야 했다. 보급선이 지나치게 길게 늘어난 인민군은 한국군의 압박에 밀려 끝내 북쪽으로 퇴각했다.

위기의 순간 내내 워커 중장은 참모업무는 참모장인 랜드럼Landrum 대령에게 일임한 채 대부분의 시간을 전선에 있는 부대와 함께 보냈다. 워커는 대구 사령부에 앉아서 보고 자료를 훑는 것보다는 손가락으로 직접 교전 부대의 맥을 짚는 것이 아군 행동에 더 영향을 줄 수 있을 것이라 판단했는데, 이것은 옳은 생각이었다.

미 1기병사단은 엄청나게 넓은 정면을 방어했고, 사단 포병은 여러 방향으로 포격을 가하면서 낙동강을 도하하려는 적을 계속해서 격퇴했다. 왜관 인근 303고지에 역습을 실시한 미 5기병연대는 미군 병사들의 시신을 발견했다. 이들은 인민군에게 포로가 되었던 중화기중대 박격포 사수 26명이었다.[72] 이들 시신은 서로 어깨를 맞댄 채 뉘여 있었다. 신발이 벗겨진 맨발에는 사방으로 튄 피가 엉겨붙어 있었다. 이들은 등 뒤에서 소련제 기관단총으로 처형당했다.

각 병사의 손은 등 뒤로 돌려져 줄이나 전선으로 단단히 묶여 있었다.

방어선 전방에서는 전투가 계속 격렬하고 처절해지면서 상상을 초월한 잔학행위들이 발견되었다. 발견된 미군 시신들 중에는 처형당하기 전 불에 탄 후 거세를 당한 경우도 있었고, 혀가 뽑혀 있는 경우도 있었다. 일부는 가시철조망으로 머리와 입까지 묶여 있었다.

전장의 잔학행위의 증거가 계속해서 발견되자, 맥아더 원수는 이러한 행위에 대한 형사상 책임을 물을 것이라고 인민군 최고사령부에 경고 메시지를 여러 차례 발송했다.[73] 유엔군에 대한 이러한 야만행위들을 인민군 지휘관들이 용인했다는 증거는 없다. 사실 인민군 전선사령부와 총참모부는 전쟁포로에 대해 불필요한 학살을 중단하라는 명령을 여러 차례 내린 바 있다. 하지만 길고 잔학한 일제 점령의 잔재가 불과 하루 만에 사라질 수는 없는 법이다. 일제 시대를 거치며 서구식 행동 규범 없이 잔인함에 익숙해진 한국인들에게 절망적인 상황에서 그들 스스로의 기준이 아닌 다른 방식으로 처신하기를 기대하기란 거의 불가능했다.

전투의 흐름이 자신들에게 불리하게 역전되거나, 또는 소규모 부대가 고립되어 사로잡은 전쟁포로를 잃게 될 위험이 생기면 인민군 병사들은 보복 심리를 자제할 수 없었다. 일제 점령기와 공산당 통치를 거치면서 평생 고문과 즉결처형에 익숙해온 이들이 외국 포로를 친절하게 대할 것이라 기대하기는 어려웠고, 실제로 그렇게 하지도 않았다.

---

72 1950년 8월 17일 303고지에서 미 5기병연대는 37명이 인민군에게 학살당했으며 5명이 살아남았다. 303고지 학살은 미국 언론에 보도되었으나 이후 잊힌 채로 시간이 흘렀다. 1985년에 왜관에 주둔하던 데이비드 캥거스(David Kangas) 중위의 관심으로 시작되어 확인된 학살 현장에는 희생자들을 기리는 추모비들이 2003년과 2010년에 각각 세워졌다.

73 맥아더가 8월 20일에 인민군의 잔학행위를 비난하는 방송을 한 데에 이어, 미 공군은 인민군 지도부에게 보내는 경고가 담긴 전단을 대대적으로 살포했다.

대구에 대한 압박이 높아지고 40만 명이 넘는 피난민으로 인해 대구의 인구가 급증하자, 대한민국 정부는 부산으로 이전했다.

맥아더 원수는 극동공군의 스트레이트마이어 장군에게 명령하여 공군 중重폭격기가 적 지상 병력을 '융단폭격'하도록 했다. 8월 16일, 거대한 B-29 폭격기 98대가 전장을 느릿느릿 날면서 다목적 폭탄 수천 톤을 쏟아부었다. 이는 공군이 반대한 대단히 위험한 수단이었다. 3,000미터 상공에서 전술 부대를 상대로 실시하는 폭격은 운에 맡기는 것이기 때문이다. 이 폭격이 효과를 보았다는 증거는 없었으며, 이런 폭격은 다시 이루어지지 않았다.

미군이 일명 '볼링장bowling alley[74]'이라 이름 붙인 상주-대구 회랑에서는 미 25사단 예하 27보병연대가 미 24사단에 배속되어 매일 밤 필사적으로 싸워 적의 진격을 막고 있었다. 마이캘리스Michaelis 대령의 27연대는 울프하운드Wolfhound라는 별명으로 불렸다. 공격하는 적을 미군 야포 사거리 안으로 끌어들이는 '볼링장'을 둘러싼 고지들을 한국군 1사단이 방어하고 있었기 때문에 마이캘리스 대령의 27연대는 인민군을 저지할 수 있었다.

또한 미 공군 전술항공기들이 인민군 부대와 보급선에 입힌 피해는 지속적이면서 감당할 수 없을 정도였다. 이 기간 중 극동공군이 지상의 결심에 미친 영향은 한국전쟁 중 어느 때보다도 더 컸다는 데에는 의문의 여지가 없다. 1950년 7월 중 공습은 협조도 되지 않고 무계획적이었기 때문에 적만큼 아군에게도 피해를 끼치는 때가 많았다. 그리고 이후로 인민군의 기동 계획에 공군은 결정적인 역할을 할 정도로 힘을 발휘하지 못했다.

하지만 1950년 8월, 인민군의 보급선이 최대한 늘어나고 인민군이 낙동강 방어선을 돌파하기 위해 최대한 한 곳에 집결하자, 일본의 이타즈케板付 공군기지와 아시야芦屋 공군기지에서 이륙한 항공기들은 평균 40소티씩 각 사단을 지원했다. 그와 동시에 폭격기 항공단은 한반도 전체의 철

---

74 경북 칠곡군에 있는 다부동(多富洞)을 가리킨다.

도시설과 군사물자를 파괴했다.

공중 공격을 통한 파괴가 엄청났으나, 이를 뒷받침할 증거는 없다. 조종사의 주장과 실제 피해 간에는 30 대 1까지 격차가 있다. 하지만 이 항공지원이 없었다면, 미 육군이 한반도에서 밀려 나갔을 것이라는 데에는 의문의 여지가 없다.

이 필사적인 기간 동안 유엔군 병력이 엄청나게 증강되었다. 더 많은 함정, 항공기, 그리고 무엇보다 중요한 신병들이 극동으로 쏟아져 들어왔다. 8월 동안 미군 병력 1만 1,115명이 부산에 도착했다. 8월 말에는 미국과 한국을 제외한 다른 국가가 파병한 병력이 도착했는데, 이들은 홍콩에서 출발한 영국군 27여단이었다. 한국군도 재편을 거치면서 엄청나게 개선되었고, 한국군 병력 중 잔여 인원은 미군 사단들로 전환되었다. 이는 절망적인 상황에서 등장한 궁여지책이었으나, 이후 제대로 작동하지 않는다고 판단되어 중단되었다.

전력 증강은 성공적이었다. 8월 말 무렵 유엔군은 병력 수 18만 명으로, 10만 명이 채 안 되는 적에 비해 병력 수에서 큰 우위를 보였다. 이들은 별다른 저항 없이 제공권을 장악했는데, 이는 바다에서도 마찬가지였다. 미 8군은 야포와 박격포 화력에서 절대적이고 압도적으로 우세했다. 미군 전차 약 600대는 인민군에게 남은 전차 100대를 상대하고도 남았다.

8월 31일 무렵 인민군에게 유리한 점은 오직 하나뿐이었다. 그것은 인민군이 여전히 주도권을 쥐고 있다는 것이었다.

* * *

전쟁 초기에 인민군은 전술에 변화를 주지 않았다. 사실 인민군은 전술을 바꿀 이유가 없었다. 인민군은 통상 한국군이나 미군을 가까이에서 압박해 정면에 견제공격을 실시하는 동안 측방을 우회하거나 후방으로 침투하는 기동을 했다. 확실한 전선을 구축할 수 없었던 한국군과 미군에게 이 전술은 치명적이었다.

하지만 1950년 8월, 인민군은 같은 전술을 낙동강 방어선에서도 시도했지만 실패했다. 이제 유엔군은 측방에 동해라는 굳건한 방어선이 있었고, 엷기는 했지만 방어선에는 이제 이렇다 할 틈이 없었다.

8월이 저물어가자 이제 인민군은 결정적 승기를 잡을 유일한 희망은 낙동강 방어선에 정면공격을 시도하여 유엔군의 예비대가 자신들을 몰아내기 전에 방어선을 돌파한 후 유엔군의 후방에서 전과를 확대하는 것임을 깨닫기 시작했다.

간단히 말해 이제 인민군은 미군 대부분이 배운 방법을 써야 하는 상황이 된 것이었다. 브리즈 힐Breed's Hill[75]에서 뉴올리언스New Orleans까지, 그리고 제2차 세계대전 동안 태평양 섬들에서 미군을 상대로 했던 정면공격은 언제나 처절하고 쓰라리게 끝났다.

인민군은 미군을 구석으로 몰아넣으면서 전술적으로 최악의 실수를 저질렀다. 미군보다 무장이 빈약한 인민군은 직접 타격으로 미군에게 제대로 된 한 방을 먹일 가능성이 낮았다.

인민군은 8월 말까지 엄청난 피해를 입고 있었다. 인민군의 전투 효율은 이전 어느 때보다도 낮았다. 인민군은 대체가 불가능한 전차, 야포, 중국에서 벌어진 전쟁에서 단련된 노련한 병사들을 잃었다. 당시 인민군 병력 중 적어도 3분의 1 이상은 남한에서 강제 징집한 병사들이었다. 이들 중 다수는 무기도 없고, 훈련도 못 받았으며, 공산주의 방식의 통일을 위해 싸울 의향도 없었다. 하지만 광신적이라 할 수 있을 정도로 사기가 높았던 분대장, 소대장, 중대장들은 장군들과 마찬가지로 여전히 결의가 대단했다. 또한 전투로 단련된 이들은 마음이 흔들리는 병사들을 상대로 강력한 통제력을 행사하고 있었다.

인민군의 놀라운 재주 중 하나는 이들이 어쨌든 보급을 받고 있다는

---

75 브리즈 힐: 매사추세츠 주 보스턴에 있는 언덕으로, 미국 독립전쟁 초기 1775년에 대륙군과 영국군이 싸운 벙커힐 전투(Battle of Bunker Hill)가 벌어진 곳으로 유명하다.

점이었다. 피해를 입었지만 철도 수송은 미군의 맹폭 속에서도 전선까지 계속되었다. 탄약과 차량 연료는 양이 부족했지만, 여전히 낙동강까지 도착하고 있었다. 포병 전력이 부족했고 남은 트럭이 거의 없는 상황임에도 여전히 전차, 박격포, 소총탄이 꾸준히 재보급되고 있었다.

하지만 중요한 군사물자의 상당수가 도착할 수 있었던 것은 다른 물자를 포기했기 때문이었다. 인민군은 새 전투복을 하나도 보급받지 못했다. 끈적끈적한 논밭을 뛰어다니며 해진 전투복을 입은 인민군은 포로가 된 미군의 전투복을 빼앗아 입었다. 전투식량은 더더욱 부족했다. 하루에 보급되는 식량은 잘해야 한 끼나 두 끼였으며, 모든 인민군 사단은 주변에서 자급자족을 강요받았다. 9월 초에는 대부분의 인민군 병력이 극심한 식량난에 시달렸다.

인민군 고위 지휘관들은 소련이 제공한 정보를 통해 교착 상태가 지속된 8월 동안 미군이 낙동강 너머에서 전력을 증강하고 있음을 알았다. 이들은 시간이 없다는 것을 분명히 이해하고 있었다. 이제 이들에게는 신속하게 방어선을 돌파하든지, 아니면 영원히 돌파하지 못하든지 두 가지 가능성밖에 없었다.

최용건 차수는 김천에 있는 전선사령부에서 인민군의 작전을 지휘했다. 그의 휘하에는 공산 측에서 가장 강인하고 능력 있는 김웅金雄 중장이 지휘하는 인민군 1군단이 왜관 남쪽부터 대한해협까지 작전지역으로 삼았다. 또한 대구 동쪽으로는 중국 황푸군관학교黃埔軍官學校[76] 출신의 김무정金武亭 중장이 지휘하는 2군단이 있었다. 이 최고 지휘관들은 모두 1930년과 1940년대에 중국 팔로군에 소속되어 있던 노련한 군인들이었다.

이들 지휘관과 함께 전선사령부의 최용건과 김책은 9월 1일자로 낙동강 방어선에 대한 대규모 공세를 계획했다. 이들은 모든 가용 전력을 긁

---

76 황푸군관학교: 1924년에 중화민국(中華民國)의 국민당이 국민혁명군 장교 양성을 위해 광저우(廣州)에 설치한 사관학교로, 1929년까지 총 7개 기수를 배출하고 1931년에 폐교했다.

어모아 13개 보병사단, 1개 기갑사단, 2개 기갑여단, 보안대 병력으로 최후의 협조된 공세를 준비했다. 이들 사단의 전력은 5,000명에서 9,000명까지 다양했으며, 기갑사단은 1,000명, 2개 기갑여단에는 500명씩밖에 없었다. 100대 가량의 새 T-34 전차가 평양으로부터 도착했다. 최용건은 모두 합쳐 약 9만 8,000명을 집결시킬 수 있었다.

8월 20일 무렵 인민군 1군단과 2군단은 다음과 같은 공격 명령을 하달했다.

가. 6사단과 7사단은 남쪽에서 미 25사단을 돌파한다.

나. 9사단, 2사단, 10사단, 그리고 4사단은 밀양 전방에서 미 2사단을 격파하며, 영산을 거쳐 부산-대구 도로를 돌파한다.

다. 3사단, 1사단, 그리고 13사단은 대구의 미 1기병사단과 한국군 1사단을 돌파한다.

라. 8사단과 5사단은 대구 동쪽에서 한국군 8사단과 6사단을 타격한다.

마. 5사단과 12사단은 동해안의 포항동, 영일, 경주 회랑에서 한국군 3사단과 수도사단을 돌파한다.

낙동강 방어선을 무너뜨리기 위해 인민군이 이미 시신으로 뒤덮인 낙동강 돌출부 지역에 전력을 최대로 집중하는 동안, 최용건은 한계에 다다른 유엔군 방어벽 전역에 걸쳐 압박을 가할 계획이었다. 그는 방어선 어딘가는 반드시 무너질 것으로 기대했다.

미 2사단 9보병연대 무뇨즈 중위의 G중대가 영산 서쪽에 있는 감제지형의 방어선으로 돌아왔을 때, G중대의 가용 병력은 70명밖에 되지 않았다. 무뇨즈는 정면이 7,000미터까지 신장된 미 19보병연대 3대대와 교대했다. 무뇨즈는 마치 녹은 버터를 바르듯 중대를 넓게 펼쳐놓았다. 그는 미 19연대가 1개 중대를 배치했던 곳에 분대를 집어넣을 수밖에 없었다.

하지만 전선이 상당히 조용하게 유지되는 며칠 동안 G중대는 병력을

300명까지 서서히 증강했다. 보충병들 대부분은 경상을 입었다가 복귀한 인원이거나, 또는 전쟁 초기에 질병이나 일사병으로 쓰러졌던 인원이었다. 따라서 이들 모두는 적어도 전투 경험이 조금은 있었다.

G중대는 버려졌던 미군 장비도 꽤 많이 긁어모을 수 있었다. 이제 중대의 경기관총분대들에는 경기관총 2정에 50구경(0.5인치) 기관총 몇 정과 40밀리 쌍열기관포 차량 2대를 더해 지상을 쓸어버릴 수 있었고, 연대 본부는 G중대에 1개 전차소대도 배속시켜주었다.

중대는 이제 하루에 한 끼는 따뜻한 식사를 하고 있었다. 짧지만 잠시나마 상황은 그렇게 나쁘지 않게 돌아갔다. G중대는 서서히 전력을 회복하고 있었다. 시간만 주어진다면 좋은 리더십이 많은 일을 할 수 있는 법이다.

하지만 8월 31일, 프랭크 무뇨즈는 논에서 나는 인분 냄새보다 훨씬 더 강렬한 무엇인가를 맡고 있었다. 모든 미군 부대들처럼 G중대도 한국인 노무자들과 사환들을 고용했는데, 이들은 8월 말에는 급여를 지급받고 싶다고 요구했다. 무뇨즈는 다음날인 9월 1일이 미 육군과 육군에 배속된 인원들의 급여 지급일이라고 말했지만, 한국인들은 그렇게 오래 기다릴 수 없다고 답했다. 어둠이 내리자, 이들은 한 사람도 남기지 않고 전부 도망쳤다.

무뇨즈는 뭔가 심상치 않음을 느꼈다. 그는 대대 정보장교인 피트 서더스Pete Sudduth 중위와 이야기를 했다. 개인 정보원들을 운용한 서더스는 무엇인가 큰일이 있으리라는 것을 인지하고 있었다. 그가 말했다. "오늘밤은 힘든 밤이 될 거야. 각오하게, 프랭크."

"우리 전선 전방에 실시하라고 자네가 요청했던 정찰을 계속 할까?"

"해주게." 서더스가 말했다.

눈과 귀를 열어두기 위해 무뇨즈는 젊고 마른 체구의 플라워즈Flowers 중사에게 낙동강 강안으로 병력 4명을 데리고 촉각을 곤두세워 정찰할 것을 지시했다. 땅거미가 내리자, 달이 뜨지 않은 따뜻하고 청명한 밤이 찾아왔다. 플라워즈와 부하들은 정찰에 나섰다.

겨우 강 옆 진지에 도착했을 때 정찰대는 야밤을 이용해 소리 없이 이동하는 많은 인민군을 발견했다. 인민군은 작은 배들을 이용해 낙동강을 건너고 있었다. 강 주변의 관목지대와 논은 도하하는 인민군들로 가득 찼다.

적에게 발각되지 않은 플라워즈와 병사들은 땅에 바짝 엎드렸다. 이미 뒤에도 인민군 소총수들이 있었다. 플라워즈는 무전기로 무뇨즈에게 연락을 시도했지만, 망할 무전기가 작동하지 않았다. 그가 할 수 있는 것은 감쪽같이 숨은 채 그저 적이 자신들에게 발이 걸려 넘어지지만 않기를 바랄 뿐이었다.

21시가 되자 76밀리 포탄이 G중대 지역에 쏟아졌다. 이 포격은 겨냥하지 않고 무작위로 쏘는 준비사격이었다. 포화 속에서 무뇨즈는 배속된 전차소대에게 소총수들과 전선으로 이동해서 임기표적臨機標的, Target of Opportunity[77]을 향해 사격하라고 지시했다. 무뇨즈는 E중대로 간 행크 메릿 중위를 대신해 새 부중대장이 된 조 만토Joe Manto 중위와 이야기를 나눴다. 그는 뉴욕 출신의 만토에게 무슨 일이 있어도 G중대가 현 전선을 방어할 것이라고 말했다.

만토도 동의했다. 산모퉁이에 진지가 있어서 전면에서 적의 공격을 받기가 더 쉬운 3소대를 빼면 G중대는 모두 높은 곳에 진지가 있었다. G중대 좌측에는 F중대가 진지를 점령하고 있었다. 오른쪽으로는 도로 너머에 프리먼 대령이 지휘하는 미 23보병연대 예하 부대들과 연결되어 있었다.

그때 3소대 지역에서 치열한 화력전이 벌어졌다. 오렌지색과 보랏빛을 내는 소총과 기관총 불꽃이 3소대의 진지 위로 쏟아졌고, 포화 한복판에 있던 3소대장인 트워락Tworak 중사가 무뇨즈에게 보고했다. "적이 3소대를 공격하고 있습니다!"

"정신 똑바로 차려!" 무뇨즈가 명령했다.

---

77 임기표적: 전투 중 지상 또는 공중 관측자만 볼 수 있고 가용한 무기의 사거리 내에 있지만 그에 대한 사격이 사전에 계획되어 있지 않은 표적.

그때 언제나 그런 것처럼 3소대와의 통신선이 위기의 순간에 끊겼다. 곧이어 산모퉁이에서 콩을 볶듯 벌어지는 교전이 치열해졌다. 무뇨즈는 포병 관측반과의 교신을 시도했다. 무뇨즈는 3소대 전방으로 포병 사격을 집중시키려 했다.

하지만 중대 통신선 반대편 끝에 있을 법한 관측반은 연락이 되지 않았다. 그러더니 인민군이 G중대의 전 전선을 공격하기 시작했다. 적 척후병들은 야음을 틈타 여러 갈래로 접근하면서 총을 쏘고 소리를 질러댔다.

"만세! 만세! 만세!"

적은 3소대를 돌파했지만, 능선의 더 높은 곳에 있는 G중대원들이 위에서부터 쏴대는 불과 강철의 벽에 가로막혀 뒤로 물러섰다.

2소대의 롱Long 중사는 3소대가 적에 대한 사격을 중지했다고 전화로 보고했다.

"자네들은 어떤가?" 무뇨즈가 롱에게 물었다.

"버틸 수 있습니다."

"그럼 버티게." 무뇨즈가 말했다. 포병 연락 장교와 통화하기 위해 대대 본부에 전화했다. "계획된 표적에 포격해. 내가 지휘한다." 무뇨즈가 말했다.

22시가 되자, 포탄이 G중대 고지 주변에 쏟아져내렸지만, 인민군은 이를 회피하고 있었다.

그러나 이제 낙동강 전선 전체가 총과 포탄의 불꽃으로 덮여 있었다. 무뇨즈는 적의 정면공격이 진행 중이며 문제는 모든 곳에 있다는 것을 알았다. 자정이 되자 인민군은 무뇨즈의 우측방과 23연대 사이의 틈새를 돌파했다. 인민군은 G중대의 힘만으로 저지할 수 없을 정도로 도로를 따라 대량으로 밀려 들어왔다. 적은 곧 방향을 틀었다. 무뇨즈는 이들이 23연대의 후방을 치는 소리를 들을 수 있었다.

좌측의 F중대와도 연결이 끊겼다.

남은 밤 동안 무뇨즈와 G중대가 할 수 있는 일은 고지에 계속 머물면서 자신들이 인민군의 주공 방향에 있지 않은 것을 감사하는 것뿐이었다.

＊＊＊

인민군이 대규모 낙동강 공세를 시작하면서 모든 미군 사단은 엄청난 압박을 받았다. 곧장 방어선 여러 곳에 구멍이 뚫리기 시작했다. 모든 곳에서 처절하고, 길고, 잔혹한 전투가 벌어졌다. 9월 첫 2주간에 벌어진 모든 전투들은 전투 하나하나마다 장章을 할애해 서술할 수 있을 정도로 한국전쟁 중 벌어진 전투들 중에서 가장 치열했을 뿐 아니라 가장 많은 사상자를 양산했다.

인민군이 염두에 둔 다섯 곳 중 한 곳이라도 크게 뚫린다면 끔찍한 재앙으로 이어질 터였다. 8월과 마찬가지로 남서쪽의 낙동강 돌출부에서 낙동강 방어선과 부산에 대한 최악의 위협이 터졌다. 각 전투 현장은 매우 유사했지만, 다시금 가장 결정적인 전투가 벌어진 곳은 역시 낙동강 돌출부 안이었다.

이 책이 다루지 못하는 다른 지역들의 전투를 요약하자면, 미군과 한국군 병사들은 싸우고, 피를 흘리고, 전사했다. 하지만 가장 중요한 것은 이들이 방어선을 지켜냈다는 점이다. 만약 이들이 방어에 실패했다면, 낙동강 돌출부 안에서 벌어진 전투는 아무 의미도 갖지 못했을 것이다.

8월 31일 밤 인민군이 대규모로 도하하기 직전, 낙동강을 따라 18킬로미터에 걸쳐 전선을 형성한 미 9보병연대와 대치한 인민군 9사단의 사단장 박교삼朴教三 소장은 예하 장교들에게 다음 임무를 하달했다.

> "…측방으로 우회해 밀양과 삼랑진 지역을 확보하고 적을 격파하여 대구와 부산 사이의 미 8군의 퇴로를 끊어라."

미 2사단 9연대 예하 중대들은 18킬로미터에 걸친 낙동강 전선 동쪽의 야산들 중 상대적으로 높은 고지들에 마치 먼지처럼 흩어져 있었기 때문에 인민군 9사단은 거의 임무 달성에 성공할 뻔했다. 미 9보병연대의 먼 남쪽 또는 좌측면에는 72전차대대 A중대의 전차 2대와 대공기관총이

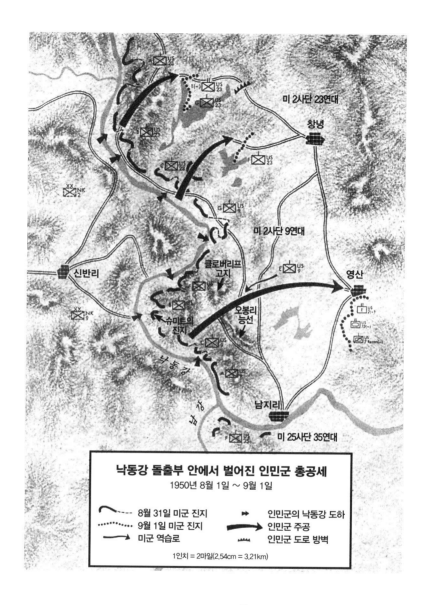

낙동강 돌출부 안에서 벌어진 인민군 총공세
1950년 8월 1일 ～ 9월 1일

- ━━ 8월 31일 미군 진지
- ····· 9월 1일 미군 진지
- ━▶ 미군 역습로
- ➡ 인민군의 낙동강 도하
- ➡ 인민군 주공
- ﹏﹏ 인민군 도로 방벽

1인치 = 2마일(2.54cm = 3.21km)

달린 차량의 지원을 받는 A중대가 아곡阿谷[78] 지역을 방어하고 있었다.

초저녁에 짙은 안개가 낙동강을 덮었고 강 서쪽에서 계속 들려오는 개 짖는 소리 말고는 어떤 소리도 들리지 않았다. 저녁 8시가 되자 갑자기 미

---

78 A중대가 있던 곳은 낙동강과 남강이 만나는 경상남도 창녕군 남지면 용산리 아곡이다.

측 지역으로 포격이 시작되었고 뒤를 이어 중박격포 포탄이 날아들었다.

약 30분 후, 안개가 갑자기 걷혔다. 구름 한 점 없는 밤에 아곡에서 전차 2대 중 1대를 지휘하던 어니스트 코우마Ernest Kouma 중사는 낙동강의 3분의 2까지 도달하는 다리가 완성된 것을 보고 깜짝 놀랐다. 코우마는 곧장 90밀리 전차포로 이 다리를 사격했다. 2번 전차와 대공기관총 차량들도 사격에 동참했다. 다리는 곧 무너져내렸다.

하지만 적은 이미 다른 곳에서 강을 건넌 뒤였다. 갑자기 A중대 방어선에 사격이 가해졌고, 보병들은 고지로 밀려났다. A중대가 퇴각하는 도중에 병사 하나가 코우마에게 소리쳤다. "전차병 여러분, 우린 다 철수합니다!"

코우마의 부하들과 베리Berry 하사가 지휘하는 다른 전차병들에게 불운한 밤이었다. 미군 전투복을 입은 한국인들이 다가와 영어로 말을 걸더니 갑자기 수류탄을 던져 코우마가 파편상을 입었다. 다른 인민군들은 인근에 주차 중이던 50구경 대공기관총 차량들에 타고 있던 병사들을 살해했다. 이들은 전차병들보다 방어가 훨씬 더 빈약했다. 40밀리 쌍열기관포를 갖춘 M19[79] 승무원들도 부상은 입었지만 간신히 탈출에 성공했다.

코우마와 베리는 아곡에서 퍼싱Pershing 전차를 돌려 사계가 확보된 개활지로 이동했다. 이들은 여기서 베리의 전차 엔진이 과열될 때까지 파도처럼 몰려오는 인민군들을 사살하고 물리쳤다. 베리는 코우마에게 퇴각한다고 무전으로 알렸다. 베리의 전차는 약 1.5킬로미터 정도 이동한 뒤 불길에 휩싸였으며, 베리와 전차병들은 전차에서 탈출했다.

코우마 중사는 위치를 지키면서 자신의 퍼싱 전차를 위협하는 적은 모두 사살했다. 9월 1일이 밝아오자, 그는 온 힘을 다해 적 병력과 진지를 격파하고 미군 방어선으로 복귀했다.

적에게 돌파당한 A중대는 방어선 상에 있는 능선 위에서 재편한 다음

---

79 M19: M24 경전차 차체에 1930년대에 스웨덴의 AB 보포스(AB Bofors)가 개발한 40밀리 보포스 포 2문을 얹은 대공전차(Multiple Gun Motor Carriage)로서 제2차 세계대전 중 미군이 개발한 대공무기이다.

그날 밤을 보냈다.

A중대 북쪽에 있던 9보병연대 C중대는 자정 무렵 녹색 조명탄과 비명 소리, 날카로운 휘파람 소리와 함께 공격을 받았다. 공격은 보통 때와 다르게 치열했으며, C중대는 공격을 받아 무너졌다. 중대원 절반 가량은 남쪽으로 탈출해서 남강 아래에 형성된 25사단 방어선으로 합류했다.

A중대로부터 8킬로미터 북쪽에 있던 B중대는 209고지에서 연결되어 낙동강을 건널 수 있는 나루터를 지키고 있었다. 인민군이 공격을 시작하자 9보병연대는 자신들끼리 '만주 작전Operation Manchu'이라 부른 자체 작전을 시행할 계획을 세우고 있었다. B중대가 도하지점을 지키는 동안 연대 예비대인 E중대는 낙동강 서쪽으로 도하해 적 9사단을 급습하라는 명령을 받았다. 미 9보병연대 예하의 2개 중화기중대인 D중대와 H중대가 화력을 지원하는 동안 2전투공병대대 예하의 1개 소대가 E중대를 도하 시킬 예정이었다.

하지만 만주 작전은 시작하기도 전에 불발로 끝났다.

밤에 H중대의 에드워드 슈미트 중위는 D중대의 콜드웰Caldwell 중위와 함께 H중대와 중대의 화기들을 209고지 위로 이동시켜 도하를 지원할 사격 진지로 삼으려 했다. 이때 E중대는 영산 인근에서 공병들과 함께 부대를 편성하고 있었다.

21시 무렵, 슈미트와 콜드웰은 209고지로 올라가 부사관들에게 화기를 어디에 설치할 것인지를 보여주고 있었다. 인민군의 기습이 경사면에서 시작되어 이들을 압도한 것은 바로 이때였다. 중ᄴ 박격포 소대원들과 내내 함께 있던 9연대장 힐 대령은 구사일생으로 도망쳐 살아남았다. 하지만 연대 작전장교는 운이 없었다.

힐 대령이 돌아와 사단 사령부에 보고하자, 사단사령부는 길게 생각할 것도 없이 만주 작전을 취소하기로 결정했다.

무방비 상태로 기습을 당한 D중대원들과 H중대원들은 209고지 돌출부로 힘겹게 진출했다. 하지만 이곳은 능선의 더 높은 곳에 있는 B중대 방어선으로부터 여전히 800미터 가량 떨어져 있었다. 생존자들은 무전기 1대, 작동이 되는 기관총 3정, 브라우닝 기관총 1정, 소총 몇 자루, 카빈 소총과 권총 약 40정 등 뒤죽박죽으로 섞인 무기들만 갖고 있었다. 돌출부에서 슈미트 중위는 장교와 병사 약 75명을 모아 지휘했다.

밤이 지나고 날이 밝아오자, 그들은 완전히 포위된 것을 알게 되었다. 어제 밤까지 B중대가 있던 곳에는 오직 면으로 짠 겨자색 군모들밖에 보이지 않았다. 이들 아래로는 강 전체를 따라 동쪽으로 이동하는 적의 보급부대가 보였다. 그리고 적도 이들을 발견했다.

밤새도록 인민군은 B중대를 209고지에서 밀어내려 했고, 그 과정에서 엄청난 사상자가 발생했다. 이제 적은 돌출부의 D중대와 H중대의 잔여 병력을 향해 방향을 돌렸고 이때부터 미군에게는 끔찍한 시련이 시작되었다.

슈미트는 대대와 무전기로 교신했지만, 대대 본부로부터 들을 수 있는 답은 약속뿐이었다. 그는 새벽 3시경 9보병연대가 예비대인 E중대를 낙동강으로 보내 오봉리와 클로버리프 고지 사이의 저지 진지를 점령하고 적이 이곳으로 접근하지 못하도록 한 것을 알았다. 하지만 E중대는 너무 늦었다. E중대는 지정된 진지까지 도달하지도 못했다. E중대는 도로를 둘러싼 고지 위에서부터 쏟아지는 자동화기 사격을 심하게 받아 중대장을 포함해 중대원 여럿이 전사했다. 그러다가 9월 1일 새벽 무렵에는 클로버리프 고지와 오봉리가 모두 인민군의 손에 들어갔다. 고지마다 인민군으로 가득했고, 영산 서쪽의 미군 방어선은 완전히 산산조각이 났다.

하지만 209고지의 돌출부에 있던 슈미트는 이곳을 사수하기로 마음먹었다. 이제 미군은 항복하거나 도주하지 않았다. 너무 많은 미군들이 등 뒤에서 총을 맞은 채로 발견되고 있었으며, 더 이상 갈 곳이 없다는 것을 모두 알고 있었다. 그리고 어떻게 이 전쟁에 뛰어들게 되었는지는 상관없이 모두 다 끝내야만 하는 전쟁에 참전하고 있다는 사실을 마침내 자각하게 되었다.

오후 내내 그리고 그날 밤 내내, 슈미트가 이끄는 작은 부대는 적의 격렬한 공격을 모두 물리쳤다. 그중 트래비스 왓킨스Travis Watkins 상사는 뛰어난 용맹을 보이며 12명의 적을 사살했다. 치명적인 부상을 입고 몸 절반이 마비되자, 왓킨스는 "너무 약해져서 싸울 수 없으니 밥 먹을 자격이 없다"면서 얼마 안 되는 전투식량도 거부했다.

슈미트는 교대해줄 수 없다면 보급품을 공중에서 투하해달라고 계속해서 요청했다. 경비행기 한 대가 날아와 소화기 탄약, 전투식량, 의약품, 맥주 21캔을 투하했다. 수통은 땅에 닿으면서 충격으로 모두 깨졌고, 재보급 물자 대부분은 슈미트의 방어선 너머 적진으로 떨어졌다.

슈미트는 총상을 입었지만 지휘권을 포기하지 않았다. 그가 모범을 보이자, 전투 이틀째 되는 날 209고지 돌출부에서 지쳐 있던 병사들이 다시 용기를 냈다. 적은 포로로 잡은 미군 한 명을 올려 보내 항복하라고 했다. 슈미트는 거부했다.

더 높은 곳에 있는 적 기관총과 박격포는 계속해서 슈미트의 진지를 후려쳤다. 밤이 되자 적 보병이 공격을 재개했다. 미군은 다시 인민군을 격퇴했지만, 미군 사상자 수도 늘어났다. 슈미트의 부하들은 총알이 거의 다 떨어졌고, 식량도 바닥이 나버렸다. 이들에게는 더 이상 마실 물도 없었다. 무전기가 고장 나서 세상과도 완전히 단절되어버렸다. 참호마다, 또는 참호가 뒤집어져 참호 주변에 쌓인 흙더미마다 죽거나 부상당한 병사들이 누워 있었다.

9월 3일 날이 밝자, 돌출부에 남은 소수의 불쌍한 미군에게 남은 유일한 일은 그저 저항하겠다는 결의를 다지는 것뿐이었다.

* * *

9월 1일 날이 밝자, 전차 소대장은 프랭크 무뇨즈 중위에게 G중대 3소대 지역에는 인민군을 빼면 살아 있는 자가 보이지 않는다고 보고했다. 하지만 전선의 나머지 부분을 직접 확인한 무뇨즈는 남아 있는 소총소대들의 상태가 괜찮다는 것을 알게 되었다. 적은 밤새 이들 주변에서 들끓으며 미군을 모두 죽일 때까지 멈추지 않을 기세였다.

무뇨즈는 남아 있는 소대장인 맬러리Mallory 소위 그리고 롱 중사와 상의했다. 롱 중사는 총상을 입었지만 밤새 후송을 거부했다. 그가 물었다. "이제 무엇을 해야 합니까?"

"달리 지시가 있을 때까지 여기 있어야지. 이 고지를 다시 점령하러 오기는 정말 싫네."

하지만 적이 3소대 지역에 있기 때문에 최후의 방어 장소로 삼기에는 이 능선이 지나치게 노출되어 있었다. 무뇨즈는 대대와 교신을 시도했지만 실패했다. 지시가 없는 상황에서 무뇨즈는 G중대가 조밀한 방어선을 짤 수 있을 만한 더 나은 고지를 찾기 시작했다. 이들이 있는 능선 바로 뒤에는 211고지가 있었는데, 그 고지에서 무뇨즈는 중대 잔여 병력을 통합했다. 그리고 아침 내내 3소대의 낙오병들이 플라워즈의 정찰대와 함께 모여들었다.

적은 이들을 가만히 놔둘 의향으로 보였다. 무뇨즈는 취사병들에게 점심으로 먹을 따뜻한 음식을 준비하라고 명령했다.

아침나절이 되었을 때, 오봉리와 클로버리프 고지 사이에서 격파당한 E중대 낙오병들이 떠돌다가 G중대 전선으로 들어왔다. 이 낙오병들 중에서 무기나 장비를 가진 병사는 거의 없었다. 무뇨즈는 적으로부터 탈환한 미군 무기들을 이들에게 지급했다. E중대 장교들 중 한 명인 데이Day 중위도 합류했다.

데이 중위가 무뇨즈에게 말했다. "여기를 떠나고 싶어."

"절대 안 돼. 여기 211고지에서 전력을 합치자고. 그리고 연대가 돌아올 때까지 버텨보자." 프랭크 무뇨즈는 연대가 돌아올 것을 알았다. 9보병연대는 돌아올 수밖에 없었다.

아무런 일 없이 오전이 지나갔다. 12시가 되자, 갑자기 대대 본부와 연결된 무전기가 울려댔다. 대대 본부는 무전으로 새로운 명령을 하달했다.

"일부 미군들은 끔찍한 장면을 처절하게 목도해야 했다." 1950년 여름, 한 미군 병사를 동료 병사가
위로해주고 있다.

영산으로 돌아오라는 것이었다.

무뇨즈는 무전기로 대대 본부에 항의했다. "이곳에서 버틸 수 있다. 여기 있고 싶다. 봐라! 여전히 고립된 미군이 주위에 있다. 고지 주변을 떠돌고 있다. 여기에 있어야 그들이 돌아올 곳이 있다…."

하지만 무뇨즈는 대대 본부 장교와 교신할 수 없었다. 무뇨즈는 무전병과 교신하고 있었다. "중위님, 들어보십시오. 제가 받은 명령은 중위님한테 영산으로 돌아오라고 전달하는 겁니다. 전 명령받은 대로 했으니 끊겠습니다. 이상!"

매부리코가 솟은 얼굴에 즐거운 척하는 검은 눈동자를 가진 무뇨즈 중위는 분노했다. 그는 '만약 저 개자식을 붙잡으면 죽을 때까지 두들겨 패줄 테다'라고 생각했다. 다행스럽게도 무뇨즈는 문제의 무전병을 결국 만나지 못했다.

어쨌든 그에게는 이동하는 것 말고는 달리 할 것이 없었다. 옳든 그르든 그는 명령을 받았기 때문이다. 그는 다음 일을 생각해보았다. 간밤에 인민군 포로 15명 가량을 잡았는데 이들 대부분은 부상병들이었다. 그의 부하들 중에도 부상병이 많았다. 그는 일단 이들을 고지 뒤에 주차해놓은 M35 트럭 3대에 태웠다.

16시쯤 G중대가 이동을 시작했다. 무뇨즈는 부하들을 2열 종대로 세웠다. 열 선두에는 지원 전차 2대를 앞세웠고, 나머지 2대는 후미에서 따라오게 했다. 그는 몇 명을 먼저 보내 동쪽으로 향하는 도로 양쪽의 고지를 모두 확보하도록 했다.

이동을 시작하자 무뇨즈는 인민군이 주변 고지마다 기어 올라가는 모습을 똑똑히 볼 수 있었다. 인민군은 G중대의 퇴각을 저지할 행동을 하지도, 총을 쏘지도 않았다. 인민군은 그저 주변 고지들에서 선 채 철수하는 G중대를 조용히 보고만 있을 뿐이었다.

밤사이 인민군은 미 9연대와 23연대 사이를 통과했고, 9연대가 혹독하게 고생하는 동안 23연대 C중대는 완전히 돌파당한 후 괴멸되었다. 그나마 연대 본부중대 병력의 노력 덕에 적은 23연대 지휘소 근방에서 저지되었다. 이 인민군 부대는 무뇨즈의 고지 오른쪽을 휩쓸고 지나갔던 부대였다.

아침나절 무렵, 미 2사단장인 카이저Keiser 소장은 사단이 둘로 쪼개진 것을 깨달았다. 북쪽에 있는 미 23연대와 38연대는 여태껏 별 손실이 없는 상태였으며, 남쪽의 사단 본부와 휘청대는 9연대와는 연락이 끊어졌다. 인민군 9사단은 미 9연대와 치열한 전투 중이었다. 카이저 소장은 인민군 2사단 또한 낙동강을 건넜으며, 이제 23연대 작전지역 내의 고지에 있다는 정보를 입수했다.

8시 10분, 카이저 소장은 대구에 있는 미 8군에 전화를 걸어 이 위기 상황을 보고했다.

몇 시간 후 미 8군은 2사단 전방 가운데로 종심 12.8킬로미터, 폭 9.6 킬로미터가 넘는 구멍이 났으며, 2사단 예하의 최전방 2개 소총대대가 강하게 공격을 받고 일부는 괴멸당한 것을 확인했다. 전선을 따라 모든 곳에서 산발적이고 불규칙하게만 교신이 이루어졌다.

워커 중장은 9시에 미 5공군에 연락해 2사단 전방에 최대한의 화력을 쏟아붓고, 어떠한 대가를 치르더라도 낙동강을 건넌 인민군 선두부대의 증원과 재보급을 막아야 한다고 요청했다. 극동사령부는 즉각 미 해군도 5공군의 저지 노력에 동참할 것을 요청했다. 서울과 인천을 공격하기 위해 이동하던 해군 함정들은 극동사령부의 요청에 따라 뱃머리를 돌렸다.

이 길고 뜨거운 여름 내내 매번 그랬던 것처럼 월튼 워커 중장은 다시 한 번 중대한 결정을 내려야 했다. 전날 밤을 기해 낙동강 방어선은 2사단 지역과 남쪽의 25사단 지역, 두 곳이 뚫려버렸다. 남쪽의 25사단은 특히 심각한 문제에 직면한 가운데 낙동강 돌출부에서 적은 거의 영산까지 도달해 있었다. 이곳은 주요 도로와 철도가 방어선과 만나는 밀양에서 서쪽으로 겨우 20킬로미터 떨어진 곳이었다.

이날 그리고 이후 며칠은 워커 장군을 최악의 시련으로 몰아갔다. 워커는 땅딸막하고 무뚝뚝했지만, 어마어마한 압박을 받을 때면 마치 불독 같았다. 그는 감정을 드러내놓고 표현하거나 극적 연출을 하는 재주도 없었고, 패튼이나 리지웨이처럼 사랑받거나 존경받을 만한 인간적인 구석도 없었다.

지금 그는 어떤 미군 고급 장성들도 오랫동안 겪어보지 못한 상황에 직면해 있었다. 그는 한국을 떠나기를 학수고대하는 많은 병력들을 데리고서 최후 방어전을 치르고 있었다. 휘하 지휘관 대다수는 완전한 패배주의자들이었다. 9월 초에 오직 극소수의 미군 장군들만이 인민군의 상황을 제대로 이해하고 있었다. 워커의 등 뒤에서 부유하고 명망이 있는 한국인들은 일본으로 떠날 준비를 하고 있었고, 동양의 지표 역할을 하던 화교들도 서둘러 재산을 포기하고 대만으로 가는 교통편을 알아보고 있었다.

압박을 받으면서도 워커는 낙동강 방어선을 지키겠다는 결의를 단 한 번도 누그러뜨리지 않았다. 그는 휘하 야전 지휘관들에게 신랄하게 그리고 때로는 날카롭게 말했으며, 그 때문에 부하들에게 별로 인기가 없었다. 그는 병사들에게 결사항전 명령을 내렸으며, 그 때문에 그의 인기는 또 한 번 하락했다. 그는 자신의 일을 방해밖에 안 하는 언론 따위는 아무 짝에도 쓸모없다고 생각했으며, 언론에 대한 자신의 혐오를 언론이 알게 되는 것도 신경 쓰지 않았다. 워커의 대중적 이미지와는 관계없이 낙동강 방어선의 방어에 대한 그의 군사적 신망은 확고해야만 했다. 또한 주변인들이나 아랫사람들에게 어떻게 작용했는지 모르지만, 그가 지닌 불같은 기질 덕에 낙동강 방어선을 지키는 데 가장 절실한 한 가지가 더해졌다. 그것은 바로 그의 완강함이었다.

9월 1일, 워커가 육군 예비대로 보유한 병력은 전력이 약화된 3개 연대뿐이었지만, 전쟁 초기와 비교하면 이는 귀중한 전력이었다. 그는 마산에 5해병연대, 27연대, 그리고 전투력이 복원된 19보병연대를 대구에 가지고 있었다. 워커는 이들 부대에 모두 준비 명령을 내렸다. 워커는 현 시점에서 2사단 전면에 대한 적의 공세가 가장 심각한 위협이라는 이해를 바탕으로 크레이그 장군에게 해병여단을 낙동강 돌출부 지역으로 이동시킬 준비를 하라고 명령했다.

그 후 정오에 워커 중장은 선 채로 타고 이동할 수 있도록 특별히 보호 난간이 설치되고 매복에 대비하여 자동산탄총 한 정이 준비된 전용 지프를 타고서 2사단 전방으로 이동해서 전선을 따라 오가면서 2사단 장병들에게 그 자리를 사수하거나 죽을 각오를 하라고 독려했다.

제14장
전세 역전
●

나는 후퇴할 생각이 전혀 없었다. 더 이상 물러날 곳이 없었기 때문이다.
– 1950년 9월 1일, 미 35보병연대장 헨리 G. 피셔Henry G. Fisher 대령

9월 1일, 영산 정면에 닥친 위기에 맞설 카이저 소장의 병력은 9연대 E 중대, 2전투공병대대, 사단 정찰중대, 그리고 72전차대대 일부 정도였다. 그가 9보병연대에 배속한 사단 예하 부대들은 주간에는 마을 주변의 야 트막한 산과 넓고 경사진 논에서 인민군과 전투를 치렀다.

보병과 마찬가지로 전투에 참여한 공병은 마을 북쪽과 남쪽에서 적에 게 큰 피해를 입혔지만, 밤이 되면서 인민군은 끝내 영산에 진입했다. 9 월 2일 오전에는 영산의 가장자리와 마을 남쪽 야산에 적의 시체와 불타 는 장비가 어지럽게 널려 있었다. 공병 역시 피해가 적지 않았다. 새벽이 될 때까지 2공병대대 D중대에서 생존한 장교는 한 명뿐이었다.

그러는 동안 9연대장인 힐 대령은 8월 31일 적에게 격파당한 전선 중 대들의 흩어진 잔여 병력을 한곳으로 모으고 있었다. 이들 중에는 무뇨즈 의 G중대와 적의 예봉을 피한 F중대도 끼어 있었다. 이렇게 모인 병력들 은 오후 3~4시경 9보병연대 2대대로 재편되었고, 72전차대대의 지원을 받아 영산 남쪽에서 2공병대대 A중대가 힘겹게 방어하고 있는 전선을 돌파해 공격하라는 명령을 받았다.

공격 전에 프랭크 무뇨즈 중위에게 많은 한국군 병사들이 배속되었으 며, 무뇨즈는 이들을 예하 분대들에 통합시키라는 지시를 받았다. 그는

이 명령이 별로 달갑지 않았다. 일단 한국군은 영어를 할 줄 몰랐기 때문에 의사소통을 할 수 없었고, 소총의 어느 쪽에서 총알이 나오는지조차 제대로 이해하지 못하는 것으로 보였기 때문이다.

하지만 병력 한 명이 아쉬운 상황에서 미 8군은 한국군에 당장 입대시킬 수 없는 건장한 한국 젊은이들 수천 명을 써보기로 결정했다. 이 계획은 결코 성공적이지 않았다. 언어 장벽은 그대로였고, 한국인과 미국인 사이의 문화 차이를 좁힐 수가 없었다. 동맹군 병사들을 제대로 이해하지 못한 미군 병력은 이들을 믿으려 하지 않았고 훈련이 제대로 되어 있지 않다 보니 한국군 병사들의 행동과 활약은 기껏해야 일시적이었다.

무뇨즈는 반대했지만 어쨌든 이들을 데리고 최선을 다하라는 지시가 내려왔다. 그는 지휘관 대부분이 그랬듯 카투사^{KATUSA}[80]를 작전에 투입했다.

갑자기 영산 남쪽 1.6킬로미터 지점 공병대 전선에서 적의 공세가 시작되었다. 인민군은 마을을 점령했지만 더 동쪽으로 진격하려는 시도는 하지 않았다. 개활지에 있는 논에 병력을 넓게 산개한 무뇨즈는 부하들을 흙담으로 둘러싸인, 초가지붕이 가득한 마을로 이동시켰다. 마을은 이미 전투가 한창이었다.

영산 외곽에서 무뇨즈와 부하들은 적으로부터 소화기 공격을 받았다.

무뇨즈는 전차를 앞세우고 바로 그 뒤로 2개 분대를 바짝 붙여 전차의 장갑과 화력으로 보호받게 했다. 전차가 서서히 앞으로 나아가면서 소수의 선봉대가 영산 외곽을 돌파했고 이제 집집마다 전투가 벌어지게 되었다.

영산은 촌락 정도밖에 안 되는 작은 마을이었다. 주요 도로 2개가 영산을 거쳐갔다. 하나는 동쪽으로 이어졌고, 다른 하나는 남북으로 달렸다. 그 외 나머지 길들은 그저 좁은 통로나 소로 정도였다. 흙으로 만들어진 단층 초가집들은 연기를 내며 불에 탔다. 영산에서 튼튼하게 지어진 유일한 건물은 공원과 마을 광장에 심어진 나무들을 마주보는 학교 건물뿐이

---

80 카투사: 주한 미 육군에 파견근무하는 한국군.

"미군에 증원된 한국인 병사들." 한국 카투사(KATUSA) 병사들과 정찰 중인 9연대 부사관들의 모습.

었다.

무뇨즈의 부하들은 코를 찌르는 지독한 연기와 집집마다 벌어지는 전
투의 혼란 속에서 새로운 문제에 직면했다. 이들은 불타는 집에 총을 쏘
며 길가를 따라 움직였고, 가끔 적이 있을 법한 구석에는 수류탄을 던져
넣었다. 때로는 한국인 시체들이 발에 차였다.

그러던 중, 세 번에 걸쳐 이 시체들이 벌떡 일어나서는 무뇨즈의 부하들을 등 뒤에서 쐈다. 다른 미군은 죽은 적병 곁에 떨어진 수류탄을 줍다가 그대로 폭사했다. 적병의 시체에는 부비트랩booby-trap이 설치되어 있었다.

무뇨즈가 명령했다. "시체가 정말 죽은 것인지 확인하라!"

G중대는 총알을 약간 낭비했지만 G중대가 지나가면서 모든 '시체들'에는 완전히 총알 구멍이 났다.

분대 앞에는 90밀리 주포를 장착한 72전차대대 전차들이 굉음을 내며 이동했다. 간간이 정지해서 사격을 실시하는 전차는 가옥이란 가옥은 모두 날려버렸다. 영산은 지구상에서 사라지고 있었다. 이는 비극적이지만 앞으로 여러 달에 걸쳐 한국의 거의 모든 마을과 도시들에 닥칠 운명이었다.

전차와 뒤를 따르는 보병들이 마을 중심에 도달했다. 이미 미군 전차 1대가 T-34로부터 85밀리 탄 한 발을 맞았다. 승무원들은 전차가 불타오르기 전에 모두 탈출했다. 손상을 입은 전차를 우회한 다른 미군 전차 한 대가 270미터 너머에 서 있는 T-34를 격파했다. 탄을 맞은 T-34는 곧 연기와 불길을 내뿜었다.

영산에는 인민군 전차가 더 많았지만 72전차대대와 3.5인치 바주카로 무장한 병사들이 인민군 전차들을 모두 처치했다. 적 전차와 보병은 훈련과 협조가 잘 되어서 서로 가깝게 붙어 이동했다. 하지만 미군 전차가 T-34와 교전에 들어가자, 미군의 90밀리 대전차탄이 인민군 전차의 장갑을 모조리 관통해버렸다. 자신들의 전차가 격파당해 불타자, 인민군 보병은 모두 흩어졌다.

9월 2일 오후 늦은 시간, 영산—혹은 남겨진 잔해—에는 더 이상 적이 없었다. 황혼 무렵, 인민군은 서쪽에 있는 구불구불한 야산들로 모두 밀려났다.

잠시이기는 하지만, 낙동강 방어선에 대한 적의 공세가 멈췄다.

9보병연대 2대대가 영산의 잔적을 소탕하는 동안, 카이저 소장, 미 8군 부참모장, 해병여단의 크레이그 장군은 2사단 지휘소에서 회의를 하고 있었다. 여기서 해병은 영산-낙동강 도로를 통해 공격하여 옛 전장인 클로버리프-오봉리 고지군을 공격하고, 9보병연대 2대대는 바로 북쪽으로 공격해서 위쪽 어디선가 곤란에 빠져 있을 23보병연대와 접촉을 시도하기로 결정했다.

9보병연대의 G중대, F중대, 그리고 2공병대대 A중대는 밤 동안 영산 서쪽의 고지들을 잇는 전선을 유지했다. 9월 3일 8시 55분에 5해병여단 1대대와 2대대가 서쪽으로 공격을 개시했다.

9월 3일 내내 치열한 전투를 치른 해병여단은 적을 낙동강 돌출부 안으로 서서히 몰아넣었다. 어둠이 내릴 무렵, 해병은 영산에서 서쪽으로 약 3.2킬로미터 떨어진 전선 어딘가에 있었다. 해병 34명이 전사하고 157명이 부상을 입었다.

이날 밤, 해병 5연대 3대대는 5연대 2대대를 넘어 공격을 계속하라는 명령을 받았다. 앞이 안 보일 정도로 비가 쏟아지면서 해병과 보병들을 밤새 비참하게 만들었다.

하지만 이후 이틀 동안 미 보병과 해병은 인민군을 훨씬 더 비참하게 만들게 된다.

9월 3일 일요일, 태양은 마치 불이라도 난 듯 이글대면서 떠올랐다. 낙동강 인근 209고지 돌출부에 있는 불쌍한 생존자들, 즉 D중대와 H중대의 잔여 병력은 숨도 쉬기 어려운 열기 아래서 익어가고 있었다. 이들은 전투식량이 몇 개 있었지만, 물은 이미 오래전에 동이 났다. 얼굴은 핼쑥해지고 수염이 멋대로 자란 채 여전히 버티고 있는 미군들은 부상자들이 내뱉는 신음에 더 긴장했다. 고지를 겨냥해 적이 날리는 포격은 잠시도 멈추지 않았다.

돌출부보다 높은 능선에 있는 인민군은 이미 누더기 같은 미군 참호들을 겨냥해 박격포탄을 정확히 날렸다. 적 보병은 언덕 가까이까지 기어와 수류탄을 던졌다. 어느 미군 병사는 참호에서 폭발하는 수류탄을 피해 여러 번을 진지에서 뛰쳐나왔지만, 여섯 번째 시도 중 폭사했다.

부상을 입은 에드워드 슈미트는 결코 포기하지 않았다. 대대로부터 지원을 약속받은 그는 지원군이 올 때까지 고지를 지킬 생각이었다. 그의 리더십과 말없는 솔선수범 덕에 돌출부의 병사들은 끔찍한 고통을 당하면서도 똘똘 뭉쳤다. 슈미트는 방어를 지휘하다가 결국 박격포탄에 목숨을 잃었다.

차次선임장교인 맥도니엘McDoniel 중위가 슈미트를 대신해서 지휘권을 이어받았다. 어둠이 깔리자, 부상자와 죽어가는 병사들의 기도와 간청이 응답받기라도 한 것처럼 엄청난 비가 내렸다.

미군은 하늘에서 떨어지는 빗방울을 마시려고 물집이 잡힌 입을 하늘을 향해 벌렸다. 이들은 더러운 전투복 자락의 물을 짜내 마시면서 반쯤 흐느껴 울었다. 맥도니엘 중위는 양모 담요 2개를 최대한 넓게 펼쳐 19리터 물통을 채울 만큼 많은 물을 짜냈다. 비가 계속 내리면서 대부분은 수통을 가득 채울 수 있었다.

비가 내리는 어둠 속에서 적은 공격하지 않았다.

하지만 밤은 순식간에 지나갔고, 새벽이 되면서 다시금 날씨는 덥고 맑아졌다. 고지로 올라온 미군 중 절반만이 아직 목숨이 붙어 있었다. 적은 여전히 이들을 노린 채 도사리고 있었다. 이들의 시련은 아직 끝나지 않았다.

* * *

9월 4일 8시, 차가운 비가 내린 밤이 지나고 맑고 따뜻한 새벽이 찾아오자, 미 5해병연대와 함께 전선에 있던 9보병연대 2대대는 낙동강 돌출부에 대한 역습을 다시 시작했다. 비가 내리는 밤 내내 적은 이상할 정도로 수동적이었지만, 낮 동안 진격한 미군은 말로 형언할 수 없는 혼란과 공포의 광경을 목격했다. 미군 공습과 포격에 사망한 인민군 시체가 땅에 묻히지 못한 채 길을 따라 사방에 흩어져 있었다. 진격 중인 미군은 온전한 T-34 전차 2대를 포함해 버려진 장비들을 지나갔다. 이들은 인민군 9사단의 지휘소로 쓰였을 것이 분명해 보이는, 텐트들이 아직 서 있는 곳까지 진격했다. 전력을 다할 것을 강요받는 인민군 병사들이 마침내 무너지기 시작한 것 같았다.

계속해서 적을 압박하는 미 해병과 육군은 밤을 보낼 진지를 팔 장소에 다다르기까지 약 5킬로미터를 전진했다. 하지만 인민군 9사단은 아직 완전히 끝난 것이 아니었다. 오후 늦게 야간 방어진지로 이동한 G중대는 서쪽으로 소총 유효사거리 바로 바깥에서 적이 병력을 결집하는 것을 볼 수 있었다. 이들은 작은 마을들을 통과하고 있었다. 무뇨즈가 포병 사격을 요청했지만, 이 요청은 기각되었다. 설사 적을 보더라도 한국의 마을을 향해 발포하지 말라는 명령이 어디에선가 대대로 내려왔다.

미군이 도로와 마을에서 싸우는 방법은 세계의 다른 군대와는 확연히 달랐다. 미국인에게 육신과 피와 생명은 어떤 경우에도 막대기와 돌보다 소중했다. 미군 지휘관이 적이 점령하고 있는 프랑스의 루브르 박물관을 빼앗아야 한다고 가정할 때, 루브르를 폭파하는 것이 부하들의 생명을 하나라도 더 구하는 것이라면 그는 주저하지 않고 루브르 박물관을 폭파하거나 불태울 것이다. 그리고 그 지휘관은 폭파하거나 불태우면서 미국적인 이상과 윤리에 따라 행동할 것이다. 이미 한국전쟁 중에 미군은 유럽 군대가 하듯이 착검한 군인들이 희생을 감수하며 도시를 한 구역씩 점령해나가는 대신, 적이 점령한 마을이나 부락을 완전히 파괴하면서 전진하고 있었다. 만약 폭격과 포격이 생명을 지킬 수 있다면, 폭격과 포격의 대상지가 아무리 아름답고 역사적으로 가치가 있더라도 사람의 목숨을 구하는 것이 우선이다. 한국군이 아니라 미 육군과 함께하는 종군기자들은

"미군 장교들은 인명을 보호하기 위해서라면 건물 따위는 얼마든지 희생할 수 있었다." 1950년, 폭격과 포격으로 폐허가 된 남한 지역의 작은 마을.

이러한 전술을 비판하기 시작했다.

유럽에서도 전쟁 가능성이 매우 높다는 점을 인지하고 있던 프랑스와 영국의 종군기자들은 각자 조국을 지상에서 방어해야 한다는 생각에 불안해했다. 역사와 교리에 따라서 미 육군은 여러 층으로 지어진 아름다운 대성당을 지키기보다는 사람의 목숨을 구하는 쪽을 택할 것이다. 프랑스와 영국의 종군기자들은 이에 대한 보도기사를 썼다. 그리고 오래지 않아 프랭크 무뇨즈는 바로 발 아래서 집결하는 적을 똑똑히 보면서도 포병 화력 지원을 받을 수 없었다. 그가 마을을 포격하고 불태워달라고 요청하자, 대대는 그럴 수 없다고 답했다. 다행스럽게도 한국에서 이런 명령은 곧 바뀌었다.

무뇨즈는 어둠 속에서 얇게 펼쳐진 중대 방어선을 오가며 부하들에게 야간전투를 준비하라고 말했다. 그가 말했다. "적은 지금 한창 준비를 하고 있다."

22시가 되자 무뇨즈가 전초기지로 내보낸 인원들이 방어선으로 돌아왔다. 돌아온 이들이 보고했다. "뭔가가 다가오고 있는 소리가 들립니다."

그 순간 전선은 아수라장이 되었다. 평소 지르던 고함과 비명 없이 조용히 고지 위로 기어오르던 인민군 2개 중대가 갑자기 G중대 방어선으로 뛰어들었다. 방어선에서 치열한 전투가 벌어졌으나, 몇 분 지나지 않아 적은 전부 철수했다.

잠시 후 조명탄이나 어떤 신호도 없이 인민군은 다시 한 번 G중대로 달려들었다. 이번에는 G중대 방어선에 일부 빈틈이 생겼다. 무뇨즈의 부하들은 인민군이 들이닥치자 고지 전면 경사면에서 뒤로 밀려 산마루까지 물러났다. 무뇨즈는 퇴각 명령을 내리지 않았으나, 적의 공세가 너무 강했다.

G중대는 후사면에 참호를 파놓는 대신 지원 전차들을 배치해두었다. 그리고 무뇨즈와 함께 싸워온 전차병들은 한 가지만큼은 확실히 배웠다. 다른 일부 보병 지휘관들과 달리 무뇨즈는 아침까지 전차병들이 스스로 알아서 하도록 맡겨둔 채 어둠 속에 전차를 버리고 가지 않았다. 전차 2대가 포문을 열고 산마루에 전차포로 고폭탄과 기관총탄을 쏟아부었다. 이들은 고지 위의 적을 싹 쓸어버렸다.

전차의 화력 지원을 받는 무뇨즈는 중대원들을 참호로 돌려보낼 수 있었다. 하지만 인민군이 떼를 지어 고지 위로 다시 몰려왔다. 이번에는 무뇨즈에게 조명탄이나 야포 지원이 없었다. 적은 G중대를 다시 한 번 산마루에서 밀어냈다. 그러자 다시 한 번 전차들이 인민군 돌격대를 묵사발로 만들었다. 만약 전차가 산마루 위로 올라갈 수만 있었다면 거기서 전투를 끝낼 수 있었을 것이다. 하지만 고지가 너무 가팔랐기 때문에 전차들은 적이 산마루로 올라올 때에만 화력을 지원할 수 있었다.

다시 한 번 부하들과 함께 고지 후사면에 있게 된 프랭크 무뇨즈는 이번에는 교범을 무시하고 자기의 판단에 따르기로 했다. 그는 부하들에게 고지 위로 마치 일본군이 했던 것처럼 만세 돌격을 하라고 소리쳤다. 그리고 자신이 먼저 움직였다.

G중대가 무뇨즈를 따랐다.

이들은 고지 위로 올라가 인민군과 맞붙었다. 귀를 찢는 고함, 절규, 총질과 함께 G중대는 허를 찔린 인민군을 향해 돌격했다. 산마루를 따라 총검전이 불꽃 튀게 벌어졌다. 무뇨즈의 부하 몇 명이 쓰러졌다. 작고 튼튼한 갈색 피부의 사내들도 비명을 지르며 죽어갔다. 마치 사람이 가득한 거리에서 몇 분 동안 벌어지는 아수라장 같았다. 어둠 속에서 서로가 서로에게 달려들었고 쓰러졌다. 일부 병사는 미처 보지 못한 적의 공격을 받고 경사면 아래로 굴러 내려가면서 싸웠다.

G중대의 반격은 인민군의 균형을 무너뜨렸다. 이들은 무뇨즈의 부하들만큼이나 겁에 질려 소리를 질러댔지만, 무뇨즈의 부하들이 인민군을 더 겁에 질리게 만들었다. 인민군은 갑작스럽게 교전을 멈추더니 어둠 속으로 사라졌다.

무뇨즈는 숨을 몰아쉬면서 SCR-300 무전기로 소대장들과 교신했다. "이리 다들 올라와라." 적이 다시 공격하리라는 것을 안 무뇨즈는 앞서 3소대가 겪은 피해를 반복하지 않도록 모든 부하들을 한곳에 모으기를 원했다. 다시 폭우가 쏟아지기 시작했다.

소대장들 중 한 명인 신참 머피Murphy 소위는 이것이 첫 전투였다. 머피가 걱정된 무뇨즈는 경험 많은 소대 선임하사의 안내를 받으라고 지시했었다. 능선에서 멀리 떨어진 아래 진지에서 무뇨즈가 있는 중대 지휘소 근처로 다가오던 소대 선임하사 로렌 커프먼Lauren Kaufman은 머피보다 앞서 병사들을 인솔해 올라왔다. 어둠을 뚫고 걸어오던 커프먼은 땀을 잔뜩 흘리며 휘청대고 걷는 인민군 정찰병과 맞닥뜨렸다.

커프먼은 인민군 정찰병이 대응하기 전에 먼저 대검으로 찌르며 소리쳤다. "사격 개시! 사격 개시!" 커프먼은 땅 위에서 들리는 인민군의 신음

소리 너머 적병의 검은 그림자를 향해 수류탄을 던진 후 소총 사격을 시작했다. 적은 흩어졌으며, 소대는 곧 G중대 주 진지에 도착했다.

싸움은 이런 식으로 아침이 올 때까지 계속되었다. 싸우고 적이 지나치게 가까이 접근하면 격렬하게 백병전을 벌이면서 G중대는 고지를 방어했다. 백병전을 벌이면서 커프먼은 인민군 병사 4명 이상을 대검으로 찔렀고, 전방으로 이동해온 적 기관총을 쓸어버렸으며, 적 박격포 사수들도 죽였다.

무뇨즈가 화력 지원을 요청하고 타이밍을 조절하고 나자, 마침내 중대 주변으로 중포병 화력 지원이 이루어졌다. 날이 밝을 때까지 쏟아진 포탄 때문에 적은 G중대에 접근할 수 없었고, 그 덕에 9연대의 다른 부대들은 날이 밝자 G중대의 고지를 공격개시선으로 삼아 서쪽으로 공격을 시작했다.

* * *

9월 4일, 209고지 서쪽에서 흙탕물을 만들며 흐르는 낙동강 아래로 태양이 지자, 맥도니엘 중위는 궁지에 빠졌다는 것을 깨달았다. 그는 함께 남은 D중대의 칼드웰^{Caldwell} 중위와 아군 전선을 향해 돌파를 시도해볼 것을 논의했다. 돌출부 꼭대기에서 지친 부하들이 더 이상 버틸 수 없는 것은 분명했다.

부하들 중 일부는 충격에 빠졌다. 정신이 조금 더 멀쩡한 부하들도 멍하니 황혼을 바라보고 있었다. 기나긴 시련에 반쯤 미친 부하들 몇몇은 참호 밖으로 뛰어나가 적에게 돌격했다. 적은 이들을 손쉽게 쓰러뜨렸다.

밤이 되자 각 병사에게는 탄알이 한 클립 정도밖에 남지 않았다. 맥도니엘은 적이 작심하고서 압박을 가해 공격한다면 이를 격퇴할 수 없다는 것을 알았다. 하지만 적은 공격해오지 않았고, 밤은 깊어만 갔다. 맥도니엘은 인민군 장교 한 명이 부하들에게 "만세!"라고 외치며 돌격하라고 하는 것을 들었지만 취약한 방어선 어디에고 돌격은 없었다.

나흘 밤낮 동안 고지 정상을 포위한 적은 타는 듯한 태양 아래에서 동료 병사들의 시신이 코를 찌르는 악취를 내며 썩어가는데도 내버려두었다. 연이은 공격이 실패하자, 포위 중인 인민군도 동요하기 시작했다.

맥도니엘과 칼드웰은 30명이 채 안 되는 잔여 병력을 4명씩 나누어 최대한 고지 전체로 흩어지기로 했다.

이들에게는 문제가 하나 있었다. 적의 기관총 공격을 받아 부상을 입어 허리 아래가 마비된 왓킨스 상사가 여전히 살아 있다는 것이었다.

아칸소 출신의 왓킨스는 자신을 두고 가라고 말했다. 그는 아직 도망칠 기회가 있는 부대원들에게 짐이 되고 싶지 않았다. 쓰러지기 전까지 고지를 방어하는 데 누구보다 큰 공을 세운 그는 여전히 용감했고, 여전히 기운이 넘쳤다.

결국 부대원들은 왓킨스를 두고 떠났다. 왓킨스의 부탁에 따라 누군가가 왓킨스의 카빈 소총을 장전해서 그에게 건네주었다. 이들은 하반신이 마비된 그의 가슴에 뭉툭한 카빈 소총을 총구가 턱을 향하도록 얹어주었다. 왓킨스는 한 손으로 총을 감싸 안은 후 주변에 서 있는 전우들에게 싱긋 웃어 보였다.

왓킨스가 말했다. "행운을 비네."

시간이 많이 흐른 뒤, 고지에서 그와 함께했던 이들이 그의 이야기를 전하면서 왓킨스에게는 명예훈장이 추서되었다.

고지에서 출발한 이들 중 7명을 제외하고는 모두 남쪽 25사단에 인접한 아군 방어선에 도착했다. 칼드웰은 생포당했다. 인민군 몇 명이 그의 군화와 군번줄을 뺏은 후 돌로 그의 머리를 내리쳤다. 그가 죽었다고 생각한 이들은 태연하게 칼드웰을 낙동강에 던져버렸다. 하지만 칼드웰은 강변에 닿았으며 나흘 뒤 기적적으로 진지에 복귀했다.

3주 후, 9보병연대 일부가 209고지에 올라갔다. 창백해진 이들은 참호 속에서 썩어가는 진흙투성이 시신들을 꺼내 신원을 확인했으나, 시신들 대부분은 폭발로 조각이 나거나 절단되어 있었다.

이 경우는 그래도 약간은 운이 좋은 경우였다. 외로운 돌출부에서 죽어간 장병들 대부분은 최전방에서 싸웠던 셀 수 없이 많은 다른 사람들처럼 무명용사 묘지에 묻혔다.

1950년 9월 5일은 낙동강 방어선 전역에서 치열한 전투가 벌어진 날이다. 낙동강 돌출부에서는 해병대와 9보병연대가 오래된 숙원이라 할 수 있는 오봉리 능선의 경사면으로 가는 길에서 쏟아지는 비를 뚫고 싸웠다. 여기서 이들은 역습을 중단했다. 이들이 능선 위의 인민군이 진지를 파는 모습을 볼 수 있게 되었을 때, 인민군 9사단은 이미 괴멸되고 이를 지원하던 인민군 4사단은 더 오래전에 전투력을 상실한 것이 분명했다.

게다가 맥아더 원수는 해병여단을 위한 다른 계획들이 있었기 때문에 극동사령부는 워커 중장이 해병여단을 놓아주기만을 이제나저제나 기다리고 있었다. 이튿날 해병은 함정에 승선하기 위해 부산으로 이동했다.

인민군은 9월 1일에 낙동강 돌출부에서 극적으로 돌파구를 만들었지만, 아시아의 공산주의 군대들이 갖는 지속적인 약점이 무엇인지도 드러내버렸다. 이들은 유엔군 방어선을 돌파할 수 있었지만, 돌파 지역에서 전과를 확대하는 데 실패했다. 인민군은 통신이 좋지 못한 데다가 보급체계는 그보다도 더 나빴다. 보급품 운반을 순전히 인력에만 의존했던 인민군은 전과를 확대할 수 있을 정도로 빠르게 움직이지 못했고, 특히 우세한 항공력, 기갑 전력, 포병 화력 앞에서 크게 약화되었다. 간단하게 정리하면, 유엔군은 돌파구가 만들어지면 퇴각해서 인민군이 장점을 살리는 것보다 빠르게 역습할 수 있었다. 더 강력하게 무장한 미 육군이 연속해서 전선을 형성하고 예비군을 유지하는 한, 공산군의 전술은 실패할 수밖에 없는 운명이었다.

만약 인민군에게 밀양까지 이동할 수 있는 기계화 전력이 있고 후방을 괴롭히던 미 5공군을 떼어놓을 수 있는 공군이 있었다면, 과감하고 강력하게 공격하는 보병이 해안 교두보를 쉽게 절단한 후 유엔군을 대참사로 몰아넣었을 수도 있다.

낙동강 돌출부 북쪽에서 미 23보병연대는 상급 부대인 2사단으로부터 고립된 채 뒤로 밀리고 있었다. 하지만 미 23보병연대는 1대대가 호수를 등지고 밀려 고립되는 상황에서도 인민군 2사단과 치열하지만 대등하게 전투를 치르고 있었다. 미 2사단 예하의 38연대가 북쪽에서부터 23연대를 지원하기 위해 내려오면서 적의 위협을 억제하기 시작했다. 9월 9일 무렵, 미 23보병연대는 전투력이 38퍼센트까지 떨어졌지만, 인민군 2사단은 돌파를 위해 공세를 반복하다가 아무 성과도 내지 못한 채 산산조각이 나버렸다.

한국전쟁 중 벌어진 최대의 수수께끼 중 하나가 23연대의 항전 중에 일어났다. 7,000명이 넘는 병력을 갖춘 인민군 10사단은 사면초가에 몰린 23연대를 공격하거나 대구를 향해 동쪽으로 진격할 수 있는 위치에 있었다. 만약 인민군 10사단이 중심을 공세에 두었다면, 아마 그 압박은 미 8군이 버틸 수 있는 수준 이상이었을 것이다. 하지만 인민군 10사단은 오해 때문인지 아니면 지휘 능력 부족 때문인지는 몰라도 낙동강 방어선 쪽으로 아예 이동조차 하지 않았다.

남쪽의 미 25사단 지역에서는 8월 31일 자정 이후로 대패를 야기할 수 있는 위협이 계속되었다. 하지만 미 35보병연대는 인민군 2개 사단, 즉 6사단과 7사단에게 포위되고 후방에서는 적어도 인민군 3개 대대에 포위된 채 군건하게 버티고 있었다. 미 육군사관학교 졸업생으로서 경험이 많은 장교인 35연대장 피셔Fisher 대령은 이렇게 술회했다.

"나는 후퇴할 생각이 전혀 없었다. 더 이상 물러날 곳이 없었기 때문이다."

미 35연대는 최후까지 적과 싸웠으며, 훗날 대통령 부대표창을 수상했다. 인민군 시신이 흩어져 있는 논을 본 피셔 대령은 제2차 세계대전 중 독일군 10개 사단이 포위된 팔레즈 포위망Falaise Gap에서 벌어진 대량학살도 그날 남강에서 본 끔찍한 장면에는 비할 바가 못 된다고 회고했다.

땅 위에 널린 인민군 시신들 위로 어찌나 파리가 많이 몰렸던지 어느 곳에서는 해마저 흐릿하게 보일 정도였다.

미 35보병연대 남쪽에서는 적이 함안을 향해 돌파구를 만들었다. 미

24사단은 격파당한 후 후방으로 줄지어 후퇴했다. 체크^{Check} 중령이 지휘하는 27연대 1대대는 역습을 실시해 인민군을 대학살하면서 저지한 뒤 24사단 진지를 다시 회복했다. 그러나 전투력을 복원한 24사단은 다시 한 번 패전을 거듭했다. 하지만 피셔 대령이 이끄는 35연대와 5연대전투단이 배속된 마이캘리스 대령의 27연대는 뛰어난 전투력을 발휘하며 남쪽에서 인민군의 공세를 무위로 돌렸다.

동해안 쪽에서는 한국군 사단들이 9월 2일에 엄청난 압박을 받았다. 일부 한국군 부대들은 뒤로 밀렸고, 어떤 부대들은 무너졌다. 하지만 8월에 그랬던 것처럼 산맥, 그리고 미 공군과 기갑부대의 지원으로 전선은 균형을 찾을 수 있었다. 인민군은 산맥을 넘어 다닐 수 있었지만, 낙동강 방어선 내에서 예하 병력들이 전투하거나 보급을 유지할 수 없었다. 몇몇 곳에서 국지적인 돌파가 있었지만, 동부전선이 유지되었다.

동부에는 한국군 사단들이, 남부에는 미 25사단이, 낙동강 돌출부에는 미 2사단이 혈투를 벌이며 밀려오는 인민군을 막고 있었다. 대구 앞에서는 미 1기병사단이 56킬로미터에 이르는 전선을 지켜냈다.

그리고 2주 내내 이 전선을 따라서 한국전쟁 중 가장 치열한 전투가 벌어졌다. 미 1기병사단은 계속되는 위기 상황을 버텼다. 지형은 수많은 고립된 작은 계곡들로 나뉘어 험준했다. 이 고지들 위에서 그리고 비와 안개가 가득한 계곡들에서는 낙동강 돌출부에서 벌어지는 것과 유사한 전투가 쉴 새 없이 휘몰아쳤다.

9월 5일, 낙동강 방어선 상에서 위협의 4분의 3이 해소되었지만, 대구 앞의 상황은 더 악화되었다. 미 8군은 만약에 대비해 적에게 점령당하면 회복 불가능한 사령부와 통신장비를 한국군 장비와 함께 남쪽 부산으로 옮겼다. 하지만 워커 중장은 2달 전 딘 소장이 했던 것처럼 계속 대구에 남아 싸울 준비를 했다.

9월 8일이 되자, 인민군 1사단과 13사단은 대구에서 겨우 15킬로미터 떨어진 곳에 있었다. 미 1기병사단이 어쩌나 전투력이 소진되었던지, 대대장 한 명이 중대원을 100명 모을 수만 있으면 그 중대는 그 즉시 그날의 공격 부대가 된다고 말할 정도였다. 또한 심각할 정도로 부족한 탄약 보급 문제도 대두되고 있었다. 105밀리 포탄 소모율도 급격하게 줄여야 했다. 도쿄에 있는 맥아더 원수는 극동사령부로 향하고 있는 모든 탄약 보급함은 안전이 보장되는 한 최고속도를 내라고 긴급하게 요청했다.

9월 12일이 되자, 인민군 13사단은 대구로 향하는 길목으로 알려진 중요한 314고지를 점령했다. 이 능선에서 인민군은 대구를 볼 수 있었으며, 대구 계곡 주변의 지역을 장악할 수 있었다. 314고지를 둘러싼 고지들은 길이가 1.6킬로미터이며, 모든 면이 가파른 경사라는 특징을 가지고 있었다. 이 고지에 있을 것으로 추정되는 적은 최소한 700명이었으며, 이들을 상대하기 위해 1기병사단은 제임스 린치^{James Lynch} 중령의 7기병연대 3대대를 투입했다.

7기병연대 3대대의 유효 병력은 535명이었다. 105밀리 포가 부족했기 때문에 공격 전 준비사격은 없었다. 앞서 다른 고지를 공격할 때 7기병연대 3대대는 크게 실패했다.

하지만 린치 중령은 예하 중대들을 한곳으로 모아 소총 사격을 적 능선에 최대한 집중시키려 했다. 314고지에 대한 공습에 이어 9월 12일 11시에 3대대가 공격에 나섰다.

선두의 L중대와 I중대는 곧장 120밀리 박격포 포격에 어려움을 겪었다. 엄청난 박격포탄이 전진하는 중대원들 대열 사이에서 폭발하며 기름 낀 검은 연기를 내뿜었다. 그리고 인민군이 쏴대는 기관총의 녹색 예광탄과 소총탄이 날아다니는 소리로 요란했다.

두 중대에서는 장교 여러 명이 쓰러졌다. 하지만 L중대의 워커^{Walker} 대위와 I중대의 필즈^{Fields} 중위는 자신들의 안전을 돌보지 않은 채 각자 중대를 재편한 후 다시 공격을 이끌었다. 두 사람이 뛰어난 모범을 보이자, 소대장들이 쓰러진 상황에서도 여러 병사들이 솔선수범했다.

7기병연대의 장교와 병사들은 쏟아지는 포화 세례 속에서 치른 518고지 첫 번째 전투에서 자신들이 보여준 행동에 대해 못마땅해했다. 그 당시 7기병연대의 많은 장병들은 충격을 받고 겁을 먹었었다. 이들은 대구 전방의 상황이 절망적임을 알았으며 대구 주변의 한국 경찰들은 도시 외곽으로 이동한 후 참호를 파고 있었다. 남쪽에서 그랬듯이 "이젠 더 이상 물러날 곳이 없었다."

첫 전투에서 실패했던 7기병연대 3대대는 314고지에서 미국 군사사에 남을 가장 놀라운 한 장을 써내려갔다.

이들은 적의 치열한 포화를 받으면서 가파른 경사면을 싸우며 올라갔다. 장교와 부사관들이 부상을 입었지만, 이들은 지휘권을 넘기고 물러나기를 거부했다. 가벼운 부상을 입은 많은 병사들은 치료를 거부했다. 적이 치열하게 쏴대는 박격포탄 아래에서 L중대와 I중대가 314고지의 산마루 근처까지 다다르자, 적은 이들을 향해 달려들며 격렬하게 역습을 가했다. 곧 능선의 가장 가파른 경사면에서 백병전이 벌어졌다. L중대와 I중대는 자신들의 두 배에 달하는 적 병력이 산마루에 몰려들자 후퇴했다.

다시 공습이 시작되자, 고지 정상은 폭탄이 터지면서 불길에 휩싸였다. 항공기가 공습을 마치고 상승하자, L중대의 워커 대위는 소수의 병력을 이끌고 세 번째로 산마루를 공격했다. 이번에는 워커가 산마루에 서서 고지 아래를 향해 소리쳤다.

"다들 어서 올라오라고! 여기서 놈들이 다 보인다! 우글우글하게 모여 있지만 다 죽일 수 있어!"

I중대는 필즈 중위를 포함한 모든 장교가 쓰러졌다. 하지만 부하들은 L중대와 함께 가파른 경사를 올라갔으며, 인민군 진지로 뛰어 들어가 총을 쏘고 백병전을 벌였다. 미군은 고지 전면을 장악했고, 적은 무너졌다.

15시 20분에 워커 대위는 314고지를 확보했다고 보고했다. L중대에는 40명이 살아남았으며, I중대도 생존자 수는 비슷했으나 그중에 장교는 없었다. 전투가 시작되고 첫 2시간 동안 7기병연대 3대대에서는 전투 사상자가 229명 발생했다.

고지 위에서 L중대와 I중대는 미군 전투복, 전투화, 방탄모를 착용하고 미제 M-1 소총과 카빈 소총을 소지한 적 시체 200구 이상을 발견했다. 이들은 손이 묶이고 총알을 맞거나 대검에 찔려 죽은 미군 시신 4구도 발견했다. 그리고 손과 발이 묶인 채 새까맣게 타 죽은 장교의 시신도 1구 발견했다. 이 시신 곁에는 20리터짜리 빈 석유통이 있었다. 그는 후퇴하는 적에게 산 채로 화형당한 것이다.

더 이상 후퇴할 곳이 없는 상태에서 얇게 펼쳐진 낙동강 방어선 전역에 걸쳐 미군이 보강되고 있었다. 그들은 전쟁 초기의 무관심을 날려버리고 적개심으로 끓어오르기 시작했다. 그리고 모든 곳에서 참사와도 같았던 첫 전투의 충격이 가라앉고 있었다. 얻어맞고 피를 흘리면서 어렵게 전쟁의 교훈을 배운 병력들은 이제 장교의 말에 귀를 기울이고, 나이 많은 부사관들이 하는 말에 유념하기 시작했다.

군인이 되어 전장에서 처음으로 시체를 보고 시체 냄새를 맡은 병사는 군인의 임무에 대한 모든 선입견을 곧 잊게 된다. 전투가 어떤 것인지, 전투에서 어떻게 해야 하는지 배운다. 그렇게 군인이 되거나 죽어갈 뿐이다.

한국에 전개된 미 1기병사단, 2사단, 24사단, 25사단의 병사들은 군인이 되어가고 있었다. 이들이 살던 나약하고 감상적인 사회의 편견 하에서도 인적 자질은 강하고 훌륭했다.

병사들 중에는 용감한 사람이 많았다. 그러나 병사들은 용기 그 자체는 전투의 승리와 거의 관계가 없다는 사실을 배우고 있었다. 전선에서 보통 사람들은 겁을 먹고 있거나, 겁을 먹었거나, 아니면 겁을 먹을 것이다. 명령을 신속하게 기꺼이 받아들이도록 기강이 잘 잡혀 있어야만 이런 두려움을 통제할 수 있다. 잘 훈련받고 전쟁의 끔찍한 경험에 맞설 수 있는 상태가 되었을 때, 그리고 무엇을 해야 하는지 거의 기계적으로 알게 되었을 때 비로소 부여받은 임무를 수행할 수 있다. 스스로 기강이 잘 잡혀 있고 잘 훈련되고 단련되어 있다는 것을 알아야만 자신의 강인함과 능력에 대한 자부심이 생긴다. 자부심은 모든 것이 무너져내릴 때에도 스스로를 다잡을 수 있도록 해준다.

1950년 9월 12일 이후로도 치열한 전투는 계속됐지만, 대구와 다른 지역의 상황이 전처럼 암담해 보이진 않았다. 미군이 교훈을 얻고 이를 잘 소화하면서 무너지기 시작한 것은 인민군이었다. 에르빈 롬멜^{Erwin} $Rommel$**81**은 미군처럼 첫 전투에서는 서툴지만 막상 일이 닥치면 힘든 교훈을 그렇게 빨리 습득하는 군대를 본 적이 없다고 기록했다.

낙동강 방어선 안에서 가장 절망적인 순간이 끝나가는 가운데, 미 본토에서는 두 번째 전투가 벌어지고 있었다. 참전한 미군 병사들에게 공짜로 사탕, 담배, 그리고 맥주를 제공하는 것은 관례가 되어 있었다. 통상 미군이 전투를 벌이는 곳에는 술집이나 슈퍼마켓이 거의 없었다.

본국에 이 문제가 보고되자 '맥주 제공 문제'는 순식간에 전국적인 논란에 휩싸였다. 금주 단체, 교회, 그리고 다양한 시민단체는 미국의 젊은이들을 타락하게 만든다는 주장을 내세우며 미 국방부와 의회를 맹공격했다. 가끔 술을 즐기는 어느 의원은 항의자들의 공세를 비껴갈 생각으로 하원에서 이렇게 말하기까지 했다. "한국의 물은 총알보다 더 치명적이다!"

군에게 의견을 묻는 이도 없었지만, 적을 죽이거나 적에게 죽임을 당할 만큼 충분히 성년인 사람들이 왜 원할 때 술을 마실 수는 없는지를 설명하는 이도 없었다.

묵인하는 버릇을 버리지 못한 미 육군 지도자들은 분노에 찬 여론의 폭풍에 고개를 숙였다. 9월 12일 314고지를 확보하느라 7기병연대 3대대가 병력 절반을 잃던 날, 극동사령부는 장병들에게 맥주 배급을 끊었다. 군인들은 여전히 맥주를 살 수는 있었지만, 이는 군 매점이 병사들 옆에 있을 때에만 가능했다.

이 결정에 대해 한 병사는 다음과 같이 자신의 의견을 말했다. "우리가 맥주를 마시는 게 싫다면 그 사람들더러 직접 여기 와서 싸우라고 하죠."

---

81 에르빈 롬멜(1891~1944): 제2차 세계대전 당시 독일국방군 원수.

한 고급 장교는 자신의 의견을 조심스럽게 피력했다. "맥주 한 캔은 누구도 다치게 하지 않는다."

이때 나온 다른 의견들은 차마 여기에는 적을 수 없다.

* * *

9월 중순 내내, 유엔군과 인민군은 여전히 낙동강 방어선 주변에서 근접전을 치르고 있었다. 하지만 전투 기세는 서서히 약화되고 있었다. 양측 모두 지쳤다는 신호를 보이기 시작했다. 유엔군도 인민군도 병력이 충분치 않다 보니 잠깐이라도 예비대를 보유하기 어려웠다.

9월 14일까지도 이 문제는 여전히 해결되지 않았다. 인민군은 한반도 남동쪽 구석의 발 디딜 만한 작은 공간을 제외한 대한민국 영토 전역을 유린했다. 하지만 이 작은 공간은 인민군이 예상치 못한 문제를 낳았다. 8월 15일까지 전 한반도를 공산화하겠다는 시간 계획이 어긋났다. 인민군에게 더 최악의 실수는 최정예 전력을 모두 낙동강 주변에 배치해놓았다는 점이었으며, 생존자들은 열기로 달궈진 고지와 악취가 진동하는 계곡에서 미군의 총탄에 피를 흘리며 빠르게 죽어가고 있었다.

인민군은 젖 먹을 힘까지 다해 싸웠다. 이제는 중국 국공내전에서 싸웠던 전투 유경험자의 비율이 30퍼센트도 안 되었다. 남아 있는 노병들은 더럽고, 지치고, 굶주린 채 누더기를 걸치고 있었다. 새로 징집한 신병들을 전선에 붙잡아둘 수 있는 수단은 잦은 즉결처형과 죽음의 위협뿐이었다. 이제 이 전쟁의 앞날을 의심하기 시작한 이들은 미군 장교들이 아니라, 인민군 2군단에서 13사단 참모장으로 근무하기 위해 내려온 리학구 총좌 같은 이들이었다.

인민군은 최선의 노력을 기울였지만 실패했고, 미군은 이제야 막 싸움을 시작하고 있었다.

9월 중순 무렵, 더 이상 결정을 미룰 수 없게 되었다.

제15장

서울 수복

●

군사사에서 이에 비견될 수 있는 작전은 거의 없을 것입니다.

… 이 빛나는 작전이 서울을 해방시켰습니다.

— 1950년 9월, 트루먼 대통령이 맥아더 원수에게 보낸 편지에서

1861년부터 1865년까지 남북전쟁을 치르면서 지상전이 오랫동안 계속되면 많은 인명이 희생된다는 것을 깨달은 미국은 이후로 지상전이 장기화되는 것을 혐오해왔다. 아마 남북전쟁 이래로 미국에서 위대한 전술가가 더 이상 나오지 않은 것은 우연이 아닐 개연성이 농후하다. 미국의 전략적 사고는 최상을 유지했다. 한번 숲 속에 들어가본 미국 군인들은 숲을 보다 분명히 보게 되었다. 숲에 있는 나무들 때문에 문제가 있었지만, 나무들 사이에서 길을 잃는 경우는 거의 없었다.

1941년부터 1945년까지 제2차 세계대전을 치르면서 독일군의 전술교리와 전투수행 방법은 미군보다 훨씬 탁월했다. 또한 각급 제대의 독일 장교와 부사관들은 전투에서 특별히 뛰어난 능력을 보여주었다. 하지만 전쟁을 치르는 내내 미국의 전략 기획은 최고를 유지했다. 히틀러가 지휘하는 독일국방군은 계속해서 위기를 겪으며 허우적거린 반면, 미국의 전략가들은 적을 격멸한다는 궁극의 목표를 단 한 번도 잊은 적이 없었다.

독일은 전투 자체를 중요하게 여겼기 때문에 이들의 전투 기술은 좋았을지 몰라도 결국 나무들 사이에서 길을 잃은 셈이며, 전투에서 이길지언정 전쟁에서는 패했다. 프랑스가 함락된 뒤 독일 지도부는 독일국방군에 분명하고 간결한 전략 목표를 하달하지 못했다. 이는 독일의 전쟁 기획이

서부전선에서 승리하는 것 이상을 고려해보지 않았기 때문이다.

동부전선에서 독일의 기획가들은 일시적인 이득을 좇아 물자를 반복적으로 낭비했지만, 소련의 붉은 군대는 단 한 번도 궁극의 목표에서 눈을 떼지 않아 결국 군사적으로는 물론 정치적으로도 전쟁에서 승리했다. 특히 중요한 점은 1942년에 히틀러가 유전지대를 찾아 캅카스Kavkaz까지 깊게 진출하는 동안 소련군은 언제나 정치적 효과와 인구를 통제할 수 있는 공세를 계획했다는 것이다. 또한 독일국방군은 2,900킬로미터나 되는 소련 전선에서 전술적으로 많은 승리를 거두고 있었지만 1942년까지도 소련인을 통제하거나 또는 궁극적으로 승리하리라는 희망이 전혀 없었다.

남북전쟁 이후 미국은 단 한 번도 지상군을 대규모로 보유한 적이 없었다. 제2차 세계대전이 일어나면서 만들어낸 사단 92개는 독일국방군이 보유한 400개 사단이나 소련이 보유한 어마어마한 야전군 전력에 결코 비할 바가 아니었다. 하지만 미국은 소련이나 중국 같은 동맹이 있었고 이들이 지상에서 적과 대규모로 교전했기 때문에 지상 전력의 투입을 최소화할 수 있었다.

굳이 전쟁에 의미를 부여한다면, 전쟁의 목적은 전쟁이 벌어지는 땅에 사는 사람들과 해당 영역을 통제하는 것이며, 궁극적으로 이는 알렉산드로스 대왕Alexandros the Great이 했던 것처럼 지상전을 통해서 달성할 수 있다. 하지만 남북전쟁 이후 미국의 동맹국들이 적의 피를 흘리게 만드는 끔찍한 희생을 계속해서 감수했기 때문에 미국에서는 작은 희생으로 승리할 수 있다는 믿음이 서서히 커가고 있었다.

제1차 세계대전 동안 영국이 90만 명 이상 그리고 프랑스가 100만 명 이상을 잃고 나서야, 미국은 이 치열한 전쟁에 지상군을 투입해서 전사자 5만 명으로 전세를 뒤집었다.

제2차 세계대전 때 소련은 민간인과 군인을 모두 합쳐 2,000만 명 이상을 잃었다. 1940년에 겨우 6주 동안 프랑스는 고통스럽게 휘청대면서 거의 50만 명이 전장에서 전사했는데 이는 전쟁 내내 미국이 잃은 병력보다 훨씬 더 많은 수였다.

전 세계에서 미국의 동맹국들의 이런 희생이 없었다면 제2차 세계대전은 미국이 상대적으로 피를 덜 흘린 채로 끝나지 않았을 것이다.

남북전쟁 중 벌어진 앤티텀 전투Battle of Antietam[82] 30분 동안 발생한 전사자 수가 노르망디 상륙거점에서 30일 동안 전사한 사람보다 많았다.

하지만 해상 전력과 항공 전력에 크게 집중함으로써 미국은 추축국을 전쟁에서 패배시킨 전략적 타격력을 더할 수 있었다. 특히 일본은 섬나라였기 때문에 항공과 해상 공격에 매우 취약했다. 또한 일본 제국육군의 주력은 만주에서 소련을 방어하기 위해 전개되었으므로 미 육군과 단 한 번도 교전하지 않았다.

미 동맹국들의 엄청난 저지 능력이 없었다면, 미국의 산업 능력만으로는 전쟁의 결정적인 요소가 될 수 없었을 것이라는 점을 잊어서는 안 된다. 심지어 1944~1945년에 미 육군은 이미 유럽의 지상전에서 전략적으로 패배한 독일국방군과 교전했는데, 상대적으로 소수인 미국의 지상 전력은 이미 극한까지 압박을 받았다.

1945년 초, 항공 전력과 지원병과의 대규모 병력을 보병으로 전환되었다. 그 누구도 독일국방군과 교전하면서 보충 병력이 필요하리라고는 생각하지 못했다.

따라서 1950년에 세계를 지배하던 국가가 문맹자가 거의 900만 명이나 되는 국가의 공격을 간신히 막아낼 수 있었던 것을 단순히 우연으로 여겨서는 안 된다. 그나마도 동맹국인 대한민국 국군의 엄청난 인적 희생이 없었다면 가능하지 않았을 것이다.

그렇기 때문에 1950년 여름에 지상에서는 제한된 전술적 능력을 보유

---

82 앤티텀 전투: 샤프스버그 전투(Battle of Sharpsburg)로도 불린다. 1862년 9월 17일 메릴랜드 근처 워싱턴 카운티에서 벌어진 전투로, 북군 8만 7,000명과 남군 3만 8,000명이 교전했다. 인명 피해는 북군 1만 2,000여 명, 남군 1만여 명이 각각 발생했다.

했지만 공중과 해상에서는 뛰어난 기동성을 보유한 맥아더 원수는 한국 전역에서 끝없는 보병전을 생각하기보다는 즉각 전략 목표를 달성하고 적을 쓸어버릴 전술을 고민한 것이다.

7월 첫 주, 맥아더는 참모장인 알몬드 장군에게 한국의 서해안에 상륙 작전을 기획하라고 지시했다. 맥아더는 우세한 항공 전력과 해상 전력에 더해 특별한 능력을 가진 해병대가 적 해안에 상륙하여 적의 후방을 장악하고 보급선을 끊어 적을 격멸하는 계획을 세웠다.

블루허츠Bluehearts라는 암호명으로 육·해·공군의 합동작전을 실행하기 위한 계획 수립이 바로 착수되었다. 처음에 알몬드 장군은 블루허츠 시행 일자를 7월 22일로 잡았다. 하지만 한국군 전선이 계속해서 무너지자 문자 그대로 사라지고 있는 방어선을 지키기 위해 가용 전력을 모두 투입해야만 했기 때문에 7월 10일경이 되자 블루허츠는 실행이 불가능해졌다.

계속해서 작전이 연기되었지만, 맥아더 원수는 적의 측방을 상대로 바다에서부터 상륙해 들어가는 것이 전쟁을 끝낼 수 있는 가장 현실적인 방법이라는 믿음을 절대 버리지 않았다. 맥아더의 개념은 무너지고 있던 일본을 상대로 이미 사용된 적이 있었는데, 이는 미국의 힘을 최대한 사용하면서 미국의 약점을 최소화하는 것이었다.

극동사령부 합동전략기획단Joint Strategic Plans and Operations Group은 7월과 8월 연이어 작전을 폐기해야 했다. 미 2사단은 워싱턴 주 포트 루이스에서 도착했지만 곧 낙동강에 투입되어야만 했다. 상륙작전을 위해 맥아더가 특별히 요청했던 임시 해병여단은 미 8군을 구하기 위해 한반도 내로 전환되어야만 했다. 전투력이 부족했음에도 이미 한국에 투입된 사단들의 병력 요청에 따라 구성 부대들이 차출되어 분해되다시피 한 미 7사단만 핵심이 일본에 남아 있었다.

맥아더는 합동전략기획단이 상정한 다수의 계획들 중 100-B라는 제목이 붙은 작전을 선호했다. 이는 인천항에 상륙과 동시에 미 8군이 낙동강 방어선을 돌파하여 북진하는 내용이었다. 맥아더는 인천이 한국에서

두 번째로 큰 항구이고, 정보에 따르면 이곳의 방비도 약한 데다가 남한에서 인민군 신경망의 중심이라 할 수 있는 서울로부터 거리가 29킬로미터밖에 되지 않았기 때문에 상륙지점으로 선택했다.

서울이 유엔군의 손에 들어오면 인민군은 북한의 기지들로부터 고립될 것이며, 유엔군에 의해 포위당하게 된다. 이는 고대부터 내려오는 망치와 모루 개념[83]이었다. 맥아더는 작전이 성공할 경우 침공군이 완전히 산산조각 날 것으로 예상했다.

하지만 인천에는 엄청난 난관이 있었다. 인천과 외해 사이에는 개펄이 넓게 펼쳐져 있었으며, 길고 구불구불한 수로가 이어져 있었다. 인천은 간조와 만조의 차가 컸다. 밀물 때는 9.5미터, 썰물 때는 0.15미터까지 수위가 내려갔다. 상륙함은 하루 중 오직 몇 시간 동안만 항으로 접근할 수 있었다. 1950년 9월 중순이면 해가 떠 있는 2시간 안에 미 해병대가 인천을 둘러싼 4.8미터 높이의 방조제를 넘어 상륙해야 했다.

하지만 7월 20일에 맥아더 원수는 인천상륙작전 실행을 결심했다. 미 해군과 해병대의 노골적인 반대, 미심쩍어하는 콜린스Collins 육군참모총장, 열의 없는 합동참모본부도 그를 막을 수 없었다. 해군 전력을 지휘하게 될 제임스 도일James Henry Doyle[84] 제독은 맥아더 원수에게 이렇게 말했다.

"작전이 불가능하지 않습니다만, 이 작전을 권하지는 않겠습니다."

해병대의 레뮤얼 셰퍼드Lemuel Cornick Sheperd, Jr.[85] 장군 또한 맥아더 원수를 방문하여 서울 아래 있는 오산 인근으로 상륙하라고 설득하려 노력했다.

하지만 오성五星 계급장을 달고 미군의 최선임 야전 지휘관이라는 어마어마한 명망을 안고 싸우는 맥아더는 단호했다. 사실 더 나은 상륙지점들은 얼마든지 있었지만, 인천처럼 순식간에 적의 핵심 신경망을 단번에 찌

---

83 망치와 모루 개념: 일반적으로 보병이 적을 고착(固着)시키면(모루 역할) 기동력이 뛰어난 아군 부대가 반대편에서 고착된 적을 타격하는(망치 역할) 일종의 양익 포위 전술.

84 제임스 도일(1897~1981): 미 해군 중장.

85 레뮤얼 셰퍼드(1896~1990): 미 해병 대장.

를 수 있는 곳은 없었다. 맥아더는 이 작전으로 전쟁을 빨리 끝낼 수 있다면 위험을 감수할 각오가 되어 있었다.

워싱턴에서는 전쟁을 최대한 빨리 끝내기를 바라는 존슨 국방장관이 맥아더를 적극적으로 지지했다.

맥아더는 인천을 목표로 정하고 계획 수립에 들어갔으며, 합동참모본부에는 매우 설득력 있는 말로 자신의 입장을 설파하는 전문들을 무수히 많이 보냈다. 9월 6일, 그는 구두로 내린 작전 지시를 문서로 확인했는데, 여기에는 9월 15일이 디데이$^{D-Day}$로 되어 있었다. 합동참모본부가 다시 한 번만 생각해달라고 부탁하자, 그는 이렇게 답했다.

"작전 가능성에 대해서 나는 조금도 의심하지 않으며, 이 작전이 훌륭하게 성공할 것이라고 본다."

결국 합동참모본부는 맥아더의 길고 미려한 담론과 비교되는 간단한 답변으로 맥아더에게 작전을 승인했다.

"합동참모본부는 장군의 계획을 승인하며, 대통령께도 보고했음."

그 사이 상륙군이 구성되고 있었다. 새로 창설된 10군단 사령부가 상륙군을 지휘하게 되었다. 네드 알몬드 장군이 군단장을 한 명 물색해야 한다고 보고하자, 맥아더가 빙긋이 웃으며 말했다. "그게 자넬세."

하지만 알몬드는 군단장이면서 동시에 극동사령부 참모장 보직을 겸직했다. 맥아더는 후방의 적이 제거되면 한국의 전쟁을 신속하게 끝내야 한다고 판단했다.

알몬드가 10군단장이 되었다. 파란 눈에 백발이 성성하며 60을 눈앞에 둔 버지니아군사학교^{VMI} 졸업생인 알몬드는 추진력이 있고 무능을 가장 경멸했다. 그는 극동사령부 장병들에게 존경과 공포의 대상이었다. 그는 모든 이들을 몰아붙였는데, 자신에게도 마찬가지였다. 그는 방해가 되는 것에는 불벼락을 내렸지만, 맥아더 원수에게는 절대 충성하는 인물이었고, 맥아더 또한 그를 절대적으로 신임했다.

알몬드는 주변에서 많은 정예 참모들을 선별해 모았다. 워커 중장의 참모들 중 다수는 급하게 한국에 투입된 반면, 알몬드는 명백한 위험을 모두 피하려 했다.

10군단의 지상군 전력에는 일본의 7보병사단과 함대 해병 전력 휘하로 새로 구성되어 도착한 미 1해병사단이 포함되었다. 이 두 부대는 사전 준비 없이 재창설된 부대였다.

1해병사단 예하 연대인 1해병연대와 7해병연대 역시 재창설되었다. 전 세계에 흩어져 있던 해병들이 소집되었다. 지중해에 있던 미 6함대에서 1개 대대가 차출되었다. 해병 중 절반 이상이 예비군으로 채워졌다. 가장 먼저 한국에 도착한 5해병연대가 낙동강 돌출부에서 싸우는 동안, 1해병연대와 7해병연대는 일본에 있는 극동사령부에서부터 소부대 단위로 한국을 향해 계속 출발했다.

미 7사단은 해병대보다 훨씬 나쁜 상태였다. 전력이 약화된 채 점령군으로 일본에 주둔 중이던 미 육군 사단들이 한국으로 파병 명령을 받으면서 이들은 보충병을 미 7사단에서 빼다가 썼다. 7월 내내 미 7사단에서는 장교 100명, 핵심 부사관 1,500명, 그리고 병사들이 차출되었으며, 병력이 절반으로 줄었지만 그보다 더 심각한 것은 핵심 보직이 더욱 약화된 것이었다.

8월과 9월의 여러 날 동안 미 8군이 그렇게 악을 썼는데도 불구하고 보병과 포병 보충병 전체가 미 7사단에 우선 할당되었다. 또한 맥아더 원수의 명령으로 워커 중장은 부산에 있던 한국군 카투사 8,000명을 7사단으로 보냈다. 이 불운한 이들은 모두 민간인들로서 부산의 거리와 피난민 수용소에서 쓸어온 병력이었다. 이들은 어리둥절한 채 겁에 질리고 병든 모습으로 일본 해안에 내렸으며, 대부분이 샌들과 반바지만 걸치고 있었다. 영어를 한 마디도 모르는 이들은 100명 단위로 미군 중대와 포대로 보내졌고, 미군 지휘관들은 이들에게 별다른 관심을 보이지 않았다.

오직 7사단의 포병과 보병 화기중대원들만이 특출하게 돋보였다. 오클라호마 주 포트 실Fort Sill에 있는 포병학교와 포트 베닝Fort Benning에 있는 보병학교에서는 7사단의 보직을 채우기 위해 경험 많은 부사관들이 차출되고 있었다.

7사단이 서서히 전투력을 증강시키는 동안, 해병대와 미 8군은 머레이Murray의 5해병연대의 지휘권을 두고 다투고 있었다. 미 1해병사단장인 올리버 스미스Oliver P. Smith 소장은 5해병연대를 인천상륙작전 개시 전에 원대복귀시키려 했다.

하지만 임시해병여단을 배속에서 해제하라는 압력을 받은 워커 중장은 딱 부러지게 말했다. "만약 나에게서 5해병연대를 가져간다면, 그땐 8군 전방 지역에 대한 안전은 내가 책임지지 않겠다."

해군과 해병대는 5해병연대가 돌아오지 않는다면 인천상륙작전에 참가하지 않겠다고 맥아더 원수에게 알렸다.

맥아더가 말했다. "워커에게 5해병연대를 포기해야 한다고 말하게."

해병사단은 9월 11일에 일본 고베神戶에서 출항했다. 미 육군 7사단 또한 같은 날 요코하마橫浜에서 출항했다. 9월 12일에는 5해병연대가 해상에 지정된 약속 장소에서 합류하기 위해 부산에서 출항했다. 9월 13일 0시 30분, 맥아더와 지휘부가 승선한 지휘함인 마운트 맥킨리USS Mt. McKinley(AGC-7) 함이 사세보에서 닻을 올렸다.

7만 명으로 구성된 미 육군 10군단은 바다에 있었다. 미 10군단은 사전 준비 없이 급조되었으며, 시간, 병력, 모든 군수보급 상의 문제를 안고 작전을 실시하고 있었으나 10군단의 기본 개념은 미군 최고의 군사능력을 구현했다. 전 세계 그 어느 국가도 이런 전력을 이렇게 짧은 시간 안에 구성해낼 수단과 지식이 없었다. 맥아더가 처음부터 계획한 것을 시도할 엄두를 낼 나라는 어디에도 없었다.

호위 함대는 태풍 때문에 험난해진 규슈九州 인근의 바다를 넘으며 한국전쟁에서 가장 기발한 작전을 위해 앞으로 나아갔다.

인천상륙작전은 완벽하게 성공한 데다가 희생도 매우 작았기 때문에 작전에 내포된 위험성과 최초의 계획을 굳게 유지한 맥아더 원수의 용기가 평가절하되는 경향이 있다. 한국전쟁 초부터 미군의 참전 상태와 관계없이 미 10군단의 상륙강습은 작은 작전이 아니었다. 이 작전에는 태평양 전쟁에서 실시했던 도서지역 작전 대부분에서 사용했던 것보다 더 많은 함정과 병력이 동원되었으며, 태평양 전쟁을 치르면서 해군과 해병대가 얻은 능력과 지식이 있었기 때문에 작전이 이루어질 수 있었다.

해군과 해병대는 한 번도 전적으로 이 계획을 받아들인 적은 없지만 완벽하게 작전을 수행했다. 맥아더가 말한 대로였다. "해군은 이제껏 나를 실망시킨 적이 없다. 나는 이번에도 해군이 그러지 않을 것임을 안다." 그리고 인천상륙작전 첫 몇 시간과 며칠은 전적으로 해군과 해병대의 작전이었다. 한반도에 해안 교두보가 확보되기 전까지 육군은 그저 따라간 수준에 불과했다.

1950년 9월 15일 조수 간만의 차가 극심했기 때문에 작전은 2단계로 나뉘어 진행되어야 했다. 인천에서 둑길로 이어진 월미도는 인천항을 방어하고 있었다. 월미도에는 병력과 포가 배치되어 있었는데, 상륙정이 인천의 안벽을 향해 돌진하기 전까지 이들을 제거해야 했다. 따라서 해병대 1개 대대가 아침 일찍 월미도에 상륙하기로 결정되었다. 대대는 월미도를 접수한 후 썰물 때문에 함대가 작전지역에서 철수할 때까지 버텨야 했다. 그 후 늦은 오후에 함대가 다시 인천항으로 돌입해 인구 25만 명의 인천을 둘러싼 5미터 높이의 안벽을 향해 상륙정을 전개시킨다. 상륙정들이 인천항의 미끄러운 펄 위로 떠오르기에 충분한 밀물이 정점에 달하는 오후 5시가 지나야 상륙강습이 가능했다. 공세를 실시할 해병부대는 상륙해서 해안 교두보를 확보하는 데 단 2시간밖에 없었다.

만약 월미도를 공격하는 해병대대가 심각한 위기에 처하더라도 함대는 밀물이 들어올 때까지 함포를 쏘거나 항공지원을 하는 것 말고는 달리 이들을 도울 방법이 없었다.

6시 30분 무렵, 구름이 뒤덮인 하늘 아래에서 태플렛^{Taplett} 중령의 미 5해병연대 3대대가 해군의 함포사격과 항공 준비공습을 따라 월미도 해변에 상륙했다.[86] 상륙함LSV 3척은 5해병연대 3대대를 지원할 수 있는 전차들을 상륙시켰다. 태플렛의 부하들이 바위가 많고 갱도화된 폭 900미터의 섬을 공격해 확보하기까지 정확하게 1시간 25분이 걸렸다.

5해병연대는 월미도를 지키던 인민군 226육전대 독립연대 병력 400여 명을 사살하거나 포로로 잡았다. 미 5해병연대의 총 부상자는 17명이었다.

곧이어 썰물이 서해를 향해 뻘 위로 흘러나가기 시작했으며, 함대는 이리저리 구불구불한 진흙투성이 비어飛魚수로에서 후퇴해야 했다. 긴 시간 동안 태플렛의 해병대는 이제 경계 상태에 돌입한 적을 앞에 두고 월미도에 고립되었다.

하지만 앞바다에 떠 있는 함대의 대구경 함포들이 불을 뿜으며 해병대 앞으로 불과 강철의 탄막을 쳤고, 해군 항공대와 해병 항공대는 인천과 인천 너머 40킬로미터 상공까지 자유롭게 비행하며 있을지도 모를 적의 모든 이동을 차단했다. 잠시 후 비가 쏟아지면서 냄새나는 진흙 바닥을 쓸어내렸고, 함대는 밀물과 함께 항진해왔다.

17시 33분, 5해병연대의 첫 상륙정이 인천의 중심에 가까운 월미도 바로 북쪽의 해안 안벽에 닿았다.[87] 해병대는 안벽 위로 접이식 사다리를 걸쳐놓고 기어오르거나 해군 함포사격으로 생긴 구멍을 통해 쏟아져 들어갔다. 수 분 만에 이들은 인천의 도로까지 진입했다. 짧고 치열한 전투가 안벽을 따라 벌어진 뒤 인민군은 패퇴했다. 해안에 상륙하고 20분 뒤, 해병대원 한 명이 신호탄을 하늘에 쏘아 올려 최초 목표인 묘지 고지Cemetery Hill를 확보했음을 알렸다.

5해병연대의 상륙과 거의 동시에 미 1해병연대는 인천 시가지 남쪽에 있는 청색 해안Blue Beach을 공격했다. 해안 교두보를 기어 올라간 1해병연대는 인천의 외곽을 따라 북쪽으로 이동해서 서울-인천 사이의 도로를

---

86 월미도 해안은 녹색 해안(Green Beach)이라는 암호명으로 불렸다.

87 이곳은 적색 해안(Red Beach)이라는 암호명으로 불렸다.

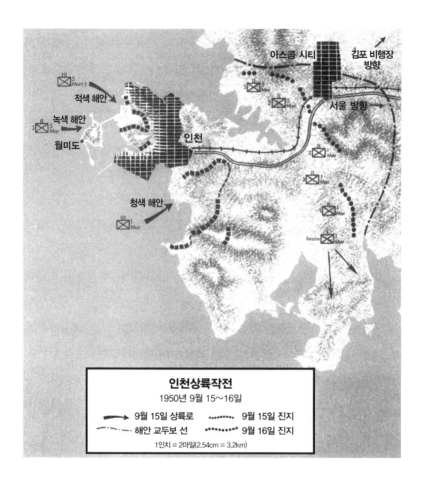

인천상륙작전
1950년 9월 15~16일

→ 9월 15일 상륙로 ‧‧‧‧‧‧‧ 9월 15일 진지

‑‧‑‧‑ 해안 교두보 선 •••••••• 9월 16일 진지

1인치 = 2마일(2.54cm = 3.2km)

끊었다. 이들이 나아가는 길에서 가장 심각한 장애물은 빠르게 내리깔리
는 어둠뿐이었다.

인천 지역의 인민군은 고작 2,000명이었다. 9월 16일 01시 30분까지
해병대는 인천을 완벽하게 포위한 후 초기 목표들을 하나씩 점령했다. 미
군의 인명피해는 전사 20명, 부상 174명, 그리고 실종 1명뿐이었다. 안
타깝게도 사상자 중 다수는 상륙주정에 승선한 해군 함포병이 5해병연
대 2대대에 오인 사격을 해서 발생했다.

인천이 포위되자 대한민국 해병대가 도시로 진입하여 마무리했다. 한
국 해병대는 복수심을 갖고 작전에 임했기 때문에 수 시간 동안 인천에

있는 남녀, 아이, 심지어 아군이든 적군이든 안전할 수 없었다.

이제 10군단은 미 해군과 미 1해병사단 덕에 서울이라는 핵심 중추에서 겨우 30킬로미터 떨어진 곳에 해안 교두보를 확보했다. 9월 16일, 머레이 대령이 이끄는 5해병연대와 풀러 대령이 이끄는 1해병연대는 내륙으로 빠르게 밀고 들어갔다. 9월 18일 무렵에는 김포 비행장을 탈환했다. 이제 미군 항공 지원 전력은 지상 비행장에서 출격할 수 있게 되었다. 9월 18일 해질녘에 해병대는 한강 강둑까지 도달했다.

같은 날, 미 7사단 부대들이 상륙했다. 9월 19일에는 32보병연대 2대대가 경인도로 남쪽에서 1해병연대 2대대와 교대했다.

하지만 적에게는 반격할 시간이 있었다. 낙동강으로 향하던 인민군 18사단은 방향을 돌려 미 1해병사단과 교전에 들어갔다. 인민군 70연대도 수원에서 서둘러 서울로 올라왔다. 미군 항공기들은 대규모 병력이 북쪽에서부터 서울과 영등포 방향으로 이동한다고 보고해왔다.

하지만 인민군은 미 10군단을 상대할 수단이 없었다. 인민군은 완벽하게 기습을 당했으며, 이미 남쪽까지 지나치게 얇고 길게 전선이 늘어져 있었다. 병력 2만 명쯤을 서울 전투에 투입할 수 있다면 흐름을 끊을 수 있을지 모르나, 뒤집는 것은 불가능했다.

맥아더 원수가 알몬드 소장에게 말했다. "닷새 안에 서울에 입성하게."

하지만 알몬드는 그렇게 낙관적으로 보지 않았다. "그렇게는 할 수 없습니다. 하지만 2주 안에는 서울을 점령하겠습니다."

9월 20일, 머레이 대령의 5해병연대가 궤도형 상륙장갑차를 타고 한강을 도하했다. 5해병연대는 서울의 용산역에서 불과 5킬로미터 떨어진 곳까지 접근했으며, 서쪽에서 서울을 둘러싼 낮은 고지들이 이어진 선을 따라서 처절한 전투가 벌어졌다.[88] 이들의 오른쪽인 남쪽에는 풀러 대령

---

88 이 전투는 안산(296고지)을 정점으로 하는 전투로, 남서쪽의 성산(66고지)에서 북동쪽 방향으로 궁동산(또는 연희산으로 104고지, 해병대 전적비가 있는 곳) 고지군을 따라 이어지는 서쪽 능선과 오늘날 홍익대학교 동편의 와우산(105고지)과 서강대학교 북쪽의 노고산(105고지)에서 오늘

의 1해병연대가 영등포를 향해 이동하고 있었다. 남쪽 멀리에 떨어진 수원 쪽으로는 미 7사단이 측방을 확보했다.

9월 21일, 맥아더 원수는 승리를 확신하면서 도쿄 다이이치第一 호텔로 돌아갔다.

4일 동안 해병대와 육군은 완강하게 방어하는 인민군을 서울로 통하는 서쪽 접근로 상에서 근접전을 치르며 묶어두었다. 가장 대규모로 맞선 부대는 인민군 25여단으로, 이 부대는 신규로 편성된 부대였다.[89] 하지만 지휘관인 월기찬은 소련의 군사학교 여러 곳에서 공부했으며 장교와 부사관 대부분은 중국 국공내전에서 전쟁을 경험한 이들이었다. 이 지역에 있는 나지막한 야산들과 동굴은 방어에 유리했고 이들은 야포와 자동화기를 충분히 보유했다.

9월 22~23일, 미군과 대한민국 해병대가 능선을 따라 형성된 접촉선 위에서 치열한 전투를 벌였지만, 성과는 거의 없었다. 리첸버그Litzenberg 대령이 지휘하는 미 7해병연대가 인천으로 상륙해 전투에 참가했다.

9월 24일, 미 5해병연대 2대대 D중대가 적의 저항선 중앙에 있는 66고지[90]로 돌격했다. D중대 중대장인 스미스Smith 중위는 최후의 돌격을 시작할 때 전사했지만, 부하들은 스미스 중위의 시신을 넘어 돌격하여 66고지 정상에 도달했다. 인민군은 싸우다가 공황에 빠진 채 사방에 시신을 남긴 채 도망쳤다. 66고지에서 D중대 장교와 병사 총 206명 중 36명이 사망했으며 142명이 부상당했다. 그러나 이 능선을 점령하자 인민군 방어의 척추가 무너졌다. 다음날 고지 위에 걸친 인민군 방어선 전체가 붕

날 연세대학교 북쪽의 연희고지(104고지)를 거쳐 안산으로 이어지는 중앙 능선에서 펼쳐졌다. 이 중 가장 치열한 교전이 벌어진 곳은 연희고지였다.

89 인민군 25여단은 한 달 전에 철원에서 편성되어 낙동강 전선에 투입을 목표로 훈련을 받던 중 유엔군이 인천에 상륙한 9월15일에 즉시 서울로 이동하라는 명령을 받고 9월 19일 저녁부터 9월 20일 새벽 사이에 연희고지 일대에 도착했다.

90 본문에 66고지(Hill 66)라고 나오는 이곳은 전황과 고도로 볼 때 오늘날 연세대학교 운동장에 붙어 있는 56고지의 오기로 보인다.

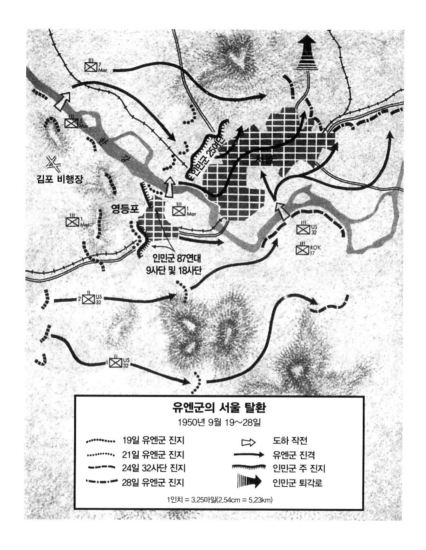

유엔군의 서울 탈환
1950년 9월 19~28일

········· 19일 유엔군 진지
·········· 21일 유엔군 진지
– – – 24일 32사단 진지
‥‥‥ 28일 유엔군 진지

⇨ 도하 작전
→ 유엔군 진격
〰 인민군 주 진지
▐▐▐➤ 인민군 퇴각로

1인치 = 3.25마일(2.54cm = 5.23km)

괴되었다. 인민군의 진지에는 시신 1,200구가 남아 있었다.

9월 25일, 해병대는 서울로 진입했으며 미 7사단은 남산을 점령했다. 북한의 침공으로 전쟁이 시작된 날로부터 정확히 3개월이 되는 시점에 공표하기를 원했던 알몬드 소장은 자정 직전에 서울 해방을 선언했다.

알몬드는 조금 조급했다. 서울의 절반 이하만이 유엔군의 통제에 있었다. 적군은 후퇴하고 있었지만, 일부는 결사항전을 위해 잔류하라는 명령을 받았다.

수도인 서울에서는 장애물에서 장애물로 그리고 거리에서 거리로 전투가 여전히 이어지는 동안, 맥아더 원수는 9월 29일 유엔군 사령부 공식 성명 9호를 공표했다. 맥아더는 서울이 수복되었다고 선언했다.

하지만 그러고도 이틀 동안은 서울중학교에서 광화문 사거리까지, 그리고 거기서 중앙청 앞의 해태상에 이르는 일대에서 미 해병대는 잔적을 소탕하느라 정신없이 바빴다. 공식 성명은 이러한 활동을 신중하게 그리고 의도적으로 무시했다.

그 과정에서 서울시는 큰 피해를 입었다. 맥아더 원수가 9월 29일에 도쿄에서 김포에 도착했을 때 서울의 일부는 여전히 불타고 있었지만, 김포부터 중앙청까지 줄지은 한국인 수십 만 명은 맥아더 원수와 이승만 대통령이 중앙청의 중앙홀로 가는 내내 열광적으로 환호했다.

정오에 맥아더 원수와 이승만 대통령이 중앙청의 중앙홀로 들어갔다. 이곳에는 선택된 한국 관료들과 미군 장교들만이 모여 있었다. 연단에는 월든 워커 중장과 미군 고급 지휘관들, 그리고 대통령 영부인 프란체스카Francesca Donner Rhee 여사가 앉아 있었다. 맥아더는 짧지만 늘 하던 것처럼 낭랑하고 극적으로 연설했다.

"대통령 각하, 자비로운 하나님의 섭리로 우리 군대는 유엔이라는, 가장 위대한 희망과 인류의 영감의 깃발 아래에서 싸워 한국의 오랜 수도인 서울을 해방했습니다…."

한국에 드리운 전쟁에 공포와 볼셰비즘에 대한 영적 혐오를 언급한 맥아더는 이승만 대통령을 바라보며 이렇게 말했다.

"대통령 각하, 저는 유엔군 사령부를 대표하여 각하의 정부가 있는 이곳을 돌려드려 기쁘게 생각합니다. 이곳에서 각하는 헌법이 각하께 부여한 책임들을 보다 잘 이행하시리라 기대합니다."

맥아더가 주기도문을 외우며 연설을 마치자, 모여 있던 이들이 이를 따랐고 전쟁으로 부서진 지붕에서 유리가 잘그락 소리를 내며 떨어졌다. 맥아더는 이를 개의치 않았다.

체격이 작고 구부정하며 얼굴에 주름이 잡힌 이승만 대통령이 일어나서 연설했다. 인생의 매우 긴 기간을 망명 생활로 보내고 이제는 노년에 들어선 이승만 대통령은 여전히 활동적이고 용기가 넘치는 인물이었다. 하지만 그런 그도 감정이 북받쳐 몇 초 동안 말을 잇지 못했다. 그는 앞으로 두 손을 뻗어 손가락들을 쥐었다 폈다 하며 손가락 끝에 입김을 불었다. 이승만 대통령이 감정적으로 부담을 느낄 때 왜 손가락을 이렇게 하는지는 대통령을 잘 아는 이들만 알 수 있었다. 50년도 더 전에 일본 관헌들은[91] 이승만의 손톱 아래에 기름종이를 끼어넣은 후 손가락을 망치로 하나씩 내리쳤다.

망명 기간 동안 이승만이 겪은 처절한 시절을 모르거나 또는 일본 통치기에 일본이 안긴 고통을 모르는 사람들은 이승만이 한·일 관계에서 보여준 고집스러운 반일 입장에 짜증을 내곤 했다. 하지만 이승만은 일본 어선들이 대한민국 수역으로 접근하는 생각만 해도 손끝이 저려왔다.

이제 이승만 대통령은 미 측 청중을 향해 이렇게 말했다.

"어떻게 해야 여러분에 대한 저와 우리 국민의 끝없는 감사를 전할 수 있을지 모르겠습니다."

행사가 끝났고, 맥아더는 도쿄로 돌아가 미 대통령과 합동참모본부 그리고 모든 반공 국가들로부터 뜨거운 갈채를 받았다.

이어서 며칠 동안 미 해병대와 육군은 서울을 밀고 나와 수원을 향해 방어진지를 구축하고, 의정부를 점령했다. 의정부 전방의 고지에서 미 1해병사단이 10월 3일에 최후의 조직적 저항에 직면했다.

그러나 인민군과 공산 관료 집단은 대한민국의 수도인 서울을 포기하기 전 한국의 경찰, 정부 관료, 군인 가족들 중 힘없는 노인, 여성, 그리고 아이들을 대상으로 끔찍한 보복을 했다. 수천 명이 총살되거나 처형당했

---

91 이 내용은 오류이다. 청년 이승만은 고종 폐위 사건에 연루되어 사형 선고를 받고 1899년부터 1904년까지 한성 감옥에 수감되었으며 조선인 간수들로부터 혹독한 고문을 받았다.

다. 그리고 이날 이후로 점령당한 도시와 마을에서 무슨 일이 일어났는지를 알게 된 한국군과 대한민국 정부는 인민군이든, 빨치산이든, 또는 동조자든 가리지 않고 자비를 베풀지 않았다. 공산주의자들이 저지른 잔악함을 어느 정도는 같은 방법으로 되갚았다.

　대한민국 관료들은 두 번 다시는 남한에서 공산당 동조 지하조직을 허락지 않겠다는 결의가 확고했다.

　그러는 동안 미 10군단은 와해된 인민군 전선 후방에서 작전하며 본국과의 통신망도 확고히 구축했다. 이제 모루는 준비가 끝났다. 남은 일은 그 위로 망치를 내리치는 것뿐이었다.

제16장

설욕

●

우리가 마지막으로 대전을 봤을 때, 대전은 밝거나 즐거운 도시가 아니었지.
이제 우리는 그 빌어먹을 곳을 날려버리러 돌아간다네!
― 1950년 9월 27일, 대전을 공격하러 돌아가던 미 24보병사단 병사들이 부른 노래

한국전쟁을 끝내려는 맥아더 원수의 기본 계획에는 인천상륙작전과 함께 미 8군이 대규모 공세를 실시하는 구상이 들어 있었다. 낙동강 방어선 안에 있는 유엔군 병력이 방어선을 깨고 나와 북쪽으로 진격하여 서울에서 미 10군단과 연결하는 동안 두 아군 부대가 사이에 낀 적 부대들을 박살내는 것이었다.

상륙 성공 소식에 사기가 오르리라 기대한 미 8군은 9월 19일 9시까지 공세를 연기했다. 극동사령부는 이 소식으로 적의 사기가 꺾이기를 기대했지만, 낙동강에서 전투 중인 인민군 병사들에게 인민군 최고사령부가 인천상륙작전 소식을 감추었다는 증거가 드러났다.

9월 15일, 미 8군의 참모 대부분의 전망은 낙관적이지 않았다. 탄약, 특히 105밀리 포탄이 부족했다. 미 8군 예하의 모든 부대들은 수일 동안 계속해서 싸웠기 때문에 돌파를 위한 대규모 공세에 집중할 기회가 없었다. 또한 적의 전력에 대한 정보 보고에 따르면, 적 병력은 10만 명 이상이고 장비 보유율은 75퍼센트였다.

이 정보 보고에 따르면, 적은 여전히 주도권을 쥐고 있고 가까운 장래에 주도권을 잃을 가능성도 없었다. 미 8군은 지나치게 오랫동안 수세에

몰려 있었다. 방어에만 신경을 쓰고 있었기 때문에 고위 장교들은 공세로 전환하는 것이 어렵다는 것을 알았다.

인민군은 미 정보 당국의 예측보다 훨씬 나쁜 상황이었다. 9월 초에 인민군이 입은 피해는 어마어마했다. 이 피해는 결코 정확하게 알려지지 않을 것이다. 미군이 입수한 인민군 7사단 예하 대대의 일일 전투 보고서에서 9월 중순 인민군의 상황을 짐작할 수 있다. 이 대대의 병력은 장교 6명, 부사관 34명, 병 111명이며, 이들은 권총 3정, 카빈 소총 9정, 소총 57정, 자동화기 13정으로 무장했다. 이 대대에는 수류탄이 92발 남아 있었으며, 경기관총 6정과 기관총 1정당 탄약은 300발도 되지 않았다.

대체로 인민군은 9월 15일 무렵 장교와 병사를 모두 합해 7만 명이 넘지 않았으며, 이 중 만주와 서울에서 싸운 노련한 병력은 30퍼센트 이하였다. 새로 징집된 신병들의 사기는 낮았다. 부대를 유지하는 단 하나의 방법은 전투를 주저하는 자는 누구든 총살하는 것이었다. 거의 모든 사단들이 심각하게 굶주렸다. 하지만 광적인 인민군 장교들과 부사관들이 자신들을 사살할 것이라는 사실 때문에 한국에서 강제 징집된 인민군 병사들은 항복하지 않고 버틸 뿐이었다.

부산을 포위한 인민군 13개 사단이 보유한 포와 장비는 처음 보유했던 것의 절반에 지나지 않았다.

인민군에 포위된 유엔군은 이제 15만 명이 넘었는데, 이 중 6만 명은 중무장을 한 미군 전투 병력이었다. 하지만 이 숫자상의 우위와는 관계없이 미군 지휘관들은 전투의 90퍼센트 이상을 담당하는 소총중대들의 약점 때문에 전쟁 내내 노심초사했다.

9월 초에 창설된 새로운 3개 군단사령부에 근무하고 있거나 새로 배치된 병력이 최소한 1만 명이었던 반면, 많은 소총중대의 전투력은 25퍼센트에 불과했다.

전쟁 내내 군수라는 꼬리가 싸움을 담당하는 몸통을 흔들어댔다. 어떤 지휘관들은 우려하고 경고했지만, 전방 대 후방의 비율을 수정하기 위한 효과적인 조치를 취하는 사람은 없었다. 이는 군수 관행과 미 육군의 생활수준을 극단적으로 바꾸지 않고는 불가능했다

실제로 전쟁이 계속되면서 미군을 지원하는 데 필요한 보급품의 양이 늘었다. PX 물품들을 할당받은 중대들에게는 운송의 문제가 생겼으며, 그렇지 않아도 고민거리가 많은 위관 장교들에게도 근심거리가 늘어났다.

전쟁 내내 미군들에게는 계속적으로 동기 부여가 되지 않았기 때문에 병력에게 물건과 사치품을 보급하여 사기를 진작시키려는 모든 노력이 이루어졌다. PX에서는 수 톤 분량의 청량음료와 초콜릿 캔디를 모든 전선으로 공급했으며, 언제나 공급이 수요를 못 따라갔지만 시계, 카메라, 라디오를 면세가격으로 팔았다. 실제로 미국 중산층 사람들이 사용하는 정도의 물품을 해외 전투 병력에게 보내는 것은 불가능했다. 이는 전쟁의 본질과 전쟁수행에 꼭 필요한 물품 공급이 우선이었기 때문이다. 하지만 모든 노력이 동원되었다. 닭고기를 비롯한 신선한 육류와 기타 상품들을 미국에서 한국으로 배 10여 척으로 운송하는 방안을 논의했던 극동사령부의 한 지휘관은 훗날 이렇게 술회했다. "전투 중인 병력에게 이토록 호화로운 군수지원을 다시는 할 수 없을 것이다." 하지만 이 지휘관도 이런 분위기를 막는 조치는 취하지 않았다.

미군을 지원하기 위한 근무지원 병력 요구가 워낙 많다 보니, 소대 차원의 문제는 다른 경우와 크게 다르지 않게 보였다. 수많은 미군 대대들은 전투 병력이 몇 백 명에 불과했다.

1950년 9월 중 발생한 전투 손실은 미군 병력들 사이에서 심각했다. 전쟁의 다른 어떤 기간보다 이때의 손실이 훨씬 더 컸다. 이미 미군 사상자는 거의 2만 명에 육박했다. 7만 명의 전 병력 중 6만 명이 전선에 투입된 한국군은 인민군과 거의 비슷한 상태였다. 훈련받은 병사들은 대부분 전사했으며, 신병들은 훈련을 받은 적이 없거나 또는 싸울 뜻이 전혀 없었다.

여전히 유엔군은 병력에서 2 대 1로 우세했고, 전투에서 지배적인 요

소인 화력은 적어도 5 대 1이었다. 유엔군은 바다를 통제했고, 제공권을 완벽하게 장악했기 때문에 가공할 전투력을 쏟아놓을 수 있었다.

따라서 낙동강 방어선을 깨고 나오는 데 필요한 것은 태도의 변화였다.

미 8군의 공격 계획은 단순했다. 미 8군과 한국군이 현재 교두보에서 부터 공격을 개시해 대구-김천-대전-수원 축선을 따라 주 노력을 집중하여 (1) 진격선 상의 적을 격멸하고 (2) 10군단과 합류하기 위해 모든 노력을 집중하는 것이 이 계획의 핵심이었다.

프랭크 밀번Milburn 소장 휘하에서 새롭게 편성된 1군단은 낙동강 전선의 중심에서 노력을 집중할 예정이었다. 1군단의 전진로는 8군이 지난 7월과 8월에 남쪽으로 밀려 내려올 때 통과했던 도로 그리고 마을과 유사했다.

밀번 소장이 이끄는 1군단은 1기병사단, 24보병사단, 한국군 1사단, 5연대전투단, 영국 27보병여단으로 이루어졌으며, 여기에 지원 병력이 더해졌다. 남쪽의 미 2사단과 미 25사단은 9월 23일까지 미 육군의 통제를 받다가 이날을 기해 신규 조직된 미 9군단 사령부 소속으로 변경되었다.

한국군 사단들은 비록 거의 전적으로 미군의 지휘에 따라 전투를 수행하고 있었지만, 자신들이 속한 한국군 군단 사령부 예하에 있었다.

9월 16일 9시, 낙동강 방어선을 돌파하기로 한 H-시간H-hour이 되었지만, 전선에는 변화가 거의 없었다. 검은 하늘 아래로 세차게 비가 쏟아지는 가운데, 미군 사단들과 인민군은 여전히 근접전을 벌이고 있었다. 인민군 병력은 아직도 많은 곳에서 공격을 펼치고 있었다. 공격을 시작하지 못하고 많은 미군 부대들은 적의 공격을 방어하고 있었다.

그러다가 갑작스럽게 전선이 붕괴되기 시작했다.

* * *

50세 생일을 몇 주 앞둔 조지 페플로George B. Peploe는 미 2사단의 38보병연대를 지휘했다. 이 연대의 별명은 '마른Marne의 바위'였다. 뉴욕 주 워터 포트^{Waterport}에서 과일 농사를 짓는 가정에서 태어난 페플로는 1925년에 미 육군사관학교를 졸업했다. 그는 유럽에서 윌리엄 심슨$^{William\ H.\ Simpson}$ 장군이 지휘하는 9군 예하의 13군단 작전참모를 지냈으며, 제2차 세계대전이 끝날 때 페플로는 베를린에서 불과 80킬로미터 떨어진 곳에 있었다.

중키에 부드러운 말투를 가졌고, 엷은 회색 머리카락과 푸른 눈동자를 가진 페플로는 1950년에도 여전히 대령이었다. 그는 다른 직업군인들과 달리 위압감이나 늠름함을 느낄 수 없었지만 겸손했으며, 병사들을 강하게 훈련시켜야 한다는 강한 신념을 가지고 있었다.

페플로는 군인이라면 평시에도 전시에 훈련하듯이 훈련해야 한다고 믿었다. 군에게는 싸우거나 싸울 준비를 하는 이 두 가지 기능만 있었다. 그러나 페플로는 제2차 세계대전이 끝나고 모든 장교들이 겪은 기본적인 문제에 직면했다. 그것은 바로 강하고 실전적인 훈련은 인기가 없으며 그로 인해 가끔 부상자가 발생했다는 것이었다.

실전적인 훈련이 전장에서 전사자를 줄인다는 점은 모두가 인정한 반면, 훈련장에서 병사가 사고로 부상을 입거나 죽으면 미 의회는 곧 책임이 있는 장교들에게 문제를 제기했다. 그러나 그들의 상관은 부하 장교들을 도와주려 하지 않았다. 두 번 생각할 것도 없이 적 포화가 터지는 고지로 걸어 올라갔어야 할 많은 장군들이 의회로부터 편지를 받자 광나게 닦은 전투화를 신은 채 겁을 먹었다.

미국 헌법에 따르면, 의회는 군의 생사 문제를 쥐고 있으며 그 누구도 이 권한을 갖지 않는다. 역사는 민주주의가 영속하려면 장군이나 행정부가 아닌 국민이 군의 통수권을 가져야 하는 이유를 분명히 보여준다. 국민은 군의 규모, 구성, 그리고 무엇보다 군을 어떻게 사용할 것인지를 결정해야 한다. 하지만 통제가 군에 대한 사소한 개입을 뜻하지는 않는다.

지상군에서 문제가 계속적으로 일어나는 것처럼 보인다. 의원이든 아니든 특별한 훈련을 받지 않은 채 전함으로 이루어진 함대나 항공력을 지휘할 수 있을 것이라고 생각하는 사람은 거의 없다. 반면에 어느 바보라도 내면 깊은 속에서는 연대 하나쯤 지휘할 수 있다고 생각하기 마련이다.

역사를 통해 보면, 병사들은 이런 개똥 같은 세계관의 궁극적인 피해자들이었다. 18세기에 산전수전을 겪으면서 단련된 전문적이고 능력 있는 영국 해군이 바다를 지배할 때, 바보들이 이끄는 소수의 용감한 영웅들로 이루어진 폐하의 연대들은 세계 각지에 뼈를 묻었다.

1950년 여름, 페플로 대령이 이끄는 38보병대대 장교들 중 80퍼센트는 제2차 세계대전에 참전했지만, 신병들 중 많은 수는 실 수류탄을 한 번도 던져본 적이 없었다. 일부는 병과도 보병이 아니었다. 페플로는 곧장 열의를 갖고 작업에 들어갔다. 그는 부하들을 전장으로 내보냈으며, 그 자신도 항상 전장에 있었다.

2사단장인 카이저 장군은 페플로가 사무실에 없거나 전화를 받지 않아 자주 짜증을 냈다.

9보병연대가 먼저 한국으로 떠났으며, 23연대와 38연대는 며칠 동안 추가로 준비할 시간을 가졌다. 38연대는 출항하면서 일본에 주둔할 것으로 통보받았지만 실제로는 부산에 도착해 낙동강으로 향했다. 부산에서 페플로는 산더미처럼 많은 야구 방망이, 축구공, 그리고 평시에나 갖고 놀 운동기구들을 버리고 낙동강 방어선으로 행군을 시작했다. 8월 말에 그는 낙동강 돌출부 북쪽 끝에서 24사단 34보병대대와 진지교대를 실시했다.

27킬로미터에 달하는 전선은 통상 1개 연대가 담당하는 거리보다 몇 배는 길었다. 페플로는 3개 대대를 모두 전선에 투입하고 연대 예비로는 연대 전차중대만을 보유했다. 다행스럽게도 일본에 주둔하다가 최초로 투입된 부대들과 달리 미 2사단은 완편 병력으로 도착했다.

8월과 9월 초에 38연대는 자매 연대들을 집어삼킨 필사적인 전투를 피했다. 38연대 1대대가 전투를 약간 맛보았고, 전차중대는 23연대 예하 1개 대대를 수렁에서 구해주기도 했지만, 전반적으로 38연대는 낙동강 전투의 최악의 시기를 별 탈 없이 보냈다.

"이동 중인 미 9보병연대". 1950년 9월 촬영.

그리고 9월 16일, 서쪽으로 이동하라는 명령이 내려왔을 때 38연대는 준비가 완료되어 있었다.

이 당시 미 공군은 전투비행대대들을 일본으로 이동시킨 뒤였기 때문에 한국에 있는 공군기지에서 항공기를 띄우지 않았다. 그 말은 공중지원 항공기가 전선 위에 머물 수 있는 시간이 제한적이라는 뜻이었다. 페플로는 먼저 항공지원을 요청하는 사람이 지원을 받게 될 것이라 판단했다.

38연대에 파견된 공군 연락장교는 새벽이 되기 1시간 전쯤부터 부대에서 쫓겨날 각오를 했다. 하지만 낙동강 상공에 전투기들이 도착하자, 공군 연락장교는 지원 요청을 했고, 이에 38연대 앞으로 항공기들이 기총소사와 로켓탄 사격과 함께 네이팜탄을 투하하면서 전진할 수 있는 길을 깨끗하게 열어주었다.

38연대는 무너지는 적을 향해 빠르게 밀어붙였다. 38연대 남쪽에 있는 23연대와 9연대는 적의 강한 저항 때문에 느리게 진격했으나, '마른의 바위' 연대 앞에 있는 인민군 2사단은 무질서하게 서쪽으로 이동했다.

오스트레일리아 공군 조종사들이 조종하는 F-51 머스탱Mustang 전투기가 선두 중대 가까이로 굉음을 내며 날아들자, 페플로는 걱정이 되었다. 하지만 선두 중대 중대장은 페플로와 생각이 달랐다.

"그냥 놔두시죠." 중대장이 페플로에게 간청했다.

전투기들이 연대 정면을 쑥대밭으로 만드는 동안, 페플로와 38연대는 어느새 낙동강에 도착했다. 도로를 따라오는 내내 이들은 버려진 대전차포들과 인민군 시신들을 지나쳤다.

9월 18일, 눈앞에 펼쳐진 3.5미터 깊이의 넓은 낙동강을 본 페플로는 사단 작전참모인 스워츠Swartz 중령을 불러 물었다. "배들은 어디에 있나?"

스워츠가 답했다. "배는 없습니다."

페플로는 제임스 스켈돈James Skeldon 중령이 지휘하는 38연대 2대대를 강 건너로 정찰을 내보내 낙동강 서쪽에 교두보를 확보하라고 명령했다. 2대대의 강인하고 적극적인 젊은 병사 10여 명이 수영으로 강 건너편을 확보하겠다며 자진해서 앞으로 나섰다.

이들은 옷을 벗은 후, 전우들의 지원사격을 받으면서 흙탕물 속으로 들어갔다. 절반쯤 갔을 때, 지원자들 중 한 명이 갑자기 허우적대서 다른 병사가 구조해주어야 했다. 강둑으로 돌아와 숨을 몰아쉬면서 그는 수영을 할 줄 모른다고 실토했다.

강의 서쪽 둑을 따라 조심스럽게 이동한 미군들은 적을 발견하지 못했다. 그리고 강 옆의 커다란 배수로 안에서 인민군 무기들, 접을 수 있는 보트 여러 척, 그리고 30명을 실어 나를 수 있는 대형 보트 하나를 찾아냈다.

2개 분대가 2인용 고무 정찰 보트를 타고 다시 강을 건너가는 동안 페플로는 사단 사령부에 다시 연락했다. "대규모 도하渡河를 승인해주십시오."

정오가 되자 사단 참모장인 제리 이플리Gerry Epley 대령은 페플로에게 1개 대대의 도하를 허락했다.

3시간 동안 38연대 2대대의 E중대와 F중대가 강을 건너가 강에서 서쪽으로 약 1.5킬로미터 떨어진 고지를 점령했다. 이들 뒤에는 전투공병이 중화기를 띄울 보병 강습보트와 연대 차량이 건너올 수 있는 부교를 만들고 있었다.

무질서한 적을 기습한 선두 중대들은 100명이 넘는 포로를 잡았는데, 이 중에는 소좌 1명과 장교 7명이 포함되어 있었다. 이들은 또한 100톤 이상 되는 탄약과 수많은 무기를 노획했다.

6주 동안 시련을 겪은 뒤에 미군은 마침내 낙동강 방어선을 벗어났다.

* * *

1군단 지역인 돌출부 북쪽의 5연대전투단은 9월 16일에 결정적인 268고지를 향해 이동했다. 5연대전투단은 이틀간 치열한 전투를 치르고 고지를 점령했으며, 이로써 왜관을 측방에 두게 되었다. 268고지뿐 아니라 268고지와 낙동강 사이에 시신 수백 구를 남긴 인민군 3사단은 당장이라도 붕괴할 조짐이 보였다.

인민군은 마치 한 번에 지나치게 늘어난 고무줄처럼 갑자기 느슨해지기 시작했다. 5일 동안 맹렬하게 싸운 5연대전투단은 대구 전방에 있는 적의 방어선을 강타했고 24사단을 위해 낙동강의 도하 지점을 확보했다.

미 8군 참모장인 앨런Allen 장군은 도쿄의 극동사령부로 전화해 이렇게 말했다. "여기는 상황이 무르익어 뭔가 터질 것 같습니다."

* * *

의무병인 제임스 마운트James B. Mount 하사는 한국전쟁이 발발했을 당시 샌프란시스코의 레터먼Letterman 종합병원에 있었다. 디트로이트 출신인 마운트는 제2차 세계대전 중 10보병사단의 소총수로 복무했으며 너무 많은 전투를 겪어 남은 삶은 전쟁 없이 행복하기를 바랐다. 한국으로 파병되는 보충병들이 포트 메이슨Fort Mason을 떠나 금문교를 통과할 때, 그는 샌프란시스코의 프레시디오^{Presidio}로 가서 떠나는 젊은이들에게 손을 흔들어주었다.

손을 흔들어준 것은 잘 한 행동이지만 쓸데없는 짓이었다. 메이슨은 자신이 손을 흔들어준 병사들보다 먼저 한국으로 갔기 때문이다.

그가 병원으로 다시 돌아오자, 그의 중대장이 물었다. "혹시 자네가 한국에 가서는 안 될 이유가 하나라도 있을까?"

다부지고, 안경을 썼으며, 숱이 많은 모래색 머리에 말투가 날카로운 마운트는 인생에서 처음으로 상황을 빨리 파악하지 못했던 것을 애석해했다. 몇 시간 뒤인 1950년 8월 20일, 마운트는 극동으로 떠나는 팬암 항공사가 운영하는 수상비행기인 보잉 314 클리퍼에 타고 있었다.

미 육군은 사방에서 병력을 모집하는 중이었다. 그러나 마운트는 특별히 걱정하지는 않았다. 마운트는 서른다섯 살이었고 자신은 일본의 병원에서 의료 기사로 일하게 될 것이라고 생각했다.

하와이에 잠시 기항했을 때 보충병들은 호놀룰루 공항의 스카이룸에서 식사를 했다. 마운트가 주변을 둘러보려고 문으로 다가가자, 헌병이 그의 어깨를 두드리며 말했다. "길을 잘못 들었습니다."

마운트는 하와이를 제대로 보지 못했다.

그러고는 웨이크 섬에 한 번 착륙하더니 하네다까지 갔다. 도쿄에서 마운트는 사세보로 가는 기차에 실렸다. 그런 다음 사세보에서는 부산으로 가는 배에 올랐다. 그는 부산으로 가는 육군을 따라서 서쪽으로 향하는 기차에 태워졌다. 그렇게 해서 그가 배치받은 부대가 24보병사단이었다. 이 무렵, 마운트는 깨끗하고 준수한 병원에서 근무하게 될 것이라는 생각은 버린 상태였다.

24사단 사령부에서 마운트는 21보병연대 I중대에 배속되었다. 그의 보직은 중대 의무병이었다. 자신과 함께 한국에 온 대부분의 신병들과 달리 마운트는 이게 무엇을 뜻하는지를 알았다. 그리고 그는 조금도 기대하지 않았다.

그러나 한국에서 무슨 일이 벌어지는지 아무도 몰랐다. 도쿄에서 사세보로 향하는 기차 안에서 장교 한 명이 칠판을 설치해 신병들에게 전투의지를 불러일으키기 위해 강의를 했다. 그러나 그러기에는 너무 늦었다. 마운트와 함께 있는 많은 병사들이 계속해서 물어댔다. "왜 접니까?"

부산에서 마운트는 샌프란시스코에서 발행되는 신문 한 부를 구할 수 있었다. 신문 2면에는 한국 관련 소식이 뭔가 있었지만, 1면에는 관련 기사를 찾을 수 없었다. 본국에 있는 미국인들에게는 미국의 프로야구와 다가올 월드시리즈가 훨씬 더 흥미로운 것이 분명했다. 마운트 주변의 병사들은 야구를 조금도 좋아하지 않았다. 이들은 만일 자신이 전사한다면 군악대가 연주하고, 소녀들이 눈물을 흘리고, 이들이 세계를 구하기 위해 어떻게 앞으로 나아갔는지를 위대한 사람들이 말해주기를 바랐다.

어쨌든 전쟁이란 이런 것이다. 그렇지 않은가?

24사단에서 신병들이 들은 것은 이것이 전부였다. "낙동-낙동, 모두 다 낙동강에서 죽었다."

신병들은 새로운 문장도 하나 들었다. 이것은 마운트도 들어본 적이 없는 것이었다. "내빼!", "내빼, 내빼, 모두 다 내뺐다네."

24사단은 낙동강 방어선을 뚫고서 서쪽으로 밀고 나갈 준비를 하고 있었다. 그리고 병력은 간절히 바랐다. 21연대장인 리처드 스티븐스^{Richard Stephens} 대령이 격려 훈시를 위해 모든 부하를 모았다.

"우리 앞에는 가벼운 저항만이 남아 있을 뿐이다." 남자답고 강인한 스티븐스가 말했다. "저항을 뚫어버리면 그 길로 전진한다."

짐 마운트 하사는 머릿속으로 '오 맙소사. 또 옛날의 그 소리로군'이라고 생각했다.

하지만 결과적으로는 대령의 말이 맞았다.

21연대는 앞으로 나아가면서 이미 5연대전투단이 낙동강으로 가는 길에서 마구 헤집어놓고 점령한 작은 마을로 들어갔다. I중대가 마을을 통과하자, 마운트 하사는 도로에 버려진 채 누워 있는 한국군 한 명을 발견했다. 마운트는 대오에서 벗어나 그 한국군을 살펴보았다.

그는 이 한국군을 살펴보기도 전에 부상을 입은 다리에 괴저가 있다는 것을 냄새로 알 수 있었다. 마운트는 그에게 모르핀을 한 방 놔주었다. "미안하네, 친구. 이것 말곤 내가 더 해줄 수 있는 게 없네."

그 한국군은 마운트를 향해 미소를 지으며 무언가 말을 했다. 마운트는 그의 상처를 솜으로 감싸고는 다시 이동했다. 마을 반대편에는 부상당한 미군 병사들이 줄지어 내려오고 있었다. 마운트는 본격적으로 임무에 착수했다.

하지만 한국인 민간인들도 마운트의 완장이나 구호소의 적십자 표식을 보자마자 건물 잔해, 숲, 그리고 들판에서 나와 구호소로 다가왔다. 불구의 노인, 병든 여인, 울고 있는 아이들이 치료를 간청했다. '이게 뭐야, 설마 내가 국제적십자사 직원이라고 생각하는 건가?'

하지만 그는 의무병이었다. 할 수 있을 때 할 수 있는 일을 했다. 마운트의 최우선 임무는 미군 병사들을 치료하는 것이었다. 그러나 이 전쟁의 진정한 피해자는 누가 될 것인지는 금새 분명해졌다. 군대마다 돌파하고, 싸우고, 죽이고, 불태우면서 한국인 수십만 명은 자신들이 살던 땅에서 쫓겨났다. 민간인을 다치게 하고 싶은 사람은 없었지만, 민간인들은 전쟁의 한가운데에 있었다. 한국 민간인들이 다치더라도 도와줄 사람은 없었다.

마운트는 할 수 있을 때에 이들을 위해 할 수 있는 일은 무엇이든 했다.

21보병연대는 낙동강까지 밀고가 공격주정에 올라 강을 건넜다. 포탄이 쏟아지는 가운데 I중대는 병사 몇 명을 잃었다. 마운트에게는 카투사 4명이 들것 운반병으로 할당되었는데, 그는 이들이 일을 하도록 독려했다. 그는 카투사들과 말이 통하지 않았지만 손짓 발짓과 욕설을 해가며 그들에게 일을 시킬 수 있었다.

도하를 위해 집결한 I중대는 사과 과수원에 은폐했다. 포탄이 떨어지면 사과나무가 조각난다는 사실을 경험을 통해 알고 있었던 마운트는 이를 병사들에게 알려줄 수도 있었지만, 그 무렵에는 이미 다른 모든 병사들도 자기 앞에 조각난 사과나무 몇 그루를 걷어내고는 그 사실을 알고 있었다.

중대가 낙동강을 건널 때 마운트는 모든 부상병들을 후방으로 보냈다. 강을 건넌 마운트는 다리에 총알을 맞은 병사와 마주쳤다. 이 부상병을 데리고 강을 건너갔다 돌아오니 I중대는 떠나고 없었다.

새로운 부대가 도착하자, 마운트는 소위 한 명에게 혹시 I중대가 어디에 있는지 아느냐고 물어보았다. 소위는 지도를 꺼내들고 I중대가 있을 법한 곳을 가리켰다. 마운트는 출발해 2시간 동안 고지들을 가로지르는 길을 따라가 I중대에 다시 합류했다.

몇 분 후, I중대에게 다시 강으로 돌아오라는 명령이 하달되었다. 하지만 중대는 이미 쏟아지는 포탄을 헤치고 온 데다가 적은 이미 철군 중이었다. 그 말은 앞으로 적과 접촉하려면 매일 긴 행군을 해야 하며, 만일 어쨌든 적과 접촉하면 고지 위에서 밤에 참호를 파야 한다는 뜻이었다

새벽이 되면 일어나서 애써 만든 참호를 떠나야 했다.

적은 도주하고 있었다.

* * *

유엔군이 공세를 시작하고서 첫 사흘 동안, 남쪽에서 38연대가 낙동강을 건넌 것을 제외하면 얻은 것이 없었다. 5연대전투단이나 5연대전투단 북쪽의 1기병사단, 그리고 먼 북쪽에 있는 한국군 1사단의 작전지역을 비롯한 모든 곳에서 인민군이 완강하게 저항했기 때문에 우군 부대들은 인명 손실을 크게 입었고, 전투는 일진일퇴를 거듭했다.

그러던 중 갑자기 9월 19일, 페플로의 38연대가 낙동강을 건너자마자 한국군 전선의 균형이 무너지기 시작했다. 의심의 여지 없이 가장 큰 요인은 인민군 후방인 인천에 유엔군이 상륙했다는 사실이었다. 인민군 최고사령부는 더 이상 인천의 패배를 감출 수 없었다. 이 소식이 바깥으로 알려지자, 낙동강 방어선 주변의 병사들 사이에서는 혼란과 공황이 확산되었다.

9월 18~19일 밤 동안 인민군 전선 최남단에 위치해 북한에서부터 가장 멀리 진출해 있던 인민군 6사단과 7사단이 느닷없이 퇴각하기 시작했다.

동해안의 한국군 3사단은 인민군 5사단이 북방으로 퇴각하자 포항을 탈환했다. 해안 바로 서쪽의 험준한 산맥에 있던 한국군은 갑자기 전진할 수 있음을 알게 되자 곧바로 진격을 시작했다.

9월 19일, 5연대전투단이 왜관을 점령했다. 같은 날 백선엽 준장이 이끄는 한국군 1사단은 인민군 1사단과 인민군 13사단 지경선 사이의 틈새를 발견했다. 열심히 싸우는 한국군 12연대는 적 후방으로 21킬로미터를 침투해 들어갔다.

오직 미 1기병사단만이 대구를 둘러싼 고지 위에서 인민군의 완강하고 광적인 저항에 직면하여 전진하지 못했다. 1기병사단의 소총부대들은 끔찍할 정도로 많은 인명 손실을 입었지만, 동시에 인민군에게는 더 파괴적인 피해를 입혔다. 한국군 1사단이 돌파했음을 알게 된 인민군은 갑자기 상주를 향해 북쪽으로 퇴각하기 시작했다.

그리고 후퇴하면서 인민군은 산산이 흩어졌다. 인민군 3사단은 이틀 만에 5,000명에서 2,000명 이하로 병력 수가 줄었다. 인민군의 모든 부대는 미군의 항공력 때문에 도로에서 꼼짝 못하거나 미군 보병과 기갑부대에 격파되었다. 인민군의 퇴각은 학살로 이어졌다.

1기병사단에게 뼛속까지 갉아 먹힌 인민군 13사단은 이미 내부적으로 혼란에 빠져 있다는 징후를 보였다. 연대장 한 명은 사단장으로부터 부당한 대우를 받았다고 주장하며 자진해서 항복했다. 패전을 앞에 두고서 공산주의자들은 서로 물고 뜯기 시작했다. 장교는 해임당하고, 병사는 즉결 처형당했다.

전진하면서 1기병사단 예하 부대들은 공포와 파괴의 현장, 불타버린 전차들, 죽어 부풀어 오른 동물 사체들, 도로 옆 도랑에 빠져 있는 야포들, 그리고 버려진 탄약 수 톤을 지나쳤다. 온전한 상태인 인민군 1사단, 3사단, 그리고 13사단은 공포에 사로잡힌 채 사실상 분해되었다.

"이런 종류의 전쟁은 시작부터 끝까지 더러운 일뿐이었다." 대구 인근에 죽어 있는 인민군 병사의 시체.

9월 23일이 되자 인민군은 사방에서 전면 철수 중이었다. 9월 22일, 워커 중장은 8군이 그동안 기다려 마지않던 명령을 내렸다. "적을 추격해서 격파하라!" 설욕의 시간이 온 것이다.

* * *

9월 21일 동이 트기 전 어둠 속에서 인민군 총좌 한 명이 다부동 남쪽으로 6.5킬로미터쯤 되는 좁은 흙길을 걸어 내려왔다. 군복을 제대로 갖춰 입고, 어깨 위에는 빛나는 계급장이 달려 있었으며, 검은 머리카락 위로 부드러운 군모를 쓴 총좌는 미군 전선으로 조용히 다가와 날이 밝기를 기다렸다.

총좌의 이름은 리학구였다. 9월 21일 새벽에 그가 어떠한 동기로 이런 행동을 했는지는 앞으로도 완전히 밝혀지지는 않을 것이다. 그러나 그가 참모장을 지내던 인민군 13사단은 완전히 분해되었다. 사단은 총원을 모아봐야 1,300명에 불과했다. 사단 사령부는 이미 예하 연대들과 통신이 끊어졌고 통제권을 상실한 지 오래였다. 인민군 13사단에게는 전선 따위는 없었으며, 생존자들은 상주를 향해 고지를 넘어 도망치고 있었다. 이것은 궤주潰走였다. 병사들은 더 이상 장교들에게 처형당할 때까지 앉은 채 기다리지 않았다. 장교들도 총을 내던졌다.

남과 북을 망라해 한국인은 어떻게 보더라도 용감하다. 그러나 한국인은 변덕스럽다. 어느 순간 기쁨이 극에 달했다가도 빠르게 절망으로 떨어진다. 한국인은 언제라도 순교자가 될 수 있지만 다음날 배신자가 될 수도 있다. 한국인은 동양의 아일랜드인이라고 불려왔는데, 그 이유가 없지는 않을 것이다. 아무리 인간의 기본적 본성을 거부하는 공산주의식 훈련을 엄격히 한다 하더라도 경우에 따라서는 한국인이 가진 소농의 본성을 근절할 수는 없다.

날이 밝자 리학구 총좌는 미 8기병연대가 점령한 작은 마을로 조용히 걸어 들어갔다. 역설적이게도 리학구는 항복하기 위해 잠들어 있는 미군 병사 2명을 조심스럽게 깨워야 했다. 이들이 리 총좌를 후방으로 데려가자 젊고, 강인하며, 얼굴이 네모난 이 북한인은 심문관들에게 매우 협조적인 자세를 보였다.

그는 미군이 인민군 13사단에 대해 알고 싶어하는 모든 정보를 제공했다. 사실 전투부대인 13사단은 격멸당했기 때문에 그가 무슨 이야기를 하든 상관없었다. 비록 그보다 계급은 낮지만 다른 포로들도 같은 이야기를 했다.

워커 장군은 리학구의 투항에 매우 감격한 나머지 이 소식을 들었을 때 대구에서 도쿄로 전화를 걸었다. 리학구 총좌는 한국전쟁을 통틀어 유엔군이 사로잡은 최상위 계급의 포로가 된다.

그리고 포로가 된 리 총좌는 인민군에서 복무하면서 유엔군에게 입힌 피해보다 더 많은 피해를 포로수용소에서 유엔군에게 안기게 된다.

* * *

낙동강 돌출부 반대편에는 인민군 2사단, 4사단, 그리고 9사단이 서쪽으로 줄지어 패주하고 있었다. 그리고 이들 뒤로는 큰 소리로 울부짖는 사냥개처럼 미 2사단이 추격했다.

9월 23일, 미 2사단은 퇴각하는 인민군이 초계草溪 근처에 남겨놓은 까다로운 도로장애물을 제거했다. 그리고 9월 24일, 38연대가 북쪽으로 쓸고 올라갔고, 23연대는 남쪽을 포위했으며, 두 연대는 합천의 옛 인민군 지휘소 너머에서 합류했다.

합천의 북동쪽에서 인민군 2개 대대가 도시를 장악하고 있는 동안 페플로의 38연대원들은 도로장애물을 설치했다. 23연대는 인민군 방어부대를 북쪽 외곽으로 몰아내면서 남쪽에서 합천으로 치고 들어갔다.

페플로의 38연대가 설치해놓은 도로장애물을 만난 인민군은 총알과 화포 세례를 받았다. 그날 오후, 전투가 끝나자 페플로의 부하들은 도로를 따라서 적의 시신 300구 이상을 확인했다. 공포에 질려 철벅거리며 논을 가로질러 도망친 생존자들은 미군 항공기들의 공격을 받고 섬멸당했다. 무기도, 총도, 식량도 없이 고지로 도주한 병력은 극소수였다.

9월 말, 이제 고지 위에서 부상당하고, 사기는 떨어지고, 맨발로 굶주린 채 낙오한 이들은 미군이 아니라 인민군이었다.

이제 자만하지 않고 냉철해진 미군은 달콤하고 통쾌한 설욕의 맛을 즐겼다.

9월 25일, 38보병연대는 명령에 따라 고창을 향해 북서쪽으로 진격했다. 몇 시간 후 38연대는 마치 빵 껍질처럼 바스러지는 인민군 2사단의 가냘픈 방어선을 돌파하고 인민군 포병이 있는 지역에 진입해 야포, 차량, 그리고 중장비를 모두 장악했다.

인민군 2사단장 최 장군[92]은 병들고 지쳐 있었다. 그는 모든 차량과 야

---

92 이 당시 인민군 2사단장은 최현(崔賢) 소장으로, 최룡해의 아버지이다.

포를 버리라고 명령하고는 자신의 호위병들과 인민군 2사단의 잔여 병력과 함께 산 속으로 사라져 빨치산이 되었다.

9월 25일, 38연대는 적병 200명 이상을 사살하고 450명 이상을 생포했다. 이들은 오토바이 10대, 트럭 20대, 박격포 9문, 대전차포 14문, 곡사포 4문, 탄약 300톤을 노획했다.

황혼이 지는 20시 30분까지 연대는 48킬로미터를 진격했다.

차량의 보급이 잘 된 데다가 이곳 남쪽의 잘 갖춰진 도로망을 이용해 미군 부대들은 적이 도망치는 것보다 더 빨리 전진했다. 추격하여 전과를 확대하라는 워커 중장의 명령에 사단들은 측방 방호는 신경 쓰지 않은 채 패배한 적을 전방에서 압박했다. 그리고 이 전술은 성과를 올렸다.

앞장서서 전진하는 미군 전차들은 양쪽을 둘러싼 낮은 야산들을 따라 탁 트인 도로를 달렸고, 38연대는 자포자기한 적을 계속해서 유린했다. 고창에서 38연대는 인민군 야전병원을 점령했다. 이제 페플로는 한반도를 가로질러 서해안 근처의 전주를 공격하라는 명령을 받았다.

38연대는 2대대가 선봉에 선 가운데 9월 28일 새벽 4시에 모두 차량에 탑승했다. 9시간 30분 후, 연대는 116킬로미터를 달려 전주에 도착했다. 여기에서 잠시 동안 전투가 벌어졌다. 약 100명의 인민군이 사살되었고, 그 두 배에 달하는 인민군이 항복했다.

페플로 대령은 전주 시내에서 서둘러 방어선을 설치했다. 적진 깊숙한 곳까지 진출해 있다 보니 인민군 수천 명이 도로를 따라 이들을 지나쳐 갔다.

하지만 미군의 맹렬한 이동에 놀란 적은 혼란에 빠져 있었다. 저녁에 인민군 트럭 하나가 시내로 들어오려 했다. 트럭에는 물품 운송용 상자들과 병력 20여 명이 타고 있는 것 같았다.

트럭이 다가오자 도로에 설치한 38연대 전초에서 트럭을 향해 바주카 한 발을 발사했다. 트럭이 어마어마한 폭발을 일으키며 넓은 지역에 불똥과 파편을 쏟으며 사라지는 동안 전초 병사들은 도랑에서 엎드려 있었

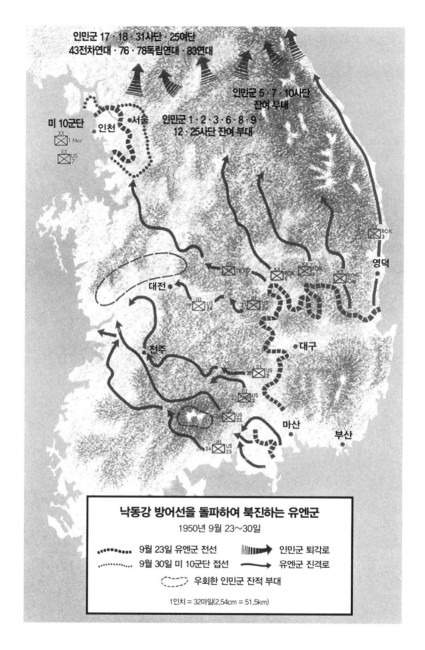

인민군 17·18·31사단·25여단
43전차연대·76·78독립연대·83연대

인민군 5·7·10사단
잔여 부대

미 10군단

인민군 1·2·3·6·8·9
12·25사단 잔여 부대

인천

서울

영덕

대전

전주

대구

마산

부산

낙동강 방어선을 돌파하여 북진하는 유엔군

1950년 9월 23~30일

- ········· 9월 23일 유엔군 전선
- ·········· 9월 30일 미 10군단 접선
- ⟨‾‾⟩ 우회한 인민군 잔적 부대
- ▨▶ 인민군 퇴각로
- ▶ 유엔군 진격로

1인치 = 32마일(2.54cm = 51.5km)

다. 상자에는 탄약이 가득 들어 있었다.

엄청난 폭발에 신경이 쓰인 페플로 대령은 어떻게 된 일인지 살펴보러 나갔다. 도로에 파인 구멍에서는 악취가 코를 찔렀다. 구멍을 들여다봤으나, 트럭이나 사람의 흔적은 전혀 찾을 수가 없었다.

전주로 진입한 연대의 차량은 연료가 떨어졌다. 다행스럽게도 멀리까지 날던 2사단 연락기가 어둠이 내리기 전에 이들 위로 지나갔다. 조종사는 혼란스러워하며 자신이 보고 있는 광경을 못 믿겠다는 투로 계속 무전을 보냈다. "여러분은 2사단 소속인가?"

"그렇다. 차량 연료가 다 떨어졌다." 항공기는 다시 굉음을 내며 기지로 돌아갔고, 곧 사단 사령부와 미 9군단은 연료를 실은 트럭들을 출발시켰다.

페플로 대령이 재보급을 기다리며 전주에서 대기하고 있는 동안 24사단 행정부사단장이 도착했다. 그는 '인디언 헤드Indian head' 표지를 팔에 붙인 병사들이 전주를 점령한 모습에 실망한 듯했다. 그는 자신의 사단 마크인 '토란잎' 표지가 선봉에 있기를 기대했었다. 탐탁지 않은 기색으로 24사단 예하 부대들이 38연대의 전선을 통과하게 해달라고 요청했다.

다음날, 연료를 실은 트럭들이 전주에 도착했으며, 38연대는 다시 북쪽과 서쪽을 향해 이동하기 시작했다.

이번에 이들의 목표는 서울이 눈에 들어오는 한강의 남쪽 제방이었다.

이렇게 미군은 망치를 내리쳤다. 망치는 모루를 때렸으며, 그 사이에 있던 것들은 더 이상 남아 있지 않았다.

제17장

달콤한 승리

●

나는 가장 심각한 실수를 목격하고 있다. … 거짓말을 하고 … 국제 문제에 법적·도의적 접근을 하고 … 법적 사고를 도덕적 사고와 불가피하게 연계시켜 국사國事를 옳고 그름의 문제로 끌고 가는 것 … 법이 있다고 말하는 이들은 누구든지 범법자에 대해 분개해야 하고 도덕적으로 우위에 있다고 생각할 것이다. 그리고 이러한 분노가 군비경쟁으로 번지면, 그때는 '무조건 항복'처럼 범법자가 완벽하게 복종을 하는 일 따위는 절대로 일어나지 않는다.

– 조지 케넌George F. Kennan [93]

1950년 9월 말, 미국은 극동에서 전쟁의 주도권을 장악한 것처럼 보였다. 불과 며칠 사이에 전체적인 균형이 바뀐 것이었다. 목숨을 걸고 싸웠던 미군과 한국군 장병들은 깜짝 놀랄 만큼 갑자기 부활하여 침입자들을 격파했다.

미 10군단이 깔아놓은 북쪽의 모루와 남쪽에서 북상하면서 날아오는 미 8군의 망치 사이에 끼어버린 인민군은 고작 2만 5,000명만이 가까스로 38선 이북으로 탈출할 수 있었다.

미군 지휘관들은 한시름 놓을 수 있었고, 휘하의 장병들 또한 앞서 자신들을 쫓아오며 학살해온 적을 거꾸로 추격하면서 끝장내는 달콤함을 맛보고 있었다. 워싱턴에서는 초기의 신뢰가 우려와 걱정으로 바뀌었으나, 이제는 강한 신뢰를 다시 회복했다.

일순간 세계가 흔들리고 실패하는 듯 보였지만, 이제는 미국인들이 항상

---

93 조지 케넌(1904~2005): 미국의 외교관이자 정치가.

그래야만 한다고 생각한 대로 모든 것이 제대로 돌아가고 있었다. 사람들은 웃으면서 자신들이 필연적인 승리를 왜 의심했었는지 의아해했다.

그리고 전쟁이 끝나면 언제나 그랬듯이 승리를 달성한 미국은 자신의 의지를 적에게 강요하고, 전쟁을 시작한 것과 불법으로 침략한 것을 벌하겠다고 결심했다. 만약 전쟁을 치러서 전사자가 나오고 문명이 파괴되어 미 국민의 일상이 손실을 입었는데도 그대로 현재 상태로 되돌아간다면 그때는 거의 모든 미국인들이 속았다고 생각할 것이다.

물론 전쟁은 절대로 견제와 균형 시스템의 일부분이 될 수 없다. 그렇게 보는 것 자체가 비도덕적이다. 전쟁은 항상 명분과 선험적 목적이 있어야 한다. 전쟁은 미국 연방을 복구하기 위한 것이 아니라 인간을 자유롭게 만드는 것이어야 한다. 또한 전쟁이란 세계 패권의 균형이 적대적인 세력에게 넘어가는 것을 막기 위한 것이 아니라 민주주의를 위해 세상을 안전하게 만들기 위한 것이어야 한다. 전쟁은 동맹국을 구하기 위한 것이 아니라 악을 무찌르기 위한 것이어야 한다.

미국인은 언제나 자국의 통치체계 안에서 견제와 균형을 받아들였지만, 미국을 벗어난 전 세계에서는 결코 그런 적이 없었다. 세계에서는 그러한 견제가 총이 아닌 투표나 헌법으로 달성된 적이 없고, 미국인은 총이 투표와 마찬가지로 도덕적 목적을 달성한다는 사실을 결코 받아들이지 않았기 때문이다.

그러나 미국인은 모든 수단이 실패했을 때 반드시 무력에 의지했다.

미국은 북한 공산 정권은 그 무법성으로 인해 붕괴되고 한반도는 필연적으로 대한민국 정부 아래 통일되어야 한다고 생각했다.

사실 공산주의 진영이 법을 위반한 적은 없다. 인류가 비극을 계속 겪어야 하는 이유 중 하나는 국제법이 실재하지 않기 때문이다. 공산주의 진영은 탐색과 책략을 시도해왔으나 이것이 항상 강력하게 견제되었다.

또한 공산주의자들은 '위법자'를 응징하려는 미국의 행동을 정의가 아니라 미국의 책략으로 간주했다.

문제는 비非공산주의 정부 아래로 한반도를 통일시키려는 미국의 의지가 미국의 적절한 목표였느냐가 아니라, 미국이 구체제status quo ante를 차례차례 깨버리는 것을 공산주의자들이 그냥 앉아서 구경만 할 수 있느냐 하는 것이었다.

두 동강이 난 한반도를 이승만 정부 아래로 합치려는 의지는 두말할 것 없이 옳았으며, 만약 유엔이 이를 달성할 힘만 있다면 이는 유엔에도 가장 득이 되는 일이었다.

1950년 9월 27일, 미 합동참모본부는 맥아더 원수에게 다음과 같이 지시했다.

1. 맥아더 원수의 주 임무는 모든 인민군 군사력을 격멸하는 것이다.
2. 맥아더 원수의 두 번째 임무는 가능하다면 이승만 정부 아래 한반도를 통일하는 것이다.
3. 맥아더 원수는 소련이나 중국이 개입할 것인지를 살피고, 만약 그러한 위협이 나타난다면 이를 보고한다.

세 번째 지시와 함께 미국의 정책이 근본적으로 가진 약점이 조금씩 드러났다. 공산주의 강대국들이 개입하나 마나는 최고위층에서 결정할 정치적인 문제였다. 이 개입의 징후는 군사적 차원이 아니라 정치적으로 이루어지는 교류를 통해서 분명히 드러나거나 또는 드러나지 않을 수 있다.

미 합참 예하에 있는 극동사령부는 정보 수집 기관이지 평가 기관이 아니었다. 하지만 1950년 가을 내내 미 정부는 극동사령부에게 자체 정보는 물론 세계 다른 곳에서 수집한 정보까지 분석하는 것을 허락했다. 워싱턴에서는 적대적 국가들의 목적과 야망에 대한 통찰력이 부족했다.

어떤 국가가 사단을 몇 개나 전개했는지는 군사정보부가 매우 유능하게 파악할 수 있다. 군인은 그 나라가 전개한 사단들을 사용할 것인지 아닌지를 군사적 증거만으로 충분히 확신할 수 없다.

이런 결정을 내리는 것은 현재도 그리고 앞으로도 절대 군사정보부가 할 일이 아니다.

9월 27일의 지시에 뒤이어 이틀 뒤에 새로운 국방장관인 조지 마셜은 맥아더 원수에게 개인 서신을 보냈다. 대중이 원하는 바대로 해준 전임 국방장관 루이스 존슨은 대중이 저지른 실수를 대신 뒤집어쓴 희생양이었다. JCS 92985라는 문서번호로 맥아더만 볼 수 있는 이 전문은 전술적으로나 전략적으로나 38선을 넘어 진격하는 것은 맥아더의 자유이며 이는 트루먼 대통령도 동의했다고 밝혔다.

한편, 대한민국은 절대로 기존 국경인 38선에서 멈출 뜻이 없었다. 외국인들이 에이브러햄 링컨Abraham Lincoln 대통령에게 게티즈버그 전투Battle of Gettysburg 후 포토맥Potomac 강에서 미 연방군을 정지하라는 권고를 했더라도 받아들이기 어려웠을 것처럼, 조국을 통일하겠다는 생각으로 살아온 이승만 대통령이 38선을 눈앞에 두고서 정지하라는 유엔의 명령을 받아들였을지는 매우 의문이다. 이승만 대통령은 이제는 미군의 지휘를 받는 한국군 야전 지휘관들에게 미군의 의향과는 상관없이 북진을 명령했다.

강대국들의 계책과 이에 대한 대책이 무엇이든 상관없이, 압록강까지 영토를 확장하는 것이 대한민국의 필수적인 이익이었다.

10월 1일, 맥아더 원수는 북한에 항복을 요구했다. 하지만 김일성은 아무 답이 없었다.

10월 7일 정오, 미 8군 예하 부대들은 개성에서 38선을 넘었다. 한국군 부대들은 이미 수일 전에 38선을 넘어갔다.[94]

* * *

10월의 어느 맑고 상쾌한 날, 미 24사단 6전차대대의 부군의관인 워

---

94 강원도 양양군 기사문리 일대에 있던 한국군 3보병사단 23연대는 이승만 대통령의 명령에 따라 1950년 10월 1일 11시 45분에 38선을 돌파했다.

샴 로버슨Worsham Roberson 대위는 북으로 향하는 도로 한편에서 자신의 낡고 먼지 쌓인 지프를 멈추었다. 전 세계 어디서든 미군의 통과를 알리는, 서둘러 세워진 도로표지판은 로버슨이 38선을 통과하고 있음을 알려주었다.

그는 옆에 앉은 대대 군의관인 하비 펠프스Harvey Phelps 대위를 돌아봤다. 체격이 다부지고 얼굴이 둥근 로버슨은 의료가방을 뒤적거려 조심스럽게 간수해온 시그램Seagram의 세븐 크라운Seven Crown 위스키를 꺼냈다.

로버슨과 펠프스는 흔들리던 24사단이 방어선 끝에 매달려 있던 암울한 시절 한국에 왔다. 이들은 디트로이트의 조병창에서 긴급하게 배로 실어온, 90밀리 주포를 장착한 신형 M-46 전차들과 함께 사단 전선에 도착했던 날을 잊을 수가 없었다.

거대한 전차들을 샌프란시스코의 오클랜드Oakland까지 끌고 와 배에 싣고, 부산에서 다시 땅에 내려놓는 것은 지옥 같았다. 부산에는 42톤짜리 전차를 다룰 선착장 시설이 전혀 없었다. 배의 윈치winch[95]와 화물기중기가 극도의 하중을 받아 끊어질 것처럼 팽팽해지자, 배 위의 장교들은 신음소리를 내며 얼굴이 하얗게 질렸다. 하지만 결국 윈치보다 더 중요한 전차 76대는 한 대씩 부두에 떨어지듯이 내려앉았다.

전차들이 으르렁거리는 굉음을 내며 낙동강으로 이동하자, '토란잎' 사단, 즉 24사단 병사들이 앞으로 뛰어나와 반겼다. 많은 병사들은 흐느껴 울기까지 했다. 병사들은 이 못생긴 강철 괴물들 주변에 모여들어 혈통 좋은 말인 양 전차를 쓰다듬었다.

미 육군사관학교를 1937년에 졸업하고 패튼 장군과 함께 복무한 존 그로우든John Growden 중령이 지휘하는 6전차대대는 오래지 않아 불세례를 퍼붓게 된다.

---

95 윈치: 원통형의 드럼에 와이어 로프를 감아, 도르래를 이용해서 중량물을 높은 곳으로 들어 올리거나 끌어당기는 기계.

선두 전차로부터 그로우든에게 긴급한 무전이 들어왔다. "적을 발견했습니다. 명령을 내려주십시오."

그로우든은 무전에 답했다. "적이 확실한가?"

"분명합니다!"

"그렇다면 발포하라! 우리가 여기 온 이유가 그것 아닌가."

모든 전쟁에서 매번 미군은 값비싼 교훈을 얻어야 했다.

도로는 길고도 험했다. 이동하기 시작한 전차는 잘 싸웠으며, 곧 교통호 열대여섯 개가 파인 작은 둔덕을 지나갔다. 사람들의 대화소리를 들은 로버슨은 살펴보기 위해 위로 올라갔다.

그는 허리까지 땅에 묻힌 채 손은 등 뒤로 돌려 줄로 묶여 있고 끔찍한 고통이 얼굴 표정에 그대로 남아 있는 한국군 500명의 시신과 미군 병사 86명의 시신을 발견했다. 일부는 대검에 찔려 죽었고, 일부는 맞아 죽었으며, 일부는 자비롭게도 총알에 맞아 죽었다.

불편한 표정의 펠프스 대위는 전차대대가 지나가기 전 저녁에 이들이 사망한 것으로 판정했다.

로버슨은 길고, 더럽고, 피로 물든 도로를 떠올리면서 술병 마개를 땄다. "군의관님, 이건 한 잔 마셔야 할 상황인데요."

펠프스는 술은 한 방울도 입에 대지 않는 사람이었다. 게다가 그는 세인트루이스 제일침례교회St. Louis First Baptist Church의 담임목사로 유명하며 술에 대해서는 강경한 입장을 가진 신학박사 갓볼드Godbold의 딸과 결혼했다. 펠프스는 잠시 주저했으나, 곧 술병을 받아 들었다.

"젠장, 장인어른이 뭐라 하시든지 한잔 마셔야겠군."

워샴 로버슨 대위는 분명 갓볼드 목사라도 이 상황은 이해해주실 것이라고 생각했다.

* * *

한국에 통합사령부를 창설하고 미 정부가 유엔군사령관을 임명하고 이 부대가 유엔의 깃발을 사용하는 안이 1950년 7월 7일에 유엔본부에서 표결에 붙여져 찬성 7, 반대 0, 기권 3, 결석 1로 결정되자, 사실상 미국은 전쟁수행을 위한 백지 위임장을 받은 것이나 다름없었다.

유엔군사령관인 맥아더 원수는 그가 취한 모든 조치에 대한 적절한 보고서를 미국 정부를 통해서 유엔에 제출하라는 요구를 받았다.

당시 유엔 회원국들 중 다수는 서방국가나 친서방국가들이었다. 그리고 몇 안 되는 소위 중립국들이 회원으로 가입된 상태였다. 공산 진영의 공공연한 침공에 충격을 받은 이 회원국들은 오직 미국만이 공산 세력에 효과적으로 맞설 수 있다는 것을 깨달았다.

인민군이 무너질 때 유엔은 미국의 정책을 계속 지원할 준비가 되어 있었다. 미국은 성공으로 향하는 산으로 올라가고 있었고, 1950년 10월에 어떤 가치가 있든 간에 세계 여론이 힘과 성공을 따른다는 사실을 깨닫고는 만족해하고 있었다. 이후 헝가리와 티베트의 경우에서도 미국은 그다지 만족스럽지는 않았지만 이를 다시 확인하게 된다.

미국이 계속 승리하고 있는 한 그리고 그 목표가 전면전을 야기하거나 전쟁에 지친 우방국들을 희생시키는 것만 아니라면, 유엔은 설립 취지대로 따르는 데 동의할 터였다.

하지만 한국전쟁은 미국이 일반 합의를 이끌어낸 마지막 사례가 되었다. 북한이 미국이 6월에 한국전쟁에 개입하리라는 것을 예상하지 못한 것처럼 유엔이 38선을 넘어 공격하리라는 것 역시 예상하지 못했다는 것을 보여주는 징표는 많다. 산산조각 난 인민군은 퇴각을 시작한 뒤로는 전투력을 복원하지 못했고, 38선을 따라 넓게 펼쳐진 진지들은 방어 상태가 좋지 못했다.

서쪽에서는 미 8군이 개성을 가로질러 공세를 시작하고, 동쪽에서는 한국군 사단들이 북쪽으로 진격하자, 인민군의 공식적인 저항은 사실상 와해되었다. 일부 지역에서 격렬한 저항이 있었지만 1주 만에 인민군의 조직화된 전선은 더 이상 존재하지 않게 되었으며, 인민군 잔적만이 압록강을 향해 도망치고 있었다.

김일성이 10월 14일에 인민군에 방송한 내용은 매우 흥미로운 사실을 보여준다. 김일성은 북한이 새롭게 직면한 재앙 같은 난관은 유엔군이 북진하지 않을 것이라는 북한 정부의 예측 때문이며 "수많은 인민군 장교들이 이 새로운 상황 때문에 혼란에 빠져 있다. 이들은 명령을 거역하고 무기를 내던진 채 진지를 이탈했다"라고 발언했다.

김일성은 최후까지 저항할 것이라고 선언했다. 배신자와 선동자는 계급에 관계없이 현장에서 처형할 것이며, 정치적으로 믿을 수 있는 참전자들로 이루어진 새로운 '감독군'을 만들 것이라고 했다.

인민군이 피 흘리는 군대를 급하게 끌고 38선을 넘어가자, 공산 세계는 일시적인 패배를 받아들일 준비가 되어 있었다. 공산주의 교리는 승리를 활용하라고 가르치지만, 실패를 지원하면 바보짓으로 간주한다.

북한의 대한민국 침공은 실패했다. 이제 공산군은 작전을 포기할 것이며, 좋은 날이 올 때까지 기다릴 것이다. 10월 2일, 뉴욕에서는 유엔안전보장이사회에서 소련 대표가 38선을 중심으로 한 정전停戰과 한반도에서 모든 외국군을 철수시킬 것을 제안했다.

하지만 소련 대표에게는 미국이 던진 새로운 도전이 기다리고 있었다.

* * *

매우 포근한 10월 15일 일요일 아침, 한국전쟁이 미국의 여우사냥으로 바뀐 바로 그 시점에 최고의 결정권자들이 웨이크Wake 섬에서 회의를 가졌다. 성미가 급하고 날카로운 눈매를 가진 트루먼 대통령은 동아시아에서 미국의 패권을 대표하는 귀족적인 '총독'인 더글러스 맥아더 원수와 전쟁의 최종 단계를 논의하러 태평양 절반을 가로질러 날아왔다.

알려진 사실대로, 이상하지만 이 둘의 만남은 국가원수와 야전 사령관의 만남이라기보다는 마치 두 주권국 수장들의 만남 같았다.

미국 정책 설계자로 수수한 인상에 눈빛이 예리하고 대통령과 똑같은 테네시 계곡 말투를 쓰는, 미국이 배출한 가장 뛰어난 육군 지휘관 중 한 명인 오마 브래들리Omar Bradley[96] 합동참모본부 의장과 조용하고 겸손한 딘 러스크Dean Rusk 국무부 극동문제 차관보 등도 함께 참석했다.

이 고위급 회담은 5성 장군인 브래들리 원수가 회의 내용을 기록했다.

전투에 대해서는 거의 언급이 없었다. 이들은 한반도의 분쟁이 거의 끝났다는 것을 당연한 것으로 생각하고 있었고, 주 관심사는 대부분 잿더미가 된 남북한을 재건하는 것이었다.

맥아더 원수는 추수감사절 즈음이면 인민군의 공식 저항은 끝날 것이라고 말했다. 그는 미 8군이 크리스마스까지는 일본으로 돌아가리라 기대했다.

세계 문제를 다루는 브래들리 원수는 맥아더 원수가 언제쯤 1개 사단을 유럽으로 보낼 수 있을지 알고 싶어했다.

그러다가 대화가 다른 문제로 넘어갔다. 트루먼 대통령이 물었다. "혹시 중국 또는 소련이 개입할 가능성에 대해 어떻게 생각하십니까?"

맥아더가 낭랑하게 대답했다. "거의 없습니다."

맥아더는 답변을 이어가면서, 만약 중국이나 소련이 전쟁 첫 두 달 안에 개입했더라면 결정적이었을 것이라고 했다. "하지만 중국이나 소련의 개입을 더 이상 걱정하지 않습니다. 우리는 얌전하게 대응하지 않을 겁니다."

그는 만주에 중공군 30만 명이 있는데, 이 중 20만 명 이상이 압록강을 따라 배치되어 있다고 했다. 그중에서 기껏해야 6만 명이 강을 건널 수 있을 것이라 덧붙였다.

"중공군은 공군이 없습니다. 만약 중공군이 평양까지 남하하려 한다면, 그 과정에서 엄청난 학살을 당할 것입니다."

민간인이든 군인이든 누구도 맥아더의 견해를 반대하지 않았다.

---

96 오마 브래들리(1893~1981): 미 육군 원수로, 미 초대 합동참모본부 의장이자 현재까지 미국이 배출한 마지막 오성 장군.

하지만 역사의 흐름을 바꾼 것은 10월 15일 일요일 웨이크 섬 회담에서 오간 이야기가 아니라 오가지 않은 이야기였다.

맥아더는 중공군이 개입할 능력이 없다는, 순전히 군사적 가정에 근거해 작전을 실행했다. 그리고 이 가정들 중 하나는 만약 중공군이 유엔군의 정당한 전진을 저지하려 한다면 미국은 미군이 가진 모든 정당한 분노와 화염을 쏟아부어 보복한다는 것이었다. 미군의 항공 전력은 만주를 통과하는 길고도 취약한 보급선을 차단하기 위해 폭격할 것이며, 중국이 자랑스러워하는 이제 막 시작한 산업 기반도 함께 파괴할 것이다.

맥아더는 이 같은 공포가 중공군의 개입을 막을 것이라 굳게 믿었다. 또한 그는 중국이 행동을 취하는 순간 미국은 파국을 경고하고 전쟁의 참화를 야기할 것이라고 믿었다. 수백 만 대군을 가진 중국도 서방세계와 전면전을 벌일 경우 승리를 기대할 수 없었다.

그는 이를 믿었지만 굳이 말하지 않았다.

조용하고 겸손한 데다가 최고의 지장智將 중 한 명으로 꼽히는 브래들리 원수는 유럽에 배치된 어마어마한 소련군 사단들을 생각하고 있었다. 유럽의 위성국가에만 소련군 175개 사단이 있었다. 그에게 중국을 상대로 한 전면전은 잘못된 적을 상대로, 잘못된 장소에서, 잘못된 때에 시작하는 전쟁이었다. 미국은 물론 아시아에서도 짐을 져야 했지만, 미국의 핵심 국익은 유럽에 있었으며, 미국의 가장 큰 위협은 소련이었다.

이런 문제를 논의할 시간은 없었다.

또한 트루먼 대통령 그리고 봉쇄정책을 설계한 민간인 보좌관들은 자신의 생각이 따로 있었다. 트루먼은 거대한 국토를 소유한 소련과 중국을 미국이 진압하려 노력하는 것은 가능성도 없고, 득도 없다고 보았다. 만약 그래야 한다면 이는 인류가 일찍이 본 적 없는 엄청난 대학살로만 가능했다.

트루먼은 어떤 대가를 치르더라도 조국을 지킬 준비가 되어 있었다. 만약 적이 미국이나 조약으로 맺어진 동맹들을 공격한다면 미국은 당장 맞서 싸울 것이었다. 하지만 트루먼은 아마겟돈으로 치닫는 짓은 하지 않을 생각이었다.

피를 대가로 치르더라도 공산주의의 확장을 막으려 하는 것과 세계 공산주의에 대한 전 지구적인 승리를 노리는 것은 분명 다른 일이었다. 트루먼 대통령은 그런 승리가 과연 가치가 있을지 의심스러웠다.

1950년 10월 15일 일요일, 웨이크 섬에서는 회담, 그것도 고위급 회담이 있었다. 그러나 충분한 대화가 오가지 못했다.

이들이 회담을 진행하는 동안 중공군 한 무리가 중국 전통 음악 단조의 구슬픈 소리를 내며 밤에 행군해 줄지어 압록강을 건너 버려진 척박한 북한 고지대로 진입해 들어왔다. 그리고 이 사실은 회담에 참여한 이들 중 누구도 알지 못했다.

* * *

유엔과 유엔의 대리자인 미국이 공산주의 세계에 내린 처벌은 공산주의 세계가 받아들이려 했던 것보다 훨씬 더 컸다. 지난 6월, 미국이 자신에 의존하는 우호국이 유린당하는 꼴을 지켜만 볼 수 없었듯이, 10월에는 중국과 소련이 북한이 공산권에서 강제로 떨어져나가는 것을 두고 볼 수 없다고 생각했다.

이미 도박이 한 번 실패했지만 이들은 또 다른 도박을 시도해야 했다.

1950년에 소련은 미국이 원한 것 이상의 전면전을 원하지 않았다. 스탈린과 그의 추종 세력은 미국을 정복할 수 있으리라는 망상을 하지 않았다. 제2차 세계대전에서 소련이 입은 상처는 거의 치유가 되지 못했고, 미국의 손에 있는 핵무기의 세력 균형은 여전히 압도적이었다. 하지만 소련은 여전히 큰 위험을 감수할 뜻이 있었다.

만약 소련의 입장이 미국과 다르다면, 혹은 소련이 밀어붙이고 찔러보고 위험을 감수하는 행위를 중단할 수 없다면, 이는 소련의 외교정책이 공격적이고 팽창주의적이기 때문이다. 공산주의 이념은 영토 확장의 도구 그 이상이었다. 이는 소련이 영토를 팽창하도록 만드는 감독자 노릇을 했다. 만약 시간이 지나도 공산주의 사상이 약화되지 않거나, 혹은 공산주의 사상이 레닌의 협소한 계율에서 벗어나지 못한다면, 공산주의자와 서방국가 사이에는 절대로 진정한 평화가 있을 수 없을 것이다. 서구인들은 실용적이고 자유분방한 관점을 갖고 있지만 공산주의의 독단적 현실을 종종 이해하지 못했다.

한반도에서 미국의 행동에 반대하기로 마음먹은 소련은 만약 소련군이 미군과 대치해 직접 충돌이 일어나면 양국 정부가 원하고 원치 않고는 관계없이 필연적으로 전면전으로 발전할 것이라고 보았다. 하지만 서방국가들은 소련의 위성국가 국민들이 소련 무기를 보유하는 것을 받아들였다. 따라서 비록 위성국가의 국민들끼리 내부 유혈사태에 휘말리더라도 미국은 공산주의의 권력 중심과의 간접적인 전쟁을 암묵적으로 받아들여왔다. 이를 북한 사람 대신에 또 다른 공산주의자인 중국인으로 대체하더라도 보잘것없는 게임의 규칙을 실질적으로 바꾸지 못했다. 또한 중국은 북한과 국경을 맞대고 있기 때문에 전쟁에 개입하더라도 어느 정도 도의적 명분을 세울 수 있었다.

체면도, 북한도 모두 지키고 싶은 공산주의 지도자들은 만약 새로운 군대가 한국에 몰려 들어가더라도 이것이 주요 강대국들과 직접 대결하는 것으로 보이지만 않는다면 한국전쟁은 여전히 한반도 내의 제한된 분쟁으로 남을 수 있다고 보았다.

그렇게 된다면 이들은 여전히 승산이 있다고 생각했다.

중공은 전쟁을 치를 준비가 되어 있고 전쟁을 갈망한다는 점 또한 중요했다.

새로 권력을 쥔 중국 공산주의자들은 거대한 혁명에 항상 수반되는 역동적인 퓨리터니즘(청교도주의)puritanism[97]을 동력으로 삼았다. 중공은

---

97 퓨리터니즘(청교도주의): 교리를 따르지 않는 행동에 대해 가혹한 처벌, 엄격한 훈련, 그리고 비도덕적이라고 여겨지는 것에 대한 통제 등을 특징으로 하는 17세기에 두드러졌던 가치와 신념의 한 체계.

1793년의 프랑스처럼 자신을 둘러싼 '악마'들과 싸우고 싶어했을 뿐 아니라 그 싸움이 필요했다. 넓은 지역에 걸쳐 있는 중화제국의 수많은 인구를 통합해 지배하기까지는 여전히 갈 길이 멀었다. 다른 것으로는 불가능하지만 통제되고 제한된 전쟁은 이러한 지배를 강화할 수 있었다.

수많은 중국인들이 공산주의에 대한 열정이 부족했을 수도 있었지만, 중국인들은 서방국가들을 못마땅하게 여기는 불만스런 감정과 열정적인 국가적 자부심을 모두 가지고 있었다. 외국인들은 이 두 열정을 지나치게 자주 간과했다.

미 연방의 북부 주州들이 남부 주들을 점령하고 재건했던 사실을 간과하듯이, 서방국가들은 지난 수백 년 동안 반복적으로 고대 중국 문화가 굴욕을 받아온 것을 무시했다.

하지만 미 남부도 중화제국도 이 사실들을 잊지 않고 있었다. 자부심이 강하고 오래된 민족인 중국인들은 외세의 지배를 기꺼이 받아들이려 하지 않았다. 이들은 외국군을 받아들여 자국 영토에 주둔하게 하거나, 중국의 상업을 통제하게 한 적이 단 한 번도 없었다. 중국의 분노를 진압하기 위해 외세가 보낸 군함과 싸울 수 없었을 때 중국인들은 그저 감정을 삭이고 다시 중화제국이 강대국으로 떠오르는 날이 올 때까지 기다릴 뿐이었다.

심지어 공산주의를 혐오한 중국인들조차도 오랫동안 무기력했던 중화제국이 다시 일어설 수만 있다면 열광할 것이라는 것을 베이징의 중공 지도부는 잘 알고 있었다.

만약 중공이 서방국가들과 싸워 이들을 물리치거나 동등하게 싸울 수 있다면, 수 세대 동안 중국의 그 어느 지배자도 이루지 못한 명성을 얻게 될 터였다.

미국이 한국에 개입하자 중공 역시 그 필연적인 결과를 잘 이해했다. 무엇보다도 중공은 인민군의 중심 전력을 제공했으며 미군의 약점을 잘 알고 있었다. 9월 초, 대만의 중화민국을 상대로 전개되어 있던 중공군은 남부에서부터 산맥을 따라 압록강까지 긴 행군을 시작했다. 인민군이 초기에 승리를 거듭하자 중공 지도부도 크게 놀랐으며, 이 때문에 북한에 대한 중공의 신뢰는 강화되었다.

만약 '미 제국주의자'들이 북으로 들어온다면, 중공은 엄청난 충격을 받을 것이 분명했다.

1950년 10월 1일, 마오쩌둥毛澤東은 공개적으로 다음과 같이 선언했다.

중국 인민은 외세의 침략을 용인하지 않을 것이며, 만약 제국주의자들이 이웃 영토를 오만방자하게 침공한다면 이를 좌시하지 않을 것이다.

중공은 미국과 수교관계가 전혀 없었지만, 10월 3일에 키가 작고 심각한 얼굴을 한 저우언라이周恩來는 주중 인도 대사인 사르다르 K. M. 파니카Sardar K. M. Panikkar 대사를 자신의 집무실로 불렀다. 외교부장인 저우언라이가 파니카에게 통보했다. "만약 미국 혹은 유엔군이 38선을 넘는다면, 중화인민공화국은 조선민주주의인민공화국을 지원하기 위해 파병할 것이다. 하지만 만약 한국군이 단독으로 38선을 넘는다면 파병을 하지는 않겠다."

파니카 대사는 깊은 인상을 받았다. 그는 당장 본국에 전화를 했으며, 파니카 대사의 전언을 받은 인도 정부는 이를 뉴욕의 유엔본부와 워싱턴의 미 정부에 모두 전했다. 주 유엔 인도 대표부는 유엔군이 38선 이남에 머물러야 한다고 자국 정부가 생각한다고 발표했다.

미 정부는 맥아더 원수가 있는 도쿄의 극동사령부에 이 사실을 통보하는 것 외에는 별다른 조치를 취하지 않았다.

그러는 동안 중공 관리들은 베이징에 나와 있는 몇 안 되는 서방국가 대표부들에게 몇 가지 직접적인 암시를 보냈다. 이들의 관점은 모두 미 정부에 보고되었으며, 이는 다시 극동사령부로 전달되었다.

10월 10일, 베이징 라디오 방송은 중공의 의도를 방송했는데 이는 저우언라이가 앞서 말한 것과 정확히 일치했다.

* * *

10월 14일, 도쿄의 극동사령부 정보참모부장인 찰스 윌로우비Charles Willoughby 소장은 소련이나 중공이 한국에 개입할 것인지를 상세히 연구하라는 지시를 내렸다. 소련이나 중공의 개입 여부는 극동사령부 정보참모부가 오랫동안 관심을 가진 사안 중 하나로, 이미 수많은 보고서와 분석 및 추정 자료가 작성되어 있었다. 두 가지 해석이 가능한 수많은 증거들이 존재했다.

증거란 평가가 이루어지지 않는다면 아무 의미가 없다. 그리고 언제나 평가는 수집보다 어려운 법이다.

10월 14일, 윌로우비 소장은 어떤 경우든 소련이 개입해도 군사적 이점이 전혀 없으며, 이런 개입은 무시해도 상관없다는 의견을 내놨다. 그런 다음 중공이 무엇을 할지 의문을 제기했는데, 이것이 진짜 문제였다.

중공은 압록강 북쪽의 만주에 최소한 9개 야전군 아래 38개 사단이 주둔 중이었다. 이들 중 24개 사단은 국경을 따라 배치되어 한반도에 개입할 수 있었다. 추산되는 중공군 전력은 꽤 정확했다.

하지만 10월 14일의 극동사령부는 북한에 있는 유엔군이 최종 승리에 매우 근접했음을 알고 있었다. 인민군은 붕괴되어 잔적만 남았다. 한국군은 동해안의 주요 항구인 원산을 점령했고, 극동사령부는 중공군이 이득을 얻을 수 있는 개입 시점은 이미 지나갔다는 판단을 확고히 하고 있었다. 북한의 핵심 지역 대부분은 이미 유엔군이 점령한 지 오래였다.

윌로우비의 분석에 따르면, 북한은 이미 군을 재건하는 데 실패했으며, 이는 중공군과 소련군이 명분을 잃은 상태에서 추가로 북한을 지원하지 않을 것임을 암시했다. 윌로우비의 관점은 두말할 필요 없이 상관인 맥아더의 관점을 반영한 것이었다. 윌로우비가 작성한 정보 분석 내용은 다음과 같은 흥미로운 사실을 보여준다.

만약 미군이 38선을 넘을 경우 북한에 진입하겠다고 몇 차례 경고한 최근
중공 지도부의 성명은 아마도 외교적 협박의 일환으로 보인다. 만약 중공
이 북한에 진입하기로 결정한다면, 이는 집단지도체제의 권한을 벗어난
것이다. 이는 최고위층이 내린 전쟁 결정이다.

맥아더에게 헌신적인 윌로우비는 미 육군에서 언제나 인기가 없었다.
게다가 윌로우비의 분석은 틀렸기 때문에 폭풍이 그의 머리 위에 불어
닥치는 순간이 곧 다가오게 된다.

하지만 윌로우비가 공식적으로 발표한 극동사령부의 견해에 미국 정
부가 이의를 제기하지 않았다는 점을 결코 간과해서는 안 된다. 윌로우비
소장이 말했듯이 설령 중공이 북한에 진입하기로 결정하더라도 이는 집
단지도체제의 권한을 벗어난 것이었다. 극동사령부는 기껏해야 정보를
수집하는 기관이지 국제 정책의 사안들을 평가하는 기관이 아니었다. 만
일 미 정부가 극동사령부에 정보를 수집하고 결정까지 내리도록 했다면
이후에 발생하는 모든 책임은 미 정부가 져야 했다.

미 정부는 그때나 그 이후에나 소련의 크레믈린 안에 정보통이 없었다.
공산주의가 아시아 지역을 석권한 후 미 중앙정보부^{CIA}가 한심할 정도
로 정보 수집에 허점을 보인 게 사실이다. 중공과 소련의 큰 그림이 흐릿
하고, 왜곡되었으며, 서방국가들에서 논란의 여지가 있던 것도 사실이다.
그럼에도 불구하고 정치적으로 최고위급과 접촉해 정보를 평가할 책임
은 미 정부에 있었다.

하지만 불안했던 1950년 가을 내내 미 정부는 정보를 도쿄의 극동사령
부로 계속해서 전달했다. 그리고 극동사령부는 이미 맥아더가 말했듯이
일찍부터 결론을 내려놓고 있었다. "중공은 감히 개입하지 못할 것이다."

미 정부는 군인들이 군의 범위를 넘어서는 결정을 내리고 그에 따라
행동하도록 허용했고, 군으로 하여금 본질적으로 정치적인 사안에 순전
히 군사적 사고를 개입시키도록 만들었다. 요약하면, 워싱턴은 때로는 전

쟁과 정치가 분명하게 나뉘는 것처럼 여전히 행동했다. 승리의 달콤함에 취해 의기양양해진 미국은 대참사를 향해 달려가고 있었다.

제18장

꿈의 나라에서

●

> 중공군이 대규모로 투입되었다고 가정할 필요가 없다.
> 이유야 어쨌든 텍사스에는 멕시코 사람들이 많이 산다.
>
> — 1950년 11월, 미 8군 사령관 월튼 워커 중장

1950년 10월이 끝나갈 무렵 세계의 지붕에서 북한에 있는 산맥으로 불어내리는 바람이 건조하고 차가워졌지만, 미군과 한국군은 꾸준히 북쪽으로 진격했다. 유엔군은 목표와 이동 상황을 낱낱이 세상에 알렸고, 종군기자들은 유엔군의 모든 세부 사항, 부대 구성, 분 단위 위치까지 충실히 보도했다. 유엔군은 이처럼 대대적으로 선전하면서 마치 경주하듯 압록강을 향해 나아갔다. 전쟁 아닌 전쟁이 계속되었지만, 사람들은 전쟁이 거의 끝났다는 데 동의했다. 심지어 병사들까지도 맥아더의 웨이크 섬 성명을 읽었다. 모두들 크리스마스 때는 집은 아니더라도 적어도 일본에는 있으리라고 기대했다.

그러나 유엔군의 쾌속질주의 이면에는 그리고 빛나는 성명 뒤에는 논란과 혼란이 있었다.

9월에 미 8군이 한강에 도달하자, 워커 중장은 미 10군단의 장래를 걱정하기 시작했다. 10군단은 인천상륙작전을 지휘하려고 만들어진 부대였다. 워커는 지금까지는 10군단이 연합군 최고사령부에 별도로 보고하는 체계를 유지했지만, 이제는 8군 휘하로 들어와야 한다고 생각했다. 워커는 이런 생각을 참모들에게 밝혔지만, 맥아더가 있는 최고사령부에는 공식 문서로 제기하지 않았다.

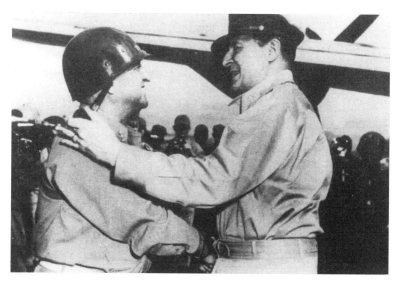

"수뇌부 회동." 1950년. 대화 중인 더글러스 맥아더 원수(오른쪽)와 월튼 워커 중장(왼쪽).

그러나 워커의 희망과는 상관없이 9월 26일에 맥아더가 10군단을 최고사령부의 예비로 전환해 최고사령부가 직접 지휘하는 임무를 맡을 준비를 할 것이라며 워커의 희망을 깨뜨렸다. 10군단이 맡을 임무는 적절한 때가 되면 워커도 알게 될 것이었다.

맥아더는 10군단을 8군에 예속시키는 대신에 도쿄에 있는 자신이 10군단을 직접 지휘해 한국의 동쪽 해안에서 활용하기로 결심했다. 10군단은 북한의 주요 항구인 원산을 목표로 배에 올랐다. 한국 육군은 육로로 진격해서 원산을 공격했다. 이어서 10군단은 우울해 보이는 협곡 사이로 압록강이 흐르고 만주와 시베리아의 연해주가 맞닿는 먼 북쪽의 국경지대까지 올라갔다.

현장에서는 유엔군사령부가 둘로 쪼개지는 것 아니냐는 논란이 있었지만, 아무 결정도 내려지지 않았다. 슐리펜 원수Alfred Graf von Schlieffen[98]는 이

---

98 알프레트 그라프 폰 슐리펜(1833~1913): 1896년부터 1906년까지 독일제국육군참모총장.

렇게 기술했다. "군대를 나누기보다는 땅을 양보하는 것이 훨씬 낫다." 그러나 맥아더는 서쪽의 8군, 그리고 동쪽의 10군단으로 각각 나뉘어 전진하는 유엔군을 조정할 수 있다고 생각했다. 한국에서 워커가 하는 것보다 도쿄에서 자신이 더 잘 지휘할 수 있다고 생각했다. 맥아더의 논리는 매우 단순하게도 한국의 지형에 근거를 두었다.

서울과 원산을 잇는 추가령구조곡楸哥嶺構造谷 북쪽에서 한국을 동서로 가로지르는 교통로는 평양과 원산을 잇는 도로와 철도 하나뿐이다. 이 선 북쪽으로는 태백산맥이 아찔하게 높이 솟아 있다. 북에서 남으로 달리는 태백산맥은 바위투성이인 산마루들과 넓고도 어두운 골짜기들을 가로지르는데, 이런 지형 때문에 한국인들도 다니지 않아 길 없는 황무지로 버려졌다. 압록강에 닿을 때까지 동쪽과 서쪽을 잇는 길은 없다.

북으로 진격하는 유일한 경로는 동·서 해안의 골짜기 안에 있다. 주력 부대인 서부의 워커와 동부의 알몬드는 전진해야 하며 이 둘이 다시 만날 연결 지점은 압록강뿐이었다.

한국 중동부의 무시무시한 산맥들 때문에 이 두 주력 부대 사이에 접촉이 있다고 해도 이는 매우 미약했다. 출동대기기지인 일본은 이 두 주력 부대를 지원했다.

전투서열이 어찌 되었든 10군단과 8군은 살아남아 전진하고, 사실상 고립된 채 적과 싸워야 했다. 지휘권이 누구에게 주어졌든 북한의 험준한 산맥은 그대로였다.

압록강으로 전진하는 유엔군 사이에 산맥 때문에 최대 100킬로미터까지 벌어지는 간극이 생기자, 미 합동참모본부와 전 세계 군사전문가들이 우려의 눈길로 이를 바라보았다. 그러나 이는 전혀 문제가 되지 않았다. 이미 한국에 들어온 중공군은 작전계획에서 이 간극을 이용하지 않았는데, 이는 사실상 통과가 불가능한 지형이었기 때문이다.

8군과 10군단 사이의 간극보다 더 중요한 것은 유엔군의 기동 대형이었다. 북으로 올라갈수록 도로가 없었다. 유엔군은 계곡을 따라 난 1차선

인민군 잔적 부대
압록강
장진호
부전호
운산
용산동
안주
한국군 2군단
함흥
흥남
순천
미 8군
원산
평양
인민군 잔적 부대
압록강으로 진격하는 미 8군과 10군단
1950년 10월 20~24일
10월 20일 유엔군 전선
10월 24일 유엔군 진지
인민군 잔적 고립 지역
1인치 = 35마일(2.54cm = 56km)

* CCF: 중공군, NK: 인민군, ROK: 한국군

흙길을 이용해 전진할 수밖에 없었다. 인접한 부대들 간의 전투지경선이나 피아를 가르는 확실한 전선 같은 것은 존재하지 않았다. 항상 그 자리에 있는 봉우리들 때문에 연대와 대대의 각 부대는 사실상 고립된 채 생활하고 이동했다. 알몬드 소장이 말한 것처럼 유엔군이 압록강에 다가갈수록 사단들은 철저하게 한 줄로 길게 늘어섰다.

유엔군의 이런 행동은 제약이 심한 지형과 맞설 적이 없다는 점을 감안한 것이었다. 무엇보다도 유엔군에 재앙을 불러온 것은 북한의 지형과 정보의 완전한 실패였다. 북으로 진격하면서 유엔군은 온 세상에 유엔군의 구성, 작전계획, 심지어 작전계획 시행 시간까지 떠벌렸다.

중공군은 힘들이지 않고 유엔군에 대한 모든 것을 알았다.

반대로 유엔군은 중공군이 있는지도 몰랐다. 알았을 때는 너무 늦었다.

인간이 셀 수 있는 시간보다 더 오랜 세대에 걸쳐 중국의 군인들은 학자나 문인에 비해 지위가 많이 낮았다. 그만큼 오랫동안 중국은 전쟁에서 이기는 법도 몰랐다. 중국 군대는 100년 넘게 전투 기술도, 전투 수단도, 그리고 전투 의지도 없다며 경멸받는 존재였다.

중국은 연달아 전쟁에 지면서 굴욕을 겪었다. 일본과 서구 열강은 중국에서 자기들 좋을 대로 원하는 것을 가져갔다.

1927년 8월 1일에 만들어진 중국공산당은 장제스의 국민당을 상대로 전쟁을 시작했다. 이날은 중공군 깃발에 공산군 창립일로 여전히 기록되어 있다.[99]

수십 년 동안 전쟁이 중국을 휩쓸었다. 1934년에 국민당 군대가 공산당 군대를 포위하자, 10만 명쯤 되는 공산당 군대는 남쪽의 장시성江西省에서 북부 내륙의 산시성陝西省의 옌안延安까지 퇴각했다. 이것은 역사상 유례없는 힘든 행군이었다.

1년 뒤, 린뱌오林彪 장군의 지휘를 받아 9,600킬로미터를 가로지르는 동안 산맥 18개, 하천 24개, 그리고 성省 12개를 통과하며 살아남은 공산당군 2만 명이 옌안에서 다른 공산당군과 합류했다.

린뱌오의 부대는 하루 평균 약 40킬로미터를 걸어서 이동했다.

국민당 군대와 세계의 눈이 닿지 않는 산시성에서 중국 공산주의자들은 권력 기반을 재건하기 시작했다. 중국공산당은 국민당 군대를 대상으로 게릴라 전쟁을 시작했다.

그때까지 전투로 단련된 군인들, 무엇보다도 중국이 다시 강대국이 되기 원하는 사람들, 그리고 마르크스주의를 성취하는 것이 유일한 희망인 이들이 중국공산당을 이끌었다.

광대한 중국은 여전히 봉건적이었다. 외국인들이 중국 동부 해안의 몇 개 도시에서 자본주의를 시행한 것을 빼고는 중국에서는 진정한 자본주

---

99 1927년 8월 1일, 중국공산당은 국민당의 반공정책에 대항하여 장시 성 난창(南昌)에서 무장 봉기를 일으켰으나 실패했다. 중국공산당은 이날을 건군절로 기념한다. 인민해방군 깃발과 표지에는 8월 1일을 기념하는 八一이 새겨져 있다.

의가 시행된 적이 없었다. 5000년 전에 만들어진 중국 문화는 변함없이 그대로였다.

새로운 공산당군 지휘관들은 중국이 세계에서 다시 강대국이 되려면 옛 중국의 문화를 철저히 무너뜨려야 한다는 것을 분명히 이해했다. 그들은 정교하고 용감하고 훌륭한 솜씨로 회색 그림자처럼 전 중국에 쌓인 수 세기 동안의 부패한 전통을 부수기 시작했다.

중일전쟁 때 중국 공산주의자들의 목적은 일본을 몰아내는 것이 아니라 살아남는 것이었다. 일본이 떠난 뒤 중국 북부에는 공산당군 60만 명이 굳건히 뿌리를 내리고 있었다. 이제 중국공산당은 본격적으로 국민당과의 대결뿐 아니라 소농의 마음을 얻기 위해 싸우기 시작했다. 처음부터 중국 공산주의자들은 거의 대부분의 중국인이 소농이며 오직 소농만이 정치적인 중요성을 갖는다는 것을 알았다.

2년 동안 계속된 전쟁에서 중국공산당은 전쟁의 승리뿐 아니라 소농의 마음을 얻는 데도 성공했다. 공산당이 원한 것은 농부들의 정의가 아니라 중국의 생활 구조를 전복시키는 것이라는 걸 농부들은 너무 늦게 깨달았다.

중국공산당이 해온 것에 대한 대중적 도덕성은 공산주의자들이 중국을 강대국으로 만들 수 있는지의 관점에서 판단할 수 있을 것이다. 이는 오직 미래에만 판단이 가능하다. 만일 중국공산당이 실패하면 역사는 이들이 중국에 엄청난 고통을 끼쳤다고 비난할 것이다. 소련의 역사가 표트르 대제pyotr I를 영웅으로 보거나, 프랑스인들이나 아일랜드인들이 노골적인 폭력과 정치적 살인에 의존했던 프랑스 혁명가들과 신 페인Sinn Fein[100]을 호의적으로 바라보듯이, 중국공산당이 성공하면 중국인들의 역사는 선대 공산주의자들을 영웅으로 볼 것이다.

---

100 신 페인: 아일랜드어로 '우리 자신'을 뜻하는 좌파 정당으로, 영국에 대항해 무장 투쟁을 주장했다.

* * *

1950년 6월, 린뱌오[101]가 지휘하는 중공군 4야전군 60만 명이 만일의 사태에 준비를 하고 북한 국경 쪽으로 향했다. 여름과 초가을에 다른 야전군들도 뒤를 따랐다.

10월 13일 또는 14일에 미군이 개성에서 38선을 넘은 직후 4야전군 예하 부대들은 압록강을 넘어 남쪽으로 내려가기 시작했다.

중공군에서 '군army'은 대략 미군의 군단에 해당하며 중공군 1개 군에는 약 1만 명으로 이루어진 3개 사단이 있었다. 중공군 39군과 40군은 만주의 단둥丹東에서 신의주로, 38군과 42군은 지안集安에서 만포진으로 각각 넘어왔다. 린뱌오는 이들 4개 군 위에 13병단 사령부를 두었다. 이들을 지원하는 포병과 기병연대도 뒤이어 압록강을 건넜다.

미 8군 앞에 중공군 3개 군이 전개했다. 또 다른 중공군 1개 군은 동쪽의 장진호 정면에 자리를 잡았다.

10월 15일 맥아더 원수와 트루먼 대통령이 웨이크 섬에서 만나 회담하고 있을 때, 전쟁으로 단련된 중공군 12만 명이 이미 북한에 들어와 있었다.

열흘 뒤, 중공군 2개 군이 압록강을 건너오면서 린뱌오의 전방 부대에는 6개 사단이 추가되었다. 미 8군 책임지역에는 중공군 5개 군이 있었고 동쪽의 미 10군단 지역에는 중공군 1개 군이 있었다.

10월과 11월 내내 중공군은 매일 밤 압록강을 건너 강 남쪽의 깊은 산으로 이동했다.

9개 사단으로 이루어진 3야전군의 9병단이 산둥성山東省에서 기차를 타

---

101 저자 페렌바크는 인민지원군 사령관을 린뱌오로 적었으나, 실제는 펑더화이였다. 마오쩌둥은 인민지원군 사령관으로 린뱌오를 낙점하고, 1950년 9월에 그를 베이징으로 불러 의견을 들었다. 그 자리에서 린뱌오는 미군이 중국을 침공하지 않는 이상 예방적인 출병은 무리라고 반대했으며, 건강 문제를 들며 우회적으로 사령관직을 고사했다. 이에 따라 마오쩌둥은 당시 서북군구 사령관인 펑더화이를 인민지원군 사령관으로 임명했다. 이러한 사실이 잘 알려지지 않았던 관계로 1970년대 이전에 발간된 책들에는 린뱌오가 사령관으로 적혀 있다.

고 중국 북쪽으로 올라왔다. 9병단에는 12만 명에 달하는 3개 사단이 추가로 증원되었다. 9병단은 산을 타고 장진호 지역으로 이동했다.

1950년 11월 중순에는 대략 18만의 중공군이 미 8군 앞에서 대기하고 있었고, 10군단의 측면에 있는 장진호를 둘러싼 산악 지역에는 중공군 12만 명이 도사리고 있었다. 중공군 부사령관 펑더화이彭德懷는 묵덴Mukden이라고도 불리는 만주에 있는 셴양沈陽에서 중공군을 지휘하고 통제했다.

한국에서 벌어지는 전쟁에 '인민지원군'이 개입할 것이라고 중공이 온 세상에 방송하는 동안 중공군 지휘관들은 예하 부대에 대한 통제를 늦추지 않았다. 추위가 내려앉은 한국의 계곡마다 운집한 중공군 병력 30만 명이 만일 자신들이 자원병이라는 말을 들었다면 이는 상당한 뉴스였을 것이다. 추운 한국에 계곡에 모여 있는 30만의 중공군 병력은 당이 발표한 자원병이 아니었다.[102] 중공군 병력 중 대부분은 대체 자신들이 기다리고 있는 곳이 어디인지도 몰랐다.

린뱌오와 중공군 주요 지휘관들은 그저 소농 출신으로 지휘관까지 올라간 것이 아니었다. 중공군 장군들 중 대다수는 황푸군관학교 또는 소련 군사학교를 졸업했다. 이들은 클라우제비츠와 조미니Antoine-Henri Jomini를 연구했고 미국 육군사관생도 못지않게 칸나이 전투Battle of Cannae와 탄넨베르크Battle of Tannenberg 전투를 철저히 연구했다. 무엇보다도 이들은 성인이 된 뒤로는 거의 대부분의 시간을 전쟁에 몸담았다. 그러나 이들은 전장에서 서구 장군들이 하듯이 행동하지 않았다. 이들이 지휘한 것은 서구 군대가 아니었기 때문이다.

1927년부터 1946년까지 홍군紅軍으로도 불렸던 중공군은 강인했으며 전투로 단련되어 있었다. 그러나 이들은 글자를 읽고 쓸 줄 몰랐다. 무전

---

102 인민지원군의 장교와 병사 대부분은 정규군인 인민해방군 출신이었으나 신생 공산국가였던 중화인민공화국(중공)은 유엔군과 공식적으로 전쟁한다는 인상을 피하기 위해 인민지원군이 모두 자원병인 것처럼 꾸몄고 직제와 편제 또한 인민해방군과 다르게 사용했다.

기는 아예 없었고 전화기도 많지 않았다. 공군은 없었고 대규모 포병도 없었다. 차량을 이용한 수송은 취약했다. 중공군의 무기는 미국제, 일본제, 소련제가 뒤섞여 있었다. 유럽이나 서구 군대가 전쟁에 필요로 했던 것들을 중공군은 거의 가지고 있지 않았다.

그러나 중공군은 유럽이 아니라 아시아에서 전투를 했다. 펑더화이, 린뱌오, 쑹스룬朱時輪은 적의 강점을 평가절하하며 자신들의 강점을 이용하는 방식으로 중공군을 운용할 것을 제안했다.

중공군에게는 세 가지 어마어마한 이점이 있었다. 첫째, 그들은 광대한 중국 땅에서 전쟁을 하며 정신이 단련되었기 때문에 전선에 구애받지 않고 본능적으로 유연하게 기동할 줄 알았다. 둘째, 소농으로 이루어진 병력은 배짱이 두둑하고 튼튼한 다리를 가졌다. 이들은 먹을 것을 아주 적게 가지고도 장거리를 행군할 수 있었다. 셋째, 미군은 중공군이 있다는 것을 전혀 알지 못했다.

많은 이들은 1950년 10월부터 11월 사이에 중공군이 대규모로 들어와 있었지만 미군 정보부가 이를 받아들이려 하지 않았다는 것을 믿기 어려워한다. 여기에는 이유가 있다. 맥아더도 정보참모부장인 윌로우비도 중공군이 대규모로 개입하리라고는 생각지 않았다. 이 둘은 중공이 여러 차례 날린 위협을 그저 외교적 협박으로 보았다. 중공군이 한국에 있다는 모든 증거는 이 둘이 미리 만들어버린 믿음에 가로막혔다. 부하 장교들이 맥아더의 생각에 반하는 것은 쉽지 않았다.

더 중요한 것은 누구든지 간에 중공군이 한국에 있다는 구체적인 증거를 제시하지 못했다는 점이다. 미군은 대규모 군대가 항공 관측에 나타나지 않고 압록강을 넘어 한국으로 들어온다는 것은 믿을 수 없다고 보았다. 미군 항공기들은 매일 북한 상공을 날아다녔지만 관측된 것은 없었다.

무엇보다 맥아더는 압록강으로 진격하는 작전계획을 세우면서 만일 중공군이 개입하면 공군력으로 격멸할 수 있으리라고 믿었다. 이 신념이 그의 사고를 지배했고, 그는 이미 여러 차례 이를 표현한 바 있다. 맥아더는 이런 확고한 믿음을 바탕으로 전쟁 전체를 준비했다. 맥아더는 린뱌오가 이미 알던 것, 즉 험한 지형에서 공산군을 상대할 때 공군력이 중요하기는 하지만 결정적이지는 않다는 것을 너무 늦게 알게 된다.

단둥에서 거의 500킬로미터 떨어진 북한 내 집결지까지 중공군이 행군했다는 것은 많은 것을 설명한다. 어둠이 내리고 21시가 될 무렵 중공군은 행군을 시작했다. 중국인들이 그랬듯이 중공군도 노래를 부르거나 흥얼대면서 18일 동안 밤마다 남쪽으로 터벅터벅 걸었다.

매일 밤 21시에서 다음날 새벽 3시 사이에 중공군은 보통 28킬로미터씩 걸었다.

날이 밝으면 사람이든, 무기든, 동물이든 모두 시야에서 사라졌다. 낮이면 중공군은 깊은 계곡에서, 울창한 숲에서, 외로운 고원에 옹기종기 모인 보잘것없는 마을에서 쉬었다. 오직 소수의 정찰부대만이 낮에 앞으로 나아가 야간 행군지를 정찰하고 다음날 숙영할 곳을 물색하느라 움직였다. 항공기 소리가 들리면 모두 길에서 꼼짝하지 않은 채 항공기 소리가 사라지기만을 기다렸다.

숙영지에서는 누구도 어떤 이유에서든 모습을 드러내지 않았다. 군기는 엄정하고 완벽했다. 어떤 이유에서건 지시를 어기면 누구라도 총살당했다.

유엔군 항공기들이 중공군 위로 수백 번을 날아다녔지만 한 번도 의심스러운 것을 볼 수 없었던 것은 기묘함과 배짱뿐만 아니라 숙영에서 중공군이 보여준 완벽한 군기 덕분이었다. 항공사진에는 아무것도 드러나지 않았다.

이것은 그리스 시대에 페르시아Persia에서 바다를 향해 행군한 크세노폰Xenophon의 중장重裝보병이나, 카이사르의 로마군단이 했을 법한 특징이다. 로마 시대 교범에 따르면, 로마군단은 낮에 5시간 동안 32킬로미터를 행군했다.

차량에 익숙해진 서구의 현대식 군대 중 누가 이렇게 할 수 있을지 의문이다. 크세노폰과 카이사르를 아는 서구의 장군들조차도 그것을 믿지 않았다.

미군은 반쯤은 업신여기는 눈초리로 '찾기 어려운' 린뱌오와 '시인' 마오쩌둥에 대해 말했다. 중공의 주석인 마오쩌둥은 이미 전 세계에 중공군이 어떻게 활동하는지를 드러내 보였다. 중공군은 유리할 때는 싸우고, 상황이 불리하면 알맞은 때를 기다리며 장소를 옮겨 다녔다. 마오쩌둥의 전술은 유익했고 아시아에서 벌어지는 전쟁에 매우 실용적이었다. 서구에서는 군사용어를 쓰는 것이 일반적인 데 반해, 마오쩌둥은 시처럼 글을 썼기 때문에 야심 있는 학생군사교육단 2년차 후보생 정도라도 마오쩌둥을 진지하게 인용하려 하지 않았다.

1950년 11월 이후로 많은 사람들은 단어 뒤에 있는 생각이 생각을 표현하는 문장보다 훨씬 중요하다는 것을 마지못해 배우게 된다. 세계의 모든 지도자들이 중국 공산주의자들이 남긴 기록을 읽는 날이 온다면 중공이 참전했던 이 전쟁은 미국의 생각한 것처럼 시대착오적이지 않았다는 것을 알게 될 것이다. 이 전쟁은 지상에서 벌어질 모든 미래 전쟁의 전형이었다.

1950년 11월, 어떤 군대는 대형을 드러낸 채 모든 이동 상황을 큰 소리로 세상에 알려가면서 도깨비 같은 적을 향해 나아갔다. 반면, 내내 보였다가도 보이지 않고 안개가 가린 달 아래서 행군한 중공군은 마치 귀신 같았다. 다가오는 유엔군 앞에서는 산속으로 미끄러지듯 사라져 잠복한 채 자신들에게 유리한 때를 기다렸다.

중공군이 준비되자, '찾기 어려운' 린뱌오는 미군이 자신을 찾도록 내버려둔다.

* * *

1950년 10월 25일, 한국군 1사단은 운산 인근에서 특이한 포로를 잡았다. 이 포로는 한국어도 일본어도 할 줄 몰랐다. 그는 중국 북부의 방언으로만 목청 높여 이야기했다. 평양에 있는 미 8군 전방 사령부로 이송된 포로를 고위 정보장교가 신문했다. 며칠 동안 같은 종류의 포로들이 더 붙잡혔다.

추수감사절이 다가오자 중공군으로 식별된 포로가 거의 100명이나 붙잡혔다. 그러나 이들에 대한 신문 결과는 이상하리만큼 만족스럽지 못했다.

한참 뒤에야 미군은 포로들 중 여러 명으로부터 이상한 것을 발견했다. 어떤 포로는 일부러 잡혀서 갈피를 잡을 수 없는 이야기를 의도적으로 흘렸다. 이들은 자신의 소속을 헷갈리게 말했다. 미국은 포로들의 소속을 실제 소속인 군이 아니라 연대로 보았다.

포로를 두고도 그랬지만, 포로가 잡힌 경로를 두고도 상당한 혼란이 있었다. 이는 적 사이에서도 어느 정도 혼란이 있었음을 보여준다. 미군 정보참모부는 만주 출신의 중국인들로 이루어진 작은 무리들이 북한군을 증원한다는 것을 받아들이기 시작했다. 그러나 중공이 전쟁에 개입할 리 없다고 철석같이 믿는 극동사령부 앞에서는 미 8군도 미 10군단도 압록강 남쪽에 중공군 부대들이 대규모로 있다고 공개적으로 주장하지 못했다.

중공군은 기복이 심한 땅으로 마치 유령처럼 살짝 들어와 이제는 살금살금 기다시피 남쪽으로 이동하고 해가 뜨면 숨었다. 린뱌오는 의도적으로 여기저기서 혼란스럽게 부대들을 뽑았지만, 이들 부대 중 어느 하나도 뚜렷하게 눈에 띄거나 정체가 드러나지 않았다. 중공군은 병사들에게 의도적으로 잘못된 전투서열을 교육했기 때문에 포로로 잡힌 중공군 병사들은 이상한 이야기를 할 수밖에 없었다. 미군과 중공군은 의외의 장소에서 충돌했는데, 이는 분명 중공군이 타격하려 한 곳으로부터 미군의 관심을 돌려놓기 위한 것이었다.

그러다가 10월 말이 되어 미군이 너무 빠르게 진격한다는 판단이 든 린뱌오는 아직 준비가 끝나지는 않았지만 중공군이 1차 공세라고 부르는 공세를 시작했다.

무장은 보잘것없었지만 실전에서 단련된 중공군 정예 병력은 청천강 교두보에서 북동쪽으로 진격하던 미 1기병사단을 공격했다. 미 1기병사단은 중공군의 집결지 방향으로 진격하고 있었다. 중공군은 미 1기병사단 오른쪽에 있는 한국군 6사단 쪽으로 대규모 병력을 이동시켰다.

운산 동쪽에서 한국군 6사단이 무너졌다. 11월 1일, 중공군은 미 8기병연대 3대대를 대상으로 미리 주의 깊게 준비한 덫을 펼쳤다. 3대대는 포위되었고 후방으로는 도로가 차단되었다. 중공군은 백병전을 펼치며 3대대 지휘소를 밀어붙였고, 미군은 10명의 장교와 200명의 병사만이 탈출했다. 미 8기병연대는 600명이 넘는 병력을 잃었다. 미 1기병사단 오른쪽에 있던 한국군 2군단의 손실은 어마어마했다.

청천강을 따라 강력한 저항에 부딪힌 미 5기병연대는 강 건너편의 교두보를 지키기 위해 치열하게 싸워야만 했다.

동쪽에서는 미 10군단도 중공군의 공격을 받았다. 개마고원으로 나아가던 미 1해병사단도 치열한 교전에 휘말렸다.

치열한 전투들이 여러 날 펼쳐졌다. 중공군은 갑자기 나타났다가 접촉을 끊고 마치 장막을 두른 듯한 산속으로 사라졌다. '1차 공세'는 성공적이었다. 미군과 중공군 사이의 첫 접촉은 뚜렷한 결론도 없고 갈피를 잡을 수도 없었다. 이런 첫 접촉이 무엇을 뜻하는지 아는 사람도 없었다.

중공군의 참전이 분명히 확인되자, 깜짝 놀란 미 8군 사령관 워커 중장은 한 줄로 늘어선 예하 사단들이 극도로 취약하다는 것을 깨달았다. 미 2사단과 미 25사단은 남쪽을 향하고 있었는데 선두의 지원 범위 바깥에 있었다. 미 24사단은 한국의 북서쪽 먼 모퉁이로 이미 들어가버렸다. 이곳은 압록강 하구에 가까웠다. 만일 중공군이 청천강 교두보 가까이에 있는 해안 쪽 도로를 차단하면 미 24사단은 유엔군 본대에서 끊어질 수 있었다. 한국군 7연대는 이미 운산 북쪽의 압록강에 있었다. 그러나 중공군은 국경에서 남쪽으로 80킬로미터쯤 내려온 산악에서 미 8군 측면으로 끓어넘치는 물처럼 밀려왔다.

워커는 전진을 멈추라고 명령했고, 그 사이 미 8군은 전투태세를 강화했다. 미 24사단과 한국군 7연대는 청천강 남쪽으로 돌아오라는 명령을 받았다. 미 1기병사단이 청천강 교두보를 지키는 동안 미 24사단은 어려움 없이 돌아왔다. 보다 많이 노출되었던 한국군은 돌아오는 길에 사나운 날씨를 만났다.

한국군은 후퇴하면서 병력 500명 이상을 잃었지만, 이승만 대통령을 위해 압록강 물을 수통에 담아왔다.

워커는 미 2사단에게 전선을 따라서 북쪽으로 이동하라고 명령했다. 워커는 군수에 어려움을 겪고 있었다. 미 육군 전체는 군수 보급을 해주는 기지들보다 북쪽 멀리에 있었고 지형도 험했다.

도쿄의 연합군사령부는 왜 전진을 멈추느냐며 워커의 목을 졸랐지만, 공세를 계속하기 전에 전투태세를 강화하고 보급을 강화하는 것에 마지못해 동의했다.

동쪽에서 중공군이 펼친 파쇄공격은 별로 성공적이지는 못했다. 장진호 쪽으로 고통스럽게 진격하던 미 해병대는 스스로의 판단에 따라 진격을 늦추었다. 알몬드 소장은 해병대가 천천히 진격하는 것이 불만이었다. 그러나 스미스 소장과 휘하 3명의 연대장인 머레이 대령, 리첸버그Litzenberg 대령, 그리고 풀러Puller 대령은 미 해병대가 진격하는 목적을 매우 미심쩍게 바라보았다.

겨울이 일찍 찾아왔다. 벌써 11월 둘째 주에 시베리아에서 불어오는 영하의 바람이 몰아쳤다. 날씨는 혹독했다. 1,000미터가 넘는 고지들 사이로 난 불분명한 길로 행군하느라 해병대는 한 줄로 길게 늘어서서 취약해졌다. 중공군과 조우하지 않았어도 문제는 이미 충분히 많았다. 미 육군과 마찬가지로 미 해병대도 북한에서 주로 도로를 이용해 이동했다.

11월 동안 북동쪽 먼 모퉁이에서만 진격이 가능했다. 중공군이 없는 이곳에서 한국군과 미 7사단은 패주하는 인민군을 쫓아 압록강을 향해 나아갔다.

날카롭게 공격하다가 사라져버린 중공군은 한국의 전장에서 유엔군사령부를 혼란에 빠뜨렸다. 미 8군 참모들은 8군 오른쪽에 있는 산맥에 무엇이 숨어 있을지 크게 의심하기 시작했다. 미 1해병사단은 장진호 북쪽에서 무엇이 기다리고 있는지 의문을 가졌다. 그러나 날이 갈수록 중공군의 행동은 더 모호했다.

산맥들 위로 실시한 항공정찰로는 예전처럼 아무것도 드러나지 않았다. 높은 봉우리들 사이로 공세적인 지상정찰부대들을 대규모로 밀어넣었다면 깊은 계곡과 외딴 마을에 도사리고 있는 대규모 중공군 2개 집단군 본대를 찾아낼 수도 있었겠지만, 유엔군은 이런 행동은 결코 시도하지 않았다.

이런 끔찍한 지형에서 정찰은 위험했다. 지상정찰은 차량의 지원을 받을 수 없었다. 차량이 갈 수 없는 곳에는 대규모 미군도 없었다. 위장군기僞裝軍紀를 완벽히 지키는 대규모 군대가 이렇게 지형이 험악한 매우 작은 지역에서 기다린 채 숨어 있었다.

11월 내내 미 8군과 미 10군단 참모들의 공식적 입장과는 상관없이 이들 사이에는 걱정과 서로에 대한 비난, 그리고 논쟁이 이어졌다. 10군단 참모장인 러프너Ruffner 장군은 극동사령부 정보참모부장인 윌로우비 장군에게 한국군, 미 8군, 그리고 미 10군단이 식별한 여러 중공군 부대들 때문에 점점 더 걱정이 많아지고 있다고 말했다. 윌로우비는 완편 된 중공군 사단들은 한국에 없으며 한국에 있는 것은 이런 사단들의 일부 예하 부대들뿐이라고 주장했다.

한번은 극동사령부 참모장 직무대행인 도일 히키Doyle Hickey 장군과 윌로우비 장군이 원산에 있는 알몬드 소장의 10군단 사령부를 방문했다. 포로 신문 보고를 들은 뒤 히키가 윌로우비를 돌아보며 말했다.

"알몬드 장군의 말처럼 만일 이들이 중공군으로 드러나면…."

알몬드가 소리를 높였다. "중공군으로 드러나면이라니요. 이들은 중공군입니다!"

월로우비는 이들의 분노를 가라앉히려고 애썼다. 월로우비는 소수의 중공군 자원병만 한국에 있으며 한국에서 식별된 중공군 사단의 예하 1개 대대씩만 실제로 국경을 넘은 것 같다고 말했다.

알몬드가 퉁명스럽게 물었다. "8군의 8기병연대에는 무슨 일이 일어난 겁니까?"

미 8기병연대가 적절하게 경계하지 못해서 작지만 맹렬한 공격에 당한 것이라는 게 월로우비의 의견이었다.

그러나 11월이 지나면서 극동사령부는 한국에 중공군이 들어와 있다는 결론에 점점 더 다다랐다. 중공군은 4만에서 7만 명 사이로 짐작되었다. 중공 정부의 주장처럼 이들이 자원병이든 아니든 한국에 있는 중공군이 무엇을 하는지는 여전히 커다란 의문이었다.

세 가지 가능성이 나왔다.

1. 이들은 제한적으로 북한군을 돕기 위해 압록강 남쪽의 기지를 점령했다.
2. 이들은 한국에 들어와 무력시위를 벌임으로써 유엔군이 압록강 남쪽에서 멈추도록 엄포를 놓으려 한다.
3. 최악의 경우에 이들은 중공군 주력이 한국에 들어오는 것을 가리는 차장遮障부대[103]이다.

극동사령부에도 8군 사령부와 10군단 사령부에도 중공군이 이미 대규모로 한국에 들어와 있다고 말하는 사람은 아무도 없었다.

11월이 지나가고 중공군의 활동이 다시 사라지자, 미군의 두려움과 의심은 점차 사라졌다. 시간이 갈수록 극동사령부 정보장교들은 중공군의 행동이 제한적이며 유엔군의 최후 승리를 늦추려는 엄포에 지나지 않았

---

103 차장부대: 현행 작전을 적의 방해 활동이나 관측으로부터 보호하기 위해 아군과 적 사이에서 활동하는 부대. 통상 기계화부대로 구성된다.

다는 결론을 내렸다. 맥아더와 윌로우비는 중공군의 위협이 정치적인 협박이라는 확신을 결코 버리지 않았다. 자신감을 잃은 미 8군에 중공군이 미치는 영향은 당연히 결정적이었다.

《타임Time》지는 한국에서 중공군이 벌이는 활동은 당시 뉴욕의 레이크 석세스Lake Success[104]에 있던 유엔이 공산당이 장악한 중국을 승인하도록 만들려는 정치적인 협박일 수도 있다는 기사를 11월호에 실었다. 중국공산당 대표단은 미국이 북한에서 '제국주의적' 정책을 펼친다고 항의하기 위해 이미 모스크바를 경유해 레이크 석세스로 향하고 있었다.

미국 정부는 그들이 어떤 정보를 가졌든 간섭하지 않았다. 일반적으로 전쟁은 장군들에게 맡겨놓는 것이 최선이다. 그러나 미국은 장군들에게 맡겨놓기에는 국제정치가 너무도 중요하다는 교훈을 그때까지도 배우지 못했다. 미국은 중공이 개입했다는 정치적인 증거를 많이 가지고 있었지만, 아시아에서 약세였던 중앙정보국과 행정부 모두 맥아더의 견해에 동의했다. 적어도 이 둘은 맥아더가 옳다고 보는 대로 밀고 나갈 수 있도록 용인한 셈이다.

미 8군은 청천강을 따라서 전선을 강화했다. 미 8군의 보급 상황이 좋아졌다. 미 5해병연대와 7해병연대는 장진호 남쪽과 서쪽으로 움직였다. 유엔군의 왼쪽 주력과 오른쪽 주력 모두 만주에서 남쪽으로 80킬로미터 떨어진 곳에 있었다. 언뜻 보기에 이제 남은 것이라고는 얼마 안 되는 작은 땅에서 적을 콕 집어내는 것뿐이었다. 압록강에 도착했거나 압록강 남쪽으로 몇 킬로미터밖에 떨어지지 않은 곳에 도달한 유엔군은 탄탄한 방어선을 형성하고 어떤 어려움이 있더라도 한국 전체를 지킬 수 있었다.

결정을 내린 맥아더는 북한 전체에 걸쳐 불완전하게 유엔군을 전개했다. 맥아더는 가만히 있을 수 없다는 것을 알았다. 맥아더는 유엔군 병력

---

104 레이크 석세스: 뉴욕 주 롱아일랜드 북서쪽의 마을로, 1946년부터 1951년까지 유엔 본부가 있던 곳이다.

이 겨울에 철저히 대비하도록 했다. 중공군의 계획은 한국을 영원히 고름이 나오는 상처로 만들어 수십만의 미 지상군을 무기한 묶어두는 것일 수 있었다. 세상에서 가장 추운 곳에 이미 본격적인 겨울이 시작됨에 따라 중공군은 후퇴하거나 공격하는 것 중 하나를 택해야 했다. 중공군은 공격을 택했다.

추수감사절 다음날인 11월 24일, 맥아더는 공세 재개를 명령했다. 일본에서 한국으로 날아온 맥아더는 유엔군에게 이 전쟁은 거의 승리한 것이나 다름없으며 최후의 공격을 끝내고 크리스마스가 오기 전에 집에 가게 될 것이라고 장담했다. 실제로 한국에 투입된 미군 사단들 중 일부를 유럽 전구戰區로 재배치하는 계획이 나오고 있었다.

미군은 혹독한 땅에서 승리에 도취한 채 추수감사절 음식을 들었다. 전술적 상황에 따라 달랐지만, 그들은 이 황량한 나라에 엄청난 노력을 들여 공수해온 칠면조와 전통 추수감사절 음식을 먹었다.

사기는 높았다. 마지막 공세를 즐겨서가 아니라 모두들 곧 집에 가게 될 것이라고 믿었기 때문이었다.

맥아더가 마법의 단어인 '집'을 말하자, 미군은 절대적으로 맥아더를 믿었다. 한국에 들어온 중공군이 펼친 1차 공세가 남긴 냉혹한 증거를 눈으로 본 참모들과 지휘관들조차도 꽤나 자신 있어 했다. 그도 그럴 것이 중공군은 거의 3주 동안 코빼기도 보이지 않았기 때문이다.

새로운 공세가 시작되면서 맥아더가 내놓은 메시지와 공식 발표보다 맥아더의 마음 상태를 더 잘 드러내는 것은 없었다. 맥아더는 미 합동참모본부에 다음과 같은 전문을 보냈다.

"나는 한국에서 활동하는 데 제한이 없는 나의 공군력을 이용하여… 북한에서 나에게 맞선 인민군이 파멸하는 것을 막기 위해 다수의 증원 병력이 압록강을 건너 들어오는 것을 허용하지 않을 것이다."

11월 24일 맥아더는 다음과 같은 성명을 발표했다.

"북한에서 활동하는 중공군을 대규모로 압박해 포위하는 유엔군은 이제 결정적인 노력을 향해 나아가고 있다. 포위 공격을 완성한 공군은 지난 3주 동안 공격을 지속하여 북쪽에서 넘어오는 적의 보급선을 성공적으로 차단했다. 따라서 북쪽에서 들어오는 추가적인 증원 병력이 뚜렷하게 줄어들고 핵심 보급품들이 눈에 띄게 제한되었다. 이 공격은 협조와 성과에서 모범적이었다."

맥아더는 유엔에 이런 전문도 보냈다.

"유엔군의 대규모 포위 공격은 오늘 예정에 따라 이루어졌습니다. 공군은 매번 빠짐없이 참여하여 후방지역을 완벽하게 차단했고, 적진 너머와 국경인 압록강 전체를 따라 항공정찰을 하는데 적대적인 군사활동 징후가 거의 보이지 않습니다."

맥아더가 절대적으로 공군에 의존한 것은 분명하다. 맥아더 휘하의 지상군이 어떤 약점을 가졌든, 어떤 어려움을 겪든, 또는 위치가 노출되었든 간에 제공권을 완벽하게 장악한 유엔군은 완전했고, 여기서 공군의 존재는 결정적이었다. 이것은 전형적인 미국식 시각이었다.

그러나 맥아더와 그의 참모들은 앞으로 중공군에 대해 많은 것을 배우게 된다.

* * *

장막 같은 산악에 둘러싸인 린뱌오는 미군에 대해 거의 모든 것을 알았다. 린뱌오는 미군의 힘을 무시하지 않았다. 린뱌오는 미 육군의 강점을 알았고, 중공군 장교들은 이런 미군의 강점을 '인민지원군'에 배포된 안내 책자를 읽고 알았다.

"박격포와 전차의 협동작전은 중요한 요소이다. … 미군의 화기는 매우 강력하다. … 미군 포병은 매우 적극적이다. … 우리의 수송을 공중에서 기총소사하고 폭격하는 항공기는 매우 큰 위협이다. … 미군의 수송 시스템은 훌륭하다. 미군의 보병 사격율은 대단하다. 그리고 장거리 사격율은 더 대단하다."

중공군 정보 당국은 미군들이 장비를 가지고 있으며 이를 잘 다룬다는 것을 알았다.

"운산 전투 경험의 주된 결론"이라는 제목의 소책자는 장비 뒤에 있는 미군에 대해 다음과 같이 언급했다.

"… 후방이 차단되자 미군은 중화기를 모두 포기했다. … 미군 보병은 약하고 죽음을 두려워하며 공격하거나 방어할 용기가 없다. 미군 보병은 언제나 항공기, 전차, 포병에 의존한다. … 미군 보병은 낮에 치르는 전투에 특화되어 있다. 야간전투나 백병전에는 익숙하지 않다. 미군은 패배하면 질서 정연한 대형을 갖추지 못한다. 박격포를 사용하지 않으면 미군은 완패한다. … 미군은 멍한 채 완전히 사기가 꺾인다. 미군은 후방이 차단될까 걱정한다. 수송대가 멈추면 미군 보병은 싸울 의지를 잃는다."

중공군은 미군의 항공기, 전차, 그리고 포병과 자신들이 승부가 날 때까지 싸울 수 없다는 것을 알았기 때문에 자신들이 생각하는 미군의 약점에 맞춰 작전계획을 수립했다. 중공군은 미군의 후방으로 들어가 퇴로와 보급로를 차단하고 미군의 전면과 후면을 모두 압박하면서 타작하듯 공격하는 계획을 세웠다. 중공군은 하치-시키Hachi-Shiki라고 부르는 V자 대형을 사용했다. 이는 유엔군을 향해 양익을 벌려 전진해 포위하는 동안 다른 부대가 유엔군의 후방으로 파고들어서 포위된 부대를 구하려는 증원군과 교전하는 전술이었다. 간단하지만 지형이 끔찍하게 험한 한국에 잘 맞았다. 그리고 이 전술은 중공군이 가진 유일한 통신 수단인 조명탄 그리고 나팔 신호와 연계할 수 있었다.

"주 목표로서 부대들 중 하나는 신속하게 적을 우회하여 후방을 차단해야 한다. … 적 전차와 포병이 아군의 작전을 방해하지 못하도록 하기 위해 잘 닦인 길과 평지는 공격로로서 피해야 한다. 산악에서 야간전투는 확실한 계획을 세워야 하며 소대들 사이의 연결이 잘 이루어져야 한다. 소수의 선두 정찰부대들이 공격하고 나팔을 불어 신호를 보내면 대규모 병력이 종대로 뒤를 따른다."

이러한 지시를 들은 중공군 병사들은 잘 먹고, 잘 입고, 건장했다. 이들은 솜을 누빈 흰색, 겨자색 또는 푸른색 상의를 입었고, 다수는 털이 들어간 방한화를 신었다. 중공군 병사들은 강인했다. 이들은 자기가 속한 전선을 떠나는 것을 두려워하지 않았다. 산을 넘고 계곡을 통과할 때에도 보급품과 식량, 심지어 박격포탄도 직접 지고 다녔다. 중공군 병사들의 마음은 광대하고 거침없이 펼쳐진 중국의 풍경에 영향을 받았다. 바다에서는 모든 위치가 상대적이듯 중공군은 유엔군이 앞에 있든 뒤에 있든 개의치 않고 마치 바다인 양 땅을 헤치고 다녔다.

중공군은 용감했고 죽을 때까지 명령에 따랐다.

그러나 중공군은 글을 모르는 소농 출신들이었다. 그들은 신식 군대에 요구되는 과학적 장비를 거의 보유하지 못했다. 무전기와 전차는 전혀 없었고 포도 거의 없었다. 설령 가졌다 해도 사용에 서툴렀다. 중공군은 기계화된 보급체계가 전혀 없었으며 장비나 물자를 대규모로 비축하지도 못했다. 식량과 탄약은 등에 져서 날라야만 했다.

중공군은 어디로든 움직일 수 있었지만, 이동 속도는 걸음보다 빠를 수 없었다. 변화하는 상황에 맞추어 신속하게 전환할 수 없었고 돌파구를 이용해 전과를 즉각 확대할 수도 없었다.

공개된 탁 트인 전장이었다면 미군은 중공군을 살육하다시피 무너뜨릴 수도 있었을 것이다. 유럽의 전장에서 또는 북아프리카 사막에서라면 중공군은 기계화된 군대의 무기와 우세한 화력에 목숨을 잃었을 것이다. 그러나 주도권을 잡은 린뱌오의 중공군은 공개된 전장에서 서구 군대와 교전할 생각이 없었다.

중공군은 자신들의 방법으로 자신들의 산악에서 싸우게 된다. 그리고 20세기 들어 가장 결정적인 패배를 미군에게 안긴다.

제19장
군우리
●

저런, 저런, 내 말을 들으세요.
내가 군우리 전투를 말하는 동안
우리는 내빼고—
우리는 계속 움직입니다.
– 〈도망병 부기|Bougout Boogie〉, 부르지 말도록 지시했지만 미 2보병사단 병사들 사이에서 불렸던 노래

서해에서 북서쪽으로 50킬로미터쯤 떨어진 청천강은 넓고 얕다. 청천강 남쪽에 있는 군우리는 황량한 마을이다. 어떤 지도에는 '군모리'라고도 표기되어 있다. 군우리는 길과 길이 만나는 곳이다. 순천에서 시작해 북쪽으로 달리는 도로는 희천에서 신안주까지 비스듬하게 남서쪽으로 이어진 도로와 군우리에서 만난다. 청천강 하구에 있는 신안주에서는 서해안을 끼고 북쪽으로 달리는 도로가 희천에서 남서쪽으로 달리는 길과 이어진다.

군우리 동쪽에는 안개 낀 하늘 아래 사람을 두렵게 만드는 높은 산맥이 솟아 있다. 그 때문에 희천으로는 사실상 뚫고 들어갈 수가 없다. 역시 동쪽으로 길을 따라서 강 양쪽으로 미 2사단이 군우리부터 구장동과 신흥동까지 분산해 있었다. 미 2사단의 오른쪽에는 한국군 2군단의 6사단과 8사단이 전개해 있었다. 미 2사단의 서쪽에는 미 25사단 예하 연대들이 있었다. 전반적으로 전선은 희천과 험악한 산들이 있는 북서쪽을 바라보며 형성되었다.

동쪽을 바라보는 미 2사단 예하 연대들의 뒤로 간신히 찾아낸 얼마 안

되는 평지에는 포병이 화력 지원 진지를 구축했다. 구장동 가까이에 있는 이곳은 완전히 노출된 평지였다.

대대들과 중대들은 청천강을 따라 기이하게 배치되어 있었다. 한국은 현대화되고 기계화된 군대에 적합한 나라는 아니었다. 한국의 봉우리들은 높지는 않았지만 끝이 없었다. 옆으로 빠지는 길은 없었고 지휘소, 의무지원시설 또는 다른 근무지원부대들이 자리 잡을 평지는 어디에도 없었다. 봉우리들은 사방으로 뻗으면서 서로 이어져 있어 관측과 청음을 방해했다.

산들로 분리된 지형이기 때문에 어떤 부대는 다른 부대와 너무 가깝게 있었고, 반대로 어떤 부대는 지원하는 부대가 보이지도 들리지도 않는 곳에 있었다. 유선통신망이 닿지 않는 때도 많았다. 오래된 무전기는 제대로 작동하지 않았다. 미 2사단 예하 부대들은 서로 간의 거리가 몇 백 미터에서 몇 킬로미터였지만 단절된 상태에서 이동하고 전투하며 거의 완전한 고립을 걱정했다.

이런 언덕과 봉우리들을 걷거나 넘어본 적이 없는 사람은 미 2사단에 대체 무슨 일이 벌어졌는지를 결코 제대로 이해할 수 없을 것이다. 끝도 없이 이어진 능선에서 미 2사단은 1950년 추수감사절 다음날 전투를 치렀고 각개격파당했다.

이후 5일 동안 미 2사단의 전투부대와 지원부대 모두는 위험, 공포, 죽음, 그리고 파괴의 순간을 맛보게 된다. 사단의 모든 구성원이 고통을 받았지만, 어떤 사람들은 더 심한 고통을 겪었다. 중대와 소대마다 겪은 고통은 그 자체로 소설 같은 이야기였다.

쓰라린 경험은 몇 개만 잠깐 살펴보는 것으로도 충분할 것이다.

2보병사단이 고지에 있었다네.

빌어먹을 되놈들이 죽일 준비를 하는 것을 보면서….

만주
압록강
장진호
유담리 ←부전호
하갈우리
고토리
미 10군단
희천
청천강
한국군 2군단
운산
함흥
흥남
US 24 ROK 1 US 25 덕천
신안주 안주 군우리
US 1 Cav
순천
미 8군
원산
평양

중공군의 나팔소리
1950년 11월 25~26일
⸺ 중공군 밀집지역
1인치 = 36마일(2.54cm = 58km)

　미 9보병연대 G중대장 프랭크 무뇨즈 대위는 사단이 청천강을 건너 공격한다는 것을 알았다. 하지만 무뇨즈는 강 건너에 적군이 공격할 준비를 갖추고 기다린다는 것은 전혀 몰랐다.

　전쟁이 시작되고 90일 내내 미 육군이 저질렀던 실수는 전혀 고쳐지지 않았다. 제대로 훈련을 받지 못한 병사들이 여전히 있었다. 교대된 병사들은 남한이든 북한이든 한국이라는 땅에 올 마음이 없었다. 기존에 전투를 치른 병사들은 매우 힘들게 교훈을 얻었지만, 이들 중 많은 수가 이미 한국을 떠났다. 소총중대들을 해체했거나 교체했고 교체 병력은 처음 한국으로 파병된 병력과 같다는 점은 달라지지 않았다.

　지난 몇 주 사이에 전투가 잦아들고 전쟁이 끝날 것이라고들 믿으면서 부내에서 어렵게 쌓아온 규율도 약화되었다. 병사들은 철모가 전투모보다 무겁고 불편하다면서 벗어던졌다. 9보병 연대원들 대부분은 총검을 쓰겠냐며 옆으로 치워버렸다. 수류탄을 휴대하는 병사는 거의 없었다. 탄약을 많이 들고 다니지도 않았다. 참호를 팔 도구도 거의 없었고 식량도 충분치 않았다. 빌어먹을 고지에서는 가볍게 다니는 게 최고였다.

병사들 대부분은 담배꽁초를 묻기 위해 가로, 세로 1미터의 참호를 파거나 석탄통을 문질러 하얗게 만드는 허튼짓을 군기와 동일시했기 때문에 육군은 이 관습을 폐기했으며 병사들도 이를 받아들였다. 살아남은 사람들은 무겁지만 탄창과 수통을 가득 채우고, 자기보다 훨씬 현명한 이들이 지급한 모든 장비를 휴대하는 것이 군기라는 것을 다시 배워야 했다.

G중대에서 롱 중사처럼 무뇨즈가 신뢰하는 부하들이 그들의 의지를 실천하기 위해 일하고 있었다. 이것은 끝도 없고 보상도 없는 일이었다.

그러나 올리브색 바지, 덧입는 솜바지, 야전상의, 파카, 전투화와 덧씌우는 덧신, 그리고 극한지 침낭이 지급된 G중대는 피복 사정이 좋았다. 식량 사정도 아직까지는 좋았다. 가혹한 날씨로 인한 진정한 어려움은 아직 겪지 않았다.

무뇨즈는 전술 상황에 대해서는 거의 아는 것이 없었다. 그는 중공군이 들어왔다는 것은 알았다. '중공군과 싸워야만 하겠군. 중공군을 압록강까지 밀어낼 것이고 다시 들어오지 못하게 선을 긋겠지.' 이게 무뇨즈의 생각이었다.

무뇨즈는 G중대 앞에 있는 중공군이 겨우 차장부대쯤이라고 생각했다. 이 점에 관해서는 2사단 정보참모인 포스터 중령도 마찬가지 생각이었다.

11월 25일 밤, 미 9연대 전선이 무너지기 시작했지만 무뇨즈와 중대원들은 이 사실을 몰랐다. B중대는 크게 타격을 받았다. K중대와 L중대는 사실상 전멸했다. 밤을 틈타 중공군은 자연히 만들어진 회랑을 이용해 미 2사단 지역으로 쏟아져 들어와 사단의 후방을 노렸다. 중공군은 어둠 속에서 아무 저항이 없는 곳으로 밀려와서 때로는 은밀하게 미군 부대를 타격했으며, 사방에서 매타작을 하듯 공격했다. 어느 부대는 대량 인명피해를 입으며 충격에 빠졌고, 어떤 부대는 무너졌다.

총소리는 들렸지만 통신이 되지 않아 연대장들도 무슨 일이 벌어졌는지를 알 수 없었다.

11월 26일 새벽, 미 9연대는 강 때문에 따로 떨어진 2대대를 제외하고 궤멸 직전이었다. 미 23연대와 미 38연대도 책임지역에서 치열하게 교전 중이었다. 그리고 9연대 2대대의 차례가 다가오고 있었다.

밀물같이 돌진한 중공군은 강 옆을 따라 솟아오른 높은 봉우리들에 진지를 구축한 G중대와 F중대를 보지 못하고 지나쳤다. 새벽은 맑고 추웠다. 날이 밝으면서 미군과 중공군이 접촉했다. 운 좋게 G중대가 중공군을 먼저 보았다.

G중대 3소대를 이끄는 윌리엄 롱 중사는 어슴푸레한 겨울 햇빛 사이로 3대대의 K중대와 L중대가 있어야 할 곳에서 병력 한 무리가 작은 개울을 따라 노출된 채 걸어오는 것을 먼저 보았다. 이 무리는 개활지에서 은폐도 하지 않은 채 움직였기 때문에 롱과 3소대원들은 이들이 당연히 미군이라 생각하고 무시했다.

전쟁터에서 터득한 노련한 군인의 육감이 경고하는 대로 롱은 다가오는 병력을 주시했다. 이들이 300미터 안쪽으로 다가오자 롱이 갑자기 소리쳤다. "되놈이다. 되놈이야!"

소총과 브라우닝 자동소총을 쥐고 있던 소대원들은 예기치 않은 방문객들을 신속하게 겨누었다. 롱은 적이 200미터 이내로 들어올 때까지 기다렸다. 그는 겨누고 있던 카빈 소총을 사격하기 시작했다.

다가오던 적의 거의 절반이 첫 사격에 쓰러졌다. 나머지는 개울 바닥의 바위 뒤로 뛰어가 몸을 숨기거나 반쯤 얼어붙은 논으로 뛰어들었다. 가까이 작은 마을이 있었다. 몇몇은 마을로 뛰어가 초가집들 사이에서 숨을 곳을 찾았다.

곧이어 격렬한 교전이 시작되었다.

무뇨즈는 고지를 따라 한참 멀리 있는 F중대의 캐버노Kavanaugh 중위에게 전령을 보내서 중공군을 측면에서 공격하라고 했다.

캐버노는 지원된 전차들 중 1대를 마을로 내보냈다. 전차포가 발사되자 적어도 중공군 10명이 그 자리에서 죽었다. 나머지는 손을 들고 항복했다.

반면 롱 중사는 매복한 중공군 주변으로 소대를 이끌고 가 후방에서 타격했다. 짧고 격렬한 교전이 있은 뒤 롱은 중공군 대형을 전멸시켰다. 70여 명이 죽고 20명이 포로로 잡혔다.

무뇨즈 대위와 롱 중사는 중공군의 시신을 주의 깊게 살펴보았다. 무뇨즈나 롱이나 중공군을 보기는 처음이었다. 시신들은 깨끗했으며 단단한 근육질처럼 보였다. 중공군은 저마다 개인 축성 도구, 담요, 추가 탄약으로 이루어진 꾸러미를 가지고 있었다. 무기는 미국제, 일본제, 러시아제 등으로 다양했고, 방망이형 수류탄이 많았다. 일부는 냄비와 전투식량인 쌀을 대량으로 지니고 있었다.

중공군은 밤새 전선의 미군 중대들이 모두 전멸했다고 생각했기 때문에 마치 소풍 가듯 덫 속으로 들어왔던 것이다.

무뇨즈와 롱은 쉽게 거둔 승리를 축하할 틈도 없었다. 부상당하고 탈진한 K중대와 L중대의 생존자들이 뿔뿔이 흩어졌으며 연대 정면에서 무슨 일이 벌어졌는지 알게 된 9연대장 슬로안 대령은 남아 있는 중대들을 청천강 동쪽에서 서쪽으로 이동시켜 상태가 온전한 2대대를 보강했다. 슬로안은 2대대를 포함해 예하의 모든 부대들을 청천강이 흘러가는 서쪽으로 약 3.2킬로미터에 걸쳐 진지를 구축하도록 명령했다.

미 9보병연대는 강 서쪽에 방어선을 만들었다. 건너편에는 미 23보병연대가 강의 동쪽 둑을 맡았다.

이날은 이동하느라 금세 지나갔다. 그러나 특별히 중요한 전투는 없었다. 사단 책임지역 다른 곳에서 무슨 일이 일어나는지는 아무도 몰랐다.

어둠이 내리고 오래지 않아 북쪽으로부터 강력한 중공군 대형이 미 23연대 방어선으로 갑자기 들이닥쳤다. 연대 지휘소가 점령당했고, 본부중대는 뿔뿔이 흩어졌다. 미 23연대 2대대와 3대대는 강을 따라 수백 미터를 후퇴한 다음에야 정신을 차릴 수 있었다.

이 상황을 안 슬로안 대령은 중공군이 청천강을 동쪽에서 도섭해서 F 중대와 G중대를 후방에서 칠 수 있다는 것을 즉각 깨달았다. 슬로안은 2 대대장인 바베리스Barberis 소령에게 전화해 대대를 23연대가 있던 강 동쪽으로 이동시키라고 지시했다.

청천강은 깊지 않았지만 유속은 빨랐다. 슬로안은 바베리스에게 대대원을 가용한 차량에 태워 강을 건너라고 명령했다.

바베리스 소령은 이 명령을 F중대와 G중대에 전달했다. 이 두 중대는 강 서쪽에서 550미터쯤 떨어진 고지에 진지를 유지하고 있었다. F중대는 진지를 떠나 강 쪽으로 내려왔지만, G중대는 진지에 남았고 화기중대인 H중대는 문제가 발생할 때 지원할 수 있도록 방열한 박격포를 그대로 유지했다.

바로 그 순간, 세 방면에서 G중대 방어선을 향해 총구에서 불이 뿜어져나왔다. 어두워서 아무것도 보이지 않았지만 중공군 척후병들은 G중대 진지에서 50미터도 안 되는 곳까지 기어온 것이 분명했다.

무뇨즈는 사주방어四周防禦가 가능하도록 중대를 배치해두었다. 1소대는 청천강을 마주했고, 2소대는 북쪽을 바라보면서 언덕 높은 곳에 있었다. 롱 중사가 이끄는 3소대는 2소대 오른쪽에 있었다. 조금 낮은 곳으로 90 미터쯤 떨어진 곳에는 E중대 소속 1개 소대가 G중대의 서쪽 측면을 담당했다.

첫 포격은 중대 왼쪽의 E중대 소속 소대 지역에 떨어졌다. 이윽고 포격은 고지를 둘러싼 중대 방어선 전체로 튀었다. 강과 가까운 F중대에서 불꽃과 총성이 들려왔다. F중대도 공격을 받고 있었다. 중공군은 G중대의 거점들을 속속들이 아는 것 같았다.

그러더니 이상한 나팔소리가 울리기 시작했다. 미군을 고착한 중공군은 서로 이야기를 나누고 있었다. 추운 밤바람을 타고 들려오는 귀를 찢는 소리에 G중대원들은 인상을 찡그렸다. 2소대장인 대니 헤르난데즈Danny Hernandez 소위가 무뇨즈가 서 있는 곳으로 달려왔다.

"중대장님, 사방에 중공군입니다!"

키가 작고 피부가 검은 무뇨즈가 침착하게 헤르난데스에게 말했다. "무슨 일인지 보자."

갑자기 빨간 신호탄이 서쪽에서 능선 너머로 높이 솟아올랐다.

최대한 침착하게 무뇨즈가 말했다. "이런, 적이 오는군!"

무뇨즈의 말이 맞았다. 중공군이 완벽하게 계획되고 상호 협조된 공격을 G중대 고지에 벌이고 있었다. 고지 전사면은 불이 번쩍였고 사격 소리로 뒤덮였다.

"공격당하고 있다고 대대에 알려줘." 무뇨즈가 말했다. 그러나 무전병은 더 이상 대대와 연락이 닿지 않았다. 강 건너에 있던 G중대는 통신 거리 밖에 있었다.

사격이 일시적으로 잦아들었다. 무뇨즈는 헤이우드Haywood 중위가 지휘하는 전차들이 있는 곳으로 가 그중 1대에 올라탔다. 전차에 실린 무전기를 이용해 연대와 교신한 무뇨즈 대위는 슬로안 대령이 짧게나마 즐기던 마음의 평화를 무너뜨렸다.

중공군은 능선으로 57밀리 박격포를 가져와 G중대의 위치로 발사했다. 강력하게 돌진하는 중공군은 고지의 낮은 쪽을 뚫고 들어왔고, 1소대와 E중대 소대의 허점을 파고들었다. 이리저리 뒤엉킨 난장판에서 미군 2개 소대가 사라졌다.

G중대 뒤쪽은 이제 무방비 상태였다.

반면 G중대 2소대와 3소대는 아직까지 교전하지 않고 있었다. 정상에 있으면서 2소대와 3소대는 다른 소대 지역에서 들리는 소란을 보고 들을 수 있었다. 그러나 무슨 일이 벌어지는지는 알 수 없었다.

롱이 이끄는 3소대로 달려오던 병사들이 소리쳤다. "미군이다. 미군이다. 쏘지 마라. 미군이다."

롱은 흩어진 다른 소대원들이 고지 정상에 있는 병력에 합류하려는 한다고 생각했다. 롱이 고함쳤다. "쏘지 마! 쏘지 마!"

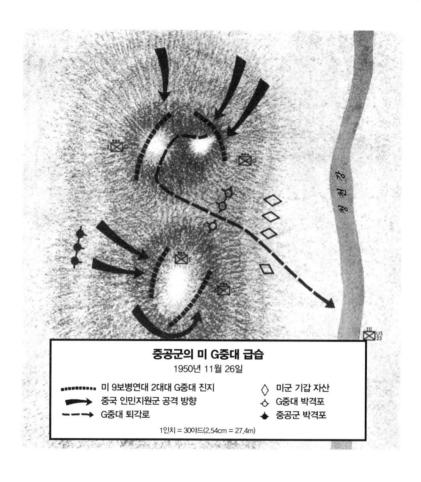

중공군의 미 G중대 급습

1950년 11월 26일

▪▪▪▪▪▪▪▪ 미 9보병연대 2대대 G중대 진지	◇ 미군 기갑 자산
➡ 중국 인민지원군 공격 방향	⬠ G중대 박격포
▬ ▬ ➤ G중대 퇴각로	◆ 중공군 박격포

1인치 = 300야드(2.54cm = 27.4m)

사정이 어찌되었든 3소대원들은 총을 쏠 수 없었다. 어둠 속에서 사격하기에는 거리가 너무 멀어 아무것도 볼 수 없었다. 그러나 이상하게 롱은 쏘지 말라고 소리치는 소리 속에서 이해할 수 없는 중국어가 들린다고 생각했다.

롱이 온 신경을 모아 어둠을 응시하는 동안 나팔이 "타타타— 타타타" 날카롭게 울렸다. 호루라기도 울렸다.

3소대원 중 하나가 비명을 질렀다. "보인다. 보여. 여기 적이 온다."

소대원들은 롱에게 아무 말도 하지 않았지만 롱 또한 중공군이 다가오는 것을 볼 수 있었다. 중공군은 등을 숙여 중심을 경사면에 낮게 붙인 채 언덕들을 타고 넘으며 어둠을 뚫고 조용히 다가왔다.

롱과 3소대원들이 사격을 시작했다. 그 순간 수류탄 여러 발이 롱의 개인호에서 폭발했다. 강한 압력을 받으면서 롱은 무뇨즈 대위가 했던 말을 떠올렸다. 무뇨즈는 심각한 문제가 생기면 2소대에 합류하라고 했다. 2소대 지역은 최후 방어를 하기가 보다 나았기 때문이다.

롱이 소리를 높여 지휘하는 가운데 3소대원들은 능선을 따라 왼편으로 달려가 헤르난데즈 소위가 지휘하는 2소대 쪽으로 향했다. 2소대에 합류하자마자 기관총 1정에서 발사된 총알들이 3소대 방어선을 찢듯이 쏟아지면서 롱의 부하 여러 명을 쓰러뜨렸다.

이제 무뇨즈의 G중대원 중 남은 병력이 한곳에 모였다. 중공군은 여전히 다가왔다. 중공군은 어둠 속에서 파도처럼 세 번에 걸쳐 들이쳐서 마치 망치로 부수듯 소총과 기관단총, 그리고 수류탄으로 G중대를 무너뜨렸다. 남아 있는 G중대원들은 수류탄이 몹시도 필요했지만 가진 것이 없었다. 중공군이 떼로 몰려와서 참호로 쏟아져 들어오자 총검이 필요했지만 이 또한 없었다.

그때 무뇨즈 대위는 F중대장 캐버노 중위와 통화하고 있었다. "여기는 엄청나게 맞고 있어. 고지를 잃을 것 같다. 도와줄 수 있나?"

"맙소사, 프랭크, 나도 도움이 필요해!"

F중대는 진지에 들어찬 중공군과 싸우면서 청천강으로 가는 길을 내려 안간힘을 썼다. 화기중대는 남은 박격포탄을 계속해 쏴가며 포위된 소총병들을 지원하는 탄막을 계속 만들었다. 더 이상 남은 박격포탄이 없었다. 박격포 포수들은 포신에 소이수류탄을 집어넣고는 강 가까이에서 엄호하는 전차소대로 달려갔다.

중대 지휘소 옆 골짜기에 있던 무뇨즈는 고지에서 벌어지는 상황을 어렴풋이 볼 수 있었다. 그는 쏠어버리려고 몸을 구부린 채 능선을 넘어오는 중공군의 어두운 그림자를 보았다. 그러나 다른 중공군들은 산마루로 뛰어 올라와 중대원들이 있는 개인호로 뛰어들었다. 비명과 고성이 들렸으나 간간이 수류탄이 터지면서 더 이상 아무 소리도 들리지 않았다.

중공군은 점령한 미군 진지들에서 아직 점령하지 못한 G중대 지역을 향해 기관총을 난사하기 시작했다. 이제 무뇨즈의 부하들은 꼼짝할 수 없었다.

무뇨즈는 이 전투가 오래갈 수 없다는 것을 알았다. G중대는 중공군에 압도되었다. 아군 박격포는 사격을 멈췄다. 강 아래에 있는 전차소대는 어둠 때문에 도움을 줄 수 없었다.

전차 중 한 대가 무뇨즈에게 전화를 걸어왔다. 대대 작전과장인 우다드 Woodard 소령의 전문이 와 있다는 것이었다. "무슨 일이 벌어지고 있는 건가?"

무뇨즈는 우다드에게 보낼 전문을 작성했다. 그는 G중대가 거의 무너졌으며 이곳도 곧 점령당할 것 같다고 했다.

"좋아. 프랭크, 부하들을 데리고 강을 건너. F중대에도 같은 말을 전해. 자네 뒤의 전선 어딘가에 23보병연대가 있네. 조심해!"

무뇨즈는 이 말을 캐버노에게 즉각 전했다.

"자네와 함께한다." F중대장 캐버노 중위가 말했다.

그러나 무뇨즈는 후퇴하라는 명령을 내리지 않았다. 그럴 필요도 없었다. 고지에 있던 소대들은 마지막 남은 수류탄을 던져버렸다. 소구경탄은 거의 다 떨어졌다. 롱 중사는 소대원들에게 언덕에서 안전한 안부鞍部로 내려가라고 소리쳤다. 집중사격을 받으면서 살아남은 소대원들은 허둥대면서 길을 찾아 내려갔다.

첫 총성이 울리고 겨우 20분이 지났다. 그 사이 G중대원 70명 이상이 전사했다.

몇몇은 고지에서 내려오지 못했다. 스몰리Smalley라는 이등병과 한국군 카투사 2명은 몰려오는 중공군에게 둘러싸였다. 중공군은 이들 등에 총을 들이대고는 항복하게 만들었다.

산산이 쪼개진 G중대와 F중대는 뿔뿔이 흩어진 채 고지 뒤에서 기다리고 있는 차량으로 향했다. 지원하는 전차들과 50구경 기관총을 4정 묶어 만든 직사포가 맹렬하게 불을 뿜으면서 중공군을 저지했다. 그러나 중공군은 즉각 추격하지 않았다. 중공군은 새로 확보한 지역에 멈춰 서서 부대들을 다시 편성했다.

F중대와 G중대 뒤에 있는 청천강은 차로만 도섭이 가능했다. 가장자리가 살짝 얼고 물살이 빠른 청천강은 수심이 1.2미터쯤 되었는데, 이는 강바닥에 발을 디디고 건너려는 사람을 쓸어가기에 충분했다. 무뇨즈는 구조된 모든 부상병들에게 전차 위에 올라가라고 명령했다. 그 수가 30~40명쯤 되었다. 그러고는 얼마 안 되는 부대가 청천강으로 물러서기 시작했다. 대형이 움직이면서 박격포탄이 쌩 하며 주변으로 날아오기 시작했다.

고지에 있는 중공군 박격포를 겨냥해 전차 1대가 76밀리 전차탄을 발사해 제압했다.

어둠 속에서 모든 것이 혼란스럽고 두려웠다. 중대원들을 모으려 애쓰면서 무뇨즈는 판잣집에서 흘러나오는 흐느끼는 소리를 들었다. 도하 지점을 따라 허름한 집 몇 채가 여기저기 흩어져 있었다. 무뇨즈는 흐느끼는 소리가 나오는 움막으로 갔다. 수염이 까칠하게 자란 미군이 마루에 앉아 눈물을 펑펑 흘리고 있었다.

"여기서 뭐 하나?" 무뇨즈가 큰 소리로 물었다.

"모르겠습니다. 모르겠습니다." 그 병사가 흐느꼈다.

"함께 가자!"

"중대장님, 저 바깥으로 가고 싶지 않습니다."

무뇨즈는 병사를 잡아 일으켜서는 끌고 갔다. 무뇨즈는 거칠게 짜증을 냈다. "빨리 움직여. 전차에 올라타!"

바깥에서는 또 다른 병사가 발에 총알을 맞아 통증으로 신음했다. "참아. 괜찮을 거야!" 무뇨즈가 말했다. 병사는 입을 다문 채 조용해졌다.

무뇨즈는 전에 생포한 10~15명쯤 되는 포로들을 여전히 데리고 있었다. 포로들을 어떻게 해야 할지 모른 무뇨즈는 이들을 움막에 몰아넣었다. 후퇴하던 H중대 소대장 중 하나가 당장 이 포로들을 죽여버리는 것이 나을 것이라고 무뇨즈에게 말했다.

무뇨즈는 단호하게 거절했다. G중대가 후퇴할 때 중공군 포로들은 아무런 해도 당하지 않고 움막에 있었다.

산발적인 포격 아래로 터지는 섬광 속에서 작은 능선들을 마치 개미처럼 기어 넘어오는 중공군을 보면서 철수 대열은 강을 향해 천천히 움직였다. 갑자기 로켓이 어둠 속에서 화염을 뿜었다. 선두 전차가 멈추더니 연기를 내뿜기 시작했다. 전차 위에 타고 있던 병사들이 뛰어내렸고 전차 승무원들이 전차에서 탈출했다. 타고 있던 병사들도 승무원들도 모두 다른 전차로 정신없이 달려갔다.

멈춰 선 전차에 불이 붙었다. 엔진에서는 굉음과 함께 불길이 치솟았다. 전차 차체 뒤로 엄폐한 무뇨즈가 중대원 5, 6명을 모았다. "여기 있어! 되놈들에게 사격하고! 우리가 한 번 엄호하고, 그 다음에 저쪽이 우리를 엄호하고."

전차는 2대가 더 있었다. F중대원 대부분은 여전히 뒤에 있었다. 이제 엄호사격을 받으면서 무뇨즈가 이끄는 소부대가 고지들을 향해 사격하는 동안 다른 병력은 줄지어 이동했다. 그러나 엄호를 받아 이동한 병력은 무뇨즈가 철수할 수 있도록 엄호하지 않은 채 계속 이동했다.

능선에 있는 중공군이 사격을 꾸준히 이어가면서 파괴된 전차 옆으로 총알이 날아다녔다. 연료통의 가솔린에 불이 붙어 활활 타오르자, 무뇨즈는 연료통이 폭발하지나 않을까 걱정되기 시작했다.

"여기서 떠나자." 무뇨즈가 부하들에게 말했다. "나한테 바짝 붙어. 함께하면 안전하다!"

그러나 중대 선임하사인 레스터 히스Lester Heath 상사는 발에 총알을 맞아 부상이 심각했다. 거의 걸을 수 없게 된 히스는 무뇨즈의 어깨에 기댄 채 절뚝거렸다.

무뇨즈와 부하들은 히스 때문에 강으로 뛰어갈 수 없었다. 이들은 마치 달팽이처럼 느리게 움직였다.

중공군이 달려들었다. 무뇨즈는 45구경 권총을 침착하게 쏴 달려오는 중공군 중 5명을 쓰러뜨렸다. 그 사이 부하들은 카빈과 M-1 소총으로 사격했다. 전사자 시신까지 운반할 수는 없었지만, 무뇨즈는 부상자들을 뒤에 버려두지 않았다. 무뇨즈 일행은 히스를 끝까지 데리고 나왔다.

히스를 데려온 공을 인정받아 무뇨즈는 훈장을 받게 된다.[105]

무뇨즈 일행이 청천강에 닿을 무렵 50구경 대공포를 실은 차량은 탄을 모두 소진해 병력을 강 너머로 건네주는 데만 쓰일 수 있었다. 전차들도 얼음같이 차가운 강 너머로 부상자들을 건네주고 돌아와 더 많은 사람들을 실어 날랐다.

1개 포병대대가 청천강 건너편에서 지원 사격을 하고 있었다. 그러나 어둠 속에서 벌어지는 전투는 너무도 혼란스러웠고 적과 지나치게 가까이에 있어 곡사포는 별 효과가 없었다.

강 동쪽에 도착하자, 전차소대장 헤이우드 중위와 캐버노 중위는 다시 강 서쪽으로 돌아와 적진을 샅샅이 뒤져 부상병과 낙오병들을 찾았다. 전차들은 이미 여러 번 도섭을 반복했고, 2대대 잔여 병력은 강 서쪽에서 점차 대형을 편성했다. 무뇨즈 일행도 강 동쪽으로 넘어갔다. 전차를 타고 강을 건너리라는 희망을 포기한 많은 병사들은 청천강에 뛰어들어 필사적으로 강을 건넜다. 영하 12도의 날씨에 강을 건너느라 몸이 젖은 병력은 금세 날씨의 피해자가 되었다.

강 동쪽에서 중대를 재편성하던 무뇨즈는 처음에는 20명밖에 찾을 수 없었다. 입고 있는 바지가 총알을 여러 발 맞아 두 군데가 찢어졌다는 것도 그제야 알게 되었다. 무뇨즈는 총알이 바지를 찢고 지나간 줄도 몰랐고 총소리도 듣지 못했다.

해가 뜨고 중공군 공격에 전차 2대를 더 잃고서 캐버노 중위와 헤이우

105　무뇨즈는 은성훈장을 받았다.

드 중위는 청천강을 건너 돌아왔다. 따로 청천강을 건넌 1명을 빼면 이 둘이 마지막이었다.

고지에서 중공군에게 생포된 스몰리 이병에게는 침낭 속으로 들어가라는 명령이 내려졌다. 탈진한 스몰리는 중공군의 보호 하에 침낭 안에서 잠이 들었다. 그 사이 전투는 여전히 격렬하게 계속되었다. 새벽에 깡마른 중공군 장교가 스몰리를 흔들어 깨웠다. 영어를 완벽하게 구사한 이 장교는 함께 붙잡힌 한국군 병사 2명과 스몰리에게 질문을 하기 시작했다.

스몰리는 입을 열려 하지 않았다. 스몰리를 보던 카투사 둘도 입을 다물었다. 마침내 중공군 장교는 손가락을 튕겼다. 스몰리가 겁에 질려 지켜보는 동안 카투사들은 얼마간 떨어진 곳으로 끌려가 총살되었다.

그런 뒤에 중공군 장교가 스몰리에게 말했다. "우리는 너에 대해 모든 것을 안다." 실제 그랬다. 스몰리의 부대와 지휘관이 누구인지까지 알았다. "이제 지휘관에게 가서 우리에게 네이팜탄을 쓰지 말라고 전해라. 너의 팀은 저기에 있다." 중공군 장교는 강을 가리켰다. "움직여!"

등으로 총알이 잔뜩 날아올 것이라 생각하면서 스몰리는 강을 향해 내달렸다. 중공군 정찰조를 피하느라 두 번이나 몸을 숨겨야 했지만, 스몰리는 결국 물살을 헤치고 청천강을 건넜다.

이때 중공군이 스몰리 같은 포로들을 여럿 놔준 것은 의심할 필요도 없이 선전을 위해서였다. 그러나 스몰리의 경우처럼 선전은 역효과를 일으켰다. 무뇨즈 대위를 만난 스몰리가 말했다. "중공군이 카투사 2명에게 무슨 짓을 했는지 똑똑히 봤습니다. 제게 기관총을 주십시오!"

이날 G중대를 포함한 여러 부대들은 따뜻한 음식과 마른 옷을 받았다. 그러나 미 9연대는 지휘체계가 빠르게 무너졌다. 전날 밤, 2대대는 9연대에 남아 있던 가장 강력한 부대였지만, 이제는 장교 9명에 병사 200여 명밖에 남지 않았다.

이날 중공군은 계곡에 잠복하며 전사자들을 땅에 묻고 밥을 지어 먹었다. 무뇨즈 대위와 G중대는 한숨을 돌렸다. 그러나 할 수 있는 일은 한계가 있었고 쓸 수 있는 시간도 몇 시간뿐이었다.

그러나 이 시점까지 후퇴에 대한 말은 없었다.

* * *

미 2보병사단의 중앙과 왼쪽 전선이 치열한 공격을 받아 잘게 썰리듯 무참히 무너지는 동안 오른쪽과 동쪽 측면의 2사단 사령부도 미 8군도 한 번도 본 적 없는 진짜 재앙이 들이닥쳤다.

미 2사단 오른쪽을 방어하던 한국군 2군단은 가장 심한 공격을 받았다. 훈련이 부족하고 무기도 빈약한 데다가 겁에 질린 한국군은 뿔뿔이 흩어져 완전히 공황에 빠진 채 남쪽으로 달아났다.

한국군과 함께 있던 미 군사고문단 장교들은 미군 연락기를 타고 빠져나갔다. 그러나 완전한 재앙은 서쪽에 있는 미군 참모들에게 천천히 다가왔다.

미 2사단 오른쪽에는 페플로 대령이 지휘하는 미 38보병연대가 있었다. 미 38보병연대는 한국군 2군단과 접촉하면서 군우리와 북동쪽에 있는 희천을 잇는 도로 남쪽으로 길게 늘어졌다. 중공군은 순식간에 38보병연대 위에 있었다. 이 작전은 전선 중앙으로 이어졌다. 중공군 부대들은 야음을 틈타 자연적인 회랑을 따라 이동해 미군 부대 후방을 공격했다. 어떤 곳에서 중공군은 미군 중대들과 격렬하게 조우하기도 했지만, 전혀 접촉 없이 이동한 곳도 있었다.

미군은 고지들 사이에 대규모 병력을 배치해두었다. 완편된 사단 아래 연대들과 대대들이 있었다. 그러나 전투는 중대들만 하고 있었다. 그리고 중대들은 서로 보이지 않는 곳에서 혼자서만 싸웠다. 심지어 다른 미군 부대에 대한 아군 정보가 전혀 없을 때도 많았다. 이 전투의 핵심은 압도적으로 많은 적에게 포위된 중대가 얼마나 오래 버틸 수 있는지를 보여주는 것이었다.

이 전투는 필 카니Fort Phil Kearney 요새[106], 와시타 전투Battle of Washita River[107], 그리고 리틀 빅혼 전투Battle of the Little Bighorn[108] 이후로 미국 육군이 더 이상 보지 못했던 이상한 전투였다. 인디언과 싸운 이들 세 전투에서 미 육군이 배운 교훈은 이후로 오랜 시간이 지나면서 유럽 전장에서 폐기되었다. 차량이 가지 못하는 곳에서는 기동이 불가능했으며, 대구경 화포를 방열하거나 효과적으로 사용할 수 없고, 이런 산들에서는 아군끼리 서로 보거나 통신할 수 없었다. 이러한 운용으로 미 육군은 무너지는 것이 아니라 죽어나가고 있었다.

11월 26일, 페플로 대령은 전방 소대들의 상황을 알려고 노력하던 중 38연대의 오른쪽을 맡은 한국군 책임지역에서 무슨 일이 벌어졌는지 곧 알게 되었다. 정오가 얼마 지나지 않아 한국군 3연대 전체가 차량을 타고 미 38연대 전방으로 넘어오면서 미군 소총병들은 누가 적이고 누가 아군인지를 구분할 수 없어 큰 혼란을 겪었다.

이미 사단이 와해된 상황에서 한국군 3연대장은 부하들의 목숨을 살리기 위해 미군 책임지역으로 부하들을 철수시켰다.

페플로 대령은 즉각 2사단장인 카이저 소장에게 전화를 걸었다. "한국군 3연대가 통째로 제 책임지역으로 계속 들어오고 있습니다. 대체 어떻게 하면 좋겠습니까?"

사단 사령부에 있던 카이저 소장은 의심할 여지도 없이 상당한 충격을 받고 있었다. 미 2사단의 공세가 무산되자, 중공군은 2사단 전방에 무시무시한 속도로 맹렬하게 공격을 퍼붓고 있었다. 통신이 끊어졌고 전쟁에

---

106 필 카니 요새: 와이오밍 주 북동쪽에 있는 인디언 전쟁 시기 전초 기지로, 1866년에 만들어졌으며 이후 몇 차례 인디언과 전쟁에서 유용하게 사용되었다.

107 와시타 전투: 1868년 11월 27일 조지 암스트롱 커스터 중령이 이끄는 미 육군 7기병연대가 오늘날 오클라호마 샤이엔(Cheyenne) 일대에서 인디언 부족 검은 주전자(Black Kettle)를 상대로 싸워 이긴 전투이다.

108 리틀 빅혼 전투: 1876년 6월 25~26일에 지금의 몬태나 주 리틀 빅혼 카운티에서 라코타-샤이엔 원주민 연합과 미국 육군 7기병연대 간에 벌어진 전투이다.

서 생기는 불가피한 마찰 때문에 2사단의 대응이 지연되고 있었다. 다른 문제로 걱정하던 카이저가 페플로에게 말했다. "한국군의 지휘권을 인수해서 전투병력으로 활용해, 제기랄!"

페플로에게 이 말은 가장 반가운 소리였다. 이런 불리한 고지들 사이에서 아군을 만나는 것은 어려웠다. 페플로는 새로운 위협에 맞서 측면을 조정했다.

그러나 이전에 미 8군의 동쪽 측면을 가리키면서 "제기랄! 적은 여기를 공격할 것이다. 우리 측면에서 떨어져 한국군 2군단에 주공이 집중될 것이란 말이다"라고 말했던 카이저는 참모들과 마찬가지로 재앙 소식에 반응이 느렸다. 미 2사단은 심각한 문제에 맞닥뜨렸다. 얼마나 심각한지 카이저는 상상만 할 뿐이었다. 직면한 문제에 집중하는 카이저에게 한국군에 쏟아지는 중공군의 공격은 머나먼 남의 일이었고 별로 심각하게 느껴지지도 않았다.

한국군이 무너질까 걱정된 미 9군단은 갓 도착한 터키 여단을 미 2사단의 측면을 방어하도록 군우리 도로를 이용해 덕천까지 올려 보냈다. 터키군은 이제 목숨이 경각에 달렸다. 미 2사단과 긴밀하게 접촉하고 협조하는 게 터키 여단의 최소 임무였다. 그뿐만 아니라 한국에 도착해 첫 전투를 치른 터키군은 이 시기에 어디가 위고 아래인지, 심지어 전장이 어디인지도 제대로 몰랐다.

방어를 책임진 전선에 생긴 재앙 같은 위기로 괴로웠던 미 2사단장은 알아서 꾸려가도록 터키군을 내버려두었다. 미군 장성 중 누구도 터키군을 방문하거나 터키군에게 전황을 브리핑하지 않았다.

불확실한 전장이라는 늪에서 무슨 일이 벌어지는지 전혀 모르며 허둥대던 터키군 5,000명은 동쪽으로 나아갔다. 군우리 동북방 와원리 근처에서 터키군은 교전을 벌였다. 터키군이 적을 전멸시키고 포로를 많이 잡았다는 깜짝 놀랄 보고가 들어왔다.

그러나 터키군과 조우한 것은 비극적이게도 달아나던 한국군이었다.

승리라던 전투는 불쌍하게 공황에 빠진 한국군 2군단 잔여 병력을 상대로 한 것이었다.

그때 여전히 와원리에서는 중공군 주력이 터키 여단을 무너뜨렸다. 상세한 내용은 아마 앞으로도 발표되지 않을 것이다. 핵심은 터키 여단이 궤멸되었다는 것이다.

키가 크고 눈빛은 흐릿하며 피부색이 어두운 터키군은 외투를 입고 기다란 총검을 휘둘렀다. 터키군은 물러나기를 거부했다. 쓰고 있던 모자를 땅에 던져 그 뒤로는 물러나지 않겠다는 표시로 삼고 싸우다가 적에게 포위되어 죽은 터키군 장교들을 목격한 이들도 있었다. 역시 실패했지만 다른 터키 장교들은 총검을 꽂고 중공군에게 돌격했다. 눈에 잘 띄지도 않고 단편적으로 보고되는 소규모 전투로서 전 세계에 이처럼 영광스럽게 빛나는 사례는 거의 없다.

그러나 터키군은 죽었다. 11월 28일, 터키 여단이 마침내 남서쪽으로 철수해서 미 38연대와 연결했을 때 터키 여단에서 전투가 가능한 중대는 몇 개 없었다.

터키 여단이 대규모로 병력을 잃자, 터키 내의 여론이 악화될 것을 걱정한 미국 정부가 터키 정부에 조용히 사과했다. 그런데 매우 역설적인 일이 벌어졌다. 터키는 미국이 무슨 말을 하는지 거의 알지 못했다. 비록 터키 여단이 잘 활약하지는 못했지만, 이들은 싸우러 한국에 온 것이었다. 무엇보다도 터키는 자국 군인들이 싸웠다는 것을 자랑스러워했다.

미국은 그보다 불과 한 세대 전에 퍼싱John Joseph Pershing 대장이 프랑스 땅에서 클레망소Georges Clemenceau 수상에게 했던 말을 잊어버렸다. "우리는 여기 싸우다 죽으려고 온 겁니다. 망설이지 마시고 수상께서 할 일을 우리와 함께 하십시오."

그때 페플로 대령은 전세戰勢가 어떻게 돌아가는지 사단 사령부보다 빠르게 알았다. 전투가 벌어진 첫날 밤, 페플로의 예하 중대들 중에서 4개 보병중대가 무너졌고 1개 예비중대는 심각하게 공격을 받았다. 사태의 심각성에 비추어 그가 저지른 유일한 실질적 실수는 미 38연대가 중공군 주력과 멀리 떨어져 있다고 생각한 것뿐이었다. 페플로는 한국군과 터키군이 조우한 것, 미 9연대가 사단 중앙에서 미 3사단보다 훨씬 더 심하게 피해를 입고 있었다는 것을 정말 몰랐다.

페플로는 오른쪽 측면이 전혀 없으며 중공군이 이미 연대 남쪽에 있다는 것을 시간이 흐른 뒤에 알았다.

페플로는 예하 부대들을 재배치해서 오른쪽 측면에서 중공군을 막아낼 수 있기를 바랐다. 이 문제를 두고 그는 카이저 소장에게 다시 전화를 걸었다. 페플로가 남서쪽으로 물러나지 않았으면, 중공군은 남쪽으로 이어진 미군의 주 보급로를 차단할 수 있는 위치에 있었을 것이다.

상황이 심각하다는 것을 정말로 이해하지 못한 카이저 소장은 페플로 대령에게 알아서 판단하라고 말했다. 부대를 움직인 페플로가 미 2사단을 향해 좁혀오던 운명의 그물을 완전히 찢어놓지는 못했지만, 그 덕에 완전한 재앙을 막을 수 있었다.

격렬한 전투에 유연하게 대처한 미 38연대는 밤새 청천강을 따라 뒤로 물러났다. 전사 연구로 유명한 마셜 준장은 훗날 이 밤의 전투를 이렇게 기록했다. "용감한 미국 젊은이들이 전혀 주목을 받지 못한 채 이국의 산비탈에서 국가의 대의를 위해 죽어야 해 유감이었다. 그리고 이들에 대해서는 더 잘 설명한 말이 없는 것도 유감이다."

미 2사단은 군우리 쪽으로 천천히 철수했다. 그동안 오른쪽의 미 38연대는 남쪽으로, 청천강 건너에 있는 미 9연대도 뒤로 물러났다. 강과 도로를 따라 늘어선 미 2사단은 시간이 갈수록 이중 포위망에 점점 빠져들었다. 그리고 상급 사령부만 이를 서서히 인식하고 있었다.

북쪽과 동쪽에 있는 미 25사단도 미 2사단만큼은 아니지만 피투성이가 된 채 군우리 교차로 쪽으로 물러나고 있었다.

이번에는 사단 사령부에 펼쳐진 지도에서 보는 것보다 현장 상황이 훨씬 나빴다.

박격포탄이 지휘소 천막 주면에 떨어지기 시작하면,

　영관 장교들이 어디 갔는지 모두들 궁금해한다.

　그들은 도망가고 있었다.

　그저 도망가고 있었다….

중공군의 기동 계획이나 자기 지휘관의 계획을 전혀 알지 못하는 소총 중대원들은 주변을 이리저리 둘러보고 실종된 얼굴들을 떠올리며 자신들의 피해 정도를 알 수 있었다. 대대와 연대 참모들은 중공군의 공격으로 부대가 무너져 생긴 틈을 메울 새로운 부대들을 찾으려고 가용한 자산을 모두 긁어모았다.

청천강 동쪽에서 맹렬한 첫 야간 전투를 치른 뒤 미 9연대 2대대는 전투력을 복원하는 데 최선을 다했다. 조 만토Joe Manto 중위가 이끄는 E중대는 상황이 안 좋았다. F중대는 중대 역할을 할 수 없었다. 무뇨즈가 지휘하는 G중대는 봉제인형을 모아놓은 것이나 마찬가지였다. 화기중대인 H중대만 그럭저럭 상태가 온전했다.

그러나 중공군이 후방으로 침투해서 강 서쪽에 차단 진지를 점령했다는 소식을 들은 슬로안 대령은 2대대를 강 건너에 있는 구장동 맞은편으로 다시 보내야만 했다.

슬로안 대령은 2대대장인 바베리스 소령에게 G중대, H중대, F중대를 중공군에 맞서 차단진지로 보내고 사단 왼쪽에서 움직이고 있을 것으로 예상되는 미 25사단의 24보병연대와 접촉하라고 지시했다.

무뇨즈와 중대원들은 강 서쪽으로 다시 돌아가서 중공군 1개 분대를 몰아내고 작은 고지를 점령했다. 그러나 미 24연대는 흔적도 보이지 않았다. 여기 고지들에서 계곡 너머는 다른 나라나 마찬가지였다. 2대대원들은 영하 12도의 날씨에 덜덜 떨며 굶주리면서 며칠 밤을 자지도 못한 채 탈진 상태에 이르고 있었다.

걱정된 슬로안 대령이 2사단 사령부에 전화를 걸었다. 슬로안은 장차 미 9연대의 임무가 무엇인지 알고 싶어했다. "2대대를 어두워질 때까지 이렇게 둘 수 없다. 지금 있는 곳에서 진지를 강화하라는 명령을 내려야 하는데 2대대에는 무엇인가 대비가 필요하다."

전화를 받는 장교가 슬로안에게 발끈하지 말라고 말했다. 미 2사단도 문제가 있기는 마찬가지였다.

어둠이 내렸다. 한 차례 전투에서 타격을 입은 힐 중령의 1대대에 남은 것은 얼음처럼 차가운 강을 다시 건너가는 것이었다. 옷이 젖어 추워하는 병사들에게 마른 피복이 지급되었다. 그리고 이들은 그 즉시 전선으로 투입되었다.

미 9연대 3대대는 완강하게 버티며 전투를 치르면서 바베리스 소령이 지휘하는 2대대가 있는 곳까지 밀렸다. 화력 지원을 하던 105밀리 포에 갑자기 탄약이 떨어졌다. 새로운 하루가 고통스럽게 지나갔다.

청천강 서쪽 고지에 있던 무뇨즈는 부대대장 페트 버밍엄Pete Birmingham 으로부터 무전을 받았다. "E중대 지휘소로 가서 전화를 걸게."

무뇨즈는 조 만토 중위가 지휘하는 E중대 지휘소까지 걸어갔다. 이곳부터 대대본부까지는 무전기보다 보안성이 높은 유선전화가 있었다. 버밍엄은 G중대가 다시 동쪽으로 강을 건너와 새로운 진지를 점령하라고 명령했다. "우리는 계획한 대로 후퇴를 시작한다."

무뇨즈는 이 말이 무엇을 뜻하는지 알아챘다. 그가 걱정했던 대로 꽤 오랜 시간 동안 모든 도로 표지판은 남쪽을 가리키고 있었다.

어둠이 내리고 무뇨즈는 강을 건너 동쪽으로 넘어갔다. 오른쪽에는 E중대를, 그리고 왼쪽에는 F중대를 두고 군우리를 향해 3.2킬로미터쯤 이동하기 시작했다. 이렇게 이동하는 동안 계속되는 비극의 마지막 단계가 시작되었다.

군우리를 향해 남쪽으로 퇴각하던 중대들은 450미터쯤 떨어진 청천강 쪽에서 중공군이 부는 나팔소리를 들었다. 중공군은 이미 연대 단위로 강 건너편에 와 있었다.

무언가가 공기를 가르더니 마치 불꽃놀이 화약처럼 빨갛게 터졌다. 정확히 60초 뒤, 집중사격 후에 후퇴하는 2대대 정면으로 중공군이 끝도 없이 길게 밀려왔다.

G중대는 필사적으로 사격해 돌진하는 중공군을 밀어냈다. 돌격하던 중공군은 아슬아슬하게 G중대 방어선 바로 앞에서 무너졌다. 그러나 G중대원 중 일부는 겁에 질리기 시작했다. 무뇨즈는 일어나 후방으로 달아나려는 중대원 몇몇을 보았다.

"멈춰! 멈춰!" 무뇨즈가 고함을 질렀다. 무뇨즈 옆에서 헤르난데즈 중위가 힘을 보태려 했지만, 헤르난데즈는 지쳐버렸다. 야전에서 임관되었을 만큼 용감한 헤르난데즈였지만, 추위와 체력 고갈로 매우 지쳐 있었다. 헤르난데즈는 쓰러진 것이나 마찬가지였다.

그때 무뇨즈의 군 복무 중 가장 기이한 일이 벌어졌다. 갑자기 전장이 눈부시게 환한 하얀 빛으로 빛났다. 빛은 포병 조명탄보다 훨씬 더 강렬했다. 무뇨즈는 이 빛이 어디에서 오는지 알지 못했다. 그러나 이 빛 덕분에 무뇨즈와 부하들은 청천강으로 향하는 길의 전경을 볼 수 있었다. 마치 그림처럼 보인 이 장면에는 커피색 누비옷을 입은 중공군이 무뇨즈가 생각한 것보다 많이 있었다.

강을 따라 저지대에는 중공군 수천 명이 우글댔다. 이들은 모두 G중대를 향하고 있었다. 이것은 무뇨즈가 지금껏 보아왔던 것 중에서 가장 끔찍한 장면이었다.

무뇨즈는 E중대원 중 몇몇이 진지를 버리고 도망가려는 것을 보았다. 나중에 무뇨즈는 E중대장 만토 중위가 총알을 맞고 남겨졌다가 포로가 되었다는 것을 알게 된다. 무뇨즈를 지원하는 전차 2대도 엄청나게 많은 중공군들을 보았다. 전차 2대가 굉음을 내면서 후방을 향해 움직이기 시작했다.

무뇨즈는 가망이 없다는 것을 알았다. 무뇨즈는 부하들에게 고지대에서 내려와 계곡을 따라 후퇴하라고 소리쳤다. 통신이 끊어졌다. 대대본부가 어디에 있는지도 알 수 없었다.

G중대는 간간이 사격을 받기는 했지만 중공군은 뒤로 물러나는 G중대를 압박하지 않았다. 어둠 속에서 이리저리 헤매면서 무뇨즈는 부하들을 3.2킬로미터 넘게 인도했고, 마침내 아주 우연하게도 연대본부에 이르렀다.

무뇨즈는 연대의 부관장교에게 무슨 일이 벌어졌는지 보고했다. 그는 전선 전체가 사라져버린 것 같다고 말했다. 그리고 연대 정보장교인 머피Murphy 대위에게 상황을 보고하러 갔다.

연대는 무전기로 사단과 교신을 시작하고 있었다. 무뇨즈가 우연히 들은 문장은 "도처에서 상황이 유동적이다"였다.

그때 병사들이 커다란 지휘소 천막을 쓰러뜨리기 시작했다.

"나는 뭘 해야 합니까?" 무뇨즈는 물었다.

무뇨즈는 G중대가 미 23연대로 배속된다는 말을 머피 대위에게서 들었다. "길을 따라 내려가."

무뇨즈는 부글거리는 속을 끌어안고 중대로 돌아왔다. 각자 알아서 하라니 이게 대체 무슨 일인가? 무뇨즈는 구급차를 몇 대 찾아내 중대원 중 부상자들을 태웠다. 중대원 100여 명이 아직 무뇨즈와 함께 있었다. 무뇨즈는 미 23연대 예하 대대 지휘소의 위치를 찾아 길을 따라 이동했다. 대대장은 무뇨즈에게 아침까지 이곳을 부하들과 함께 지키라고 명령했다.

새벽 4시, 무뇨즈는 미 23연대에서 나눠주는 마른 시리얼과 블랙커피로 부하들에게 아침을 먹일 수 있었다. 청천강 서쪽에서 전투가 일어나기 전날 밤, 무뇨즈의 중대원들은 매복하고 있다가 소 한 마리를 잡아먹었다. 소는 마르고 억셌다. 이 쇠고기를 끝으로 G중대는 오랫동안 좋은 음식을 먹을 수 없었다.

동이 트자 무뇨즈는 미 23연대장인 폴 프리먼Paul Freeman 대령에게 배속 신고를 했다. 프리먼 대령이 말했다. "연대 오른쪽 측면을 맡게." 그러나 미 9연대 2대대 참모장교 한 명이 길에서 G중대원들과 우연히 마주쳤다.

참모장교는 G중대에게 대대로 합류하라고 명령했다.

2대대 지휘소는 길 위에 있었다.

무뇨즈는 프리먼 대령에게 되돌아가서 사정을 설명했다. 프리먼은 기대하지 않게 얻었던 증원병력이 다시 빠져나가는 것을 기꺼이 받아들였다. "가서 자네 대대에 합류하게." 프리먼이 무뇨즈에게 말했다.

얼어붙은 흙길을 따라 이동하면서 무뇨즈는 차량들 옆에 서 있는 2대 대장 바베리스 소령을 보았다. G중대를 이끄는 무뇨즈를 바라보는 키 크고 깡마른 바베리스의 눈이 빛났다.

"하느님 맙소사, 프랭크! 자네를 보니 반갑군! 나는 자네가 죽은 줄 알았어."

한국에 온 미 육군 장교들 중 가장 뛰어난 장교 중 하나인 바베리스 소령은 이로써 남아 있는 대대 병력 대부분을 다시 모을 수 있었다. 이제 바베리스는 대대원들과 함께 군우리 교차로를 향해 마지막 행군을 시작했다.

이날 미 23연대가 퇴로를 여는 동안 산산이 부서지다시피 한 미 9연대는 군우리 일대로 철수했다. 밤이 되자 날씨가 몹시 추워졌지만, 병사들은 불을 피울 수 없었다. 움직이지 말라는 명령에 따라 병사들은 얼어붙은 땅에 쓰러져서 옹기종기 모인 채 꼼짝도 않고 뻣뻣하게 누워버렸다. 이들 대부분은 꼬박 이틀 넘게 쉬지 않고 전투를 치렀다.

이날 밤 어느 쪽에서도 적의 사격은 없었다. 자정이 지나자 얼어붙은 불모지는 이상하게 평온했다. 추위와 배고픔에 지친 생존자들은 이러한 평온함과 고요함을 이상하게 여기지 않았다.

그러나 미국 서부에서 미 육군이 당한 패배의 역사를 기억했더라면 이 시대착오적인 전쟁의 다음 단계가 무엇이 될지는 짐작할 수 있었을 것이다. 미국 기병대를 흉내 낸 중공군은 쉬지 않고 미 2사단을 지나친 채 이동해서 통로를 차단했다.

미 2사단에게 공포는 아직 끝나지 않았다.

제20장
죽음의 계곡으로

●

마치 고전 그리스 비극의 사건이 이미 정해진 경로대로 움직이듯 이 드라마의 배우들이 아무리 용감하고 희생적인들 결과를 바꿀 힘은 없었다.

－S. L. A. 마셜

11월 29일, 미 2보병사단은 짙은 안개가 낀 여명에 청천강을 따라 끝없이 이어진 봉우리들과 회랑들 일대에서 벌어진 전투에 휘말려 있었다. 그동안 터키군 호송대는 군우리 아래로 50킬로미터 떨어진 순천에서 미 2사단의 후방을 향해 북쪽으로 올라갔다. 호송대의 트럭에는 이미 대량으로 피해를 입은 터키 여단에게 공급할 보급품이 실려 있었다. 호송대는 미 2사단 지역으로 난 유일한 도로를 따라 계속 북쪽으로 나아갔다.

이 호송대는 목적지에 도착하지 못했다. 호송대는 양완리라는 작은 마을 인근에서 도로 양쪽으로부터 폭풍 같은 사격을 받았다. 트럭들이 폭발하면서 도로에서 벗어나거나 멈춘 채 불길에 휩싸였다. 병사들은 가까운 거리에서 쏜 기관총탄이 온몸에 박혀 트럭에서 떨어졌다. 일부는 길 옆 도랑에서 죽었고, 몇몇 병사들은 미 2사단 방어선이 있는 북쪽으로 달리거나 기어갔다.

언어 장벽과 충격으로 인해 터키군 생존자들은 자신들이 겪은 상황을 완전히 전달할 수 없었다. 그리고 이들의 설명에는 가장 중요한 것이 빠졌다. 터키군이 매복당한 곳에서 남쪽으로 3.2킬로미터 떨어진 곳에는 이미 오래전에 매복 공격을 받아 불타버린 차량들과 시신들이 있었는데, 터키군은 이곳을 지나쳤다.

이는 미 2사단의 남쪽 보급선 중 많은 부분이 이미 차단당했다는 증거였다. 그러나 이 증거는 막상 필요한 사람들에게 전달되지 못했다. 이런 일은 이미 분노와 자포자기에 빠진 미 2사단이 겪는 엄청난 피해에 작은 피해 하나가 더해진 것쯤으로 보였다.

미 2사단 2개 헌병분대가 도로 남쪽으로 투입되었다. 그러나 헌병분대들은 돌아오지 않았다.

미 9군단 예비대에서 차출한 1개 전차소대가 매우 편안하게 도로를 타고 내려갔다. 순천 근처에서 전차소대는 북쪽으로 이동하는 영국 여단과 만났다. 영국 여단은 노팅엄^{Nottingham}이라는 암호명으로 불렸다. 전차소대장은 도로가 안전하다고 무전으로 보고했다.

다음으로 미 2사단 정찰중대가 같은 길을 오후에 지나갔다. 파괴된 터키군 호송대의 잔해 가까이를 지날 때 자동화기 집중사격을 받은 정찰중대는 사단 정보참모인 포스터 중령에게 움직일 수 없다는 무전을 보냈다. 72전차대대의 전차소대와 38보병연대 예하 중대가 이 지역을 확보할 목적으로 투입되었다. 이 협동부대는 도로를 따라 전투를 치렀으나, 아무 성과도 얻지 못했다.

어둠이 내리면서 미 2사단 사령부는 협동부대에 전투를 중단하라고 명령했다. 현재까지 얻은 정보를 바탕으로 미 2사단은 양완리 일대에서 도로가 900미터 가량 차단되었다는 결론을 내렸다. 위협이라고 느끼지 않은 사단 참모는 이것이 재앙이라기보다는 골칫거리라고 느꼈다.

그 사이 사단장인 카이저 소장은 중공군이 미 2사단 예하의 소총중대들에 입힌 주요 피해가 무엇인지 제대로 알게 되었다. 5일간 카이저는 청천강을 따라 천천히 후퇴하면서 중공군을 차단하지도 못했고, 사단을 정비할 기회도 없었으며, 강력한 방어진지를 점령하지도 못했다. 미 2사단은 고지에서 쏟아져나오는 밀크커피 색깔의 중공군 무리에 맞서 버텨내는 것이 아니라 흔들리는 방어태세를 다잡는 수준이었다.

이제 상당한 거리를 후퇴하면서 사단을 다시 조직하고 한숨 돌릴 틈을 가지기 원하는 카이저 소장은 후퇴를 전혀 탐탁지 않게 여기는 미 9군단 과 언쟁할 수밖에 없었다. 그의 의견은 쉽게 받아들여지지 않았다.

사단의 주 보급로를 따라 터키군 트럭들이 이미 불길에 휩싸이고서야 미 9군단은 미 2사단이 순천으로 철수하는 것에 마지못해 동의했다. 군 단은 어떤 경로를 이용해 철수할 것인지는 카이저의 선택에 맡겼다.

가능한 방책은 두 가지뿐이었다. 군우리와 순천 사이에 북에서 남으로 달리는 도로를 이용하거나 군우리에서 서쪽으로 뻗어 신안주에서 해안 도로와 만나는 길을 이용하는 것밖에 없었다.

카이저는 미 1군단장 밀번^{Milburn} 장군과 무전기로 이야기를 나누었다. 밀번은 신안주 서쪽에 있었다. 밀번은 미 2사단의 상황이 어떻게 돌아가 는지를 알고 싶어했다. 카이저는 사단 지휘소까지 사격을 받고 있다고 밀 번에게 말했다.

"저런, 1군단 도로를 이용하게" 밀번이 무전을 보냈다. 서쪽으로는 중 공군이 없었다.

그러나 카이저는 미 1군단 소속이 아니었다. 서쪽으로 달리는 길을 따 라 철수 중인 미 25사단과 뒤엉킬 것도 걱정이 되었다.

카이저는 차를 타고 미 9군단 지휘소로 향했다. 미 9군단 지휘소는 군 우리에서 신안주 방향으로 몇 킬로미터 떨어진 곳에 있었다. 9군단 작전 참모는 카이저에게 미 1군단과 미 9군단의 전투지경선을 알려주었다. 그 러나 군우리 일대에 만들어지고 있는 중공군의 매복을 피해 미 2사단을 후퇴시킬 수 있는 방법은 여전히 구체화하지 않았다.

어떻게 이동할 것인가를 논의한 뒤 카이저는 L-5 연락기를 타고 사단 사령부로 돌아왔다. 비행기를 타고 돌아오는 길에 카이저는 남쪽으로 뻗 은 작은 봉우리들을 가로질러 수 킬로미터에 달하는 줄을 보았다. 카이저 는 오솔길과 산과 산 사이 회랑을 따라 남서쪽으로 움직이는 수백, 수천 명의 사람들을 보았다. 그는 이들이 한국 피난민이라고 생각했다.

카이저는 여전히 이 지역에서 중공군을 피해 도망치는 민간인들이 있다

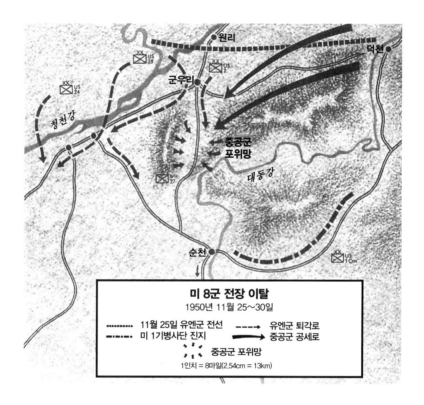

미 8군 전장 이탈
1950년 11월 25~30일

.... 11월 25일 유엔군 전선 ---> 유엔군 퇴각로
—·—·— 미 1기병사단 진지 ━━▶ 중공군 공세로
ⵜⵜⵜ 중공군 포위망
1인치 = 8마일(2.54cm = 13km)

면 중공군은 상당히 동쪽에 있는 것이 분명하다고 생각했다. 서쪽에 있는
미 1군단 지역보다는 정남쪽으로 사단을 이동시킬 시간이 있어 보였다.

카이저가 본 민간인 중 다수는 포로로 잡힌 한국군 군복을 입고 있었
다. 나중에 나온 증거에 따르면, 이들은 미 2사단의 철수를 차단하기 위
해 서둘러 움직이던 중공군임이 분명했다.

카이저는 군우리에서 순천으로 이어지는 도로가 장애물로 막힌 것을
알았지만 이것이 심각다고는 생각하지 않았다. 11월 29일, 날이 저물자
여군 간호장교 30명이 있는 이동외과병원을 포함하여 치중대輜重隊[109] 대
부분은 신안주를 향해 난 도로를 따라 이동하고 있었다. 이 치중대는 어
려움 없이 미 25사단을 지났다. 미 38연대 치중대와 부상병들 대부분이

---

109 치중대: 군수 지원을 제공하는 제반 전투 근무 지원 부대.

이 치중대와 함께 이동했다.

미 9연대 치중대를 포함하여 다른 치중대들도 서쪽으로 난 길을 따라 안전하게 빠져나갔다.

11월 29일 저녁, 미 23연대는 여전히 군우리 북쪽에 있었다. 그때 페플로 대령의 미 38연대는 전투하면서 마지못해 동쪽에서 후퇴하고 있었다. 페플로는 1,000명이 넘는 한국군 3연대와 여전히 함께하고 있었는데, 시간이 갈수록 한국군 7사단 3연대를 통제하는 것이 어려워졌다. 페플로는 미 17야전포병대대의 155밀리 곡사포들도 보유하고 있었다.

미 23연대는 길을 따라 군우리 도로교차점까지 남쪽으로 내려가 통로의 입구를 개방하라는 명령을 받았다. 그 사이 사단은 남쪽으로 이동할 준비를 할 예정이었다. 페플로는 통로 입구로 연대를 배치해 순천으로 향하는 사단의 이동을 이끌 준비를 하라는 명령을 받았다.

연대 지휘소 쪽으로 예하 부대들을 후퇴시키면서 페플로는 미 17포병대대장에게 말했다. "여기서 나가는 게 좋을걸세. 자네 앞에 아무것도 없네." 움직이라는 명령을 받지 못한 포병대대장은 페플로의 말을 거부했다.

사단 지휘소 천막으로 호출된 미 9연대장 슬로안 대령은 다음날인 11월 30일 아침에 가능한 한 빨리 순천으로 이어지는 길을 따라 공격을 개시하여 양완리 일대에서 길을 막고 있는 적을 제거하라는 명령을 받았다.

슬로안은 이 소식을 듣고 환호할 기분이 전혀 아니었다. 그는 사단 작전참모인 홀든Holden 중령에게 연대 병력이 지쳤으며 연대에는 겨우 2개 대대밖에 없고, 각 대대는 1개 소총중대 수준의 병력밖에 되지 않는다고 말했다. 2대대에는 200명이 그리고 3대대에는 이보다 조금 더 많은 병력이 있었다. 1대대는 외로운 고지에서 사라져버렸다.

사단 참모장인 에플리Epley 대령의 지원을 받은 홀든 중령은 미 9연대가 사단의 지시를 이행하기에 충분한 병력을 가졌다고 슬로안에게 말했다. "연대장님은 기껏해야 2개 중대를 넘지 않는 중공군과 싸우실 겁니다."

슬로안이 물었다. "현재 누가 중공군과 접촉하고 있나?"

사단 참모들은 중공군과 접촉을 유지하는 부대가 없다고 실토했다. 슬로안은 더 기운이 빠졌다. 결국 슬로안에게는 72전차대대 소속의 1개 전차소대가 지원부대로 배속되었다.

그 시간 홀든 중령은 희미한 촛불에 의지해서 철수에 필요한 운명적인 작전 명령을 작성하고 있었다. 이 명령은 타자기로 작성된 것이 아니라 종이 쪼가리에 빨간색 크레용으로 씌었다. 간단히 말해서 명령은 이랬다. "도로가 개방되면 다음 순서대로 남쪽으로 이동한다. (1) 38보병연대 (2) 2수색중대, 사단 사령부, 헌병중대, 2통신중대 (3) 사단포병 (4) 2공병대대 (5) 후위: 23보병연대 전투단(23보병연대, 15포병대대, 72전차대대 C중대, 82대공포병 B포대)"

바야흐로 모든 사건이 결말로 치닫고 있었다. 머지않아 이 부대들은 사단 사령부든 누구든 통제할 수 없는 상황에 빠지게 된다.

* * *

추운 밤 달빛 아래 대형을 갖춘 9보병연대 잔여 병력은 서해에서 오는 몸서리 쳐지는 안개가 끼기 전에 순천 방향의 남쪽 주 보급로로 행군했다. 슬로안 대령의 명령에 따라서 2대대는 주 보급로 서쪽 능선을 담당했고, 3대대는 주 보급로 동쪽을 따라서 이동했다. 사단 지휘소 뒤로는 측면 정찰부대들이 도로를 벗어나 어둠을 뚫고서 주변의 능선을 기어올랐다.

도로 왼쪽에서 프랭크 무뇨즈 대위의 G중대는 언덕이 많은 지형을 가로질러 움직였다. 도로 오른쪽의 봉우리들이 벌거숭이처럼 보였지만, G중대 전방의 봉우리들에는 약간이나마 나무들이 있었다.

어둠을 뚫고서 말라버린 강바닥을 따라 이동하는 G중대는 장애물이 있을 것으로 예측된 지점보다 1.6킬로미터 이상 북쪽으로 떨어진 곳에서 사격을 받았다. 능선에서 오렌지색 섬광을 내뿜으며 발사된 사격에 G중대는 허둥대며 도랑으로 달려가거나 도로를 따라 엄폐물을 찾으려 했다.

적의 출현에 깜짝 놀란 슬로안은 대대장들과 전화로 긴급회의를 열었다. 동쪽부터 하늘이 밝아오고 안개가 심해지면서 공격선이 만들어졌다. 그리고 연대는 다시 한 번 앞으로 나아갔다. 놀랍게도 앞에는 아무것도 없었다. 중공군은 이미 사라진 뒤였다.

8시경, 도로 양 옆으로 달리는 능선에 공중폭격 요청이 이뤄진 뒤 무뇨즈의 부하들은 전날 중공군이 내려다보면서 도로에 사정없이 사격해대던 고지대 쪽으로 산병선散兵線을 만들며 나아갔다. 비록 G중대원들은 피로했지만 모두들 계획대로 전진했다. 지원하는 전차소대는 길을 따라 이동하면서 장애물이나 적이 없는지 살펴보라는 명령을 받았다.

전차들은 이리저리 비틀리고 방향이 바뀌는 길을 따라 갈고개라는 이름으로 불리는 지역까지 약 10킬로미터를 굉음을 내며 나아갔다. 갈고개는 길이 400미터, 높이 15미터의 바위 절벽 사이로 난 좁은 골짜기였다. 전차들은 갈고개 남쪽에서 영국 여단 노팅엄과 조우했다. 전차부대는 도로에 적이 없는 것 같다는 무전을 보냈다.

슬로안 대령은 예하 부대들에 도로 양쪽을 따라 남쪽으로 이동하라고 명령을 내렸다. 때는 아침과 점심 사이였다. 슬로안은 좋은 소식을 사단에 보고했다. 그러나 그 순간 미 9연대 전체는 기관총과 박격포가 함께 쏘아대는 집중사격을 받기 시작했다. 이전까지 고요하던 봉우리들이 중공군으로 우글댔다.

G중대는 더 이상 나아갈 수가 없었다. 사정은 다른 중대들이라고 다르지 않았다. 미 38보병연대에 배속된 한국군이 미군을 도우러 왔다. 한국군 지휘관인 정진鄭震 중령은 서쪽 능선에서 중공군을 소탕하라는 지시를 받았다. 정 중령은 10시 30분에 공격을 시작할 준비가 끝날 것이라고 말했다. 슬로안 대령과 마찬가지로 정 중령도 자신이 어떤 상황에 있는지 전혀 알지 못했다.

한국군 3연대가 공격했다. 처음에 한국군은 성공적으로 진격했다. 그 순간 도로에서 사격으로 지원하던 미군 전차들이 우연히 한국군을 향해 포를 쏘았다. 그리고 바로 이 순간 정 중령은 이 공격이 단순히 도로를 막은 적을 공격하는 것이 아니라는 것을 분명히 알았을 것이다. 그는 강력한 적을 만났다. 한국군 3연대는 고지위의 중공군 무리를 향해 돌격했다.

한국군 3연대의 공격은 실패했다. 한국군 중 일부는 진저리를 치며 무기를 집어던지던지 능선에서 후퇴했다.

때마침 카이저 소장이 이곳에 도착했다. 그러나 슬로안 대령이 그렇듯 카이저도 앞에 있는 장애물이 남쪽으로 1킬로미터를 넘지 않는 얇은 장벽으로 생각했다. 지친 미 38연대원들이 도로에서 힘든 시간을 보내는 동안 실제로 강한 공격은 없었다.

그 시간 북쪽에서는 미 23연대전투단의 후위에 중공군이 밀어닥치면서 압박이 점차 높아지고 있었다. 미 23연대장 프리먼 대령은 출입구를 무한정 유지할 수 없었다. 남쪽에 무엇이 있든지 상관없이 카이저 소장은 북쪽과 동쪽에서 밀어닥치는 중공군이 곧 사단을 유린할까봐 걱정이었다.

카이저의 마음에 가장 크게 자리 잡은 것은 바로 북쪽에서 다가오는 압박이었다. 또한 무선통신이 이루어지지 않는 동안 카이저는 영국 여단이 남쪽 연결 지점에서 매우 가까운 데 있다고 믿고 있었다.

능선을 넘으면서 힘들게 나아가던 미 38연대가 실패하는 것을 보면서 카이저는 갑자기 결정을 내렸다. "어두워지기 전에 이곳을 빠져나가야 한다."

때는 정오였다. 곧 겨울의 짧은 해가 져서 어둑어둑해질 터였다.

능선의 중공군을 소탕하지는 못하더라도 카이저는 차량으로 이동하는 철수 대열이 길을 뚫고 갈 수 있으리라 믿었다. 카이저는 옆에 서 있는 페플로 대령에게 갈고개를 향해 연대를 이동시키라는 명령을 내렸다. 미 2사단은 이미 군우리 일대에서 사령부를 철수한 뒤였고, 차량들은 길게 늘어선 채 이동 지시를 기다리고 있었다.

미 2사단의 치중대와 비전투차량 대부분은 신안주 방향의 남쪽 도로로 가버린 뒤였다. 미 2사단의 북쪽에 있는 미 25사단은 이 길을 따라 철수하고 있었다. 한국군 2군단이 무너져 사단의 오른쪽인 동쪽 측면이 뚫리면서 미 2사단은 반드시 순천 지역으로 후퇴해 그곳에서 영국 여단과 만나 유엔군 전선을 다시 강화해야 했다. 동쪽 측면으로 중공군이 얼마나 밀려오는지 알지 못한 채 카이저 소장은 사단이 일시적으로 포위되어 퇴로가 차단된 것을 깨달았다.

그러나 카이저는 순천으로 향하는 남쪽의 도로가 적이 없어 상대적으로 안전하다고 생각했다. 북쪽에서 임박한 압박이 높아지는 것을 걱정한 카이저는 순천으로 난 가장 짧은 길을 따라 이동하기로 결심했다. 게다가 서쪽으로 난 길을 따라 이동하면 후퇴하는 미 25사단과 얽힐 위험도 있어 보였다.

그러나 카이저를 비롯한 미 2사단 사령부에 있는 어느 누구도 중공군 사단 전체가 이미 남쪽과 동쪽으로 완전히 우회해 군우리-순천 도로를 포위한 것을 알지 못했다. 남쪽으로 32킬로미터 지점에서 전투를 치르게 된 영국 여단은 북쪽으로 올라와 도와줄 형편이 아니었다.

미 2사단은 이 포위망에서 빠져나가야 했지만 심각한 위기에 빠진 상태였다. 그러나 순천 방향으로 내려가면서 전투는 전혀 생각지 않은 채 오직 차량 행군만 계획한 카이저 소장은 준비 안 된 상태로 적의 공격 속으로 자신의 사단을 보내고 있다는 것을 전혀 알지 못했다.

미 38연대에 편제된 차량 대부분은 치중대와 함께 서쪽으로 갔다. 페플로 대령은 부하들을 남은 차량과 포병 차량, 지원 전차에 나누어 태웠다. 페블로는 연대가 제시간에 장애물을 제거하지 못한 것을 알지 못했다. 따라서 페플로는 전투가 아닌 차량 행군을 생각하고 병력을 탑승시켰다.

전차들은 한곳에 집결해서 철판이 얇은 차량들을 지원한 것이 아니라 트럭의 긴 행렬 여기저기에 흩어져 뒤섞여 있었다. 그 시간, 미 38연대에 남은 대대라고 해봐야 병력은 200명 안팎이었다. 적어도 1개 대대는 전차 위에 타고서 앞으로 나아가야 했기 때문에 미 38연대의 지휘체계는 전술적으로 전혀 온전하지 못했다. 차량에 타느라 중대들도 뿔뿔이 흩어졌다. 트럭이든 지프든 공간이 있는 곳이라면 어디든 사람을 태웠기 때문에 심지어 분대와 소대도 분산되었다.

이런 식으로 차량에 올라탄 뒤에는 상급 장교라 하더라도 지휘하고 통제할 수 있는 것은 자기가 타고 있는 차량 한 대뿐이었다. 미 38연대는 장애물이 막고 있는 지역으로 접근하면서도 차에 탄 채 빠져나간다는 것만 생각한 채 행군을 준비했다.

차량 행군 대열 맨 앞에는 미 38연대 전차중대장인 힌튼Hinton 대위의 전차가 있었다. 메이스Mace 중위가 지휘하는 이 전차와 함께 미 38연대 2대대 장교 3명과 병사 18명이 있었다. 3명의 장교는 나이트Knight 중위, 로튼베리Rhotenberry 중위, 그리고 빨리 이동을 시작하고 싶어 안달이 난 찰리 히스Charley Heath 중위였다.

전차들이 시동을 걸자, 미 9연대장 슬로안 대령은 G중대가 맡은 산병선에 와서 능선의 중공군을 소탕하는 마지막 시도로서 터키군 2개 중대가 G중대를 통과해 공격을 시작할 것이라고 무뇨즈에게 말했다. 이제 기동 계획이 완전히 변경되어 G중대를 포함한 미 9연대는 그들이 통과할 때 호송대 차량에 탑승해야 했다.

따라서 미 9연대의 전투 병력은 해체되었다.

옷자락이 펄럭이는 외투를 입고 착검한 미국제 소총을 든 터키군은 무뇨즈의 부하들이 지키는 선을 통과해 앞으로 나아갔다. 터키군 2개 중대는 한국에 파병된 터키군 중 마지막 부대였다. 이들은 도로 동쪽의 능선을 공격했고, 무뇨즈는 이것을 지켜보았다.

터키군이 공격하는 동안 미 38연대 차량 행군 대열의 선두 전차를 지휘하는 메이스 중위에게 무전이 날아왔다. "서둘러!"

마치 커다란 뱀이 똬리를 푼 듯 수 킬로미터까지 늘어진 차량 행군 대열은 중공군이 들어찬 봉우리들 사이로 움직이며 속도를 높이기 시작했다. 이렇게 시작된 미 38연대의 차량 행군은 이제 되돌릴 수 없었다. 전투부대들은 뿔뿔이 흩어진 채 차량 수십여 대에 나누어 탔다. 이들을 태운 차량들이 움직이기 시작한 이상 계획의 변경은 불가능했다. 카이저 소장을 포함한 장교들은 이 차량 행군 대열에 가까이 있는 사람들보다도 영향력이 없었다. 이들은 후위에서 전투를 지휘한 것이 아니라 개인으로서 목숨을 구하기 위해 도망치게 된다.

맨 앞의 전차가 요란한 소리와 함께 앞으로 나아갔고 50구경 기관총을 잡은 메이스와 전차에 타고 있던 소총병들은 주변 고지들에 총탄을 퍼부었다. 기관총탄이 때때로 전차의 몸통을 때렸지만, 아무도 다치지 않았다. 이 전차는 모든 행군 차량들 중에서 가장 운이 좋았다.

행군을 시작한 곳에서 2.7킬로미터 떨어진 곳에서 이 전차는 갑자기 멈춰 섰다. 바로 앞에는 전차 1대, 트럭 1대, 그리고 M39 장갑차 1대가 파괴되어 북쪽을 가리키며 길을 막고 있었다. 전차가 멈춰 서자, 사방에서 기관총탄이 비 오듯 쏟아졌다.

전차에 탄 보병들은 도랑으로 달려가 사격을 시작했고, 메이스는 길을 막고 있는 파괴된 전차와 트럭을 자신의 전차로 길옆으로 밀어버렸다. 그러나 M39 장갑차는 꿈쩍도 하지 않았다. 히스 중위가 M39 장갑차로 달려가서 브레이크가 걸려 있는지를 살펴보았다. M39 장갑차에 올라타는 순간 총알 한 발이 히스의 소총에 맞으면서 히스는 소총을 떨어뜨렸다. 움직이지 않는 장갑차량 옆에서 히스는 몹시 심하게 부상당한 병사를 보았다.

이 병사는 빈 수통을 내민 채 애원하며 숨을 가쁘게 몰아쉬었다. "나는 터키 사람, 나는 터키 사람!" 히스를 비롯해 히스 일행 중에는 물을 가진 이가 아무도 없었다. 히스가 고작 할 수 있는 것은 고개를 가로저으면서 도와줄 사람이 오고 있는 북쪽을 바라보는 것뿐이었다. 이 터키군 부상병은 배와 어깨에 총알을 맞았다.

그때 마치 배에 얼음으로 만든 단도가 쑤시고 들어오는 것처럼 서늘한 장면이 히스의 눈에 들어왔다. 터키군 부상병의 상처 주변에 난 피가 엉겨붙어서 검은색으로 변했다. 이 부상병은 길옆에서 오랜 시간 동안 누워 있었다.

그 순간, 히스는 중공군이 얼마 안 되는 장애물로 주 보급로를 막은 것이 아니라 적어도 5킬로미터의 좌우 능선을 따라 진을 치고 있으며 그것도 이미 오래전부터 자리를 잡고 있다는 것을 깨달았다. 기관총을 배치하고 박격포를 방열하기에 충분한 시간이었다. 소름끼치게 무서운 순간에 히스는 사단이 중공군이 놓은 이 덫 속으로 속도를 높여 다가온다는 것을 알았다.

그러나 멈추기에는 너무 늦었다. 이 덫을 빠져나가기 위해서 노력하는 것 말고는 무엇인가를 하기에는 너무 늦었다. 히스는 M39 장갑차에 올라타서 브레이크를 풀었다. 메이스가 운전하는 전차는 이제 브레이크가 풀린 장갑차량을 길 밖으로 밀어냈다. 이렇게 지체한 시간이 겨우 몇 분이었지만 뒤에 있는 대열 전체를 멈추기에 충분한 시간이었다.

한 번 이렇게 멈춘 뒤로 행군 대열은 결코 완전하게 회복되지 않았다.

한 번 더 움직이게 되자, 메이스는 시속 25킬로미터까지 전차의 속도를 높이면서 굉음과 함께 앞으로 나아갔다. 메이스의 전차는 사격을 주고받으면서 남쪽으로 2.7킬로미터를 더 가서 갈고개의 좁은 목으로 들어갔다. 상당한 속도로 달려오던 메이스는 그곳에 모여 있던 중공군을 기습했다. 미군 전차가 지나가자 점심식사를 하다가 펄쩍 뛰어오르는 중공군들도 눈에 보였다. 갈고개에서 전차를 몰고 내려오는 메이스의 눈에 터키 국기가 표시된 채 만신창이가 되어 버려진 차량들이 들어왔다. 메이스는 전차로 중공군이 임시로 세워놓은 장애물을 들이받았다. 육중한 전차는 장애물을 뚫고 질주했지만, 뒤따르는 지프들은 전차처럼 운이 따르지 않았다. 지프들은 장애물 앞에 멈춰 서야 했다.

계속해서 속도를 내고 검은 연기를 내뿜는 메이스의 전차는 갈고개를 통과해 굽은 길로 내달렸다. 포탑 밖으로 몸을 내민 채 50구경 기관총에 손을 얹은 메이스는 길에서 전차를 보고서 몸이 경직되었다.

그러나 메이스가 본 것은 이미 파괴된 미군 전차들 중 한 대였다. 그 전차 뒤로는 영국 여단이 있었다. 갈고개 남쪽에서 영국 여단은 제대로 당하고 있었다. 영국군은 이날 공백을 메울 수 없었다.

기적적으로 메이스의 전차는 승무원과 전차에 올라탄 보병들 모두가 한 명도 목숨을 잃지 않은 채 모든 것을 뚫고 지나왔다. 이런 기적은 이것이 처음이자 마지막이었다. 기습과 가속도가 톡톡히 역할을 한 것이었다. 영국군 방어선을 통과할 때 전차에 탄 사람들은 최악이 무엇인지 알게 되었다. 중공군 1개 사단이 소총 사격만으로 도로의 짧은 구간만을 막은 것이 아니라 소화기, 박격포, 그리고 기관총 40정으로 10킬로미터에 달하는 구간을 봉쇄하고 있었던 것이다. 메이스를 포함해 어느 누구도 위험을 알려줄 수가 없었다. 영국군과 마찬가지로 메이스의 무전기도 갈고개에서는 작동하지 않았다.

　설사 이 사실을 알려줄 수 있었다 해도 너무 늦었을 것이다. 선두 전차가 통과하자, 화염과 강철이 만드는 무시무시한 굉음과 함께 거대한 덫이 닫혔다.

제21장
공포의 밤
●

만일 아들이 해외에 있으면, 편지를 쓰세요.
만일 아들이 2보병사단에 있으면, 아들을 위해 기도하세요.
– 1950년, 월터 윈첼Walter Winchell [110]

암울한 1950년 12월 북한에서 미군이 보여준 전투력을 보고 평론가들은 입맛이 매우 썼다. 미군이 삼류 군대에 밀리고 있었다.

미군의 전투기술과 용기가 어떻든 간에 미 육군이 여전히 군기와 훈련이 부족하다는 것에는 논쟁의 여지가 없었다. 달면 삼키고 쓰면 뱉는 태도는 하루아침에 없앨 수 없다. 한국전쟁이 발발하고 수개월 지나서야 비로소 신병훈련소의 신병들은 훈련 기간의 2분의 1은 야전 적응훈련을, 3분의 1은 야간훈련을 받았다. 지휘관들은 버지니아에서 그랜트의 부하들이 보여준 모습, 퍼싱의 미국 원정군이 보여준 모습, 그리고 패튼의 전차군단이 보여준 모습의 공통된 특징이라 할 수 있는 강력한 타격력과 맹렬한 돌진을 서서히 되살리기 시작했다.

이것은 병사들은 물론 병사들 뒤에 있는 대중을 동시에 상대하는 혹독한 이중 전투였다. 완전한 승리도 있을 수가 없었다.

그러나 미 8군이 청천강 일대에서 패한 주요 이유는 북으로 진격하는 병력이 자기 앞에 무엇이 기다리고 있는지 전혀 몰랐다는 것이었다. 이는 '기름진 잔디Greasy Grass 강'이라고도 불리는 리틀 빅혼 계곡으로 무모하게

---

110 월터 윈첼(1897~1972): 미국의 뉴스와 라디오 평론가.

말을 타고 달려간 커스터 중령보다도 더했다.

프랑스군과 인디언을 향해 진격하다 전사한 브래덕Edward Braddock 장군[111], 세미놀Seminole에게 무모하게 과시하다 학살당한 데이드Francis L. Dade 소령[112], 그리고 적을 제대로 모른 채 리틀 빅혼으로 달려간 커스터에게는 공통적으로 오만함이 있었다. 이러한 오만은 북한으로 진격하던 미군에게도 있었다. 그리고 본질적으로 열등한 적과 싸우는 이들 군대를 패배로 몰아넣은 것은 바로 지형과 저급한 간계, 그리고 야만적인 배짱 같은 것들이었다.

유럽의 전장에서 훈련된 사람들이 한국에 적응한다는 것은, 영국군 장군들이 문명화된 전쟁을 가르치는 책을 던져버린 식민지 사람들을 상대로 어떻게 싸워야 하는지를 배우는 것만큼이나 어려웠다.

1950년 12월, 쓰라린 나날들이 이어지는 와중에 위험이 닥쳤다며 소리 높여 경고한 평론가들이 있었다. 역설적이게도 이들은 1945년에 육군을 바꾸고 무너뜨리는 데에 앞장섰던 사람들이었다. 1945년 당시에 이들은 젊은이들을 집으로 돌려보내야 하며, 군대가 시민권을 행사해야 한다고 목소리를 높여 촉구했다. 정신없이 빠르게 진행되는 동원해제나 육군 개혁을 늦추려 하는 지휘관은 파시스트보다 나을 것이 하나도 없다고까지 했다.

전장에 배치된 미국 젊은이들이 군인이라기보다는 민간인처럼 행동하는 것을 보고 귀가 찢길 것처럼 소리를 질러댄 것도 바로 이들이었다.

---

111 에드워드 브래덕(1695~1755): 영국의 장군으로, 1755년 7월 브래덕 장군이 이끄는 영국군이 오하이오 일대를 장악하고 있는 프랑스 군을 공격하러 갔다가 지금의 피츠버그 인근에서 프랑스군과 인디언의 기습을 받아 참패했다. 이 전투에서 브래덕 장군을 포함한 450여 명이 사망하고 420여 명이 부상당했다.

112 프랜시스 데이드(1793?~1835): 2차 세미놀 전쟁 당시 미 육군 소령. 플로리다 원주민인 세미놀과 미 정부가 플로리다의 소유권을 두고 분쟁이 일자, 1835년 12월 28일 프랜시스 데이드 소령이 이끄는 미 육군 2개 중대가 행군하다가 세미놀의 매복에 걸려 110명 중 단 3명만 살아남았다.

* * *

이미 차량 행렬이 움직이기 시작해 뒤로 되돌릴 수 없게 된 미 2사단은 주변에서 가해오는 집중공격을 제거할 수 있을 것이라는 한 가닥 헛된 희망을 가졌다. 희망은 속도에 달려 있었다.

차량으로 밀어붙이는 돌진은 한 번 시작되어 탄력을 받으면 기관총 사격으로도 멈추기가 어렵다.

그러나 M39 장갑차 한 대가 메이스의 전차를 단 몇 분 동안 멈추게 만들면서 이 한 가닥 희망마저 치명상을 입었다.

뱀처럼 길고 구불구불한 대형이 메이스 뒤에서 속도를 줄이고 멈추자, 노출된 행렬 양 측면에 총알이 마치 사나운 비처럼 쏟아졌다. 집중사격은 미군을 죽이고, 트럭을 터뜨리고, 차에 탄 병력을 길 옆 도랑으로 몰아넣었다. 총알을 맞기는 했지만 여전히 움직일 수 있는 차량들은 길에서 벗어날 수 있었다. 그러나 멈춰 있다가 공격을 받은 차량들은 좁은 길을 막아버렸다.

쏟아버리듯 퍼붓는 자동화기 사격을 받은 소총병들은 타고 있던 전차와 트럭에서 뛰어내려 길가에서 맞서 싸울 뿐이었다. 장교들은 자신들의 소대와 분리되어 있었고, 대대장들은 트럭에 탑승한 중대들이 어디에 있는지도 알지 못했다. 조직적인 대응은 시작할 수도 없었다. 주변 능선에서 날아오는 중공군의 총알에 맞서 밀고 나갈 수도 없었다. 차량 행군으로 시작한 이동은 마지막까지 그대로였다.

전차가 파괴된 차량들을 길 밖으로 밀어내면서 가다 서다를 반복할 때마다 도리깨처럼 철판을 두들겨대는 총알에 놀란 전차와 트럭들은 내렸던 병력을 다시 태우려 멈추지도 않고 굉음을 내며 앞으로 나아갔다.

부상병과 사망자들로 도랑이 막혔다. 어떤 이들은 무심한 듯 누워 있었고 다른 이들은 행군 대열이 일으키는 먼지를 따라 달리면서 필사적으로 다시 차를 잡아타려 했다. 장교들은 차량 행군을 시작하기 전에는 문제가 있으리라고 예상하지 못했다. 행군이 시작된 지금 그들은 자신들과 같은 차량에 타고 있는 얼마 안 되는 부하들이 그저 잘 해주기만을 바라면서 앞으로 나아갈 뿐이었다.

어떤 차량은 멈춰 서서 건강하거나 부상당한 병사들을 모두 태웠다. 마치 경주라도 하듯 누군가를 움켜잡는 병사들도 있었지만, 이미 차량을 가득 메운 다른 병사들로부터 발길질이나 당할 뿐이었다. 대열이 정지할 때마다 더 지체만 되고 있었다.

돌아가기란 불가능했다. 경輕보병여단이 죽음의 계곡으로 들어가면서 미 2사단도 지옥으로 10킬로미터를 들어갔다. 비록 피를 흘리기는 했지만 선도 부대 대부분은 안전하게 도착했다. 선도 부대의 속도와 주변 고지들을 마치 벌초하듯 기총소사해준 공군 덕분이었다. 망가지고 불타는 차량들이 길을 막고 중공군의 화력이 마지막 골짜기에서 더욱 강화되면서 차량 행군은 점점 더 느려졌다. 결국 오후 중반쯤에 갈고개가 막혀버렸다.

오후 내내 선혈이 낭자했지만 한 줄로 늘어선 차량 대열을 통일성 있게 지휘하지 못한 것이 큰 문제였다. 길을 자유롭게 오가는 전차들은 아무 명령도 받지 못했다. 어떤 전차는 멈춰 서서 싸웠고, 어떤 전차는 남쪽으로 요란하게 경적을 울렸다. 상급 장교들은 지휘차량에 부상병을 가득 태우고 걸었다. 포위한 중공군을 소총 사격으로 쫓아내기도 했지만 지휘하는 사람도, 통제하는 사람도 없었다.

이미 자신의 지프에 부상병을 가득 태운 페플로 대령은 길이 막히기 전에 골짜기 끝까지 굉음을 내며 갈고개로 들어갔다. 갈고개에는 폭발한 트럭들의 잔해가 여기저기 잔뜩 쌓여 있었다. 손잡이를 꽉 잡은 페플로는 자기 지프로는 잔해를 밀어낼 수 없다고 생각했다.

그러나 지프를 운전하는 젊은 중위는 마치 미친 사람처럼 가속페달을 밟아 속도를 올리고는 도로를 이리저리 왔다 갔다 했다. 갈고개를 지나는 내내 지프가 통통 튀었다. 굉음을 내며 마지막 능선을 내려가던 페플로의 지프는 굽은 길을 달려 나무가 우거진 봉우리를 넘었다. 지프 주위로 갑자기 사람들이 나타났다. 우군인 영국군이었다. 영국군이 소리쳤다. "이제 속도를 줄여도 됩니다. 안전해요!"

페플로 뒤에 있는 갈고개는 분노에 찬 화염과 죽음이 막고 있었다. 미 2사단의 대부분은 여전히 갈고개 북쪽에 있었다.

싸우면서 북으로 전진하던 영국군은 중공군과 조우한 채 오도가도 못했다. 처음으로 갈고개에서 중공군을 제거한 병사들을 중심으로 부대가 합쳐졌을 수도 있었을 것이다. 그리고 이런 부대는 뒤로 돌아가서 갈고개 좌우측의 중공군을 쓸어버렸을 수도 있다. 그러나 영국군과 접촉한 미군은 5일 밤낮 동안 또 다른 리틀 빅혼 전투를 치르고 있었다. 이들을 관찰한 누군가가 남긴 기록처럼 이 생존자들은 신이 아니라 인간이었다. 남쪽에서는 지원군이 전혀 조직되지 않았다.

집중공격을 받으면서 모든 미군은 저마다 저승을 체험했다. 어리석음과 비겁함도 있었지만, 매우 용감한 행동과 가슴 저린 배려가 공존했다. 전투에서라면 늘 그렇듯이 인간이라는 종의 모든 좋고 나쁜 모습이 갈고개에서도 벌어졌다.

이런 이야기들은 다른 곳에서도 있었다.

* * *

집중공격의 북쪽 시작점을 행군 대열이 통과한 뒤, 슬로안 대령이 지휘하는 미 9연대는 새로운 문제에 직면했다. 산산조각나다시피 한 터키군이 주변 경사면에서 휘청거리자 도로의 양쪽 어깨 부위를 지키던 병력 위로 박격포탄이 떨어졌다.

대대장인 바베리스 소령과 2대대 작전과장이 포탄 파편을 맞았다. 프랭크 무뇨즈 대위가 살아남은 선임장교로서 임시로 지휘를 맡게 되었다.

2대대는 미 9연대의 모든 예하 부대처럼 어떤 방법을 써서라도 빠져나오라는 명령을 받았다. 미 9연대 병력 중 대부분은 호송대 트럭이 지나가면 각자 알아서 트럭에 올라탔다. 운이 좋은 사람도, 그렇지 못한 사람도

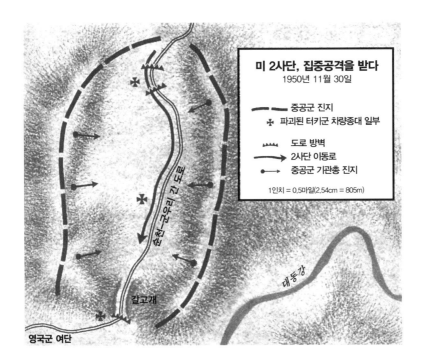

미 2사단, 집중공격을 받다
1950년 11월 30일

- - - 중공군 진지
✠ 파괴된 터키군 차량종대 일부

∿∿∿∿ 도로 방벽
→ 2사단 이동로
•→ 중공군 기관총 진지

1인치 = 0.5마일(2.54cm = 805m)

순천·군우리 간 도로

대동강

갈고개

영국군 여단

있었다.

무뇨즈는 부하들을 뭉치게 만들려고 노력했다. 길에서 무뇨즈는 버려진 채 꼼짝 못 하게 된 차량들을 발견했다. 총알에 맞아 타이어가 펑크 나거나 라디에이터에 구멍이 나 있었다. 무뇨즈는 부하 중에 기계를 잘 다루는 병사를 시켜서 포병 탄약트럭 한 대를 굴러가게 했다. 그리고 트럭에 실려 있던 무거운 짐을 내린 뒤 찾아낸 소화기탄을 모두 실었다.

무뇨즈가 G중대에 말했다. "우리는 끝까지 싸운다. 부상자들은 이 트럭에 태운다. 걸을 수 없으면 누구든 타라."

부하들은 불안해하고 동요했지만, 무뇨즈의 말에 귀를 기울였다.

수리한 트럭에는 50구경 기관총 1정을 장착했다. 길게 늘어선 고지들을 향해 사격하면서 낙오병을 모으고 진로를 개척하며 무뇨즈의 G중대는 남쪽으로 이동하기 시작했다.

3시가 넘어서 무뇨즈 중대는 갈고개에 도착했다. 점판암으로 이루어진 절벽 아래를 지나가던 G중대는 중공군의 엄청난 총탄 세례에 직면했다. 갈고개는 망가진 차들로 막혀 있었고, 고지 어느 쪽에서든 중공군의 기관총은 북쪽을 향해 쌓여 있는 차량들을 표적으로 쉼 없이 불을 뿜어댔다.

미군들은 차에서 내려 바위나 도랑으로 몸을 피해야만 했다. 그러는 동안 중공군이 쏟아붓는 총알에 죽어갔다. 영하 12도의 추위에 지치고 무감각해졌다. 중공군이 그들을 향해 총탄을 퍼붓자 미군, 한국군, 터키군은 충격을 받아 돌봐주는 사람 없이 땅위로 쓰러졌다. 유엔군은 얼굴에 먼지를 뒤집어쓴 채 멍하게 입을 벌리고 눈물을 흘렸다.

무뇨즈가 본 광경은 믿을 수 없이 혼란스러웠다. 죽은 이들이 무더기로 누워 있었다. 이따금 부상병 하나가 큰 소리로 물을 찾았다. 오직 소수만이 중공군이 장악한 고지를 향해 반격을 시도하고 있었다.

그러는 와중에 갈고개 반대쪽에서 사단장인 카이저 소장이 전용 지프를 타고 도착했다. 카이저는 차에서 내려 골짜기 좁은 길에 오도가도 못하고 정체된 차량 행렬 맨 끝으로 걸어갔다. 그는 그곳에 멍한 상태로 서 있는 병사들에게 뭔가 명령을 내리려 했다.

"여기는 누가 지휘하나? 자네는 누군가? 뭔가 할 수 있는 사람 있는가?"

한국군과 터키군은 영어를 알아듣지 못했다. 미군들도 침묵했다.

갈고개로 걸어간 카이저는 현실을 보았다. 싸우는 사람은 얼마 없었다. 중상자를 돕는 병사들도 있었다. 그러나 장교는 찾을 수 없었다. 카이저가 북쪽으로 돌아가는 동안 중공군이 쏜 총알들이 카이저 뒤에 있는 바위에 맞아 돌조각이 튀었다.

빠져나오는 길에 카이저는 누워 있는 미군을 모르고 밟았다. 밟힌 병사가 벌떡 일어나서 이렇게 말했다. "빌어먹을 개자식!"

이 말을 듣고 깜짝 놀란 카이저가 할 수 있는 말은 단 하나였다. "미안하네, 친구." 카이저는 자신이 늙고 지쳐 있다는 생각을 하면서 계속 걸었다.

카이저는 이리저리 흩어진 보병을 모아서 공격하고 골짜기를 양쪽에서 둘러싼 능선에 있는 중공군을 소탕해야 한다고 생각했다. 이것이 이루어지기 전까지는 길에 있는 장애물을 치우는 것은 꿈도 꿀 수 없었다.

* * *

갈고개 위로 날아다니는 공군 전투기들이 맹렬하게 로켓을 발사하고, 네이팜탄을 투하하고, 바위에 대고 기총소사를 하고 있었다. 전투기들이 육군의 부담을 크게 덜어주기는 했지만, 전투는 혼자 하는 것이 아니었다. 그래도 전투기들은 최선을 다하고 있었다.

낮게 날던 비행기에서 50구경 탄창이 무뇨즈의 철모 위로 떨어지는가 하면, 네이팜탄 화염에 그의 얼굴이 그을리기도 했다.

갈고개 오른쪽에서 중공군 기관총 1정을 정확히 식별한 무뇨즈는 5명으로 조를 짰다. 추위에 몸이 얼고, 살았는지 죽었는지도 모를 만큼 지친 병사들은 아주 천천히 움직였다. 장교든 병사든 최소한의 임무를 수행하는 것도 쉽지 않았다. 그러나 무뇨즈가 언덕을 올라가자, 사격하던 중공군은 총을 버리고 달아났다.

그 사이 능선의 중공군을 해치울 사람이 도착했다.

미 38연대에 배속된 전차중대의 부중대장인 톰 터너^{Tom Turner} 중위는 믿을 수 없는 오후를 보냈다. 공격하는 중공군을 향해 사격을 지휘하던 중, 우군 항공기가 발사한 로켓이 폭발하면서 터너는 도랑에서 정신을 잃었다. 그는 차량들이 시끄럽게 지나가는 동안 1시간도 넘게 정신을 잃은 채 도랑에 쓰러져 있었다.

그는 이내 정신을 차렸지만 몸에 멍이 들고 충격을 받은 상태였다. 그는 남쪽을 향해 멈춰 있는 차량들을 따라 1.6킬로미터도 넘게 걸었다. 운전병과 탑승자들은 차량을 세우고 도랑에 몸을 숨긴 채 싸우고 있었다. 길이가 1.6킬로미터쯤 되는 차량 행군 대열의 앞쪽 끝에서 터너는 시동이 걸린 채 서 있는 작은 트럭 한 대를 보았다. 앞으로는 길이 깨끗이 열려 있었고, 운전병은 고지의 중공군과 소총으로 교전 중이었다.

터너는 이 트럭을 몰아서 집중포화를 뚫고 왔던 길을 되돌아갔다. 그는 병사들을 트럭에 태워서 다시 움직였다. 이것은 대단한 시도였고, 위대한 용기였다. 마침내 차량들이 움직이면서 터너는 2.5톤 트럭의 발판에 올라탔다. 그러나 기관총탄 세례를 받아 발을 딛고 서 있던 발판이 떨어져 나가자, 터너는 다시 도랑으로 처박혔다.

그는 정신을 잃었다.

정신을 차린 뒤 도랑에서 기어 나오던 터너는 남쪽으로 900미터 떨어진 곳에서 행군 대열이 멈춘 것을 보았다. 그가 일어나는 순간 중공군이 그의 등에 소총을 겨누고 있는 것을 느꼈다.

터너는 중공군 분대 한복판에 있었다. 중공군 분대원 중 일부는 길을 따라 누워 있는 미군 부상자들에게 응급처치 중이었다. 심하게 삐어서 다리를 저는 터너에게 중공군 분대장이 유창한 영어로 앉으라고 했다.

몇 분 뒤 중공군 분대장은 미군에게 돌아갈 만큼 발목이 괜찮아졌냐고 터너에게 물었다. 깜짝 놀란 터너가 대답했다. "그렇다고 생각하오."

중공군은 이의가 있냐고 물으면서 정중하게 터너의 몸을 수색했다. 중공군은 돈은 그대로 둔 채 터너에게서 편지 두 통을 빼앗았다. 그러나 더 중요한 것은 터너가 상의에 넣어둔 버번위스키가 든 병을 그들이 보지 못했다는 것이었다.

그러더니 중공군 분대장은 터너에게 걸을 수 있는 부상병들을 모아 길을 내려가라고 명령했다. 절면서 걷느라 발에 불이 나는 것처럼 아팠지만, 터너는 조금씩 중공군과 멀어졌다. 걸어가면서 등 뒤에서 총을 쏘지 않을까 걱정이 되었다. 그러나 중공군은 터너의 등에 총을 쏘지 않고 산속으로 사라졌다.

터너는 걸을 수 있는 미군 부상병들을 모으기 시작했다. 그는 버번위스키를 부상병들에게 돌렸다. 부상병 3명을 모은 터너는 이들과 함께 갈고개 북쪽 끝으로 다가갔다. 다가오는 터너 일행을 본 미군 기관총이 불을 뿜었다. 터너 일행은 도랑으로 몸을 숨겼다. 도랑에서 숨을 돌리면서 터너는 버번위스키를 다시 한 번 돌렸다.

신음하며 기어서 갈고개 남쪽으로 움직이려 애쓰는 부상병들이 도처에 있었다. 터너는 버번위스키를 들이키고는 일어섰다. 발목에서 통증은 거의 느껴지지 않았다. 그는 경사면 아래로 빠르게 나아갔다. 그러자 함께 있던 미군들이 터너에게 몸을 낮추라고 소리쳤다. 터너의 머리 위로 25미터도 떨어지지 않은 곳에 참호를 파고 들어가 있는 중공군이 도로에 대고 기관총을 난사하고 있었다.

터너는 수류탄을 달라고 했지만, 수류탄 가진 사람이 아무도 없었다. 머리를 흔들면서 수류탄 생각을 떨치고는 터너가 물었다. "저 기관총까지 나와 함께 돌진할 사람 없나?"

이 제안은 실패나 다름없었다. 병사 한 명이 터너에게 말했다. "원하시면 직접 해보시지요, 중위님!"

다른 병사도 말했다. "해보고 엿이나 드세요."

미군에게 기대를 접은 터너는 한국군이나 터키군 중에 영어를 할 수 있는 사람이 있으면 앞으로 나오라고 크게 말하면서 왔던 길을 되돌아갔다. 터너는 영어를 할 수 있는 한국군을 한 명 찾았다. 이 한국군은 30명도 더 되는 한국군 병사들을 데려왔다. 터너가 설명하자 한국군들이 동의했다.

터너는 한국군 몇 명에게 중공군 기관총을 꼼짝 못 하게 만들 사격 임무를 맡겼다. 그러면서 다른 한국군에게는 기관총을 공격할 계획을 설명했다. 터너는 바깥으로 나갔다. 뒤를 돌아본 터너는 한국군이 모두 자신을 따라오는 것을 보고 깜짝 놀랐다. 한국군은 터너의 설명을 이해하지 못했던 것이다.

터너는 용기에 술의 힘을 더해 움직이면서 '아무러면 어때'라고 생각했다. 터너는 "만세, 만세"라고 소리치면서 엄폐해주는 둑을 넘어 올라가 중공군의 기관총을 향해 달렸다.

터너와 그를 따르는 한국군은 중공군이 미처 총구를 돌리기도 전에 밀물처럼 들이닥쳤다. 터너가 이끄는 한국군이 다른 기관총을 향해 돌진하려 했지만, 터너는 다른 전투 명령을 먼저 이행해야 한다는 생각에 이들을 제지했다.

그 순간 큰 소리를 내며 능선 위를 낮게 날던 항공기 한 대가 터너 일행을 사격했다. 로켓 한 발이 터졌다. 터너는 타박상을 입고 뇌진탕으로 다시 정신을 잃었다.

그러나 터너가 차가운 흙 위에 누워 있는 동안 다른 병사들이 공격을 맡았다.

갈고개 위로 성난 듯 큰 소리를 내며 저공비행하던 항공기들은 날이 저물 때까지 중공군 기관총을 하나씩 제거했다. 카이저 소장과 부사단장인 브래들리^{Bradley} 장군은 세로로 뻗은 능선에 남은 중공군을 소탕할 보병들을 조직하고 있었다. 미 9연대의 무뇨즈 대위 같은 장교들과 미 38연대의 장교들은 작은 무리를 여럿 만들어 고지들을 넘어 움직였다.

해가 완전히 질 때까지는 몇 분밖에 남지 않았다. 중공군의 사격 기세가 조금은 꺾인 듯했다. 무뇨즈는 50구경 기관총을 장착한 탄약수송차를 앞으로 나아가게 했다. 트럭 앞으로 8~10명의 중공군이 갑자기 나타났다. 항복하려는 것이 분명했다. 그러나 이들은 손을 높이 들기는 했지만 손에 무기를 들고 있었다.

한국군 중위 한 명이 무뇨즈에게 크게 말했다. "저들을 믿지 마십시오. 가까이 오려는 겁니다."

무뇨즈와 중공군이 거의 동시에 사격을 시작했다. 중공군들이 쓰러졌다. 그러나 누군가가 "사격 중지, 사격 중지! 중공군들이 항복하려 한다"라고 외치며 달려갔다.

저 멀리 앞에서 카이저 소장이 이 소리를 들었다. 카이저가 소리치기 시작했다. "사격을 멈춰! 이 빨갱이들은 영어를 알아! 그들이 도망치기 시작했어. 우리가 그들을 도망치게 만들었다고."

2수색중대에서 온 경輕전차 2대가 골짜기로 들어섰다. 미 38연대 소속 장교가 이 두 전차를 이용해서 길을 막는 잔해들을 길 밖으로 밀어낼 수 있었다. 나무가 우거진 영국군 능선 너머 곡선 구간의 좁은 산길을 통과하는 행군 대열은 또다시 갑자기 뱀처럼 심하게 구부러지기 시작했다.

무뇨즈는 카이저 소장이 말하는 것을 들었다. "어두워지기 전에 이곳을 통과해야 한다." 그러더니 카이저는 자신의 지프에 올라타고 갈고개로 가버렸다. 사단장이 떠나고 무뇨즈와 다른 장교들이 뒤따랐다.

이 행군은 주변에 있는 중공군의 의지를 꺾어놓았다. 미 공군은 미친 듯이 공격을 퍼부었고, 포병은 귀가 멍해지도록 포를 쏘아대며 방어병력을 돕기 위해 언덕을 오르는 많은 중공군을 흩어지게 만들었다. 소수의 한국군과 미군의 용기에 버번위스키의 힘이 더해져서 결국 갈고개를 뚫을 수 있었다.

어두워지면서 다시 일어선 터너 중위는 한미 혼성군 병력을 이끌고 남서쪽으로 걸어가 마침내 우군의 방어선에 도착했다.

무뇨즈는 집중공격을 받아 부하 중 25명을 잃었다. 그러나 그는 영국 여단에 와서 그의 중대 취사차량을 찾았다. 기적 중의 기적이 아닐 수 없었다. 그 순간 그에게는 다이아몬드보다도 취사차량이 더 절실했다.

붉은 빛을 내뿜는 해가 서쪽으로 지면서 갈고개에 있던 긴 정체가 풀렸다. 그러나 해가 질 때도 미 2사단 대부분은 여전히 갈고개 골짜기 북쪽에 있었다.

갈고개에서 정지한 행군 대열을 처음 만났을 때 카이저 소장은 군우리의 북쪽 입구를 지키고 있는 프리먼 대령의 미 23연대와 교신하려 했다. 카이저는 궁지에 몰린 미 23연대로부터 도움을 받을 수 있을 것이라고 기대했지만, 고지도 많고 거리도 멀어 교신이 이루어지지 않았다.

그러나 미 9연대장인 슬로안Sloane 대령은 카이저 소장과 프리먼 대령 사이에 있으면서 이 둘과 모두 접촉하고 있었다. 슬로안 대령이 둘 사이에서 무전을 중계했다.

북쪽에 있는 프리먼은 갈고개에 있는 카이저가 받는 것과 같은 압박을 받고 있었다. 후위에 떨어지는 포탄의 양이 시시각각 늘어나고 있었다. 중공군이 미군을 전멸시키기 위해 집결하면서 프리먼은 주위를 둘러싼 봉우리들로부터 들려오는 불길한 나팔소리를 들을 수 있었다. 프리먼과 미 23연대에 배속된 포병부대장인 케이스는 만일 미 23연대전투단이 빨리 후퇴하지 못하면 다시는 후퇴할 기회가 없으리라는 데 의견을 같이했다.

프리먼은 슬로안을 거쳐 카이저에게 전문을 보내면서 철수를 생각했다. 프리먼은 신안주 도로에서 갈고개를 통과하는 대신에 서쪽으로 난 길을 통해 철수해도 좋다는 허락을 받길 원했다. 중계되는 전문을 주고받으면서 서로 다른 생각을 하던 프리먼과 카이저는 조금 혼란스러워지기 시작했다. "시행하라. 행운을 빈다." 프리먼이 받은 전문이었다.

나중에 카이저도 부사단장인 브래들리도 계획 변경을 승인했다는 것을 기억하지 못했다. 그러나 카이저가 프리먼에게 "하느님 감사합니다. 폴, 결국은 잘 되었네"라고 말했다.

중계된 전문을 받는 그 즉시 프리먼과 케이스는 모든 탄약을 발사하고 중포重砲들을 포기하기로 결정했다. 서쪽으로 난 길을 통해 밤에 싸우면서 곡사포를 가지고서 철수하기란 적절하지 않았다.

미 23연대의 소총병들이 군우리 주변 고지의 진지들을 떠나기 시작하자, 15야전포병대대의 조리병, 행정병, 운전병들은 임시 탄약보관소에서부터 포까지 일렬로 늘어섰다. 겨우 수천 미터 떨어진 곳에서 중공군이 열을 지어 압박하고 있었다. 포병대대 전원이 탄약 나르는 것을 거들었고, 포수들은 사격을 시작했다.

20분 뒤, 15야전포병대대는 포탄 3,206발을 발사했다. 전진하던 중공군 앞으로 포탄이 폭발하면서 땅이 울리고 화염과 죽음이 휩쓸었다. 포에 칠해진 페인트가 열 때문에 타거나 벗겨졌고, 폐쇄기는 까맣게 그을렸다. 탄이 다 떨어지자, 포수들은 격발장치와 가늠자를 제거하고 포신을 용접해버린 뒤 트럭에 올랐다.

그러나 우박처럼 퍼부은 포격이 미 23연대를 구했다. 유례없이 격렬한 포격을 받고 멈춰 선 중공군은 미군이 역습할 것이라고 예상해서 그 자리에 진지를 만들었다. 나중에 중공군은 진지에서 나와 미군을 추격했지만. 차량화 대형을 걸어서 따라잡을 수는 없었다.

어둠이 내리자 움직이기 시작한 프리먼 대령의 지휘소는 서쪽에 있는 해안도로에 온전하게 도착했다. 그러나 자정까지도 미 23연대의 마지막 병력과 차량이 군우리를 완전히 벗어나지 못했다. 이들 뒤로 여전히 강하게 압박을 받는 미 25사단의 후위 부대가 들어왔다. 이들은 콜리^{Corley} 대령이 지휘하는 미 24보병연대의 일부였다.

12월 1일 새벽 2시, 블레어^{Blair}가 이끄는 미 24연대 3대대는 여전히 군우리를 지키고 있었다. 블레어가 콜리에게 전화로 보고하는 동안 중공군이 개미 떼처럼 블레어의 지휘소로 몰려들었다. 새벽 무렵 미 24연대 3대대는 더 이상 전투가 가능한 부대가 아니었다. 3대대원 모두 살길을 찾아 각자 움직이고 있었다.

이상하게도 중공군은 미군이 서쪽으로 도망가도록 내버려두었다. 심지어 미군을 미군 방어선 인근에 데려다주기까지 한 사례도 많았다.

남아서 싸우는 미군은 더 이상 보이지 않았다.

케이스가 지휘하는 15야전포병대대보다 적은 미 2사단 포병연대는 남쪽에서 집중공격을 받은 마지막 부대였다. 포병연대는 오후 내내 철수할 차례를 기다렸다. 미 23연대가 서쪽으로 갔기 때문에 미 2사단 포병연대는 행군 대열에 속한 것이 아니라 사단을 위해 싸우는 후위부대가 되었다. 따라서 미 2사단 포병연대원들은 이동하고, 철수하는 대열을 화력으로 지원하고, 그러다가도 갑자기 포를 지키느라 끔찍하게 바빴다. 잠시 동안 포병연대는 무엇을 먼저 해야 할지 진퇴양난에 처했다.

어두워지자 갈고개가 확보되었다. 미 2사단 포병연대장인 헤임즈^{Haymes} 준장은 앞에 있는 차량들이 움직이는 것을 보자 스스로 결정을 내려야 한다는 것을 깨달았다. 헤임즈는 사단 포병에 갈고개를 통과해 이동하라고 명령했다.

공병, 헌병, 그리고 이전에 통로를 통과하다가 낙오한 보병들이 포병과 함께 움직였다. 이동하는 내내 치열한 전투가 계속되었다. 어떤 포대들은 포를 방열해야 했고, 어떤 포대들은 중공군에게 공격당했다. 모두 다 큰 타격을 입었다.

적의 사격을 받으며 야간에 행군하는 동안 불타는 차량들로 길이 막혔다. 장애물을 피하려 방향을 바꾸던 차량들은 뒤집어졌다. 철수 대열 앞에 있는 포병대대들이 피해를 입지 않고 제일 잘 빠져나왔다. 선두에 있던 17포병대대도 무사히 빠져나왔다. 따라오던 37포병대대는 포 10문을 잃었다. 503포병대대는 밤새 155밀리 곡사포를 지키려고 싸웠으나 결국 잃었다. 행군 대열 맨 뒤에 있던 38포병대대는 포와 트럭을 모두 잃었고, 살아남은 대대원들은 낙오자가 된 채 고지를 넘어 철수했다.

포를 잃자 포병의 명예가 손상되었다며 우는 포병도 있었다. 그러나 병과와 관계없이 함께 철수한 이들은 포병들이 끝까지 명예롭게 싸웠다고 여전히 굳게 믿는다.

미 2사단에서 가장 마지막으로 철수해 12월 1일 아침 영국군 방어선에 도달한 장병들은 그들이 경험한 것을 거의 기억하지 못했다. 출산을 경험한 여성들이 그렇듯 마음이 의식적으로 더 이상 아무것도 받아들이려고 하지 않는 순간이 있다. 고통의 기억마저 잊는다.

12월 1일 아침, 순천 이남에 있는 구호소와 야전병원이 유엔군 부상자 수천 명으로 가득 찼다. 영국군과 미군의 외과의들은 탈진할 때까지 환자를 돌봤다. 이들은 쓰러졌다가도 다시 일어나 환자를 돌봤다. 부상병들은 치료 차례를 기다리면서 얼어붙은 땅에서 몇 시간이고 누워 있었다.

죽은 사람 말고도 치료 차례를 기다리는 이들보다 훨씬 더 운이 나쁜 이들이 여전히 있었다.

미 2보병사단의 모든 부대들이 빠져나온 것은 아니었다.

* * *

20세기 중반에 미 육군에 내려오는 근거 없는 믿음들 중의 하나는 기술자는 군인이 아니며 군인이 되어서는 안 된다는 것이다. 그러나 보병이든 기갑이든 의무든 군복을 입으면, 그들이 겪는 일들을 통해 이 믿음이 잘못된 것임을 알게 된다. 누구든 군복을 입으면 병과에 상관없이 고통을 겪고 필요하다면 싸울 준비가 되어 있어야 한다.

미 2보병사단 2의무대대의 찰스 B. 슐리처^{Charles B. Schlichter} 상사는 그의 생애 대부분을 군인으로서 살아왔다. 18세이던 1939년, 키가 크고 깡마르고 녹색 눈동자를 가진 슐리처는 펜실베이니아 주 방위군에 입대했다. 제2차 세계대전 중 슐리처는 해병상륙군의 해안 담당 부대에서 해안경비대와 함께 43개월간 해외에서 복무했다. 슐리처는 그중에서도 태평양에 있는 콰절린 환초^{Kwajelein}[113], 에니웨톡 환초^{Eniwetok}[114], 사이판 섬, 그리고 티니언 섬^{Tinian}[115]에 있었다.

그러나 무슨 일인지 슐리처는 제2차 세계대전 종전 후 결혼한 뒤 가구상이 되었다. 그는 군 복무 경험이 신부에게 아무 영향도 주지 않을 것이라고 생각했다. 배우자 복이 있는 사람이 있다. 슐리처의 부인 엘리자베스^{Elisabeth}는 육군 영내에서 자랐다. 시간이 갈수록 엘리자베스는 무엇이 남편을 괴롭히는지를 알았다.

어느 날 밤, 슐리처는 욕조에 들어앉아 갈색 머리를 감고 있었고, 엘리자베스는 침대에 누워 석간신문을 읽고 있었다. 갑자기 엘리자베스가 말했다. "육군이 사람을 모집한대. 다시 입대해서 복무하는 건 어때?"

슐리처는 귀에 묻은 비누거품을 닦고 있었다. "뭐라고?"

엘리자베스가 다시 말했다. "다시 입대해서 복무하는 것은 어때?"

---

113 콰절린 환초: 마셜 제도에 있는 환초로, 하와이에서 남서쪽으로 약 3,900킬로미터 떨어진 곳에 있다.

114 에니웨톡 환초: 마셜 제도에 있는 환초로, 콰절린 환초에서 북서쪽으로 620킬로미터 떨어져 있으며 비키니 환초와 함께 미국이 핵 실험을 60차례 이상 실시한 곳으로 유명하다.

115 티니언 섬: 미국 자치령인 북마리아나 제도의 섬으로, 괌 섬 북쪽으로 160킬로미터 떨어져 있다. 히로시마에 투하된 원자폭탄 리틀 보이를 탑재한 에놀라 게이 B-29 폭격기가 이륙한 곳이기도 하다.

슐리처가 말했다. "그러고야 싶지. 그렇지만 당신에게 미안해서…."

"난 여행이라면 다 좋아."

다음날 아침, 슐리처는 모병관에게 전화를 걸었다. 그의 기록을 검토한 육군은 슐리처에게 상사 계급을 주었다. 1950년 6월에 슐리처는 메디건 종합병원[116]에서 수술조무사로 일하고 있었다. 한국에서 전쟁이 터졌다는 소식을 들은 슐리처는 불길한 예감이 들었다. 밤에 슐리처가 엘리자베스에게 말했다. "무슨 일이 일어날 거야. 뭔지는 모르지만 무슨 일이 일어날 게 분명해. 무슨 일이든 내가 떠난 그곳에 그대로 있어. 꼭 돌아올게." 그날 밤, 슐리처도 엘리자베스도 잠을 설쳤다.

며칠 뒤, 정말로 무슨 일이 일어났다. 슐리처는 7월 16일부로 미 2사단으로 전속되었고, 전속된 뒤로는 부대 밖으로 벗어날 수 없었다. 그는 아내와 만날 수 있는지를 물었으나 다음과 같은 말을 들었다. "한국으로 출발하면 부인에게는 거처가 배정될 겁니다."

슐리처의 새 부대인 9보병연대는 극동을 향해 민간 상선을 개조한 배를 타고 이동했다. 부사관들에게는 목욕탕과 깨끗한 침대보가 있는 전용 선실이 배정되었다. 그러나 바다를 건너면서 슐리처를 포함한 의무병들은 한국 상황이 어떤지에 대해서는 아무것도 듣지 못했다. 이들은 한국은 그곳에 도착하기도 전에 상황이 정리될 수도 있으며 자신들이 하는 행동은 그저 자잘한 치안유지 활동에 불과하다는 말을 들었다. 그러나 라디오를 들으면서 슐리처는 사라지는 미군의 방어선을 머릿속에 그려보고 있었다.

미 9연대가 부산에 상륙하자 의무병들에게 소총이 지급되었다. 나중에 슐리처가 말했듯이 이것 때문에 병사들은 상당히 실망했다. 군복을 입은 미군은 의무병 완장을 찼든 군목 표지를 달았든 상관없이 북한군이 만만하게 생각하기 때문에 알아서 잘 처신해야 한다는 말을 들었기 때문이다.

---

116 메디건 종합병원: 워싱턴 주 포트 루이스에 있는 미 육군 종합병원.

이내 타는 듯 뜨거운 낙동강을 따라 벌어지는 치열한 전장에서 슐리처는 사단 의무중대로 갔다. 그는 낙동강부터 청천강까지 미 2사단을 따라갔다. 추수감사절에 다른 이들처럼 슐리처 또한 미국으로 돌아가서 크리스마스 선물을 사겠노라고 아내에게 편지를 썼다.

청천강 일대에서 의무중대가 갑자기 바빠졌다. 의무중대장 버트 N. 코어스Bert N. Coers 소령이 중대원들에게 말했다. "우리는 남쪽으로 철수한다. 이것은 후퇴가 아니라 조직적인 철수이다."

11월 30일 사단을 집어삼키는 듯한 혼란 속에서 슐리처는 의무병들이 뭐라도 들은 것이 있어서 다행이라고 생각했다.

차량 20여 대가 대열을 이루고 군우리에서 남쪽 순천으로 향하고 있었다. 이는 연대 호송대의 가장 끝이었다. 여기서 말싸움이 조금 있었다. 20여 대 되는 차량에는 부상병 180명이 타고 있었다. 의무병들은 앞으로 생길지도 모를 부상병들을 돕기 위해 가장 마지막에 철수해야 하는가? 아니면 이미 발생한 부상병들을 돌보기 위해 일찍 앞으로 나아가야 하는가?

의무병들이 마지막에 가는 것으로 결정이 되었다. 무엇보다도 코어스는 이 이동이 질서 있는 철수라고 들었고 문제가 있으리라고는 누구도 생각하지 않았다.

11월 30일 땅거미가 질 무렵, 의무중대 호송대는 갈고개 북쪽으로 몇 킬로미터 떨어진 곳에 여전히 멈춰 있었다. 중대 선임부사관 케네스 비드키Kenneth Beadke 그리고 라이트Wright 중사와 함께 트럭에 탄 슐리처는 앞쪽에서 집중사격 소리와 함께 분홍색과 빨간색 예광탄들이 고지에서 뿜어져나오는 것을 볼 수 있었다. 슐리처 일행은 무슨 일이 벌어지는지 그리고 왜 멈췄는지 궁금했지만 걱정하지는 않았다. 이들은 단지 앞에 있는 전투 부대들이 싸워서 갈고개를 개방하는 중이라고만 생각했다.

어둠이 짙어지면서 기온도 떨어졌다. 사격소리에 봉우리들이 떠나갈 듯했다. 호송대의 병사들은 지치고 춥고 공포에 떨기 시작했다.

"무슨 일이지? 왜 앞으로 나아가지 않는 거지?"

의무중대에는 전쟁이 무엇인지 전혀 모른 채 한국에 온 어린 병사들이 많았다. 공포가 엄습하기 시작했다.

호송대에는 젊은 위관장교들도 있었지만, 이들 또한 갓 군인이 된 사람들이었다. 장교 한 명이 멈춰 선 트럭 대열을 따라 뛰어가면서 소리쳤다. "자기 몸은 자기가 챙긴다. 우리는 포위되었다. 어쨌든 트럭에서 내려라!"

군인들이 트럭에서 내려서 주변 고지로 달리기 시작했다. 장교들과 부사관들이 뒤따랐다. 나중에 슐리처는 이 당시를 떠올리며 말했다. "우리는 여기서 통탄할 만한 실수를 저질렀다. 여기서 우리는 전우와 동료에 대한 신의를 저버렸다."

트럭에는 부상병 180명이 실려 있었다. 누구도 이들에게 버려진다는 말을 하지 않았다.

200명 남짓 되는 의무중대원들은 주변 고지로 퍼졌다. 슐리처와 켄 비드키도 작은 무리에 섞여 있었다. 안전하려면 남쪽으로 가야 한다는 것을 알았지만, 어둠 속에서 어디가 남쪽인지 아무도 알지 못했다. 어떻게 움직일지 또는 어떤 방향으로 가야할지 아무도 몰랐다. 병사들은 지쳐 쓰러질 때까지 봉우리들 사이를 달렸다. 공포에 사로잡힌 채 다리가 움직이는 한 계속해서 달렸다.

어떤 이들은 고지에 올라 주변을 살폈다. 어떤 이들은 어둠 속에서 움직이는 사람들을 보고 소총을 발사했다. 때로는 영어로 고통스러워하는 목소리가 들렸다.

보병 훈련을 단 한 번도 받은 적이 없는 의무병들은 길가의 봉우리들을 정처 없이 밤새 헤맸다.

12월 1일 새벽, 슐리처가 낀 작은 무리에는 15명이 있었는데 이들은 길이가 270미터 되는 고원에서 쉬고 있었다. 날씨가 추웠다. 능선 가장자리를 내려다보던 슐리처는 말을 탄 중공군들이 계곡을 달리는 것을 보았다. 땅에 엎드려 있던 슐리처와 일행은 이 고지들에 중공군이 사방에 깔려 있다는 것을 알게 되었다.

슐리처가 있는 고지로 힐^{Hill}이라는 이름의 보병 장교가 왔다. 힐은 미 9 연대의 소령 또는 중령이었다. 힐은 반쯤 얼어붙은 병사들을 데리고 방어 진지를 만들려고 노력했다. 힐은 대공포판을 가지고 있었다. 미군 비행기 가 새벽에 중공군을 찾으러 능선을 뒤지며 위에서 날아다녔다. 힐은 조종 사의 눈을 끌려고 대공포판을 위아래로 흔들었다.

조종사는 대공포판을 보고 구조 요청 무전을 쳤다. 그러나 중공군도 노 출된 힐을 보았다. 총알이 힐의 배를 관통했다.

힐은 쓰러지더니 힘없이 말했다. "맙소사!"

슐리처는 힐에게 달려가서 힐이 입고 있던 동계 피복을 열어 젖혔다. 힐이 말했다. "저런, 이봐, 숙여! 중공군이 자넬 죽이려 해!"

"젠장, 개자식들이 날 맞히겠네." 슐리처가 투덜댔다. 슐리처는 힐의 상 처에 붕대를 감고 힐에게 모르핀을 놓았다. 이것 말고는 할 수 있는 것이 없었다.

슐리처가 힐을 보살피는 동안, 공군은 으르렁대며 날아들어 로켓과 기 관포로 능선과 계곡을 두들겨댔다. 공군은 주변을 둘러싸던 중공군 기병 을 몰아냈다.

힘을 북돋는 우군 항공기의 불빛 속에서 슐리처는 도로에 버리고 온 차량들로부터 별로 멀지 않은 능선에 자신이 있다는 것을 알 수 있었다. 밤새 슐리처의 일행은 마치 시작한 곳으로 다시 뛰어 돌아가는 산토끼처 럼 뱅글뱅글 돌고 있었다. 버려진 차에 있는 부상병들이 자기 책임이라는 생각이 슐리처의 머릿속을 갑자기 스쳤다. 슐리처는 주변의 병사들과 짧 은 회의를 했다.

도로 가장자리의 능선에는 중공군들이 이리저리 오가고 있었다. 모든 고참 병사들이 동의한 것은 아니지만 슐리처 일행에 있는 고참 병사들 대부분은 부상병들을 데리고 가야 한다는 데 뜻을 함께했다.

슐리처 일행은 잔해가 흩어진 길옆에 쓸쓸히 서 있는 트럭들 쪽으로 난 언덕을 타고 내려오기 시작했다. 부상병들을 위해 무엇을 해야 할지 여기서 결정되었다.

트럭들은 아무 피해도 입지 않은 채 길가에 줄지어 서 있어서 하늘에서 쉽게 눈에 띄었다. 슐리처 일행이 트럭에 도착하기 전, 공군기들이 남쪽에서 큰 소리를 내며 날아와 기총소사와 폭격을 가했다. 포기한 장비를 적이 유용하지 못하도록 파괴하는 것은 공군의 표준 관행이었다. 조종사들은 버려진 트럭 안에 무엇이 있는지는 알 수 없었다.

슐리처와 트럭 사이의 거리는 손을 쓰기에는 너무 멀었지만 부상당한 이들이 지르는 비명을 듣기에는 충분히 가까웠다. 공군기가 네이팜탄을 떨어뜨렸다. 얼어붙은 땅에 튕긴 네이팜탄들이 터지면서 먼지를 뒤집어쓴 트럭들이 불길에 휩싸였다.

추운 날씨에도 슐리처의 얼굴은 갑자기 땀으로 축축해졌다. 함께 있던 사람들 중에는 눈을 감아버리는 이들도 있었다.

그러고는 그들 모두 고지로 달려갔다. 슐리처 일행은 작은 무리들로 흩어져서 고지로 돌아갔다. 통일성은 전혀 없었다. 모든 병사들은 아무것도 할 수 없었고 무엇을 하려고도 하지 않았다. 중공군의 사격으로 부상을 입은 병사도 있었다. 중대원 중 다수가 자기 무기를 내버렸다.

하지만 여전히 군인으로서의 길을 가는 장병들이 많이 있었다. 그중 한 명이 스트루더스Struthers 대위였다. 일본에서 장군 한 명이 그에게 보직을 주었으나 스트루더스는 이를 거절하고 참전했다. 그는 부상당한 병사를 도우려다 기관총 집중사격에 맞아 전사했다.

그러나 그들 대부분은 영웅도 겁쟁이도 아니었다. 이들은 평범했고 어디에서든 순응했다.

잠깐 사이에 인민군 정찰대가 기관단총으로 그들을 위협하며 언덕 위로 끌고 갔다. 코어스 소령과 장교 한 명이 이야기를 나누었다. 코어스가 말했다. "저항해야 소용없네." 코어스가 일어서서 항복했다. 일행은 슐리처를 포함해서 15명이었다.

인민군은 이렇게 잡은 미군 포로들을 능선 너머로 데려갔다. 그러더니 고지에 파인 길고 좁은 참호 앞에서 멈추게 했다. 인민군이 소련제 기관단총의 총구를 포로들에게 돌리자 걷잡을 수 없는 공포 속에서 슐리처는 이들이 자신들을 쏠 것이라고 생각했다.

기관단총을 든 인민군 병사들을 보는 순간, 그는 조국에 대한 기대를 접었다. 미국에서 1만 6,000킬로미터나 떨어진, 얼어붙고 강한 바람이 몰아치는 고지에서 죽음을 마주한 슐리처에게 미국의 힘과 영광은 멀고 무력했다.

미국인들은 신실했고 슐리처 또한 그렇게 자랐기 때문에 그는 작은 성경책을 상의 주머니에 넣고 다녔다. 그러나 그때까지 슐리처는 성경에 눈길 한 번 제대로 준 적이 없었다. 그가 떠나기 직전 슐리처는 성경을 꺼내 시편 23편을 펼쳤다.

슐리처는 어려서부터 시편 23편을 알았기 때문에 읽을 필요는 없었다.

그런데 인민군은 쏘지 않았다. 중공군으로 보이는 장교 한 명이 달려와서는 높은 목소리로 명령을 내렸다. 인민군은 총구를 내렸다. 중공군 장교는 다시 큰 소리로 말했다. 인민군은 총구를 겨누며 미군 포로들을 몰아갔다. 그들은 북으로 향했다.

그들은 시련에 망연자실한 채 지치고 추위에 떨며 말없이 비틀거리면서 북쪽을 향해 걸었다. 그러나 자신이 속한 작은 일행 속에서 슐리처는 불현듯 두 번 다시는 미래에 대해 두려워하지 않겠다고 생각했다. 그리고 이들 중에 오직 슐리처만이 살아서 미국을 다시 보게 된다.

제22장

장진호

●

E중대는 이곳에서 버틴다.

— 미 7해병연대 E중대장 월터 필립스Walter Phillips 대위, 유담리 위의 고지에서

워커 중장이 이끄는 미 8군이 청천강 일대에서 적을 발견하고 사흘 뒤, 미 10군단은 동쪽에서 톱같이 강력한 중공군과 접촉했다. 여기에서 오랜 지상전 역사상 가장 야만적인 전투가 벌어졌다. 동부전선에서 벌어진 전투는 많은 면에서 서부전선의 전투와 유사했다. 서부전선의 유엔군은 측면에서 공격을 받았을 때 어떤 부대들은 전투를 치르면서 온전한 상태를 유지한 반면 일부 부대는 진지를 방어할 수 없는 상태였다.

그러나 분명히 차이점도 있었다.

미 8군이 넓은 정면을 공격하는 동안 알몬드가 지휘하는 미 10군단은 주 공격로 4개를 따라 북쪽으로 진격했다. 한반도의 동쪽에는 비교적 평평한 계곡은 전혀 없다. 헐벗고 잔인할 정도로 험악한 산맥들 사이로 통과하는 골이 깊고 구불구불한 회랑뿐이었다. 그곳의 길은 먼지투성이 흙길이었다. 많은 곳에서 주요 도로는 산비탈을 따라 이어지는 절벽에 걸린 오솔길뿐이었다.

이런 지형 때문에 미 10군단 예하 부대 간의 접촉은 취약했다. 왼쪽에서는 미 3사단이 미 8군과 간극을 좁히려 노력하며 전진했다. 이 위로는 미 1해병사단이 장진호를 향해 북서쪽으로 진격했다. 장진호 동쪽에서 미 7보병사단은 압록강을 향해 북쪽으로 곧장 나아갔다. 오른쪽 멀리에서는

압록강을 향한 미 10군단의 진격
1950년 10월 25일~11월 26일

━ ∙ ━ ∙ 10월 25일 유엔군 전선
━▶ 유엔군 진격로

1인치 = 27마일(2.54cm = 43.5km)

한국군 1군단이 해안선을 따라 2개 보병사단을 이동시키고 있었다.

사나운 지형들을 가로질러 전진하는 전선은 안정적이기보다는 분리된 4개의 손가락이 좁은 산악 회랑을 각각 치고 올라가는 모습이었다. 1950년 11월 4개 부대의 진격 상황은 매우 달랐다.

무너져내리는 인민군 잔여 병력을 공격하면서 한국군 1군단은 시베리아 바닷가 지역인 연해주 쪽으로 아무 거리낌 없이 빠르게 달려나갔다. 한국군 지역에서는 중공군이 전혀 나타나지 않았다.

한국군 1군단 왼쪽에 있는 미 7사단은 산발적인 저항을 받았다. 11월 21일 포웰Powell 대령이 이끄는 미 17연대전투단은 압록강변 혜산진에 도착했다. 혜산과 만주를 연결하는 다리는 유엔군 공군의 공격으로 산산이 부서져 있었다. 혜산은 텅 비어 있었다. 윗가지를 엮어 만든 초가집은 버려져 있었고, 버려진 소 떼는 얼어붙은 벌판에서 비참하게 울어댔다.

흥남에서 장진호를 향해 북서쪽으로 전진하는 해병은 11월 첫째 주에 중공군과 대규모로 조우했다. 그러나 린뱌오가 주도하는 1차 공세 부대 중 하나였던 이들 중공군은 격렬한 전투 끝에 격퇴되면서 물러났다. 11월 8일까지 중공군은 북쪽으로 뻗어 불길한 기운이 감도는 산속으로 녹듯이 사라졌다. 해병사단장인 올리버 스미스Oliver Smith 소장과 예하 연대장인 리첸버그 대령, 머레이 대령, 그리고 풀러 대령은 불가사의한 북쪽에 무엇이 기다리고 있을지 매우 미심쩍어했다.

알몬드 소장이 해병대의 진격 속도가 늦다며 채근했지만, 해병대는 의도적으로 전진 속도를 늦추었다. 이런 지형에서는 한 줄로 길게 늘어설 수밖에 없는데, 해병대는 압록강으로 허둥지둥 달려가는 것은 매우 위험하다고 생각했다. 미 10군단의 기동 계획은 이미 무너진 인민군 잔여 병력보다 훨씬 더 무분별했다.

그러나 워커처럼 알몬드도 명령을 도쿄에서 받았다. 명령은 간단했다. 밀고 올라가서 전쟁을 끝낼 것! 알몬드의 재촉에 별로 내켜하지 않는 해병대를 포함해 미 10군단 전체는 계속해서 밀고 올라갔다.

차가운 잿빛 동해 바다에 면한 항구도시 흥남의 북쪽으로는 높게 솟은 봉우리들 사이로 흙과 자갈이 깔린 좁은 도로가 마치 뱀처럼 구불구불 북쪽으로 나 있다. 흥남부터 진흥리까지 길은 2차선으로 70킬로미터쯤 되는데 경사는 꽤 완만하다.

그러나 진흥리부터는 상황이 달라진다. 진흥리부터 도북圖北 345도 방향으로 60킬로미터 뻗어 아주 작고 지저분한 마을인 유담리로 이어지는 길은 악몽의 연속이었다.

진흥리 너머의 길은 해발 750미터의 차고 공기가 희박한 산 위에 있었다. 2차선이던 길은 1차선으로 줄어들었다. 마치 구불구불한 매듭처럼 어지럽게 난 길은 불쑥 솟아오른 불모지로 이어졌다. 길의 한쪽은 벼랑이고, 다른 한쪽은 입을 벌린 심연과 같았다.

계속해서 올라가는 길은 개마고원에 이른다. 그곳에는 마을이 딱 하나 있었다. 보잘것없는 고토리였다. 고토리부터 길은 해발 1,600미터쯤 되는 봉우리들 사이를 지나 남북으로 50킬로미터 길이의 장진호 남쪽 끝자락에 있는 하갈우리까지 이어졌다.

전쟁 전에는 중요한 중심지였지만 당시 하갈우리는 유엔 공군의 공격으로 잿더미가 되어 있었다. 하갈우리는 폭 5킬로미터쯤 되는 얼어붙은 땅의 우묵한 곳에 자리 잡은 마을이었다. 길은 여기부터 다시 두 갈래로 갈라졌다.

오른쪽 길은 여기까지 오는 길과 마찬가지로 지형이 험준한 북동쪽으로 이어져 있었다. 왼쪽 길은 장진호를 따라서 서쪽으로 이어져 있었다. 이 길은 해발 1,200미터를 넘는 덕동고개를 지나고, 음침해 보이는 협곡을 22킬로미터쯤 통과하면 큰 능선 5개로 둘러싸인 넓은 계곡으로 이어졌다.

해발 1,000미터가 넘는 이 계곡에는 초라한 시골 마을 유담리가 있다. 이 마을은 해발 1,600미터가 넘는 봉우리들로 둘러싸인 채 시베리아에서 불어오는 세찬 눈과 바람을 그대로 받아내는 곳이다. 홍남부터 이곳까지는 겨울이면 땅은 황량하고 스산하다. 칼바람에 풀은 죽어 바스락거리며 말라서 갈색으로 변한다. 눈은 계속해서 내리고 얼음은 계곡과 바위투성이 능선을 덮어버린다.

1950년 11월, 이곳에는 세계의 지붕에서 시작해 얼어붙은 압록강을 건너 겨울이 일찍 왔다. 이 해 겨울은 지난 10년간을 통틀어 최악의 겨울이었다. 해병대와 육군이 가진 지도에는 이런 날씨를 알려주는 정보가 전혀 없었다. 한국을 둘러싼 바다들은 아시아의 북쪽 대륙을 휩쓸고 오는 추위를 막아주지 못한다. 같은 위도이지만 기후가 온화한 유럽이나 아메리카와 달리, 한국은 겨울이 북극처럼 춥다.

이 길을 따라 이동하며 치열하게 싸워 개마고원에 도착한 미 1해병사단에게 11월 10일 밤, 겨울이 엄습했다. 온도계 수은주가 영하 10도 이하로 떨어졌다. 첫 충격으로 해병들은 멍해져서 우왕좌왕했다. 어떤 병사들은 무감각해졌고, 어떤 병사들은 고통으로 울부짖었다. 미 육군 보급품으로 지급된 질 좋은 옷가지를 여러 겹 겹쳐 입어도 추위를 완전히 막을 수는 없었다.

많은 해병들은 이보다 더 혹독한 추위에 익숙했지만, 불과 피난처 또는 따뜻한 음식이 전혀 없이 싸우는 것에는 익숙하지 않았다. 수통의 물과 캔 속의 전투식량은 얼어서 딱딱하게 굳어버렸다. 혈장도 얼었다. 의료 보급품은 언제든 난로 옆에서 2.5미터 이상 떼어놓아서는 안 되었다. 차량은 시동을 끄면 다시 시동을 걸기가 어려웠다. 야포도 얼어서 굳어버렸기 때문에 윤활유를 모두 닦아내야 했다. 자동화기가 작동은 했지만 한 번에 한 발씩 쏠 수밖에 없었다.

최악의 겨울이 가져온 충격이 차츰 사라지는 동안에도 추위가 가져온 문제는 계속되었다. 어두운 고지와 통로에 도사린 중공군만큼 추위도 두려운 적이었다. 능선에서 추위에 노출된 장병들의 손과 발은 동상으로 하얗게 변했다. 부상을 입은 장병들은 극도의 고통에 시달렸다. 12월 내내 혹독한 날이 계속되면서 추위는 중공군의 총알만큼이나 미군을 많이 쓰러뜨렸다.

땅속 50센티미터 깊이까지 얼어버렸다. 추위에 트고 감각이 없어진 손으로 땅을 파느라 고통이 더 심했다. 그렇지만 매일 밤 모든 사람은 땅을 파고 스스로를 지킬 피난처를 만들어야 했다. 그러고는 깊지 않은 피난처 속에서 덜덜 떤 채 13시간 동안 계속되는 어둠을 버텨야 했다.

1950년 11월, 해병대와 육군은 이 혹독한 땅을 행군해 나아갔다. 이들은 이 길을 주 보급로라고 불렀다. 살아 있는 이들에게 다른 길은 없었다.

이들은 함께 움직일 수 없었다. 주 보급로에는 공간이 충분치 않았다. 미 5해병연대와 미 7해병연대는 북으로 한참을 치고나가 유담리에 이르러서 유담리를 둘러싼 능선들을 확보했다. 이 2개 연대는 1개 대대와 지원 병력을 하갈우리에 남겨서 활주로를 만들고 방어하도록 했다. 미 7해병연대 F중대는 도로를 지키기 위해 도시 사이의 덕동고개를 점령했다. 멀리 뒤에는 풀러 대령이 이끄는 미 1해병연대가 고토리와 그 밑으로 이어지는 도로들을 경계했다.

돈 G. 페이스Don G. Faith 중령이 지휘하는 미 32보병연대 1대대가 주 보급로를 따라 올라왔다. 11월 25일, 하갈우리에서 장교와 병사, 그리고 배속 병력을 합쳐 1,053명으로 이루어진 페이스 특수부대는 오른쪽으로 방향을 틀어 장진호 동쪽으로 나아갔다. 작전계획에 따라 페이스 특수부대가 오른쪽에서 압록강까지 밀고 올라가는 동안, 해병대는 왼쪽에서 움직여 얼어붙은 장진호 양쪽을 쓸어버릴 예정이었다.

하갈우리 수 마일 북쪽에서 페이스 중령은 병력을 하차시켜 천막에서 몸을 녹이도록 했다. 미 32연대 병력은 추위로 감각은 없었지만 전쟁이 거의 끝났다는 것을 알았기 때문에 사기는 높았다. 다음날인 11월 26일, 페이스는 이곳에서 해병대와 교대했다. 그리고 11월 27일, 페이스의 특수부대는 북쪽으로 밀고 올라갔다. 페이스와 교대한 해병대는 이 지역에 중공군 3개 사단이 있다는 말을 들었다고 페이스에게 알려주었다.

음산한 땅에 수십 킬로미터에 걸쳐 분산되어 있던 육군과 해병대의 연대들과 대대들은 실오라기처럼 취약한 길 하나로만 이어져 있었다. 동쪽에도 서쪽에도 아무도 없었다. 미 8군은 이 끔찍한 봉우리들로부터 130킬로미터나 떨어져 있었다. 이 사이에 무엇이 있는지는 아무도 몰랐다.

* * *

1950년 11월 25일, 미 7해병연대 1대대가 중공군 한 명을 포로로 잡았다. 부상을 입은 포로는 고분고분했다. 그는 자신이 병사라고 했다. 신문이 이어질수록 첩보가 계속 나왔다. 여러 말을 하던 중 포로는 중공군 전투 계획을 진술했다.

장진호 북쪽에 있는 산맥에 중공군 2개 군이 있으며 이 2개 군은 예하에 3개 사단이 있었다. 미군이 유담리에 도달하는 것이 중공군에게는 공격 신호였다. 중공군 3개 사단이 유담리를 공격하기로 되어 있었는데, 북쪽과 서쪽에서 각각 1개 사단이 유담리에 있는 2개 연대를 공격하고 마지막 1개 사단은 남쪽으로 치고 들어가 하갈우리로 이어지는 도로를 차단한다는 것이었다. 완전 편성된 중공군 1개 사단은 하갈우리로 공격하고 다섯 번째 부대는 하갈우리와 고토리 사이에 난 길을 남쪽에서 끊고 고토리를 진흥리로부터 고립시키는 것이 중공군의 전투 계획이었다.

해병대 영관장교들은 자신들의 전투 계획에 대해 아는 것이 거의 없었으며, 중공군으로부터 얻은 첩보는 의심하거나 빈정대며 재밋거리로 받아들였다. 미 해병대는 이 첩보를 결코 신뢰하지 않았지만 불행하게도 이 첩보는 사실이었다.

미 해병대가 보기에 과대망상증 환자인 중공군 포로가 유담리에 있는 오두막에서 신문을 받는 사이 쑹스룬宋時輪 대장[117]은 북으로 16킬로미터 떨어진 뱀양지산의 어둠 속에서 중공군 상급 장교들에게 브리핑을 하고 있었다. 1950년 경인년庚寅年 당시 쑹스룬은 겨우 40세였다. 그는 40세가 될 때까지 인생의 대부분을 전투를 치르며 병력을 지휘했다.

중국 공산군에서 가장 용감한 사람 중 한 명이었던 쑹스룬은 17세 때 황푸군관학교에서 공식 교육을 받았다. 그 후 그는 야전에서 공산주의자들과 훈련을 받았다. 1950년 11월, 그는 중공군 9병단 예하의 12개 사단, 12만 명을 지휘했다. 그는 이 중 6개 사단을 장진호 지류 옆에 배치했다.

냉정하고 불같은 성격인 쑹스룬은 부하들에게 끔찍하게 험한 산악을 14일 밤 만에 주파하게 했다. 얼음으로 뒤덮여 보이지 않는 산악을 기어오른 것은 무엇과 비교해도 중공군에게는 굉장한 성취였다. 중重포병을 데려올 수 없었던 쑹스룬은 도박을 했다. 그는 포는 뒤에 남겨놓은 채 소

---

117 쑹스룬(1907~1991): 후난성(湖南省) 출신으로 황푸군관학교를 졸업하고 중국공산당의 대장정에 참여한 이후로 일본군과 국민당군을 상대로 계속 전투를 벌여 실전 경험이 풍부했다. 한국전쟁이 끝나고 인민해방군에 계급체계가 정립될 때 대장 계급을 부여받았다.

총, 박격포, 그리고 기관총을 먼저 부하들에게 들려 보냈다.

뱀양지산에서 쑹스룬은 자신의 적인 미군의 움직임 하나하나에 대한 완벽한 정보를 가지고 있었다. 쑹스룬은 미군이 어디에 있으며 무엇을 할 것인지를 알았다. 쑹스룬은 서쪽에서 미 8군을 상대로 대규모 타격이 시작된 것을 알았다. 이제 자신도 움직일 준비가 되어 있었다.

쑹스룬은 상급 장교들에게 예하 사단들이 어떻게 산악으로 침투해 양 측면과 후방에서 하갈우리와 고토리를 점령할 것인지 설명했다. 10여 곳에 달하는 미군의 주 보급로를 차단할 예정이었다. 그러면 중공군이 미군 보급로와 탈출로 옆에서 도로 위로 파고들 것이었다. 유담리 가까이에 있는 2개 미 해병연대가 고립되면 중공군은 마치 도리깨질을 하듯 이들을 마구 두들겨 산산조각을 낼 생각이었다.

이는 쑹스룬이 이끄는 중공군의 강점과 미군의 예상된 약점을 이용하는 매우 좋은 계획이었다.

"집에 들어온 뱀을 잡듯이 미 해병을 죽여라!"쑹스룬은 부하 장교들에게 지시했다.

11월 27일 밤, 가혹하게 얼어붙은 봉우리들 위로 보름달이 솟아올랐다. 장진호 주변 고지들에는 검은 형체들이 득실거렸다. 마치 개미 떼가 기어가듯 긴 줄을 만든 중공군은 겨자색 누비 상의 소매에 장갑을 끼지 않은 맨 손을 집어넣은 채 유담리로 이어진 회랑을 따라 이동했다. 행군하는 중공군은 모든 중공군이 행군 때 부르는 구슬픈 단조의 곡을 불렀다. 그러다가 중공군은 공격 명령을 내릴 나팔소리를 조용히 기다렸다.

* * *

얼어붙은 장진호의 동쪽 지류에서 페이스 중령은 예하 소총중대들에게 북쪽을 바라보는 방어선 안에 땅을 파게 했다. 길은 방어선 가운데를 지나갔고 사방으로 상당히 양호한 사계가 확보되었다. 겨울에는 세계의 지붕인 이곳에 어둠이 빨리 내렸다. 어둠과 함께 모진 추위가 왔다. 미 32

연대 1대대원들은 얼어붙은 보잘것없는 개인호에서 덜덜 떨며 기다렸다.

밤 9시 직후 중공군 정찰병들이 32연대 1대대의 방어선 주변부로 접근했다.

중공군은 사격을 받을 때까지 접근했다가 퇴각했다. 중공군이 미군 진영을 탐지하려 한다는 것을 깨달은 장교 한 명이 달려가서 소리를 질렀다. "쏘지 마라! 사격 중지!" 그러나 그가 너무 늦었다. 신경이 곤두선 병사들은 아주 사소한 소리에도 사격을 했고, 중공군은 원하는 것을 알아낼 수 있었다.

자정 무렵 중공군은 적당한 위치에 있었다. 갑자기 페이스 중령의 중대 방어선에서 오렌지색과 보라색 줄무늬를 만들며 사격이 시작되더니 기관총 쏘는 소리가 울렸다. 중공군은 미군 방어선을 정면으로 타격하면서 계속해서 부대와 부대 사이의 저항이 약한 틈을 찾아 이 틈을 통해 미군 후방으로 병력을 슬며시 밀어넣으려 했다.

어떤 소대는 버텼고, 어떤 소대는 진지에서 밀려났다. 그동안 페이스의 대대를 지원하는 미 57야전포병대대는 소화기小火器 공격을 받았다. 전방 중대와 연결되는 통신망이 차단되었다. 중공군에 맞서느라 미 57야전포병대대는 자신 있게 화력 지원을 계속할 수 없었다.

새벽에도 페이스 특수임무부대는 여전히 진지를 지키고 있었지만 극심한 피해를 입었다. 방어선 여기저기가 뚫렸고 병사들은 심한 충격을 받았다. 밤의 추위는 바늘로 살을 찌르는 것 같았다. 이제 뭔가 새로운 일이 일어나리라는 것을 모두 다 느낄 수 있었다.

밤새 공격하는 것은 패배해 도망치는 군대가 할 수 있는 것이 아니었다.

해가 떴다. 그러나 따뜻하지 않았다. 병사들은 개인호에서 총을 잡고 덜덜 떨면서 침낭을 발까지 끌어내렸다. 페이스 중령의 명령에 따라 밤새 중공군에게 잃은 높은 진지 몇 곳을 다시 점령했지만, 이 진지들은 결국 중공군에게 다시 빼앗기게 된다. 낮 동안 60명이 넘는 사상자들이 대대 구호소로 보내졌다.

오후에 헬리콥터 1대가 페이스 중령이 지휘소로 쓰는 오두막 옆에 착륙했다. 알몬드 소장이 헬리콥터에서 내렸다. 페이스는 알몬드를 영접했다. 둘은 한쪽에 서서 몇 분 동안 이야기를 나눴다,

알몬드는 은성훈장을 3개 가져왔다고 말했다. 1개는 페이스를 위한 것이었다. 알몬드는 페이스가 나머지 2개의 주인을 골라주기를 원했다.

이어지는 페이스의 행동은 그의 마음을 그대로 보여주었다. 페이스는 부상당해 18리터 물통에 앉은 채 후송되기를 기다리는 스몰리Smalley 중위를 지목했다. "스몰리, 이리 와서 차려 자세로 서라!"

어리둥절한 스몰리 중위는 시키는 대로 했다.

그 다음은 취사반장 스탠리Stanley 중사였다. 페이스가 말했다. "스탠리, 이리 와서 스몰리 중위 옆에 차려 자세로 서라!"

알몬드가 페이스 등 3명에게 은성훈장을 달아주는 동안 병사 10여 명이 이 광경을 지켜보기 위해 모였다. 이들은 행정병이나 부상병들이었다. 알몬드는 수훈자들과 각각 악수한 뒤 이렇게 말했다.

"지금 여러분을 지연시키는 적은 북으로 도망치는 중공군 사단들의 잔여 병력에 불과하다. 우리는 계속 공격하고 있다. 그리고 우리는 계속해서 압록강으로 나아갈 것이다. 얼마 안 되는 중공군이 여러분을 방해하지 않도록 하라!"

그러고는 알몬드 소장은 대기하고 있는 헬리콥터에 몸을 싣고 눈 덮인 고지들 너머로 사라졌다. 알몬드는 바보도 멍청이도 아니었다. 그는 압록강까지 진격하라는 명령을 도쿄로부터 받았다. 그는 어떤 의심이 들든 간에 명령에 따르려 했다.

스몰리 중위는 중얼대며 기다리던 자리로 돌아갔다. "은성훈장을 받기는 했는데 대체 왜 받았는지는 모르겠어."

알몬드를 태운 헬리콥터가 사라지기 무섭게 페이스는 파카에 달려 있는 은성훈장을 떼어서 눈 더미로 던져버렸다. 대대 작전과장 커티스 소령이 페이스 중령에게 다가와서 에둘러 물어봤다. "알몬드 장군께서 뭐라고

말씀하시던가요?"

페이스가 커티스를 쳐다보았다. "자네도 들었잖아. 북으로 도주하는 잔여 병력이라고!"

눈 덮인 암울한 땅에 어둠이 내리자, 페이스 특수임무부대에게는 다시 전쟁의 밤이 시작되었다. 정면, 양 측면, 그리고 후방으로 쏟아지듯 공격하는 중공군의 압박으로 100시간도 넘는 끊임없는 전투에 홀로 노출된 페이스 특수임무부대는 말 그대로 녹아버렸다. 페이스는 수류탄이 터져서 전사했다.[118]

중공군은 사방에서 밀물처럼 밀려왔다. 미 10군단은 페이스를 도와줄 수가 없었다. 하갈우리에 있는 해병대도 불타는 듯한 밤을 맞고 있었다. 그러나 장진호 동쪽에서 도움을 바라면서 싸운 병사들의 비통함은 결코 지워질 수 있는 것이 아니었다.

페이스 특수임무부대 생존자들은 비틀대며 길을 따라 하갈우리로 가는 언 길을 걸어 내려왔다. 해병대는 길로 내려오지 못한 병사들이 얼어붙은 호수 위를 이리저리 헤매는 것을 보았다. 이들은 호수를 건너 도망쳤다. 장교와 병사를 합쳐 원래 1,000명이던 페이스 특수임무부대 중 귀환한 병력은 200명도 안 되었다. 나머지는 전사했든지, 포로가 되었든지, 또는 얼어 죽었든지 차가운 불모지에서 사라져갔다.

11월 28일 늦은 저녁, 알몬드 소장은 맥아더의 요청에 따라 도쿄로 날아갔다. 알몬드는 밤 11시에 극동사령부에 도착했다. 이번에 알몬드는 미 10군단의 공세를 멈추고 철수해서 부대를 강화하라는 말을 들었다.

이미 고립된 페이스 특수임무부대에게 이 명령은 너무 늦은 것이었다.

---

118 1950년 12월 1일 31연대장인 앨런 D. 맥린(Allan D. MacLean) 대령이 전사하자, 페이스는 31연대를 맡아 지휘하던 중 수류탄 폭발로 부상을 입고서 트럭에 실려 후송되었으나 도중에 중공군의 총격을 받아 현장에서 전사했고, 시신은 수습되지 못했다. 1951년 6월 21일, 트루먼 대통령은 페이스 중령에게 명예훈장을 추서했다. 페이스의 유해는 2012년 10월 11일 장진호 일대에서 미국이 실시한 유해 발굴 때 수습되어 미국으로 귀환했으며, 2013년 4월 17일 알링턴 국립묘지에 안장되었다.

* * *

주저하면서도 분명히 미지의 불모지를 향해 나아가던 해병들은 한 걸음 전진할 때마다 멈춰 서서 부대를 강화했다. 지형 때문에 미 1해병사단의 대형이 유지되기란 불가능했다. 그러나 해병들은 주 보급로를 따라 연속되는 고원에서 연대와 대대의 전투력을 강화했고 지원 포병이 어느 방향으로도 포를 쏠 수 있도록 했다.

부대들을 연결해주는 도로망은 보잘것없었지만, 해병들은 유담리, 하갈우리, 그리고 고토리의 넓은 협곡들을 이용해 탄탄한 방어선을 형성할 수 있었다. 이곳은 해발고도는 높았지만 마치 빨래판 골처럼 고지들이 끝없이 이어지며 미 2사단을 수백 개로 갈기갈기 찢어놓은 서부전선 같지는 않았다.

빈틈없는 상태를 유지하는 것이 중요하다는 것을 깨닫고 밤에는 후방에서 무슨 일이 일어나든 방어선을 강철같이 에워싸며 단계마다 전투력을 강화한 것과 해병 장교들 대부분이 동양에서 전쟁을 치러본 경험이 있다는 것은 미 1해병사단을 보존하는 데 큰 도움이 되었다.

11월 27일, 미 7해병연대는 유담리에서 서쪽으로 공격했다. 미 5해병연대는 장진호 서쪽으로 이동해서 7해병연대에 합류했다. 덕동고개 너머로는 2개 대대만 이동시키고 11월 28일에 1개 대대가 뒤이어 따라가는 것이 애초 계획이었다. 그러나 수송장교의 진심 어린 제안으로 연대 전체가 함께 움직였다. 11월 27일 밤이 시작되자 1개 중대는 덕동고개 고지에, 그리고 1개 화기중대는 하잠에 각각 남겨둔 채 2개 해병연대가 유담리에서 함께 작전을 할 수 있었다.

밤이 지나가기 전에 두 연대는 큰 위기를 맞았다.

어느 1개 중대 예하의 1개 소대 이야기가 이 위기에 대한 모든 것을 말해준다.

어둠 속에서 미 7해병연대 E중대의 존 얀시John Yancey 중위가 이끄는 소대원 70명은 1282고지의 덤불이 무성하고 바위가 많은 경사면에서 북쪽을 마주한 채 언 땅을 파고 들어가 있었다. 얼어붙은 이암泥巖을 고통스럽게 파고 만든 개인호마다 해병 2명씩 들어갔고, 기관총은 소대의 양 측면을 방어했다. 얀시의 소대는 1282고지 중앙에 있었다. 왼쪽에는 바이Bye의 소대가, 오른쪽에는 클레멘트Clement의 소대가 각각 있었다. 얀시의 진지 뒤로는 중대장인 월터 필립스Walter Phillips 대위가 부중대장인 볼Ball 중위와 함께 위치해 중대 전체를 지휘했다.

소용돌이치는 지상의 안개 위로 크고 둥근 달이 선명하고 밝게 떠올랐다. E중대의 뒤로 달이 떠올라 E중대 진지의 윤곽이 적에게 드러났지만, 달빛은 어두운 접근로에 도사린 중공군을 드러내 보여줄 정도로 환하지는 않았다. 고지의 기온은 영하 20도까지 떨어졌다.

E중대원들은 어둠 속에서 이리저리 움직이는 무시무시한 소리를 들었다. 전투화 수천 켤레가 눈 위에서 쿵쿵대는 소리였다. 분명 소리는 들렸지만 E중대원들 눈에는 귀신같은 달그림자만 보였다.

얀시 중위는 박격포를 담당한 볼 중위에게 사격 개시를 지시했다.

볼은 81밀리 박격포탄이 거의 없었지만, 시도는 해보았다. 1942년이라는 도장이 찍힌 상자에서 꺼낸 조명탄은 쉬익 소리를 내면서 꺼져버렸다. 효과가 없었다.

"빌어먹을!" 얀시가 내뱉었다. 예비역으로 동원된 얀시는 전쟁이 터졌을 때 아칸소 주의 리틀 록Little Rock에서 주류상을 운영하고 있었다. 얀시가 인천에 상륙할 때 고향에서는 아기가 태어났다. 얀시는 아직까지 아기를 한 번도 보지 못했다. 얀시는 과달카날 전투Battle of Guadalcanal에서 해군십자훈장을 받았고, 오키나와 상륙작전에도 참전했다. 얀시는 자신이 투사라고 생각하지 않았다. 그러나 그는 힘든 시련 중에서도 가장 혹독한 과정을 거치면서 자신만의 교훈을 얻었다.

당시 해병 병사 중 적어도 50퍼센트는 소집된 예비역이었다. 이렇게 다시 군에 온 병사들 중 싸울 마음의 준비가 되어 있거나 전쟁을 버텨낼 만큼 육체적으로 단련된 이는 거의 없었다. 운 좋게도 인천상륙작전은 쉬운 일이었다.

그러나 유담리 너머의 얼어붙은 봉우리들에서 해병은 현역이든 동원된 예비역이든 상관없이 현실과 맞닥뜨렸다.

해병 장교들은 정신력이 강했고, 군기는 엄정했으며, 강하든 약하든 전투원으로서 저절로 갖게 되는 자신의 규범과 자신의 연대, 그리고 자기 주위의 병사들을 위한 정의하기 어려운 감정인 해병정신이 무너지지 않았기 때문에 그런 현실에 잘 맞설 수 있었다.

먼저 중공군이 쏜 박격포탄들이 1282고지 전사면의 개인호들 가운데로 정확히 떨어져 터졌다. 그러더니 달빛이 쏟아지는 고지들 위로 나팔소리가 요란하게 울려 퍼졌다. 보랏빛 조명탄들이 솟아오르며 터졌다. 그림자로 보였던 것은 해병대의 방어선을 향해 달려오는 중공군이었다.

중공군은 인민군처럼 괴성을 지르거나 목소리를 높이지 않았다. 한 번에 압도적으로 많이 다가오지도 않았다. 중공군은 분대 단위로 다가와서 몇 미터 떨어진 곳에서 총을 쏘고 수류탄을 던지고 고지 전반에 걸쳐 약한 곳을 집중적으로 두들기며 후방 협곡으로 병력을 밀어넣을 수 있는 약한 지점을 찾았다.

중공군은 계속해서 저지당했지만 역시 계속해서 나팔을 구슬프게 불어댔다. 얼어붙은 비탈에는 하얀 눈 색깔의 긴 망토를 뒤집어쓴 채 큰 대자로 쓰러진 사람들이 어지럽게 널려 있었다.

해병들은 총열이 달아오를 때까지 총을 쐈지만, 중공군은 계속해서 다가오며 고지를 공격했다. 그늘진 계곡을 내려다본 얀시는 점처럼 보이는 오렌지색 불빛 수백 개를 볼 수 있었다. 얀시가 지키는 고지에 중공군이 총탄 세례를 퍼붓고 있었다.

밤은 끝날 것 같지 않았다. 가까이에서 수류탄이 터지면서 파편이 얀시의 얼굴을 뚫고 코 뒤편에 박혔다. 중대원 중 여러 명이 파편을 맞았다. 설 수 있는 해병들은 계속해서 싸웠고, 부상이 심한 해병들은 중대 진지 뒤로 20미터쯤 끌려갔다. 그곳에는 의무병이 눈 속에서 부상병들을 돌보고 있었다.

울부짖거나 고함을 치는 이들은 없었다. 가끔 숨을 헐떡이면서 "젠장 내가 맞았네." 또는 "하느님 맙소사!" 하다가 픽 쓰러졌다.

중공군의 공격은 마치 채찍처럼 고지를 내려쳤다. 이른 새벽, E중대원 대부분은 전투에서 부상을 당한 데다가 코와 발이 얼어버렸다. 얀시의 얼굴은 파편에 맞아 흘러내린 피가 콧수염에서 얼어붙었고 까칠하게 자란 수염에 번져 말라버렸다. 얀시는 부상당한 코로 숨을 쉬는 것이 힘들었다.

음산한 봉우리들 위로 천천히 그리고 고통스럽게 해가 비치기 시작했다. 얀시는 해가 뜨면 분명히 사정이 나아지리라 생각했다.

그러나 상황은 더 나빠졌다.

새로운 중공군이 중대 규모로 1282고지로 돌격했다. 얀시의 소대원들은 소총, 카빈, 기관총 등 가지고 있는 화기의 탄약을 다 쏴버렸다. 돌격하던 중공군은 줄지어 쓰러졌지만, 일부는 여전히 다가오고 있었다. 진지 방어선에서 얀시는 많은 부상병들을 포함해 자신이 모을 수 있는 소대원들을 최대한 동원해 중공군과 맞섰다. 얀시는 어떻게든 중공군을 격퇴했다.

얀시의 소대도 E중대도 모두 절망적인 상황이었다. 간밤에 얀시의 소대로 탄약을 날라주면서 몇 번이고 "잘 하고 있어. 괜찮아!"라고 격려했던 필립스 대위는 착검한 소총을 집어 들고 얀시 소대의 방어선 앞으로 달려나갔다.

필립스 대위가 외쳤다. "E중대! E중대는 이곳을 사수한다!" 필립스는 총검을 눈 쌓인 땅에 깊숙이 박아넣었다. 하늘로 솟은 개머리가 찬바람에 이리저리 흔들렸다. 이것은 고지로 돌격하는 중공군에 대한 저항의 상징이었고 고지를 고수하는 깃발이었다.

부상병들은 도움을 받지 못하고 E중대 뒤에 누워 있었다. 부상병들을 후송시킬 방법은 전혀 없었다. 그리고 E중대는 스스로 철수할 생각이 없었다.

다시 중공군이 몰려왔다. 중공군은 동료들의 시신에 발이 걸려 비틀거리면서 마치 장작더미처럼 몇 백 미터 아래의 경사면으로 흩어졌다. 고지의 해병들도 방어선의 구멍을 메우려 움직이다가 전사한 전우의 시체 위로 쓰러지고 있었다. 거친 피부에 키가 작고 누빈 군복을 입은 중공군들이 해병의 방어선을 넘어 진지 안으로 들어와 지휘소를 장악했다.

근접전이 온 고지 위에서 1시간 넘게 벌어졌다. 공격하던 중공군은 박살이 났지만, 또 다른 중공군 무리가 바위 뒤에서 개인호로 뛰어 들어와 해병들을 둘러싸고 사격을 했다.

얀시는 중공군을 격퇴하려면 무엇이든 해야 한다는 것을 깨달았다. 그는 고지 뒤로 가서 건강한 6명의 보충병이 고지로 올라오는 것을 발견했다. "따라와라!"

얀시는 이들과 함께 E중대 방어선에 생긴 돌파구로 달려갔다. 얀시가 가진 카빈은 한 번에 한 발밖에 쏠 수 없었다. 보충병 2명이 가진 총들은 얼어버렸다. 나머지 4명은 고지의 중공군의 사격으로 머리에 총을 맞고 쓰러졌다.

중대 지휘소 옆에서 부중대장인 볼 중위는 눈 위에서 앉아쏴 자세로 사격 중이었다. 중공군 몇 명이 볼에게 달려들었고 볼은 전사했다.

이제 얀시의 소대원은 7명밖에 남지 않았다. 피로와 충격으로 비틀거렸지만 얀시는 반격하려 했다. 얀시가 생존한 해병들을 이끌고 무너진 방어선으로 달려갈 때 45구경 톰슨 기관총이 불을 내뿜으면서 얀시의 두개골 뒤편에 총알이 박혔다. 수류탄이 터지면서 파편이 그의 오른쪽 뺨을 때렸다.

엎드린 얀시는 앞이 보이지 않았다.

필립스 대위가 큰 소리로 부르는 것이 들렸다. "얀시! 얀시!"

보이지 않지만 누군가에게 이끌려 얀시는 뒤쪽의 경사를 타고 고지를 내려갔다. 얀시는 쓰러졌다. 다시 깨어났을 때 그는 유담리에 있는 의무실에 누워 있었다. 시력이 회복되었다.

얀시가 떠난 뒤로 1282고지에서 필립스 대위는 전사할 때까지 중대 깃발 옆을 지켰다. 그날 늦게 E중대는 다른 중대와 교대되었다. E중대원 180명 중 겨우 23명만이 살아남았다.

그러나 E중대는 1282고지를 지켜냈다.

다른 곳도 사정은 마찬가지였다. D중대는 고지에서 세 번 밀려났지만, 세 번 모두 돌격했다. D중대장인 헐^{Hull} 대위는 중대원이 14명만 남았다. 헐도 부상을 많이 입었다.

덕동고개를 넘어 동쪽에서는 바버^{Barber}가 지휘하는 F중대 역시 상황은 마찬가지였다. 바버는 부상을 당해 쓰러졌지만 계속해서 방어작전을 지휘했다.

누구에게나 그렇듯 현실이 해병들의 발목을 잡았다. 그러나 해병들은 잘 대처했다. 해병들은 모든 곳을 지켜냈다.

해병이 전술적으로 패배하면서 받은 충격은 미 육군만큼 컸다. 후일 달아오른 논란에도 불구하고 해병의 패배는 전술적인 것이었다. 중공군 3개 사단이 유담리를 둘러쌌다. 하갈우리로 이어지는 길은 바버 대위의 F중대가 굳게 지킨 고지 한 곳을 빼고는 모두 중공군이 차단했다. 하갈우리는 중공군이 포위했고, 해병 포병은 포를 칠한 페인트가 벗겨질 때까지 사방으로 포격을 했다. 풀러 대령의 1해병연대 주력은 고토리에서 앞으로 나아갈 수 없었다. 모든 길이 끊어졌다. 그리고 해병은 사방에서 포위되었다.

미 5해병연대장 레이먼드 머레이 대령은 당시를 이렇게 요약했다. "나는 개인적으로 충격을 받은 상태였습니다. 엄청난 비극에서 받는 그런 충격 말입니다. 가까운 누군가를 갑자기 잃는다든가 하는… 첫 전투의 상대는 제 자신이었습니다. 정신을 다잡아야 했습니다."

유담리의 해병들은 후퇴 명령을 받았다. 그 후퇴 명령은 남쪽으로의 공격이라 불렸다. 그리고 실제로 남쪽으로 가는 내내 공격이 이루어졌다. 그러나 그렇게 공격해서 빼앗은 땅을 적에게 넘겨주어야 했다.

그러나 해병 지휘관들은 대단히 강인했고 공포심은 전혀 없었다. 미 7

해병연대장으로서 준장 진급 예정자였던 호머 리첸버그[Homer Litzenberg] 대령은 이제 갓 대령으로 진급해 서류상으로는 동일한 지휘권을 행사하는 레이먼드 머레이 대령과 서로 상의했다. 이 두 대령의 지휘는 훌륭했다.

우선 방어선은 견고했다. 1,000여 명의 부상병이 치료차 고지에서 아래로 후송되었다. 그리고 이 두 대령은 어떻게 빠져나갈 것인지를 논의했다.

리첸버그는 F중대를 교대해줘야 한다고 봤다. F중대는 덕동고개를 지키는 핵심이었다. 그러나 음침해 보이는 절벽을 끼고 있는 도로에는 중공군이 우글거리고 있었다. 리첸버그는 1개 대대를 보내 도로 위에 있는 고지들을 가로질러 공격하고 싶어했다.

"내가 보기에 중공군은 우리가 산악으로 움직일 것이라고는 예상하지 못할걸세. 중공군은 우리가 길을 따라서만 움직이고 차에 의존할 것이라고만 생각하지. 더욱이 중공군은 우리가 밤에는 공격하지 않는다고 믿고 있을 것 같네. 내일 기동 준비를 하기 바라네…."

머레이 대령이 대답했다. "그렇게 하겠습니다."

기온이 섭씨 영하 24도까지 떨어졌을 때 레이먼드 데이비스[Raymond Davis] 중령이 이끄는 미 7해병연대 1대대는 무시무시한 산으로 행군을 시작했다. 모두에게는 4끼니분의 전투식량이 지급되었다. 전투식량은 대부분이 과일 통조림과 비스킷이었다. 이것들은 체온으로 녹여 먹을 수 있었다. 병사들에게는 개인화기, 탄약, 침낭 말고도 81밀리 박격포탄을 한 발씩 가져가라는 명령이 떨어졌다.

해병 한 명이 말했다. "중공군이 빌어먹을 능선을 탈 수 있으면 우리도 할 수 있어."

피곤하고 몸이 얼고 잘 못 먹어서 기운이 없고 이질도 만연했지만, 미 7해병연대 1대대는 봉우리를 넘어 앞으로 나아갔다. 그동안 미 5해병연대 3대대는 주 보급로를 따라 공격을 계속했다. 녹초가 되었지만 해병들은 하루 종일 싸우면서 고지를 하나씩 통과했다.

어둠이 찾아오자, 데이비스 중령은 하루 종일 힘들여 치른 전투로 지치

"추위는 아군 병사들을 적의 총탄만큼이나 많이 쓰러뜨렸다." 1950~1951년, 전쟁 첫 겨울에 눈 속을 헤치며 힘겹게 걸어가고 있는 미군 병사의 모습.

고 땀투성이가 되어서 힘이 빠진 부하들을 자도록 그냥 내버려두면 이들이 다시는 일어나지 못할 수도 있다고 생각했다.

　데이비스는 대대원들이 봉우리들을 통과해 밤새 행군하도록 했다. 새벽에 1대대는 다시 공격을 시작해서 부상병 22명을 데리고서 사면초가에 몰려 있던 바버 대위의 F중대에 다다랐다. 1해병대대와 F중대가 접촉하던 순간 데이비스도 바버도 조리 있게 말을 하지 못했다.

5일간의 전투에도 바버 대위는 여전히 버티고 있었다. 그러나 바버에게는 단 한 명의 장교만 남아 있었다. F중대는 전사 26명, 부상 89명, 실종 3명의 피해를 입었다. 살아남은 중대원들도 동상이나 이질에 시달렸다.

F중대 뒤와 측면에서는 태플렛 중령이 이끄는 미 5해병연대 3대대가 치열하게 싸우며 통로를 확보했다. 데이비스의 부하들이 능선을 따라 이동해 중공군을 기습하자, 유담리에서 돌파구를 내려 애쓰는 해병들의 압박감은 줄었다.

데이비스가 외로운 고지를 지키던 바버를 만났을 때 리젠버그의 입에서는 이런 말이 나왔다. "하갈우리로 안내하는 핵심 역할을 맡아라!"

유담리에서는 부상을 입었거나 걸을 수 없는 이들만 차에 탔다. 많은 해병들이 다쳤지만 걸어야 했다. 보병대대들이 앞장서서 연대들은 덕동고개를 빠져나왔다.

이들은 지프, 화포, 트랙터, 트럭을 가지고서 무사히 빠져나왔다. 피를 흘린 채 몸은 반쯤 얼어붙은 해병들은 차량의 흙받이와 보닛에 줄로 몸을 묶고 누웠다. 다른 해병들은 포신에 걸터앉거나 한국인들에게서 가져온 소 썰매에 실려 갔다.

이것은 차량 행군이 아니었다. 종심 고지들을 장악한 중공군에 맞서 이동하는 내내 전술적인 전투가 이어졌다. 그러나 해병은 다음 세 가지 이유 덕분에 뚫고 나올 수 있었다.

첫째, 데이비스와 태플렛의 부하들은 주위의 산악을 기어올라 중공군을 해치우고 숲속 너머로 몰아낼 수 있었다. 밤에 이동하고 사나운 지형과 날씨에 들판을 가로질러 공격한 해병들은 중공군의 측면을 기습해 파고들었다. 믿을 수 없는 고난 앞에서 해병은 공격전을 벌일 수 있었다. 그리고 미 7해병연대의 F중대는 6일 동안 2개 연대를 물리쳐 포위망이 완성되지 못하도록 만들었다. 만일 바버 대위의 F중대가 진지를 지켜내지 못했더라면 후퇴하는 길은 훨씬 더 어려웠을 것이다.

둘째, 함흥 근처에 있던 1해병항공단, 항공모함인 필리핀 시^{Philippine Sea}와 레이테^{Leyte}의 함재기 조종사들, 그리고 공군 보급기들이 철수 대열 위로 끊임없이 날아다녔다. 해병항공단 항공기들은 선두 부대로부터 50미터밖에 떨어지지 않은 곳에 기총소사와 폭격을 하고 네이팜탄을 떨어뜨렸다. 산을 스치듯 낮게 날아다닌 해병항공단은 중공군이 길 위에 장애물을 세우기 무섭게 계속해서 제거했다. 해병항공단 조종사들은 위험한 산악에서의 야간 임무 비행을 자원했다.

시간이 갈수록 미군 머리 위의 하늘은 우군 항공기로 까맣게 뒤덮였다. 그리고 이런 항공기들이 없었다면 미 해병대가 아무리 용감하고 모든 것을 가지고 있었어도 지상군은 결코 빠져나오지 못했을 것이다.

셋째, 쑹스룬은 도박을 했다. 끔찍하게 험한 지형에서 쑹스룬은 수적으로 열세였지만 진용을 갖춘 해병대에 맞설 병력을 충분히 데려올 수 없었다. 압록강을 건넌 뒤로 14일 동안 산악을 넘도록 부하들을 몰아친 쑹스룬은 보급품과 포병 대부분을 뒤에 남겨둬야 했다. 그리고 날마다 전투가 계속되고 고통스러운 밤이 계속되자 완강한 중공군도 거의 붕괴되었다.

중공군은 한국에 올 때는 잘 입고 잘 먹었다. 그러나 중공군은 보급 없이 시골구석에서 모든 것을 스스로 해결해야 했다. 기아나 다름없는 굶주림과 이질 또한 중공군을 괴롭혔다. 중공군은 힘들게 자란 소농으로 이뤄져서 강인했지만, 초인은 아니었다. 해병대가 하갈우리에 다가가는 동안 지친 채 봉우리를 지키던 중공군 부대들은 공중 공격을 받으면서 도주했다. 해병대는 일부 중공군이 무기를 버리고 오직 생존에 대한 생각만으로 언 몸으로 무심한 듯 눈 속에서 추위에 떨며 모여 있는 것을 보았다.

그러나 다른 중공군은 끝까지 싸웠다. 눈을 찌르는 눈보라로 흐릿한 12월 3일 아침이 되어서야 전위부대의 눈에 하갈우리 고원이 보이기 시작했다. 오후 늦게 본대는 유담리와 하갈우리를 나누는 능선의 꼭대기에 다다랐다. 그러자 철수하는 해병들의 눈에는 갑자기 우군 방어선과 18킬로미터쯤 떨어진 활주로가 보이기 시작했다.

이제부터는 내내 내리막길이었다. 장애물, 저격수, 그리고 적의 공격을 제거하면서 두 연대는 하갈우리를 향해 빠르게 다가왔다. 우군 전선으로 다가가면서 해병들 중 일부는 노래를 부르려 했다. 어떤 이들은 대열 속에서 꼿꼿이 허리를 펴고 명령 없이 케이던스$^{Cadence\,119}$를 하려 했다. 극심한 피로에 서 있지도 못할 정도였다. 이질을 반복해 앓고 얼굴과 손가락이 동상에 걸리고 굶주림으로 약해졌지만, 마지막 노력을 다해 해병답게 행진하려 했다.

유담리에서 출발한 해병이 하갈우리의 해병과 함께 후퇴하자, 많은 장병들이 감정을 주체하지 못하고 울음을 터뜨렸다.

포위된 유담리에서 리첸버그와 머레이는 부상병들을 모두 데리고 나왔다. 부상병 중 600명은 들것에 실려서 나왔다. 얼어버린 길에서 깊은 골짜기로 미끄러져 빠져버린 1/4톤 트럭 1대와 중(中)곡사포 4문을 빼고는 장비도 모두 가지고 나왔다.

하갈우리의 활주로도 완성되어서 부상병 수천 명을 항공기로 수송할 수 있었다. 탄약과 보급품도 항공기로 실어 나를 수 있었다. 만일 활주로가 없었다면 철수는 대재앙이 되었을 것이다. 5,400명이 하갈우리에서 비행기로 나왔는데, 이들 모두는 심하게 부상을 입어 걸을 수 없었다.

부상병들을 항공기에 실어 보내고 가지고 있던 사탕과 음식을 해병들에게 나누어준 스미스 소장은 12월 6일 남쪽에 있는 고토리로 행군할 것을 명령했다.

길을 막는 장애물은 아홉 군데 있었다. 다리들은 끊겼고 도로에는 지뢰가 묻혀 있었다. 그러나 해병과 장진호 동쪽에서 살아남은 육군은 중공군의 기관총을 정확하게 쏠 수 없도록 도로 정면의 좌우 700미터를 쓸어냈다. 해병대는 군우리의 비극을 되풀이하지 않았다.

---

119 케이던스: 걷거나 달릴 때 인솔자가 선창하면 제대가 후창 방식으로 주고받듯이 부르는 노래.

"15킬로미터를 전진하기 위한 22시간의 지옥." 1950년 12월, 장진호에서 처절한 전투를 치르며 철수하는 미 해병대의 모습.

하갈우리에서 고토리까지 15킬로미터를 이런 식으로 이동하는 데 걸린 22시간은 매우 고통스러웠다. 고토리에 도착했을 때 부상자가 600명이었다.

이 부상자들은 고토리에서 항공기로 후송했다. 그리고 사망자들 시신은 얼어붙은 땅을 불도저로 밀어내 만든 얕은 무덤에 매장했다.

12월 8일, 남쪽으로 다시 철수가 시작되었다. 낮에는 항공기가 철수하는 부대들 위로 소리를 내며 날면서 주변 고지들을 샅샅이 뒤졌지만, 중공군의 간헐적인 공격에 때로는 심지어 의무부대까지도 공격을 받았다.

그러나 공격하는 중공군들도 공중과 지상에서 벌이는 미군의 작전과 배고픔으로 죽어갔다. 이제 미군은 고립된 중공군 부대들을 볼 수 있었다. 남쪽으로 이동하는 미군의 측면을 따라 배회할 뿐 저지할 노력을 할 생각이 전혀 없는 중공군도 자주 눈에 띄었다.

12월 9일, 장진호에서 철수한 병력으로 이루어진 전위 부대와 이들을 돕기 위해 북쪽으로 전진하려던 부대가 강한 바람이 부는 진흥리 북쪽의 능선에서 서로 연결되었다.

이제 철수하는 해병과 육군을 막을 세력은 이 땅에 없었다. 얼어붙은 길을 따라 행군하는 군인들은 노래를 부르고 떠들썩하게 포효했다. 이를 지켜본 누군가는 북한의 봉우리들이 마치 얼음으로 만든 종처럼 울렸다고 적었다. 가사는 대영제국의 인도 육군이 부른 "모두 축복하라^{Bless 'Em All!}"를 패러디한 것이다.[120]

모두를 축복하라, 모두를 축복해

빨갱이도 유엔군도 모두

눈꼬리가 올라간 되놈

하갈우리를 공격했지

이제 미국 해병대가 어떤지 알았어

그러나 우리는 모두에게 안녕이라고 인사하지

우리는 대기 중인 해리^{Harry}의 경찰군[121]

배낭을 제자리에 두고

다음 단계는 사이공

힘을 내게! 모두를 축복하라!

드디어 해병들은 동해 옆 평지로 내려왔다. 북쪽에서 7사단은 압록강을 떠나 서둘러 남쪽으로 이동했다. 한국군 1군단도 연해주 인근에서부터 허둥지둥 내려왔다. 왼쪽에는 중공군 부대들이 대규모로 집결했기 때문에 어떤 방책이든 어리석은 행동일 수 있었다.

---

120 `The Long And The Short And The Tall"이라고도 알려진 전쟁 노래이다.

121 해리 트루먼 대통령을 뜻하는 것으로, 한국전쟁 초기 한국에 파병되는 미군들은 이를 경찰의 치안유지 활동으로 알고 왔다.

"이들이 누워 있는 작은 땅 한 조각만큼은 영원한 미국의 영토일 것이다." 1950년 12월, 흥남에서 철수하기 전 마지막으로 미군 병사들의 묘지를 방문한 미 1해병사단장 스미스 소장의 모습.

회청색 동해의 항구 앞에서 미 10군단이 집결했다. 공군과 해군 함포가 이들을 엄호하고 있었다. 고지에서 굶주리던 중공군은 미 10군단을 바다로 밀어버릴 시도도 하지 못했다. 시도한다고 해도 실패하리라는 것을 쏭스룬과 그의 지휘관들 모두가 알고 있었다.

그러나 미 10군단은 이제 북한에 고립되었다. 서쪽에서는 미 8군이 전면 퇴각 중이었다. 미 8군은 이미 평양을 포기하고 38선을 향해 남쪽으로 이동하고 있었다. 알몬드 소장과 해군은 미 10군단 병력이 모여 있는 해안 거점을 언제까지라도 지킬 수 있다고 말했지만, 유엔군사령부는 이를 믿지 않았다.

이제 전쟁은 새로운 모습으로 접어들었다. 도쿄와 한국에 있는 사람들은 38선 남쪽 어디쯤에선가 강력한 방어선을 구상하기 시작했다.

흥남과 원산에서 승선해서 남한으로 이동하라는 명령이 미 10군단에 하달되었다. 포병, 전차, 그리고 함포가 만들어주는 화력 차단선 안에서 미 10군단은 장비와 물자, 심지어 휘발유까지 들고 배에 올라탔다. 이것은 됭케르크 철수와는 달랐다. 서둘러 배에 타야 한다는 심리적 압박은 전혀 없었다.

반공주의자이며 필사적으로 미군과 함께 떠나려는 북한 사람들 수만 명도 배에 오르는 것을 허락받았다.[122] 배고프고, 춥고, 의료 지원이나 시설도 거의 없는 상황에서 이렇게 배에 오른 북한 사람들 중 수백 명이 부산까지 오는 동안 죽었다.

날마다 미 10군단의 방어선은 얼음처럼 차가운 바다 쪽으로 줄어들었다. 마침내 야포들은 부두 지역에서 주변 고지들을 포격하다가 결국 방향을 바꿔서 배에 실렸다.

유엔군이 흥남을 폭파하면서 도시가 불타기 시작했다. 부두도 파괴되었다. 크리스마스이브에 동해안에 거대한 화염과 연기가 피어오르는 동안 수송선단은 파괴된 항구를 적에게 넘겨주고 바다로 나아갔다.

유담리부터 장진호까지, 하갈우리에서 추운 개마고원까지 용맹함이 미

---

122 알몬드 소장은 철수 책임자인 에드워드 포니 해병 대령, 통역관이자 미 10군단 민사부 고문인 현봉학 박사, 그리고 김백일 장군의 요청을 받아들여 민간인 철수를 결정했다. 이에 따라 한국군과 유엔군을 합쳐 병력 10만 5,000명, 피난민 9만 8,100명, 차량 1만 7,500대, 물자 35만 톤이 철수했다. 특히 화물선 메러디스 빅토리(Meredith Victory) 호는 피난민 1만 4,000명 이상을 태우고 거제도까지 안전하게 항해한 공으로 인류 역사상 가장 많은 인명을 구조한 배(Largest evacuation from land by a single ship)로 2004년 9월 21일 기네스북에 등재되었다.

중공군 9집단군 예하 6개 사단 공격

장진호

부전호

11월 27~30일

유담리

하갈우리

11월 27일~12월 3일

고토리

11월 27일~12월 2일

12월 9일 철수 전위 부대와 지원 부대 접촉

진흥리

함흥

흥남

미 해병대, 흥남으로 철수하다
1950년 11월 30일~12월 11일

⇨ 미 해병대 퇴각로

⇨ 미 해병대 지원 부대

➤ 중공군 공세로

1인치 = 15마일(2.54cm = 24km)

군의 역사에 더해졌다.

그러나 얼어붙은 시신들이 수없이 산에 흩어져 있었고 전투력을 잃은
생존자들이 많았을지라도 서부전선에서처럼 그 전투에서 이긴 것은 적
이었다.

불길하게도 아시아의 머나먼 해안에 불안정한 균형이 다시 돌아온 것
이다.

제23장
지평리

●

빌어먹을! 고지로 돌아가라! 너희들은 어쨌든 여기서 죽을 거다.
아니면 고지로 올라가서 거기서 죽든지.

− 미 23보병연대 G중대의 토머스 히스Thomas Heath 중위가 지평리에서 한 말

맥아더, 워커, 그리고 워싱턴은 전선의 소총병들이 며칠 동안 아주 고통스럽게 알아낸 것을 1950년 12월 1일이 되어서야 알게 되었다. 장군들과 워싱턴은 완전히 새로운 전쟁을 책임지게 되었다. 맥아더는 공산주의의 저항에 격노했다. 중공의 개입을 범죄행위로 낙인찍는 일에 진심을 다했다. 그리고 맥아더는 이 시간부터 침입자들에게 불벼락을 내리기를 열망했다.

중공군 범죄자들은 벌을 받아야 했다. 그들은 폭격당하고, 제재를 받고, 계속 공격당하고, 그리고 다가올 10년 동안 그들의 전쟁수행 잠재력은 말살되어야 했다. 북한에서 전술적으로 매섭게 당했지만, 힘을 전쟁에 투사하려 하기만 한다면 미국은 그럴 힘이 충분했다.

미국은 다시 한 번 혼란의 시대를 만났다. 뉴스와 잡지가 잘 뽑아낸 우울한 이야기를 사방으로 퍼트리는 동안 정부 관리들이 모였다. 대부분의 언론은 지난 10월의 오만에서 깨어나 원래 논조로 돌아왔다. 비록 해병대가 자존심을 잃지 않고 철수하고 미 8군이 질서 정연하게 평양에서 철수했지만, 이제 청천강과 장진호 일대의 작전은 미국 역사에서 가장 큰 패배로 묘사되었다. 기자들과 분석가들은 재앙이라고 떠들었고, 군은 어쩔 줄 몰라했다.

《타임》지는 1950년 12월 11일자 사설에서 이렇게 말했다. "미국과 미국의 동맹국들은 재앙의 심연에 서 있었다. 중공군은 커다란 대형을 이뤄 만주 국경을 넘어 쏟아져 들어와서 유엔군을 무너뜨렸다. ⋯ 미 육군의 가장 우수한 병력 14만 명이 필사적으로 후퇴하게 되었다. 14만이라는 숫자는 미국이 가진 실질적인 육군의 거의 대부분이다. 이들과 함께 영국군, 터키군, 기타 동맹군을 합친 2만 명과 한국군 10만여 명이 방어선을 만들려 싸우고 있다.

이것은 패배이다. 미국이 이제껏 겪은 것 중 가장 최악의 패배이다. 이 패배를 방치한다면 아시아를 공산주의에 내준다는 것을 뜻한다."

북한에서 당한 패배를 전체적으로 보면 이렇다. 북한에서 치른 전투 기간 동안 미군 사상자 수는 제2차 세계대전 당시 아르덴Ardennes 숲에서 일주일간 벌어진 전투에서 발생한 사상자 수의 반도 되지 않는다. 독일군은 이 한 주 동안 미군 2만 7,000명을 죽이거나 부상을 입혔다.

서부전선에서 정면으로 맞선 미 2사단은 장비와 병력 4,000여 명을 잃었다. 미 해병대는 이보다 조금 덜했다. 일주일간의 전투 후 미군의 후퇴는 정치적 문제였다. 철수는 극동사령부의 군인들이 결정했다. 미군은 중공군과 절대로 싸울 상황이 아니었다. 중공군의 개입이 현실이 되자, 미국의 전술적·전략적 입장은 유지될 수 없었다.

그러나 대량 살상의 피해를 입고 힘이 빠져버린 추격자보다 더 빠르게 남쪽으로 철수한 유엔군은 기본적으로 온전했다. 지휘관들과 참모들 사이에서 우울함과 파멸의 분위기가 감돌기는 했지만, 유엔군을 압도할 만한 위험은 없었다.

워싱턴을 걱정하게 만든 것은 얼어붙은 북한의 불모지에서 벌어지고 있는 상황이 아니라 공산국가들 수뇌부에서 벌어지는 일이었다. 지난 여름에 그랬던 것처럼 워싱턴은 이제껏 가장 두려워하던 것, 즉 제3차 세계대전이 일어나지 않으리라는 것을 확신할 수 없었다.

켄터키 주의 포트 녹스Fort Knox에 보직된 모든 장교들을 대상으로 한 대규모 브리핑에서 육군 대변인은 세계 지도 앞에 서서 소련 사단들과 소련 공군 부대들의 위치를 가리켰다. 이러한 브리핑은 세계 곳곳에서 동시에 이루어졌다. 대변인은 중공군의 위치를 정확히 가리켰다. 소련이 동독에 결집시킨 적어도 175개 사단에 대해서도 논의했다. 이 175개 사단 중 3분의 1은 기갑부대였다. 대변인은 소련의 핵 능력에 대해 말했다. 자국의 강점과 약점을 아는 미군 장교들은 대부분 충격을 받았다. 소련이 움직일 경우에 미국의 핵 억제력만이 재앙을 막을 수 있었다.

그러나 이 사단들이 지도 위에 표시가 되고 잠재적인 적이 택할 수 있는 모든 방책에 대한 분석이 끝나자, 청중석 가운데 앉아 있던 25세의 중위가 일어났다.

그가 브리핑 장교에게 물었다. "그런데 공산주의자들이 무엇을 할 것이라고 생각하십니까?"

브리핑 장교는 지시봉을 바닥에 대면서 아래를 내려다보았다. 그러더니 질문을 한 중위와 눈을 마주치며 쓴웃음을 지었다.

"전혀 모른다네."

워싱턴에서 합동참모의장인 오마 브래들리 원수도 똑같은 말을 했을 수도 있었다. 브래들리는 한 가지만 확신했다. 그가 보기에 중공과 아시아에서 싸우는 것은 잘못된 시간에 잘못된 적과 벌이는 잘못된 전쟁이었다. 미국 정부 내의 중요 인물들도 브래들리의 견해에 동의하는 분위기였다.

전 세계가 읽는 1950년 12월 18일자 《타임》지는 소리를 높였다. "봉쇄 정책은 죽었다. 미국과 미국의 동맹국들에게는 보복과 적극적인 행동으로 침략의 원천인 공산주의 권력을 손상시키는 정책만이 있을 뿐이다."

그러나 흔히 그렇듯이 《타임》지의 편집진들이 생각하는 것과 진실은 서로 달랐다.

트루먼 대통령은 미국이 공산권과 전면전에 들어갈 수도 있다는 기본적인 믿음을 바꾸지 않았다. 그러나 현실적으로 미국은 광활한 유라시아에 사는 어마어마하게 많은 사람들에게 미국의 의지를 강요할 생각은 없었다. 중요한 국가 이익을 보호하려면 미국은 여전히 이런 전쟁을 해야 했지만, 트루먼은 거기서 얻을 것이 전혀 없다고 보았다. 그리고 그는 할 수 있는 한 명예롭게 전쟁을 피하려 했다. 트루먼과 그에게 조언하는 사람들은 미 8군이 완전한 실패를 피하기만을 바랄 뿐이었다.

1950년 11월 말에 맥아더는 워싱턴에 전문을 보냈다. "우리는 완전히 새로운 전쟁과 마주하고 있습니다. … 유엔군사령부는 인력으로 할 수 있는 가능한 모든 것을 했습니다만, 이제는 유엔군사령부의 통제와 힘을 벗어나는 상황에 직면했습니다." 맥아더는 이제 국민당 군대를 제공하겠다는 장제스의 제안을 받아들이기를 원했다. 그러나 미 정부는 맥아더에게 그런 움직임은 유엔을 통해서 정리되어야 한다고 말했다. 유엔은 장제스의 군대를 제공하는 안에 분명히 반대였다.

11월 28일에 열린 국가안전보장회의에서 브래들리 합동참모의장은 합동참모본부가 한국의 상황이 "신문에 보도된 것 같은 그러한 재앙"은 아니라고 생각하고 있다는 것을 트루먼 대통령에게 보고했다. 동시에 조지 마셜 국방장관은 자신이 보기에는 미국이 유엔과 보조를 맞추는 것이 꼭 필요하며 모든 장관들이 동의한 바대로 미국이든 유엔이든 피할 수만 있다면 중공과 전면전을 하지 말아야 한다고 말했다. 애치슨 국무장관은 미국은 한국에서 전쟁을 끝내는 방법을 찾으려 노력해야 한다고 했다.

애치슨은 만일 미국이 만주로 진격하고 성공적인 작전의 일환으로 군사 기지들과 비행장들을 폭격하면 "소련은 신나서 만주로 들어올 것"이라고 덧붙였다.

미국의 외교정책은 소련을 전쟁으로 끌어들이는 것이 아니라 전적으로 봉쇄하는 데 있었다.

윌리엄 애브럴 해리먼$^{William\ Averell\ Harriman}$[123]은 자유세계의 여론을 신중하게 고려해야 한다고 생각했다. 트루먼 대통령은 미국의 '3대 주간지'의

---

[123] 윌리엄 애브럴 해리먼(1891~1986): 미국 민주당 소속의 정치인, 사업가, 외교관.

왜곡과 경고 앞에서도 미국의 정책은 평정을 유지하고 있다고 자유세계를 설득하기는 어려울 것이라고 직접 말했다.

다음날, 국무회의는 안전보장회의와 의견을 같이했다.

미국은 한국에서 최상의 결과를 바라며 계속 싸워야 하지만, 맥아더에게 만주에 핵폭탄을 투하하라고 하거나 전선을 중국 본토로 옮기라는 명령을 내리지는 않을 것이다. 이 분쟁은 미수에 그친 국지적 군사행동 이었다.

한국분쟁은—미 정부는 여전히 전쟁이라는 용어를 사용하지 않고 있었다—확대되었지만 아마도 치명적이지는 않을 것이다. 남한은 여전히 반드시 지켜져야 했다. 남한을 지키려면 생각했던 것보다 더 많은 시간과 돈, 그리고 병력이 필요할 터였다. 그렇다고 임무가 바뀐 것은 아니었다.

맥아더에게 은신처에 있는 범죄자들을 공격하라는 명령은 내려지지 않았다. 따라서 맥아더가 지휘하는 공군과 해군에 걸린 금지 조치도 풀리지 않았다. 예전처럼 맥아더는 최전방 전선을 지켰다. 맥아더는 그렇게 원하던 중국을 벌할 수 있었다. 단 한반도에 국한해서만 그럴 수 있었다.

만일 제3차 세계대전이 시작된다면, 이는 공산주의자들의 주도에 의해 벌어질 것이었다.

* * *

크리스마스가 되자, 새로운 불안이 미국인들을 휩쓸었다. 변경에서 벌어지는 옛날 전쟁들과 달리 이 전쟁은 매일 보도되었다.

《타임》지는 이렇게 기사를 썼다. "미국은 한국에서 전해지는 공포스러운 뉴스를 이상하리만치 냉정하게 받아들였다. 마치 암에 걸린 걸 알게된 사람들이 혼란스럽고 두려우면서도 반신반의하는 것처럼 말이다. … 진주만 소식은 … 종소리처럼 크게 퍼졌다. 그러나 망연자실케 하는 한국소식은 신문 머리기사, 단신, 공식 발표 등에 마구 뒤섞여 유출되었다."

끊임없는 뉴스 앞에서 미국인들은 무관심할 수가 없었다. 다시금 사재기가 이루어졌고 인기 없는 자동차 판매원들도 재고를 떨어냈다.

수백만 명이 폭우가 쏟아지기 전에 마지막으로 거하게 크리스마스를 즐기겠다는 심정이었다. 휴일 교통사고 사망자가 기록적인 수준으로 올라가면서 정말로 수백 명에게는 이번이 마지막 크리스마스가 되기도 했다.

비록 중공이 개입하는 바람에 더 많은 노력이 필요했지만 여전히 돈이나 기계, 총이나 버터에는 아무 문제가 없었다. 그러나 병력 수급 문제는 결코 해결되지 않은 채 여전했다. 트루먼 대통령이 미네소타와 미시시피의 주 방위군들을 동원하자, 입대 통보 전화가 급증했다. 각 군에서 예비역 수천 명이 소집 명령을 받았다.

혼란 속에서 기다리는 미국인들에게 동원을 알리는 낭랑한 나팔소리는 여전히 울리지 않았다. 도시와 마을에서 병사들이 차출되었지만, 머나먼 전선에서 벌어지는 전쟁에는 아무 영광도 없었기 때문에 나팔소리는 들리지 않았고, 북은 울리지 않았다.

그러나 이런 전쟁은 필요하기는 해도 처음부터 끝까지 더러운 일이다.

아마도 트루먼 대통령에게는 전혀 이해하지 못할 국민을 동원하는 것보다 천사의 나팔을 불지 않는 데 더 큰 용기가 필요했을 것이다.

* * *

북한에서 퇴각하는 게 전략적인 결정이라는 것을 강조해야 했다. 한반도의 동부와 서부 사이에 접촉이 끊어졌지만 미군과 한국군을 뒤로 물러서도록 만드는 직접적인 압력은 없었다. 그러나 참전한 중공군의 수가 알려지지 않은 상황에서 북한의 산악에 자리를 잡고 있는 것은 극도로 위험했다. 보급 사정도 좋지 못했다. 수송망은 대규모 전쟁의 수요를 뒷받침할 수 없었다. 맥아더는 퇴각을 원했다.

무엇보다도 다른 곳에서 더 큰 전쟁이 시작될 수도 있다는 사라지지 않을 두려움이 상존했다. 만일 소련이 전적으로 개입하면 한국에 있는 모든 사람들은 소련 잠수함과 항공 차단 때문에 생명선이 끊어질 수도 있었다.

그러면 총체적인 혼란 속에서 사람들은 잊힌 채 학살당할 수 있었다.

1950년 12월 3일, 맥아더는 합동참모본부로 미 8군이 "극도로 위태로워지고 있다"는 것을 알리는 전문을 보냈다. 맥아더는 완전히 우울한 장문의 보고서 일부에서 자신과 워커 중장은 유엔군이 서울 지역으로 철수하는 것이 필요하다는 데 동의했다고 언급했다. 그리고 유엔군의 약점과 피로, 그리고 훌륭한 훈련을 받은 중공군 사단들이 새롭고 완전하게 조직화되어 있다고 썼다. 맥아더의 전문은 다음과 같이 끝을 맺고 있다. "만주 폭격 등 여러 가지가 불가하다는 제한 속에서 인민군만이 적이라는 관점에서 작전을 수행하라는 지시는 완전히 시대착오적입니다. … 이 지시를 이행하려면 만주 폭격을 비롯한 문제들을 완전히 충족시킬 수 있는 정치적 결정과 전략적 계획이 필요합니다. 매 시간 적의 힘은 세지고 반대로 우리의 힘은 줄어들기 때문에 시간이 결정적으로 중요합니다."

이 시간부터 정기적으로 맥아더가 줄곧 보낸 우울한 보고서들은 미국의 정책에 영향을 끼치려는 의도로 작성되었다는 강력한 증거가 있다. 맥아더는 자신에게 중공군과 전면적으로 교전하는 것을 허락하는 '정치적 결정과 전략적 계획'을 원했다. 맥아더는 계속해서 이를 넌지시 알리고 요청했다. 무엇을 해야 하는가에 대한 맥아더의 의견은 미국 정부의 의견보다는 《타임》지 편집자의 의견에 더 가까웠다. 그러나 맥아더의 상관은 《타임》지도 여론도 아닌 미 합중국 대통령 트루먼이었다.

12월 3일 맥아더의 전문을 받는 즉시 트루먼 대통령은 다음과 같은 간결한 답변을 승인했다. "우리는 장군의 군대를 보존하는 것이 현재 가장 고려해야 할 것이라고 봅니다. 교두보로 부대를 집결시키는 것을 동의합니다."

트루먼은 유엔이 자신의 입장을 명확하게 하거나 미국의 주요 행동을 지지하는 결정을 내릴 때까지 북한 땅에서 보잘것없는 위치를 유지하려 애쓰는 병사들을 희생시키지 않는 것을 최선이라고 보았다.

유엔군사령부의 새로운 계획은 서울 북쪽에서 남한을 가로지르는 전선을 유지하거나 또는 상황이 최악으로 치닫는다면 서울과 인천을 잇는 지역에서 하나 그리고 예전의 낙동강 방어선에서 하나, 총 2개의 교두보를 지키는 것이었다.

한국에는 기계화되고 지원이 가능한 무기들로 무장한 동맹군의 지상 병력 25만 명이 있었다. 합동참모본부는 수적으로 우세한 중공군을 막을 수 있으리라 생각했다.

완전히 박살나지는 않았지만 패배한 군대에는 패배의식이 만연하기 마련이다. 한번 시작되면 후퇴는 인간의 행동 중에서 되돌리기 가장 어렵다. 한국에 파병된 병사들 대부분은 전쟁에는 관심이 전혀 없었다. 만일 떠날 수만 있었다면 이들 대부분은 한반도를 영원히 떠나려 했을 것이다.

패배의식은 위로는 참모, 심지어 지휘관에게까지 퍼졌다. 손가락에 화상을 입은 사람은 불을 두려워하기 마련이다.

* * *

청천강 군우리에서 순천으로 이어지는 길을 따라 혹독한 시련을 당한 뒤로 미 2사단 9연대의 G중대는 트럭만을 타고서 남쪽으로 움직였다. 2사단은 산산조각이 났고 장비들을 잃어버렸다. 2사단은 결국 전투력을 복원했다. 복원은 잘 이루어졌지만, 그 과정에서 시간이 오래 걸렸다.

1950년 12월 5일, 넌더리가 난 데다가 기분도 좋지 않았던 프랭크 무뇨즈 대위는 중대를 이끌고 서울에 도착했다. 뮤뇨즈는 중공군이 초인이 아님을 깨달았다. 많은 경우에 중공군은 전투를 잘 하지 못했다. 무뇨즈는 미 2사단이 대대를 온전하게 유지하고 상호 지원이 가능한 거점을 준비하고 끝까지 거점을 지켰더라면, 중공군을 물리쳤을 것이라고 생각했다. 그러나 지나간 일은 어디까지나 지나간 일일 뿐이었다.

서울에 온 뮤뇨즈는 육군우체국 전보 사무소가 여전히 업무 중임을 알게 되었다. 그는 집에 전보를 보냈다. 무슨 내용을 보내야 할지 다소 혼란스러웠다. 보안규정도 있는 데다가 누구도 걱정하게 만들고 싶지 않았다.

결국 그는 여동생에게 전보를 보냈다. "생일 축하해. 나는 잘 있어."

무뇨즈는 모든 일을 잘 처리했다고 생각했다.

무뇨즈의 중대는 서울과 인천 사이에 있는 오래된 육군 기지창에서 휴식을 취하며 기력을 회복했다. 기지창은 크리스마스에 새롭게 완공되었다. 무수한 중공군이 압력을 가해올 때 서울은 점점 따뜻해지고 있었고 전선을 지키는 사단들도 충원되고 있었다. 무뇨즈는 춘천으로 갔고, 결국 그의 중대는 다시 재편되어 원주 북쪽의 고지에 배치되었다.

* * *

압록강 가까이에서 남쪽으로 이동하는 동안 미 21보병연대 I중대의 제임스 B. 마운트 하사는 너무 바빠서 중대가 어디로 가는지 걱정할 틈이 없었다. 멈춰 선 전차 한 대가 휘발유를 흠뻑 뒤집어쓴 채 불타고 있는 것을 보고서야 마운트는 걱정이 들었다. '그들이 우리에게 말해준 것 이상의 것이 기다리고 있겠군.'

실제로 그랬다. 미 24사단은 남쪽으로 난 긴 길을 따라 이동했다. 눈길 닿는 곳까지 길게 늘어선 트럭 종대는 해안을 따라 난 도로에서 얼어붙은 먼지를 날렸다. 미군이 철수하면서 도로 곁에 있는 마을들은 연기를 내뿜으며 불에 탔다. 초토화 정책, 마운트는 미군들이 이렇게 부르는 것을 이해했다.

새해 전날 밤, 마운트의 I중대는 서울에서 25킬로미터 북쪽으로 떨어진 38선을 따라 땅을 파고 들어가 있었다. 중대 앞으로는 널찍한 계곡이 끝까지 펼쳐져 있었다. 끔찍하게 추웠고 누구도 새해를 축하할 기분이 아니었다.

이들 앞에는 마운트를 포함해 어느 누구라도 믿고 싶어하지 않을 정도로 중공군이 많았다.

마운트는 2소대장인 프리처드^Pritchard 중위의 전령이었다. 프리처드는 1950년에 미 육군사관학교를 졸업했는데, 그의 동기생들은 한국에서 이

미 많은 수가 전사했다.[124] 마운트는 이것이 미국에서 쟁점이 되었다는 것을 알았다. 일반 국민은 육군사관학교의 역할이 전투를 능숙하게 지휘하는 장교를 양성하기보다는 미래의 장군을 만들어내는 것이라고 생각했기 때문이다.

마운트는 전투란 소대가 하는 일련의 행동으로서 소대의 행동 하나하나가 전투를 전체적으로 결정짓는다는 것을 알았다. 세상에서 제일가는 장군이라도 소부대에 뛰어난 병사들이 없고 숙련된 병력을 대량으로 잃으면 성공할 수 없게 마련이다. 현실적으로도 마운트는 소대 전투를 경험하면서 장교들이 많이는 죽겠지만 여기서 살아남은 장교들이 나중에 더 나은 장군이 되리라는 것을 알았다.

2소대는 서울로 이어지는 도로 오른편에 있는 고지에 진지를 잡았다. 소대의 왼편인 길 건너편에는 여러 해 전에 점령군이 사용하던 퀸셋Quonset 막사들이 있었다.

어둠이 내릴 무렵 포병이 I중대의 전선을 때리기 시작했다. 운 좋게도 포탄 대부분은 중대 후방에 떨어졌다. 그러나 저격병들은 포격 아래에서 I중대 가까이로 다가왔고 2소대원 중 2명이 사망했다. 마운트와 인접 소대의 전령은 어깨에 총알을 맞은 세 번째 병사를 끌어내려고 안간힘을 썼다. 총알이 날아와 전령의 발꿈치를 꿰뚫었다. 이제 마운트는 사상자 2명을 책임져야 했다.

쓰러진 전임 중대장에게서 중대를 인계받은 포터Porter 대위는 부임 첫 전투에서 포탄에 다리를 맞았다. 그는 그를 발견한 병사가 도울 때까지 오랜 시간 다리를 절면서 맹렬하게 왔다 갔다 했다.

어둠이 깊어지자, I중대원 전체는 미 19연대가 맡고 있는 왼쪽으로 맹렬한 포격이 가해지는 것을 들을 수 있었다. 19연대가 두들겨 맞는 것 같

---

124 대한민국 육군사관학교 교정에는 한국에서 전사한 1950년도 미 육군사관학교 졸업생 41명을 기리는 추모비가 있다. 1950년도 졸업생 대다수인 365명은 한국전쟁에 참전하여 이 중 41명이 전사했는데, 이는 미 육사 역사상 유례없는 희생이었다.

왔다.

중대 무전병이 보고했다. "19연대와의 모든 연결이 끊어졌습니다…."

포터 대위는 중대의 좌측면에 있는 부대와 연락하기 위해 정찰대를 내보냈다. 용감하게 최대한 멀리까지 나아갔던 정찰대는 되돌아와서 누구와도 접촉할 수 없었다고 보고했다. 포터가 말했다. "젠장! 진지로 돌아가서 꼼짝 말고 거기 있어. 움직이는 것은 무엇이든 쏴버려!"

프리처드 중위의 소대에 바싹 붙어 있는 마운트 하사는 중대본부가 프리처드에게 보내온 보고를 들었다. "앞에는 되놈 5만 명이 있다. 침착해!" 중대에 있는 병사들은 오만상을 찌푸렸다.

밤은 점점 더 추워졌다. 프리처드와 함께 마운트는 전초들을 점검했다. 사나운 날씨에서 보초들은 집중력을 유지하기 어려웠다. 밤새 이를 덜덜 떨 만큼 추웠다. 그러나 프리처드는 이전 전투에서 배운 교훈이 있었다. 전에는 모든 병사들에게 침낭을 지급했는데, 이는 나중에 치명적인 실수가 되고 말았다. 침낭에 기어 들어가고픈 유혹을 떨쳐버릴 수 없었던 많은 병사들, 심지어 초병들조차도 침낭 속으로 기어 들어가 잠이 들어버린 것이었다.

중공군은 미군의 전선으로 돌진할 때 나팔을 불고 고함치면 큰 대가를 치른다는 값비싼 교훈을 배웠다. 이제 중공군은 고무창을 댄 신을 신고서 조용히 다가왔다. 미군 전초가 제 역할을 할 수 있게 하는 방법은 2인당 침낭 1개를 지급하는 것뿐이었다. 이렇게 하면 한 명은 너무 추워서 잘 수가 없었고, 그러면서 그는 함께 있는 전우가 너무 오래 자지 않는지 잘 살필 수 있었다.

이 조치는 인기는 없었지만 생명을 구했다.

덜덜 떨면서도 기민하게 경계한 I중대는 그 밤을 버텨냈다. 동이 틀 무렵 포터 대위는 인접 부대들이 철수해버린 것을 알았다. 포터는 대대에 명령을 확인해보았다. 역시 철수하라는 명령을 받았다.

I중대는 새해 저녁을 먹고 빠져나왔다. 새해 저녁은 전선을 맡은 중대

들에게는 낭패였다. 마운트는 저녁은 못 먹었지만 그가 좋아하는 시가를 한 주먹 쥐고 있었다. 이제 연대는 서울에서 8킬로미터 북쪽에 있는 새로운 전선까지 철수했다. 이곳에서는 더 이상 물러나라는 명령은 내려오지 않았다. 개인호, 철조망, 지뢰지대를 이용하여 꼼꼼한 방어진지가 완성되었다.

그러나 진지가 완성되자마자 연대는 중공군으로부터 세게 한 방 먹었다. 공군도, 포병도 능선을 타고 빠르게 움직여 계곡으로 사라져버리는 중공군을 막을 수 없었다. 마운트는 소총 없이 공격하는 중공군도 몇 번 보았다. 이들은 전진하다가 동료가 총알에 맞아 쓰러지면 쓰러진 동료가 쓰던 무기를 집어 들었다.

그러나 중공군은 충분한 병력을 보유했다. 그리고 이 충분한 병력을 동원해서 패배의식에 빠져 있는 미 8군을 밀어냈다.

미 8군은 한강 북쪽을 정확히 4일 동안 방어했다. 그리고 50킬로미터를 물러났다.

* * *

1950년 12월의 어느 흐린 날, 자동 장전되는 산탄총이 장착되고 난간이 달린 전용 지프를 타고 달리던 월튼 워커 중장은 먼지 날리는 도로에서 교통사고로 차가 전복되어 사망했다.[125]

얼어붙은 땅 위에서 사망하기는 했지만 워커 중장은 더 나쁜 운명을 만나지는 않았다. 지난 며칠 동안 8군에서는 워커가 경질될 것이라는 소문이 돌았었다.

---

125 워커 중장은 1950년 12월 23일 10시경 아들인 샘 워커(Sam Walker) 대위의 은성무공훈장 수훈을 축하하러 가는 길에 경기도 양주군 노해면 도봉리 3구 외곽의 도로(현 도봉구 도봉 1동 596-5번지)에서 한국군 6사단 2연대 수송부 수리공인 박경래(당시 27세, 무면허)가 시험주행하던 차량과 충돌하여 즉사했다. 시신은 샘 워커 대위가 운구하여 알링턴 국립묘지에 안장되었고, 1951년 1월 2일 워커는 대장으로 추서되었다.

성공이 성공을 부른다는 말의 이면에는 전쟁에서 2등에게는 전혀 아무런 상이 없다는 뜻이 숨어 있다.

제2차 세계대전 당시 기갑부대 지휘관으로서 다소 이름을 날렸던 워커는 한국에서 상황이 정말 안 좋았지만 최선을 다했다. 그는 싸우지 않기를 강렬히 원하는 군대를 데리고서 기존 경험과 완전히 다른 방법으로 싸웠다. 부산을 뒤에 둔 채 직설적이고 불독처럼 솔직하고 고집스러운 기질을 가진 워커 덕에 낙동강 방어선을 성공적으로 지켜낼 수 있었다.

북한에서 실시된 워커의 기동 계획을 놓고 볼 때, 어떤 지휘관이 북한에서 같은 병력을 이끌고 그보다 더 잘 할 수 있었을지 의문이다. 민주주의와 독재에는 공통점이 하나 있다. 군사적 실패 시 지휘관들은 의연해야만 한다는 것이다. 볼테르^{Voltaire}가 말한 것처럼 아마도 이는 남아 있는 지휘관들을 독려할 수 있기 때문에 그리 나쁜 정책은 아니다.

며칠 전, 카리브사령부^{Caribbean Command}의 사령관인 매슈 리지웨이^{Matthew Ridgway} 중장은 한국에 대해 브리핑을 받았다.[126] 그러나 워커 중장이 사망하면서 이것은 바깥으로 알려지지 않게 된다.

그러나 패배의식을 없애버릴 리지웨이는 한국에 도착해서 미 8군의 지휘권을 인수했다.

가톨릭 주교와 마찬가지로 대중적으로 성공하려면 장군에게도 상당한 화려함이 필요하다는 것은 역사가 예전부터 증명해오고 있다. 워커에게는 아무것도 없었다. 따라서 그는 이기든 지든 대중적인 인물일 수 없었다.

화려함은 그 자체로는 아무 가치도 없다. 그러나 그것이 진정한 능력과 결합하면 역사는 수많은 인간들의 삶에 영향을 미친 위대한 지도자의 흔적을 기록하게 된다.

---

126 이 문장은 저자의 오기로 보인다. 리지웨이는 1948년 6월부터 1949년 10월까지 카리브사령부(1947년에 창설되어 1963년에 남부사령부로 변경) 사령관을 지낸 뒤 1949년부터 미 육군 행정참모부장(deputy chief of staff for administration)으로 근무하다가 워커 중장의 사망에 따라 8군 사령관으로 보직된다.

"더 이상 후퇴는 논하지 않는다. 우리는 다시 시작한다!" 1951년 겨울, 미 8군 지휘권을 인수한 매슈 리지웨이(가운데) 대장과 참모들.

클라우제비츠, 조미니, 헤르만 폰 프랑수아Hermann Karl Bruno von François[127] 또는 알프레드 맥시밀리언 그룬터Alfred Maximilian Gruenther[128] 대장처럼 훌륭한 생각을 가진 사람들의 이름이 전쟁을 공부하는 사람들에게만 알려진 것은 우연이 아니다. 반면, 세상은 네이Ney와 그의 용기병들, 패튼이 차고 다닌 진주가 박힌 권총, 그리고 리지웨이가 달고 다닌 수류탄을 기억한다.

칼 폰 클라우제비츠, 앙리 조미니, 그리고 쿠르트 폰 프랑수아Kurt von François 가 전쟁사에 영향을 미친 반면, 패튼과 리지웨이는 사람들의 마음에 잊히

---

127 헤르만 폰 프랑수아(1856~1933): 독일 제국의 장군으로, 제1차 세계대전 중인 1914년 러시아를 상대로 탄넨베르크 전투에서 대승을 거둘 때 활약한 것으로 명성이 높다.

128 알프레드 맥시밀리언 그룬터(1899~1983): 미 육군 역사상 53세에 4성 장군이 되었으며, 리지웨이의 후임으로서 1953년부터 1953년까지 유럽 연합 최고사령관(SACEUR, Supreme Allied Commander)을 지냈다.

지 않을 흔적을 남겼기 때문이다.

체격이 좋고 머리가 벗겨진 데다가 강해 보이는 코 때문에 독수리처럼 보인 리지웨이는 미 8군이 필요로 하는 유형의 지휘관이었다. 특수부대원들이 "모든 것은 마음과 정신에 달렸다"라고 말하듯 많은 경우 전투에서 승리하는 사람은 훌륭한 계획을 가진 사람이 아니라 병사들의 마음을 얻은 사람이다. 리지웨이는 강했다. 그리고 분명한 사람이었다. 그는 생각할 수 있었고 그 생각을 말과 글로 표현할 수 있었다.

리지웨이는 포병 사격을 받고도 언제나 참호에서 가장 먼저 나오는 그런 용기를 가졌다. 명예훈장을 받은 리지웨이의 부관은 그의 습관 때문에 이런 평을 했다. "오! 저는 장군님이 조금만 더 기다렸으면 했습니다."

리지웨이는 패배가 습관이 되어 패배의식에 젖어 있는 군대를 맡았다. 이 군대는 강했지만 더 이상 스스로를 믿지 못했다. 리지웨이는 지난 몇 주 동안 일생 동안 계속될 엄청난 모욕을 받아 조심스러워진 참모들에게 말했다. "더 이상 후퇴는 논하지 않는다. 우리는 다시 시작한다!."

그러나 습관은 깨기가 어려운 법이다. 이런 연설을 하고 얼마 지나지 않아 리지웨이의 작전참모인 대브니Dabney가 말했다. "장군님, 후퇴용 긴급 대책이 여기 있습니다…."

리지웨이는 그 자리에서 바로 대브니를 보직해임했다.

참모들은 리지웨이가 무엇을 원하는지 알게 되었다. 리지웨이의 의도가 병사들에게까지 스며드는 데는 오래 걸리지 않았다. 38선 남쪽으로 40킬로미터 떨어진 곳에서 유엔군 전선은 '정리되었다'. 전선은 이제 국지적 압박을 받는 경우를 제외하고는 전쟁의 균형을 위해 다시는 남쪽으로 내려가는 일이 없었다.

* * *

프랭크 무뇨즈가 지휘하는 G중대에도 신병 수십 명이 들어왔다. 신병 중 다수는 미국에서 소집된 예비역들이었다. 나중에 무뇨즈가 말한 것처럼 이들은 한국에 있고 싶어하지 않았다.

무뇨즈는 신병들을 모아서 적응을 위한 교육을 실시했다. 무뇨즈는 부사관들과 선임병들에게 말했다. "신병들을 사정없이 겁먹게 하는 전쟁 이야기는 하지 않도록! 나는 겁에 질린 토끼 여럿을 데리고 있고 싶지는 않다. 신병들을 훈련시켜 분대에 배치시키자."

병력이 다시 완전히 충원된 중대는 부사관을 포함해서 중대원 중 절반이 전투 경험이 없었다. 재소집된 사람들을 포함한 신임 장교들도 보충되었다. 그들은 열성이 없었다. 그러나 이들은 경력도 좋고 미국을 사랑했다. 소집될 때 이들은 한국으로 가라는 명령을 받았다. 가서 복무하라는 말은 했지만 왜 한국에 가서 복무해야 하는지를 설명해준 사람은 없었다.

이렇게 한국에 온 사람들은 최전선을 지키는 데 거의 관심이 없었다. 이들은 미국 시민이었고 해야 할 더 좋은 것들이 있었다.

G중대는 원주 남쪽에서 정찰 임무를 부여받았다. 정찰 중에는 한 번 이상 소규모 교전을 벌였다. 한 번은 중공군 몇 명을 고지에서 해치웠다. 중대원 중 몇몇이 죽은 중공군에게 달려가 멈춰 서서 살펴보고는 다시 이동하는 것을 무뇨즈가 보았다.

무뇨즈가 대체 무엇을 하는 것이냐고 묻자, 야전에서 소위로 임관한 롱Long은 무뇨즈를 보고 비꼬는 듯한 미소를 지었다. "고참 하나가 신병 둘한테 어떻게 약탈하는지 가르치는 거죠, 중대장님!"

다행히도 고참들이 어떻게 싸우는지를 신병들에게 가르쳤다. 낙동강 방어선 전투를 치른 이후 가졌던 예전의 끈끈함이 돌아왔다. 싸우기 위해 한국에 있어야 한다는 사실을 깨달으면서 곧 집으로 갈 것이라는 생각은 사라졌다. 사단에는 전쟁 초기부터 전투 경험을 쌓은 선임병들이 중대마다 배치되어 전투력의 핵심을 구축했다.

그러나 여전히 여러 문제들이 있었다. 1951년 1월의 후퇴로 수많은 한국인들이 유엔 전선을 넘어 남쪽으로 밀려 내려오고 있었다. 피난민과 함

"엄청난 수의 북한 주민들이 남쪽으로 피난하기 시작했다." 1951년 12월. 공산군이 진주하기 전에 피난길에 오른 난민들의 모습.

께 인민군도 신분을 감추고 들어왔다. 모든 노련한 군인이 그렇듯 무뇨즈 또한 이렇게 잠입하는 적에 대해 점점 걱정이 많아졌다.

하루는 무뇨즈가 도로를 차단하라고 명령했다. "더 이상 민간인이 통과하지 못하게 하라."

소집되는 바람에 새로 얻은 일자리를 버려야 해서 불만이던 중사가 말했다. "중대장님, 저는 민간인들에게 총을 쏘지 않겠습니다."

무뇨즈는 대꾸한 중사를 뚫어져라 바라보았다. "중사 자네 새로 전입 왔군. 우리는 이미 이런 일에 경험이 많아. 민간인들 중에는 우리에게 사상자를 내는 사람들이 있어. 그러니 죽고 싶지 않으면 조심하는 게 좋을 거야."

어느 날 밤, 노상 검문소를 경계하던 중 이 중사가 사라졌다. 무뇨즈는 소위 민간인이라고 하는 적이 아마도 그의 시신을 길가에 쌓인 눈에 깊이 파묻었을 것이라고 생각했다. 봄이 오자 한국에서는 길옆으로 유골 수천 개가 드러났다. 그러나 누구의 것인지는 거의 알 수 없었다.

1951년 1월 초, 미 2사단은 북쪽으로 공격하라는 명령을 받았다. 동시에 무뇨즈는 대대본부에서 근무하라는 제안을 받았지만 거절했다.

G중대는 때로는 허리까지 올라온 눈을 헤치고 조종석에 있는 지원 항공기 조종사가 똑똑히 보일 만큼 높은 능선을 넘으면서 원주로 공격해나갔다. 중대는 고지에서 적과 치열하게 싸웠고, 적은 기차 터널에 숨어 있다가 길을 차단했다. G중대는 원주를 점령했다. 사진기자들은 파괴되어 불타는 원주의 광장에서 G중대원의 사진을 찍었다.

새로 미 9보병연대장으로 취임한 메신저Messenger 대령은 무뇨즈 대위가 연대 중대장들 중 최선임자라는 것을 알았다. 메신저는 무뇨즈가 낙동강에서 시작해 청천강을 거쳐 원주까지 전투를 충분히 많이 치렀다고 생각했다. 사단 군수처에는 보급장교 보직이 비어 있었다.

피터 버밍엄Peter Birmingham 소령이 무뇨즈를 불러 보급장교 자리를 제안했다. 버밍엄이 말했다. "프랭크, 간밤에 자네가 전사하는 꿈을 꿨네…."

무뇨즈는 미신을 믿지 않았지만, 왠지 확신이 들었다. 사람에게는 운이 정해져 있기 마련이었다. 1월 17일, 무뇨즈는 군수처로 출두해서 연대 보급장교들을 상대로 일하는 보급연락장교직을 맡았다.

* * *

한국에서 유엔의 계획을 무산시킨 중공군의 수는 개입 당시에는 30만 명을 넘지 않았다. 그리고 이 30만 명 중 북으로 진격하는 한국군과 미군의 사단들과 근접 전투를 벌인 수는 실제로 6만 명을 넘지 않았을 것이다.

전체적으로 유엔군의 수가 중공군의 수와 거의 비슷했지만, 이 둘이 충돌할 당시에는 병력 차가 엄청났다. 그러나 유엔군의 패배는 양측의 상대적인 규모 때문이 아니라 유엔군의 작전계획에 중공군의 전술이 더해진 결과였다.

결정적인 순간에 서부전선에서는 미군 2개 사단만이 중공군과 접촉하고 있었다. 반면에 동부전선에서는 중공군 6개 사단 대부분이 미 1해병사단을 집어삼켰다.

유엔군사령부가 미 8군의 주력을 쓰거나 또는 미 10군단을 중공군 9집단군에 맞서 투입할 수 있었다면 중공군의 공세가 실패했을 것이라고 볼 만한 합당한 이유가 있다. 그러나 지형 때문에 마치 인디언들과 싸우는 것과 같은 상황이 되어버렸다. 미군 1개 사단이 난도질을 당하듯 궤멸되는 동안 산 너머 가까이 있는 다른 사단들의 사정은 상대적으로 평화롭고 조용했다.

미군 지휘관들이 무시무시한 산악에서 빠져나와 현대적이고 진화된 방법으로 싸울 수 있는 곳으로 이동하려 애쓰는 것은 당연했다.

38선을 향해 처음부터 철수했으면 이런 목적을 이뤘을 것이다. 그러나 철수는 한 번 시작하면 멈추기 어렵다. 유엔군의 전선은 남한 중앙에 미 10군단을 재배치하면서 결국 1951년 1월에야 37도 선을 따라 안정화되었다.

산발적인 정찰을 제외하고는 적과의 접촉이 끊어졌다. 기계화된 유엔군은 보급이 빈약하고 협조체계가 이루어지지 않은 채 아픈 발로 쫓아오는 중공군보다 더 빠르게 남쪽으로 움직일 수 있었다.

이제 지형이 반대로 영향을 끼치기 시작했다. 남한의 지형도 험하긴 했지만 차량이 통행할 수는 있었다. 폭이 좁은 한반도에서 미군과 한국군은 적의 한쪽 측면을 집중공격하며 동쪽 해안에서 서쪽 해안까지 끊기지 않는 전선을 구축할 수 있었다.

보급선이 짧아져 유엔군의 보급이 개선된 반면, 중공군은 군수에서 악몽이 시작되었다.

중공군이 쓸 포, 탄약, 그리고 보급품은 압록강부터 끝없는 공중 공격을 받으면서 변변찮은 도로를 타고 제한된 수송 수단을 이용해 내려와야 했다. 중공군은 엄청나게 많은 한국인 노무자를 포함한 인력을 보유하고 있었고 적게 먹고도 살 수 있었다. 그러나 주로 근력에 의존해서 탄약을 지고 산을 넘어 수백 킬로미터를 와야 하는 군대는 작전의 제한을 받는다.

병력과 장비가 다시 보충되어 재건되고 기동이 가능한 지형에 있게 된 유엔군에게 무엇보다 필요한 것은 투지였다. 유엔군은 싸울 수단은 이미 가지고 있었다.

리지웨이는 투지를 불어넣었다.

1951년 1월 말이 되자, 새로운 지상군 지휘관이 내린 단호하고 틀림없는 명령에 따라 미 8군은 북쪽으로 움직여 적과 접촉해 전투를 다시 시작했다.

가는 곳마다 리지웨이는 공격을 말했다. 한국에서 철수해야 할지도 모른다는 소문은 패배의식에 물들었던 군대에서 더 이상 들리지 않았다.

그리고 전투가 재개되었다.

1951년 2월 5일에 시작된 유엔군의 첫 반격은 오래가지 못했다. 2월 11일 밤에 중공군이 다시 공격했다. 이번에는 알몬드 중장이 이끄는 미 10군단을 상대로 전선의 중앙을 쳤다. 이때 미 10군단 예하에는 미 2사단이 있었다. 중공군은 횡성과 원주를 노리고 주공을 둘로 나누어 공격했다. 언제나처럼 중공군은 우선 화력이 훨씬 약한 한국군을 압박했다.

중공군은 한국군 2개 사단을 찢듯이 밀고 들어와서 아군 전선을 8킬로미터에서 30킬로미터까지 남쪽으로 밀어냈다.

유엔군 공세를 이끄는 미 23보병연대장 폴 프리먼$^{Paul\ Freeman}$ 대령은 선봉에 있었다. 2월 3일, 미 23연대는 도로가 교차하는 지평리로 들어갔다. 지평리는 이미 공중 폭격과 포병 사격으로 반쯤 파괴되어 있었다. 마을 뒤의 작은 계곡에서 프리먼 대령은 길이 1.6킬로미터 가량의 방어선을 구축했다. 지평리 북서쪽으로 미 23연대는 얼어붙은 논바닥의 한 부분을 가로질러 참호를 팠다. 계곡의 다른 쪽으로 방어선이 작은 야산들을 가로질러 이어졌다. 프랑스 대대를 포함한 미 23연대는 37야전포병대, 503 포병대대 소속의 155밀리 1개 포대, 레인저 중대, 그리고 공병의 지원을 받았다. 미 23연대는 중공군이 홍수처럼 밀려올 때에도 여전히 진지를 지키고 있었다.

지평리 양쪽으로 이어진 전선 정면이 휩쓸렸다. 온 사방에 중공군이 있다고 정찰대들이 보고하자, 프리먼은 2월 13일에 알몬드 장군과 협의했다. 프리먼은 포위를 피하기 위해 25킬로미터 물러나기를 원했다. 미 2사단장도 승인했다.

알몬드도 동의하고 미 8군에 철수 요청을 제출했다.

리지웨이는 자신의 의견을 한 단어로 밝혔다. "안 돼."

리지웨이의 말이 프리먼에게 전해졌다. 프리먼은 그 즉시 방어선을 강화하고 예하 지휘관들을 불러들였다. 프리먼이 말했다. "우리는 여기에 머물 것이며 끝장을 볼 때까지 싸울 것이다."

그날 밤 전투가 시작되었다.

어둠이 내리고 얼마 지나지 않아 미 23연대 2대대, 프랑스 대대, 503포병대대 B포대가 방어하는 방어선 남쪽에서 격렬한 근접전이 벌어졌다.

자정을 넘기고 2시간 뒤, 중공군은 나팔과 호루라기를 불면서 프랑스 대대가 맡은 전선으로 달려왔다.

이미 베트남에서 공산주의자들과 대대적으로 싸우고 있던 프랑스는 한국에 1개 보병대대만 보냈다. 그러나 전쟁 내내 프랑스 대대는 훌륭했다. 모두 직업군인으로 거친 알제리 출신이 많았는데, 이들에게 재미가 없는 전쟁은 완벽한 전쟁이라고 할 수 없었다.

첫 중공군 소대가 프랑스 대대로 돌진하자, 프랑스 대대는 손으로 돌리는 사이렌을 울려 짜증나는 거친 소리를 만들어냈다. 1개 분대는 착검하고 수류탄을 집어 들었다. 중공군이 20미터 앞까지 다가오자, 이들은 참호에서 나와 적에게 돌격했다.

네 차례나 중공군이 공격을 멈추고 뒤돌아서 어둠 속으로 달아났다. 프랑스군은 참호로 돌아와 담배를 피우고 농담을 주고받았다.

그러나 방어선 다른 곳에서 히스^{Heath} 중위가 지휘하는 G중대는 네 차례나 공격을 받았다. G중대는 새벽까지 어렵게 방어선을 지켜냈다.

여명이 밝아오자 중공군은 지평리를 둘러싼 고지들로 철수했다. 그리고 유엔군은 숨 돌릴 틈을 얻었다. 공군이 날아와서 로켓과 네이팜으로 주변 고지들을 맹폭격했다. 수송기들은 20개 남짓한 탄약상자를 떨어뜨렸다. 2월 14일은 이것 말고는 어떤 일도 있어나지 않았다.

그러나 자정이 지나자 지평리 남쪽에서 신호탄들이 높이 솟아오르고 금속성 나팔소리가 유엔군의 고막을 찢듯이 울렸다. 중공군은 파괴통과 휴대장약을 지고 낮은 고지들을 넘어 침투하기 시작했다. 중공군은 G중대로 몰려들어 개인호에 폭약을 떨어뜨려 많은 중대원이 사망했다. 맥기 McGee가 이끄는 3소대는 벌집이 되다시피 유린당했고 자정 무렵에는 상황이 안 좋았다. 맥기는 중대장인 히스 대위에게 도움을 요청했다. B포대는 병력을 보내 보병 방어선을 틀어막겠다고 했다.

히스는 지원 포대에서 15명을 모아 전방으로 내보냈다. 지원 포대원 15명은 보병 훈련을 받지 못했다. 박격포 공격을 받자 이들은 심각하게 피해를 입은 3소대와는 접촉도 하지 못하고 고지 뒤로 도망갔다.

지원 병력이 도주하는 동안 중공군은 3소대 지역으로 밀려들었다. 3소대가 맡은 고지는 수류탄과 소총 사격 불빛으로 번쩍였다.

히스는 고지 아래에서 지원 포병 15명을 막아선 채 소리를 지르며 화를 냈다. 그러고는 이들을 맹렬한 전투가 벌어지는 위로 인솔했다. 이들은 다시 사격을 받자 달아났다.

여전히 전투가 치열하게 벌어지는 고지에서 히스는 병사들의 옷깃을 잡아끌며 전진하려고 애썼다. 병사들이 거부하자, 히스는 고지에서 병사들과 함께 물러났다. 이제 중공군 신호탄이 기묘한 빛을 내며 고지와 후사면 위로 솟아올랐고 빨간 예광탄이 공중을 채웠다. 포병들이 땅속으로 숨으려 하자, 히스는 앞뒤로 내달리며 이들을 일으켜 세워 싸우도록 독려했다.

포병 연락장교인 엘지 Elledge 대위는 히스가 소리치는 것을 들었다. 엘지는 전투를 사랑하는 희귀한 인물이었다. 엘지는 사격진지로 돌아가서 10여 명의 병사들을 잡아끌면서 소총소대 방어선까지 강제로 데려갔다. 엘지는 스스로 30구경 기관총을 들었다. 그는 어둠 속에서 중공군이 호루라기를 불고 서로에게 큰 소리로 외치는 것을 들었다. 그는 주변을 살펴보러 딱딱해진 눈 위에서 앞으로 나아갔다가 중공군과 마주쳤다. 엘지는 근접전에서 카빈 소총으로 중공군 2명을 사살했다. 수류탄이 터져 왼쪽 팔에 감각이 없어졌지만 그는 진지로 돌아왔다.

이제 지평리 방어선 전체가 중공군의 압력을 받고 있었다. 중공군 주력은 약해진 G중대로 몰렸다. G중대에는 시체 수백 구가 쌓였지만, 너무도 많은 적이 폭약과 수류탄을 들고 가까이 다가왔다. 포병이 예광탄과 고폭탄을 번갈아 발사해 중공군을 벌집으로 만들어버렸다. 그러나 중공군은 여전히 몰려왔다.

모든 참호에서 격렬한 전투가 벌어졌고, 중공군은 낮은 능선을 하나씩 쓸어버렸다. 격렬한 저항을 받기는 했지만 중공군은 미군 방어진지를 조금씩 무너뜨리고 있었다.

고지 뒤에 있던 히스는 503포병대대장에게 가서 병력을 요청했다. 히스는 자기가 맡은 진지에서 중공군을 역습해 몰아내겠다는 의지로 뭉쳐있었다. 그는 계속해서 소리쳤다. "우리는 저 빌어먹을 고지에 올라간다. 그렇지 않으면 파멸이다."

포병대대장은 사격에 꼭 필요한 인원을 빼고 모든 병력을 히스에게 주었다. 그러나 어떤 장교도 이들을 고지로 올려 보내지 못했다.

2대대장 에드워즈^{Edwards} 중령은 G중대에 난 간극을 메우라고 F중대에서 1개 분대를 빼서 보내주었다. 히스는 이 분대를 전투가 가장 치열하게 벌어지는 곳인 1소대와 2소대 사이의 안부^{鞍部}에 투입했다. 몇 분 지나지 않아 2대대에서 증원된 분대원 모두가 죽거나 다쳤다. 그러나 G중대는 능선 위에 구축한 방어선을 위태롭지만 여전히 지키고 있었다.

2소대의 선임하사인 빌 클루츠^{Bill Kluttz}가 맥기 중위에게 소리를 질렀다. "소대장님, 저놈들 막아야 합니다.!"

중공군은 계속 몰려왔다. 중공군은 한 번의 엄청난 공격으로 G중대를 압도하는 것이 아니라 밤새 계속해서 살금살금 다가와서 참호를 하나씩 점령했다. 새벽 3시경 1소대가 진지에서 밀려났다. 이제 측면 지원이 없어진 맥기에게 남은 것은 건강한 부하 몇 명뿐이었다.

그리고 맥기의 전투의지도 떨어졌다. 맥기가 야전전화를 통해 클루츠에게 말했다. "적이 우리를 집어삼킨 것 같아…."

고지 다른 편에 있던 클루츠가 단호하게 되받았다. 쩌렁쩌렁한 목소리가 전화선을 타고 맥기에게 전달되었다. "적이 우리를 집어삼키기 전에 이 개자식들을 가능한 한 많이 죽입시다, 소대장님!"

그 와중에 후방에서 G중대 박격포를 운용하는 4소대장은 천막 안에서 포병들이 추위에 떨며 모여 있는 것을 발견했다. 고지에서 계곡으로 내리꽂는 사격이 시작되면서 박격포 운용병들과 포수들이 부상당하고 있었다. "젠장!" 4소대장이 모여 있는 포병들에게 호통을 쳤다. "분대 천막이 총알을 막겠나!"

4소대장이 이렇게 말했지만 이들 중 누구도 고지에 올라가 소총병들을 도우려 하지 않았다. 적에게 유린당할 상황에서 이렇게 몸을 숨긴 포병들의 몸짓에는 마치 자신들이 받은 군사 특기에 소총 다루는 방법이 포함되지 않았기 때문에 누구도 자신들에게 소총을 집어 들고 싸우라고 지시할 권리가 없다고 말하는 듯했다.

몇 분 뒤, 맥기 소대에서 유일하게 남아 있던 기관총이 고장 났다. 1소대는 부소대장의 지휘를 받아 고지에서 내려왔다. 맥기와 클루츠는 죽을 때까지 진지를 지켜봐야 아무 소용이 없다는 것을 깨달았다. 심지어 탄약도 부족했다.

맥기, 클루츠, 그리고 소대원 4명이 진지에서 후퇴했다. 이들이 소대에서 살아남은 전부였다.

23연대의 방어선이 무너졌다. 중공군은 23연대의 핵심부로 이어지는 진격로를 확보했다. 중공군이 할 일은 이제 이것을 활용해 전과를 올리는 것뿐이었다.

1951년 2월 14일에 벌어진 지평리 전투는 앞으로 몇 달 동안 벌어질 전투의 축소판이었다. 유엔군의 화력에 인해전술로 맞선 중공군은 방어 부대를 물리쳤다. 주어진 병력을 활용할 의지가 있는 지상군 지휘관이라면 어느 곳에서든 어떤 방어라도 무너뜨릴 수 있다.

중공군은 남쪽에서 G중대를 깊숙이 타격했다. 그러나 그 자체로는 중공군에게 아무 쓸모도 없었다. 그들은 사방에서 뚫리지 않는 견고한 방어선에 맞서 사투를 벌였다.

그리고 G중대를 지원하는 노력이 필사적으로 이어지면서 중공군은 계속해서 병력을 투입해야 했다. 중공군은 탄약이 부족했고, 보급 부대는 너무 멀리 있었다. 뿔피리와 나팔에 의존하는 중공군의 통신은 충분히 빠르고 일관되게 내용을 전할 수 없었다. 마치 뚜껑이 열린 것처럼 중공군의 공격파가 지평리의 움푹 꺼진 곳으로 흘러들었다.

이제 중공군은 한국 전장에서 여러 번 입증된 실패를 보여주게 된다. 중공군은 방어선을 깨뜨릴 수 있었다. 그러나 기계화되어 있지 않고, 공군력이 없으며, 신속한 통신 능력이 부족한 군대는 이 세 가지를 모두 가진 군대에 맞서 전과를 확대하는 것이 불가능했다.

히스 중위는 에드워즈 중령과 통화하면서 G중대가 끝났다고 말했다. 깜짝 놀란 에드워즈는 지원을 약속했다. 그러나 에드워즈가 가진 예비대는 F중대 예하의 1개 소대가 전부였다. 그나마도 1개 분대가 이미 투입되어 완편 소대도 아니었다.

에드워즈 중령은 연대장인 프리먼 대령에게 전화를 걸었지만, 프리먼 또한 대책이 없었다. 3대대는 강한 압력을 받고 있었다. 그리고 프리먼은 전체 예비대인 레인저 중대를 통째로 투입하는 것을 꺼려했다. 프리먼은 레인저 중대에서 1개 소대와 전차 1대를 에드워즈에게 넘겨주었다.

에드워즈는 예비대인 F중대의 1개 소대와 레인저 소대에게 G중대 지역으로 이동하라고 명령하면서 이 두 부대를 대대 참모장교인 커티스^{Curtis} 중위에게 지휘하도록 했다. 그러나 시작부터 레인저 소대장이 말썽을 일으켰다. 그는 프리먼 대령을 제외한 어느 누구의 명령도 거부했다. 이 말을 들은 에드워즈는 대대 참모인 램스버그^{Ramsburg} 대위를 보내서 지휘하게 하고 레인저 소대를 바로잡았다.

이렇게 새로 급편된 부대가 G중대 책임지역으로 들어올 때, 히스 중위가 구축한 방어선에는 포병 화력지휘소 앞에 파인 고랑을 따라서 고작 몇 명 안 되는 병력만이 드문드문 배치된 상태였다. G중대가 상실한 고지들의 어두운 전선에서 날아오는 포탄이 G중대 앞으로 비 오듯 쏟아지고 있었다.

그러나 양 측면 방어선은 굳건하게 버티고 있었다. 그리고 포병은 중공군이 낸 돌파구로 끊임없이 포탄을 기세 좋게 쏟아붓고 있었다.

램스버그는 얼마 안 되는 부하들을 빠르게 조직해 역습을 위해 전방으로 투입했다. 레인저 소대원들은 고함을 지르면서 G중대가 잃은 고지를 향해 앞장섰다.

새벽이 다가오면서 추위가 심해졌지만, 맹렬한 포격전은 고지 전체를 뒤덮었다. 미군과 중공군 모두 필사적으로 상대방을 떨쳐버리기 위해 고지 정상에 대규모로 집결했다. 레인저 소대장이 전사했다. 램스버그는 수류탄 폭발로 부상을 입었다. 램스버그의 지휘권을 인수한 히스는 가슴에 총알을 맞았다. 히스의 부하 한 명은 팔 하나가 몸에서 거의 떨어져나가다시피 했는데도 히스를 안전한 곳으로 끌어냈다.

짧고 맹렬했던 고지 전투에서 미군은 대규모 사상자가 발생했다. F중대의 소대는 28명 중 22명이 목숨을 잃었고, 레인저 소대도 마찬가지였다. 끝까지 살아남은 커티스 중위는 생존자들을 데리고 돌격해 고지 뒤편에서 지평리 방어선을 서둘러 만들려 했다.

역습을 당한 중공군은 부상을 입은 채 길을 막는 미군이 몇 안 되었지만 이들을 상대로 진격할 수 있을 만큼 빠르게 재편하지 못했다. 램스버그 대위는 에드워즈 중령에게 전화를 걸었다. 버티라는 에드워즈에게 램스버그는 중공군 지원 병력이 계속해서 오고 있다고 보고했다.

다른 곳에서 무슨 일이 일어나든지 G중대 책임지역에 생긴 구멍은 반드시 막아야 한다고 생각한 프리먼 대령은 남겨두었던 레인저 중대의 나머지 병력을 에드워즈 중령에게 모두 지원했다.

몇 분 뒤, 몸 성히 움직일 수 있는 소총병이 전혀 없는 커티스와 램스버그는 천천히 뒤로 밀리기 시작했다.

포병 연락장교인 엘지 대위는 돌파구를 막는 데 뛰어들었다. 자신이 별로 심각한 부상을 입지 않았다는 것을 안 엘지는 지휘권도 없었지만 스스로 전투 현장으로 돌아왔다. 지평리로 들어가는 길 옆 도랑에서 엘지는 버려진 반半무한궤도 대공포 한 대를 발견했다. 이 대공포는 50구경 중기관총을 4정 모아 반무한궤도에 장착한 것이었다. 엘지는 전차병의 도움을 받아 대공포 포구를 적 방향으로 돌렸다.

엘지는 차량의 시동을 걸 수 있었다. 동력이 포탑으로 전달되었다. 엘지는 포를 겨누고 후퇴하는 미군 정면에 있는 고지에 탄을 쏟아부었다. 일제히 사격하는 50구경 기관총 4정은 마치 진공청소기처럼 고지의 중공군을 빨아들였다.

중공군 1개 분대가 고지에서 노획한 75밀리 무반동총을 가지고 엘지에게 몰래 접근했다. 그러나 이미 날이 밝은 상태였다. 엘지는 다가오는 중공군들을 보았다. 적이 무반동총을 장전할 때 엘지는 대공포를 돌려서 한 방에 이들을 쓰러뜨렸다.

이제 미군 전차 3대가 길을 따라 달려오면서 고지에 전차포를 쏘아댔다. 여전히 사격 중이던 포병은 155밀리 포를 겨냥해 작열하는 백린탄으로 돌파구를 덮어버렸다.

날이 밝자 에드워즈 중령은 프리먼 대령이 전환해준 레인저 중대와 B중대를 지휘하며 전진했다. 곧 머리 위로는 우군 항공기들이 위로하듯 쌕쌕거리며 날아갔다.

중공군은 돌파구로 들어와 미 23연대의 취약점을 파고들려 했지만 실패했다. 온갖 무기가 쏟아내는 탄들로 형성된 탄막이 중공군의 앞을 가로

막았던 것이다. 중공군은 자신들이 차지한 G중대의 고지를 지키기 위해 2월 15일 하루 종일 완강하게 싸웠다. 이들은 공군과 전차의 지원을 받고 포병이 쉼 없이 두들겨대는 미군의 보병 공격에 맞서고 있었다.

그러나 공군, 전차, 포병, 그리고 재배치된 보병은 구멍을 틀어막았다. 중공군은 야간의 결정적인 몇 시간 동안 충분히 신속하게 움직일 수 없었다. 하루 종일 중공군이 할 수 있었던 최선은 많은 대가를 치르고 빼앗은 고지 하나를 지키는 것이 전부였다. 그리고 땅거미가 질 때 중공군의 사기도 무너졌다. 여전히 걸을 수 있는 중공군은 고지로 사라졌다.

어두워진 후 쏟아지는 눈이 지평리 주위에 누운 엄청나게 많은 중공군 시신을 덮었다. G중대 고지 정면에 시신 수백 구가 있었고 고지 곳곳에 시신들이 흩어져 있었다. 그중에는 미군 시신도 뒤섞여 있었다.

1951년 2월 15일 지평리에서 중공군의 대규모 공세가 둔화되었다. 이날 중공군은 미군으로부터 최초로 전술적 패배를 맛보았다.

지평리 전투 이후로도 중공군은 또다시 계속해서 공세를 펴지만, 지평리 전투를 기점으로 이제 새로운 전투 방식이 자리를 잡았다. 미 8군은 과거의 쓰라린 상처에서 부활했다.

그리고 다시는 무너지지 않았다.

제24장
비통하다, 카이사르

●

나는 여전히 간단한 결론을 가지고 있었다.
맥아더 원수는 전면전을 감수할 준비가 되어 있었지만, 나는 아니었다.

— 미국 대통령 해리 S. 트루먼

중공이 한국에 대규모로 개입하고 나서 첫 몇 주는 비극적으로 얼어붙은 한반도의 전장뿐 아니라 사실상 전 세계의 모든 정치 지도자들에게도 위기의 시간이었다. 뉴욕에서 유엔은 고뇌, 의심, 그리고 망설임으로 들끓었다.《뉴욕 타임스》는 유엔 대표들이 공개적으로 인용하는 것을 거부했음에도 불구하고, 갑자기 유엔 대표들이 미국의 미래 정책에 대한 의심을 표출했다고 보도했다.

1950년 11월 30일, 트루먼 대통령의 기자회견으로 중대 국면을 맞게 되었다. 트루먼은 온화하게 기자회견을 하던 중 기자의 질문에 대답하면서 20세기 중반의 가장 아픈 곳을 건드렸다.《타임스》의 보도에 따르면, 트루먼 대통령은 다음과 같이 말했다.

"최근 한국에서 벌어지고 있는 상황으로 인해 전 세계는 심각한 위기에 직면하게 되었습니다. … 우리는 유엔을 통한 정의롭고 평화로운 세계 질서라는 대의를 공개적으로 지지하고 있습니다. 우리는 이 약속을 변함없이 지킬 것입니다."

"우리는 세 가지 방법으로 새로운 상황에 대응해야 합니다. 우리는 한국에서 공산군의 공격을 저지하기 위한 일치된 행동을 위해 유엔 안에서 계속 노력해야 합니다. 우리는 자국의 국방력을 강화하는 자유국가들을 돕는 노력을 강화해야 합니다. … 우리는 우리의 군사력을 신속히 증강해야 합니다."

"우리는 유엔이 한국의 상황에 강한 영향력을 발휘하도록 하는 데 모든 노력을 다할 겁니다."

내각과 국가안전보장회의에서 이미 결정된 바와 같이 트루먼 대통령은 중공 본토에 대한 공격, 봉쇄, 또는 폭격 같은 더 이상의 행동은 유엔의 대응에 달려 있다는 점을 분명히 했다.

그 무렵, 어떤 질문에 답하면서 트루먼은 원자폭탄은 여전히 미국의 병기고에 있다고 단언했다. 《뉴욕 타임스》는 1950년 12월 1일 뉴스 요약에서 이렇게 보도했다. "트루먼 대통령은 기자회견에서 유엔은 정의와 세계 평화를 위해 싸울 것이다. … 그리고 우리는 필요하다면 원자폭탄을 쓸 것이다." 트루먼이 승인하면 맥아더는 미국의 군사정책에 따라 표적을 정하게 되어 있었다. "유엔이 중공을 침략자로 규정하면 만주에 있는 중공군 기지가 공격을 받을 것이다. 대통령은 서유럽이 재무장하는 속도가 늦는 데 조바심을 보였다."

3시간 뒤 기자회견의 결과는 폭발적으로 나타났다.

12월 1일자 《타임스》는 이렇게 논평했다. "대통령의 원자폭탄에 관한 언급은 영국에서 실망과 불안을 초래했고, 프랑스에서는 공식적인 반감을 불러일으켰다. 대부분의 유엔 대표들은 아시아에서 원자폭탄을 사용하는 것은 정치적으로 재앙이 될 것이라는 데 동의했다.

원자폭탄에 대한 언급보다 프랑스 의회를 더 휘저어놓은 것은 없었다. 최근 원자폭탄에 대한 두려움으로도 모자라 맥아더에 대한 공포까지 더해졌다. 만주를 폭격하고 전쟁을 확대할 의도가 있다고 알려진 맥아더는 충동적이고 무모하다고 평가되고 있다."

1면 헤드라인은 이랬다. "영국인들이 트루먼의 발표에 경악하다. 애틀리^Attlee 총리가 워싱턴으로 날아가 트루먼과 위기에 대해 논의할 예정이다."

《런던 타임스^London Times》는 이런 사설을 실었다. "트루먼은 이 시대에 가장 예민한 공포와 의심을 언급했다…"

윈스턴 처칠Winston Churchill은 영국 하원에서 서구가 유럽을 희생해가면서 아시아에 관여하는 것을 경고했다. 영국 상원은 워싱턴을 방문하겠다는 애틀리 총리의 발표를 크게 환영했다.

중공을 편들 사람이 거의 없는 오스트레일리아 멜버른Melbourne에서 신문들은 외교 기술로 중공과 분쟁을 피할 수 있으리라는 희망을 표현했다. 《멜버른 헤럴드Melbourne Herald》는 이렇게 보도했다. "중국인들은 더 이상 군사적으로 무시를 당하지 않는다. 중국의 혁명 지도자들은 장제스가 얻지 못했던 단결과 충성을 분명히 획득했다."

이탈리아에서는 공산주의자든 반공주의자든 전면전에 대한 강한 두려움을 드러냈다.

전 세계의 신문은 맥아더가 북한과 만주 사이에 완충지대를 남기고, 북한의 중간 지역을 더 이상 넘어가지 못하도록 유엔군을 막았어야 했다고 보도했다.

언론 보도가 무엇을 할 수 있든지 간에 상황이 명확해졌다. 미국 정부는 어느 지역의—실제로 많은 지역의— 동맹국들이 중국 문제에 대해 단호한 입장을 취했는지 즉각 알았다. 무엇보다도 세계는 전면전을, 특히 핵전쟁을 피하고 싶어했다. 수많은 미국인은 유엔과 동맹국의 생각을 절실하게 느끼지 못했는데, 이는 미 동부지역 외에는 신문이나 다른 매체들이 외국의 견해를 거의 보도하거나 반영하지 않았기 때문이었다.

미국 정부는 난생 처음 한국에서 미국이 활동할 수 있도록 매우 신속하게 유엔이라는 망토를 짰지만, 이것은 도움이 아니라 방해가 되었다. 6월에 유엔은 미국의 지도력에 거의 전적으로 호응했다. 그리고 미국은 도덕적으로 거대한 승리에 즈음하여 자국의 국가적 정책을 수행하기 위해 유엔의 깃발을 선택했다. 중공이 전쟁에 끼어들어 한반도 북쪽에서 급격하게 미국이 불리해지자, 전쟁이 길어질 것이라는 불길한 전망이 나오면서 유엔 회원국들은 갑자기 불안해졌다. 불행하게도 미국의 지도력은 전장에서 위신을 크게 잃었다.

1950년 12월 1일 이후 그때까지 아무 의문도 없이 전폭적 지지를 보내던 동맹국들은 다시는 미국에게 도덕적 이유로든 다른 이유로든 간에 전면적인 위임을 허락하지 않았다. 유엔의 대다수 회원국들이 한국의 대실패에서 12월 1일까지 벗어나기를 원했기 때문이다. 도덕적인 쟁점이 무엇이든, 둘로 나뉜 한국의 운명을 두고서 중공과 계속 전쟁을 해서 이익이 있으리라고 본 국가는 거의 없었다. 이 싸움에 분명한 도덕적 명분이 있고 별다른 희생이 없다면, 작은 나라들은 침략자에 맞서 국지적 군사개입 같은 작은 분쟁에서는 미국을 따를 생각이었다. 이제 세계는 전면전을 코앞에 두게 되었다. 그러나 중공을 물리친다는 도덕적 명분은 유럽인들의 입장에서는 설득력이 없었다.

역사상 가장 파괴적인 전쟁이라 할 수 있는 제2차 세계대전이 끝나고 5년이 흐른 지금 자국의 방어가 아니라면 핵전쟁의 위험을 감수할 나라는 거의 없었다.

걱정이 깊어진 영국 총리는 미국의 정책에 대해 자신을 안심시켜달라며 워싱턴을 방문했다. 다른 나라들의 지도자들도 같은 행동을 했다.

유엔에서 13개 아랍 국가들은 한국에서 벌어지는 분쟁의 휴전을 요구하는 결의안을 발의했다. 12월 14일, 유엔 총회는 이를 압도적인 표결로[129] 채택했다. 캐나다 대표 피어슨Pearson, 인도 대표 라우Rau, 그리고 이란 대표이자 당시 총회 의장이 된 엔테잠Entezam 등 3명으로 이루어진 유엔정전위원회대표단이 자신들의 조건을 제외한 어떤 문제에 대해서도 대화할 의지가 없는 중공과 접촉하려 했지만 헛수고였다.

그러나 유엔의 작은 회원국들은 이 문제를 계속해서 제기했다. 인도 대표인 라우는 "베이징이 평화를 원했다"라고 말하면서 인도는 중공에 대한 강력한 제재 조치를 거부했다. 유엔은 세상 사람들이 어떤 식으로 받

---

129 표결 결과는 찬성 52, 반대 2표였다.

아들이든지 지구의 의회가 아니라 평화와 전쟁의 문제를 다루는 기관으로 구성되었다. 거부권 제도의 진정한 힘은 여전히 미국, 영국, 프랑스, 중화민국, 소련이라는 강대국의 손 안에 있었다. 유엔 조직의 비극이자 유엔의 문제는 제2차 세계대전이 끝날 무렵 강대국들이 어떠한 이익 공동체도 구성하지 않을 것이라고 예상하지 않았다는 것이었다.

물리력을 사용하는 유엔의 첫 행동은 본질적으로 스스로를 대상으로 한 것이었다. 북한의 후원자인 소련이 안전보장이사회의 회원 신분을 계속 유지했기 때문이었다. 1950년 6월에 소련이 기권했기 때문에 안전보장이사회는 효과적인 행동을 취할 수 있었다.

이 우연의 힘을 통감한 미국의 정책입안자들은 미래에 발생할 강대국의 이러한 난관을 극복하려 분투했다. 유엔 총회가 특정한 심각한 사안에 대해 안전보장이사회의 우회를 허용하면서 강대국의 발언권인 안전보장이사회의 힘이 약화되었다. 이러한 변화는 미국의 후원 하에 유엔의 틀 안에서 이루어졌다.

실제로 이러한 변화들은 결국 회원국이 계속해서 늘어나면 유엔이 강대국의 통제에서 완전히 벗어난다는 뜻이었다. 불행하게도 미국의 정책입안자들은 판도라의 상자를 덮고 있는 뚜껑을 자신들이 힘껏 당기고 있었다는 것을 알지 못했다. 아마도 이들 중에는 자신들이 사는 세계의 정치 현실 그리고 권력을 이해하지 못하는 이들도 있었을 것이다.

1951년, 자국의 정책에 유엔이라는 망토를 걸친 미국은 위선자라는 비난을 받지 않고서는 방해물들을 떨쳐버릴 수 없었다. 미국의 정책은 무수히 상충되는 유엔의 정책들 안에서 풀려야만 했다.

유엔 회원국들 중 대다수는 가능한 한 빨리 전쟁을 끝내려 했다. 무엇을 원하든 상관없이 미국은 귀를 열고 들어야 했다. 일이 잘 되든 못 되든 상관없이 비용을 부담하는 사람이 결정권을 갖게 마련이다.

트루먼 대통령이 미국인들의 전반적인 지원을 받아 한국에 개입하겠다고 결정했을 때 애치슨 국무장관은 트루먼에게 이 결정은 "인기가 지금 같지 않을 수 있습니다"라고 말했다.

애치슨은 참으로 많은 비판을 받았다. 예언자들 대부분이 그러하듯 그는 미국에서 명예를 얻지는 못했지만 이내 예언자임이 드러났다. 열렬한 반공주의자였던 애치슨은 언제나 실리를 중시했다. 한국에서 전쟁이 일어나고 몇 달 동안은 어떠한 국무장관이라도 다른 자질 외에 보험 방문판매 사원과 같은 능력이 필요했다. 귀족적이고 멋진 사고방식을 가진 실용주의자였던 애치슨은 정책을 효과적으로 파는 판매원은 결코 아니었다.

트루먼 대통령이 말했듯이 애치슨의 정책은 트루먼의 정책이었다. 그러나 애치슨은 미국 대중이 느끼는 좌절의 대상이 되었다. 미국이 유엔과 동맹국들과 함께 일하는 것을 선택한 이후 미 국민들은 더 이상 세계 최고를 원하지도 않았고 최고일 수도 없었다.

누군가는 이를 국민들에게 이해시켜야 했지만, 트루먼 정부는 결코 그렇게 할 수 없었다.

1950년 12월에 워싱턴에 정치적 위기가 찾아왔다.

12월 15일, 긴 회의에서 논쟁을 거친 뒤 트루먼 대통령은 국가비상사태를 선언했다. 태프트^{Taft} 상원의원이나 웨리^{Wherry} 상원의원 같은 정치 지도자들은 트루먼의 결정이 지나치다고 보았다. 그러나 다른 정치인들에게 이 결정은 충분치 않았다.

뉴욕 출신의 테이버^{Taber} 하원의원이 트루먼에게 말했다. "국민들이 혼란스러워하고 속상해합니다."

미국인들은 미국이 전쟁을 하고 있는 것인지 아닌지 이해할 수 없었다.

미국은 죽고 죽이는 전장에 대규모 군대를 보냈다. 그러나 삶은 이전처럼 흘러갔다. 남자들은 공장과 농장에서 소집되었다. 그러나 여전히 '평화'는 유지되었다. 분명히 전쟁을 하고 있었지만, 미국인들이 이해하기에 그것은 전쟁이 아니었다.

미국인들은 전염병 같은 전쟁은 피해야 하나 전쟁이 시작되면 전쟁을 끝내기 위해 모든 노력을 다해야 한다고 교육받았다. 미국인들이 머나먼 전선에서 전쟁을 치르거나 또는 문명의 경계를 지켜낸 지 거의 100년이 되었다. 그리고 이러한 전쟁의 경험은 안 좋은 기억으로 남아 있었다.

수 세대에 걸쳐 미국인들은 국가 정책을 이유로 전쟁을 하는 것은 잘 못이라고 배워왔다. 그런데 이제 자신들의 정부가 제국주의 영국이 걸었던 과정을 따르고 있었다. 미국인들은 고통과 좌절을 느꼈다.

고뇌와 좌절을 가장 깊이 느꼈던 사람들 중 하나는 미국의 극동 총독인 맥아더 총사령관이었다.

* * *

미국 대통령은 상원의 조언과 동의에 따라 미국의 외교정책을 시행한다. 고대 아테네와 로마 공화정 이후로 바다 건너의 일을 성공적으로 다룬 의회는 없었다. 국경 너머에 계속해서 개입하면 필연적으로 카이사리즘Caesarism[130]을 불러온다고 주장하는 역사가들이 대대로 있어왔다.

이 주장이 맞는지를 두고서 여전히 답을 구하는 사람들이 있다. 그러나 한국에서 벌어진 전쟁은 적어도 카이사르Caesar를 만들어내지는 않았다. 맥아더가 카이사르Caesar가 될 두 가지 가능성이 있었는데, 하나는 상관에 의해, 또 하나는 국민들에 의해 꺾였다. 맥아더가 트루먼 대통령과 충돌하자, 그 충격은 전 세계에서 느껴졌다.

미국이 이제껏 배출한 가장 뛰어난 군사 지도자들 중 하나인 더글러스 맥아더는 20세기로 넘어오는 시점에 미 육군사관학교를 졸업했다. 맥아더는 걸출한 군인 가문에서 성장했다. 맥아더의 아버지는 남의 힘을 빌리지 않은 채 중장까지 진급해 필리핀 총독을 지냈다.

맥아더는 오랫동안 고립된 미국 장교 계층이 만들어낸 산물이었지만, 아이젠하워Dwight Eisenhower와 마찬가지로 미국 장교 계층의 전형적인 인물은 결코 아니었다. 아이젠하워는 태양이 내리쬐는 평원을 달리며 불굴의

---

130 카이사리즘: 카이사르의 독재정치.

기병과는 동떨어진 오래된 미국 부르주아지의 모든 미덕과 때로는 악까지 상징하는 인물이었다. 반면 맥아더의 사고와 정신을 형성한 것은 38세에 제1차 세계대전을 치르면서 참호에서 겪은 공포였다.

직업으로 군을 택한 장교들 대부분이 중령, 기껏해야 대령을 바라볼 나이에 맥아더는 장군으로 진급해 별을 달았다. 1917년부터 1918년까지 벌어진 무시무시한 살육을 바라보면서 맥아더는 전쟁의 이면에 있는 이상주의에 대한 절대 흔들리지 않는 믿음과 전쟁이 가져오는 근본적인 공포를 간직했다.

맥아더는 살육을 바로 가까이에서 보았다. 맥아더가 전장에서 보여준 용기를 경외한 미국 정부와 국민은 그에게 훈장을 일곱 번이나 수여했다.

참호에서 보았던 광경을 기억하는 맥아더에게 다시는 전쟁이 단순한 일일 수 없었다. 그 뒤로도 맥아더는 직업군인의 길을 계속 걷지만 그에게 전쟁은 초월적인 목적이 있을 때에만 시작해야 하는 영원히 끔찍한 일이었다.

이런 관점에서 맥아더는 동시대의 비군사적 지성인 대부분과 뜻을 같이했다. 맥아더는 근본부터 전쟁을 혐오했다. 그러나 그가 참전한 전쟁은 반드시 대의명분이 있는 성전聖戰이어야 했다. 그렇지 않고는 끔찍한 고통이 정당화될 수 없었다.

그 세대 사람들 중에는 보다 높은 목적을 위해 치르는 전쟁이 언제나 가장 끔찍하다는 생각을 하는 이는 거의 없었다. 최고의 이상이 최악의 결론에 도달할 수도 있다는 것을 사람들이 받아들이기는 지극히 어렵다.

왜냐하면 그것을 진심으로 받아들이는 사람도 천성적으로 그것을 거부할 수밖에 없기 때문이다.

전쟁에 대한 감정으로 볼 때, 맥아더는 그 세대의 전형적인 미국인이었다. 맥아더는 우드로 윌슨Woodrow Wilson과 의견이 같았다. 윌슨이 남긴 선언은 맥아더에게 깊이 영향을 주었다. 맥아더는 프랭클린 루스벨트Franklin Roosevelt와도 의견이 같았다. 전쟁은 슬픔, 회한으로 시작되었지만 흉포함을 수반했다.

전쟁은 끔찍했다. 누가 촉발했든 엄청난 고통을 겪고 파괴되었다. 그리고 끔찍함은 마지막 세대까지 계속되었다. 그래서 전쟁은 더 이상 생겨서는 안 되었다.

가장 높은 수준의 도덕적 목적을 위해서 시작된 전쟁이라면 목적이 바뀌거나 이를 위해 죽는 군인이 부족하지 않는 한 승리 말고는 다른 것은 있을 수 없다.

1918년과 1941년, 그리고 심지어 1951년에 미국인 대부분은 아마도 맥아더가 느꼈던 것처럼 느꼈을 것이다. 미국에서 가장 큰 명예를 얻은 맥아더는 대중의 마음에는 여전히 불확실한 영웅으로 남아 있었다. 맥아더는 군인이었지만 귀족적이었다. 그리고 독실한 기독교인이었다. 그저 일요일이 되면 교회에 가는 사교적인 기독교인이 아니라 하나님께서 친히 그들과 함께 계시는, 수세기 동안 영향력 있는 성공회 교도였다. 이러한 사람들 가까이에 가면 대부분의 미국인들은 언제나 불편해한다.

모든 미국 군인들 중에서 전형적인 군인이 아니었던 맥아더와 아이젠하워만 대통령으로 진지하게 고려가 되었고, 이 둘 중에서 미국 사회의 전통에서 보다 주류에 속하는 아이젠하워가 대통령이 된 것은 결코 우연이 아니었다.

가장 나이가 많고 장군들 중에도 가장 계급이 높았던 맥아더는 주류에 속하지 않았다. 맥아더의 생각이 미국인들의 생각과 가까웠지만, 그렇다고 맥아더가 평범한 미국인에 속한 것은 아니었다. 조국이 맥아더에게 감사를 표하며 수여한 모든 주요한 훈장들을 받을 때 세상에 태어나지도 않았던 세대가 맥아더를 '방공호 속의 더그Dugout Doug'[131]라고 부르며 비아냥댄 것은 역설적이지만 우연이 아니다.

---

131 방공호 속의 더그: 맥아더가 필리핀 전역(1944~1945) 당시 두 달 반 동안의 방어작전 중에 딱 한 번만 바탄 반도를 방문하고 그외 시간 동안은 방공호 속에서만 있었기 때문에 붙여진 별명이다.

오히려 다행이었다. 옳든 그르든 만일 맥아더가 대중에게 인기가 있었다면, 그리고 대중의 인기에 신경 썼더라면, 미국을 발칵 뒤집어놓았을 수도 있었다.

1951년 초는 전쟁을 두고서 다른 두 관점이 충돌하기 직전이었다. 한 가지는 맥아더의 견해로서 이는 윌슨, 루스벨트, 조지 마셜, 그리고 나이 많은 세대 대부분의 견해이기도 했다. 전쟁은 결코 정치의 연장일 수 없으며 성스러운 목적을 가진 성전이라는 것이 이들의 생각이었다.

이 견해에 찬성하는 사람들은 핵전쟁이라는 생각에 주춤하지만 일반적으로 다른 모든 것을 준비한다. 성전이란 본질적으로 한계가 없다.

그러나 1950년부터 1951년 사이에 미국은 한국에서 성전을 치르는 것이 아니었다. 맥아더의 재촉에 미국은 원래 목적을 잠깐 잊은 채 꿈의 나라로 들어가고 있었다.

유엔이라는, 모든 것을 포용하는 망토를 몸에 꼭 맞게 두른 트루먼 대통령과 그의 조언자들은 환상의 세계로 다시 들어가려 하지 않았다.

이제 군대는 외교라는 보다 넓은 탁자에서 구체적이고 제한적인 목적, 팽창적 공산주의를 억제하는 대항마로 사용되고 있었다. 군대는 여전히 남아서 싸우고 있었다. 한국을 포기한다는 것은 아시아에서 바로잡을 수 없는 정치적 실수라고 국무부가 주장했기 때문이다. 반면 유럽에 집중하던 국방부는 남아 있는 병력을 싹싹 긁어내면서 '명예롭게' 전쟁을 끝내는 여러 방법을 이야기했다.

대통령과 맥아더를 각각 축으로 하는 두 집단이 보기에 상대방의 견해는 비도덕적이었다. 충돌은 불가피했고 필요하기도 했다.

1950년 12월에 트루먼 대통령은 육군참모총장인 로튼 콜린스Joseph Lawton Collins 대장을 극동으로 보냈다. 얼마 안 있어 콜린스가 돌아와 맥아더의 견해를 대통령에게 보고했다.

콜린스는 미국이 할 수 있는 방책으로 맥아더가 세 가지를 생각한다고 말했다.

첫째는 이전처럼 여러 제약을 받으면서 한국에서 전쟁을 계속하는 것이었다. 이는 유엔군의 대규모 증원이 없고, 만주에 있는 기지를 폭격하거나 해상을 봉쇄하거나 대만 군대를 사용하는 것 같은 보복 수단이 없다는 뜻이었다.

둘째는 중국 본토를 폭격하고, 중국의 해안선을 봉쇄하며, 미국의 지원으로 장제스를 자유롭게 만들어 한국과 남중국에서 싸우도록 해 중공이 예상한 것보다 더 크게 분쟁을 확대하는 것이었다.

셋째는 중공군이 38선 북쪽에 머무르는 것을 동의하게 만들고 이를 기초로 유엔의 감독 아래에서 휴전하는 것이었다.

콜린스 육군참모총장을 만난 맥아더는 개인적으로 두 번째 안을 선호한다고 말했다. 첫 번째 안은 맥아더에게 항복이나 마찬가지였다. 그러나 맥아더는 관리할 수만 있다면 세 번째 안도 동의할 것이었다.

트루먼 대통령은 퍽 혼란스러웠다. 자신의 생각과 맥아더의 생각 사이에는 큰 차이가 있었다. 트루먼은 두 번째 안은 전면전으로 이어질 것이 분명하다고 생각했다. 그리고 전면전은 중공뿐 아니라 아시아의 동맹국이 꺾이는 것을 태평하게 앉아서 볼 수 없는 소련까지 상대하는 것이었다.

트루먼은 첫 번째 안과 세 번째 안을 조합하기를 원했다. 집단으로 정치적인 합의가 타결되는 동안 문은 열어놓는 것이었다.

그러나 트루먼은 상관인 자신에게 맥아더가 본인의 견해를 알릴 권리가 있다는 것을 알았다. 그러나 맥아더가 자신의 견해를 모든 사람에게 알리기 시작하면서 곧 문제가 터졌다.

12월 19일, 맥아더는 일본 방위를 위해 추가로 4개 사단을 요구했다. 그는 전쟁을 위해 점점 더 많은 것을 요구하기 시작했다. 이런 요구들은 병력을 동원하지 않고는 불가능했다. 미 육군에는 가용한 1개 사단이 있었는데, 이는 예비 전력으로 보유한 82공수사단이었다. 유럽에서는 나토(북대서양조약기구)가 이제 막 만들어지고 있었다. 미군 병력을 유럽에서 빼는 것은 생각할 수 없었다.

유럽의 동맹국들이 보유한 사단들 중에는 사단이라는 이름에 걸맞은 게 거의 없었다. 막상 동맹국 정부들이 하려고 했어도 이 사단들은 감히 움직일 수 없었다. 실제로는 움직일 생각도 없었다.

제1차 세계대전 때부터 쓰인 브라우닝 자동소총, 카빈 소총, 기관단총으로 무장한 한국 육군의 병력을 20만 명에서 30만 명으로 늘리는 것이 고작이었다. 맥아더는 이 조치에 낙관적이지 않았다. 맥아더는 일본의 무장을 선호했다.

12월 29일, 전에도 그랬듯이 맥아더는 중국 해안을 봉쇄하고 만주의 비행장들에 대한 공격 허가를 요청하는 전문을 미국 합동참모본부로 보냈다. 맥아더는 중국인들을 자극하는 것을 두려워하지 않는다고 말했다. 맥아더가 보기에 미국은 이미 중국과 전쟁을 벌이고 있었다. 맥아더는 만일 자신의 요청이 승인되지 않으면 한반도에서 철수해야 한다고 했다.

요약하면, 맥아더는 미국은 전쟁에서 이기려 노력해야 하고, 이겨도 크게 이기거나 그렇지 않으면 전쟁에서 빠져나와야 한다는 자신의 입장을 유지했다.

1월 9일, 대통령과의 면밀한 검토 후 합동참모본부는 맥아더에게 다음과 같은 훈령을 내렸다. 한국을 계속해서 방어할 것, 중공군에게 계속해서 손실을 입힐 것, 그리고 사령부를 구하는 데 꼭 필요한 경우에만 철수할 것.

맥아더는 충분한 설명을 요구했다. 그는 한국을 지키는 동시에 일본을 방위할 수 없다고 했다. 그리고 유엔군이 손실 없는 극단적 제한 하에서 작전을 계속할 수 없다고 말했다. 만일 국제 정치적인 이유로 현 조건이 계속될 수밖에 없다면, 합동참모본부와 대통령은 심각한 결과를 받아들일 준비를 해야 한다고도 했다.

조지 마셜 원수가 이 전문을 트루먼 대통령에게 직접 전달했다.

트루먼은 매우 혼란스러웠다. 맥아더가 하는 말은 국가안전보장회의, 합동참모본부, 그리고 대통령이 결정한 정책이 실현 가능하지 않다는 뜻이었다.

장차 벌어질 사건들은 맥아더가 틀렸다는 것을 보여주게 되지만, 당시에는 트루먼 대통령이 맥아더의 견해를 중대하게 고려할 수밖에 없었다. 1월 12일, 트루먼은 국가안전보장회의를 소집했다. 여기서 결정된 내용은 세계 상황에 대한 국제 정치적 현실을 맥아더에게 알려주기 위한 것이었다. 미국은 동맹국들과 유엔을 통해서 집단안보 추진에 착수했다. 미국은 '혼자 힘으로 할' 의도가 없었다.

동맹국들과 유엔의 의사를 타진한 결과, 맥아더의 방책을 지지할 의사가 있는 정부는 하나도 없다는 것이 드러났다.

1951년 1월 13일, 트루먼 대통령은 맥아더에게 다음과 같은 전문을 보냈다.

"나는 한국의 상황이 미국에서 가장 주목을 받고 있으며, 우리가 미국의 장래 그리고 전 세계의 자유 국민들의 생존이 달려 있는 이 문제에 대해 올바른 결정을 찾으려고 모든 노력을 다한다는 것을 장군이 알아주길 바랍니다.

나는 이 전문을 통해서 한국을 침략한 공산주의에 계속해서 맞서는 미국의 기본적인 국가 목표와 국제 목표에 대한 나의 견해를 장군이 알아주었으면 합니다. 우리는 침략에 맞선 저항을 지원하기 위해 장군이 지휘하는 유엔군에게 합리적으로 기대할 수 있는 최대의 노력이 어느 정도인지에 대한 장군의 판단이 필요합니다. 우리는 이 저항 노력을 세계적인 차원에서 신속하게 조직하려 하고 있습니다. 이 전문은 어떤 의미에서든 지시가 아닙니다. 이 전문은 장군에게 정치적인 요소에 대한 우리의 생각을 알려주려는 것입니다.

1. 한국에서 침략을 성공적으로 막아내면 다음 중요한 목표에 기여할 것입니다.

(a) 미국과 유엔은 어떠한 침략도 용납하지 않으며, 현재 소련이 가하고 있는 전 세계적 위협에 맞서 자유세계의 정신과 힘을 동원하고 결집한다.

(b) 아시아 비공산국가의 저항을 약화시키고 중국에서 공산주의의 기반을 강화하려는 위험하게 과장된 중공의 정치적·군사적 명성을 약화시킨다.

(c) 중국의 안과 밖에서 그리고 아시아에서 비공산권의 저항을 조직화할 시간을 벌고 이를 직접 지원한다.

(d) 한국인에 대한 우리의 명예로운 약속을 지키며 역경의 시대에 미국의 우정이 헤아릴 수 없이 소중하다는 것을 전 세계에 보여준다.

(e) 더욱 만족스러운 일본과의 평화조약 체결 가능성을 확보하고 조약 체결 후 대륙과 관련된 일본의 안전한 지위 확보에 더욱 공헌한다.

(f) 공산주의 권력의 어둠 속에서 살고 있는 아시아, 유럽, 중동의 여러 국가들의 단결을 이끌어내며 그들이 얻는 조건이 무엇이든 간에 공산주의와의 성급한 타협은 완전한 항복을 뜻한다는 것을 알려준다.

(g) 소련이나 중공의 갑작스런 맹공격이라는 역경에 맞서 싸우는 사람들을 고무한다.

(h) 서방 세계의 국방력을 신속하게 건설하는 데 필요한 의견과 절박함을 이끌어낸다.

(i) 최초의 대규모 노력을 통해 유엔의 집단안보를 실행하고 미국의 국가안보 이익에 막대한 가치를 지닌 자유세계의 연합체를 만든다.

(j) 철의 장막 뒤에 있는 여러 국가들의 국민들에게 자신들의 지도자들이 침략전쟁에 여념이 없으며 이런 범죄는 자유세계의 저항을 받을 것이라는 점을 알린다.

2. 이 시기에 우리의 행동 방침은 예를 들어 대다수 유엔 회원국들을 단합시키는 것입니다. 대다수 회원국은 유엔 조직의 일원일 뿐만 아니라, 소

련이 우리에게 맞서는 쪽으로 움직이는 상황에서 우리가 동맹으로서 반드시 의지할 필요가 있는 국가들이기도 합니다. 더욱이 우리의 군사력을 건설하는 과정에서 적대행위 지역이 확대된다면 우리는 매우 신중하게 움직여야만 합니다. 그 자체로 완전히 정당하고 한국에서 벌이는 전쟁에 도움이 될 수 있는 조치라도 만일 일본이나 서유럽이 대규모 적대행위에 연루된다면 유익하지 않을 것입니다.

3. 우리는 제한된 군대로 대규모 중공군과 계속 맞서는 것이 군사적으로 가능하지 않을 수도 있음을 물론 알고 있습니다. 더욱이 현재 세계 상황에서 장군의 군대는 일본과 그 밖의 지역을 방어하는 효과적인 도구로서 보존되어야 합니다. 그러나 위에서 언급한 몇 가지 중요한 목적은, 물론 장군이 실현 가능하고 바람직하다고 생각해야 하겠지만, 만일 한국의 주요 지역을 방어하는 것이 불가능해질 경우 제주도 같은 한국 연안의 섬에서 지속적 저항을 함으로써 지지를 받을 수도 있을 것입니다. 최악의 경우 만일 한국에서 철수해야 한다면 군사적 필요성 때문에 어쩔 수 없이 철수하는 것이고, 침략을 바로잡을 때까지는 정치적으로나 군사적으로 우리가 이 결과를 결코 받아들이지 않을 것이라는 점을 전 세계에 분명하게 전달하는 것이 중요합니다.

4. 한국에 대해 최종 결정을 내릴 때 나는 소련의 주요한 위협과 이 거대한 위험에 맞설 우리 군대를 빠르게 확장해야 하는 필요성을 끊임없이 생각해야 합니다.

5. 나는 자유세계가 우리 앞에 있는 여러 위험들에 대해 훨씬 더 분명하고 현실적으로 이해하게 되었으며 필요한 용기와 힘을 갖출 것이라는 믿음에 용기를 얻습니다. 최근 유엔에서 일어나는 일련의 행동들은 상당한 혼란과 희망적 관측을 드러내고 있습니다. 그러나 나는 유엔 회원국

대부분이 평화로운 해결을 위한 모든 가능한 방안들을 충분히 탐구했다고 확신하려 했기 때문에 이렇게 행동했다고 믿습니다. 나는 유엔 회원국 대다수가 이제 빠르게 뭉치고 있고, 그 결과 자유 수호를 고무하는 강력한 조합이 될 것이라 믿습니다.

6. 온 미국인은 한국에서 어려운 투쟁을 이끄는 장군의 뛰어난 지도력과 가장 어려운 상황에서 장군의 군대가 보여주는 뛰어난 역량에 감사를 표합니다.

(서명) 해리 S. 트루먼"

이를 요약하면, 트루먼은 극동사령관인 맥아더에게 미국의 정책은 세계 평화가 오직 집단안보로만 이룰 수 있으며 현 상황에서 한국에서 전쟁을 계속하는 동안 유엔 내의 희망적 관측에도 불구하고 세계가 자신들이 직면한 위험에 대해 점점 더 분명하고 현실적으로 이해해가고 있다는 전제에 기초해 있다는 것을 알려준 것이었다.

트루먼이 맥아더에게 말한 핵심은 미국은 한국을 계속 지켜야 하는 동시에 유럽의 방위를 강화해야 한다는 것이었다. 잠재적인 주적은 여전히 소련이었고, 유럽은 여전히 세계에서 가장 소중했다. 유럽에 대한 미국의 지원과 힘을 반감시킨다면 주한 미군을 돕기 위한 어떤 방책도 현명하지 못할 것이다. 만일 미국이 중공과 일방적으로 전쟁을 시작한다면 여러 해 동안 미국이 정책 목표로서 추구해 이제 갓 태어난 것이나 다름없는 나토를 치명적으로 깨뜨릴 가능성이 높았다.

맥아더는 내부 집단을 계속 조직할 수 있도록 전선을 유지하되 중국 야만인들과의 전쟁을 단념하라는 말을 들었다.

트루먼의 정책은 집단안보와 주저하는 유엔뿐만 아니라 유약한 서구에 대한 의존에 좌우되었다. 미국에는 원자폭탄은 있었지만, 사단이 없었다. 중부 유럽에는 소련군이 대규모로 쳐들어올 때 막을 수 있는 장벽이 없었다.

나토의 틀에서 이런 장벽이 만들어질 때까지 미국은 마음 놓고 숨을 쉴 수 없었다. 미국은 아시아에 개입하는 것을 결코 선호하지 않았다. 미국은 소련의 속임수를 찾으면서 이러한 개입을 계속해서 의심의 눈으로 바라보았다.

맥아더는 이런 정책에 동의하지 않았을 수도 있다. 그러나 그는 전문에 담긴 뜻을 읽어냈다.

오랫동안 미 8군이 정상으로 돌아가고 고통스럽게 적을 두들겨 한반도를 뒷받침하는 동안 문제는 풀리지 않은 채 그대로 있었다. 이상하게도, 맥아더와 통수권자인 트루먼 사이의 의견 차이를 만든 것은 유엔군의 성공이었다.

1951년 3월이 되자, 중공군은 저지당하면서 피해를 입고 후퇴해야 했다. 중공군이 대한민국에서 완전히 쫓겨날 것이라는 것은 분명했다. 그 무렵 전선은 1950년의 6월과 10월에 있던 곳에 형성되어 있었다. 그러나 값싼 승리를 믿지 않게 된 워싱턴은 이번에는 아무 감흥도 없었다. 동맹국들은 모두 전쟁을 끝내야 한다고 아우성이었고, 겸손한 중공과 관련된 위험을 충분히 알게 된 미국 정부는 협상할 의사가 있었다.

1950년 12월에 "프랑스와 영국이 한국전쟁을 억제할 방법을 찾아 뭉치다"라고 보도했던 《뉴욕 타임스》는 1951년 2월에 "미국이 평화를 추구한다고 대변인이 말하다─정책의 반전"이라는 매우 의미심장한 머리기사를 뽑았다. 이름을 알릴 수 없으나 믿을만한 정부 소식통들은 기자들에게 침략자를 물리치겠다는 1950년 10월의 정책은 용도 폐기되었다고 말했다.

군의 보고서들은 공세를 계속하면 한국에 있는 중공군이 무너질 가능성이 높다고 명시했다. 그러나 중공군이 무너지고 그로 인해 아시아에서 체면이 손상되었다고 해서 소련이 행동에 나섰을까?

그 답은 앞으로도 결코 알 수 없을 것이다. 미국에는 도전이 많았다.

3월 20일에 트루먼 대통령, 애치슨 국무장관, 마셜 국방장관, 그리고 합동참모의장인 브래들리 원수는 한국 내 평화의 가능성에 대해 논의했고, 이를 맥아더에게 알렸다.

"국무부는 유엔이 침략군을 남한 내에서 제거하는 것과 함께 한국 문제의 해결 조건들에 대해 토의할 준비를 하고 있다는 대통령의 성명을 준비하고 있다. 해결을 위한 추가적인 외교 노력이 주력군이 38선 북쪽으로 진출하기 전에 이루어져야 한다고 유엔은 생각한다. 외교적인 대응을 결정하고 새로운 협상을 전개하려면 시간이 필요할 것이다. 38선이 군사적으로 아무런 의미가 없다는 점을 감안할 때 국무부는 앞으로 몇 주에 걸쳐 유엔군에게 안전을 보장하고 적과 접촉을 유지할 수 있는 행동의 자유를 허락하려면 어떤 권한이 필요한지를 합동참모본부에 문의한 상태이다. 장군의 권고가 필요하다."

맥아더는 이미 시행되고 있는 만주 기지 폭격 불가나 중공 본토로의 공격 전환 불가 조치들로는 북한을 제거할 가능성이 낮기 때문에 자신의 지휘를 더 이상 제한해서는 안 된다고 답변했다.

당시 트루먼은 국무부와 국방부 관료들과 함께 대통령 성명 초안을 작성했다. 초안은 이러했다.

"유엔으로부터 한국에서 유엔군사령부를 지휘해줄 것을 요청받은 미국 대통령으로서 그리고 한국의 유엔군을 지원하는 전투부대를 파견한 유엔 회원국 정부들과 충분히 상의를 거쳐 다음 성명을 작성한다.
한국에 있는 유엔군은 대한민국을 침략한 적을 격퇴하는 데 매진하고 있다. …
침략자들은 심대한 피해를 입은 채 작년 6월 불법 공격을 처음 시작한 곳에서 가까운 지점까지 쫓겨가고 있다.
1950년 6월 27일 유엔안전보장이사회 결의에 따라 한국에서 국제 평화와 안보를 회복하는 문제가 남아 있다. …

진정으로 평화를 원하는 모든 나라들이 받아들일 수 있는 평화와 안보를 회복하는 데는 기준이 있다.

유엔군사령부는 전쟁을 끝낼 협의에 들어갈 준비가 되어 있다. … 이러한 협의는 외국 군대의 철수를 포함하여 한국을 위해 보다 넓은 해결의 길을 열 것이다. …

한국인은 평화를 누릴 자격이 있다. 이들은 스스로의 선택에 따라 정치 제도와 그외의 다른 제도들을 결정할 자격이 있다. … 필요한 것은 평화 이며, 그 속에서 유엔은 재건이라는 창의적인 임무를 위해 유엔의 자산을 쓸 수 있다. …

한국 문제의 즉각적인 해결은 극동에서 국제적인 긴장을 크게 낮추고 다른 문제들을 생각할 길을 열 것이다 ….”

트루먼 대통령의 성명은 사실상 유엔을 대리하는 미국이 위협, 비난, 또는 처벌에 대한 논의 없이 전쟁을 끝내겠다는 말이었다. 공산주의자들은 책략을 획책했으나 실패했다. 유엔도 마찬가지였지만 역시 실패했다. 누구도 패배하지는 않았지만 그렇다고 이긴 쪽도 없었다. 미국은 공산주의자들이 동의한다면 전쟁 이전 상태로 돌아가는 것이 괜찮다고 말한 것이었다.

남자, 여자, 그리고 아이들, 민간인과 군인이 수십만 명씩 죽고 불구가 되거나 또는 집을 잃었다. 그러나 전선은 그대로였다. 전투, 고통, 죽음에도 불구하고 모든 것은 이전과 마찬가지였다. 국가 이익으로 여기는 것을 지키기 위해 싸울 의지가 있다는 것을 양측 모두가 알게 된 것을 제외하고 해결된 것은 아무것도 없었다.

자유주의 국가들은 공산주의 국가들에 대해 더 잘 이해하게 되었다. 그리고 그 반대도 마찬가지였기를 바랐다. 적어도 많은 것들이 이루어졌다.

트루먼의 발표는 미국 정부 내에 있는 새로운 집단의 사람들이 만든 결과물이었다. 이들은 마치 남북전쟁 이후의 정부에서는 근무해본 적 없는 사람들 같았다. 이들은 민주주의를 위해 세계를 안전하게 만들거나 악을 파괴하는 데는 아무런 희망이나 관심이 없었다. 이들은 민주주의까지는 아니더라도 외견상 세계에서 질서가 유지되는 가운데 미국이 계속해서 잘 되는 것에만 관심을 집중했다.

핵의 시대로 접어든 지 7년째, 이들은 서로 다른 세력들이 대립하는 체제에서 서로 견제하는 효과적인 수단을 가지고 있다는 사실을 받아들였다. 극단의 상황을 제외하면 이들은 전면전을 받아들이려 하지 않았다.

이들은 싸우려 했겠지만 자국의 젊은 군인들이 피를 흘리는 것을 꺼려했으며, 가능하다면 이마저도 제한적인 방법으로만 하려 했고, 적에게 자신의 정당성을 입증하려고만 했다.

현대 정치 세계가 지독하게 복잡하다는 것을 잘 안 이들은 신중하고, 실용적이며, 어떤 방향으로든 포괄적인 결론에 냉소적인 경향이 있었다. 이들은 항복은 생각하지 않았다. 그러나 엄청난 문제들만을 안고 있는 세계에서 딱 들어맞는 대답을 찾지도 않았다.

이들은 100년 전 대영제국 사람들의 권위를 물려받았기 때문에 이들 중 많은 이들은 애치슨처럼 영국식 정장을 입는 것이 일반적이었다.

이들 중 대다수는 대중에게 말할 때 이상하게도 우드로 윌슨을 자주 입에 올렸다. 역설적이게도 윌슨이라면 이들을 정부에서 내쫓았을 것이다. 많은 미국인들과 마찬가지로 명분을 좇는 전쟁을 지지했던 윌슨은 이런 이들을 결코 이해하지 못했을 것이다.

윌슨과 같은 시대를 살면서 완전히 성숙해졌던 맥아더 원수 역시 이들을 이해하지 못했다.

트루먼의 성명은 모든 우방국과 조율을 거쳤지만 발표되지는 않았다. 야전에 있는 미국의 최고사령관인 맥아더 원수는 미국 역사상 거의 전례가 없는 성명을 통해 트루먼 대통령에게 한 방을 먹였다.

1951년 3월 24일, 워싱턴과는 어떤 상의도 없이 맥아더는 도쿄에서 독자적인 성명을 발표했다.

"계획과 일정에 따라 작전은 계속된다. 이제 우리는 조직적인 공산군을 남한에서 상당히 제거했다. 24시간 계속되는 우리의 대규모 공중 폭격과 해상 포격이 적의 보급선을 따라 적에게 심대한 피해를 초래했으며, 이 때문에 적은 작전을 지속하는 데 필요한 물자가 부족해지고 있음이 점점 더 분명해지고 있다.…

전술적으로 성공하는 것보다 훨씬 더 중요한 것은 과장되게 부풀려진 전 투력을 가진 새로운 적 중공이 현대전을 수행하는 데 필요한 결정적인 물 자들을 공급할 능력이 부족하다는 것이 분명하게 드러났다는 것이다. 중 공은 생산 기반이 부족하다. … 중공은 과학이 현대전의 수행을 위해 만 들어낸 전차, 중포重砲, 그리고 신형 무기를 공급할 수 없다. 전에는 중공이 가진 병력의 수적 잠재력으로 이 간극을 메웠을 수도 있겠지만 기존의 대 규모 살상 방법이 발전하면서 수적 우위만으로는 이를 타개할 수 없다. …

중공이 한국에서 선전포고 없이 전쟁을 시작한 이후로 이러한 군사적 약 점들은 분명하고 결정적으로 드러나고 있다. 심지어 유엔군의 활동을 제 한하면 중공에 군사적인 이점이 생기지만, 중공은 군사력으로 한국을 정 복하는 데 완전한 무능력을 보여주고 있다. 따라서 유엔이 이제는 그간 전쟁을 한국 안으로만 제한하려 했던 관대한 노력에서 벗어나 중공의 해 안 지역과 내륙 기지들로 군사작전을 확대하겠다고 결정하면 중공은 곧 군사적으로 붕괴할 것이라는 점을 뼈저리게 인식해야 한다. 이러한 기본 사실들이 확고하다. 따라서 이 사안들이 시비를 가려 해결된다면 한국과 직접 관련 없는 문제에 대한 부담 없이 한국 문제에 관한 결정을 내리는 데 극복할 수 없는 어려움은 없을 것이다. …

그동안 끔찍하게 황폐해진 한국과 한국인들이 희생되어서는 안 된다. 이 것이 제일 중요한 관심사이다. … 지휘관으로서 나는 내가 가진 권한 안에서 그리고 더 이상 피를 흘리지 않고 한국에서 유엔의 정치적 목표를 이룰 수 있을 수단을 찾기 위해서라면 언제라도 적의 최고 지휘관과 야전에서 만나 회담할 준비가 되어 있다는 것은 말할 필요도 없을 것이다. 당연히 어느 나라도 여기에는 이의를 제기하지 않을 것이다."

옳든 그르든, 이것은 야전에 있는 미국 총독이 발표한 주목할 만한 성명이었다. 이것은 군사정책 이상의 성명이었다. 이것은 정치적인 행동이었다. 이는 극동사령부에 외교정책에 관한 성명을 자제하라는 미 정부의 지시를 무시한 것이었다. 또한 이미 발표된 유엔의 정책을 무시한 것이었다.

맥아더는 중공에 최후통첩을 날렸다. 그는 미국과 동맹국들의 모든 힘이 중국 본토를 상대로 영향을 미쳐야 한다는 것을 암시했다. 따라서 중공의 약점을 논의하는 내내 위협을 상기시켰으며, 그가 분명히 즐긴 것은 위협이었다.

맥아더의 성명을 읽던 트루먼은 하얗게 질렸다. 맥아더의 성명은 헌법에 따라 대외정책을 만드는 권한을 가진 대통령에 대한 도전이었다.

맥아더가 고위직이라는 점을 감안할 때 맥아더의 성명은 마치 맹렬하게 날아간 8인치 포탄처럼 동맹국 총리실들을 강타했다. 워싱턴으로 오는 전화선이 불타오르기 시작했다. 미국의 정책 전환이 임박했는가?

미국은 중공을 처벌하기로 결정했는가?

주미 노르웨이 대사는 국무부에 전화를 걸어 맥아더의 성명 이면에 무엇이 있는지 알고 싶다고 했다.

3월 24일 토요일 정오에 트루먼은 애치슨 국무장관, 로버트 로벳Robert Lovett 국방차관, 그리고 딘 러스크Dean Rusk 국무부 극동차관보와 대화를 나누었다. 서로를 몰아붙이지는 않았지만 대화는 의심할 여지 없이 격렬하고 격정적이었다.

1950년 12월 6일, 유엔이 안절부절못하기 시작하자 트루먼은 극동사령부에 모든 대외 발표는 워싱턴의 승인을 받아야 한다고 지시했다. 이제

트루먼은 이 명령을 읽었다. 그리고 러스크와 애치슨에게 이 명령의 의미에 어떤 의문의 여지가 있냐고 물었다.

이 둘은 자신들이 생각하기에는 아무런 의문의 여지도 없다는 데 동의했다.

그러자 트루먼은 로벳을 시켜 우선 맥아더에게 입을 다물라는 전문을 극동사령부에 보내도록 했다. 트루먼은 맥아더가 자신과 의견을 달리하리라는 것은 오래전부터 알았지만 이 정도일 것이라고는 예상하지 못했다.

트루먼은 정말로 맥아더를 이해할 수가 없었다. 트루먼은 맥아더가 대통령을 당황하게 만들면서 대중의 인기를 얻으려 한다는 확신은 없었지만, 국민의 지도자로서 트루먼은 이것을 용납할 수 없다고 생각했다. 맥아더는 정부의 문민 통치 전통에 도전하고 있었다. 그리고 트루먼은 맥아더라는 카이사르[132]가 루비콘 강 너머에서 연설하고 있다는 것 빼고는 아무것도 확신하지 않았다.

맥아더는 거대한 정치적 야심을 가진 카이사르가 아니었다. 맥아더는 미국의 공복公僕이었다. 그는 적을 상대로 승리를 기피하는 미국 정부의 방침이 비도덕적이라고 강하게 느꼈기 때문에 공개적으로 반대한 것이었다. 그는 정책에 영향을 주려 노력하고 있었다.

미국 헌법에 따르면 어떤 군인도 이러한 특권을 누릴 수 없다. 군인은 진실을 말하고 긍정적으로 행동하라고 배운다. 대개 정치인은 이 둘 중 어느 것에도 큰 애정을 가지고 대하지 않는다. 이들은 무엇이 진실이고 또는 무엇을 해야 하는가는 전혀 상관없이 영원히 국민을 즐겁게 해야 하기 때문이다. 그래서 군인과 정치인은 종종 충돌하기 마련이다.

강하게 행동하고, 모호하게 말하지 않으며, 꾸물거리지 않고, 모든 사람을 기쁘게 하는 불가능한 일을 시도하지 않는 정치 지도자는 일반적으로

---

132 프랭클린 D. 루스벨트는 맥아더의 불손한 태도와 항명 때문에 맥아더에게 '미국의 카이사르'라는 별명을 붙였다.

군인에 대해 조금도 걱정할 것이 없게 마련이다. 심지어 전제적인 국가에서도 그러하다. 프랑스 제4공화국의 정치인들, 아르헨티나 대통령을 지낸 아르투로 프론디지 에르콜리Arturo Frondizi Ercoli 같은 정치인들, 고대 로마의 상원, 그리고 신중하게 행동하는 사람들은 군대에 관용적이지 않았다.

기꺼이 목숨을 내놓을 준비가 된 군인은 자신의 자리를 걸 듯이 별로 없는 이들에게는 별다른 연민이 없다. 정치가 가능성의 예술이라면, 전쟁은 불가능의 예술이다.

우드로 윌슨 전 대통령이나 코들 헐Cordell Hull 전 국무장관만큼이나 미국적인 맥아더는 군에 대한 문민 통제에 도전하겠다고 일부러 마음먹지는 않았다. 그러나 맥아더의 행동이 가져온 결과는 문민 통제라는 제도적인 안전장치가 위험할 수 있다는 것이었다.

트루먼은 역사가 그를 어떻게 평가하든 가장 인기 없고 가장 존경받지 못한 대통령에 속했다. 만일 미국인들과 의회가 맥아더 뒤에서 들고 일어나 맥아더의 의견을 지지한다면, 트루먼과 그의 정부는 문제에 빠질 수 있었다.

1951년 3월 24일부터 4월 5일 사이에 트루먼은 맥아더를 해임하기로 결심했다. 맥아더가 다음에도 복종하지 않는 모습을 분명히 보이자, 트루먼의 결심은 이미 서 있었다. 1951년 4월 5일에 일어난 일은 사실상 트루먼에게 달리 선택할 길이 없다는 것을 보여주었다.

이날 하원의 공화당 원내대표인 조셉 마틴Joseph W. Martin이 일어나 맥아더로부터 받은 개인 편지를 읽었다. 매사추세츠 출신인 마틴은 1941년 이후로 태프트 상원의원이나 훼리 상원의원처럼 오랜 전통에 집착하는 고립주의자였다.

고립주의는 정직하고 진실했지만 모순적이었다. 고립주의의 전제는 미국이 해외의 문제를 피해야 한다는 것이었다. 그러나 만일 문제가 일어나면 어떤 대가도 치르지 않고 문제를 끝내야 했다. 얽어매는 어떠한 동맹도 만들어서는 안 되었다. 다른 나라의 정치에는 절대 연관해서는 안 되었다. 그러나 미국이 사악한 적과 대치하거나 공격을 받으면, 그때는 정의로운 분노에 차 들고 일어나야 했다.

고립주의는 군대를 매우 의심했고 군비 지출을 최대한 줄이는 것을 선호했다.

머나먼 전선을 지키는 사람이 하나도 없다는 것을 제외하면 고립주의에는 문제가 전혀 없었다. 미국인들은 여러 세대에 걸쳐 고립주의를 고수했고, 1941년까지도 미국인의 70퍼센트는 미국이 세계 문제 뛰어드는 데 반대했다. 도덕적이든 비도덕적이든 세계 질서를 위해 분투하는 프랑스 육군도 영국 해군도 없었다.

진실한 사람인 조셉 마틴 하원의원은 1951년 4월 5일 하원에 섰다. 그는 3월 초에 맥아더에게 쓴 편지에 여러 가지를 언급했는데, 그중 하나는 중국 국민당 병력을 한국에서 쓰지 않는 것은 정말 어리석어 보인다고 한 것이었다. 맥아더의 논평을 부탁한 마틴은 이제 그것을 크게 읽고 있었다.

"2월 12일자 의원님 연설의 사본을 보내주셔서 매우 감사합니다. … 중공이 한국에 있는 우리를 상대로 전쟁에 개입해서 빚어진 상황에 대한 제 견해와 권고를 최대한 상세하게 워싱턴에 제출했습니다. 이런 견해들은 우리가 과거부터 결코 실패해본 적 없는 종래의 정형화된 방법, 즉 최대한의 대응 전력으로 상대한다는 방법을 따르기 때문에 일반적으로 잘 알려져 있고 충분히 이해가 됩니다. 대만의 군대를 사용하자는 의원님의 견해는 논리나 이러한 전통과 모순되지 않습니다."

어떤 사람들에게는 공산주의 가담자들이 이곳 아시아에서 전 지구적인 정복을 노린다는 것, 전장에서 제기되는 문제에 우리가 뛰어들었다는 것, 유럽에 있는 외교관들이 여전히 말로 싸우는 동안 우리는 무기를 가지고 유럽이 치를 전쟁을 한다는 것, 만일 아시아에서 공산주의에 맞선 이 전쟁에서 진다면 유럽의 멸망은 불가피하다는 것, 반대로 이 전쟁을 이기면 유럽은 아마도 전쟁을 피하고 자유를 보존하리라는 것을 깨닫는 것이 이상하게 어려워 보입니다. 의원님이 지적한 대로 우리는 반드시 이겨야 합니다.

'승리를 대신하는 것은 아무것도 없습니다.'"

전쟁에 대한 두 가지 견해, 즉 윌슨, 루스벨트, 마셜, 그리고 맥아더의 전통적인 미국의 견해는 애치슨, 러스크, 해리맨, 그리고 브래들리의 강대국 미국이라는 새로운 견해와 충돌했다.

가장 멋진 사람 중 한 명인 조지 캐틀렛 마셜은 이런 말을 했다. 1944년에 서유럽 대신에 발칸 반도로 미군 병력을 투입하는 것이 가능한지를 논의하는 것은 군사적이기보다는 정치적인 것인데, 만일 그랬다면 사상자가 10만 명은 더 나왔을 것이고, 독일의 제3제국을 무너뜨리는 것도 늦어졌을 것이다. 마셜은 정치적인 고려를 하느라 군사작전의 진로를 바꾸려 하지 않을 사람이었다.

미국은 모든 힘을 다 쏟아부어 독일 제3제국이라는 악을 무너뜨리면서 힘에는 힘으로 맞섰다. 미군은 폴란드의 비스와^{Wisła} 강과 다뉴브^{Danube} 강에서는 당시 동맹이던 소련군과는 만나지 않았다. 한 세대의 미국 정치인들은 그때 소련군과 만나지 않았던 결과와 씨름해야 했다.

에르빈 롬멜 원수는 자신은 군수에는 전혀 관심이 없다고 했다. 롬멜은 싸움을 하지만 가솔린, 전차, 그리고 탄약이 자신에게 오는 것은 다른 사람의 문제였다.

마셜과 롬멜 모두 뛰어난 사람들이었지만, 자신들이 살던 세계를 정말로 이해하지 못했다. 전차가 연료 없이 굴러갈 수 없듯이, 전쟁은 미래에 대한 정치적 고려 없이 성공적으로 치를 수 없다.

1951년 중공군의 패배는 그것이 소련과의 전면전으로 이어졌든 아니든 상관없이 세계를 멀어지게 만들었을 것이다. 이런 세계에서 미국은 히틀러가 그랬던 것처럼 세계를 이끌거나 또는 이끌기를 포기할 수도 있었을 것이다.

유감스럽지만 역사는 도덕이 어디에 있는지에는 관심이 전혀 없다.

누가 옳고 그른가를 떠나서 맥아더가 마틴 의원에게 보낸 편지는 통수권자에 대한 불복종이었다.

트루먼 대통령은 격노했다. 트루먼은 국무장관 애치슨, 합동참모의장 브래들리 원수, 국방장관 마셜, 그리고 해리먼을 불러 회의를 했다. 4월 6일, 트루먼은 회의에 모인 이들에게 무엇을 해야 하냐고 직설적으로 물었다. 회의 참석자들은 정부가 심각한 위협을 받고 있다는 데 동의했다.

결정을 내리는 데는 1시간밖에 걸리지 않았다.

상호안보국을 이끄는 해리먼은 맥아더는 2년 전에 해임되었어야 했다고 말했다. 해리먼은 맥아더가 일본 점령 문제를 다루는 것이 마음에 들지 않았다. 물론 맥아더가 일본에서 워싱턴의 정책에 반대하는 것도 싫어했다.

콧수염을 기르고 생각이 깊은 애치슨 국무장관은 맥아더를 해임해야 하지만 조심해서 처리해야 한다고 말했다. "만일 맥아더를 해임하면 대통령께서는 정부에서 가장 큰 투쟁을 하게 될 겁니다."

합동참모의장인 브래들리 원수는 군 기강의 문제로 보았다. 무골인 브래들리는 맥아더의 행동이 분명한 불복종이기 때문에 해임되는 것이 당연하다고 보았다.

국방장관 조지 마셜은 주의할 것을 충고했다. 마셜은 맥아더를 군 기강 문제로 다루기를 꺼려했다. 이는 의회와 문제를 만들 수 있었다.

트루먼 대통령은 회의 참석자들이 말하는 것을 모두 들은 뒤 입을 열었다. 트루먼은 자기가 회의 이전에 마음을 정했던 것은 아니며 해임 찬성이 많아서 맥아더가 해임될 것이라고 했다. 트루먼은 마셜 국방장관에게 도쿄와 워싱턴 사이에 오간 전문을 다시 읽어보라고 했다.

4월 7일, 마셜은 이제는 맥아더가 오래전에 해임되었어야 했다는 것을 느낀다고 백악관에 보고했다.

4월 8일 일요일, 합동참모본부가 동의했다.

4월 9일 월요일, 모두가 동의하자 트루먼은 그때서야 맥아더가 3월 24

일에 성명을 발표한 후에 결정을 내렸다고 말했다. 이날 오후 3시 15분, 대통령은 맥아더를 모든 지휘관 직에서 해임하고 후임 유엔군사령관으로 매슈 리지웨이 중장을 임명하는 명령에 서명했다.

트루먼은 프랭크 페이스Frank Pace 육군장관을 시켜 맥아더에게 먼저 통보하고 그 다음에 이를 극동사령부에 통보할 생각이었다. 애치슨은 이 명령을 존 무초 주한 미국대사를 통해 전달했으며, 페이스 육군장관이 곧 도쿄로 날아가 직접 맥아더와 리지웨이를 만나 명령을 전할 것이라고 덧붙였다.

그러나 페이스는 연락이 되지 않았다. 그는 리지웨이의 수행 하에 미 8군 전선 가까이에서 곡사포를 쏘고 있었다. 현대 전쟁의 관행으로 자리 잡은 전통 중 하나는 저명한 인사들이 방문하면 당연히 전선 뒤에서 포격하는 중重포병대대로 가서 '적을 향해 한 발' 쏘도록 해주는 것이었다. 이런 관행 덕에 통제가 안 되는 위험한 상황은 피하고 전투에 직접 참여한다는 느낌을 받으면서 멋진 사진을 찍을 수 있었다.

페이스에게는 결국 연락이 닿지 않았다. 전문이 너무 충격적이어서 소수의 사람들의 입에만 오르내릴 수 없었다.

자신이 극동사령관으로 승진했다는 사실은 전혀 모른 채 페이스 장관과 반나절 내내 시간을 보냈던 리지웨이는 나중에 페이스가 특이한 유머 감각을 가졌다고 평했다. 리지웨이는 자신만큼이나 페이스도 그 사실을 모르고 있었다는 생각은 전혀 하지 않았다.

페이스와 연락이 닿지 않자, 트루먼은 존 포스터 덜레스John Foster Dulles[133]에게 일본으로 가서 요시다 시게루吉田茂 수상이 이끄는 일본 정부에게 이번 극동사령관 교체가 일본에는 아무런 영향을 끼치지 않을 것이라는 점을 알려주라고 지시했다. 덜레스가 비행기를 타려고 준비할 때 브래들리

---

[133] 존 포스터 덜레스(1888~1959): 공화당 출신의 외교관. 아이젠하워가 대통령으로 당선되고 나서 덜레스는 국무장관으로 취임해서 아이젠하워 정부의 대외정책을 관장했다.

합동참모의장이 흥분한 채 백악관으로 달려갔다.

브래들리는 맥아더 해임 소식이 언론에 누설되어 다음날인 4월 11일 아침에 시카고의 신문 하나가 이를 기사화할 것이라고 했다.

어떤 대통령이든 언론의 특종 대상이 되는 것을 싫어한다. 이런 걱정 때문에 역사의 물줄기가 다시 한 번 바뀌었다. 그리고 트루먼은 맥아더에 대한 배려는 물 건너갔다고 보았다. 트루먼은 신이 나서 한국의 전선을 여기저기 돌아다니는 페이스가 돌아올 때까지 기다릴 수 없었다.

맥아더는 전문으로 해임 소식을 알게 되었다. 전 세계 사람들도 동시에 이 소식을 들었다.

4월 11일 새벽 1시, 트루먼 대통령의 언론 비서관이 졸린 눈으로 불평을 늘어놓는 기자단에게 대통령 언론 보도문을 배포했다.

"매우 유감입니다만, 나는 맥아더 원수가 미국 정부와 유엔의 정책을 충심으로 지지할 수 없다는 결론을 내렸습니다. … 따라서 나는 현재 맥아더 원수를 사령관 직에서 해임하며 매슈 리지웨이 중장을 후임자로 지명합니다.

국가 정책에 관한 충분하고도 활발한 논의는 헌법 체계에서 생명과 같은 요소입니다. … 그러나 군 지휘관들은 주어진 정책과 지시에 따라 통제를 받아야 하는 것이 기본입니다. … 위기 시에 이것은 특히나 강력하게 요구되는 사항입니다.

맥아더 원수는 역사상 가장 위대한 지휘관 중 한 명으로서 이미 그 위상이 확고합니다. 맥아더 원수의 기여는 성공적이고 유례가 없으며 미국은 그에게 큰 신세를 지고 있습니다. … 이런 까닭에 나는 맥아더 원수에 대해 내가 어쩔 수 없이 취해야만 하는 조치에 대해 거듭 유감의 뜻을 표합니다."

서유럽 국가들은 이 소식에 환호했다. 한국에서 전선에 배치된 영국군 대대들은 즉흥적으로 잔치를 벌였고, 다른 유엔군 부대들은 공중으로 총을 쏘아댔다. 미국의 거의 모든 동맹국들이 맥아더 문제를 얼마나 심각하게 느껴왔는지를 보여주는 사례였다.

무슨 일이 벌어지는지 잘 모르는 사람이 대부분이던 미국은 충격에 빠졌다.

그날 밤 트루먼 대통령이 방송에 나와 미국인들에게 자신의 방침을 밝혔다. "자유주의 국가들은 제3차 세계대전을 막기 위해 힘을 합쳤습니다. 제3차 세계대전은 공산권 지도자들이 그것을 원하면 일어날 수 있습니다. 그러나 미국과 미국의 동맹국들은 제3차 세대전이 발발하면 그것에 대해 아무런 책임이 없습니다."

트루먼의 입장에 부질없는 기대가 있었다는 데는 의문의 여지가 없다. 집단안보라는 말은 듣기는 좋으나 여전히 미사여구일 뿐이었다. 가장 멀리에서 최전방 전선을 지키는 것은 미국 혼자뿐이라는 것은 여전했다. 다른 나라는 그럴 뜻도, 힘도 없었다.

중공은 선전포고 없이 침공했지만 그 대가를 치르지 않게 되었다. 공산주의라는 악은 여전히 살아남게 되었다. 살아남는 것으로 그치지 않고 가능하면 번창할 수도 있었다. 평화가 혹시라도 찾아온다면 그것은 도덕적이 아니라 실용적일 것이다.

문은 계속 열려 있을 것이고 군인들은 승리가 아니라 시간을 벌기 위해 죽어갈 것이다.

임무가 연기되었을 뿐이며 앞으로는 임무가 훨씬 더 어려워질 것이라고 말하는 사람들이 있다. 미국은 승리하든지 아니면 빠져나오든지 둘 중 하나를 택했어야 했다고 말하는 이들도 있다. 역사는 이들이 옳았음을 증명할 수도 있다.

문명이 존재하는 동안 한국이든 베를린이든 최전방이 유지되는 한 그들은 희망할 것이다.

* * *

맥아더 원수는 마치 뺨을 맞듯 모욕적으로 전해진 소식을 기꺼이 받아들였다. 4월 12일, 리지웨이 중장이 극동사령부의 집무실이 있는 다이이치세이메이第一生命 보험 건물로 왔을 때 맥아더는 말없이 차분했으며 후임자를 전적으로 친절하게 도와주었다. 리지웨이는 맥아더에게서 아무런 신랄함도 찾을 수 없었다.

리지웨이는 개인적으로 압록강까지 밀고 올라가거나 전쟁을 확대하는 것은 가치가 있다고 생각하지 않았다. 군인으로서 리지웨이는 대통령으로서 해야 할 일을 하는 트루먼의 권리에 의문을 품지 않았다. 그러나 충성심과는 별개로 지나치게 약식으로 맥아더를 해임한 것에 화가 났다.

맥아더와 뜻이 다르거나, 맥아더를 경외하거나, 또는 그를 싫어했더라도 전직 양복점 주인인 트루먼과 맥아더 사이에서 벌어진 일을 만족스럽게 볼 장군은 아무도 없었다.

그러나 맥아더를 지지하든 아니면 트루먼을 지지하든 모두 국가의 공복인 이들은 미국이 결코 더 강하게 버티지 못한다는 데에는 동의해야 했다.

4월 11일, 사나운 폭풍이 한국 전선에 몰아쳤다. 어떤 곳에는 눈이 내리고 우박이 쏟아졌으며 울부짖는 회오리바람이 불어 천막들이 무너졌고 맥아더의 해임이라는 역사적인 소식을 듣게 된 군인들의 눈을 찔러댔다.

하늘이 어두워지고 땅이 흔들리자, 병사 한 명이 말했다. "어쨌든 맥아더가 하느님이었다는 말이지요?"

모두 웃었다. 그러고는 폭풍이 사라졌다. 전쟁은 계속되었다.

그러나 맥아더는 신이 아니었다. 트루먼이 두려워했던 카이사르도 아니었다. 소환 명령을 받은 카이사르는 군대를 대동하고 로마로 들어갔지만, 꼿꼿하고 명석하지만 늙은 맥아더는 외로운 태평양을 아무도 없이 혼자 건너갔다.

그리고 미국 전역에서 폭풍이 일었다. 격렬하고, 감정적이며, 한국의 전선을 치고 지나간 폭풍처럼 뚜렷한 결론이 없는 폭풍이었다. 맥아더가 가는 곳마다 수백만 명이 환호했다. 그러나 군중 속에서 소리를 높이는 이들도 자신들이 무엇을 위해 찬성하거나 또는 반대하는지 알지 못했다.

상원에는 편지가 수천 통씩 쇄도했다. 그러나 이 편지들 중 대부분은 감정적인 것이었고 특별한 의미를 갖는 것은 없었다. 때로는 자신들이 만들지 못했고 통제할 수 없는 세상에 대하여 고함치는 것이 필요하다.

맥아더는 상원과 하원에 출석해서 연설했다. 캘리포니아 프레즈노Fresno부터 영국 피커딜리 광장Piccadilly Circus까지 맥아더가 연설하는 것을 한 번도 들어보지 못했고 그를 전설로만 알고 있던 사람들은 전 세계에 방송되는 맥아더의 웅변을 들으며 얼어붙은 것처럼 꼼짝할 수 없었다.

군인이자 귀족이고 하나님의 사람인 맥아더의 인생 최고의 순간은 아마도 이때였을 것이다. 맥아더는 연설하고 자기 이야기를 했지만 반란의 경보를 울리지는 않았다. 그는 별 볼일 없는 사람에게 대중적인 불명예가 될 수도 있는 것을 개인의 승리로 바꾸어놓았다.

위대한 사람들이 있다. 어떤 이들은 위대한 사람으로 태어난다. 어떤 이들은 맥아더처럼 스스로를 위대하게 만들고, 어떤 이들을 트루먼처럼 헌법에 의해 만들어진다.

폭풍이 일어났다가 마치 맥아더가 그런 것처럼 사라졌다.

무엇보다도 권력은 백악관에 있었다. 맥아더를 중심으로 의회에서 봉기할 수 있는 가능성은 전혀 없었다. 무엇보다도 트루먼 대통령은 민주당을 이끌고 있었다. 민주당 의원들은 의기양양하게 트루먼의 국내 정책을 끝장낼 수도 있었다. 실례로 1948년 이후로 트루먼이 주창한 공공정책 중 한 건도 의회를 통과하지 못했다. 그렇다고 민주당원들이 중공에 대해 어떤 생각을 갖든 상관없이 민주당을 분열시킬 생각은 전혀 없었다.

설령 맥아더가 반대 기치를 들어 올렸더라도 야당으로서 점점 더 영향력이 강해지던 윌리엄 태프트, 훼리, 조셉 마틴 같은 공화당 지도자들이 맥아더 뒤로 결집할 수 없었다. 무엇보다도 이들은 전쟁을 아시아의 한복판으로 확대하기를 원한 것이 아니라 한국에서 완전히 빠져나오고 싶어했다.

맥아더의 해임을 두고서 비난의 소리를 가장 크게 낸 이들이 기존의 고립주의자들 그리고 일관되게 군사 예산을 깎거나 반대 표결을 했던 이들이라는 것은 역설적이다.

1951년 봄에는 절망이 가득했지만 정책에는 변화가 없었다. 세계는 변했다. 그리고 미국도 그에 맞추어 변해야 했다. 트루먼 정부가 개발한 봉쇄정책은 만족스러운 답이 아니었다. 수백만 명이 봉쇄정책을 싫어하거나 불신했지만, 더 나은 방책은 나올 수 없었다. 절망과 정신적인 충격이 있었다.

대다수는 더 이상 고립을 삶의 방법으로 받아들일 수 없었다. 편집광들만이 핵전쟁을 진정한 해결책이라고 보았다.

장기판으로 돌아가서 위험한 게임을 계속하는 것 말고는 다른 방법이 없었다.

맥아더는 전역하고 사라져갔다. 얼마 후 화끈한 공수부대원인 리지웨이는 자신이 일본 다이이치에 있는 유엔군사령관으로서 부주의하지 않다는 것을 증명해 보였다.

이제 막 녹음이 우거진 한국의 고지들은 여전히 질척였고 전쟁은 계속되었다.

* * *

육군 1기지 우체국에서 근무하는 레너드 모건Leonard F. Morgan 중위는 1950년 12월 12일 흥남에 도착했다. 모건은 부관병과 장교로서 1938년에 징집되어 장교로 임관했다. 수년간 모건은 여느 우편 담당자처럼 밀려드는 우편물을 심각하게 여겼다.

그러나 해병과 미 10군단 장병들이 얼어붙은 고지에서 후퇴해서 흥남으로 쏟아져 들어오자, 모건은 우편 업무를 시작할 때가 아니라는 말을 정중하지만 확실하게 들었다. 그리고 부산으로 가는 상륙주정에 타라는 단호한 명령을 받았다.

부산에서 육군 1기지 우체국은 예전에 농과대학이던 건물을 임시 숙소로 썼다. 이 건물은 병사들 사이에서 보통 '부산 U'로 불렸다. 군사우체국은 다시 전선이 제대로 형성되고 우편물이 들어올 수 있을 때까지 여기서 기다려야 했다.

모건 중위는 키도 작고, 피부도 검으며, 당시 38세로 계급에 비해 나이도 많고 진지했다. 2월 5일, 모건은 신병 12명을 데리고 수원까지 비행기를 타고 가라는 명령을 받았다. 그는 천막, 난로, 그리고 최소한의 우편업무 물품을 챙겼다. 대부분은 가치가 정해져 있는 우표들이었다.

모건은 중공군이 떠나고 72시간 뒤에 수원에 내렸다. 날씨는 정말 추웠고 사방에 눈이 쌓여 있었다. 모건은 사람들이 말하는, 육군에서 버림받은 부대라는 게 어떤 것인지 이제 알게 되었다.

천막 몇 동을 가져오기는 했으나 취사장비와 차량을 비롯해 다른 것은 전혀 없었다. 그리고 육군우체국에는 전투병이 하나도 없다 보니 천막을 세우는 것도 무척 힘들었다.

운이 좋게 모건은 미 25사단의 병참중대에 있는 본드Bond 대위를 우연히 만났다. 병참중대에는 새로운 육군우체국이 자리 잡을 예정이었다. 그리고 본드 대위는 알아두면 좋은 사람이었다.

"자네 병사들을 위해서 분대용 천막 큰 것을 하나 가져왔네. 그리고 밥은 내가 먹여주지." 본드가 말했다. "의무중대에서 깔개도 몇 개 얻어줄 테니 잘 때 쓰게."

빌려온 천막에서 덜덜 떨던 우체국 병사들은 전쟁이 지옥 같았다. 그러나 모건 중위가 말했다. "편지는 멈추지 않고 전달되어야만 해!"

모건 중위 자신이 5,000달러어치의 우표를 가져왔다. 그는 이 우표를 침대 기둥에 사슬로 묶어두었다.

수원에서 모건은 200리터짜리 드럼통을 힘들여 끌고 와서 단을 만들고 우체국 운영 안내판을 세웠다. 수원 지역에는 미군 8만 8,000명이 있었는데, 이들은 2보병사단, 3보병사단, 1기병사단, 25보병사단, 그리고 공군이었다. 편지가 트럭으로 들어와 쌓였다.

이제는 밤낮으로 편지와 《성조지Stars and Stripes》를 다루면서 모건의 부하들은 바쁘게 지냈다. 후방지역에서 상황이 어려웠을지도 모르지만 편지는 계속 전달되었다.

* * *

군우리에서 의무중대의 찰스 B. 슐리처 상사와 병사들을 포로로 잡아 감시하는 중공군은 기진맥진한 미군 포로들을 몇 시간 동안 북쪽으로 걷게 했다. 결국 이들은 미군 포로들을 어느 농장으로 몰아갔다. 포로들은 이곳에서 어두워질 때까지 쉬도록 허락을 받았다.

부상을 당한 포로들은 자기들끼리 알아서 돌보는 것 말고는 아무 치료도 받지 못했다. 미군 소령 군의관이 있었지만, 그는 너무 오랫동안 의무 행정을 맡아서 가장 최근의 치료법은 모른다고 했다. 그는 부상병들을 거의 도울 수 없었다.

어둠이 내려 춥고 비참해진 미군 포로들은 바깥으로 내몰렸다. 그리고 이제 땅거미가 질 때부터 해가 다시 뜰 때까지 북쪽을 향해 걸어야 했다. 새벽이 오면 비틀거리며 다른 농장으로 들어갔다. 땀으로 흠뻑 젖은 미군 포로들은 다시 해가 떨어질 때까지 쉬도록 허락을 받았다.

미군 포로들은 하루에 한 끼만 배급을 받았다. 배급이래 봐야 삶은 옥수수 한 줌이 전부였다. 포로가 되기 전에는 모두가 훌륭한 미국제 전투식량을 먹었었다. 그리고 그때는 아직 추위와 배고픔이 그렇게까지 사람을 힘들게 하지는 않았었다.

포로들은 하루치 식량을 수통컵에 받아먹었다. 몇몇은 이미 한참 전에 잃어버렸거나 던져버려서 식기로 쓸 수통컵이 없었다. 식기가 없는 이들은 마치 동물처럼 모자에 또는 사발처럼 손을 오목하게 만들어 식량을 받아먹었다.

매일 땅거미가 질 때면 미군 포로들은 살을 에는 차가운 바람을 맞으며 동쪽에서 다시 빛이 보일 때까지 북쪽을 향해 걸었다. 유엔 공군을 두려워한 중공군은 포로들을 밤에 이동시켰다. 비록 지상군이 후퇴하고 있었지만 유엔 공군은 여전히 북한의 모든 공역을 마음껏 날아다녔다. 예상보다 포로를 훨씬 많이 잡은 데다 포로를 데리고 무엇을 할지 모르다 보니 중공군은 포로들을 데리고 계속 이리저리 움직였다.

중공군은 군우리에서부터 1950년 크리스마스가 올 때까지 20일 밤 이상 고지들을 넘어가며 미군 포로들을 다람쥐 쳇바퀴 돌 듯 계속 걷게 했다. 그러는 와중에 조금씩 만주 국경 쪽으로 방향을 잡아갔다.

야간 행군의 끔찍한 압박감, 형편없는 식사, 그리고 살을 에는 추위 속에서 포기하는 미군 포로들이 나오기 시작했다. 모두가 지쳤고 아픈 이들도 많았다.

크리스마스 이브에 고향에 있는 사람들이 성탄절 정찬을 들고 에그노그[eggnog]¹³⁴를 마시는 동안 슐리처와 함께 있는 미군 포로 수백 명은 한국에서 가장 길고 가장 높아 보이는 산을 걸어서 넘고 있었다.

탈진해 비참한 데다가 희망도 없어지자 몇몇 미군 포로는 울기 시작했다. 어린 병사 하나는 완전히 포기했다. 그가 슐리처에게 말했다. "상사님, 저는 더 이상 못 가겠어요."

슐리처는 계속 움직여야 한다고 그를 설득했다. 그러나 어린 병사는 더 움직이려 하지 않았다. 경비병들이 왔다. 경비병들은 배려심이 많았다. 이들은 총을 쏘거나 총검으로 찌르는 대신 썰매를 가져왔다.

밤새 산 건너편을 오르락내리락 하면서 포로들은 움직이려 하지 않은 어린 병사를 번갈아가며 끌었다.

새벽이 오자 활력을 잃어 구부정하게 축 처진 포로 무리는 경비병들의 가혹한 지휘를 받고 멈춰 섰다. 썰매에 실려 끌려온 어린 병사의 얼굴은

---

134 에그노그: 알코올성 음료(위스키, 브랜디 등)에 달걀, 설탕을 섞어서 만드는 술로, 전통적인 크리스마스 음료이다. 얼음을 넣어 차갑게 마시거나 또는 따뜻하게도 마신다.

서리로 덮여 있었다. 밤사이 얼어 죽은 것이다.

다음날, 미군 포로들은 암울해 보이는 버려진 보크사이트 광산에 도착했다. 오래된 광산촌에는 조그맣고 불결한 오두막들이 있었다. 미군 포로들은 오두막마다 약 40명씩 격리되었다. 이 계곡은 제대로 된 포로수용 시설이 아니었다. 가시철선, 감시초소, 그리고 포로수용소에 있을 만한 것들이 전혀 없었다. 그러나 이곳은 보기만 해도 사람을 주눅 들게 만드는 산들로 둘러싸여 있었다. 그리고 경비병들은 장전된 총을 들고 서 있었다.

흠뻑 젖어 후줄근하고 까칠하게 수염이 자란 얼굴들이 만든 긴 대열이 광산이 있는 계곡으로 섞여 들어오는 동안 탄탄해 보이는 콜리 한 마리가 포로들이 나오는 오두막에 대고 행복하게 짖으며 대열을 이리저리 뛰어다녔다. 낯선 미군 포로들의 냄새를 맡으러 개가 다가오자, 슐리처는 친근하게 구는 이 개에게 손을 내밀어 진정시켰다.

그날 밤, 슐리처 그리고 같은 오두막에 머무는 포로들은 구운 개고기를 먹었다. 포로들은 슐리처에게 경의를 표하며 가장 큰 고기 덩어리를 양보했다.

나중에 작은 오두막에 모인 미군 포로들은 한쪽에서 20명씩 전투화를 신은 채 다리를 꼬고 누워 자야 한다는 것을 알게 되었다. 공간이 너무 작아서 서로 엉덩이와 엉덩이를 바싹 붙인 채 누워야 했다.

새벽이 오기도 전에 엉덩이와 팔꿈치가 다 까졌다. 또한 포로들은 그 밖에 다른 것도 알게 되었다. 만일 한 명이라도 자세를 바꾸거나 몸을 뒤집으려면 자기가 자고 있는 쪽에 있는 다른 포로들을 모두 깨워야 했다.

포로들은 잠이 들었다. 거의 한 달 내내 밤마다 65킬로미터씩 걷고, 식사라고는 삶아서 쭈글쭈글해진 옥수수 한 줌이 하루 한 번 배급되는 것이 전부였으며, 비틀대며 걷는 동안 마실 것이라고는 더러운 눈 한 줌씩을 집어삼키는 것이 전부였다. 포로들은 쓰러져서 서로에게 바싹 붙은 채 잠에 빠졌다. 대부분은 영양실조와 설사를 달고 있었고 전투에서 생긴 상처를 치료받지 못한 채였다. 대부분은 희망이 없었다. 일부는 벌써 약간 미쳤다.

여전히 이들은 미국인이고 군인이었다. 이들은 중공군이 끔찍한 일을 저질러 죽음의 계곡이라 불리게 된 이 더러운 탄광촌에 있었다. 이곳에서 공산주의자들은 미군 포로들의 남성성을 조금씩 앗아갔다.

제25장
자랑스런 군단

●

시작하기 전부터 우리는 형편없었다 — 훈련이라고는 받지 못했다.
명령에 따른 것은 선심을 쓴 것이다.
그렇다, 모든 어린 고수鼓手는 마음에 저마다 옳고 그름을 가지고 있었다.
우리는 수업료를 치러야만 했고 — 실제로 치렀다.

— 러디어드 키플링Rudyard Kipling, "그날That Day"

한국에서 벌어진 전쟁에 미국이 개입하고 몇 달 동안, 최전선에서의 보도들은 미국을 경악시켰고 세계는 믿을 수 없어 망연자실했다. 세계 제일의 강대국으로 공인된 국가의 군대가 대체로 글을 모르는 소농 900만 명으로 이루어진 국가의 군대에 매일같이 맞아 휘청거리고 있었다. 그 군대는 선진국가들이 한때 함포로 위협했던 그런 문화의 산물이었다. 아주 잠깐 승리를 맛보는가 싶더니 미군은 역시 문맹인 데다가 무장도 변변치 않은 중공군 앞에서 다시 한 번 후퇴했다.

아시아 사람들은 변했다. 함포와 해병 몇 명이면 되던 시절은 다시는 돌아오지 않았다. 그러나 이게 전부가 아니었다. 서구 사람들도 변하기는 마찬가지였다. 서구 사람들은 서구가 무력뿐만이 아니라 우세한 의지를 가지고 지배했다는 것을 잊었다.

1950년 여름 내내 그리고 그 이후로도, 아시아 사람들은 지켜볼 것이다. 일부이기는 하지만 서구의 친구들은 심지어 미소를 지을 것이다. 그리고 이들 중 누구도 결코 잊지 않을 것이다.

1950년의 뉴스들은 엄청난 병력과 광적으로 압도적인 북한 사람들 그리고 괴물 같은 전차 수백 대에 맞서 얼마 되지 않는 미군이 버티지 못했다고 보도했다. 이런 보도들 가운데 사실도 있었지만 모두 사실은 아니었다.

미군 부대들은 중과부적이었다. 화력으로도 열세였다. 미군은 아예 처음부터 불가능한 임무를 받았다.

그러나 미군은 적과 싸워서 이기기도 했다.

1950년 7월, 뉴스 해설자 한 명은 결국 전쟁이란 별로 바뀐 것이 없다면서 하소연하듯 논평했다. 원자폭탄이 있지만 어떤 이유에서든 지상군 병력은 여전히 필요해 보였다. 이상하고 불운하게도, 이 해설자가 보기에 전투에서 사람은 여전히 중요한 요소였다. 고통, 분노, 흙먼지, 그리고 쓰레기 속에서 군인들이 죽어가고 있었다. 기본적인 훈련의 비참함과 굴욕을 전혀 겪어보지 않은 유능하고 결점이 없는 기술자들이 신사들처럼 서로를 완전히 폭파시켜버리는, 이른바 단추를 누르는 전쟁에 도대체 무슨 일이 일어난 것인가?

무심결에 나온 이 구슬픈 탄식에는 유엔군이 왜 거의 질 뻔했는지를 설명하는 진실이 상당 부분 담겨 있다.

단추를 누르는 전쟁이 발생하지 않았던 것은 아니다. 사실 핵전쟁은 가까이 있었다. 지구의 모든 도시들을 파괴할 수 있는 무시무시한 무기들은 가까이 있었다. 너무나 가까이에. 그러나 단추를 누르는 전쟁은 종말을 불러오는 최후의 전쟁을 뜻했다. 바라건대, 최후의 전쟁이 국가 정책의 목표는 결코 될 수 없을 것이다.

미국은 히로시마에 원자폭탄을 투하한 이후 잊고 있던 무엇인가를 1950년에 다시 발견했다. 아주 오랜 시간 땅 위를 날아 원자폭탄을 투하하고 그것을 폭발시켜 모든 생명을 쓸어버릴 수도 있었을 것이다. 그러나 문명을 위해 생명을 지키고 보호하고 유지하고자 한다면, 그것은 반드시 땅 위에서 해야 했다. 로마 군단이 했던 방식대로 젊은 군인들을 진흙탕 속으로 밀어넣어야만 했다.

"영토를 지키기 위해선 조국의 젊은이들을 진흙탕 속으로 밀어넣어야만 한다." 1950년, 개울을 건널 준비 중인 미군 병사들.

전쟁의 대의가 정의롭든지 정의롭지 않든지 간에 전쟁의 목적은 지구의 한 부분과 그곳에 사는 사람들을 지배하는 것이다. 완전히 미치지 않고서야 땅과 사람들을 없애버리려고 전쟁을 하지는 않는다.

단추를 누르는 전쟁은 존재한다. 물론 또 다른 종류의 전쟁도 존재한다. 그것을 기독교의 성전이든 이슬람의 지하드jihad든 원하는 대로 부를 수 있을 것이다. 공포가 따르는 반면 결과는 분명치 않은 이런 전쟁은 예전에 행해졌다. 과거에는 그게 누구든 상관없이 거룩하지 않아 보이는 적, 그 적이 기독교인이든, 무슬림이든, 개신교도든, 가톨릭신자든, 또는 공산주의자든 상관없이 멸절시킬 수 있는 수단이 충분치 않았다. 만일 지하드가 다시 설파된다면 현대 시대가 훨씬 더 잘 할 것이라는 데에는 의심의 여지가 없다.

전쟁이 정치의 일부분이라는 것의 도덕적 근거를 부정하는 미국인들은 군국주의, 전체주의, 그리고 볼셰비즘에 맞서는 성전의 측면에서 전쟁을 불가피하게 생각하는 경향이 있다. 제2차 세계대전이 끝나고 미국인들은 공산주의의 신성하지 않음에 불편함을 느꼈고, 공산주의를 혐오하고 두려워하면서 성전을 준비했다. 만일 정치인들이 전쟁을 지시하거나 또는 미국이 공격을 받는다면 수백만 미국인들은 빨갱이로 사느니 죽겠다고 할 것이다.

어떤 전쟁이든지 성전의 성격이 없으면 사람들에게 인기가 없었다. 지금도 그렇고 앞으로도 그럴 것이다. 이런 전쟁은 마치 로마 군단과 같이 많은 이들이 수행하기 때문이다. 그리고 미국인들은 군대를 자랑스럽게 여길 때에도 군대를 싫어하기 때문이다. 미국인들은 군인으로 복무하는 것도, 심지어 군대가 당연히 해야 하는 것을 허용하는 것도 좋아하지 않는다.

자유주의 사회에서는 군대를 위한 이념적·정신적 근거지가 없다. 선지자들이 오랫동안 설파했듯 자유주의 사회는 군대를 사용하지도, 군대를 필요로 하지도 않는다.

물론 이 세상에 호랑이들이 있다는 것만 빼면 말이다.

* * *

인민군 병사들과 중공군 병사들은 소농의 아들들로서 억셌고 배고픔과 힘든 일에 익숙했다. 이들 중 3분의 1은 이미 전투를 경험해봤기 때문에 전투가 무엇인지 알았다. 이들은 공산주의로 무장했지만 그렇다고 공산주의를 광적으로 따르는 병사들의 비율은 높지 않았다. 그들 대부분은 징집병들로서 특별한 훈련을 받지 않았다.

인민군과 중공군은 사막에서 구릿빛으로 그을린 채 롬멜을 따르던 독일군이나 바스토뉴^{Bastogne}를 향해 거침없이 진격하던 독일군이 가진 역량의 50퍼센트도 안 되었다.

인민군과 중공군은 잘 무장했지만 이들이 가진 무기는 미군보다 결코 더 나을 것이 없었다. 기껏해야 대등하다고 할 수 있을 뿐이었다.

그러나 1950년의 미군 병사들도 같은 인간이기는 하지만 롬멜과 싸워 피를 흘려가며 교훈을 깨닫거나 아르덴 숲에서 강철같이 굳게 맞섰던 부대들의 50퍼센트에도 미치지 못했다.

미국이 가진 무기는 미군 병사들의 손에 있지 않았고, 그들이 가지고 있는 무기는 오래되고 낡았다.

제2차 세계대전이 끝난 뒤로 지상군 무기들이 발전했지만, 이들 중 군이 구매한 것은 하나도 없었다. 사방에 오래된 무기가 널렸고 만족스럽지 않아도 그럭저럭 견디는 것은 미국인의 오랜 습관이었다. 미 육군은 그럭저럭 견디라는 명령을 받았다.

1950년에 대부분의 미군 차량들은 가동되지 않았다. 라디에이터는 막혔고, 엔진은 망가졌다. 한국 파병 명령을 받았을 때 어떤 부대들은 차를 배에 실을 방법이 없다 보니 상륙주정까지 동원해 차를 끌어냈다. 수명이 다 된 타이어와 차량의 배관은 한국의 도로를 달리다가 문제를 일으켰다.

일본에 주둔하면서 과거의 적이던 일본을 지키기로 되어 있던 미군 사단들이 가진 소화기小火器 대부분은 전투에 적합하지 않다고 이미 보고되었다. 소총의 총열은 강선이 닳아서 맨들맨들했다. 박격포의 발사대가 부서졌고, 기관총은 여분의 총열도 전혀 없었다.

무전기는 부족했으며 쓸 수 있다고 생각해서 가지고 있는 것들은 작동하지 않았다.

소화기 탄약 이외에 다른 탄약은 가진 것이 없었다.

이런 현실이 보고되어 이 문제들을 미국 상원이 알게 되었고 국민들도 듣게 되었다. 그러나 육군은 대부분 "내년에"라는 말만 들었을 뿐이었다.

아무리 부유한 국가도 핵폭탄, 초대형 항공모함, 외국 원조, 1년에 새 차량 500만 대, 장거리 폭격기, 세상에서 가장 높은 삶의 질, 그리고 새로운 소총 100만 정을 수용할 여유는 없다.

어떤 것은 줄이고 어떤 것을 선택해야 한다.

총은 하드웨어이다. 사람은 하드웨어가 아니라 궁극의 무기이다. 1950

년에 미국은 병력이 충분치 않았다. 징병되는 인원을 포함해서 60만 명도 안 되는 병력으로 세계 곳곳에서 임무를 수행했다. 병사로 복무하는 것이 메트로폴리탄 생명보험회사의 선호 직업 명단에 올랐던 적은 한 번도 없었다.

이 60만 명이 모두 문제를 안고 있었다.

이유가 있었다.

1939년 이전의 미 육군은 규모는 작지만 직업군인이었다. 당시 소규모인 육군 장교단은 편협했지만 충실했다. 장교들은 자신들을 둘러싼 더 큰 사회에서 무슨 일이 일어나는지에는 별로 관심을 가지지 않은 채 시간을 들여 전쟁을 연구했다. 이들은 마치 로마의 백인대장百人隊長[135]처럼 능숙한 지휘관들이었다. 사회는 이들의 관심거리가 아니었다.

장교들은 명령을 받으면 전쟁터로 달려갔다. 여전히 한꺼번에 많은 일을 하면서 장교들은 징집된 민간인들을 지휘하고 훈련시켰다. 물론 민간인들은 육군의 방식대로 전투했다.

1861년에 남북전쟁이 일어나자, 수백만 명이 자원해서 북군에 혹은 남군에 입대했다. 이렇게 싸운 미국인들의 용맹을 기록한 책이 수없이 많지만 중요한 전투 60개에 대해 숙고한 책은 거의 없다. 이 60개의 전투 중에서 55개는 북군과 남군 모두에서 육군사관학교인 웨스트포인트 졸업생들이 지휘한 것이고, 나머지 5개는 북군과 남군 중 한쪽 군에서만 웨스트포인트 졸업생들이 지휘한 것이었다.

1917년에 제1차 세계대전이 일어나자 미국의 젊은이들 400만 명이 입대했다. 입대한 것을 좋아하는 이는 거의 없었지만, 이들은 직업군인들이 원하는 방법대로 싸웠다.

군에 자원하는 사람들은 왔다가 떠났지만, 육군은 전혀 바뀌지 않았다. 그러나 남북전쟁 이후로 미 육군은 국민이나 정부로부터 존경도 지지

---

135 백인대장:고대 로마 군대에서 병사 100명을 거느리던 지휘관.

도 받지 못했다. 사업에 기반한 진보주의든 또는 노동에 기반한 진보주의든 남부가 파괴된 이후로 진보적인 의견이 미국을 지배했다. 그리고 자유를 제한하는 육군은 사회로부터 계속해서 소외되었다.

진정으로 자유로운 사회에서는 능숙한 지휘관이 설 자리가 없다. 능숙한 지휘관이 군복을 입으면 더 이상 시민이 아니기 때문이다. 능숙한 지휘관은 처음부터 시민이 아니다.

과거에도 그랬고 현재에도 미국은 군대가 국가를 지배할 위험은 없다. 미국 헌법은 의회에 군대의 생사를 결정할 권한을 주었으며, 군대는 이를 언제나 받아들였다. 위험은 다른 쪽에 있다. 자유주의 사회는 진심으로 군대를 지배하려 할 뿐만 아니라 자유로운 인생관을 군대가 묵인하기를 원한다.

사회에는 지배와 통제가 있어야 한다. 화려하고 게으른 로마 집정관들부터 라틴 아메리카의 군사정부, 미수에 그친 프랑스 외인부대의 대실패에 이르기까지 군대의 통치 기록에는 몹시도 악취가 나는 역사가 담겨 있다.

그러나 묵인하는 사회는 일말의 가치라도 있는 군대조차 갖지 못할 수 있다. 근본적인 임무의 속성을 고려할 때, 군대는 힘들고 자유를 제한하는 인생관과 세계관을 유지해야 한다. 사회의 목적은 사는 것이지만, 군대의 목적은 필요하다면 죽을 준비를 하는 것이다.

군인은 통치에는 적합하지 않지만 싸움에는 적합해야 한다.

군대란 본질적으로 사회가 사용하는 도구이다. 좋은 사회에서는 설사 나쁘게 사용되더라도 명예롭게 쓰여지기를 희망할 수 있다. 사회가 죄악에 물들었다면 군대는 독일 제3제국 군대처럼 힘없는 세계를 공격하는 데 쓰일 수도 있다.

그러나 세상을 향해 돌진하던 히틀러의 독일군은 아마추어가 아니라 동기부여가 잘 되어 있고 군사교육을 받은 훌륭한 장군들의 지휘를 받는 연합군 병력에 무너졌다.

선의를 가진 어떤 사람들은 히틀러 시대의 독일군 장군들 또는 미국의 육군사관학교, 버지니아 육군사관학교, 육군지휘참모대학 졸업생들이 같은 책들을 읽기 때문에 때로는 같은 인생관을 가지고 있지 않을까 늘 의심한다.

왜 아니겠는가? 독일의 배관공이나 미국의 배관공 모두 같은 설명서를 쓰고 같은 물을 다룬다.

1861년에 그리고 1917년에 미 육군은 민간인들을 수용했고 민간인들을 변화시켰다. 그러나 1945년에는 새로운 일이 일어났다. 계급이 높은 직업군인들이 대중에게 진정으로 인기를 얻게 되었는데, 이는 전례 없이 갑작스러운 것이었다. 이는 아마 관리형 사회의 출현으로 인한 변화 때문일 것이다. 1861년과 1917년에 미국인들은 장군들을 별로 신뢰하지 않았으며, 대신에 용맹한 민병대에 대해 이야기했다. 제2차 세계대전이 끝나자 갑자기 사회가 장군들을 끌어안았다.

그리고 이것은 장군들을 망쳐놓았다.

장군들은 원래 자신들이 태어난 문화에서 떨어져 반쯤은 혹독한 고립된 삶을 살아왔다. (대령, 뭐가 문제요? 군대 바깥에서는 살 수 없다는 거요?) 그러던 장군들이 이제 구애를 받게 되었다. 기업, 정부, 대학에서 일해 달라는 요청이 들어왔다.

인간적으로 장군들도 칭찬을 좋아했다. 인간적으로 장군들도 이런 칭찬이 계속되기를 원했다. 그리고 전쟁이 끝나면 으레 그렇듯이 민간인들이 좋아하지 않던 군의 모든 것을 바꿔야 한다고 민간에서 떠들썩하게 요구했다. 인간적으로 장군들은 이런 요구를 하는 대중에게 지옥에나 가라는 말을 할 마음이 없었다.

복무했던 수많은 사람들이 왜 군에서 복무하는 것을 좋아하지 않는지 이해할 만했다. 그들은 군을 좋아할 이유가 전혀 없었다. 그들은 단지 해야만 할 더러운 일이 거기 있었기 때문에 복무했을 뿐이었다. 분명히 말하건대 군 복무는 완벽하지 않았다. 인간에 대해 권력을 행사하는 어떠한 제도도 완벽하지 않았다. 국민들이 군에서 받은 피해라고 불평하는 것들의 대부분은 20여 년을 복무해 중령이나 대령이 된 진정한 직업군인들 때문이 아니라 졸속으로 양성과정을 마치고 고급 장교가 되어 우쭐거리는 사람들에게 그 원인이 있었다.

1945년에 선반공과 철관공을 혼동하듯 대중은 품위 있고 자유로운 사회의 기대에 부응하도록 변화할 것을 육군에 요구했다.

장군들은 이런 대중에게 닥치라고 말하고 이를 고집할 수 있었다. 몇몇은 계속 진급했을 것이고 몇몇은 직위를 잃었을 것이다. 그러나 의회가 국무부의 성격을 바꿀 수 없는 것처럼 덮어놓고 육군을 무력화시킬 수는 없었다. 의회는 육군을 없애거나 또는 실제로 했던 것보다 더 약하게 만들 수도 있었다. 그러나 육군의 성격을 바꿀 수는 없었을 것이다. 그러나 장군들이 대중의 반감을 사게 된다면 새롭게 얻은 인기를 유지하지는 못했을 것이다. 둘리틀James Harold Doolittle[136], 아이젠하워, 그리고 마셜 같은 인물들이 합리적이었다. 제2차 세계대전이 끝나고 전 세계에 대한 책임을 안게 된 미국은 이전보다 훨씬 더 큰 평화 시대의 육군을 필요로 했다. 따라서 이런 육군은 국민에게 인기가 있어야 했다. 그리고 더 많은 병사들이 입대하도록 쾌적해져야 했다. 봉급을 올려주는 데 의회가 별 도움을 주지 않자 20명 중에 1명이 상사가 되는 대신 모든 병사들이 진급할 기회를 가져야 했다. 그러나 민주적으로 상사는 이등병보다 봉급을 훨씬 더 많이 받지는 않았다.

일부 장교와 부사관들은 전보다 더 나아지려 하지 않고 오히려 자신들의 권한을 남용했기 때문에 권한을 줄이는 것이 더 간단하고 편리하고 인기가 있었다. 미국인은 천성적으로 평등을 추구하기 때문에 육군 또한 이 길을 따라야 했다. 의사와 성직자 같은 다른 전문 인력들은 특권을 가지고 있었다. 그러나 자유주의 사회에서 장교들은 결국 설 자리가 없었기 때문에 규모를 줄이는 것이 더 나은 방법이었다.

---

136 제임스 해롤드 둘리틀(1896~1993): 제2차 세계대전 중 미 육군 항공의 개척자 중 한 명.

1945년부터 1946년까지 존재한 둘리틀 위원회Doolittle Board[137]가 개최되어 50건 미만의 불만을 접수해 권고안을 만들었다. 소위 육군의 '계급제도'가 수정되었다. 명령에 따라서 갑자기 대위들은 더 이상 신과 같은 존재가 아니게 되었다. 군의 중추를 이루고 있는 부사관들은 일반 병사와 같이 되도록 노력하라는 말을 들었다. 하급 장교들은 부하들을 징계할 수 있는 많은 권한을 박탈당했다. 하급 장교들은 군사재판 말고는 더 이상 처벌 수단이 없었고, 능력이 떨어지는 부사관들을 쉽게 강등시킬 수도 없었다. 권한이 흔들리면서 장교들은 당연히 부사관들의 권한도 축소시켰다.

부사관이 예민한 병사에게 소리를 지르면 중대장이 곤경에 처하게 될 수 있었다. 둘리틀 위원회가 낸 권고의 효과란 실제로는 심리적이기 때문에 장교들의 권한이 완전히 없어지지는 않았지만 장교들은 모욕을 당한다고 느꼈다. 1946년경, 다시 완전히 직업군인이 된 장교단은 새로워진 규정에 따라 어떻게 생존해야 할지 몰랐다.

한 가지 중요한 점이 시민들 사이에서 잊혀졌다. 1946년까지 지적이고 감성적인 모든 사람들은 육군에 안녕을 고했다. 이들은 영원히 그렇게 되기를 바랐다. 새로 육군에 입대하는 신병들은 얼이 빠진 듯한 얼굴을 하고 기존의 틀에서 벗어난, 세계 각지에서 온 그런 사람들이었다. 그들에게는 정신무장이 필요했다. 그들은 그런 훈련을 받았으나 그들이 가진 정신무장은 자신들에게 필요한 정신무장이 아니었다.

이제 얼굴에 미소를 띤 부사관이 새로 들어온 신병들을 맞이했다. 예전 같으면 이 부사관은 신병들이 그의 팀에 서 잘 해나갈 만큼 충분히 강해 보이지 않기 때문에 속이 뒤집힌다고 말했을 것이다. 그러나 이제는 온순하게 중대장에게 데려간다. 머리를 깨끗이 깎은 중대장은 예전 같으면 잘

---

137 둘리틀 위원회: 육군 장교와 병사 사이의 관계를 설정하는 위원회로, 둘리틀은 전역 후인 1946년 3월 27일 전쟁부 장관인 로버트 패터슨(Robert P. Patterson)의 요청에 따라 위원회 위원장을 맡았다. 이 위원회는 일명 '병사 불만 위원회'라고도 불릴 정도로 장교들과 부사관들로부터 불신을 받았다.

정돈된 사무실에서 마치 하나님의 오른편[138]에서 멀찍이 떨어져 앉은 것처럼 천둥 치듯 큰 소리로 명령을 내렸을 것이다. 그러나 이제는 미소를 짓는다. "여러분, 잘 왔다. 나는 너희 중대장이다. 나는 여러분을 도우려 여기 있다. 나는 여러분이 군대에 있는 게 즐겁고 유익하게 만들려 노력할 것이다."

매우 민주적이고 예의 발랐다. 그러나 젊은이의 본성은 무엇이든 자신이 하고 싶은 대로 하는 것인데, 이들은 이내 자신이 하고 싶은 대로 할 수 있다는 것을 알게 되었다.

병사가 부사관에게 "빌어먹을"이라고 말 할 수도 있었다. 옛날 미 육군이라면 이 병사는 흠씬 맞고서 규칙이 어떻다는 것을 즉각 알았을 것이다. 이상하기는 하지만, 어느 미국 진보주의자도 캐나다 육군을 전체주의적이거나 짐승 같다고 생각하지 않는다. 만일 똑같은 일이 캐나다 육군에서 벌어졌다면 해당 병사는 중대장 앞으로 끌려가, 봉급을 삭감당하고 경력에 해가 될 기록이 남지는 않지만 심지어 30일 동안 영창 생활을 했을 것이다. 그러고 나면 이 병사는 명령에 복종해야 한다는 것을 즉각 배울 것이다.

그러나 새로운 미 육군에서는 이런 일을 당한 부사관이 이를 지휘관에게 보고한다 하더라도 지휘관은 이런 일을 저지른 병사를 상대로 과감한 교육적 조치를 취할 수 없었다. 실질적 조치를 취하려면 이 사건을 상부에 보고해야만 했다. 그 누구도 이 병사를 군법회의에 회부해서 그의 인생에 영원한 오점을 남기려 하지 않았다. 기껏해야 이 병사는 무례한 행동을 하면 안 되며 앞으로는 더 잘 하라는 말을 듣는 게 고작이었다.

일부 병사들은 능글거리는 웃음을 지으면서 이것을 즐겼다.

곧 상황을 파악한 부사관들은 병사들을 친하게 대하기 시작했다. 인기를 얻기 위해서는 어떤 일이라도 할 수 있었다. 호통을 칠 부사관이 없는

---

138 영광과 권위, 위엄과 능력의 자리.

하급 장교들은 인기 없는 명령을 내리지 않는 것이 용감한 것이라고 생각했다.

새로 거듭난 군대는 예전부터 내려오는 이름을 쓰고, 용맹한 전투 기록이 담긴 수치綬幟[139]를 단 오래된 자랑스러운 깃발들을 과시했다. 연대의 구호는 여전히 "할 수 있다" 같은 것이었다. 돈을 들여 말쑥하고 몸에 잘 맞는 군복을 입고 번쩍이는 새 전투화를 신은 병력은 멋져 보였다. 장군들은 이들의 겉모습을 보고서 미소를 지었다.

그러나 정작 이들에게 부족했던 것은 포화가 울리기 전까지는 눈에 띄지 않았다.

멍청하게 만들고, 유치해 보이며, 심지어 잔혹해 보이기까지 하는 군사 훈련이 많다. 그러나 병사들을 군대생활에 맞추게 하는 본질은 부적당한 사람을 제거하는 것이다. 부적당한 사람은 복무하는 동안 명령에 복종할 수 없고 육체적으로나 정신적으로 어머어마하고 혹독한 압박을 견딜 수 없다.

자신과 주위 사람들을 위해서, 군인은 집에서 수천 킬로미터 떨어진 고지에서 혼자 남겨져 몇 초 뒤에라도 죽을 수 있다는 것을 깨닫고, 비명을 지를 만큼 끔찍한 순간에 대한 대비가 되어 있어야 한다.

출신 계층과 상관없이 미국의 청년들은 관대한 사회에서 성장한다. 교육이 더욱 가혹한 삶의 현실으로부터점점 더 멀어지고 있기 때문에 입대 후의 재교육이 점점 더 중요해진다.

1950년 이전에 미국의 젊은이들에게는 재교육이 없었다. 이들은 군복을 입고 이런저런 일들을 하며 시간을 보냈다. 이들은 부사관들을 싫어했다.

기강이 해이해졌지만, 장군들은 별 영향을 받지 않았다. 장군들에게는 지위와 허세와 허례가 여전히 남아 있었다. 주로 영관 장교인 전통적인 직업군인들에게 둘러싸인 장군들은 겉으로 보기에는 명령이 이행되기

---

139 수치(綬幟): 유공 단체를 포상할 때 주는 끈으로 된 깃발.

때문에 자신들의 지휘권이 여전히 탄탄하다고 생각했다.

그러나 지상 전투는 여러 소대들의 행동이 합쳐져 이루어지는 것이다. 야전 지휘관은 남북전쟁 당시 리^{Lee} 장군이나 그랜트^{Grant} 장군처럼 더 이상 고지에 서서 부하들의 진지를 관찰할 필요가 없다. 전투 중 적을 죽이거나 죽음을 무릅쓰라는 명령은 장군 혹은 소령들조차도 내리지 않는다. 이런 명령은 소위, 중위, 그리고 부사관, 심지어 때로는 일병이 내린다.

전투 중 부사관이 병사에게 내리는 명령은 대장의 명령과 같은 무게를 가져야 한다.

이런 명령은 어린 병사들이 내릴 수 없다. 병사들은 훈련을 통해 자기의 상급자로 인식하게 된 사람들이 내리는 것이라면 죽으라는 명령까지도 기꺼이 받아들인다.

1950년 여름이 오고서 군대가 싸움터로 나아갈 때가 되어서야 장군들은 이전에 동의했던 것이 무엇인지 그리고 자신들이 무엇을 초래했는지를 깨달았다.

따뜻하고 단란한 사회와 떨어져 따돌림받는 이질적인 옛날 육군이었다면 한국으로 가라는 명령을 받았을 때 장교나 병사를 가릴 것 없이 아무런 질문도 없이 갔을 것이다. 어떤 생각도 하지 않고 죽었을 것이다. 필리핀의 바탄에서 그랬던 것처럼 육군은 천사의 나팔이나 여론의 호소를 귀 기울여 들으려 하지 않았을 것이다. 그들은 자신들의 거친 나팔소리에 귀 기울이고 강인하고 냉소적이며 현명한 방법으로 자신들의 부사관들을 지켜보았을 것이다.

그들은 죽었을 테지만, 극한의 상황에서만 후퇴하거나 포위되었을 것이다. 적의 포로수용소에서 탈진하고 병이 들었어도 마지막까지 자신을 억류한 적을 경멸하면서 침을 뱉었을 것이다.

죽었겠지만 계속 지켜냈을 것이다.

한국전쟁의 한 가지 여파는 군 내부 일각에서 미국 사회 전반의 유약함과 부패를 입증하려는 열정적인 시도가 있었다는 것이다. 전쟁 발발 후 첫 6개월간 작전이 실패로 돌아갔기 때문이었다. 이러한 주장은 사람들에게 널리 퍼졌고 설득력 있었지만, 그와 마찬가지로 열렬한 반론을 불러일으켰다.

문제는 사람이 다르면 그들의 신화도 다르다는 것이다.

공산주의에 맞서 싸우고 저항해야 한다고 가르치는 사회에 살았을 사람들이 있다. 이것은 오늘날 미국인들이 영유하는 사회와는 매우 다른 사회일 것이다. 이런 가르침은 전장에서는 성공할 수도 있겠지만 다른 데서는 실패할 것이라 예측할 수 있다.

그러나 20세기 중반에 미국에 널리 퍼진 사회학자들의 의견에 따라 보병들의 싸움터가 다시 만들어질 수 있는 것은 아니다.

1945년부터 1946년까지 소위 둘리틀 위원회라는 이름으로 존재했던 위원회가 낸 권고안들은 육군에 있는 전통주의자들의 실제 권력은 아니라 하더라도 그들의 의지를 상당히 무너뜨렸고, 이들을 마음 상한 채 그대로 내버려두었으며, 어떻게 행동해야 할지 모를 정도로 혼란스럽게 만들었다. 위원회 권고안은 제2차 세계대전에서 얻은 경험에 근거했다. 전쟁이 일어나면 늘 그렇듯, 제2차 세계대전 때도 미국인 수백만 명은 이미 수 세기 전부터 존재하던 군대의 유형에 맞추어졌다. 한때 군대의 일상이 서구 사회에 적합했으나 이제는 미국의 관습과 사고에는 더 이상 맞지 않았다.

둘리틀 위원회가 추진하려 한 것은 작게는 새로운 사회에 전문적인 육군을 다시 도입하는 것이었다. 하지만 1945년에 위원회가 할 수 없던 것은 미래를 예측하는 것이었다.

1947년에 미 육군은 대부분 그들이 1939년 이전에 알았던 유형으로 돌아갔다. 육군에 갓 입대한 새로운 10대들은 예전에 육군에 입대했던 병사들과 같았다. 이들은 지식인도 아니었고, 애국심으로 가득 차 있지도 않았으며, 징병제로 입대하지도 않았다. 그렇다고 전쟁에 이기려는 열망에 사로잡힌 대중들이 그들을 몰아세운 것도 아니었다.

많은 입대자들은 하루 세 끼의 식사와 잠자리를 위해 군에 들어왔다.

수 천년 동안 인간은 기본적으로 미숙한 이런 부류의 사람들을 군인으로 만드는 방법을 찾아왔다. 그것은 압박과 부담을 동반하는 방법이다. 전적으로 좋다고 말할 수도 없다. 통제는 전적으로 인간에게 좋은 것이 아니다.

그러나 아무리 성공적인 군대라도 결코 통제를 피할 수 없다. 통제는 유쾌하지 않지만 꼭 필요하다. 인간이 땅과 진흙탕에서 싸우는 한, 앞으로도 통제는 영원히 계속될 것이다.

한 가지는 분명히 해야 한다.

미 육군은 제2차 세계대전 때처럼 새로운 규칙 아래에서 제3차 세계대전을 치를 수도 있었다. 1941년부터 1945년까지 미군의 평균 연령은 20대 후반이었다. 지능이 그러하듯 병사들은 나이를 먹어가면서 생기는 원숙함과 함께 경험을 쌓아갔다.

제3차 세계대전에서든 또는 국가적으로 열렬한 지지를 받는 어떤 전쟁에서든 이것은 사실일 것이다. 군인들에게는 나름의 동기가 있으며 이해와 성숙으로 단단해졌을 것이다.

미 육군은 1950년에 제3차 세계대전을 치를 뻔했다. 그러나 이 전쟁은 한국에서 일어나서는 안 되었다.

워싱턴 주의 포트 루이스에서 근무하던 부소대장의 경험을 이에 들어맞는 사례로 들 수 있다. 제2차 세계대전 동안에 이 부소대장은 징집병 72명으로 이루어진 1개 소대를 지휘했다. 이 소대는 이 부소대장이 운영하고 있었고, 장교들은 막사에 거의 모습을 드러내지 않았다.

부소대장은 자신들이 왜 군에 있는지를 알고 있는 합리적인 부하들을 책임진 합리적인 사람이었다. 부하들의 평균 나이는 32세였으며, 이들 중 약 25퍼센트는 대학을 졸업했다. 이들 거의 대부분은 자신의 분야에 능숙했다.

이런 종류의 사람들에게 부주의하게 떨어뜨린 담배꽁초를 묻으라고 가로세로 1미터의 땅을 파게 하거나 일요일 아침에 PX 주위를 구보하게 할 수는 없다.

부소대장은 자신이 "짬만 많았지 아는 게 없는 얼간이"라고 부른 전임 부소대장과 교대했다. 소대라면 그렇듯이 이 소대도 예전의 부소대장을 바보로 만들었다.

새로 온 이 부소대장은 막사를 청소해야 한다고 소대원들에게 말했다. 각자가 자기 영역을 매일 청소하는 식으로 협조한다면 화장실 같은 공동 구역을 청소하는 특별 임무에서 몇몇을 면제해줄 수 있으며 대청소는 필요치 않다고 말했다.

소대원들이 협력했다. 대청소도 부가적인 특별 임무도 없었다. 때때로 몇몇 소대원이 청소를 빼먹었지만 소대 선임병들은 부소대장을 귀찮게 하지 않고 이들을 조용히 처리했다.

이것이 기강이다. 이상적으로 기강은 병사들 사이에서 우러나오는 것이지, 병사들에게 강요되는 것이 아니다.

이 소대는 잘 돌아갔다. 대대의 최우수 막사 명판을 하도 자주 수상하게 되어 결국에는 이 명판을 영구히 갖게 되었다.

태평양 전쟁 승전기념일 이후에도 모든 병사들은 시간을 맞추어 막사에서 나와 점호를 받았다. 부소대장이 소대원들에게 이것이 규칙이라고 설명했기 때문이다. 그리고 소대원들은 스스로를 자랑스러워했다. 소대원 모두는 자기 소대가 다른 소대보다는 조금이라도 더 좋은 소대라는 것을 알았다.

이 무렵 전쟁이 끝나면서 소대원들이 하나씩 집으로 돌아갔다.

부소대장은 상사로 진급해 병사들에게는 걸어 다니는 신이라 할 수 있는 중대 선임하사가 되었다. 중대 선임하사가 된 그는 여러 소대를 맡았다. 이 소대들은 육군에 훈련을 받으러 갓 들어온 풋내기 신병들로 가득 차 있었다.

전쟁은 끝났다. 그리고 모든 병사는 이것을 알고 입대했다.

이제 병사들을 매우 슬기롭게 다룰 줄 아는 중대 선임하사는 새로 들어온 신병들에게 막사 청소를 해야 하는데 만일 모두가 협력해 각자 맡은 구역을 매일 청소한다면 대청소는 없을 것이며 검열 없이 통과할 수 있다고 세심하게 설명했다.

토요일에 막사가 지저분했다.

그들이 왜 명령에 복종해야 하는지 납득하는 게 필요하다고 생각한 중대 선임하사는 자신이 원하는 것이 무엇인지를 세심하게 설명했다. 다음 금요일에 신병들은 야단법석을 피우고 소리를 지르면서 막사를 청소했다.

토요일, 막사는 여전히 더러웠고 중대장은 중대 선임하사에게 몇 가지를 날카롭게 지적했다.

중대 선임하사는 중대원 모두를 집합시켜 앞으로 일이 어떻게 진행될 것인지 말했다. 누구는 비를 들고 누구는 걸레를 들고 누구는 비누를 칠하라고 시켰다. 소리치지도 물을 튀기지도 야단법석을 떨지도 않고 막사를 청소하게 했다.

청소하느라 금요일 밤을 거의 다 잡아먹었다. 병사들은 화장실에서까지 총기를 닦았지만 어쨌든 막사를 청소했다. 그들 중 몇몇이 통제를 벗어났지만 그들을 막거나 막을 생각을 한 노련한 선임병은 없었다. 중대 선임하사가 이 모든 것을 일일이 직접 처리해야 했다.

소대는 잘 돌아갔다. 그러나 특히 상사에게는 쉬운 일이 아니었다. 17세 그리고 18세 병사들 중 대부분은 사회적으로 소외된 지역 출신이었다. 상사는 이들에게는 육군이나 미국을 대표한다는 책임감이 없다는 것을 점차 깨닫게 되었다. 병사들은 스스로를 통제하지 못했다. 병사들은 전에 지휘했던 대학생이나 솜씨 있는 예술가보다도 더 지휘권에 대해 분개했다. 아마도 그들 중 일부는 자기 부모에게도 분노했을 것이다. 그들 대부분은 고향에서 본능적으로 경찰을 원망했듯이 상사를 원망했다.

일종의 교도소 같았지만 소대는 소대원 중 누군가가 자신의 지역구 하원의원에게 편지를 쓰기 전까지는 잘 돌아갔다. 그 뒤로 중대장은 상사에게 지금은 평화로운 시기이며 육군의 진짜 목적은 대검을 어떻게 쓰는지

배우는 것이 아니라 체육활동을 하고 수요일 오후에는 쉬는 것일 수 있다고 말했다.

이제 혼란스러워진 젊은 상사는 육군을 떠나 대학을 졸업했다. 만일 육군이 지옥에 간다면 중대 사무실보다는 장교 회관에서 이를 바라보는 것이 훨씬 더 유쾌할 것이다.

한국에서 전쟁이 끝나고 10년 뒤, 군사적 전통주의자들은 여전히 이를 간다. 사회학자들은 여전히 이들을 걱정스러운 눈으로 바라본다. 군대의 전통주의자와 사회학자 모두는 인간 행동에 대한 자신만의 허상을 키우는 데 한국의 전장과 살풍경한 포로수용소에서 벌어졌던 사례들을 여전히 인용하려 한다.

어쩌면 이들 둘 다 틀렸을지도 모른다.

군은 한국에 관한 한 더 많은 사실들을 알고 있다. 한국전쟁은 역사가 시작된 이래로 직업군인들로 이루어진 군대들이 싸운 전쟁이었다. 이 전쟁에서 싸운 사람들은 오래지 않아 본국에서 이 전쟁에 대한 지지나 동조가 별로 없다는 것을 알게 되었으며, 저명한 사람들이 한국에서 군대를 철수시켜야 한다고 내놓은 성명들을 신문에서 읽게 되었다. 또한 이 전쟁은 스스로 위기에 빠진 미 육군이 훈련도, 정신무장도 시키지 않은 병사들이 싸운 전쟁이었다. 병사들은 마음속으로 강인함과 강렬한 자부심 같은 것은 믿지 않았지만 싸워야만 했다.

육군은 잘 훈련된 전문직업군인으로 이루어진 부대가 많이 필요했지만, 사회는 이를 원치 않았다. 사회는 시민군인, 그러니까 그저 평범한 시민들이 때가 되면 군에 복무하기를 원했다.

하지만 전문직업군인의 인생관이 미국에 강요되어서는 안 된다고 요구한 사회학자들이 절대적으로 옳았다. 거룩하고 애국적인 전쟁에서 미국은 직업군대보다 민간인 출신 군인으로부터 더 많은 것을 얻어낼 수 있다. 1793년 제1차 대불동맹에 맞서 프랑스인들이 치른 전쟁이 그런 예이고, 공산주의에 맞선 전면전에서도 그러할 것이다.

누구도 서로 다른 두 가지 규칙이 있어야 한다는 제안을 하지 않았다. 하나는 선전포고 없이 멀리 떨어진 전장에서 싸워야만 할 수도 있고, 그들의 죽음에 대한 본질적 가치에 대한 믿음 없이 그저 정책적인 이유로 외교라는 체스판 위에 있는 체스 말이 되어야만 할 수도 있는 직업적인 육군을 위한 것이고, 다른 하나는 침몰하는 순간에 배에 오르는 고결하고, 열정적이며, 이상적인 젊은이들을 위한 것이다.

또 다른 해답은 한국전쟁과 같은 전쟁들을 포기하고, 강대국의 지위도 내려놓고, 그리고 자신들의 온당한 질서에 따라 세계 질서가 만들어질 것이라는 희망을 내려놓는 것이다. 그러나 미국은 부유하고 큰 데다가 이 세계에서 매우 눈에 잘 띈다.

우리 미국인들이 혼자 있게 내버려두기를 바라는 것은 헛된 희망이다.

한국에서 전쟁이 일어나고 초기 6개월 동안 미국은 재앙에 가까운 고통을 겪었다. 미 정규 육군 병사들은 군의 소재였을 뿐 진정한 군인으로 만들어지지 못했기 때문이었다.

미국이 지난 20년 전에 그랬던 것보다 더 유약하거나 타락한 것은 아니었다. 전쟁을 대하는 미국의 태도는 너무도 혼란스러웠다. 여전히 미국은 호랑이가 없다고 자국 젊은이들을 가르쳤고 호랑이를 쏘아 잡을 총을 쥐도록 교육하는 것을 주저했다.

수많은 미국의 청년들은 입대해 공포와 마주치자 엉망이 되었다. 그들은 공포와 마주치게 되리라는 것도, 공포가 비정상적 세계에서는 정상적인 현상이라는 것도 배운 적이 없었기 때문이었다. 명령을 따르다가 목숨을 잃더라도 장교에게 복종해야 한다는 생각은 젊은이들에게 주입되지 않았다.

미국인들이 벽난로 위에 놓인 화승총을 집어 들고 호랑이 사냥을 나갈 수 있었던 것은 오래전 일이다. 그러나 미국인들은 여전히 그렇게 할 수 있다고, 훈련을 받지 않고도 잘 할 수 있다고 고집스럽게 믿는다.

이 오류 때문에 어떤 이들은 미국인들이 타락했다고 크게 외쳤다.

1950년에 미국인들이 타락했다면, 비참한 모습으로 밸리 포지^{Valley}

Forge[140]로 몰려들었다가 슈토이벤 남작Friedrich Wilhelm August Heinrich Ferdinand Steuben[141]에 의해 군인이 된 사람들도 마찬가지였을 것이다. 미국 사회가 스스로를 지킬 의지가 없다면, 모든 미국 연대들이 꽁지를 보이며 도주했던 제1차 마나사스 전투First Battle of Manassas[142]나 나중에 벌어진 쉴로 전투Battle of Shiloh[143]가 벌어진 1861년에도 의지가 없었던 것이라고 해야 한다.

이런 논리라면 카세린 협곡 전투Battle of Kasserine Pass[144]에서 새벽에 독일군 전차들이 다가오는데도 따뜻하고 행복하게 담요를 뒤집어쓴 채 누워 있던 미군들도 타락한 것이다.

문제는 미국인들이 연약하다는 것이 아니라 얻어맞기 전까지는 전쟁이 대체 무엇인지를 마주할 일이 없다는 것이다. 일부는 사회란 전반적으로 왜곡되어 있으며 반드시 예의주시해야 한다는 생각을 가지고 있기도 하지만, 미국인들은 어떻게 해야 전쟁에서 이기는지를 다른 누구보다 직업군인들이 더 잘 알고 있다는 사실을 받아들이려 하지 않는다.

자유로운 사회가 전장戰場을 지향할 수는 없는 법이다. 그러나 옥신각신

---

140 밸리 포지: 필라델피아에서 북서쪽으로 약 30킬로미터 떨어진 국립역사공원. 1777년 9월에 영국군이 당시 미국의 수도인 필라델피아를 점령하자, 워싱턴은 겨울을 나기 위해 병력 1만 2,000명을 이끌고 1777년 12월부터 1778년 6월까지 6개월 동안 밸리 포지에서 머무는 동안 스토이벤 남작의 지휘 아래에서 사격, 기동, 행군, 교전, 총검술을 가르치면서 전열을 재정비했다.

141 슈토이벤 남작(1730~1794): 미국 독립전쟁(1778~1783)에서 싸운 프로이센 군인으로, 조지 워싱턴 장군을 보좌했다.

142 제1차 마나사스 전투: 북군은 제1차 불 런 전투(First Battle of Bull Run)라고 부른다. 1861년 7월 21일에 버지니아 주 프린스 윌리엄(Prince William)에서 벌어졌다. 북군이 진지 배치에 늦으면서 남군은 철도를 이용하여 증원병력을 보낼 수 있었고, 결국 남군이 승리하고 북군은 와해되어 철수했다.

143 쉴로 전투: 1862년 4월 6~7일에 테네시 주 남서쪽에서 벌어진 전투로, 그랜트 소장이 지휘하는 테네시 육군이 테네시 강을 이용해 이동하여 테네시와 피츠버그 랜딩에서 야영 중 미시시피 육군의 기습을 받았다. 그랜트는 병력을 증원받아 남군이 예상치 못한 역습을 실시함으로써 남군이 6일 얻은 승리를 뒤집는 전과를 낳았다.

144 카세린 협곡 전투: 제2차 세계대전 중인 1943년 2월에 북아프리카 튀니지의 카세린 협곡에서 벌어진 전투. 롬멜의 아프리카 군단과 미군과 영국군으로 이루어진 연합군이 벌인 첫 주요 전투로서 연합군은 경험과 전투 지휘에서 부족함을 드러내며 80킬로미터쯤 후퇴했고, 대규모 사상자를 냈다. 미 육군은 이 전투 이후에 부대 편성을 전면적으로 바꾸었고 지휘관과 장비 또한 대규모로 교체했다.

하던 아테네인들이 쓴맛을 보고서야 깨달았듯이 얼마간은 조정이 필요하다. 스파르타는 이러한 함정을 알고 있었다.

빈Wien의 사회학자들과 심리학자들은 나치가 사납게 문을 두드리며 들이댄 총검에 아무 답도 할 수 없었다. 민주적인 세계의 군인들은 답을 가지고 있다.

밸리 포지에서 그랬던 것처럼, 그리고 불 런 전투와 카세린 협곡 전투에서 그랬던 것처럼, 세계는 미국 군대가 잿더미에서 일어나 스스로 방향을 설정하고, 어렵고 힘들게 성장해 지식을 쌓고, 군기를 세우며 강인해지는 것을 보아왔다.

1950년 6월 이후 6개월 동안 얻어터진 뒤 1951년에 미 8군은 절망이라는 잿더미에서 일어났다. 리지웨이 중장이 작전을 지휘하는 것을 직접 본 사람이라면 인간의 위대함이 이따금 발휘된다는 것을 의심하지 않는 것처럼 그곳에 있던 어느 누구도 미국인들이 대체로 타락했다고 믿지 않았다.

> 모든 이들이 언제나 용감하리라고 생각하는 사람은 … 부대 전체의 용기처럼 변덕이 심한 것은 없기에 이것이 매일 새로워져야 한다는 것과, 장군의 진정한 기량이란 지위, 기질, 그리고 위대한 지휘자들에게서 공통적으로 나타나는 천재성을 이용하여 그 기량을 확실하게 보장하는 방법을 아는 데 있다는 것을 깨닫지 못한다.
>
> – 모리스 드 삭스Maurice de Saxe, 『병법에 관한 몽상Reveries on the Art of War』 중에서

1950년 12월 25일, 리지웨이 중장은 미 8군 사령관으로 취임하기 위해 한국으로 오는 길에 도쿄에 들렀다. 다음날 26일에 그는 맥아더 원수를 만나 대화를 나눈 뒤 작별인사를 하면서 맥아더 원수에게 물었다. "장군님, 제가 한국으로 건너가서 상황을 살펴보고 필요하다면 공격할 때 장군님의 허락을 받아야 하겠습니까?"

연로한 맥아더의 얼굴이 활짝 펴지면서 미소가 번졌다.

"최선이라고 생각하는 것은 무엇이든 하게! 맷, 8군은 자네 거야."

리지웨이가 나중에 말한 것처럼 이는 군인의 마음에 새겨야 할 일종의 명령 같은 것이었다. 리지웨이가 스스로 세운 첫 번째 임무는 미 8군의 사기를 북돋아주는 것이었다.

리지웨이는 한국에 올 때 미 육군은 인접한 아시아의 어떤 적도 무찌를 수 있다고 확신했다. 리지웨이는 자기 혼자만이 그렇게 생각한다는 것을 곧 깨달았다.

미 8군은 남쪽으로 후퇴만 한 것이 아니라 중공군과 싸울 의지가 전혀 없었다. 대부분의 전선에서 적과의 접촉이 끊어졌다. 전선을 따라서 정찰이 거의 이루어지지 않았다.

리지웨이가 중공군의 위치와 병력 수를 물었다. 지도 위에는 8군 북쪽으로 거위 알처럼 생긴 희미한 타원 하나에 17만 4,000이라는 숫자가 쓰여 있었다. 이것 이상을 아는 사람은 아무도 없었다. 무엇인가를 알아내려고 노력하는 사람도 없었다. 미 8군은 북쪽에서의 중공군 사냥에 질려있었다.

리지웨이가 이런 정도로 만족하리라고 미 8군이 기대했다면 이것은 틀린 생각이었다. 미 8군은 생각을 빨리 바꿔야 했다.

리지웨이가 움직이기 시작했다. 무엇이 문제인지를 깨달은 리지웨이는 우선 간단한 지시부터 내렸다. 공세적으로 정찰할 것, 어떤 대가를 치르든 적과 접촉하며 보급, 화력을 유지할 것. 리지웨이는 무엇보다도 가장 기본적인 것, 리더십에 대해 이야기했다. 리지웨이는 상황에 따라 직설적으로 다루기도 하고 부드럽게 다루기도 했다.

리지웨이는 상급 지휘관들에게 미국의 힘과 위신이 이곳에서 어떤 상황에 처해 있는지, 그리고 이 전쟁을 믿든 아니든 싸워야만 한다는 간단한 사실에 대해 말했다. 리지웨이는 자신이 전쟁의 도구를 공급하는 것을 도울 테니 지휘관들은 배짱을 증명해야 한다고 말했다.

만일 미군이 중공군 무리를 무찌르지 못하면 디트로이트에서 새 자동차를 얼마나 많이 생산하든 아무 의미가 없었다.

그러나 리지웨이는 가는 곳마다 '젠장, 이렇게 재미없는 곳에서 우리가 뭘 하고 있지?'란 의문이 병사들의 마음에 공통적으로 자리하고 있다는 것을 알았다.

만일 "공산혁명을 주장하는 악을 무찌르자"라는 말을 들었다면 병사들은 이 명분을 이해했을 수도 있다. 그러나 병사들은 이 먼 곳에서 전선을 왜 지켜야 하는지, 그리고 왜 비참하고 고약한 냄새가 나고 민주적이지 않은 대한민국을 보호해야 하는지 이해하지 못했다.

리지웨이는 질문 자체를 대수롭게 여기지 않았다. 당시 56세로 30년 이상을 직업군인으로 살아온 리지웨이에게 대답은 간단했다. 그가 말했다. 충성은 명령에 대해 일말의 의구심도 허락하지 않는다.

그러나 충성을 대수롭지 않게 생각하고 많은 것에 의문을 품으며 성장한 세대에게 이 말은 설명으로 충분치 않았다. 이들에게 리지웨이가 말했다.

"하나님께서는 우리의 사랑스런 땅에 꽃 피우게 하신 서구 문명의 힘이 공산주의에 맞서 공산주의를 무너뜨릴 것인가? 포로를 쏴 죽이고 국민을 노예로 만들며 인간의 존엄을 웃음거리로 만드는 무법통치가 개인과 개인의 권리가 신성하게 인정받는 정권을 몰아낼 것인가? 우리를 인도하는 하나님의 도우심으로 살아남을 것인가, 아니면 하나님 없는 세상에서 죽은 것이나 다름없이 살 것인가?"

리지웨이의 노력으로 미 8군은 30일도 지나지 않아 공세를 취했다. 미 8군은 1951년 1월 25일 이후로 다시는 주도권을 잃지 않았다. 봄에 어떤 운명을 맞을 것인지를 보여주었던 지평리 전투에서 전사자들의 시신을 남기고 눈 덮인 고지 위로 사라졌던 것은 중공군이었다. 지평리 전투는 1951년 봄 내내 계속될 상황의 예고편이었다.

새롭고 확고한 지휘 아래에서 중공군의 피 맛을 본 미 8군은 스스로가 누구인지를 깨달았다. 리지웨이는 부대를 개편했다.

부대에는 경험이 풍부한 병사들과 부상에서 회복해 복귀한 병사들이 많았다. 미 8군은 리지웨이나 훈련받고 낙동강에서 압록강까지 실전 경험을 쌓은 무뇨즈 대위나 롱 소위의 지휘를 받으며 미군이 항상 배워야 했던 이 새롭고도 오래된 전쟁을 수행하는 방법을 배웠다.

병사들은 중공군이 교활하기도 하지만 멍청하기도 하다는 것을 배웠다. 중공군은 갑자기 유리해진 전세에 대응해 작전계획을 변경하지 못했다. 재앙으로 판명된 작전을 계속하며 수천 명의 병력을 소모하는 일도 잦았다. 미 8군이 강력한 반격의 방법을 배우게 되면서 공군의 지원, 보병, 그리고 전차가 부족한 중공군의 소총병 무리는 대량 살육당했다.

중공군은 계속해서 엄청난 병력을 동원하면서 유엔군 전선의 특정한 지점을 뚫을 수 있었다. 그러나 이 지점에 있는 유엔군 병사들은 중공군에게 끔찍하리만큼 많은 피해를 입히면서 버티는 법을 배웠고, 설령 전선이 조금 무너지더라도 중공군은 이 전과를 확대할 수 없었다. 반면 기계화된 유엔군 증원부대는 중공군의 전면과 측면으로 쏜살같이 달려왔다.

남한의 지형에서는 전투가 좀 더 개방적이었다. 이렇게 개방된 지역에서 벌이는 전투에서 야만적인 간계는 화력을 대신할 수 없었다. 중공군은 220킬로미터에 이르는 전선 전체에서 병력의 우세를 유지할 수 없었다. 저개발국가들은 잘 무장된 군을 전장에 투입하고 유지하는 것을 작은 규모의 산업국만큼도 해내지 못한다는 사실이 밝혀졌다. 중공군 보충병들은 소련의 도움을 받았음에도 무장도 형편없고 훈련도 잘 안 되어 있었다.

언론은 여전히 중공군이 압도적으로 많은 병력을 쓴다면서 인해전술을 보도했지만, 막상 중공군은 돌파구를 만들려 집중할 때를 빼면 서로 분리되어 병력의 우위를 점하지 못했다. 전선에 있는 군인들이 이런 농담을 시작했다. "조! 되놈 소대에 몇 명이 있지? 말해봐!" 또는 "우리는 어젯밤에 두 무리로부터 공격을 받았는데 둘 다 죽여버렸지."

그러나 중공군은 전투의지를 여전히 가지고 있었다.

북쪽으로 밀고 가기란 쉽지 않았다.

여러 해 전에 미국의 대평원에서 벌어진 기병 전투가 마일즈Miles, 크루크Crook, 그리고 레이널드 맥켄지Ranald Mackenzie 같은 유명한 장교들을 키워

냈을 때, 병사들은 강한 기병이었으며 추운 곳에서 야영을 하며 칼을 던져버리고 나팔 없이도 움직였다. 국가 간의 전투에서 그들이 배운 모든 것들을 버렸다. 그러나 그들은 여자들이 병들고 아이들이 죽어 전의를 잃을 때까지 눈 속과 산맥을 가로질러 인디언들을 추격했다. 이런 전통으로 미 육군은 아시아에서 싸우는 방법을 배운 병사들을 길러냈다.

병사들은 수통을 가득 채우고 탄띠를 찬 채 경무장으로 행군하고, 끝이 없는 고지를 오르는 법을 배웠다. 적이 앞으로 몰려오면 신속하게 방어선을 유지하는 법을 배웠다. 이것이 가장 안전했기 때문이다. 해야 할 때는 질서 정연하게 후퇴하는 법도 배웠다. 귀 기울여 명령을 듣고 복종하는 법도 배웠다. 그들은 미국인이 애퍼머톡스Appomattox[145]부터 베를린에 이르기까지 이곳들에서 배운 모든 것들을 배웠다.

무엇보다도 병사들은 죽이는 법을 배웠다.

전선에서 상대하는 것이 인디언이든 아니면 중공군이든 전쟁에는 용맹과 화려함이란 거의 없다. 오직 살상만이 있을 뿐이다.

어떤 전차대대의 병사들은 전차의 포탑 측면에 쇠못을 박아 중공군의 해골을 달고 다녔다. 이 대대는 군우리에서 살아 돌아온 부대였다. 이런 행동은 이들의 분위기와 맞았다. 해골을 없애라는 명령을 받았지만, 이런 분위기는 여전했다.

의무병 제임스 마운트가 속한 중대에는 '집시' 마틴Martin이라로 불리는 중사가 있었다. 마틴은 수통을 가득 채우고 탄띠를 두르고 다녔다. 또 그는 두건을 쓰고 한쪽 귀에 귀걸이를 한 채 전투화에는 자그마한 종을 달았다. 그는 중공군을 증오했다. 그는 아시아인들을 싫어했는데 그것을 누가 알든 개의치 않았다.

전쟁이 아니라면 마틴은 전혀 쓸모가 없을 사람이었다.

---

145 애퍼머톡스: 버지니아 주 중부의 도시로, 남북전쟁이 끝나던 1865년 4월 9일 남군 총사령관 리 장군이 북군 총사령관 그랜트 장군에게 항복한 곳이다.

미 24사단이 북쪽으로 진격하면서 벌인 전투에서 병사들은 마틴이 화가 나 고함치며 M1 소총을 갈겨대는 소리를 들었다. 짐시 마틴이 소리를 지르면 소대원들은 전진했다. 피가 흥건하게 흘러 땅을 적신 계곡 전투에서 마틴은 이성적이고 준수한 병사들로 구성된 1개 분대보다 더 가치가 있었다. 부하들은 죽음을 두려워하지 않고 그를 따랐다.

짐시 마틴이 전사했을 때, 병사들은 그토록 싫어하던 되놈들 사이에 누워 있는 그를 발견했다. 마틴의 탄창은 비어 있었고, 소총의 개머리판은 부러져 있었다. 전투가 아니면 마틴 중사는 쓸모가 없었다. 제임스 마운트가 알기에 마틴은 아무 포상도 받지 못했다. 포상은 누가 무엇을 했는지가 아니라 누가 전투보고서에 무엇을 써주는가에 달려 있었다.

이를 본 제임스 마운트는 많은 생각이 들었다.

문명을 이루는 가치와 문명을 지키는 가치는 상충되기 마련이다. 문명은 교양을 높이 평가한다. 그러나 군대에서 교양은 짐이다.

살라미스 해전Battle of Salamis을 앞둔 아테네의 지휘관들은 페르시아 함대를 보고서도 아크로폴리스Acropolis와 예술을 논했다고 전해진다. 그리스 중장보병重裝步兵들은 모닥불에 둘러앉아 마늘을 씹고 여자 이야기로 시시덕댔다.

강인한 중장보병이 없었다면 그리스 문화는 세상에 전해지지 않았을 것이다. 충분히 오래가지도 못했을 것이다. 테르모필레Thermopylae[146]에서 그랬듯 그리스 문화가 고도로 세련되고 평범한 그리스 남자들이 더 이상 죽기까지 싸우지 않고 기만적이며 교묘해지자, 로마의 농군 출신 군대들이 그리스를 무너뜨렸다.

더 이상 무기를 들 수 없을 때까지 아시아인을 살육하던 마케도니아의 후예들은 로마 군병들이 그리스로 쳐들어와 휘두르는 글라디우스Gladius[147]

---

146 테르모필레: BC 480에 스파르타의 장군 레오니다스(Leonidas)가 인솔하는 그리스군이 페르시아군과 싸워 전멸한 그리스의 옛 싸움터.

147 글라디우스: 로마군이 쓴 단검으로 길이는 약 60센티미터이고 무게는 약 1킬로그램이다.

가 가져온 대혼란을 보면서 파랗게 질렸다.

포격을 받고 피를 흘린 미 8군은 기진맥진한 분위기에서 부활했다. 8군은 북으로 진격하면서 중공군 그리고 한국의 마을과 도시에 남은 잔적을 궤멸시켰다. 8군은 이제 피를 보고도 울렁대지 않았다.

3월 7일이 되자, 미 8군은 한강에 다다랐다. 서울을 관통하면서 8군은 서울을 구역 단위로 철저히 소탕했다. 작전이 끝났을 때 거대한 서울역에는 지붕이 남아 있지 않았고, 수많은 건물에는 전차 포탄 자국이 남았다. 주민 100만 명 중 20만 명도 안 되는 사람들만이 이런 폐허에서 살고 있었다. 많은 작은 도시들에 있던 목재와 나뭇가지로 지은 건물들은 토대만 남아 있었고, 예전의 일본 은행은 아치형 지붕만이 남았다.

미국인도 아니고 중국인도 아니고 한국인들만이 계속해서 전쟁에서 지고 있었다.

3월이 끝날 무렵 미 8군은 38선을 넘어섰다.

리지웨이는 이런 기록을 남겼다. "북으로 진격하는 8군의 머리 위에서 휘날린 성조기보다 더 자랑스럽고, 더 강인하며, 더 기백 있게 휘날렸던 성조기는 없다…."

리지웨이는 영토에는 관심이 전혀 없었다. 그는 도시와 마을을 위해서가 아니라 중공군을 섬멸하기 위해 공격했다. 보병이 중공군을 고지에서 몰아내고 계곡에서 달아나려는 중공군을 공군이 막으면서 8군은 수천 명씩 섬멸했다.

1951년 4월 미 8군은 "미군은 아는 것이 부족하지만 대적했던 어떤 군대보다 빠르게 배운다"는 롬멜의 주장을 다시 한 번 입증했다. 중공군은 지평리 전투의 행태를 계속 반복하는 것으로 보아 전혀 배운 것이 없어 보였다.

미군은 계속 배웠고 또 잘 배웠다. 그러나 미군의 비극은 때로는 빨리 배운 만큼 빨리 잊어버리는 불완전한 역사의식을 가지고 있다는 것이다.

제26장
글로스터 고지

●

영국에서는 잠시 기억할 것입니다. 이 군인들은 훌륭한 삶을 살았습니다. 오늘 오후 저는 여러분께 기억하는 것만으로는 충분치 않다는 것을 상기시키려 합니다. 앞으로 우리는 그들의 희생을 어떻게 생각하는지를 행동으로 보여줘야 합니다.

– 1951년 4월 한국에서 열린 추모 예배에서 글로스터 연대 1대대 군목의 말

1914년 여름, 대중의 히스테리가 불러온 커다란 혼란 속에서 유럽의 여러 나라들은 갑작스럽게 전쟁을 준비하기 시작했다. 프랑스 제3공화국은 90일 만에 100개 사단을 동원했다. 독일 제국은 몇 주 만에 예비역 군인들을 벨기에에 투입했다. 영국은 군인 수백만 명을 플랑드르^{Flandre}의 전쟁터로 보냈다. 플랑드르에 온 영국군 중 90만 명은 전우로서 함께 싸운 프랑스군 전사자 100만 명 옆에 묻히게 된다.

1940년, 제1차 세계대전과 비교해 열정은 떨어지지만 여전히 의지가 강했던 유럽은 처절한 대규모 살육전을 다시 펼쳤다. 프랑스 제3공화국은 군인 50만 명이 죽고 치욕적인 패배를 당한 뒤 독일에 점령되었다. 가장 좋은 시절을 구가하던 대영제국은 인력과 자원을 쏟아붓고도 빠른 시간에 회복할 수 없는 부담을 떠안게 되었다.

승리는 언제나 사람을 홀리는 도깨비불 같은 것이다.

이런 피비린내 나는 전쟁을 거의 겪지 않았던 미국인들은 1950년에 지옥의 문이 다시 열리자 왜 유럽 사람들이 전쟁터로 달려갈 생각을 하지 않았는지 이해하지 못했다.

유럽 사람들은 한 세대에 두 번씩이나 '스스로를 방어'했다. 반면 소련이

라는 곰에 맞서 스스로를 지킬 준비를 해야 한다고 미국이 급박하게 나팔을 불 때, 유럽의 반응은 미국이 기대한 것보다 훨씬 더 느리고 불확실했다.

명성을 날리던 영국 해군은 1950년에 껍데기만 남았다. 며칠 만에 100개 사단을 동원했던 프랑스는 이제는 10년이 걸려도 25개 사단도 만들 수 없었다. 깜짝 놀란 미국이 할 수 있는 것은 프랑스와 영국이 더 작은 동맹국들과 함께 나토라는 틀 안에서 부분적으로 재무장하라고 이들을 설득하는 것이 고작이었다.

공산주의의 공세라는, 뚜렷이 눈에 보이는 위협을 앞에 두고서 나토의 군대들이 어렵사리 느리게 만들어졌다. 그러나 미국의 나토 동맹국들은 멀리 떨어진 한국에서 싸울 생각이 없었다. 실제로 나토 동맹국들 중 일부는 이미 지구상 다른 여러 곳에서 공산주의에 맞서 부분적으로 싸우고 있었다.

영국은 말레이 반도와 다른 곳에서 문제가 있었다.

베트남에 주둔하는 드비니De Vigny의 프랑스 군대는 지원하거나 철수시킬 용기도 없는 약하고 우유부단한 정부의 지시로 공산주의 베트민과 사투를 벌이고 있었다.

불가피하게 미국이 이어받은 고민들이 분명해지면서 한국에서 공산주의에 맞서 싸우는 부담은 전적으로 미국과 대한민국의 몫이 되었다.

유엔 회원국들이 대한민국에 제공한 군사지원 최대치는 오른쪽 표와 같다.

여기에 더해서 스칸디나비아 국가들과 이탈리아는 의무부대를 제공했다. 두드러지게 중립을 지키던 인도는 야전구급차부대를 제공했다.[148] 그 밖에 다른 나라들은 제한적이지만 식량이나 돈을 제공했다.[149]

---

148 인도는 의료지원부대(제60공정야전병원) 346명을 파병했다

149 2018년을 기준으로 한국전쟁 당시 대한민국을 지원한 범주와 국가는 병력지원 16개 국가, 의료지원 5개 국가(독일은 전후인 1954년에 파견했으나 전쟁 중에 파견 의사를 밝힌 점과 유엔군 산하 의료기관으로서 유엔군을 지원한 점을 고려하여 2018년에 포함됨), 물사지원 39개 국가, 물자지원 의사 표명 3개 국가로 공인되어 있다.

국가	제공 전력
미국	육군 7개 사단, 해병 1개 사단, 군과 군단 사령부, 거의 대부분의 군수 및 지원 부대 1개 전술공군과 지원 전력, 1개 전투수송사령부, 2개 중폭격비행단 완편 해군 1개 함대 (항모임무단, 차단 및 호송 부대, 수색 및 대잠부대, 보급 및 수리 부대 포함), 해상 수송부대
영국	육군 2개 여단 (5개 보병대대), 2개 야전포병연대, 1개 기갑연대 항공모함 1척, 순양함 2척, 구축함 8척 (해병 및 지원부대 포함)
캐나다	육군 1개 여단 (3개 보병대대), 1개 포병연대, 1개 기갑연대 구축함 3척 1개 항공수송대
터키	1개 여단 (6,000명)
호주	2개 보병대대 1개 전투비행대대, 1개 공중수송대대 수송선 1척, 구축함 2척, 호위함 1척
태국	연대전투단(4,000명), 초계함 2척, 1개 공중수송대대
필리핀	1개 연대전투단
프랑스	1개 보병대대, 포함 1척
그리스	1개 보병대대, 1개 공중수송대대
뉴질랜드	1개 포병대대, 호위함 2척
네덜란드	1개 보병대대, 구축함 1척
콜롬비아	1개 보병대대, 호위함 1척
벨기에	1개 보병대대
에티오피아	1개 보병대대
남아프리카 공화국	1개 전투비행대대
룩셈부르크	1개 보병중대

미국의 지원은 다른 나라들의 지원을 모두 합친 것보다 열 배나 많았다. 대한민국은 미국의 전폭적인 지원을 받았다. 그러나 대한민국 국토 대부분이 폐허로 변했다. 대한민국에서는 전쟁 동안 도시들이 파괴되었고, 군인과 남녀노소를 포함해 모두 131만 2,836명의 인명 피해를 입었다. 인구 기준으로 사망률은 20명당 1명 이상이었다.

유엔 회원국들이 파병한 부대의 수는 적었지만, 이들은 용감했고 전투

능력이 뛰어났다. 한국을 지원해 파병된 군인들 대부분은 에티오피아의 하일레 셀라시에^{Haile Selassie} 황제가 보낸, 키 180센티미터가 넘는 제국 근위병부터 프랑스 대대의 용맹한 알제리인에 이르기까지 직업군인이었다. 일부는 영국군처럼 소집된 예비역도 있었다. 한국에 파병된 유엔군 대부분은 자국 군대에서 오랜 역사와 자랑스러운 전통을 가진 부대 출신이었다.

총검을 휘두르는 터키군부터 칼을 휘두르는 태국군까지 파병된 유엔군 대부분은 미군이 찬양한 부대가 되었다.

유엔군은 자랑스러운 역사를 만들기도 했다.

1951년 4월 초, 50만 병력의 유엔군은 대부분 전투 지역에서 38선을 넘었다. 공중, 해상, 그리고 지상전에서 받은 피해로 심하게 손실을 입은 중공군은 점점 더 많은 병력을 서둘러 북한으로 보내고 있었다. 병력은 75만 명에 이르렀다.

수적으로 우세한 중공군은 자기들이 주도권을 쥐고 있다고 생각했다. 중공군은 소위 5차 공세의 첫 단계를 계획하기 시작했다. 이 공세는 전선 서부 지역에 병력을 집중시킬 예정이었다. 그리고 공세의 목표는 전선에서 56킬로미터쯤 떨어진 서울이었다.

중공군이 공세를 준비하는 동안 미 8군은 제한 공격을 계속 이어갔다. 4월 셋째 주, 미 8군은 개성을 제외한 모든 지역에서 38선을 북쪽으로 16킬로미터 이상 넘어섰다. 중부 전선에서 유엔군은 통신과 보급의 중심인 철의 삼각지대로 불리는 철원-금화-평강 지역으로 공격했다.

원래 철의 삼각지대라는 이름이 붙은 것은 이들 도시를 잇는 철도가 지도 위에서 대략 삼각형을 이루기 때문이었다. 미 8군이 꼭짓점 중 하나인 화천을 점령했지만 철의 삼각지대라는 이름을 무척이나 마음에 들어 했던 종군기자들은 화천 대신에 훨씬 북쪽에 있는 평강을 집어넣었다.

유엔군은 자신이 있었지만 신중했다. 리지웨이는 전면적인 공격을 계획하지는 않았다. 대신에 미 8군이 얼마나 멀리 북쪽으로 진격할 수 있는지를 보고 싶어했다.

한국에 봄이 왔다. 봄은 비를 몰고 왔다. 잠시나마 풀과 꽃으로 아름다웠다. 눈이 내리는 겨울 동안 전사해 얼어붙은 군인들의 해골이 언덕을 굴러내려서 활짝 꽃망울을 터트리는 진달래와 개나리들 사이에서 안식을 얻었다.

봄이 왔지만 한국에는 부활이 아니라 더 많은 죽음이 들이닥쳤다.

미 3보병사단은 서울에서 북으로 달리는 길을 따라 철원을 향해 공격했다. 4월 21일, 미 3사단은 철원에서는 16킬로미터 남쪽, 임진강에서는 16킬로미터 북쪽에 있었다. 미 3사단 오른쪽에는 해병 사단과 한국군 1개 사단으로 이루어진 미 9군단이 금화에서 화천 저수지로 이어지는 선을 따라 공격을 준비하고 있었다. 미 3사단 왼쪽에는 최정예 병력 4,000명으로 이루어진 영국군 29여단과 한국군 1보병사단이 있었다.

임진강 바로 남쪽에 있는 영국군 29여단은 강 너머로 정찰을 내보내 적을 살폈다. 60미터 높이의 절벽과 암석 협곡 지역을 넘은 정찰대들은 길을 막는 것은 전혀 없다고 보고했다.

그러나 서울에서 북서쪽으로 50킬로미터 떨어진 이곳에서 서울을 방어하는 네 번째 전투가 벌어졌다.

4월 22일, 영국군 29여단이 맡은 폭 15킬로미터의 전선에 중공군은 6개 사단, 5만 명 이상을 투입했다.

* * *

잉글랜드의 수호성인인 성 조지Saint George 축일인 4월 23일의 전날 밤, 영국군 29보병여단의 구성은 다음과 같았다. 임진강 바로 남쪽에는 왕립노섬벌랜드퓨질리어Royal Northumberland Fusiliers[150] 1대대, 왼쪽에는 배속된 벨기에 대대와 글로스터셔연대Gloucestershire Regiment 1대대, 그리고 예비로는 왕립얼스터라이플Royal Ulster Rifles[151] 1대대가 있었다. 29여단을 지원하는 부대

---

[150] 왕립노섬벌랜드퓨질리어: 영국 육군 보병연대.
[151] 왕립얼스터라이플: 영국 육군 보병연대.

로는 25파운드 포를 운용하는 45왕립야전포병연대45th Field, Royal Artillery와 발라클라바 전투Battle of Balaclava[152]에서 말을 타고 돌격했지만 이제는 50톤 짜리 센추리온Centurion 전차를 운용하는 8왕립경기병연대8th King's Royal Hussars 가 있었다.

이 부대들은 모두 긴 역사에 빛나는 영광을 기록한 부대였다.

1674년에 만들어진 왕립노섬벌랜드퓨질리어연대는 창으로 용을 찔러 무찌르는 성 조지St. George가 그려진 모표를 베레모에 달았다. 글로스터셔 연대(이하 글로스터연대Glosters)는 1694년에 만들어졌는데, 전투 깃발들로는 워털루, 퀘벡, 그리고 갈리폴리가 있었다. 1951년 4월 22일 기준으로 이러한 전투 깃발은 모두 44개였는데, 이는 영국 육군의 어느 연대보다도 많았다.

잉글랜드 궁수들이 가슴에 잉글랜드를 상징하는 빨간 십자가를 그려 넣은 이후로 이들의 수호성인인 성 조지 축일은 잉글랜드 군인들에게 성 스러운 날이 되었다. 4월 23일 성 조지 축일을 맞아 영국군 29여단은 즐 겁고도 경건하게 축제를 계획했다. 1월에 임진강 일대에서 전투를 치르 면서 병력 200명 이상을 잃은 얼스터연대는 추모비를 만들 계획을 세웠 다. 노섬벌랜드퓨질리어연대는 칠면조로 저녁 식사를 준비하면서 빨갛 고 하얀 종이로 성 조지 장미를 만들어 모자를 장식했다. 포병도 이에 질 세라 진짜 장미를 일본으로부터 실어왔다.

성 조지 축일을 맞아 진짜 축제는 없지만, 영국군 29여단은 모두 성 조지 장미를 달고 다닐 예정이었다. 영국군은 이스라엘의 아코 포위전Siege of Acre[153] 부터 프랑스의 아쟁쿠르 전투Battle of Agincourt[154]까지 비교해도 선조들이 절

---

152 발라클라바 전투: 크림 전쟁 중 세바스토폴 포위전(1854~1855)에서 1854년 10월 25일에 벌어진 전투.

153 아코 포위전: 이스라엘 하이파 북쪽에 지중해를 끼고 있는 도시. 나폴레옹이 침공했으나 도시를 둘러싼 해안 성벽을 돌파하지 못했다.

154 아쟁쿠르 전투: 1415년 10월 25일 헨리 5세가 지휘하는 잉글랜드 군대와 샤를 달브레가 지휘하는 프랑스 군대가 프랑스 북쪽의 작은 마을 아쟁쿠르에서 전투를 벌여 잉글랜드군이 대 승을 거두었다.

망적이라고 보았을 전투에 성 조지 장미를 달고 나갈 생각이었다.

성 조지 축일 전날 저녁 6시, 중공군이 공격을 개시했다.

임진강 건너편에 있던 벨기에 대대가 가장 먼저 포위되었다. 그 다음 노섬벌랜드퓨질리어연대 1대대가 전투에 들어갔다. 그러나 29여단 지휘부는 염려하지 않았다. 벨기에 대대를 구출하려는 노력이 계속되었다. 얼스터연대 1대대가 가장 먼저 시도했고, 그 뒤로는 전차부대가 나섰으나 모두 성과가 없었다.

밤새 고립된 벨기에 대대를 두고 걱정이 커졌지만, 막상 벨기에 대대는 고립에도 불구하고 상대적으로 별 탈이 없었다. 4월 23일, 벨기에 대대는 오른쪽에 있는 중공군 전선 옆으로 빠져나와 철수했다.

성 조지 축일이 시작되고 1시간이 지났을 때, 중공군의 주공이 집중된 곳은 29여단의 왼쪽 전선이었다. 이곳은 글로스터연대 1대대가 담당하는 6킬로미터쯤 되는 바위투성이 방어선이었다.

밤은 청명하고 쌀쌀했다. 중공군은 나팔을 요란하게 불어대면서 넓게 퍼져 임진강을 건넜다. 중공군 1파는 함성을 지르며 정면의 A중대로 쇄도했다. A중대장과 중대의 장교 2명이 쓰러졌다. 중대 지휘소가 중공군에게 짓밟혔다.

중대 무전병은 총알이 떨어질 때까지 소총을 쏴댔다. 총알이 떨어지자 그는 어둠 속에서 무리지어 달려드는 중공군에 맞서 마치 골프채처럼 소총을 휘둘렀다. 불꽃이 난무하던 밤에 중공군에 포위되자, 그는 무전기를 향해 기어갔다.

"우리는 중공군에게 전멸당했다. 잘 가."

15킬로미터에 이르는 방어선 한쪽 끝에서 다른 한쪽 끝까지 29여단 전체가 근접전에 말려든 동안 나머지 다른 중대들은 버티고 있었다. 새벽이 올 무렵, 좌측에 있는 한국군 1사단은 철수할 수밖에 없었다. 아침 나절까지 중공군은 글로스터연대 1대대의 측면과 후면에 있는 고지들을 기어올랐다.

완편된 중공군 1개 연대가 영국군 29여단을 전선에 고착시키는 동안 A중대가 속한 1대대의 보급소들이 중공군에게 탈취되었고 글로스터연대 1대대는 여단으로부터 단절되었다.

무전으로 글로스터연대 1대대에 현재 점령하고 있는 고지를 지키라는 지시가 내려왔다. 글로스터연대 1대대는 그렇게 했다.

45왕립야전포병연대는 포신이 고열로 빛이 날 때까지 지원사격을 계속했다. 25파운드 포 1문당 포탄 1,000발 이상을 발사했다. 이는 제2차 세계대전 당시 엘 알라메인 전투Battle of El Alamein에서 썼던 평균 포탄 사격양보다 많았다. 포병은 영국군이 한국에 가지고 있던 포탄 재고가 소진될 때까지 사격했으며, 때로는 90미터도 안 되는 거리까지 접근해온 중공군 소총수에게 포탄을 발사하기까지 했다.

45왕립야전포병연대는 야포를 보호하면서 임무를 계속했다. 어떤 포병도 이 이상을 할 수는 없었을 것이다.

그러나 4월 23일 오후로 접어들면서 여전히 전투를 계속하고 있던 글로스터연대 1대대는 보급품이 떨어지기 시작했다. 글로스터연대 1대대는 탄약, 총, 그리고 약품이 필요했다. 약간의 빵과 삶은 달걀 몇 개를 빼면 식량도 없었다.

미 공군이 보급품을 투하하려 했으나 사방의 고지들과 너무 가까이에서 전투가 벌어지고 있었다. 공중 투하는 별로 성공적이지 않았다.

그러나 전투에 투입된 모든 공중 전력은 중공군이 점점이 박힌 고지들을 마치 하늘에서 벌 떼가 내려앉듯 네이팜탄으로 공격해서 파괴하고 불태웠다.

포병이 끊임없이 사격을 가하고 공군이 공중 전력을 쏟아부었지만, 시간이 지나면서 중공군은 다른 영국군 2개 대대의 후방으로 침투했다. 얼스터 1대대와 노섬벌랜드퓨질리어 1대대 또한 고립되었다. 29여단 본부는 소총 사격 거리 안에 있었다. 잉글랜드에서 갓 도착한 노섬벌랜드퓨질리어 1대대의 교체 병력은 계속해서 총격을 받았고, 이 중 일부는 복무할 부대에 도착하기도 전에 전사했다.

4월 23일 하루 종일 그리고 밤까지, 글로스터연대 1대대는 귀중한 고지를 지켜내면서 끝없이 달려드는 중공군의 공격을 격퇴했다. 4월 24일 새벽, 글로스터연대 1대대의 상황이 심각해졌다.

A중대는 밀물처럼 몰려오는 중공군 1파 공격에 무너졌다. 계속되는 중공군의 공격에 B중대원은 장교 1명과 병사 15명으로 줄어들었다. 기관총 탄환이 쉴 새 없이 쏟아지는 깊은 참호 속에서 그들은 맞서 싸웠다. 총알을 피해 움직이는 것은 불가능했다.

장교와 병사를 합친 최초 병력 622명을 지휘하던 제임스 칸James. P. Carne 중령은 키가 크고, 말수가 적은 인물로, 글로스터연대에서 26년을 복무했다. 침착하고 파이프 담배를 피우는 칸은 예하 중대들을 대대 지휘소가 있는 고지로 철수시켰다. 집중포화에도 불구하고 철수는 성공적이었다. 이제 전선의 길이는 6.5킬로미터에서 수백 미터로 줄어들었지만, 글로스터연대 1대대는 여전히 전선을 유지하고 있었다.

여단 본부와 무전통신에서 칸 중령이 유일하게 요청한 것은 심각하게 부상을 입은 병사들을 후송할 수 있는 헬리콥터였다. 그러나 헬리콥터가 접근하기에는 포화가 너무 가깝고 치열했다. 칸은 부상병들을 구출할 수 있는 병력이 고지를 타고 도달하는 것이 가능하겠냐는 질문을 받았다.

"불가능합니다." 칸 중령은 있는 그대로 정직하게 대답했다.

그러나 4월 24일 오후, 필리핀 대대는 미군 전차들을 뒤따라서 글로스터 고지Gloster Hill[155]로 진격하라는 명령을 받았다. 부대는 영국군 1.8킬로미터 앞에서 선두의 전차가 피격되어 길을 차단하는 바람에 정지했으며 견딜 수 없는 사격을 받자 퇴각했다.

나중에 필리핀 대대는 벨기에 대대 병력, 푸에르토리코 출신 보병, 그

---

155 글로스터 고지: 고지의 해발고도를 따서 235고지로도 불린다. 이곳은 경기도 파주시 적성(積城)면 설마(雪馬)리로, 이 일대에는 설마천이 구불구불하게 흘러 북쪽의 임진강으로 이어지고 오른쪽에는 해발 674미터의 감악산(紺嶽山)이 있다.

리고 8경기병연대 전차들과 공조해 다시 한 번 공격을 시도했다. 공격 부대는 고지와 협곡에 있는 중공군 수천 명과 충돌한 뒤 후퇴했다.

임진강 남쪽으로 이미 후퇴해 있던 미 3사단은 아직까지 적으로부터 큰 압박을 받지 않았다. 철원 방향으로 진격하려던 계획을 포기하고 전차와 보병으로 돌파하려 시도했다.

그러나 가까이 갈 수도 없었다.

해가 빠르게 지고 있었지만 글로스터 대대는 여전히 고지를 고수했다. 글로스터연대 1대대와 29여단의 다른 부대들의 방어선이 7마일 간격으로 벌어졌다.

밤새도록 글로스터연대 1대대는 필사적으로 고지로 올라오는 중공군을 물리쳤다. 글로스터연대 1대대원들은 중공군 5차 공세의 첫 단계를 시작부터 망쳐놓고 있었다. 이미 앞에는 중공군 사체 수천 구가 쌓여 있었지만, 글로스터연대 1대대원들은 여전히 강했다.

새벽 무렵, 글로스터연대 1대대에서 총을 들 수 있는 병력은 300명 남짓이었다. 탄약이 매우 부족해서 장교들은 돌격하는 적이 10미터 전방으로 올 때까지 기다려야 한다고 속삭였다.

4월 25일 새벽, 영국군 29여단장은 새로운 명령을 받았다. 후퇴하라는 것이었다. 노섬벌랜드퓨질리어 1대대와 얼스터 1대대는 이미 심각한 피해를 입었다. 다른 곳에서 전선을 강력하게 지탱하고 있었고 이들 뒤에는 지원부대들이 있었지만, 전사자와 사상자가 많이 발생한 영국군을 일선에 그대로 두는 것은 아무 의미가 없는 살육이었다.

노섬벌랜드퓨질리어 1대대와 얼스터 1대대는 유지하던 진지를 떠나질서 정연하게 후퇴했다. 부상자 200명은 여러 전차에 나눠 실었다. 후퇴하던 중에 전차들이 포격을 받았다. 전차의 데크와 포문은 피로 흠뻑 젖었다. 이미 죽은 전우의 사체와 죽어가는 전우들이 전차 위에 빡빡하게 눕혀져 있어 포수들은 전차포를 뜻대로 움직일 수 없었다. 그러나 부상병들은 이러한 어려움을 모두 뚫고서 철수했다. 29보병여단의 3분의 2가 후퇴했다.

중공군이 점령한 지역으로 수 킬로미터나 들어가 있던 글로스터 1대대원들은 아군의 도움을 받지 못했다.

그리고 4월 25일, 글로스터 1대대원들은 거의 막판에 몰렸다.

글로스터연대는 이집트의 알렉산드리아에서 프랑스군과 전투를 벌인적이 있다. 이때 글로스터연대는 2열 종대로 프랑스군에 다가갔다. 종대하나는 무릎을 꿇고 사격했고, 다른 하나는 두 번째 줄이 탄약을 재장전하는 동안 총검으로 적을 막아냈다. 영국군은 포위되었다.

글로스터연대의 장교들이 외쳤다. "후위, 뒤로 돌아! 사격!"

글로스터연대원들은 등을 맞대고 총을 쏘았고, 결국 프랑스군은 후퇴했다.

그 이후로 글로스터연대는 영국 육군에서 유일하게 모자에 부대 휘장을 앞과 뒤에 모두 다는 권리를 얻었다.

1801년에서 150년이 지나 한국에서 글로스터연대 1대대는 글로스터 고지를 지키며 다시 한 번 등을 맞대고 총을 쏘는 상황을 맞았다. 더 이상 이들은 웰링턴 공작Duke of Wellington의 감정 없는 자동 로봇이 아니었다. 글로스터연대 1대대원 중 많은 수는 한국에서 비상 상황이 벌어졌다는 소식에 소집되어온 예비역들이었고, 이렇게 소집되어온 이들의 나이는 이미 서른이 넘었다. 대다수는 영국에 아내와 아이들을 남겨놓고 한국에 왔다.

그러나 각자의 배경과 사정이 어떻든지 간에 이들은 글로스터연대원이었다.

한낮이 되기 직전 다시 돌격하려고 병력을 집결시킨 중공군의 나팔소리는 바위투성이 고지 위에 으스스하게 울려 퍼졌다. 글로스터 고지에는 글로스터연대 1대대원 300명과 나팔수가 1명 있었다. 입에 나팔을 가져다 댄 나팔수는 기상나팔을 길게 불었다.

중공군의 나팔소리가 점점 작아지더니 사라졌다.

중공군이 놀란 채 듣고 있는 동안 글로스터연대 1대대 나팔수는 계속해서 기상나팔, 아침점호나팔, 식사나팔을 불어댔다. 금속성 음악이 사라지고 다시 사격을 시작하기 전에 글로스터연대 1대대는 환호성을 지르면서 침착하게 있었다.

6시 5분, 영국군 29여단장은 글로스터 고지를 떠나도 좋다는 명령을 무전으로 하달했다.

칸 중령은 대대가 지금 포위되었으며 이를 뚫을 수 없다고 말했다. 칸은 공중 지원을 요청했다.

그들은 지원을 받았다. 급강하폭격기들이 날카로운 소리를 내면서 글로스터 고지 위로 빠르게 하강해서 참호에서 겨우 30미터 떨어진 곳을 불바다로 만들었다. 글로스터연대 1대대원들은 연막탄을 던져 폭격이 필요한 곳을 알렸다. 공중 지원은 아슬아슬하고 결사적인 일이었지만, 중공군을 동요하게 만들었다.

7시 55분, 전투가 거의 6시간 동안 쉬지 않고 계속되면서 칸 중령은 여단에 무전기 전원이 거의 떨어졌다고 보고했다. 그는 고지 근처에 대한 공중 지원과 포병의 근접지원을 요구했다.

그러고는 중대장 직무 대리 장교들에게 말했다. 지휘소 인근의, 움푹 파인 엄폐물에는 50명 이상의 부상병들이 들것에 누워 신음하고 있었다. 칸은 중대장 직무대리들에게 대대는 끝났다고 했다. 중대장 직무대리들이 할 수 있는 선택은 두 가지였다. 항복하든지 아니면 작은 무리로 나누어 탈출로를 찾아 싸우는 것이었다.

A중대, B중대, C중대, 그리고 D중대의 중대장들은 탈출로를 찾아 싸우겠다고 했다.

심하게 부상을 입은 전우들을 데리고 포위망을 뚫을 가망이 없었다. 칸 중령, 홉스^Hobbs 연대주임원사, 군의관과 군목이 자진해서 부상병들과 남기로 했다.

홉스 주임원사와 칸 중령같이 평생을 글로스터연대에서 보낸 사람들이 전우를 버린다는 것은 생각할 수도 없었다. 군의관도 군목도 용감했다. 전우들 곁에 남지 않고는 이 둘은 자신들의 사명을 완수할 수 없었다.

맹렬한 공중 공격으로 적의 사격이 잠시 멈춘 사이 A중대, B중대, 그리고 C중대의 잔여 병력들이 글로스터 고지를 떠났다. 고지에 남은 칸 중령과 D중대장 마이클 하비^{Michael Harvey} 대위는 더럽고 굶주리고 비틀거리면서도 긍지를 잃지 않은 부하들이 사라지는 것을 지켜보았다.

하비 대위는 100명쯤 되는 중대원들을 데리고 떠날 준비를 했다.

글로스터 고지를 내려가려 하는데 칸 중령이 조용히 물었다. "자네 병사들 중에서 혹시 여분의 담배 가진 사람이 있나?"

아직 30살이 안 된 예비역 출신의 하비 대위는 원래 햄프셔연대^{Hampshire Regiment} 소속으로 전쟁을 치렀다. 이때까지도 하비는 자신이 햄프셔연대 소속이지만 잠깐 파견 나온 것이라 생각했다. 4월 25일, 마이클 하비 대위는 진정한 글로스터연대원이 되었다. 그렇다고 이것이 햄프셔연대에게 불명예는 아니었다.

커다란 뿔테 안경을 쓰고 단정치 못한 하비 대위는 부하들에게 우군이 있는 남쪽으로 떠난 A중대, B중대, C중대를 따르지 말라고 명령했다. 그런 뒤 그는 전혀 예상치 못한 명령을 내렸다. 그는 적어도 1.6킬로미터를 북쪽으로 나아가 미군이 있는 서쪽과 남쪽으로 방향을 잡으라고 지시했다.

하비가 중대원에게 말했다. "빠르게 움직여야 한다. 부상자를 돕기 위해 멈출 수 없다."

북쪽으로 나아가서 다시 서쪽으로 방향을 틀어 몇 킬로미터를 이동하는 동안 놀랍게도 D중대는 중공군을 보지도 못했고 중공군과 맞닥뜨리지도 않았다. 중공군이 능선을 탄다는 것을 알고 있던 하비는 깊은 협곡을 조심스럽게 움직였다. 다시 남쪽으로 방향을 틀 때, 하비 대위 일행은 중공군 정찰대와 조우했지만, 이내 이들을 사살하고 계속해서 움직였다.

가면 갈수록 지치고 비틀대는 D중대원들은 바위가 많은 회랑을 따라 조심스럽게 나아갔다.

마침내, D중대는 큰 협곡 같은 계곡에 들어섰다. 계곡 양쪽은 절벽이나 마찬가지였고 거의 800미터쯤 되는 계곡 바닥은 돌로 뒤덮여 있었다. 물줄기가 계곡을 타고 흘렀다. 하비 대위 일행은 거의 1.6킬로미터를 계속해서 앞으로 나아갔다.

그러던 중 갑자기 절벽 양편에서 엄청난 수의 중공군이 나타났다. 자동소총 소리가 좌우에서 공기를 갈랐다. 하비는 40정쯤 되는 총이 자신들을 향해 불을 뿜고 있다고 추정했다. 일행 중 일부가 쓰러졌지만, 나머지는 계곡을 따라 난 좁은 골짜기로 빠르게 움직일 수 있었다. 집중사격을 받아 쓰러진 전우들을 남겨놓은 채 D중대원들은 발목 깊이의 바위투성이 도랑을 기느라 손과 발에서 피가 흘렀다.

도랑이 없는 곳도 있었다. D중대는 새로운 엄폐물을 찾아 뛰었다. 미군 항공기가 하비 중대 위로 날다가 이들을 발견하고 주변 절벽에 기총소사를 퍼부었으나, 큰 효과는 없었다.

D중대는 필사적으로 남쪽을 향해 기었다.

마침내 500미터쯤 앞에서 하비 대위는 미군이 계곡을 가로질러 배치한 전차들이 사격하는 것을 보았다. 여전히 집중사격을 받고 있었지만, 이제는 기쁜 마음에 D중대원들은 미군의 셔먼 전차들을 향해 더 빨리 기어갔다.

셔먼 전차들은 중공군으로부터 사격을 받고 있었다. 그리고 전차부대를 지휘하는 미군 중위는 우군 병력이 북쪽에 있으리라고는 전혀 생각지 못했다. D중대 선두가 앞으로 달려오자, 미군 중위는 사격 명령을 내렸다.

전차포와 기관총이 비틀거리는 D중대원들은 후려쳤고 그 중 6명이 쓰러졌다.

공중지원을 지시하는 미군 연락기 한 대가 후퇴하는 부대가 영국군임을 알고 전차부대 위로 급강하해서 날개를 펄럭이듯 흔들어댔다. 이를 본 미군 중위는 어리둥절해하면서도 전차 가까이로 다가오려 하는 누더기 차림의 D중대원들에게 계속해 사격하라고 지시했다.

땅에 쓰러져 숨을 헐떡이는 하비 대위는 막대기를 하나 발견했다. 하비

"이들은 영국에서 꽤 오랫동안 기억할 것이다." 영국 미들섹스연대(Middlesex Regiment) 소속 장병들이 한국에서 전사한 3명의 동료를 매장한 후 추모하고 있다.

는 스카프를 막대기에 묶고는 쓰고 있던 모자를 그 위에 올렸다. 그런 다음 앞으로 기어가서 막대기를 마치 깃발처럼 흔들었다. 중공군이 능선을 타고 내려와 총검으로 찌르자, 이미 탄약이 떨어진 D중대는 고래고래 소리를 질렀다.

상황을 분별하고 있던 연락기 조종사는 낮게 날아 미친 듯이 쪽지를 떨어뜨렸다. 그 순간 셔먼 전차들은 사격을 멈췄다.

글로스터연대 1대대의 잔여 병력들은 전선으로 기어가서 빈약한 철갑 동체 뒤로 쭈그리고 앉았다.

그와 동시에 셔먼 전차들은 적군이 있는 고지들에 포탄을 퍼부었다. 글로스터연대 1대대원들은 계곡을 따라 안전한 지형으로 후퇴해 전차에 올랐다.

미군 전차병들은 자신들이 저지른 실수 때문에 어쩔 줄을 몰라했다. 눈물이 터지기 직전인 전차병 하나는 자기가 신고 있던 신발을 벗어 발에서 피를 흘리며 전차로 다가온 영국군 병사에게 주었다.

미군 중위가 하비 대위에게 계속해서 말했다. "오! 신이시여, 우리가 사격할 때 얼마나 많은 부하들이 죽었습니까?"

글로스터연대 1대대원 중 말하려 하는 이는 아무도 없었다.

셔먼 전차들은 글로스터연대 1대대원들을 데리고 여전히 중공군에게 포위된 길을 5킬로미터쯤을 뚫고 지나갔다. 미군 중위가 총에 맞았지만 전차들은 글로스터연대 1대대원들의 뒤로 벌 떼처럼 달려드는 중공군을 떼어놓았다. 그들은 후퇴에 성공했다.

끝으로 미군 전선에서는 38명만 하비 대위와 있었다. 하비 대위가 이끈 D중대는 전선을 뚫고 돌아온 유일한 부대였다.

* * *

중공군의 공세가 시작되자 영국군 29여단의 오른쪽에 있는 미 3사단은 임진강까지 퇴각했다. 미 3사단은 좋은 위치를 차지했고 무엇보다도 자신감에 차 있었다.

많은 병사가 깨끗한 새 군복을 입고 번쩍이는 새로운 무기를 소지한 중공군은 미 3사단을 공격했다. 전초에 있던 부사관 한 명이 소리쳤다. "중공군이 오고 있다. 중공군이 온다. 100만 명쯤 될까? 중공군이 우리에게 돌격하고 있다."

중공군은 총알 세례를 받았다. 미군 전초들과 소총중대들은 적에게 많은 희생을 입히며 질서 정연하게 후퇴했다. 진지를 유지하고 싸우라는 명령을 받은 병사들은 새롭게 군기를 배우고 무기를 어떻게 사용하는지를 아는 군인들이 할 수 있는 일이 무엇인지를 보여주었다.

1951년 4월 25일에 기록된, 총탄이 쓸고 지나가 피투성이가 된 고지에서 들리는 의기양양한 외침은 수많은 용감한 군인들의 행동을 압축해서 보여준다.

"우리는 중공군을 저지하고 있다. 맹세코 중공군을 저지하고 있다!"

훨씬 동쪽에 있는 해병과 미 9군단의 한국군 지역에서는 중공군이 미 92야전포병대대의 외곽으로 쏟아져 들어왔다. 155밀리 자주곡사포를 가지고 한국군과 미 1해병사단을 모두 지원하는 미 92포병대대의 대대장은 라부아L. F. Lavoie 중령이었다.

중공군은 화력이 약한 한국군을 뚫고 들어와서 한국군 연대들을 흩어지게 만들었다. 그러고는 측면의 미 해병을 공격했다. 한국군 2개 포병 부대가 중공군을 막았지만 중과부적이었다. 이 포병 부대들은 장비를 모두 잃었다.

4월 24일, 중공군은 미 92포병대대와 마주했다. 중공군이 공격했을 때 미 92포병대대는 식사 중이었다.

라부아 중령은 식당으로 쓰던 천막에 갑자기 총알구멍이 나는 것을 보고서 무엇인가 문제가 있다는 것을 알아챘다. 라부아는 바깥으로 뛰어나가 큰 소리로 본부 포대에 말했다. "전투 배치! 전투 배치!" 그러고는 지휘소로 가서 포대들과 통신을 시작했다.

모든 포대가 근접 공격을 받고 있었다. 전부터 라부아는 모든 장교와 병사들에게 오랜 시간 이 상황에 대비한 훈련을 시켜왔었다. 포대원들이 총알같이 빠르게 포로 뛰어갔다. 미 92포병대대는 소총, 기관총, 중곡사포를 총동원해서 사납고 열정적으로 적에 맞서 싸웠다.

찰리 포대장이 라부아에게 보고했다. "대대장님, 찰리 포대 사방에 중국놈들이 가득 찼습니다." "죽었나? 아니면 살았나?" 라부아가 물었다.

"둘 다입니다."

"죽은 사람들은 버려두고 산 사람들을 보살피고 총알을 아끼게!"

공격을 받아 갑작스럽게 발생한 초기 공황은 오래가지 않았다. 잘 훈련되고, 군기가 엄정했으며, 훌륭한 지휘를 받는 미 92포병대대원들은 자신들이 현재 위치를 고수할 수 있다는 것을 곧 깨달았다. 라부와 중령이 총알을 피하며 외곽 경계선을 돌아보는 동안 이들은 멋지게 싸웠다.

아주 젊은 병사 한 명은 중공군들이 포대 사격지휘소로 기어오는 것을 보았다. "이런 개자식들을 보았나! 여기 올 수 있다고들 생각했냐?"

그는 벌떡 일어나서 사격을 했다. "내가 한 명 잡았다!"

다른 병사들이 합세했고, 기어오던 중공군들은 모두 죽었다.

몇 시간 지나지 않아, 미 92포병대대는 해병대 전차들이 자신들을 도와주러 굉음을 내면서 합류하자, 저격수의 사거리에서 벗어나 보다 안전한 진지로 온전하게 후퇴했다. 미 92포병대대는 도움을 요청하지도 않았지만 도움이 필요하지도 않았다.

미 92포병대대는 모두 합해 4명이 전사하고 11명이 부상을 입었으나 장비의 손실은 없었다. 포병대대 외곽 경계선 일대에서 해병은 중공군 전사자 시신 179구를 발견했다.

중공군이 시작한 5차 공세의 첫 단계가 실패하고 있었다.

군우리에서 시작된 후퇴는 정말 길고도 길었다. 이는 시간이나 길이의 문제가 아니었다. 전투를 벌이는 미군의 마음속에 있던 후퇴였다.

* * *

영국군이 용맹하게 싸워준 덕에 서울을 목표로 돌파하려던 중공군의 공세는 실패했다. 적어도 중공군 1만 5,000명이 임진강 일대 전선에서 전사했다. 중공군은 기껏해야 유엔군 배치의 변경 정도의 성과만을 얻었다.

서부 전선의 유엔군 부대들은 철수했고, 서울로 이어지는 중요한 회랑을 강화하기 위해 더 많은 부대가 투입되었다. 리지웨이 대장은 땅에는 관심이 없었다. 그는 어떤 부대도 적에게 노출되거나 포위되지 않도록 땅을 포기했다.

동부 전선에서는 38선 북쪽으로, 서부 전선은 인천과 서울의 북쪽에서부터 춘천 남쪽까지 새로운 전선이 형성되었다. 이 전선은 매우 강하게 요새화되었다. 그러나 4월 30일 어둠이 내릴 무렵, 기진맥진한 중공군은 다시 한 번 방향을 바꾸어 조심스럽게 북쪽으로 움직였다. 이번에 중공군은 혹독한 현실과 마주쳤다.

한국전쟁이 끝나고 10년 동안 해마다 성 조지 축일이 되면 영국 육군과 오스트레일리아 육군의 부대들은 몇몇 미국 육군 부대들에 감사 전문을 보내왔다.

이 부대들은 명예롭게도 힘든 곳에서 영국인들을 도왔다.

선혈이 낭자한 한국의 고지들에서 위대한 전통과 명예를 얻은 미군 전차대대에 해마다 전보가 날아든다. 전차대대원들은 글로스터연대 1대대원들처럼 자신감과 긍지를 가지고서 고지를 누비는 법을 배웠다. 이들 덕분에 목숨을 건진 이들은 영국을 비롯한 세계 각지에 여전히 살아 있다.

그러나 이 전차대로 감사 전문이 오면 미국 국방부 사람들은 이것을 어떻게 처리해야 할지를 모른다. 국방부 부대 명단에는 이 전차대대가 더 이상 존재하지 않기 때문이다. 인간의 마음과 사람들이 삶의 신조로 삼는 전설이 서서히 컴퓨터에 의해 대체되고 있기 때문이다.

이제 45개의 전투 공훈과 미군 부대표창을 받은 글로스터연대는 이것을 결코 이해하지 못할 것이다.

제27장
죽음의 계곡

●

미국은 인간의 지혜나 성공의 열쇠를 가졌다고 주장하지 않는다.
그러나 우리는 허구가 아닌 사실을 바탕으로 판단을 받을 권리를 요구한다.

— 조지 캐틀렛 마셜 원수

인간이 다른 인간과 주먹다짐을 한 이후로 많은 전쟁포로들은 힘든 삶을 살았다. 고대인들은 때때로 포로들을 십자가에 매달고, 예외 없이 그들을 평생 노예로 삼았다. 불에 달군 쇠로 포로의 눈알을 지져버린 피터 공작Peter I[156] 시대부터 스탈린그라드 전투Battle of Stalingrad의 포로와 지옥 같은 필리핀 카바나투안 포로수용소Cabanatuan POW Camp[157]에 이르기까지 적에게 붙잡혀 포로가 되기보다는 차라리 죽는 것이 더 나은 때가 많았다.

인간에 대한 인간의 잔인함은 역사가 길다. 이 역사에서 그저 한 부분이라도 흠이 없는 나라나 문화는 없다. 독일인은 러시아인을 굶겼고, 러시아인은 독일인을 죽을 때까지 일을 시켰다. 나폴레옹의 해군은 마치 짐승처럼 사슬에 묶인 채 영국의 감옥선 안에서 썩어갔다. 남북전쟁 당시 스위스 출신으로 남군 군복을 입은 군인[158]은 조지아 주의 앤더슨빌

---

156 피터 공작(1187~1250): 13세기 프랑스의 귀족. 프랑스 이름은 피에르(Pierre)인데, 피터 공작으로 잘 알려져 있음.

157 카바나투안 포로수용소: 패전 후 처벌을 두려워한 일본군은 증인이 될 수 있는 미군과 영국군 포로 500여 명을 카바나투안 근처의 수용소에 가두었다. 미군은 카바나투안 수용소의 포로를 구출하기로 결심하고 1945년 1월 30일 기습작전을 펼쳐 대성공을 거두었다.

158 하인리히 하르트만 위르츠(Heinrich Hartmann Wirz, 1823~1865): 남북전쟁이 끝나고 포로수용소에서 비인간적인 대우 혐의로 전쟁범죄의 죄를 물어 군사재판을 받고 1865년 11월 15일에 워싱턴에서 교수형으로 처형되었다.

Andersonville이라는 마을에서 북군 포로들을 울부짖는 동물로 바꾸어놓았다.[159]

최근에 서구 문명은 전쟁포로를 도덕적이고 윤리적으로 대우하는 문제를 두고 고뇌하기 시작했다. 전쟁을 보다 인도적으로 만들겠다는 가망 없는 과업의 일환으로 이루어진 제네바 협정은 전쟁포로가 자국의 죄수와 동일한 대우를 받아야 한다고 명시했다.

그러나 서구 문명이 각양각색의 전쟁포로를 점점 더 인도적으로 대우하고 있지만, 이런 현상이 전 세계적으로 보편적인 것은 아니다. 제2차 세계대전 당시 제네바 협약[160]으로 이 문제를 충분히 해결할 수 없다는 것이 드러났다. 이 문제는 문화와 화학 반응의 문제였다.

일본의 일상 식사를 일본 농부나 일본군 포로에게 먹이면 이들은 거의 무기한 살아 있을 수 있다. 그러나 같은 식사를 미국인이나 서구인에게 먹이면 굶어 죽을 것이다. 그리고 전쟁을 치르는 상대에게 포로를 자국의 죄수보다 더 잘 대우하라고 압박하는 것은 분명히 불가능하다.

강인함과 쇠약의 문제를 떠나 지난 200년 동안 미국인 신체의 화학 반응이 변했다는 것은 의심의 여지가 없다. 서구의 생활수준이 높아지면서 몸집이 커졌고, 그에 따라 필요한 식사량이 더 늘어났다. 이러한 화학 반응의 결과, 세계 사람들 대부분에게 동물과 같은 생존 방식에 재적응시키기가 심리적으로 불가능해졌다.

전후 일본에서는 이유야 어찌되었든 일본 정부가 투옥된 미국인들에게는 특별한 식사와 따뜻한 감옥, 그리고 오락 설비를 제공하고 있는데, 이런 조치는 동일한 감옥의 일본인 죄수들에게는 전혀 제공되지 않는다.

---

159 앤더슨빌에는 섬터 수용소(Camp Sumter)가 있었다. 1864년 초에 남군이 건설해서 14개월 동안 운영되어 4만 5,000명 이상의 북군 포로들을 수용했는데, 그중 1만 3,000명이 질병, 위생 문제, 영양실조 등으로 사망했다.

160 제네바 협약: 전쟁포로의 존중 및 보호를 위해 1864~1949년 스위스 제네바에서 체결된 일련의 국제 조약이다. 전쟁포로 관리에 대한 내용을 규정하고 있으며, 전문과 총칙, 143개 본문 조항, 그리고 5개의 부속서로 구성되어 있다.

이는 1952년 일본이 미국과 샌프란시스코 조약Treaty of San Francisco[161]을 체결한 이후로 일본 정부가 미국의 의견과 압력에 특별히 민감해졌다는 것을 의미한다.

제2차 세계대전 동안 일본은 일본인 범법자나 다른 아시아인들과 똑같이 미국인들과 영국인들을 야만스럽게 다루었다. 미군과 영국군 포로 수천 명이 포로수용소에서 죽거나 정신이 이상해졌다. 대나무로 지은 수용소에서 지낸 포로들 거의 대부분은 살아남았다 하더라도 단명했다.

일본군 간수들이 확실하게 보여준 잔인한 행위 를 차치하더라도, 많은 경우에 일본인들은 한국인 징용자들과 똑같이 전쟁포로들을 먹였다는 것을 증거를 들어가며 입증할 수 있었다.

독일군은 나치의 인종 개념을 근거로 포로의 처우 기준을 특이하게 정의했다. 나치 독일은 영국군과 미군을 포함한 서구 군대의 포로를 애정을 가지고서 보살핀 것은 아니지만 전반적으로 잘 대우했다. 반면, 다른 인종들, 특히 동유럽 국가의 포로들의 경우는 독일이 이들을 멸절시키는 것을 최종 해결책이라고 생각한다는 것을 보여줄 만큼 혹독하게 다루었다.

미국은 일본, 이탈리아, 그리고 독일이 미군 포로들을 잘 대해주기를 바라면서 이 국가들의 포로들을 대우했지만 이는 헛된 희망이었다.

소련은 독일군 포로들과 일본군 포로들을 동일하게 대했다. 소련 땅에서 잡힌 포로들 대부분은 철의 장막 너머로 사라졌고 그 뒤로 이들의 소식은 다시 들리지 않았다. 살아남은 사람들은 공산국가의 포로수용소에서 일어난 대규모의 수모와 죽음에 대하여 글을 남겼다.

이 문제는 신체의 화학 반응과 문화의 문제였다.

문화가 다르고 인류애의 기준이 낮은 세력에 의해 포로가 된 미군이 서구의 기준에 따라 적절한 대우를 받아야 하며 미래에도 그래야 한다고

---

161 샌프란시스코 조약: 1951년 9월 미국 샌프란시스코에서 일본을 상대로 미국을 포함한 48개 국가가 서명한 강화조약이다. 1952년 4월 28일 발효되었다.

생각하는 미국인이 있다면, 그들은 순진한 것이다.

미국인들은 1950년에 순진했다. 맞닥뜨리리라 예상되는 상황에 대비한 군인은 막상 전혀 없었다. 정부나 사회와 마찬가지로 육군에도 책임이 있었다. 스탈린그라드에서 포로가 된 독일의 파울루스Friedrich Wilhelm Ernst Paulus 원수가 어떤 대우를 받았는지는 세간에 알려져 있었고 몇 년 동안에 걸쳐 공산주의자들이 포로를 세뇌시키는 방법도 알려져 있었다. 아시아 공산주의 문화가 어떤지도 알려졌다. 그러나 미국 정부는 자국의 젊은 이들에게 전투 준비를 시키지 않았듯이 포로가 되었을 경우에 대한 준비도 전혀 시키지 않았다.

한국에서 전쟁이 일어나고 6개월 동안 미군은 피 흘리는 전투에 대한 물질적·심리적 준비가 부족했기 때문에 전장에서 흔들렸다. 그리고 미군 포로의 대부분은 그 6개월 동안 발생했다.

절망적이며 암울한 북한 포로수용소에서 겪은 좌절은 전장에서의 패배가 연장된 것에 지나지 않았다.

여러 가지 이유로 인해 예전부터 포로수용소는 전투가 벌어지는 곳보다 훨씬 더 널리 알려지기 마련이다. 포로수용소에서 벌어지는 일은 감정을 자극하는 사안이 된다. 그렇기 때문에 포로수용소에서 벌어지는 일은 앞으로도 결코 투명하게 드러나지 않을 가능성이 매우 높다.

그러나 한 가지는 분명히 하자.

포로수용소에서 일어나는 일은 특별하지 않았다. 이미 이전의 역사에서 널리 알려져왔다. 충분한 정보를 알고 있다고 자랑하던 미국인에게 포로수용소에서 겪는 일이 새로운 것이라면 그것은 그의 잘못이다.

앤더슨빌에서 미국인들은 음식 부스러기를 놓고 포로들이 서로 싸우게 하고 상대가 죽어가도록 버려두었다. 나치 독일의 강인한 기갑척탄병들은 너무 뚱뚱하지도, 나약하지도 않았지만 공산군 포로수용소에서 무기력하게 지내다가 특별한 이유 없이 사망했다. 일본군 포로수용소의 미군과 영국군 포로들은 꿈의 세계로 도피했으며, 일부는 동료를 밀고하기까지 했다.

적의 수중에 있는 포로수용소 안의 인간은 놀랄 만큼 허약한 고깃덩어리에 불과하다.

전장의 군인은 비록 포위되더라도 여전히 무기와 전우가 있고, 가장 중요한 지휘관이 있다. 훈련받고 긍지를 가진 군인이라면 스스로의 역할을 다해낼 것이다.

포로수용소 철창 안의 포로는 강한 정신력을 지녔다 하더라도 고깃덩어리에 지나지 않는다. 총도 없고, 지휘관도 없다. 전우들도 고깃덩어리에 불과하기는 마찬가지이다.

미국인들은 철의 장막 너머에 용감한 남녀 수백만 명이 사실상 감옥과 마찬가지인 상태로 살고 있다는 것을 종종 잊어버린다. 이들은 공산주의를 사랑하지는 않지만 공산주의에 적응하고 있다. 어느 누구도 폴란드의 가톨릭 대주교를 공산주의자라고 비난하지 않지만, 그는 공산주의에 '협조한다'.

간수들이 마음만 먹으면 감옥에 갇힌 사람들 대부분은 망가질 수도 있다.

사람들은 어디에서나 유사하다. 결코 나쁜 짓을 하지 않는 사람도 있고, 옳은 일은 절대 하지 않는 사람도 있다. 유사 이래 대부분의 사람들이 그랬듯 바람이 부는 대로 나부끼기 마련이다.

포로수용소의 미군 포로들 중 비난받을 만한 짓을 한 경우도 있다. 이런 것들은 기록으로 남겨져 처벌받았다. 믿을 수 없을 만큼 용기 있는 행동을 보여준 사람들도 있었는데, 이들은 보상받았다.

보통 사람은 용감하지도 비겁하지도 않았다.

젊고 훈련도 받지 못해 군인다운 강한 의지를 가지지 못한 사람들은 최선을 다해 혹독한 현실에 맞서야 했다.

* * *

군우리에서 포로가 된 찰스 슐리처 상사와 동료들은 죽음의 계곡이라 불리는 눈 덮인 보크사이트 광산에 있는 포로수용소 내 낡은 학교 건물에 수용되었다.

빼빼 마른 중공군 장교 하나가 서툰 영어로 포로들에게 연설을 했다.

그는 인민지원군이 미군 포로들을 전쟁범죄자가 아니라 중공이 새로 도입하는 관대한 정책에 따라 다루기로 결정했다고 말했다.

비록 그가 직설적으로 말하지는 않았지만, 일반적인 미군 포로는 중공의 흉악범이나 반동계급과 유사하게 취급되었다. 미군 포로에게는 굶주림, 의료 부족, 그리고 상당한 정도의 사상 주입을 빼고는 큰 압박이 없었다.

이것이 유화정책이었다. 그러나 모든 미군 포로들이 이 정책의 대상은 아니었다. 특히 북한을 폭격해 쑥대밭으로 만들어 중공군과 북한 사람 모두로부터 증오를 불러일으킨 공군 포로들은 시작부터 전쟁범죄자였다. 발진티푸스 병균에 감염된 중공군 무리가 압록강을 건너와 북한 주민들을 전염시키면서 미 공군은 세균전을 벌였다는 비난을 받았다.[162] 중공군은 빠져나갈 구실과 선전전에서 크게 성공을 거둘 기회를 모두 얻었다.

미 공군 포로들과 다른 몇몇 포로들은 전쟁범죄를 저질렀다고 고백하라는 압박을 극심하게 받았다. 독방에 수감된 사람도 있었다. 어떤 사람들은 육체적으로 고문을 당했다. 이들 모두는 굶주렸고 신경이 쇠약해져서 견딜 수 없을 때까지 신문을 당했다. 공산주의자들은 정치범들을 한 세대 내내 다룬 것과 거의 같은 방법으로 이들을 다뤘다.

유화정책 하에서조차 포로들에게는 구호품이 담긴 소포도 허락되지 않았다. 언제라도 포로수용소를 점검할 수 있는 중립적인 참관자의 출입도 허락되지 않았다.

공산주의자들은 자국인에게도 허락되지 않는 특권을 미군 포로들이 누려야 하는 이유를 알지 못했다.

---

162 한국전쟁 기간 중 북한, 중국, 소련은 미군이 세균전을 벌인다고 주장했다. 그러나 냉전 이후에 공개된 공산권 문서들은 미국이 세균전을 펼쳤다는 중국의 주장은 사실이 아니며 정치적인 목적으로 거짓주장을 했다는 점을 보여준다.

영어가 서툰 중공군 장교는 피곤해 덜덜 떨고 겁에 질린 미군 포로들에게 유화정책을 말하면서 하나를 더 추가했다.

"여기 있는 모두는 같다. 장교도, 부사관도 없다. 모두가 평등하다."

포로수용소에서는 장교를 부사관과 격리시키고 부사관을 병사로부터 떼어놓는 것이 관행이다. 이는 포로들에게서 일어날 수 있는 저항과 단결을 무너뜨리는 데 가장 효과적이다. 그러나 중공군은 새로운 변칙을 시도했다.

"여기에는 누구도 계급이 없다. 너희들은 모두 동일하다." 중공군 장교가 말했다. 이것은 즉각 많은 병사들의 흥미를 끌었고, 슐리처 상사는 이에 경악했다.

병사 하나가 장교에게 다가가서는 어깨를 툭 치며 말했다. "이봐, 잭! 어때?" 어깨를 두드린 병사는 이것이 매우 재미있다고 생각했다.

연설한 중공군 장교도 미소를 지었다.

예를 들어, 중공군은 상급 장교들에게 가장 모멸적인 작업을 시키는 식으로 미군 포로들 사이에 그나마 얼마 남아 있지도 않은 군기를 무너뜨렸다. 미군 장교들도 무엇을 해야 할지 정말 몰랐다. 장교들은 같은 포로 신분으로서 지휘권을 주장하는 것이 스스로를 과장하는, 거의 전체주의적 생각이라고 느꼈다. 미군 장교들 대다수는 아무것도 하지 않았다.

젊은 병사들처럼 장교들과 부사관들은 새로운 상황에 마주하게 되었다. 그리고 이 상황에는 전혀 준비가 되어 있지 않았다.

포로들 사이에서 도의가 사라진 지 이미 오래였다. 마지막까지 남아 있던 군기도 이제는 사라졌다. 살아남을 것이라는 미군 포로들의 희망도 함께 사라졌다.

중공군을 빼면 포로들에게 지시를 내릴 사람이 없었다. 미군들 사이에서는 자신에게는 최고이지만 상대방에게는 지옥인, 서로가 서로를 잡아먹는 상황뿐이었다.

군기는 공포, 배고픔, 그리고 위험 앞에서 서로를 뭉치게 만든다. 사실

군기는 자연스러운 것이 아니다. 군기가 서려면 공포와 공황에 필적하거나 그 이상을 넘어가는 압박감이 병사들에게 더해져야 한다. 이런 압박감의 어떤 부분을 문명이라고 한다. 가장 높은 수준의 문명에도 리더십이 필요하다. 미국에는 미국 국민의 선을 위해서 필요한 일을 하도록 의회와 국민을 압박해 일을 하도록 재촉할 수 있는 권력을 가진 최고 책임자가 있어야 한다.

죽음의 계곡에서는 형편없는 몰골의 미군 포로들을 압박하고 재촉할 수 있는 사람이 중공군밖에 없었다. 그러나 중공군은 미군의 안위에는 전혀 관심이 없었다. 미군들은 뭉치지 못했다. 뿔뿔이 흩어져서 자기가 옳다고 생각하는 대로만 움직였다. 두려움, 추위, 아픔, 그리고 굶주림이 더할수록 그런 생각은 점점 더 약해졌다.

문명이 주는 압박은 종종 인간의 의지와는 다르게 인간이 다른 인간을 돌봐야 한다는 책임감을 갖도록 만든다. 이런 압박이 사라지면 인간은 다른 인간을 죽이는 존재로 변해가기 시작한다. 문명이라는 예의의 외피는 아우슈비츠Auschwitz나 벨젠Belsen의 참상을 본 미국인들이 느끼는 것보다 훨씬 얇다.

문명이란 기껏해야 깨지기 쉬운 규율에 지나지 않는다. 죽음의 계곡에서 문명은 사라졌다.

영하의 날씨에서 미군 포로들은 편히 잘 수 있는 공간도 충분치 않은 더러운 헛간에 모여 있었다. 고약한 냄새가 코를 찌르는 땅 위에 몸을 뉘였고, 밤이면 서로에게 몸을 붙인 채 몇 주가 흘러갔다.

매일 양동이에 받는 음식은 보통 미국인의 건강을 유지하는 데 충분치 않았다. 얼마 안 가 포로들은 굶주리기 시작했다.

전투에서 부상당한 많은 포로들은 형식적인 치료만 받았다. 감염병과 이질이 확 퍼지면서 포로들이 지내는 움막은 더욱 끔찍한 곳이 되었다.

이들이 받은 진료는 어떤 기준에서 보더라도 한심했다.

미군 장교 포로들을 모욕하는 중공군 정책에 따라 군의관이 아닌 슐리처 상사가 수용소 병원의 책임자가 되었다. 전에 북한 학교로 쓰인 지붕이 높은 건물에 들어선 병원은 올챙이배처럼 불룩 튀어나온 연통 없는 난로 2개로 난방을 했다. 수도는 없었다.

땔감으로 쓸 것은 생나무밖에 없었다. 불을 피우면서 새어나오는 연기는 마치 죽음의 그림자처럼 방에서 방으로 퍼져나갔다. 슐리처와 외과의사인 샤디쉬Shadish 대위는 연기를 마시지 않으려고 기어 다녀야 했다.

이름뿐인 병원은 단 60명만 수용할 수 있었다. 수백 명이 부상, 이질, 폐렴, 황달, 그리고 정신질환을 겪고 있었다. 중공군은 샤디쉬 대위에게 설파제를 하루에 환자 4명에게 한 번에 한 알씩 정확히 4번 줄 수 있는 만큼만 주었다.

매일 샤디쉬와 슐리처는 환자와 환자 사이를 기어서 하나님 같은 역할을 해야 했다. 생존 가능성이 가장 큰 환자 4명에게 이 둘은 설파제를 투여했다. 슐리처가 나중에 말했듯이 더 나쁜 것은 "하나님의 보살핌에 따랐다"고 했다는 것이다.

미군 포로들이 죽었다.

매일 아침 슐리처는 병원으로 가서 말했다. "몸을 일으키세요!" 이어서 슐리처는 이렇게 말했다. "만일 옆에 있는 사람이 몸을 일으키지 못하면 흔들어 깨워요. 만일 그래도 움직이지 않으면 저를 부르세요."

일어설 수 있는 환자들의 수를 센 다음 슐리처와 샤디쉬는 시신들을 바깥으로 옮겼다. 땅은 얼어 있었다. 슐리처와 샤디쉬는 도구가 없었다. 이둘이 여전히 힘이 있던 처음에는 시신을 무덤에 얕게 묻었다. 나중에 힘이 떨어지기 시작하자 슐리처와 샤디쉬는 시신들을 한국군 포로 작업반에 넘겼다. 한국군 포로들은 여윈 시신들을 수용소 바깥으로 던져버렸다.

포로들은 1950년 크리스마스 다음날부터 1951년 3월 12일까지 죽음의 계곡에 머물렀다. 그동안 매일 포로들이 죽어나갔다. 포로들은 전투에서 입은 부상, 감염, 폐렴, 이질로 죽었다. 사망 원인 중 대부분은 영양 부족이었다.

포로들은 식사로 기장과 옥수수만을 계속해서 받았다. 솥에서 삶은 기장과 옥수수는 양동이에 담겨 전달되었고, 개를 잡아먹어 영양을 보충했다. 그러나 개들은 점점 더 경계하게 되었고 포로들은 더 약해졌다. 소금, 채소, 또는 필수 미네랄이 없어서 포로들은 병이 났다.

병들고 전투 부상을 입은 포로들이 가장 먼저 죽었다. 그리고 신앙이 없는 사람들이 아무 이유도 없어 보이는데 죽기 시작했다.

이상하게도 가장 젊은 포로들이 먼저 죽었다.

슐리처는 살아 돌아가겠다는 의지나 하나님에 대한 신앙을 한순간도 버리지 않았다. 그는 죽은 사람들 중 대부분이 죽을 이유가 없다고 생각했다. 인생에서 처음으로 슐리처는 인간의 세계가 뒤집어졌을 때 죽겠다는 의지가 살고자 하는 충동보다 더 강할 수 없다고 생각했다.

아무것에도 강한 믿음을 전혀 갖지 못한 채 성장한 포로들이 있었다. 이들은 부모나 학교, 또는 교회로부터 아무런 믿음도 배우지 못했다. 이들은 정신적인 집이나 안식처도 없었다. 공포와 불행에 노출되자 총을 든 군인은 집으로 돌아가려는 희망을 차단하고, 살아야 할 물리적인 모든 이유를 없애버렸다. 포로들은 적응하지 못했고 더 이상 살고 싶어하지 않았다.

스스로의 힘으로 살아남겠다는 의지를 지닌 슐리처는 보잘것없는 음식물 찌꺼기를 먹었지만, 이런 음식을 먹기 거부하는 포로들도 있었다. 그는 포로들이 따뜻하게 보호받던 과거를 그리며 만든 꿈의 세계에 살면서 환상을 웅얼거리는 것도 들었다. 슐리처가 어린 병사에게 먹어야 한다고 재촉했다. 그가 슐리처에게 성을 내며 말했다. "내 부모는 이러라고 나를 낳은 게 아닙니다."

어느 날 밤, 어떤 병사는 흐느끼며 슐리처에게 말했다. "상사님, 내 어머니가 오늘 밤 나에게 파이를 가져다주실 거예요. 파이요."

이런 모습을 보면서 슐리처는 미국 어머니들은 자식에게 이 세상 모든 것을 준 것 같지만 결코 주지 못한 것이 있다는 생각이 점점 더 커져갔다. 그것은 스스로에 대해서, 미국 문화에 대해서, 그리고 성인으로서 가져야 할 믿음이었다. 이런 미국 어머니들은 자기 아들을 호랑이가 사는 세상으로 아무런 정신 무장도 없이 보내면서도 그 세상에 호랑이가 산다는 말을 해주지 않은 것이다.

적응한 포로들 대부분은 살겠다는 의지가 있었고 실제로 살아남았다. 무엇인가를 고수하는 것이 도움되었다. 어떤 포로들은 단지 중공군을 극도로 증오하게 되었기 때문에 살아남았다.

살겠다는 의지를 강하게 품은 포로들 중에는 병들거나 죽어가는 포로들에게서 음식을 빼앗는 포로도 있었다. 그러나 누구도 이들에게 안 된다고 말하지 않았다.

중도에 포기한 사람들이 모두 어린 것은 아니었다. 나이가 많은 사람들 중에도 포기한 사람이 있었다. 어느 밤, 훈장을 여러 번 받은 장교 한 명이 말했다. "나는 죽을 거야." 그는 막사로 들어가 눕더니 죽을 때까지 먹지도, 마시지도, 말하지도 않았다. 그는 결국 죽었다.

군기가 없고 지휘체계가 없다 보니 죽어가거나 흔들리는 포로들을 도울 효과적인 방법이 없었다. 누구도 다른 사람들에게 복종하려 하지 않았다. 협력해서 노력하는 일도 없었다. 군 조직은 철저히 무너졌다. 장교들 중에 지휘권을 행사하겠다는 의지를 보인 사람들이 거의 없었다는 점도 짚고 넘어가야 한다. 이러한 문제점들은 소수가 아니라 다수가 잘못했기 때문에 생긴 것이었다.

매일 샤디쉬 대위와 다른 의사들은 더럽고, 붐비고, 이가 들끓고, 똥 냄새가 나는 오두막들을 순회하면서 가장 많이 아픈 사람들을 병원으로 데려갔다.

매일 밤 슐리처는 그날 사망한 포로들의 수를 중공군 지휘관에게 보고했다. 포로 중에는 터키군과 한국군도 일부 있었다. 슐리처가 기억하기로 터키군 포로 중에는 죽은 사람이 한 명도 없었다.

1951년 3월 12일, 여전히 추위가 북한에서 맹위를 떨치고 있던 때 중공군은 죽음의 계곡을 폐쇄했다. 포로의 수가 예전보다 적었기 때문에 이제 포로들은 수용자가 더 적은 포로수용소로 통합될 수밖에 없었다. 중공군은 죽음의 계곡에 있는 헛간들에 나뉘어 있던 포로들을 모아서 북쪽으로 걷게 했다.

찰스 슐리처는 환자들이 누웠던, 짚으로 만든 병상을 불태우면서 병원을 폐쇄했다. 짚에 불이 붙자, 바닥과 옆이 빨갛게 달아오른 난로 가로 뛰어 도망가려는 이들이 새까맣게 몰려들었다. 슐리처는 황달로 창백한 데다 너무 아파서 걸을 수도 없는 20명쯤 되는 환자들을 노새가 끄는 수레에 태워서 북쪽으로 함께 갔다. 슐리처는 가장 마지막으로 죽음의 계곡을 떠났다.

떠나면서 슐리처는 수레 위에 서서 뒤를 돌아보았다. 죽음의 계곡이 남긴 마지막 모습은 언덕에서 내려온 굶주린 개 3마리가 남겨진 어린 미군 사체들에 조심스럽게 코를 박고 킁킁거리면서 뜯어먹는 장면이었다.

3월 17일, 슐리처는 압록강에 있는 5호 수용소에 도착했다. 여기서 장교, 부사관, 그리고 병사들이 따로 분리되었다.

포로들은 굶주리고 병에 걸려 사람이라기보다는 동물에 더 가깝게 지리멸렬하고 해이해진 폭도로 변해갔다. 그리고 여기서 사상교육이 시작되었다.

* * *

미국의 군county쯤 되는 크기인 거제도는 부산 남서쪽으로 몇 킬로미터 떨어진 대한해협에 있다. 거제도는 한반도 남쪽 끝에서 2킬로미터쯤 떨어져 있지만, 부산에서는 배로 5시간, 1951년에 낡은 나룻배를 이어 만든 꼬불꼬불한 길을 따라서는 12시간이 걸린다.

바다에서 보면 초록빛 아름다운 섬이 솟아 있는데, 이것이 거제도이다. 거제도에는 수풀이 무성한 언덕, 깨끗한 시내, 그리고 잘 가꿔진 논이 많다. 언덕에는 야생 사슴이 뛰놀고, 냇가에는 송어가 헤엄친다. 한국 농부들과 어부들은 오래전부터 이 섬에서 살아왔다. 그리고 1951년 인구 과

"인민군이 줄지어 항복하기 시작했다." 5,000명에 달하는 인민군 포로들이 남쪽으로 행군하고 있다.

잉으로 북적이던 부산에서 이주한 북한 피난민들 때문에 이 섬은 복잡해졌다.

가까이 다가가면 멀리서 보이던 아름다움이 사라졌고, 악취는 본토와 구별이 안 될 정도로 심했다.

1951년 초, 그때까지 유엔군이 전쟁을 하면서 잡은 8만 명쯤 되는 포로들이 거제도로 보내졌다. 미 8군은 전면 후퇴 중이었다. 그리고 유엔군이 한국에서 철수할 수도 있을 것이라는 풍문이 돌았다. 부산 일대에 있던 수천 명의 포로들은 방해가 되었다. 더 나쁜 것은 포로들이 위험을 끼칠 수 있다는 것이었다. 거제도에 있으면 포로들이 안전하면서도 미 8군을 방해하지 않을 것 같았다. 1951년 초에 리지웨이 사령관을 필두로 모든 미 8군은 이제껏 잡은 포로들에 대해서는 어처구니가 없을 정도로 관심이 없었다. 미 8군은 포로 문제보다 훨씬 더 긴박한 걱정들이 많았다.

포로들을 어떻게 다루고, 먹이고, 입히고, 경비하고, 기강을 잡을 것인지는 부산에 있는 60종합보급창에 일임했다. 60종합보급창은 나중에 2

군수사령부가 된다. 60종합보급창의 임무는 한국 내 전투병력을 공급하는 일이었다. 그들은 이 일을 탁월하게 수행했다. 병참부대의 기술장교 15명은 미군 보급장교들만이 할 수 있는 능숙한 솜씨를 발휘했다.

미군들은 전장에서 엄청난 물자를 필요로 했기 때문에 기술병과 장교들은 능숙해야 했다.

그러나 이들이 아무리 보급 업무에 뛰어났다 하더라도 아시아계 전쟁포로들을 어떻게 다루고 먹여야 하는지를 조금이라도 아는 사람이 전혀 없었다. 그들은 병참 전문가였지 경찰이 아니었다.

그러나 그들을 변호하자면, 미 육군에서 그들보다 이 업무에 대해 더잘 아는 사람이 없었다는 점을 반드시 짚고 넘어가야 한다. 1950년 가을, 패배해 뿔뿔이 흩어진 인민군 징집병들이 떼를 지어 항복하기 시작하자, 미국은 새로운 상황에 직면했다.

제1차 세계대전에서 포로 통제는 미국의 동맹국들이 맡았다.

제2차 세계대전에서 미국은 늦게 참전했고 이미 영국이 만들어놓은 체제를 넘겨받았다. 북아프리카에서 생포한 독일군 포로들과 이탈리아군 포로들은 다루기 쉬웠다. 전체주의의 영향에도 불구하고 포로가 된 이들과 포로를 잡은 이들 사이에 문화적으로는 큰 차이가 없었다. 독일군과 이탈리아군, 그리고 미군은 서로를 이해했고 같은 관례를 따랐다. 포로 수십만 명은 몬태나나 텍사스 같은 곳으로 보내졌다. 전쟁이 끝나고 이들 포로들은 아무런 사고 없이 본국으로 송환되었다.

전쟁 당시 다른 주장이 있었지만, 제2차 세계대전은 이념전쟁이 아니었다. 이탈리아의 파시즘fascism과 독일의 나치즘Nazism은 근본적으로 바깥으로 수출할 수 없는 것이었다. 독일 제3제국은 유럽에서 정치적으로 승리할 수 있는 가능성이 전혀 없었다. 그저 무력으로 일어났다가 무력으로 무너졌다.

제2차 세계대전 중 소련을 빼고는 포로수용소에서 이념이 추악한 머리를 쳐든 적은 없었다.

태평양에서 붙잡힌 일본군 포로들은 무시할 수 있을 만큼 매우 적었다. 일본이 진주만을 공격한 이후에 미국 정부가 억류해 수용한 일본계 미국인들은 모국이라 할 수 있는 일본의 납득할 수 없는 행동을 엄청나게 비난했다.

따라서 한국전쟁이 시작되었을 때 미국은 호전적인 포로를 어떻게 다루어야 하는지 전혀 경험이 없었다. 미국은 실질적인 교리도 발전시키지 않았고, 포로를 다루도록 훈련된 인원도 없었다. 엎친 데 덮친 격으로 미 육군은 아시아인들과 공산주의자들을 전혀 이해하지 못했다.

한국에서 전쟁포로들이 수천 명씩 쏟아져나오기 시작하자, 미국 정부는 한 가지는 확실히 알았다. 미국은 거의 10만 명이나 되는 동양계 포로들을 미국 본토로 데려가 수용하고 싶어하지 않았다.

거제도에 만들어진 포로수용소는 편의주의의 산물이었다. 현대 사회에서 채택된 수많은 방안들처럼 일시적인 해결책이 영구적인 것이 되었다. 전쟁포로들이 사라지자 리지웨이 장군, 리지웨이의 후임자인 밴 플리트 James Alward Van Fleet 장군은 포로들을 미국으로 데려갈 생각이 전혀 없었다.

포로를 어떻게 다룰지는 부산에 있는 병참장교들이 알아서 잘 하면 되는 문제였다.

1950년 크리스마스 당시, 미 육군 공병단의 윌리엄 T. 그레고리 William T. Gregory 소령은 60종합보급창의 공병 보급장교였다. 키가 크고, 머리털이 붉으며, 날씬한 그레고리는 오랫동안 예비역으로 지냈다. 노스캐롤라이나의 집으로 돌아가려 할 때 정규 육군의 명령을 받았다.

경력을 고려하여 육군은 그레고리를 거제도로 보냈다. 60종합보급창장은 그레고리를 불러 말했다. "포로들이 거제도로 오네. 자네가 조달장교로 보직되었어. 가서 살 수 있는 대로 먹을 것을 사오게."

60종합보급창장은 수용되는 포로가 얼마나 많은지, 이들이 언제 오는지 전혀 몰랐다. 그저 할 수 있는 일이란 그레고리 소령과 몇 명을 미리 거제도로 보내는 것뿐이었다.

부산에서 출발한 상륙주정들이 파도가 일렁이는 바다를 건너 왜소하고, 불쌍해 보이고, 갈색으로 피부가 그을린 남자들을 거제도 해변에 내려놓았다. 순식간에 거제도에 논에서 바다까지 포로 4만 명이 들어차 여기저기 모여 앉았다. 이들 대부분은 한국인이었다. 이들을 감시하고 경비할 미군 인원은 200명이 채 되지 않았다. 심지어 포로들을 둘러싸는 철조망 울타리도 없었다.

춥고, 배고프고, 심드렁한 포로들은 벌판에 앉은 채 그냥 기다렸다. 포로들은 아무 문제도 일으키지 않았다. 이들은 동양에서 모든 포로들이 그러했던 것처럼 자신들도 거칠게 다뤄질 것이라고 예상했다. 운이 좋다 한들 근로대대에서 미군들을 위해 숨이 넘어가도록 일하는 것이고 최악의 경우에는 총살을 당할 것이라는 게 포로들의 예상이었다.

거제도에는 전투부대도, 사령부도, 아무 조직도 없었다. 심지어 군대 시설도 전혀 없었다. 운 좋게도 포로들은 아무런 문제도 일으키지 않았다.

그레고리 소령은 쌀을 사기 위해 섬을 한 바퀴 둘러보았다. 그레고리는 거제도에 온 첫 번째 큰손이었다. 그는 눈에 들어오는 것은 모두 사들였다. 그레고리는 이렇게 사들인 쌀 수 톤을 질척이는 땅 위에 공병이 통나무로 만든 판 위에 쌓았다.

그러나 그레고리가 쌀을 사기가 무섭게 포로들은 쌀을 모두 먹어치웠다. 한국인과 중국인은 생선, 채소, 그리고 다른 반찬을 곁들여 정말 밥을 많이 먹었다. 결국 거제도의 경제가 무너지기 직전에 그레고리는 일본에서 직접 물자를 구매할 수 있는 권한을 얻었다. 이제 능력 있는 일본인들이 어마어마한 양의 생선과 쌀을 대한해협 건너로 수송했고, 그레고리는 식량 구매에는 한시름 놓았다.

그레고리는 수용소를 짓기 시작하라는 명령을 받았다. 포로들을 벌판에서 영원히 살도록 내버려둘 수는 없었다. 중립국 점검팀들은 화를 내며 항의하고 있었다. 93공병건설대대와 한국 육군 2개 대대에 더해서 약간의 미군이 거제도로 들어왔다.

한국군은 별로 도움이 되지 않았다. 그러나 미군 공병과 함께 그레고리는 철조망을 두른 수용소를 짓기 시작했다. 시간과 노력이 제한되어 수용소는 날림으로 지어졌다. 심지어 철조망도 부족했다. 철조망 안쪽에서 그레고리는 포로들이 생활하는 움막들과 바다로 빠지는 하수관을 만들었다. 포로 4만 명이 엄청나게 많은 쌀을 먹어댔으나 배설물을 처리할 곳이 없었다.

부족한 노동력을 거제도 원주민이 메웠다. 아주 짧은 시간 안에 거제도 주민 대부분은 미군에 일자리가 있다는 것을 알았다. 이들 모두에게 행복한 일이었다. 몇몇 이유로 일자리를 얻을 수 없었던 섬 인구 중 절반은 일자리를 얻은 사람들에게 물건을 팔거나 다른 거래를 했다.

중공군과 인민군 포로들은 새로 만들어졌지만 단속에 철저하다고 할 수는 없는 수용소로 옮겨졌다. 그러나 새로운 포로수용소도 점점 더 많이 거제도로 보내지는 포로들 때문에 만원이었다. 재정담당관들은 지금도 비용이 너무 많이 든다면서 비명을 질러댔다. 좋든 나쁘든 포로수용소를 더 지을 돈은 더 이상 없었다.

그동안 모든 포로들은 아무 문제도 일으키지 않은 채 고분고분하고 조용히 있었다.

공산군 포로들이 처음 거제도로 옮겨지고 5주가 지난 뒤, 거제도 관리임무를 맡아 미국 조지아 주의 캠프 고든Camp Gordon[163]에서 특별히 훈련된 헌병파견대가 거제도에 도착했다. 이 헌병부대는 지휘관부터 병사까지 포로를 어떻게 다뤄야 하는지를 주의 깊게 교육받았다. 포로 관리는 결국 헌병의 기능이었다.

그런데 문제가 딱 하나 있었다. 그것은 교관들이 교육생들보다 더 많이 알지 못했다는 것이다. 그러나 교관들은 몇 가지 아이디어를 제공했다.

---

163 캠프 고든: 1941년 10월 미 육군이 주둔 시설로 조지아 주 오거스타(Augusta)에 만든 미 육군 기지.

헌병 지휘관 피츠제럴드Fitzgerald 대령은 즉각 포로 관리 책임을 맡았다. 그는 거제도에 근무하는 모든 장교들을 모아 참모 회의를 열었다.

"포로들은 우리와 동일하다." 피츠제럴드 대령이 힘주어 말했다. "우리의 임무는 포로들에게 민주주의를 가르치는 것이다." 그러나 미국에 있는 사람들은 공산주의와 대립하는 이념적 갈등의 본질을 제대로 이해하지 못했다. "우리는 포로들을 사람으로 대할 것이다. 나는 포로가 학대를 당하거나, 일하기를 거부하거나, 미군 간수가 포로를 때리면 간수가 군법 재판에 회부될 것이라는 것을 알기 바란다. 우리는 포로들에게 민주주의를 가르치려 이곳에 있는 것이며, 이것은 포로를 협박하고 괴롭혀서 되는 것이 아니다."

포로 모두가 유색 인종이라는 점 때문에 어쩔 수 없이 갖게 되는 인종에 대한 앵글로 색슨의 예민함은 미군 간수들에게 필요 이상의 많은 것들을 지나치게 강요하는 경향이 있었다. 포로도 인간이라는 점은 이론의 여지가 없었으나, 그들도 동등한 인간이라는 것을 인식시켜야만 했고, 이것은 논란의 여지가 있었다.

그러나 집합한 장교들은 부동자세로 전달사항을 받아들였다. 포로들은 동등한 인간이고, 사안이 무엇이든 간에 구타를 당해서는 안 되었다. 포로들은 민주주의도 배워야 했다. 이것은 너무나 명백했다.

그러나 회의에 모인 장교들 중 누구도 피츠제럴드Fitzgerald 대령에게 민주주의를 가르치는 데 승인된 방법이 무엇이냐고 묻지 않았다. 승인된 교육 방법은 포로들이 원하는 것은 무엇이든 다 주는 것처럼 보였다. 그레고리 소령은 이렇게 말했다. "우리는 너희들에게 봉사하려고 이곳에 온 것이다. 원하는 것이 있으면 우리에게 알려달라. 우리는 민주주의가 무엇을 뜻하는지 너희들에게 보여줄 것이다. 공산주의자 너희들은 모두 지독한 바보이다. 너희들이 우리의 방식대로 하면 너희들은 최상의 삶을 살게 될 것이다."

이것은 물질적인 접근법이었다. 이 세상의 물건들이 더 부유한 세상을 만들기 때문에 민주주의가 공산주의보다 더 낫다는 게 주된 발상처럼 보였다.

피츠제럴드는 도움을 많이 받았다. 미국인 외에도 포로들에게 그들의 권리를 알려주는 국제적십자위원회와 유엔한국통일부흥위원단이 있었다. 미군 병사들은 유엔한국통일부흥위원단U. N. Commission on Korea[164]을 줄여서 위원단의 공식 임무와는 전혀 관련이 없는 '코르크 마개를 뽑다'는 뜻의 언커크UNCORK라고 불렀다.

포로들에게는 민주주의를 다룬 책들과 미국 헌법 복사본이 지급되었다. 이것은 글을 읽을 수 있는 사람들을 위한 원칙에 충실한 방법이었다.

나머지 포로들을 위해서 체육 기구 수 톤이 거제도로 수송되었는데 이것들 중 다수는 부산에 있는 미군 부대들이 버린 것이었다. 병원도 새로 지었고 매일 회진을 했다. 인민군 의사들과 중공군 의사들은 포로들을 치료했다. 공산군 의사들은 원하는 약품을 모두 얻을 수 있었다.

식당도 건설되었다. 포로들 중에서 뽑힌 조리원들은 새로 만든 한국식 조리도구들을 가지고서 돌과 구운 점토로 지은 부엌에서 일했다. 그들 중 90퍼센트가 평생 구경도 못 했을 정도도 많은 쌀, 생선, 야채가 공급되었다.

특별 의무위생중대가 조리원의 청결과 건강을 검사했다.

조리원들에게는 새로운 복장이 제공되었다. 조리원들은 양말 등 일부 품목의 용도를 몰랐다. 새로운 전쟁이 드물어지자 보급되는 미군 전투복 대부분이 전 세계에서 잉여물자로 매각되고 구호에 전용되었기 때문에, 포로들에게는 병참 보급창에서 바로 나온 장교 정복이 지급되었다. 각 포로에게 새로운 군화와 깨끗한 침대보도 주어졌다.

이제 철조망 안에 있는 많은 포로들은 그레고리 소령의 정복보다 더 좋은 정복을 입고서 돌아다니고 있었다. 미군 장교들은 자기 정복을 돈

164　유엔한국통일부흥위원단: 한국전쟁으로 파괴된 대한민국 재건을 목적으로 1951년 세워진 기구.

주고 사야 했다. 그레고리는 본국에 가족이 있었다.

포로의 사상이 어떤지 알아내기 위해서 신원 심사가 도입되었다. 많은 공산포로들이 진정한 공산주의자가 아니라는 사실이 점점 더 많이 알려지고 있었다. 거의 8만 명이나 되는 인민군 포로들 중에서 다수는 남한에서 징집되었거나 북한의 집에서 끌려나온 사람들로, 이들은 정치나 전쟁에는 관심도 흥미도 없었다. 거의 6,000명이나 되는 중공군 포로들 중 다수는 원래 장제스의 국민당 군대에서 복무하다가 강제로 중공군에 편입된 사람들이었다. 많은 중공군 포로들이나 그들의 가정은 중국 공산당의 점령 이후로 고통을 받았다.

이미 포로수용소 안에서는 서로 다른 파벌들이 통제권을 잡으려고 마구 다투면서 광적인 공산주의자와 비공산주의자 사이에서 소요가 일어나고 있었다. 이러한 소요는 미군 간수들에게는 잘 보이지 않았고 전혀 이해도 되지 않았다. 공산주의자들과 비공산주의자들은 같은 인간으로서 똑같이 대우를 받았다.

그러나 신원 심사는 예측 못한 결과를 낳았다. 뼛속까지 공산주의를 지향하는 장교들과 병사들은 이내 악명을 떨치게 되는 76수용소로 격리되었다. 이러한 격리 조치는 원래 예견한 결과로 이어지지 않았다. 대신에 격리 조치는 공산주의자들의 타고난 재능을 집중시켰다.

이제, 76수용소와 거제도 수용소에서 가장 계급이 높은 인민군 총좌가 지휘하게 되었다. 리학구가 할 일은 참모진을 쓰는 것이었다. 서류상으로는 소련에서 훈련을 받은 리학구가 상급 장교였으나, 실제 권력은 몸집이 작고 악마의 얼굴을 가진 홍철이라는 자의 손에 있었다.

리학구는 항복하면서 이미 약점을 노출했다. 공산당 비밀 간부들은 다시는 리학구를 완전히 믿을 수 없었다. 홍철은 리학구를 감시할 수 있는 곳에 있었다.

이 둘은 함께 포로수용소를 조직하고 통제하기 시작했다. 미군이 포로들에게 각 구역마다 대표자를 선출하라고 할 때 리학구와 홍철은 준비가 되어 있었다. 선거는 짧고, 폭력적이고, 비밀리에 피를 동반해 치러졌다.

때때로 간수들은 화장실이나 하수도에 처박힌 시신들을 발견했다. 가끔 인원점검에서 수가 모자라면 포로들은 끼리끼리 모여 수군거리며 불안한 듯 보였다.

사라진 포로들은 보통 탈주자 명단에 올랐다.

후보로 나선 리학구와 홍철이 대표자로 선출되었다. 공산주의를 따르지 않는 포로들이 미국 헌법을 읽으면서 무엇을 배웠든 상관없이 포로수용소에서 리학구와 홍철의 집단은 잘 조직되어 있었다.

유엔군 대표들과 만나면서 새로 선출된 포로 대표들은 점점 더 자신감을 갖게 되었다. 새로 뽑힌 우두머리들은 강제로 말을 듣게 만드는 힘이 있었다. 이들은 간수들과 매일 만났고 무엇인가를 요구하기 시작했다.

그들이 기쁘게도 요구가 수락되었다.

리학구와 홍철은 백색 도료를 요구해서 얻어냈다. 예쁘게 돌에 그려진 오성홍기, 인공기, 그리고 성조기가 수용소 뜰을 장식했다. 리학구와 홍철은 녹음기, 종이, 잉크, 등사기와 작업 도구를 요구했다.

유엔한국통일부흥위원단은 포로들이 일하도록 만드는 좋은 방안이라고 생각했다. 리학구와 홍철은 미국의 비용으로 원하는 것은 모두 얻을 수 있었다.

추가적인 철조망을 사는 데 필요한 예산도, 부족한 수용 시설을 추가로 늘리는 데 책정된 예산도 없었다. 이 때문에 기존 수용소는 관리할 수 없을 만큼 커졌다. 반면 주도면밀하게 무엇인가를 만들어내는 포로들이 쓸 판금, 톱, 망치, 못을 살 돈은 있었다. 포로들은 자신들이 만드는 이 품목들을 미군 간수들이 발견하기 전에 움막 바닥 아래에 묻었다.

이 작업으로 인해 생긴 긍정적 현상은 가장 심드렁했던 포로들까지도 활기를 되찾았다는 것이다. 이제 일부 포로들은 취사장 일 같은, 자신들을 위한 일을 지시하는 미군 간수들을 무시했다. 계속해서 지시하면 미군 간수들의 얼굴에 침을 뱉기도 했다.

하루는 나이가 지긋한 중사 한 명이 그레고리 소령에게 다가왔다. 자신의 임무를 잘 알고 있는 중사는 굳은 표정을 짓고 있었다. "소령님, 포로를 때리는 사람이 있으면 보고하라고 하셨지요…."

"그래서?"

중사는 얼굴을 훔쳤다. "소령님, 제가 포로 하나를 때렸습니다."

"나한테 말하지 말게. 말하지 마." 말이 나오기가 무섭게 그레고리가 대답했다.

중사는 그레고리에게 경례하고 자리를 떴다.

그레고리는 이런 종류의 위기와 공존하는 법을 배워야 했다.

하루는 깃발이 많이 게양되었다. 이들 국기는 파란색과 노란색이었는데 미 육군이 준 깨끗한 새 침대보로 만든 것들이었다. 수용소 건물마다 공산주의 선전 구호가 적힌 깃발들이 무수히 많이 펄럭이는 것을 본 미군 간수 하나가 그레고리 소령에게 말했다. "예쁘지 않습니까, 소령님? 포로들은 진짜 예술가들인데요!"

"그렇군." 그레고리가 말했다.

포로들이 그것을 좋아하는 것처럼 보였기 때문에 깃발 게양은 허용되었다.

그러나 그레고리는 다른 일을 생각하고 있었다. 그는 수용소에 자동 수세식 좌변기들을 설치하느라 바빴다.

그리고 해변가에도 문제가 있었다. 하수도 하나가 대한해협으로 흘러들고 있었다. 200리터 드럼통들을 이어서 만든 하수관은 해안선 너머로 거의 100미터를 뻗어나갔지만 한국은 간만의 차이가 극심해 썰물일 때 하수관의 끝이 드러났다.

그런데 쌀 때문에 문제가 생겼다. 포로들은 살면서 단 한 번도 먹어보지 못한 것처럼 밥을 먹어댔다. 그리고 새로 만든 화장실은 늘 붐볐다. 쌀을 먹어서 생긴 배설물은 다른 배설물과 비교해서 독특했다. 변은 작고 단단한 공 같았는데, 시멘트처럼 너무 단단해서 물에서도 녹지 않았다.

물에 뜨지도 않고 물에 씻겨가지도 않았다. 변은 마치 못생긴 검은 달팽이처럼 해변에 수백만 개가 그대로 쌓였다.

썰물일 때 거제도의 해변들은 아주 볼만했다.

이것은 그레고리 소령이 해결할 수 없는 공학 문제였다.

포로들이 강의로 민주주의를 배우고 나머지 시간에는 즐겁게 일을 하고 등사기로 회보를 찍어내거나 철물 작업실에서 열심히 일하면서, 피츠제럴드 대령은 거제도에 있는 미군들에게 관심을 돌릴 수 있었다. 많은 포로들이 자신의 부대원들보다 더 낫게 보인다는 사령관의 통지문이 도착했다.

피츠제럴드는 장교들에게 과업 시간에는 일명 '핑크스 앤드 그린스Pinks and Greens'[165]라고 불리는 정복을 입고 타이를 매도록 지시했다. 무엇보다도 전 세계의 눈이 거제도에 쏠려 있었다.

포로수용소 전체가 날림으로 만들어진 상황에서 피츠제럴드는 장교회관 건설을 시작하라고 명령했다. 장교회관은 빠르게 올라갔다. 회관은 철판과 거제도에서 나는 목재를 사용해 만든, 거대한 헛간처럼 생긴 구조물이었다. 장교회관이 지어지는 동안 누군가는 바에서 일할 여급들을 채용했다. 여급들은 갓 풀을 먹인 빳빳한 원피스를 입었다. 그녀들은 부산에서 왔다.

상황이 나아지고 있었다.

미 8군이 이제 전쟁에서 이기고 있다는 소문이 본토에서까지 돌았다.

이 무렵 그레고리 소령은 공산군 포로를 제외한 거제도의 인구가 늘어나고 있다는 것을 알게 되었다. 점점 더 많은 한국인들이 거제도에 나타났다. 이들은 급사, 하우스보이, 세탁부나 이발사 같은 직업을 얻었다. 미군이 발행하는 급여명세서는 달마다 기하급수적으로 늘어나고 있었다.

---

165 핑크스 앤드 그린스: 제2차 세계대전 당시 미군 정복의 별명이다. 짙은 녹색 상의와 분홍빛이 도는 바지의 색깔 때문에 핑크 앤크스 앤드 그린스라는 별명으로 불리게 된다.

피츠제럴드 대령의 사령부에는 미군 병사들보다 한국인들이 더 많았다.

일자리를 얻지 못한 한국인들은 미군 병사들과 포로들 모두에게 기념품을 파는 새로운 사업을 시도하고 있었다. 매일 장사꾼들이 포로수용소를 둘러싼 철조망을 사이에 두고서 빠르게 거래했다.

이를 막는 것은 거제도 지역 경제에 타격이 되는 고통스러운 일이 될 것이 분명했다.

경비를 위해 배치된 한국군 2개 대대도 잘 하고 있었다. 이들 중 대부분은 가족을 거제도로 데려왔다. 일부는 거제도에서 사업을 벌이기도 했다. 모두들 조경이 갖춰진 새로운 숙소들을 세우느라 바빴다.

셈이 빠른 한국인 2명이 부산과 거제도를 오가는 교통량이 1950년 이후 10배가 증가해 정기 연락선만으로는 부족하다는 것을 알고는 디젤 바지선 2척을 운행해 많은 돈을 벌었다.

한국 정부가 버리다시피 거제도로 보낸 많은 북한 출신 젊은 여자들은 전에는 아시아에서 꿈도 꾸지 못할 보수가 좋고 안정적인 일자리를 얻었다.

피츠제럴드 대령은 매일 장교회관을 점검했다. 장교회관은 계속해서 나아졌다.

포로들은 계속해서 작업장에서 물건을 만들어냈다. 그들은 더 많은 깃발을 만들었는데, 그중 일부는 예술적으로 훌륭한 것도 있었다. 수용소 안의 포로들은 노래를 부르거나 구호를 외치면서 만족스러워 보였다. 가끔씩 구타를 심하게 당한 시신이 하수구를 막았다. 시신이 제거될 때까지 하수구는 막혀 있었다.

이유를 모르는 간수들은 이것이 아시아 사람들이 현대적인 배수관을 잘 점검하지 않기 때문에 생긴 일이라 여기고 아무도 걱정하지 않았다.

포로들이 찍어내는 신문의 양이 늘어나 섬을 덮어버릴 지경이었다. 종이 배급이 늘어나 신문들이 부산에까지 보급되었다. 어느 날 저녁 그레고리는 사령부에서 신문 한 부를 보았다. 그레고리는 하우스보이에게 무슨 말이 써 있냐고 물었다.

하우스 보이가 대답했다. "아! 미국인들이 참 바보라고 공산주의자들이
말하고 있습니다."

제28장
5월의 대학살

●

군인에게 공격 무기 사용법을 가르치려면 모든 종류의 방어 무기를 먼저 공급해야
한다. 군인은 제대로 방어할 수 있다는 것을 깨달을 때 더 용기 있고 자신 있게 싸우
기 때문이다.

– 베게티우스, 「군사학 논고」 중에서

중공군의 5차 공세의 첫 단계가 대실패로 돌아간 이후 한반도를 거의 반
으로 나누는 전선에서는 2주 동안 불안한 정적이 흘렀다.

　5월 1일이 되었지만, 중공군은 4월 30일에 제한적인 후퇴를 했을 뿐
예상되는 공격은 없었다. 한국전쟁 기간 동안 5월이 다가오면 유엔의 관
찰자들은 긴장했다. 5월 1일은 이교도의 전통 휴일이면서 동시에 고대
앵글로-색슨인이나 현대 공산주의자 모두에게 신성한 날이다. 유엔의 관
찰자들은 이날 어떤 일이 벌어질까봐 걱정했다. 미국인들이 독립기념일
인 7월 4일에 축제를 벌이느라 난리를 떤다면, 공산주의자들은 5월 1일
에 그렇게 한다. 그러나 상황이 여의치 않았는지 중공군은 별다른 움직임
을 보이지 않았다.

　그러나 항공정찰을 통해 중공군의 병력과 보급품이 이동하는 것을 확
인한 유엔군 정보참모부는 중공군이 새로운 공세를 준비하고 있으며, 이
공세는 알몬드 중장이 지휘하는 중앙의 미 10군단을 상대로 벌어질 것으
로 보았다.

　제2차 세계대전 당시 이탈리아에서 독일군을 공군력으로 완전히 봉쇄
했던 것같이 북한의 산악지대에서 중공군이 전선을 계속 보강하는 것을

막을 수는 없었다.

중공군은 병사들이 보급품을 짊어지고 야간에 이동했기 때문에 언제나 충분한 보급품을 전방으로 옮길 수 있었다. 때때로 공습을 통해 중공군의 전방 이동을 막을 수는 있었지만, 이들을 격멸시키지는 못했다.

이전의 다른 부대들처럼 이들은 공습을 피하는 훈련이 되어 있었다. 이들은 산과 고지로만 깊숙이 파고든 다음 비행하는 폭격기와 전투기들이 산으로 둘러싸인 지형에서 그들을 찾아내기 힘든 밤에만 움직였다.

이탈리아의 안지오Anzio와 다른 곳에서 그랬듯이 전술공군은 지상 작전으로 가차 없이 적을 압박해서 움직이게 만들거나 흩어지게 만들 때에만 진가를 발휘할 수 있었다. 지상과 공중의 대규모 공격에 중공군은 취약해졌다. 중공군이 유엔군 전선을 돌파한 후 중공군 포병과 보급이 개활지로 움직이거나 지원을 위해 흩어질 때 유엔군 공군은 그들을 덮쳐 무자비하게 박살낼 수 있었다. 유엔 지상군의 압박으로 중공군이 후퇴하거나 도로나 회랑을 따라 줄지어 철수할 때 공군은 다시금 이런 중공군에게 막대한 사상자를 안길 수 있었다.

한국전쟁에서 공군의 전통적인 작전은 지상 작전과 결합될 때에만 결정적인 효과를 낼 수 있었다. 산이 많은 곳에서 한 줌의 쌀과 메주콩만 먹고 탄약을 등에 진 채 전진하는 군대를 공군으로 차단하기란 불가능하다.

그러나 1951년 봄, 공격을 위해서든 아니면 후퇴를 위해서든 중공군이 음울해 보이는 고지에서 나오면 모든 면에서 우위인 유엔군의 공군, 전차, 그리고 포병은 병력 수가 많다는 중공군의 장점을 상쇄해버렸다.

5월 첫째 주와 둘째 주에 적이 다시 공격하리라 예감한 밴 플리트 중장은 미 8군을 '노 네임 라인No Name Line'[166] 뒤에 진지를 파고 방어 준비를 마치고 대기하도록 했다. 나중에 드러난 것처럼 이는 밴 플리트의 탁월하고

---

166 노 네임 라인: 미 8군 사령관으로 취임한 밴 플리트가 서울을 사수할 목적으로 설정한 수색-구파발-금곡-청평-용문산-홍천 북방-현리-양양 북방을 잇는 통제선.

도 합리적인 대응이었다.

중공군을 잘 아는 미 2사단이 준비를 마치고 중부 전선에 자리하고 있었다.

미 2사단이 맡은 전선은 한반도 중동부에서 소양강과 홍천강을 나누는 거대한 고지의 산마루에 면해 있었다. 사단의 주 저항선 대부분은 가장 가까이에 있는 보급로에서 1.5킬로미터 이상 떨어진 곳에 만들어졌다. 모든 전쟁 물자는 수백 미터 높이의 언덕을 따라 사람이 직접 운반해야 했다.

미 38연대는 사단의 왼쪽을 맡았다. 38연대의 왼쪽은 800고지로 알려진 커다란 고지였는데, 여기에 3대대가 진지를 구축했다.

미 38보병연대 3대대장 윌리스 헤인스^{Wallace Hanes} 중령은 사계^{射界}를 확보하고, 참호를 파고, 소총중대의 모든 병력이 들어갈 수 있는 벙커를 만들라고 명령했다.

미군은 개인 텐트를 치고 양말을 말리는 데는 세계 제일이지만 땅을 파는 것을 아주 싫어한다는 사실을 많은 사람들과 마찬가지로 헤인스도 알고 있었다. 진지를 돌아본 헤인스는 부하들 대부분이 겨우 개인호 하나만 판 채 차가운 봄비를 막으려 판초를 살짝 덮어놓고는 위장이랍시고 그 위에 잎사귀 몇 장을 얹은 것을 보았다. 미군은 언제나 육체노동을 경시한다.

헤인스는 중대장들을 불러 모아놓고 소리를 높여 말했다. "빌어먹을 놈들! 포탄으로부터 자네들을 보호할 수 있는 덮개가 있는 튼튼한 벙커를 만들라고!"

헤인스의 독려 아래 3대대는 견고한 벙커를 만들기 위해 나무를 베었다. 이렇게 만든 벙커 위에 흙과 돌을 덮었다. 사격진지와 진지를 잇는 참호를 깊게 팠다. 산비탈에는 커다란 구덩이들을 여럿 파서 벙커를 숨겼다.

그래도 여전히 몇몇 진지들은 바깥으로 드러났다. 헤인스 중령은 이 진지들도 모래주머니로 덮도록 했다. 모래주머니 수천 개가 필요했다. 헤인스는 적이나 아군의 진내사격陣內射擊[167]에도 견딜 수 있는 진지들을 원했다.

헤인스는 일주일 동안 부하들을 닦달해 진지들을 잘 준비하고, 전선을 따라 철조망을 설치했으며, 고지 전사면에 지뢰를 매설했다. 모든 물자는 한국인 노무자들이 등에 지고 가파른 경사를 오르며 날랐다. 일하기 싫어하는 미군들이 물자들을 이용해 힘들여 설치했다.

헤인스가 자신의 구상을 처음 설명할 때, 부대원 대다수는 헤인스가 농담을 한다고 생각했다.

헤인스는 모래주머니 23만 7,000장, 가시철선 두루마리 385개, 철조망을 설치하기 위한 강철 쇠말뚝 6,000개 이상, 그리고 푸가스fougasse라고 불린 화염통 39개가 사용된 것을 보고서야 만족했다. 푸가스는 200리터 드럼통에 네이팜을 채워넣고 보통은 백린수류탄을 장약으로 넣고 기폭장치도 함께 넣어 폭발시키는 즉석 지뢰이다. 푸가스가 폭발하면 10×30제곱미터 면적에 섭씨 1,700도쯤 되는 거대한 화염이 번지는데, 가까이 있는 중공군에게 강력한 효과를 발휘했다.

진지를 요새화한 것에 더해서 3대대는 물, 식량, 그리고 탄약을 고지로 실어 날라야 했다. 진지를 순시하는 데 서너 시간이 걸렸다.

4.2인치 박격포를 실어 올리는 유일한 방법으로 헤인스 중령이 찾아낸 것은 황소를 사용하는 것이었다.

최전선에 완전하게 가시철선을 두른 뒤, 헤인스는 고지 전사면 곳곳에 조명지뢰와 대인지뢰를 설치하고 유선 통신선은 땅에 묻도록 했다.

이제 어떻게 싸워야 하는지 알게 된 미 38연대 3대대는 어떻게 일하는지도 알게 되었다. 5월 12일, 헤인스는 자신이 생각한 목표에 대해 반쯤 만족한 상태였다.

미 2사단은 무슨 일이 일어날 것이라는 것을 알았다. 소양강을 따라서

---

167 진내사격(陣內射擊): 아군 방어진지 내로 침입한 적을 격멸할 목적으로 아군의 희생을 감수하고 실시하는 포격.

적의 정찰이 잦았다. 난민과 투항병들이 쏟아져 들어오고 있었다. 항공 정찰은 적이 있는 산 깊은 곳에서 차량 이동과 새로 건설된 다리들이 있다고 보고했다.

잘 준비된 진지에서 적을 기다리면서 헤인스 중령의 부하들은 자기들이 직접 한 일에 대해 자랑스러워했고 자신감을 가졌다. 이 정도 진지의 반에도 미치지 못하는 진지조차 가져본 적이 없었던 3대대는 이 수준 혹은 이보다 더 잘 만든 중공군의 일부 진지를 분명히 본 적이 있었다. 전투 준비가 끝나자, 3대대원들은 마침내 자신들이 이룬 것을 보고 흡족해했다.

미 2사단장 러프너^{Ruffner} 소장에게 보고하면서 헤인스 중령은 "사단장님, 이제 한 가지 걱정만 남았습니다. 중공군 개자식들이 공격을 안 하면 어쩌지요!"

헤인스의 걱정은 기우였다. 5월 16일, 어둠이 깔리자 중공군은 5차 공세의 2단계를 시작했다. 유엔군사령부가 중공군 2차 춘계공세라고 부르는 공격이었다. 10군단은 이것을 '소양강 전투'라고 부른다. 이후로 미 2사단은 이 전투를 5월 학살로 기억한다.

* * *

1951년 5월 16일, 중공군 12군, 15군, 60군, 20군, 27군을 포함한 3병단과 9병단 병력 13만 7,000명과 인민군 3만 8,000명은 진흙빛 커피색의 바다처럼 남쪽으로 움직였다. 하늘에 구름이 가득했다. 땅을 내려다볼 수 없는 미 공군은 아무것도 할 수 없었다.

중공군은 머지않아 큰 승리를 거둘 것이라는 이야기를 들었다. 중공군은 자신들이 업신여기는 한국군 그리고 이전에 승리를 거두면서 피 맛을 보았던 미 2사단을 상대로 전투를 치를 것임을 알았다.

작업을 하거나 행군할 때 중국인들이 으레 그러듯이 물결치듯이 움직이는 중공군 종대는 구호를 외치고 노래를 불렀다. 중공군이 내는 소리로 인해 고지들은 끔찍하게 보였다.

밤에 중공군은 미 2사단 동쪽에서 노 네임 라인을 맡은 한국군을 향해 조명탄 신호와 나팔 신호에 의지해 진격했다. 중공군과 비교해 중과부적인 데다 화력도 부족하고 전투지휘도 훌륭하지 못했던 한국군은 흩어졌다.

갑자기 안으로 문이 열린 것처럼 미 38연대 3대대 동쪽의 전선은 원주 방향인 남서쪽으로 밀렸다. 처음에 한국군은 도망치지 않았다. 한국군은 진지에서 싸웠지만 중공군에 압도되면서 뒤로 밀렸다.

5월 17일까지, 마치 군우리에서 그랬던 것처럼 미 2사단은 틈을 보이며 오른쪽 측면을 노출시키고 있었다.

낮까지 중공군은 미 38연대의 1대대와 2대대를 공격하면서 맹렬하게 Z특수임무부대Task Force Zebra와 부딪쳤다. Z특수임무부대는 미 2보병 예하 부대로서 첨단에서 72전차대대를 운용했다.

중공군은 마치 예전에 단 한 번도 미군과 맞서본 적이 없는 것처럼 사격을 가했다.

미군 보병은 자신들이 맡은 고지들을 고수했다. 전차들은 기관총과 전차포를 쏘며 계곡 회랑을 따라 움직였다. 전차병들과 포병들은 장전하다 지칠 때까지 그리고 포신이 과열로 막힐 때까지 포를 쏴댔다.

마침내 미 2사단의 오른쪽에서 중공군의 전진이 멈추었다.

상당한 타격을 입고 꼬여버린 중공군은 보다 쉬운 길을 찾았다. 중공군은 미 2사단 왼쪽 측면에서 멀리 떨어진 서쪽을 공격하면서 미 38연대가 확고하게 방어하고 있는 고지 쪽으로 1개 사단을 투입했다.

중공군이 가시철선과 화염에도 아랑곳 않고 병력을 밀어넣자, 미 38연대 C중대가 짓밟혔다. 헤인스 중령의 진지 동쪽에서 38연대 1대대는 왼쪽으로 철수했고 2대대 또한 뒤로 물러섰다.

C중대가 무너지면서 Z특수임무부대와 미 38연대 사이에 생긴 틈을 메우기 위해 프랑스 대대가 투입되었다. 프랑스 대대는 전선을 복구할 수 없었지만, 72전차대대가 뒤로 철수하고 미 23연대가 프랑스 대대의 임무를 맡으러 올 때까지 돌파구를 지탱했다.

폭찹 고지, 철원
올드 발디 고지

단장의 능선
피의 능선

벙커 고지 +

춘천

38°

800 고지
노 네임 라인

한국군 부대

양구읍

인천
서울

미 10군단

노 네임 라인에서 벌어진 대학살
1951년 5월 16~21일

공산군 총 전력: 중공군 13만 7,000명, 인민군 3만 8,000명

1인치 = 약 36마일(2.54cm = 56km)

이제 중공군은 유엔군 방어선의 정점이 된 미 38연대 3대대가 지키고 있는 고지들을 향해 움직였다. 중공군이 양면으로 접근하면서 이 고지들은 순식간에 전선의 돌출부가 되어버렸다.

중공군의 접근로는 800고지로 직접 이어졌다. 800고지의 중심에는 3대대가 중심을 잡고 있었다. 꼭대기에 이미 진지를 파 벙커 고지Bunker Hill라고 불린 800고지에는 브라우넬Brownell 대위가 지휘하는 K중대가 있었다.

K중대원들은 12개가 넘는 벙커에 깊숙이 들어가 있었다. 이 벙커들은 일주일 전에 대대장인 헤인스 중령이 지시해 힘들여 만든 것들이었다.

어둠이 내리고 얼마 지나지 않은 5월 17일, 차가운 산안개 속에서 기다리던 K중대는 중공군이 불어대는 나팔소리를 들었다. 곧이어 1선 철조망에서 중공군의 소리가 들렸다. 지뢰 여러 발이 터졌고 중공군이 벙커 고지에 사격을 시작했다.

중공군이 가까워지면서 사격도 점점 늘어났다. K중대원 중 일부는 앞뒤에서 툴툴대는 중국어를 듣기도 했다. 공격하는 중공군들은 고지 옆으로 슬쩍 돌아서는 통신선을 끊은 뒤 지뢰가 매설되지 않은 더 가파른 언덕을 기어올랐다.

바로 그때 K중대가 무시무시한 굉음과 함께 사격을 시작했다.

그러나 통신망의 두절로 브라우넬 대위는 포병의 지원 사격을 요청할 수 없었다. 포탄 한 발이 지휘소 벙커 위에 정확히 떨어지면서 무전기가 고장 났다. 화기중대인 M중대에서 증원된 병력은 신참 중위가 지휘했다. 이들은 진지를 이탈해서 고지 너머로 도망치고 있었다.

다른 병사들도 그들의 뒤를 따랐다. 천둥이 치는 것처럼 요란한 소총 사격이 이루어지는 가운데 중공군과 미군은 어둠 속에서 벙커 고지 모든 곳에서 혼전을 벌였다.

방어태세가 잘 갖추어진 진지에서 전선이 무너져 후퇴하기 시작했다는 병사들의 말을 듣고 브라우넬은 갑자기 혼란에 빠진 채 지휘했다.

헤인스는 고지 하단에서 뒤로 물러나고 있던 병사들을 만났다. "고지로 돌아가라. 전멸당할지언정 진지를 절대 포기하지 마라. 그리고 모두가 자기 몫을 다하면 패배하지 않는다!"

병사들은 진지로 돌아갔다. 신참 중위도 부상병 몇 명을 데리고 자기 진지로 돌아갔다.

그동안 브라우넬은 이미 버려진 벙커에 자리 잡고 있던 중공군을 고지에서 몰아낼 역습을 위해 예비소대를 편성했다. 포병의 포격 지원을 기다렸지만, 통신이 여전히 문제였다. 화력 지원은 이루어지지 않았다.

"화력 지원은 잊어버려!" 브라우넬의 소대장 중 한 명이 화난 목소리로 톡 쏘듯 말했다. "빌어먹을 이 고지를 우리가 탈환할 수 있습니다."

미군은 산병선散兵線을 길게 형성하고 총을 쏘면서 어둠을 뚫고 앞으로 나아갔다. 미군은 백린수류탄이 많았다. 지나는 길에 있는 벙커와 참호에 백린수류탄을 던져넣었다. 수류탄이 고지에서 폭발하면 나온 불빛을 배경으로 전진하는 보병은 마치 유령처럼 보였다. 짧은 폭발 후에는 다시 어둠에 휩싸였다.

치열한 백병전을 치룬 뒤 브라우넬은 분산된 중공군을 고지에서 몰아냈다. 자정이 지나서 브라우넬의 중대는 진지를 탈환했다.

그러나 많은 중공군들이 K중대 주변으로 몰려들었고 I중대의 후미에서 격렬한 전투가 벌어졌다. 아침 해가 뜰 무렵, 중공군 200명쯤이 K중대와 I중대 사이에서 땅을 파 임시 진지를 구축했다. 헤인스는 5월 18일 밤이 되기 전까지 이들을 격퇴해야 한다는 것을 깨달았다. 만일 그렇지 않으면 대대의 전선 전체가 무너질 수 있었다.

헤인스는 4.2인치 박격포의 강력한 화력 지원을 받으면서 직접 역습 부대를 이끌었다. 중공군이 무너지며 도주했다. 후퇴하는 중공군은 다수가 사망했으나, 헤인스의 역습 부대는 한 명도 목숨을 잃지 않았다.

중공군의 포위를 막기 위해 전 10군단의 우측이 남서 방향으로 휘어지는 동안 K중대는 낮에 방어선을 보강했다.

이 무렵 벙커 고지는 더더욱 적 쪽으로 튀어나와 있었다. 어둠이 내리자, 브라우넬과 부하들은 강력하게 준비된 진지로 기어 들어갔다. 어둠 속에서 뿔피리 소리가 다시 들렸다.

보스턴에서 오만하게도 뻣뻣이 고개를 세우고 행진했던 영국군과는 달리, 중공군은 완충재가 들어가 푹신한 신발을 신고 등을 구부리고 엉덩이를 땅에 댄 채 무리지어 벙커 고지를 향해 전진했다.

브라우넬은 포병 사격을 요청했다. 이번에는 교신이 이루어졌다.

그러나 적은 동료들의 시체를 밟고 넘으며 K중대 벙커까지 다달았다. 브라우넬은 소대장들에게 자신이 생각하는 바를 설명했다. 그리고 근접 신관을 장착한 포탄을 고지 위에 떨어뜨리라고 요청했다.

요란한 소리를 내며 포탄이 날아들어 지상 1미터 위에서 폭발하면서 파편이 퍼졌다. 미 2사단 작전일지에는 8분 동안 벙커 고지에 105밀리탄 2,000발이 발사되었다고 기록되어 있다.

요란했던 소리가 점차 잦아들었다. 이제 중공군 포병이 고지를 살피기 시작했다. 중공군은 아직 고지로 올라올 준비가 되어 있지 않았다.

중공군은 다시 시신들을 넘어 고지로 다가왔다.

중공군이 고지에 완전히 올라오자, 브라우넬 대위는 800고지 전체를 포탄으로 덮어버리라고 요청했다. 그날 밤, 미 38야전포병대대 단독으로 포탄 1만 발을 쐈다. 다른 포병대대들도 이 임무를 지원했다.

땅 위에 있는 것은 아무것도 살아남지 못했다. 미리 벙커를 잘 만들어 놨던 브라우넬과 부하들은 무사했다. 새벽이 오자, 중공군은 시체만 잔뜩 남긴 채 북쪽으로 줄지어 도망갔다.

K중대King Company는 벙커 고지의 왕이었다.

5월 19일, 미 10군단장인 알몬드 중장의 명령에 따라 미 38보병연대 3대대는 위험하게 노출된 진지를 벗어나 남쪽으로 철수했다. 이는 군단 전투지경선을 강화하는 차원의 철수였다. 헤인스 중령과 브라우넬 대위는 벙커 고지를 포기하는 것이 너무나 아쉬웠다.

* * *

5월 21일, 알몬드 중장은 대규모 중공군의 공격에 루프너의 사단이 포함된 것을 알았다. 문이 크게 열리지만 문을 고정한 축은 견고하게 고정되는 여닫이문의 원리처럼 미 10군단은 중공군을 끝이 없는 구덩이로 몰아넣었다. 중공군은 계곡으로 몰려왔지만 탄약과 보급품이 떨어진 채 유엔군의 공군, 포병, 그리고 전차의 맹렬한 공격을 받아 산등성이에서 죽어나갔다.

중공군이 유엔군 전선 전체를 깨거나 전과를 확대할 가능성은 전혀 없었다. 중공군이 공격한 사단은 청천강에서 조우했던 그 사단이 더 이상 아니었다.

중공군이 저지되었고 힘이 빠져 흔들린다는 것을 안 알몬드 중장은 미 10군단에 역습을 명령했다. 알몬드는 밴 플리트 사령관에게 추가로 1개 사단과 미 187공수연대전투단을 투입해달라고 설득했고, 5월 23일에 미 2사단과 공수부대는 같이 북쪽으로 진군했다.

첫 공격에서 이제 주도권이 유엔군으로 넘어갔다는 것이 드러났다. 미 187공수연대와 72전차대대로 게르하트 특수임무부대^{Task Force Gerhardt}를 편성한 알몬드는 이 부대에 소양강을 향해 진격해 다리들을 확보하고 이동 과정에서 가능한 한 많은 중공군을 사살하라고 지시했다. 이 특수임무부대의 이름은 미 187공수연대장의 이름을 딴 것이었다.

중공군이 여전히 도로장애물을 이용해 방어하고 있었고 고지 사이에는 무장 병력이 있었지만, 벙커 고지 전투에 참가했던 주력은 총 퇴각 중이었다. 게르하트 특수임무부대가 퇴각하는 중공군을 추격하면서 철수하는 중공군이 궤멸되었다.

게르하트 특수임무부대는 버려진 보급품, 짐을 나르는 동물들, 탄약 사이를 굉음을 내며 통과했다. 그들은 불타는 마을과 전차포 사격이나 기총소사로 사망해 길가에 널브러져 있는 중공군 시신들 옆을 지나갔다.

소양강에 다다른 중공군은 무질서하게 달아났다. 5월 28일, 연합군이 인제를 함락했다.

전쟁 중 가장 극적인 방어 전투가 끝나기도 전에 강력한 역습을 실시한 미 10군단은 갑작스럽고도 급격하게 전쟁의 향방을 바꾸었다. 이제 중공군은 완전히 주도권을 잃었다. 설상가상으로 중공군은 회복이 불가능할 정도로 타격을 입었다.

중공군은 미 2보병사단을 상대로 10개 사단을 한 번 이상 투입시켰다. 5월 내내 미 2사단의 포병 사격으로 중공군과 인민군을 합쳐 6만 5,000명이 죽은 것으로 추산된다.

포병 사격을 받은 계곡 한 곳에서만 시신 5,000구가 나왔다.

5월 학살이 끝나자, 미 8군은 다시 북쪽으로 밀고 올라갔다.

올라가던 미 8군을 멈춰 세운 것은 포격이 아니라 회담의 결과였다.

제3부

실책
Blundering

제29장
정전회담
●

어떻게 되었을지를 가정해보는 것은 무의미해 보였다. 만약 계속 싸워 압록강까지 밀고 올라가라는 명령을 받았다면 그렇게 했을 수도 있다. 우리 정부가 사상자에 대한 비용을 기꺼이 부담했다면 우리는 그렇게 했을 것이다.

– 매슈 B. 리지웨이 장군

1951년 2월 1일, 유엔은 중공을 침략자로 규정했다. 그와 동시에 1950년 10월 7일에 제시했던 목표를 실질적으로 포기한 결의안을 통과시켰다. 유엔이 이런 목표를 평화적인 수단으로 달성해야 한다고 명시했었기 때문이다.

주 유엔 소련 대표인 야코프 A. 말리크Yakov A. Malik가 거부권을 행사해 안전보장이사회에서의 행동이 차단당하자, 유엔은 총회에서 찬성 44표, 반대 7표, 그리고 기권 9표로 다음 결의안을 채택했다.

"한국에서 적대행위를 중단하고 평화롭게 해결하겠다는 유엔의 제의를 중화인민공화국의 인민정부가 받아들이지 않고 있는 점 그리고 중공군이 한국을 침공하고 유엔군을 계속해서 대규모로 공격한다는 점에 주목한다.

[유엔총회]는 중화인민공화국 정부가… 한국에서 공격에 관여하고 있다고 본다.

[유엔총회]는 중화인민공화국 정부가 군대에 지시해… 한국에서 적대행

위를 중단하고… 그리고 한국에서 철수할 것을 요청한다.

[유엔총회]는 유엔이 한국에서 중화인민공화국의 공격에 맞서 계속 행동할 것임을 확인한다.

모든 국가들에게 한국에서 유엔의 활동을 계속 지원할 것을 요구한다.

모든 국가들에게 한국에서 침략자들에 대한 어떠한 지원도 거부할 것을 요청한다.

공동대책위원회를 구성하고 침략에 대한 추가적 대책을 강구할 것을 요청한다.

한국에서의 교전행위를 중지하고 평화적 수단으로 유엔의 목적을 달성할 수 있는 정책을 지속적으로 추진하며 유엔총회 의장은 2인을 지명해 이 목표에 매진토록 할 것을 요청한다.

유엔은 중공을 상대로 제재하거나 징벌 조치를 시행하는 것은 거부했다.

당시 한국에서 전술적 상황이 매우 좋지 않던 미국은 유럽의 동맹국들이 유엔의 행동을 지지한다는 것을 알고 트루먼과 맥아더의 갈등을 초래하게 될 전쟁 종식의 수단을 찾기 시작했다.

그러나 서구 세계가 평화를 논의하면서 공산주의 진영의 속마음을 떠보려 한 반면, 중공은 여전히 전장에서 유리한 결과가 나오기를 원했다. 중공이 넌지시 제시한 것은 남과 북이 자신들의 문제를 스스로 해결하도록 모든 외국 군대가 한국에서 철수하고, 대만에 대한 미국의 보호를 중단하며, 중공의 유엔 가입을 승인하라는 것이었다. 전략적으로나 정치적으로나 미국은 이 요구들 중 어느 하나도 받아들일 수 없었다.

3월부터 5월 초까지 한반도 중부를 오르내리며 치열하게 전투가 벌어지는 동안에도 이 문제는 여전히 처리되지 못했다. 북한 지역에서 승리를 거둬 고무된 중공군은 2월, 4월, 그리고 5월에 잇달아 유엔군을 상대로 대규모 공세를 펼쳤다.

그렇지만 중공군은 매번 참패했다.

1951년 5월 말, 중공군은 기동하기가 훨씬 유리한 한국의 중부와 남부에서 정면공격을 하는 것은 승산이 없다는 것을 깨달았다. 그러나 유엔군 사령부는 험준한 지형으로 둘러싸인 압록강까지 밀고 올라갈 의지를 전혀 갖고 있지 않았다. 만주를 차단하지 않는 한, 유엔군은 보급선이 길어져 보급에 제한을 받는 데 반해, 중공군은 자신들의 세력권 내에서 전투가 가능했다.

압록강에서 유엔군의 방어선은 650킬로미터나 되는데, 이는 38선 지역의 거의 네 배에 달한다.

1951년 봄, 유엔에서 중공을 상대로 한 정치적 조치를 취하기란 불가능했다. 제2차 세계대전이 끝나자마자 총선에서 패배해 수상직을 내려놓았지만 조만간 권력으로 복귀하게 되는 윈스턴 처칠[168]은 영국군과 미국군이 만주 일대에서 배회하는 것은 악몽이라고 말했다. 자신이 어떻게 육군 대장 직위에 올랐는지를 잘 아는 리지웨이는 워싱턴의 감독을 받는 것에 만족했다.

워싱턴은 한국의 분쟁에서 항복이 아닌 명예로운 해결책을 모색하고 있었다.

소규모 국지전으로 시작해 여기까지 온 한국전쟁은 여전히 국지전이었지만 대규모 전쟁이 되어 있었다. 그리고 이대로 간다면 한국전쟁은 전 세계를 피바다로 만들 기세였다.

5월 26일, 유엔총회 의장인 캐나다의 레스터 피어슨Lester Pearson은 전쟁을 끝내는 데 침략자들의 항복이 꼭 필요하지 않을 수도 있으며, 공산군의 침공이 끝난다면 유엔은 만족할 것이라고 발언했다. 6월 1일, 자신이 맡은 임무의 분위기를 완전히 이해한 트뤼그베 리 유엔사무총장은 인민군과 중공군이 공격을 시작한 38선 너머로 쫓겨났기 때문에 이제는 유혈

---

168 윈스턴 처칠은 1940년 5월 10일부터 1945년 7월 26일까지 전시 내각의 수상을 지냈다. 이후 1951년 10월 26일에 다시 수상이 되어 1955년 4월 5일까지 재임한다.

참상을 멈출 적절한 때라고 말했다. 그는 38선을 따라 휴전이 이루어지면 1950년 6월 25일과 27일, 그리고 7월 7일에 각각 채택된 유엔안전보장이사회 결의들이 이행된 것으로 볼 수 있다고 덧붙였다.

6월 2일, 딘 애치슨 미국 국무장관은 공개적으로 리 유엔사무총장의 의견에 동의했다. 애치슨은 실제로는 두 가지 문제가 있는데, 하나는 정치적인 것이고 다른 하나는 군사적인 것이라고 했다. 한국을 통일되고 자유로우며 독립된 나라로 만들겠다는 미국의 장기적인 정치 전략이 바뀐 것은 아니지만, 당장 워싱턴이 걱정한 문제는 앞으로 한국에서 전쟁이 재발하지 않도록 하면서 현 전쟁을 멈추는 것이었다. 상원 위원회의 빗발치는 질문 공세에 대한 답으로 6월 7일 애치슨은 38선을 기준으로 신뢰할 만한 휴전이 이루어진다면 미국은 이를 받아들일 수 있다고 말했다.

미국은 1950년 10월의 입장에서 1950년 6월의 입장으로 완전히 돌아서 있었다. 목표는 승리가 아니라 견제였다.

그리고 1951년 6월, 중공군이 한국에서 재앙이나 다름없는 상황에 빠지자 공산 진영의 생각도 바뀌었다. 중공이 무엇을 원하든 소련은 패배도 큰 전쟁도 모두 원치 않았다. 38선 근처의 서부를 제외하면 전선은 기존의 분계선 북쪽에서 형성되었다. 더욱이 공산군의 상황은 계속해서 나빠지고 있었다.

소련은 중공군이 남한에서 결정적인 승리를 거둘 수 없다고 보았다. 오히려 중공군은 느리지만 꾸준히 북쪽으로 밀고 오는 유엔군을 막을 수도 없었다.

극동에서 열전을 지속하는 것은 서방국가들의 신경을 자극해 나토 아래 유럽의 재무장을 서두르게 할 것이 명백했다. 서방국가들은 평화를 원하고 있었으나, 공산주의자들의 비타협적 태도가 지속되면 결국에는 서방국가들이 단합하게 될 것이었다.

공산주의자들은 힘으로 이길 수 없으면 협상을 준비한다. 만일 1951년에 공산주의자들이 유엔군의 진격을 대화로 막았다면 유동적이고 위험한 상황을 더욱더 안정시키면서 전술적인 승리를 얻었을 것이다.

인민군이 38선을 넘어 침공한 날로부터 거의 1년이 지난 1951년 6월 23일, 주 유엔 소련 대표인 말리크는 유엔에서 주목할 만한 연설을 했다. 말리크는 북한과 중공이라는 교전국을 위해서가 아니라, 모든 이들을 위해 조언하는 것이라고 했다. 그의 연설이 라디오를 통해 서방국가의 국민들에게 전달되었다.

그의 연설은 서구에 대한 상투적인 비난과 불평이 대부분이었다. 그러나 말리크는 다음과 같은 새로운 문구로 끝을 맺었다.

"한국에서 벌어지는 무력 분쟁이라는 문제는… 해결될 수 있습니다. … 첫 단계는 교전 당사자들 사이에 정전^{ceasefire} 그리고 38선에서부터 서로의 군대를 철수하는 휴전^{armistice}을 규정하는 회담이 개최되어야 합니다. … 한국에서 벌어지는 피비린내 나는 싸움을 멈추겠다는 진정한 열망이 있다면….

만일 주 유엔 소련 대표인 말리크가 한 말이 진심이었다면, 이는 소련이 분명히 유엔군사령부의 현재 목표에 동의한다는 뜻이었다.

주 유엔 미국 대표[169]는 말만 하지 말고 행동으로 보이라고 즉각 말리크에게 응수했다. 트루먼 대통령은 방송에서 미국의 입장을 다시 한 번 천명했다. 그리고 6월 30일, 리지웨이 대장은 유엔군사령관으로서 라디오 방송을 통해 한국에 있는 공산군 사령관에게 다음과 같이 말했다.

"나는 당신이 한국에서의 모든 군사행동과 적대행동을 중지하기 위해서 적절한 약속이 가능한 휴전회담을 원하고 있다는 정보를 갖고 있습니다."

전장에서 승기를 잡은 미군 지휘관이 콧대 꺾인 적에게 이런 발언을 했다는 것은 깜짝 놀랄 만한 일이었다. 이는 제2차 세계대전 동안 미국이 적국에게는 무조건 항복을 요구한다는 목표를 내세운 지 10년도 지나지

---

[169] 이 당시 주 유엔 미국 대표인 워런 오스틴(Warren Austin)이었다. 그는 1947년 1월 14일부터 1953년 1월 22일까지 6년 동안 대표직을 역임했다.

않아 일어난 일이다. 그러나 이는 미국이 전쟁이라는 문제를 외교적·정치적으로 달리 생각하기 시작한 새로운 시대가 열렸다는 뜻이었다.

그리고 같은 날, 미국과 대한민국의 좋은 관계는 어느 정도 손상을 입었다. 대한민국은 전란을 입고 국토가 분단된 채 휴전을 받아들일 수 없었다. 미국과 유엔이 주장하듯 평화적인 수단으로 한국을 통일한다는 목표를 계속 이어간다면 38선을 따라 형성된 교착상태는 한국이 두 동강이 난 채 수 세기 동안 분단 상태로 있을 수 있다는 뜻이었다.

이승만 대통령이 휴전을 통해 평화를 가져오는 데 반대한 것은 경제적인 이유나 국가적인 이유뿐만이 아니었다. 1916년부터 1917년까지 제1차 세계대전이 교착상태에 빠지자, 당시 유럽의 지도자들은 전쟁을 끝내는 것이 현명한 선택이라는 생각에 사로잡혔다. 이승만 대통령이 휴전에 반대한 것은 그런 이유 때문이었다. 대한민국은 온 힘을 다해 전쟁을 치르고 있었다. 그 결과, 대한민국은 황폐해졌고 인구 20명당 1명이 죽거나 다쳤다. 수많은 고아와 집을 잃은 사람이 폐허에서 헤매고 있었다.

이렇듯 엄청난 희생을 치렀는데 결국 이전 상태로 돌아가는 휴전이라니 연로한 대통령이나 국민들은 이를 참을 수가 없었다.

1951년 6월 30일 이승만 대통령은 성명을 발표했다.

대한민국이 제시하는 평화의 조건은 다음과 같았다.

중공군은 압록강 북쪽으로 철수해야 한다.
모든 북한 공산주의자들은 무장을 해제해야 한다.
소련과 중공은 북한에 무기 지원을 멈춰야 하며 유엔이 이를 보장해야 한다.
대한민국은 모든 결정에 참여한다.
대한민국의 주권과 영토의 보전을 침해하는 어떠한 합의에도 반대한다.

이후로 이승만 대통령은 그의 입장을 어떤 시각에서 보느냐에 따라 계속해서 애국자이거나 휴전을 막는 주요 훼방꾼이 되었다. 이승만 대통령은 결코 요구 사항을 바꾸지 않았기 때문에 유럽과 미국 모두로부터 계속해서 더 강한 압박을 받게 된다. 다수의 국가가 원하는 휴전을 방해하며 협박한 이 대통령은 공산주의에 저항하는 노련한 영웅의 모습이 옅어지면서 서방의 결정에 반하는 완고하고 독선적인 노회한 폭군의 모습으로 변해갔다.

그러나 실제로는 이승만 대통령도 대한민국도 어쩔 도리가 없었다. 유엔의 회원국이 아니며 미국이 제공하는 무기, 연료, 탄약, 그리고 경제 원조에 전적으로 의존하는 대한민국은 물리적으로 미국의 정책에 영향을 미칠 방법이 전혀 없었다. 원하든 원하지 않든, 이승만 대통령은 계속해서 미국의 꼭두각시로 남거나 죽는 것 말고는 다른 방법이 없었다.

양 국가 사이의 애정이 상당 부분 사라졌다. 서로 원하는 바가 달라진 지금 워싱턴도 서울도 서로를 완전히 믿지 않게 되었다.

인민군 최고사령관인 김일성과 중공군 사령관 펑더화이彭德懷는 1951년 7월 1일 회담에 동의한다고 라디오를 통해 알려왔다. 이때까지도 유엔군 정보참모부는 펑더화이라는 이름을 모르고 있었다. 다만 회담 장소는 리지웨이가 원했던 것처럼 해상이 아닌 개성이었다.

38선에서 남쪽으로 5킬로미터쯤 내려와 있는 개성은 당시 공산주의자들이 점령한 지역이었다. 서울 북쪽에 있는 개성은 한국의 서쪽을 남북으로 관통하는 주요 회랑이다.

기술적인 문제점을 깨닫지 못한 유엔군사령부는 회담 장소로 개성을 받아들였다. 유엔군사령부는 공산주의자들은 자신들에게 이익이 되지 않으면 어떤 것도, 심지어 휴전 장소조차도 제안하지 않는다는 것을 배우게 된다.

7월 8일, 제임스 C. 머레이James C. Murray 미 해병 대령, 잭 키니Jack Kinney 미 공군 대령, 이수영 대한민국 육군 중령이 유엔군사령부를 대표해 깨진 기와 조각으로 뒤덮인 개성 외곽의 찻집에서 공산군 장춘산 대좌를 만났다. 이들은 정전협정을 위한 회의를 7월 10일 11시 개성에서 개최하는 데 원칙적으로 합의했다.

리지웨이가 유엔군사령부 수석대표로 지명한 찰스 터너 조이[Charles Turner Joy][170] 해군 중장은 이날 문산리를 떠나면서 기자들에게 이렇게 말했다.

"유엔군사령부를 대표하는 우리는 이 회담이 전 세계에 얼마나 중요한지를 충분히 인식하며 개성으로 떠납니다. 우리는 유엔군사령부를 만족시키는 조건 하에 명예로운 휴전을 이끌어낼 수 있도록 우리의 역할을 성실하게 수행하겠습니다."

한국에서 싸우고 있는 17개 국가들은 현 전선에서 전투를 중지하고 38선 인근에 비무장지대를 설치하며 포로의 교환과 휴전을 감독할 국제기구의 설립을 핵심으로 한 조건에 합의했다.

반면, 미국 합동참모본부는 리지웨이에게 적과는 어떠한 정치 또는 영토 문제도 논의하지 말라는 분명한 지침을 주었다. 중공의 유엔 가입, 대만에 대한 영토 주장, 한국의 영구적 분단, 정치적 경계선으로서의 38선 등의 의제는 인정하지 않았다.

미국과 유엔의 입장에서 개성 회담의 유일한 목적은 유혈사태의 종식과 휴전을 감독하기 위한 기계적 장치를 만드는 것이었다. 그렇게 되면 평화로운 분위기에서 한국 상황의 정치적인 문제와 영토 문제는 전적으로 독립된 기구가 면밀히 조사할 수 있으리라 보았다.

미국인들, 심지어 애치슨 국무장관처럼 식견이 있는 사람들조차 슬프게도 다시 한 번 전쟁과 평화를 마치 칼로 무를 베듯 깔끔하게 나누려 했다.

로렌스 C. 크레이지[Laurence C. Craigie] 미 공군 소장, 헨리 I. 호즈[Henry I. Hodes] 미 육군 소장, 알레이 A. 버크[Arleigh A. Burke] 미 해군 소장, 그리고 백선엽 대한민국 육군 소장은 찰스 터너 조이 제독과 함께 대표단을 꾸렸다. 이들 모두는 군 지휘관이었다. 이들은 모두 외교관도 정치인도 아니었다. 이들은 많은 사람이 죽어가는 전쟁을 끝낼 군사협정을 만들기 위해 온 군인들이었다.

---

170 찰스 터너 조이 제독은 1955년에 『How Communists Negotiate(공산주의자는 어떻게 협상하는가)』를 출간했는데, 이 책에는 그가 정전협상 과정을 거치면서 깨달은 공산주의식 협상법의 실체와 교훈이 담겨 있다.

개성의 유명한 녹색 탁자 반대편에는 굉장히 유능한 공산주의자들이 자리를 잡았다. 수석대표인 남일南日 대장을 포함해 장평산張平山 소장과 리상조李相朝 소장이 북한을 대표해 나왔고, 중공군에서는 덩화鄧華 상장과 셰팡解方 소장이 나왔다. 이들 중 여러 명은 소련에서 대학을 졸업했고, 야전 군인은 하나도 없었다.

공산군 대표들은 모두 정치적 직위를 가지고 있었다. 협상장에서는 계급은 낮지만 전형적인 공산주의식 속임수를 쓰는 셰팡이 실제로는 공산군 측의 협상을 주도하고 있었다.

회담이 시작되고 얼마 지나지 않아 공산군 대표단은 사전에 제안된 정전 말고도 심지어 부엌의 하수를 버리는 것 같은 모든 것을 논의하려 한다는 것이 분명해졌다. 그들은 의제에 동의하지 않았다. 공산군 대표들은 터너 조이 제독이 '공산주의자'라는 단어를 사용한 것에 대해 격하게 반발했다. 개성에는 '공산주의자들'은 없으며 오직 인민군과 인민지원군이 있다고 했다. 반면 공산군 대표단은 '살인자 이승만'과 '꼭두각시 대만' 같은 단어들을 매우 자유롭게 사용했다.

당시 유엔군 대부분은 38선 이북에 진주해 있었고, 실제로 38선이 방어가 거의 불가능한 선이라는 것이 이미 증명되었는데도 공산군 대표단은 반드시 38선을 새로운 경계선으로 해야 한다고 주장했다. 또한 공산군 대표단은 유엔군사령부가 한국에서 교전을 즉시 멈추지 않는다면 휴전을 논의할 수 없다고 한 반면, 국제적십자위원회가 북한 포로수용소를 점검하도록 허가해달라는 유엔군의 요구는 즉각 거부했다.

당시 38선 남쪽에서 유일하게 공산군의 수중에 있는 장소인 개성을 회담 장소로 선택한 것부터 유엔군 협상단이 공산군 점령지에 들어올 때 마치 항복하러 오는 것처럼 백기를 들게 한 것, 조이 제독의 의자를 남일의 의자보다 현격히 낮게 한 것까지 자신들에게 유리할 수만 있다면 아무리 사소한 것이라도 그냥 넘기는 법이 없었다.

유엔군사령부는 정전회담을 방해하지 않으면서 휴전이라는 목표를 위해 할 수 있는 최선을 다해 싸우기 시작했다. 이들은 합의는 추후에 이루어지더라도 살상을 명예롭게 중지시키기 위해 성실히 회담에 임했다.

회담의 비극은 공산주의자들이 자신들이 패하고 있던 전장에서 자신들이 이길지도 모를 회담으로 전쟁의 무대를 옮기려고 했던 것에서 비롯되었다.

유엔은 진심으로, 아니 거의 필사적으로 평화를 열망했다. 협상단이 마주한 것은 괴롭힘과 신랄한 모욕, 첫 회의 이후 계속되는 회담의 끝없는 중단뿐이었다.

7월 8일, 잭 키니Jack Kinney 대령과 장평산 대좌가 첫 번째 본회의를 열기로 합의하자 전 세계는 기쁨을 감추지 못했다. 유일하게 미국 정부만이 이런 열광적 반응에 차분하게 대응하려 했다. 이날 《뉴욕 타임스》는 "워싱턴은 전투가 몇 주 더 계속될 것으로 예상한다"고 보도했다.

미국도 정확한 예측을 하지 못했다. 본회담이 무려 159번이나 열리고 실제 휴전이 이루어지기까지 2년 넘게 말싸움을 하리라고 누구도 감히 예상하지 못했다.

회담을 성공시키려는 열망으로 가득한 터너 조이 제독은 이렇게 말했다. "당신들이 시간을 낭비하지 않도록 준비해오지 않으면 당신들 자신과 당신들을 의지하는 사람들의 손해입니다. 당신들은 시간이 소요되는 만큼의 대가를 치를 겁니다."

그러나 1951년 여름, 한국에 있는 공산주의자들에게도 무엇보다도 가장 필요한 것이 시간이었다.

즉각 평화가 올 것이라는 기대에 빠진 유엔군이 공세를 멈춘 30일 동안 공산주의자들은 운명적인 시간을 벌었다.

진전의 대가란 때로는 비싼 법이다.

* * *

개성에서 시작된 정전회담은 유엔군의 요구에 따라 그 장소를 개성에서 동쪽으로 16킬로미터 떨어진 중립지대에 있는 판문점으로 옮겨졌다.

정전회담이 시작되자 한국전쟁이라는 장기판에서 벌어지는 모든 작전은 한쪽 눈은 전투가 벌어지는 전선에, 그리고 다른 한쪽 눈은 정전회담장에 두고 이루어지게 된다.

유엔군사령부는 이내 곤란해졌다.

유엔군은 평화를 원했다. 유엔군에 참여한 국가들이 평화를 원했기 때문이다. 공산주의 세계는 비록 매일같이 방해하기는 했지만 대화할 의사가 있었다. 대화가 이루어지는 한 언젠가는 평화가 오리라는 희망이 있었다.

윈스턴 처칠은 이렇게 말했다. "장황하게라도 말하는 것이 전쟁보다 낫다."

그러나 전장에서는 양측이 사거리 안의 상대를 겨냥한 상황이 계속되었고, 정리된 것은 아무것도 없었다. 전쟁은 완전히 끝날 수 없었다.

유엔군사령부는 전장에서의 승리를 더 이상 갈구하지 않았다. 유엔군사령부는 방어가 불가능하지 않은 현 전선을 고집하면서도 38선 부근을 가상 경계선으로 하겠다는 입장도 가지고 있었다. 이제 앞으로 적을 타격해서 큰 성과를 얻더라도 이는 오히려 손해이거나 회담에 별 도움이 안 되는 것이었다. 리지웨이와 밴 플리트, 그리고 워싱턴은 무의미하게 목숨을 잃는 것을 원치 않았다. 하지만 워싱턴의 압박을 받으면서도 리지웨이와 밴 플리트는 부하들이 침체되는 것을 가만히 앉아서 지켜만 보려 하지는 않았다.

여름이 깊어갔지만, 정전회담은 진척이 없었다. 공산군 대표들은 회담을 영원히 지연시키려 갖은 애를 다 쓰는 것처럼 보였다. 이들은 전쟁의 많은 부분을 정전회담 탁자로 옮겨와서 예전에 그랬듯 매우 행복하게 이 탁자 위의 전쟁을 치르고 있었다. 그러나 무력을 사용할 때가 오면 자신들이 벌어놓은 시간을 유용하게 쓸 것이다.

여름이 깊어가면서 세계의 희망도 천천히 시들어갔다. 전장에서는 또 다른 싸움이 다가오고 있었다. 녹색과 진흙으로 뒤덮인 한국의 봉우리들에서는 전쟁이 여전히 끝나지 않다. 새로운 그리고 끔찍한 국면이 이미 시작되었다.

제30장
피의 능선

●

이 고지를 점령하는 것은 병력 1만 명의 가치가 있다.
– 1916년 유럽 서부 전선에서 한 프랑스 장군이 남긴 말

그 개자식 참 관대하군, 그렇지 않은가!
– 위의 말을 남긴 프랑스 장군 휘하에서 맨 먼저 돌격한 대대장이 남긴 말

유엔군사령관 매슈 리지웨이 대장이 공산군과 정전 조건을 논의하겠다는 방송을 한 1951년 6월 30일, 사실상 모든 면에서 한국전쟁은 끝났다. 그 끝은 교착상태였다.

북한의 침략과 중공의 새로운 개입은 막대한 대가를 치르고 봉쇄되었다. 침략자들은 매번 놀랄 만한 피해를 입었으나 아무런 이익도 얻지 못했다.

승리라는 목표를 버린 미국은 계속되는 전쟁에서 얻을 것이 없었다. 미국은 한국에 개입하면서 대한민국을 구한다는 본래 목적을 달성했다.

공산 진영은 영토도, 재물도, 사람도 전혀 얻지 못했다. 다만 미국 군대에 대항하고 유엔에 도전함으로써 어느 정도 성공을 거둔 중공은 의심할 여지 없이 강대국의 위치에 가까워졌다. 비록 중공이 도덕적인 문제에 얽혀 있기는 했지만, 서구로부터 굴욕을 당하던 아시아 사람들 사이에서 중공의 위신이 올라갔다.

1840년 이후 계속해서 열강으로부터 괴롭힘을 당하고 굴욕을 받아온 나라가 세계를 상대로 싸워서 무승부를 이끌어냈다. 아시아인이 갖는 중

국과의 연대감을 미국인들은 전혀 이해할 수 없었다. 이는 대만 국민당 군대의 웨Weh 대령이 남긴 말에 전형적으로 나타난다.

"우리는 라디오를 들었다. 공산주의자들이 미국인들을 물리치고 있었다. 방에 있던 우리 모두는 장제스와 여러 해 동안 함께 싸운 장교들이었다. 우리들 대부분은 평생 공산주의자들과 싸웠다. 우리 중 한 명은 공산군에 붙잡혀서 고문을 받기도 했다. 공산주의가 승리한 세상에서 우리를 위한, 우리 가족들을 위한 자리는 없었다.

공산주의자들이 승리하는 것은 우리들에게 매우 나쁜 일이었다. 그러나 우리는 한국에서의 참사 소식을 들으면서 매우 기묘한 감정을 느꼈다. 그것은 분명 행복한 느낌이었다. 나는 미국인들에게 이 감정을 어떻게 설명해야 할지 모른다."

공산주의자를 뼛속에서부터 증오하는 웨 대령이 계속 말했다.

"미국인들이 중국인들에게 지고 있다. 미국인들이 중국인들에게 지고 있다."

중공은 당장 이 전쟁에서 승리하지는 못하지만 대부분의 아시아인이 공유하는 이런 감정을 극대화하기를 원했다. 중공이 유엔군을 궁지에 모는 한, 중공은 아시아에서 어마어마한 위신을 얻기 마련이었다.

미국 정부는 일부분 지나치게 순진했고 아시아의 공산주의를 제대로 이해하지 못한 채 정전회담에 나섰다. 이 때문에 1951년 6월 이후로 교착상태에 빠진 한국전쟁은 그 뒤로 2년도 넘게 지속되었고, 이 기간 동안 개전 후 1년간 발생한 사상자 수의 절반이 죽거나 고통을 받아야 했다.

* * *

1951년 7월 30일, 개성에서 열린 제14차 본회의에서 유엔군과 공산군은 협상이 진행되더라도 교전은 계속한다는 데 동의했다.

그러나 한국의 정치적 현실이 군사적 상황에서 벗어나 달라지기 시작하고 미군의 좌절감이 커지기 시작한 것은 바로 이 시간 이후부터였다.

이후로 전쟁이 끝날 때까지 국제적으로나 국내적으로 정치적 고려가 모든 군사작전에 영향을 끼치게 된다.

전장에서 적과 마주한 군대는 위험을 각오할 때만 마음을 놓을 수 있다. 아무리 강력하게 지휘하더라도 훈련, 육체적 적응, 그리고 사기는 즉각적이고 점진적으로 질이 떨어진다. "총검으로 할 수 없는 것은 총검 위에 올라앉는 것"이라는 탈레랑Charles-Maurice de Talleyrand[171]의 말은 변치 않는 진실이다.

승리를 목표로 싸울 의지도 없으나, 그렇다고 장황하게 말을 늘어놓다가 몇 번이고 철회하는 공산주의자들의 종잡을 수 없는 평화의 비둘기를 잡을 능력도 없는 미국 지휘관과 정부 고위인사들은 좌절 속에서 발버둥쳤다.

한국전쟁의 상황은 장군들을 힘들게 만들었다. 한국전쟁의 상황은 미군의 전통적인 지휘 지침과 정반대였으며, 과거부터 믿고 실천하라고 가르쳐왔던 모든 것과 어긋났다. 새로운 명령은 이런 식이었다.

"계속 싸우되 그렇다고 너무 열심히 싸우지는 말라! 지지 말되 이기지도 말라! 외교관들이 그럭저럭 해나갈 동안 전선을 유지하라!"

설령 잘못되더라도 확실하고 신속하게 행동하라고 배워온 사람들이 이런 지침을 이행하기란 정말 어려웠다.

그러나 이는 포탄 자국이 나 있는 더러운 고지를 따라 참호를 판 소총수와 전차병, 그리고 화기분대가 이행하기 훨씬 더 어려웠다. 이제 이들은 왜 땅을 파서 참호를 만들어야 하는지 그리고 왜 죽어야 하는지 전보다 더 잘 이해할 수 없었다. 이들은 언제라도 전쟁이 끝나기를 바라면서 한쪽 눈은 개성이나 판문점을 계속 바라보았다. 고지를 지키거나 탈취하라는 명령은 제한적이라는 것을 알았다. 어떤 용감한 말이나 행동도 전쟁의 결과에 전혀 영향을 미치지 못하리라는 것을 마음으로부터 느끼고 있

---

171 탈레랑: 18세기 프랑스의 정치가이자 외교관.

었다.

불합리한 이유로 목숨을 내놓을 사람은 결코 없다. 전쟁에서 살아남은 사람에게는 명예가 아니라 오직 빈정거림이 있을 뿐이다.

캔자스 라인Kansas Line[172]으로 불리는 선을 따라 참호를 파고 들어앉은 미 8군은 영원히 빈둥대고 있을 수 없었다.

6월에 전진이 멈췄을 때는 사전에 세심하게 계획된 전선이 없었다. 전 전선에 걸쳐 부풀어 오르고 눈에 띄게 튀어나온 곳도 있었고, 누가 점령했는지 확실치 않은 곳도 있었다. 군사적 관점에서 볼 때 이런 곳들은 손 댈 필요가 있었다. 미 8군이 점령한 많은 곳들은 지형적으로 불리했다.

개성에서 회담이 늘어지면서 유엔군사령부는 적이 교묘하게 시간을 번다는 것을 확신하게 되었다. 유엔군 지휘관들은 적을 적절하게 압박하는 것이 도움이 된다는 데 동의했다. 극동사령부의 결정을 워싱턴이 승인했다.

8월 1일 무렵, 유엔군은 공산군을 압박할 준비가 되었다. 압록강까지 치고 올라가거나 또는 전선에서 새로운 기동전을 펼칠 뜻은 전혀 없었다.

새로운 공격 작전들은 어떤 곳에서는 고지를 점령하고 다른 곳에서는 튀어나온 곳을 없애거나 또는 적의 관측소를 포격한다는 제한된 목표로 제한된 지대에서 이루어질 예정이었다.

이 공격 작전은 휴전회담에 성실히 임하도록 적을 압박하는 동시에 미 8군의 긴장을 유지한다는 또 다른 두 가지 목표도 있었다.

그 당시 상황에서 이는 야심 찬 계획도 그렇다고 비이성적인 계획도 아니었다. 정책은 제지를 받았고 제한적이었다.

유일하게 제한을 받지 않은 것은 사상자 수였다.

---

172 캔자스 라인: 리지웨이 장군이 1951년 3월 말에 설정한 방어선이다. 임진강에서 시작해 강원도 화천을 지나 양양까지 38선에서 약 20킬로미터 북상한 지점을 잇는 선이었다. 캔자스 선보다 조금 북쪽에는 전곡-연천-철원-화천 저수지를 잇는 와이오밍 선(Wyoming Line)도 설정했는데, 이는 유엔군의 공세가 캔자스 선을 넘어 더 북쪽으로 올라가는 것을 제한하기 위한 선이었다.

$* * *$

민주주의 사회라면 구성원 모두가 희생을 고루 나누어야 한다는 이상을 신봉한다. 그러나 전쟁에서는 이것처럼 어려운 것이 없다.

군인이라면 짐을 골고루 나누어질 수 없다는 것을 안다. 한 병사는 한국으로 파병되었다. 같이 복무하던 다른 병사는 한국으로 파병되지 않았다. 어떤 미군 부대가 극동에서 죽어갈 때 다른 미군 부대는 분노에 찬 총성을 한 번도 듣지 않은 채 유럽사령부에서 훈련을 받았다.

군인이라면 왜 이럴 수밖에 없는지 알고 있다. 그리고 이것을 받아들인다. 그렇지만 자기도 공평한 기회를 가졌으면 좋겠다고 생각하게 마련이다.

전투가 끝나지 않는 현대전에서 전투부대가 끊임없는 전투에서 벗어날 수 있는 경우는 세 가지 경우뿐이다. 전사 또는 부상, 정신이상, 부대 교대이다. 현대전에서는 겨울에 전투를 쉬는 경우도, 추수철까지 철군하는 경우도 없다. 한국에서는 1951년 초까지 수많은 부상병들이 다시 전투에 투입되었다. 부상을 당하지 않은 수많은 군인들도 매일 그리고 다달이 목숨을 걸었다.

1951년 봄이 시작될 때에는 금방 끝날 것 같았던 전쟁이 끝나지 않자, 미국 정부는 군인들의 부담을 고르게 나눌 방법을 고려하기 시작했다. 자유 사회에서 소수에게만 모든 부담을 지라고 요구하는 것은 분명 공정하지 못하기 때문이었다.

전선에 배치된 군인들 사이에서 부대 교대 정책에 대한 소문이 퍼지기 시작했다. 휴식rest과 회복recuperation의 머리글자를 딴 R&R은 이전부터 이미 시행 중이었다. 군인들은 일본에 가서 5일간 R&R을 즐겼다. 많은 군인들은 위험과 고된 일이 끊이지 않는 전선을 떠나 도쿄행, 요코하마행, 또는 교토행 비행기를 탔다. 이들은 수척하고 면도도 하지 않은 얼굴에 휘둥그레 쳐다보며 서울을 비롯한 한국 여러 곳에서 비행기에 올랐다. 닷새 뒤, 이들은 잘 쉬고 목욕을 하고 원기를 회복하고 돌아왔다. R&R은 군인들에게 기대감을 주었다. 이는 다른 어떤 것도 따라올 수 없는 사기 부양책이었기 때문이다.

얼마 지나지 않아 한국에서의 압박이 완화되자, 일본으로 간 병사들은 R&R을 성행위intercourse와 중독intoxication로 알려진 I&I로 타락시켰다. 힘든 전투를 몇 주 또는 몇 달이나 치르다가 휴양을 위해 전장을 벗어난 군인들은 문제를 일으킬 여력도 없었다.

몇 달이고 계속되는 더러운 생활과 초조한 단조로움에서 벗어난 군인들은 무엇인가 다른 것을 찾게 마련이다.

그러나 R&R은 그때도, 나중에도 미봉책에 지나지 않았다. 곧 본국으로 돌아가는 부대 교대 이야기가 나왔다.

5월 1일, 무뇨즈 대위의 상관인 미 2사단 군수참모는 무뇨즈를 부르더니 이렇게 말했다. "프랭크, 자네 집으로 가게 되었어!"

무뇨즈는 미 2사단에서 귀국하는 두 번째 장교가 되었다. 첫 번째 대상자 명단에는 장교가 한 명뿐이었는데, 그 기회를 잡은 이는 수훈무공훈장Distinguished Service Medal을 받은 사람이었다. 어떤 장교보다도 보병으로서 더 많이 전선을 지킨 그였지만, 그는 은성훈장을 탔을 뿐이었다. 무뇨즈는 두 번째 기회를 잡았다.

무뇨즈는 소양 지역에서 부산으로 가서 미국으로 향하는 '제네럴 M. M. 패트릭General M. M. Patrick' 호를 탔다. 항구에 도착한 지 몇 시간 후 무뇨즈는 투산Tucson으로 가는 비행기에 올랐다. 프랭크 무뇨즈의 전쟁은 끝났다.

신병들이 교대하면서 한국 곳곳으로 일찍 파병된 소수의 사람들이 고향으로 돌아가기 시작했다.

점수제가 자리를 잡았다. 한국에서 임무를 마치고 귀국하려면 36점이 필요했다. 전선에 있으면 한 달에 4점을 얻었다. 전방 포대부터 뒤로는 연대 본부에 이르기까지 어든 상관없이 전투지대에 있으면 3점을 받았다.

한국에만 있으면 일단 2점은 받았다. 이 말은 후방제대와 전투근무지원부대는 18개월마다 교대된다는 뜻이었다. 전차병은 10개월이 걸렸고,

보병은 보통 1년 안에 교대되었다.

그 당시 왜 싸우냐는 질문을 받았다면 미군 중 많은 수는 "시간을 채우기 위해서"라고 답했을 것이다. 점수제는 장점도 컸지만 문제도 많았다. 누구도 30점을 얻기 위해 목숨을 걸려 하지 않았다.

이후로 지휘관들은 점수가 높은 병사들을 관리하느라 두고두고 골치가 아팠다.

충분한 점수를 얻은 병사들 중에는 본토로 돌아가지 않은 사람들도 있었다. 한국에 하사로 왔던 제임스 마운트는 의무병과에서 소위로 진급하게 되었다. 임관하면서 그는 11월까지 한국에 머물러야 했다.

한국전쟁이 일어난 이후로 길고도 고통스러운 전쟁을 치른 어떤 대령은 한국을 곧 떠나게 되어 있었다. 한국을 떠나기 바로 전날 밤, 그는 준장으로 진급했다. 장군 계급장은 그동안 한국에서 했던 고생의 대가처럼 느껴졌다. 그러나 장군으로 신분이 바뀌면서 새로운 교대자 명단에 자기가 올랐다는 것을 안 순간 그런 느낌은 싹 사라졌다. 이제 그는 극동에서 복무한 경험이 가장 적은 새내기 장군이 되었다. 그동안 헌신적이었으나 준장이 되어 남긴 소견은 신랄하면서도 진심이 담겨 있었다.

정전회담이 시작된 이후로 한국에 있는 모든 미군의 관심은 집에 돌아가는 데 있었다. 다른 생각을 하기 어려웠다.

교대가 이루어지면서 육군의 모습도 바뀌었다. 이제 한국에 오는 미군 중 다수가 예비군, 주방위군, 신병들이었다. 농장이나 직장에서 일하다가 소집명령을 받은 사람들이 점점 더 많아지면서 전선 부대들 대부분에서 현역의 비율은 40퍼센트 혹은 그 이하로 떨어졌다. 그 당시 그리고 그 뒤로도 새로 한국에 온 장병들 중에서 열정이 있는 이들은 거의 없었다.

미국인들이 한국전쟁에 대해 가졌을지도 모를 열정이 무엇이든 간에 그것은 청천강 일대에서 사라졌다.

열정의 부족보다 더 나쁜 것은 교체된 병력이 신병이었다는 점이다. 이런 종류의 전쟁을 치르는 데 필요한 교훈은 오직 한국에서만 배울 수 있었다. 몇 달 만에 미국 육군의 모습이 바뀌었다. 변화는 장군들이 느끼는 것보다도 훨씬 더 컸다.

새로운 문제들은 피할 수 없었다. 그러나 이 상황에서 문제가 생긴다는 것은 주목할 만한 일이 아니었다. 주목해야 할 것은 준비도 되어 있지 않았으며, 냉정하고, 이 전쟁을 증오하기 시작한 사회에서 온 신병들이 잘 해냈다는 것이다.

* * *

7월 1일, 중공군과 인민군을 합쳐 75만 명의 공산군이 50만 명의 유엔군을 상대로 전선에서 대치했다. 중공군도, 인민군도 변화했다.

공산군 정예 부대는 낙동강에서 임진강으로 그리고 임진강에서 소양강까지 오는 동안 격멸되었다.

최근에 징집된 교대병들이 산을 따라 내려왔다. 논과 마을에서 강제로 끌려온 그들은 훈련도 되지 않았다. 일부는 무기도 없었고, 군복도 제대로 입지 못했다.

그러나 그들은 전쟁에 익숙하지는 않았어도 고된 일과 고생에는 어릴 때부터 익숙했다. 그들은 땅을 파라는 명령을 받았다. 동해부터 서해에 이르기까지 그들은 깊숙이 굴을 팠다. 산 후사면에서 굴을 파고 들어가서 전사면으로 포진지를 만들었다. 1개 중대가 안전하고 따뜻하게 야영할 수 있을 만큼 커다란 벙커도 팠다. 얼마나 깊이 팠는지 보통 포나 기관총으로는 뚫을 수 없었다.

벙커, 참호, 그리고 사격진지를 팠다.

한 곳을 마치면 뒤로 가서 새로운 방어선을 또 팠다. 하나 넘어 또 다른 방어선이 북으로 뻗었다. 이들이 판 방어선은 세계의 어느 누구도 본 적이 없는, 제1차 세계대전 때 팠던 방어선보다 열 배는 더 깊었다.

이들이 판 진지는 핵폭발에도 견딜 수 있었다. 공산군 지휘관들은 핵폭발에도 견뎌야 한다고 생각했다.

산을 움푹하게 파내고 새로운 중공군과 인민군 훈련이 시작되었다. 이들은 고참 병사들이 실전을 통해 배운 모든 전투 비결을 익혔다. 무서운 미 공군이 무력해지는 밤에 이동하고 공격하기, 임진강과 소양강을 건너며 비싼 대가를 치르고 알게 된 대로 계곡을 따라 성급하게 내려가지 않기, 자기가 드러내려 할 때까지는 적에게 보이지 않고 은신하기 등이었다.

압록강을 건너 힘들여 한국에 처음으로 들여온 빛나는 새 무기의 사용법도 배웠다. 발사관마다 키릴 문자가 새겨진 엄청나게 많은 포에 탄을 장전하고 조준한 뒤 사격했다. 신병들은 정찰을 나가 조용히 효과적으로 움직이는 법을 배우며 피 맛을 배웠다. 1951년 여름부터 몇 달 동안 중국과 한국 출신의 강인하고 땅딸막한 소농의 자식들은 전쟁을 배워나갔다.

공산군에는 교대가 없었다.

* * *

맥아더가 극동사령부를 계속해서 증원해야 한다고 압박하던 2월에 워싱턴은 맥아더에게 한국인 20만~30만 명을 무장시키고 훈련하는 것을 승인했다.

한국인 10만 명 이상이 군에 복무하고 있었다. 이들 말고 다른 한국인 수천 명은 카투사로서 또는 노무자로서 미군과 함께 싸웠다. 카투사는 미국이 조용히 포기한 계획이었다. 한국과 미국 사이에는 넘을 수 없는 문화 차이가 있었기 때문에 이들을 미군과 한국군을 짝지어 배치하는 2인 1조 전우조 제도에 이용하거나 조수로는 쓸 수가 없었다.

미군 대대들과 중대들은 이발사부터 잡일꾼까지 부대마다 알아서 한국 사람을 고용했다. 이렇게 일하는 사람들은 한국 돈으로 급여를 받았고, 미 육군이 제공하는 식량을 배급받았다. 그들은 속해 있는 부대의 전투력을 높이는 데는 별 도움이 되지 않았지만, 빨래 문제를 해결하는 데는 크게 도움을 주었다.

미국의 정책 입안자들은 미국이 궁극적으로 한국에서 떠나는 날이 오기를 여전히 기대하고 있었다. 그리고 두 번 만신창이가 된 대한민국 육군은 다시 한 번 재건되어야 했다. 강인하고, 참을성이 많으며, 산골 구석구석까지 퍼져 농사를 짓는 한국인 남자들은 군을 채우기에 충분히 많았다. 미국은 제2차 세계대전을 치르면서 남은 무기, 식량, 그리고 이들에게 줄 돈을 쉽게 공급할 수 있었다.

한국도 미국도 충당할 수 없었던 것은 리더십이었다.

40년 동안 물을 긷고 나무를 베던 나라에서 하룻밤 사이에 교육을 받은 훌륭한 장교들을 배출시킬 수는 없었다. 미약한 대한민국이 그나마 보유한 장교들은 1950년 한강 이북에서 대부분 전사했다.

한국군 장교 수천 명이 미국 조지아 주의 포트 베닝에 있는 미 육군보병학교나 오클라호마 주의 포트 실에 있는 미 육군포병학교로 유학을 떠났다. 그러나 이 군사학교들은 신속하게 충분한 수의 장교를 교육시킬 수 없었다.

장교 자원의 부족 말고도 다른 문제가 있었다. 한국군에서 진급은 정치적일 때가 많았다. 이는 민주적이지 않은 사회에서 흔한 일이었다. 미개한 사회의 정치인들은 믿을 수 없는 장군을 원치 않았다. 정치인들은 유능하지만 자신들에게 반대할 수 있는 가문이나 일당에 속할 수도 있는 장군이 아니라 믿을 만한 장군을 선호했다.

중국의 영향을 받았지만 아시아의 비공산권 국가들 대부분에서 군대는 온정적이었다. 한국 육군의 규율과 처벌 규정은 대부분 일본 제국 육군으로부터 물려받은 것으로 가혹했으나, 그것은 주한 미국 군사고문단 장교들을 끝없이 골치 아프게 만든 또 다른 형태의 온정주의였다.

한국군 장군은 한 달 봉급으로 6만 원을, 병사는 3,000원을 받았다. 원달러 환율이 4,000원에서 6,000원을 오르내렸지만 이 봉급으로는 한국 군인 중 누구도 가정에 충분한 것을 제공해줄 수 없었다. 봉급에는 3,165칼로리의 미군 배급 식량과, 생선 통조림, 비스킷, 보리, 해초, 쌀, 그리고 차가 포함되어 있었다. 그러나 군인의 가족도 먹고 살아야 했다.

당장 탄약을 전선으로 실어 날라야 하는데도 한국군 사단 소속의 트럭들은 후방에서 부양가족들을 위한 땔감을 나르거나 또는 사단 복지자금을 만드는 데 전용되었다. 휘발유는 으레 시장으로 사라지기 일쑤였다.

미 군사고문단은 5000년 된 동양의 관행을 상대로 이길 수 없는 싸움을 했다. 중국 공산당은 국민당군 장군들의 은탄환 전통—중국의 장군들은 납이 아니라 팔아먹을 수 있도록 은으로 만든 탄환을 사용하는 오랜 전통을 가지고 있었다—을 하룻밤 만에 깨버리고 광둥廣東에서 셴양瀋陽을 거쳐 수송되는 보급품을 훔치거나, 손대거나, 사적으로 전용하지 않았다. 미 군사고문단원 중 대부분이 이런 중국 공산당을 씁쓸하게 존경했다는 것은 인정해야 한다. 그러나 모든 혁명가들이 그렇듯 중국 공산당의 청교도적 수단을 미 군사고문단에 적용할 수 없었다.

중공군에서 총살은 매우 쉬운 일이었다.

미 군사고문단은 내부적으로도 어려움이 있었다. 전통적으로 다른 나라를 가르치는 나라는 최고의 인재를 보내야 하지만, 고대 아테네부터 1950년 미국에 이르기까지 세상에 그런 나라는 없다. 한국에서 군사고문으로 근무한다는 것은 명성도 없고, 진급도 안 되고, 영광을 누릴 일도 아니었다. 미 육군은 이렇게 한국으로 보낸 장교들을 잊어버렸다. 군사고문 근무를 피할 수 있었던 대부분의 장교들은 식사, 친교, 그리고 승진의 기회가 훨씬 더 많은 미군 부대에서 근무하는 것을 선호했다.

불행한 일이기는 하지만, 군사고문단 장교들 중 일부는 대한민국 육군의 미래보다는 한국인 '색시'에게 더 많은 관심을 가졌고 토요일 밤이면 술을 마시러 서울로 달려갔다.

그러나 이런 뿌리 깊은 문제들에도 불구하고 대한민국 육군의 규모는 날로 늘어났다. 결국 대한민국 육군은 60만 명까지 늘어나 한국 전선의 3분의 2를 담당하며 전체 사상자의 3분의 2 이상이 대한민국 육군의 몫이었다.

대한민국 육군은 공병과 통신 같은 전투지원 병과에서는 여전히 약했다. 한국은 훈련된 군인을 키워내지 못했다. 뿐만 아니라 포병도 약했다. 전차는 전혀 없고, 공군도 거의 없었다.

대한민국 육군은 미국이 주문해 일본에서 만들어 수송해온 장비에 의존했고, 식량을 제외한 탄약, 연료, 그리고 모든 보급품을 전적으로 미국에 의존했다.

미국은 대한민국이 스스로를 지킬 수 있는 군대를 만들기를 원했다. 그렇다고 이 군대가 지나치게 독립적이어서 독자적인 길을 걷거나 이승만이라는 지도자를 따르는 것을 원하지는 않았다.

전쟁이 길어지면서 대한민국 육군은 이승만 대통령이 말했듯이 피의 대가로 얻은 "51퍼센트의 주식을 갖게" 된다.

그러나 유엔과 미국 관리들은 전쟁이 끝날 때까지도 다수를 차지하는 한국인들이 결정권을 행사하도록 절대 허락하지 않으려 했다. 이 점에서는 유엔과 미국은 의견이 정확하게 일치했다.

* * *

미 육군 헤이든 L. 보트너 준장Brigadier General Haydon L. Boatner은 1951년 8월에 한국에 왔다. 미 8군이 반박할 수 없는 군사적 타당성에 의거해 중공군과 인민군이 유엔군을 압박해오기 전에 먼저 제압하기로 결정한 때였다.

보트너가 '황소'라는 이상한 별명으로 불렸던 텍사스 A&M 대학의 학생군사교육단장 직을 떠나 피의 능선까지 오는 데 4일 반나절이 걸렸다.

루이지애나 주 출신인 보트너는 군인 집안에서 태어난 직업군인이었다. 미국 장군 사회의 세습적 경향을 두고 계급사회를 우려하는 사람들도 있으나, 군인의 아들이 군인이 되는 것은 변호사의 아들이 변호사가 되거나 디트로이트에서 포드 사의 후손이 자동차를 만드는 것보다 희귀하거나 통탄할 일은 더 이상 아니다.

가족 소유의 기업이 대체로 잘 경영되는 것처럼 장군의 아들이었던 더글러스 맥아더나 한국전쟁에서 실종된 밴플리트 장군의 아들은 아버지만큼 훌륭한 군인이었다.

개방되어 있고 유능하다면 계급제도는 나쁘지 않다.

헤이든 보트너는 1924년에 미 육군사관학교를 수석으로 졸업했다. 그는 1928년 극동으로 가서 중국 주둔군으로 오랜 경력을 쌓기 시작했다. 젊고 활발했던 보트너는 중국행 배에서 중국어 공부를 시작했다. 텐진天津의 구 15보병사단 기마정찰대에 보직된 뒤로도 보트너의 중국어 공부는 계속되었다.

2년 뒤 베이징으로 보직을 옮긴 보트너는 복음선교언어학교Evangelical Missionary Language School에서 중국어로 논문을 써서 석사학위를 받았다. 그가 쓴 논문은 당연히 전쟁을 주제로 다뤘다. 17세기 만주족의 중국(명나라) 침공이 보트너의 논문 주제였다.

1942년, 노련한 중국통인 보트너는 결국 스틸웰Stilwell 중장의 참모로 버마에서 보직을 맡았다. 여기서 그는 동기생 중 처음으로 준장으로 진급했고, 중국에 있는 일본 육군의 항복 조건 초안을 작성하러 중국으로 가기까지 38개월 동안 버마에 있었다.

1942년에 버마를 떠난 보트너는 총사령관을 멍청이라고 불렀던 크루거 중장처럼 식초 조Vineger Joe로 불린 스틸웰 장군 휘하에서 근무하는 것이 제2차 세계대전 중 가장 유리한 보직은 아니었다. 중국-버마-인도 전역이 아닌 유럽 전역은 총, 화려함, 여자, 그리고 새로운 장군들이 있는 곳이었다. 유럽 전역으로 전속된 후배들은 1945년 전쟁이 끝날 때까지도 여전히 준장이던 보트너보다 더 빨리 진급했다.

1951년, 여전히 준장이던 보트너는 극동으로 돌아왔다.

10년 동안 아시아에서 아시아 군대와 복무하면서 보트너는 한국 군사고문단에 배속될 것으로 생각했다. 그러나 극동사령부 인사참모부장인 밀번Milburn 장군이 도쿄에서 "자네 2보병사단으로 전속될걸세!"라고 말하자, 보트너는 매우 기뻤다.

나중에 보트너는 밴 플리트 장군이 그를 거제도 포로수용소장으로 보내려 했다는 말을 전해 들었다. 보트너는 거제도로 가지 않은 것을 언제나 하나님께 감사했다. 야구시합에서 주목받는 때는 걸어나가 만루를 만들 때가 아니라, 마지막 투수를 두들겨 주자를 모두 불러들일 때이다. 그래도 1951년 8월에 보트너는 거제도에 대해 어렴풋이 듣기는 했다.

미 2사단에서 보트너는 클라크 러프너Clark Ruffner 사단장의 행정부사단장이 되었다.

개성에서 회담이 시작되었을 때 적을 압박하는 작전의 일환으로 미 8군은 위치타 선Battle Line Wichita 여기저기에서 미리 준비한 제한공격들을 펼쳤다. 이런 공격들의 목표는 미 2사단 지역에서는 바보 산Fool's Mountain이나 펀치볼Punchbowl 같은 고지였고, 미 24사단 지역에서는 100만 달러 고지Million Dollar Hill 같은 적의 필수적 근거지를 때리는 것이었다.

그러나 한국 중동부의 산악은 경사가 심했다. 이곳을 방어하는 인민군은 제2차 세계대전 당시 일본군처럼 땅속으로 들어갔다.

이런 고지에서 전차는 오직 화력 지원에만 쓰였고, 공군도 효과적이지 못했다. 그리고 이곳에서 기동전은 갑자기 끝났다.

4일간 계속된 1179고지 전투에서 양측은 심한 손실을 입었다. 1179고지를 점령했어도 그 뒤로는 하나가 아닌 983고지, 940고지, 그리고 773고지가 더 이어지면서 수천 미터 깊이의 깎아지른 듯한 능선을 이루고 있었다.

전선과 평행을 이루는 이 능선은 유엔군의 진격을 직접적으로 방해했다. 어느 쪽이 점령하든 방어선을 높은 곳에서 내려다보며 관측한다는 장점을 빼면 이 능선은 아무 가치도 없었다.

그러나 능선은 거기 있었다. 그리고 그것이 그 능선을 차지해야 하는 충분한 이유였다.

그리고 그것은 당시 새롭게 활력을 찾은 대한민국 육군에게 세상에 자신이 할 수 있는 것을 보여줄 훌륭한 기회로 보였다.

대한민국 육군 5사단 36연대는 8월 17일에 돌격해 능선을 확보하라는 명령을 받았다. 한국군 36연대는 미 72전차대대 B중대, 미 공군, 그리고 미 2사단 포병의 지원을 받았다.

미 2사단장인 클라크 러프너 소장은 한국군 36연대가 이제는 성장했다는 것을 세상에 널리 보여주는 데 필요한 모든 것을 제공할 수 있도록 연락장교로 참모장인 루퍼트 그레이브스 $^{Rupert\ Graves}$ 대령을 파견했다.

한국군 36연대 뒤에는 린 ^{Lynch} 대령의 미 9연대가 가용한 모든 화력 자산을 지원할 준비를 하고 있었다.

한국군은 용감했다. 그리고 열심히 노력했다.

한국군은 깊게 파인 미로 같은 참호들과 벙커가 숨겨진 가시덤불을 헤치며 가파른 경사를 올라갔다. 벙커는 공군의 폭격과 포병의 포격을 견뎌낼 수 있도록 요새화되어 있었다. 그리고 어떤 것은 인민군 2개 소대를 수용할 만큼 넓었다. 소구경 포와 박격포가 숨겨진 벙커도 있었다. 부분적으로 나무가 있는 경사면을 파고 들어간 데다가 아침 안개에 가려진 인민군 진지들은 감지가 거의 불가능했다.

그것을 감지했을 때는 이미 때가 너무 늦었다.

한국군은 용감했다. 열심히 노력했고, 열흘 뒤에 한국군 36연대에는 1,000명의 사상자가 발생했다. 1951년 8월 25일, 한국군 36연대는 중간에 있는 940고지를 점령했고 자신들의 피로 능선을 완전히 장악했다.

수많은 한국군이 죽어가고 인민군이 결사적으로 방어하는 것을 본 미군은 러프너 소장에게 한국군에게 도움이 필요하다고 보고했다. 러프너는 밴 플리트 장군에게 한국군 36연대가 있는 능선에 미 9연대를 투입하게 해달라고 요청했다.

밴 플리트는 대노했다. 밴 플리트 개인에게 대한민국 육군의 재건은 숙원 사업이었다. 그리고 그는 유엔과 세상에 이 사업이 성공했다는 것을 보여주겠다는 결의에 차 있었다. 밴 플리트가 러프너에게 말했다. "자네는 지금 한국군으로부터 영광을 빼앗으려 하고 있는 것이네!"

몇 시간 뒤, 인민군은 동쪽에서 대규모로 역습해 고지에서 한국군 36

연대 생존자들을 몰아냈다.

이제는 미 9연대의 투입 이외의 다른 방법이 없었다. 다시 태어난 대한민국 육군을 세상에 보여주겠다는 결심은 완전히 엉망이 되었지만, 미군이 투입되어 이들을 구해냈다. 8월 27일, 미 9연대 2대대는 능선에 있는 983고지를 향해 공격했다. 2대대는 한국군이 쉽게 해냈기 때문에 자신감을 갖고 앞으로 나아갔다.

2대대는 경사면에서 미로 같은 참호, 숨겨진 벙커, 그리고 경사면을 따라 펼쳐진 밑동만 남은 숲을 마주하고는 얼어붙은 듯 멈춰 섰다.

2대대는 피투성이가 된 채 사거리 바깥으로 후퇴했다.

미 9연대 3대대는 동쪽에서 773고지를 향해 공격했다. 3대대는 최초 목표에도 접근하지 못했다. 밤이 되자 인민군이 역습했고 3대대는 2대대 가까이로 후퇴했다.

미 9연대 1대대가 공격을 준비했지만 아군은 어떤 고지도 점령하지 못했다. 사령부 고위 장교들은 짜증이 나기 시작했다.

8월 30일, 미 9연대 1대대와 2대대는 적의 완강한 저항을 단숨에 제압할 생각으로 정면에서 공격했다. 최근 몇 달간 이 같은 어려움을 겪지 않은 미 8군은 한 번에 끝내버리겠다는 생각이었다. 이 전투를 위해 미 2사단 예하 4개 포병대대에 추가로 3개 곡사포대대, 2개 중重박격포중대, 2개 전차중대, 그리고 72전차대대의 1개 전차중대가 증원되어 화력 지원을 준비했다.

포병은 포탄 45만 1,979발을 발사했다. 능선은 포탄의 폭발로 불타올랐다. 나무는 밑동까지 산산조각이 났고, 교통호가 끊어지는 곳에서는 맨흙이 드러났다.

인민군은 수백 명이 죽었다. 그러나 인민군 다수는 포탄이 닿지 않는 벙커 깊숙한 곳에 은신해 있다가 돌격하는 미군을 상대하러 나왔다. 인민군도 이 능선을 지키는 포병이 있었다. 인민군 포병은 미군이 그때까지 한국에서 보았던 것보다 더 많은 포탄을 발사했다.

또 다른 일도 있었다. 인민군이 고지에 굴을 팔 때 미군에게 불리한 일이 생겼다. 전투 경험이 있는 병사들이 너무 많이 전출되는 바람에 보병 중대의 신병들이 죽어나갔으며, 더 나쁜 것은 신임 장교들도 마찬가지였다는 것이었다.

미 9연대는 와해되었다. 최고 스타들로 이루어진 팀도 리그에서는 어느 팀에게든 패배할 수 있다.

능선을 공격하면서 상황은 더 나빠졌다. 미 9연대 1대대 A중대에서는 사흘 내내 사상자 발생율이 100퍼센트였다. 전투 중에 새로운 보충병들이 산산조각이 난 중대로 충원되었지만, 팀워크와 단결력은 엉망이었다.

미리 꼼꼼히 준비한 거점에서 완강하게 저항하는 적을 몰아낼 수 있는 재래식 지원 무기는 아직까지도 발명된 적이 없다. 긴 능선을 점령하는 유일한 길은 소총과 수류탄을 이용해 가까운 사거리 안에 있는 벙커를 하나씩 점령해가는 것뿐이었다. 이것은 끔찍하고 사상자가 많이 발생했다.

매일 밤, 인민군은 북쪽으로 이어진 능선에서 전투가 벌어지는 진지로 신병들을 투입했다. 미 9연대는 인민군 시체들을 조사한 결과 이들이 각기 다른 6개 연대로부터 왔다는 것을 알았다.

미군 1개 사단과 인민군 1개 군단의 모든 포병과 전투력 대부분이 피로 물든 작은 지역에 집중되어 있었다. 종군기자들이 '피의 능선Bloody Ridge'이라고 부른 이곳에서 한국전쟁의 새로운 패턴이 전개되었는데, 그것은 교착상태에서 끔찍한 대량학살이 일어났던 제1차 세계대전의 서부전선을 연상시켰다.

미 9연대는 심하게 훼손되었다. 러프너는 '황소Bull'라는 별명으로 불린 보트너를 9연대 전방까지 보냈다. 러프너는 미 9연대가 어려움을 겪는 것은 아마 연대장 때문이라고 생각했다. 부사단장의 임무는 사단장을 대신해 연대장을 잘라내는 것이었다. 거기에 더해 러프너 장군은 미 38연대 부연대장을 진급시키고 싶어했으며 사단 대령의 공석도 주저하지 않았다.

매부리코에 머리색이 옅고 장군치고는 키가 작았으며 안경 뒤의 눈빛은 마치 얼음 단도처럼 날카로웠고 채찍을 휘두르는 듯한 고음의 보트너는 이 모든 것을 이해했다.

보트너의 눈에는 문제가 보였다. 그것도 아주 많이 보였다.

피의 능선을 향해 밀어붙이는 동안 미 9연대 1대대와 2대대 병력은 산산조각이 났다. 장교들과 부대원은 풋내기였다. 한국군처럼 용감했고 열심히 노력했지만 그것만으로는 충분치 않았다.

벙커 깊숙이 숨은 적을 무너뜨리려면 화염방사기가 필요했지만 부대에는 없었다. 화염방사기를 쓸 줄 아는 사람도 별로 없었다는 게 더 큰 문제였다. 보트너는 화염방사기 사용법을 가르치는 교육 과정을 만들어 병사들 교육을 빠르게 진행했다. 미 보병은 이 새로 지급된 무기를 들고 벙커 가까이 기어가서 불을 발사했다. 안전한 벙커 깊숙이 숨어 있던 인민군들은 타오르는 화염에 비명을 지르며 죽어갔다.

보충병들은 교전하고 있는 부대로 전입해 전입신고를 마치기도 전에 전사했다. 보트너는 보충병들이 적어도 하루는 보충중대에 머물도록 명령했고, 전투에 투입되기 전에 5~6일간 특별 훈련을 받도록 했다. 미국에서 온 병사는 나약할 때가 많았다. 이들은 상황 적응 훈련을 받아야 했고, 무엇보다도 반드시 총의 영점을 잡는 것이 필수적이었다.

나중에 미 8군은 이 제도를 모든 사단이 의무적으로 따르게 했다.

보트너는 새로운 보충병을 모두 만났다. 그는 조용히 대화하면서 농담도 던졌다. 그리고 확고한 눈빛으로 이렇게 말했다. "의문이 있어서는 안 된다. 그래야 강해진다. 살아남기를 원하면 부사관들의 말을 들어라. 그리고 세 가지를 기억해라. 고지에서 일어서면 엉덩이에 총알을 맞는다. 둘째, 경로에서 벗어나거나 어슬렁거리면 지뢰를 밟아 산산조각이 날 것이다. 셋째, 고지를 차지하면 무척 피곤할 거다. 지쳐서 나가떨어지고 싶고, 전우들의 등을 토닥거리며 쉬고 싶을 것이다. 하지만 기억해라! 고지를 차지하자마자 마치 물이 꼭지에서 나오는 것처럼 박격포탄이 너희들

머리에 떨어져 너희는 죽는다! 그러면 그때는 후회해도 늦는다."

미 9연대는 열심히 노력했지만 피의 능선에서 다시 한 번 산산이 깨졌다. 미 2사단 전체가 재편되었다. 9월 2일, 공격은 없었다. 그리고 가차없는 정면공격도 멈췄다. 이전에는 군사행동이 제한적이라고 생각되었기에 좁은 곳에 부대를 하나씩 투입했었다. 취약한 9연대에 새로운 장교들과 병사들이 보충되면서 피의 능선을 측면과 배후에서 포위하기 위해 23연대는 측면으로 이동해 다시 한 번 적을 고착시키려 했다.

9월 5일, 인민군은 전사자 4,000명을 포함해 1만 5,363명이 사상당하자, 피의 능선을 포기했다. 대한민국 육군 35연대는 773고지를 향해 계속 나아갔고 비숍Bishop 중령이 이끄는 미 9연대 1대대는 저항 없이 940고지와 983고지를 점령했다.

적은 패주한 것이 아니었다. 인민군은 피의 능선과 수직으로 달리는 돌출된 능선에 있는 진지로 물러났을 뿐이었다. 이 능선은 피의 능선에서 북쪽으로 1,500미터 떨어져 있었다.

전선을 따라 북으로 튀어나온 수백 곳 중 일부에 지나지 않을, 별 의미없는 이 세 고지를 점령하느라 한국군 1,000명 이상, 미 2사단은 3,000명 이상이 목숨을 잃었다.

대한민국 육군과 미 2사단은 부상자를 돌보고 북쪽의 음울한 봉우리들을 바라보며 며칠을 쉬었다. 얼마 후 이들은 이 봉우리들을 향해 나아갈 것이었다.

그리고 그곳에서는 심장이 터질 듯한 고통스러운 전투가 기다리고 있었다.

제31장
단장의 능선
●

정전회담은 넉 달 동안 계속되었다.
싸울 마음이 사라진 것은 아니지만 예전 같지는 않았다.

– 레이몬드 E. 웹Raymond E. Webb 대위, 『한국의 72전차대대 1950-1952년』
도쿄 돗판인쇄Toppan Printing Co., Ltd

피의 능선 전투는 당시 한국 전선에서 벌어진 주요 작전이었다. 이 전투로 몇몇 지휘관들의 실패에 대중의 관심이 쏠렸다. 773고지, 983고지, 그리고 940고지의 끔찍한 돌출부와 무너져내린 경사면을 따라 벌어진 지옥 같은 전투를 목격한 종군기자들은 전투 장면을 현란하게 묘사한 기사를 내보냈다. 피의 능선이라는 이름을 가장 먼저 쓴 것은 《성조지》의 종군기자였다. 미 9연대원 중 일부가 이 능선에서 작전을 하던 중 이 기사를 읽었다. 피의 능선의 정확한 위치는 보안 때문에 어떤 신문에도 나오지 않았다.

"젠장!" 기사를 읽은 병사가 말했다. "불쌍한 이놈들이 어디 있는지는 모르겠지만, 무척이나 두들겨 맞고 있군."

언론에 이름이 오르내리는 것은 부작용이 더 많았다. 육군이야 피의 능선에서 벌인 작전을 부끄러워할 필요가 전혀 없었지만, 밴 플리트 장군은 이 작전을 승인하면서 이런 결과를 기대했던 것은 아니었다. 사상자 보고서를 받아드는 워싱턴에 열정 같은 것은 없었다. 도쿄에 있던 리지웨이 대장은 만족해한 기색이 전혀 없었다.

보트너의 육군사관학교 동기이자 미 2사단 포병여단장인 톰 드 샤조

Tom De Shazo가 보트너에게 말할 것은 바로 이때였다.

"헤이든, 자네가 존 린치를 해임시킬 거라고 사람들이 말하는 것 알고 있나?"

"물론이지."

보트너가 말했다. 보트너는 이 문제에 대한 중요한 몇 가지 질문들과 그 뜻을 잘 알고 있었다.

"물론이야. 이 문제가 공개되면 모든 게 해결될걸세!"

헤이든 보트너 준장은 많은 정예 장병들이 고향으로 돌아가고 9연대가 캔사스 방어선에서 쉬고 있을 때 린치 대령이 연대장에 취임했다는 것을 알았다. 미 9연대가 실패한 것은 지휘 때문이 아니라 구성원의 노력이 없었기 때문이었다. 1951년 8월, 미 육군의 어느 연대가 그 작전을 맡았더라도 그들보다 잘했을지는 의문이다.

"무능한 이들을 배려하는 마음 때문에 우수한 이들이 죽는다"라는 제퍼슨 데이비스Jefferson Finis Davis[173]의 말을 믿는 보트너는 상냥함과는 거리가 먼 인물이었지만, 미 9연대장의 해임 권고를 거부했다.

그러나 보트너는 미 9연대에 문제가 매우 많다는 것을 알았다.

피의 능선에서 결사적으로 전투할 때 3대대는 아무것도 하지 않았다. 딱 한 번 시도했던 공격에서 3대대는 비참하게 실패했다. 그리고 보트너는 3대대장이 술독에 빠져 있는 것을 알았다.

3대대는 전임 군단장의 고집 때문에 미 육군의 새로운 정책을 어겨가면서 모두 흑인으로만 이루어졌다.

보트너는 3대대장이 재분류되거나 보직에서 해임되어야 한다고 권했다. 3대대는 신뢰할 수가 없었다. 이 말은 미 9연대에는 사실상 2개 전투대대만 있다는 뜻이었다.

보트너는 워싱턴에 떠넘기고 미 육군이 결코 논하고 싶어하지 않은 주

---

173 제퍼슨 데이비스(1808~1889): 미국의 정치인.

제를 단도직입적으로 들고 나왔다.

미 25사단과 다른 부대에 흑인으로만 구성되어 한국에 파병된 부대에는 늘 어려움이 있었다. 미 503야전포병대대와 다른 부대들, 그리고 현재 미 9연대 3대대에 이르기까지 이 부대들은 전장에서 영광스러운 역사를 남긴 적이 거의 없었다.

그러나 다른 흑인 병사들은 미군 병사들처럼 눈부시게 잘 싸웠다.

콜럼비아 대학의 한 사회학자는 은밀히 조사를 진행했는데, 이것들은 미 육군 지휘관들이 이미 오래전부터 공감하던 것이었다. 군인의 본질은 긍지이다. 자신에 대한, 부대에 대한, 그리고 자신과 함께 있는 사람들에 대한 긍지가 본질이다. 공수부대원들의 의미 없는 허세와 특별한 휘장, 오만, 그리고 전근대적으로 보이는 훈련 등은 공수부대원들의 임무가 무엇인지를 생각할 때만 의미를 갖는다.

통상 적 후방에 낙하하는 가장 위험한 임무를 띠고 빠른 속도의 비행기에서 뛰어내리고, 평상시에도 그렇지만 사망하거나 부상당할 위험이 높을 때 특별한 정신력이 요구된다.

공수부대원들은 긍지 그리고 자신과 전우를 믿겠다는 마음 없이는 기꺼이 손을 잡고 비행기에서 뛰어내리려 하지 않을 것이다.

대부분의 군인을 움직이게 만드는 근본적이고 결정적인 긍지는 바로 "내 동료가 앞으로 나를 뭐라고 생각할까?"라는 물음이다. 이것은 양식의 명령을 넘어 군인에게 계속해 뛰고, 살아남고, 전쟁에서 될 대로 되라고 배짱을 부리게끔 끈질기게 요구한다.

미국 사회는 흑인에게 긍지를 키울 기회를 허락하지 않았다. 오히려 흑인에게 태어날 때부터 열등감을 주는 경향이 있다. 군에 복무하는 동안 오직 흑인들끼리만 있을 때는 집단의 긍지가 아닌 집단 신경증이 발전한다. 다른 흑인 앞에서 자신의 가치를 보여주겠다는 의욕을 가질 흑인이 거의 없었다는 것은 이해할 만하다.

인종이나 피부색이 문제가 아니라 어디서든 인간으로서 긍지를 대부분 빼앗긴 소수 집단이 문제였다. 아르메니아인, 프랑스계 캐나다인, 인도의 불가촉천민 같은 소수 민족의 가장 강력한 욕구는 살아남는 것이었다. 이들은 이것 말고는 다른 효과적인 투쟁 수단이 없다.

군대에서 특정한 소수 집단들의 용기를 다룬 오래된 농담은 어느 정도 사실에 뿌리를 두고 있다. 터키에서는 기독교를 믿는 터키인들의 전투 능력을 비웃는다. 터키인이 아는 터키 기독교도란 보이지 않게 숨어서 잔꾀나 부리고, 돈에는 빈틈이 없으며, 무슬림을 상대로 자기들끼리는 교활하게 뭉치고, 터키라는 국가를 위해 싸우러 나가거나 죽는 데는 전혀 관심이 없다. 이들은 국가를 통해 얻을 것이 전혀 없다고 보았고 실제로도 그랬다.

수세기 전, 이스탄불에서 온 외교관은 서유럽 여러 왕국의 프랑크인들이 기독교도보다는 오히려 터키인 같아 야릇하다는 평을 남겼다. 이 외교관이 중세 유대인 집단 거주지인 게토^{ghetto}를 방문했다면 이해할 수도 있었을 것이다.

동유럽에서 유대인은 저항 한 번 하지 않은 채 가스실로 가곤 했다. 반면, 같은 유대인이지만 오늘날 이스라엘에서 태어나서 자란 젊은이들은 세계에서 가장 강인하고 근면하다.

대부분의 사람은 이것이 무엇을 뜻하는가를 알 수 있다.

어떤 인간 집단도 오랫동안 박해를 받으면 당장 살아남는 데만 매달리게 된다. 괴롭힘을 당하는 사회에서 용감하고 대담한 사람은 이내 제거되기 마련이다.

오직 생존에만 관심 있는 사람들로만 이루어진 군대가 성공적으로 조련된 적은 한 번도 없었다. 군대에서 생존은 임무 수행의 부수적 결과일 뿐이다.

컬럼비아 대학교 교수를 비롯한 여러 사람들은 미 육군의 문제를 없앨 수 있는 실질적인 수단에 대해 논의했다. 이들은 방법이 딱 하나라고 보았다. 그것은 군에서 흑백 차별에 따른 격리를 없애는 것이었다.

사회학자들은 흑인 군인들이 백인들 앞에서 자신을 증명하려 할 것이고, 흑인들로만 구성된 부대에서는 결코 이룰 수 없었던 긍지를 계발할 기회를 갖게 될 것이라고 주장했다. 사회학자들은 분대에 흑인을 1명 또는 최대 2명까지 넣으라고 권고했다. 그 이상을 넣으면 그간 위축되었던 이들이 오히려 무리를 지어 대항할 가능성이 있었기 때문이었다.

일부 위원들의 많은 반대에도 불구하고 미 육군은 이 생각을 받아들였다. 이 생각을 믿지 않는 사람이 말한 것처럼 분대에서 흑인 병사가 부정한 행동을 저지르면 다른 분대원들이 그를 처리할 것이라는 희망도 있었다.

보트너의 독촉으로 미 9연대 3대대장은 보직 해임되었고, 3대대원 534명은 다른 전투연대들로 전속되었다.

전속된 534명은 완전히 행복하지만은 않았다. 이들은 이제껏 쌓아온 점수를 잃을지도 모른다는 염려에서부터 자신들이 받을 평가까지 걱정이 많았다.

이들을 받아들여야 하는 중대의 일부 부사관들은 교범에 나오는 모든 절차를 끄집어내면서 이들의 전속을 늦췄다.

그러나 이들은 이 모든 것을 견뎌냈다.

중대의 10퍼센트가 그들로 편성되었다.

그러자 미 육군에서 흑인들로만 이루어진 부대가 전투에서 보였던 문제가 전반적으로 사라졌다. 백인 부대로 들어온 그들은 잘 해냈다. 피의 능선에서 큰 실수를 겪고 3주가 지난 뒤, 미 9연대 3대대 출신들은 최고의 기량을 보였다.

물론, 사회적인 문제들은 해결되지 않았다. 그에 대한 해결책은 모든 사람들이 같아 보이고 같은 견해를 가지거나 또는 아주 무관심해서 더 이상 문제가 안 될 때에만 가능했다.

얼마 뒤, 보트너 준장은 피의 능선 전투에서 생긴 문제 때문에 미 8군이 군단장을 해임했다는 말을 들었다.

미 육군에서뿐만 아니라 워싱턴과 제너럴 모터스^{General Motors}에서도 불을 끄기 위해서는 누군가가 어디론가 그냥 떠나야만 할 때가 있기 마련이다.

* * *

한국 동해안의 고지에서 여름의 모진 열기가 빠르게 사라지던 1951년 9월 13일, 미 23보병연대와 연대에 배속된 프랑스 대대는 피의 능선과 직각을 이루며 11킬로미터쯤 북쪽으로 뻗은 고지군을 향해 나아갔다. 남북으로 달리는 이 능선의 높은 곳은 마치 비수처럼 인민군 전선을 향해 있었다. 이 능선을 장악하면 전선에서 적 후방 16킬로미터 지점까지 타격할 수 있으며 훨씬 후방의 도로망을 적이 사용하지 못하게 할 수 있었다.

지형 때문에 산발적인 정면공격이 이루어졌다. 선혈이 낭자했다.

이번 공격 역시 소총병, 유탄병, 그리고 화염방사기 운용병의 역할이 컸다. 전차는 고지 기저에서 화력으로 지원할 수밖에 없었고, 미 2사단 포병이 포탄 22만 9,724발을 발사했지만 포병 단독으로는 요새화된 인민군 진지를 파괴할 수 없었다.

23연대는 북쪽으로 이동해 동쪽에서 고지를 공략했다. 9연대가 한 달 전에 그랬듯이, 23연대는 이 침울해 보이는 고지 위로 추하게 헐벗은 봉우리를 향해 벌집을 쑤시듯 진격했다.

면모를 일신한 대한민국 육군이 어땠든지 간에, 재편성된 인민군도 광적으로 거칠고 완강했다. 목표가 된 능선은 문등리와 가까워 훨씬 북쪽의 고지들로부터 쉽게 증원을 받을 수 있었고, 연기와 악취가 자욱한 고지 전사면으로 인민군은 마치 마르지 않는 샘에서 물을 퍼서 올리듯 병력을 쏟아붓겠다는 것처럼 보였다.

전투의 마지막 순간까지 미 23연대는 능선으로 올라가는 모든 길 위에 피를 뿌렸다. 잠시도 쉴 틈 없이 박격포탄과 곡사포탄이 상대편 진영에 떨어졌고, 이번에도 가까운 거리에서 잔인하고 위험한 전투가 벌어졌다. 미 23연대 예하 중대들은 다시 한 번 적 벙커를 파괴하고 참호 안의 적을 사살하며 능선을 고통스럽게 올라갔다. 많은 사상자를 내며 탄약이 떨어지고 기진맥진한 채 산마루를 향했을 때 그들은 새로 투입된 인민군들의 광포한 공격에 일격을 당했다.

일본에서 앳된 보충병들이 오기도 전에 전투원이 30명 미만인 중대들도 있었다. 월등한 포병 덕에 미군은 거의 9 대 1의 비율로 인민군을 죽였다. 그러나 능선을 따라 죽어가는 미군 병사들은 이 사실에 별로 만족할 수 없었다. 북한 농민을 죽이는 것을 흥미롭게 생각하는 미군 병사는 거의 없었다.

미군 1개 중대의 운명이 전체 전투를 특징지었다. 피트 몬트포트^{Pete} ^{Montfort} 대위의 중대원들은 기관총탄과 끝없이 때려대는 포탄 아래에서 능선의 북쪽 언덕을 향해 공격했다.

몬트포트 대위와 중대원들은 부상자와 전사자를 남겨둔 채 힘들게 언덕을 올랐다. 땅거미가 질 무렵 엄청난 노력으로 목표물을 장악했다.

그러나 몬트포트의 중대원들에게는 탄약이 없었다. 어둠과 탄막 때문에 산허리 쪽으로 더 갈 수도 없었다. 몬트포트는 무전으로 대대에 보고했다. 그는 이곳에 머물기로 결정했다.

사단은 화력으로만 지원할 수 있을 뿐이었다. 포병여단장인 드 샤조^{De} ^{Shazo} 준장이 사단 포병에게 지시했다. "이들 주변을 철통같이 엄호하라!"

밤새 사단 포병은 포격을 이어갔고, 철통같은 방어벽이 쳐졌다. 그러나 그날 밤 몬트포트는 적에게 유린당했고 약해진 중대는 마지막 병사까지 적의 공격에 사라졌다.

그 후 새로운 중대가 싸우면서 그 위치에까지 진격했을 때 산마루를 따라 미군 사망자들이 사방에 널려 있었다. 피트 몬트포트는 탄환이 떨어진 기관총 옆에 쓰러져 있었다. 땅에 떨어진 소총이나 탄띠에는 총알이 단 한 발도 남아 있지 않았다.

사단장은 고지나 언덕을 점령했다는 보고를 계속해서 받았다. 그렇지만 공격하는 병력이 언덕 너머에서 나가떨어지면서 보고는 계속해서 틀린 것으로 드러났다.

이미 기자들은 이곳을 단장의 능선$^{Heartbreak\ Ridge}$이라고 부르기 시작했고 이곳에 대한 기사를 쓰고 있었다.

100명 또는 그보다 조금 더 되는 보충병들이 사단에 전입할 때마다 부사단장인 보트너 준장은 이들을 만나 이야기했다. 이것으로는 충분치 않았다.

이곳으로 온 병사들은 대개 징집병이었다. 이들은 전쟁이 계속되고 있고 어려울 것이며 자신들이 지원군이라는 것을 알았다. 그러나 이것 말고는 거의 아는 게 없었다. 이들 중 대다수는 더 많은 것을 배우기 전에 죽었다.

보트너는 소집되어 다시 군에 와 사단 위관장교들의 빈자리를 채우는 예비역 장교들에게 개인적으로 깊은 유감을 느끼기 시작했다. 소집된 예비역 장교들 중 다수는 군 복무 적령기를 넘겼다. 중위는 30대, 대위는 거의 40대였다. 이들은 제2차 세계대전 때 임관했고 임무를 완수하고 집으로 돌아간 사람들이었다. 이들 중 대부분은 그 뒤로 꾸준히 훈련에 참여하지도 않았다. 대신에 새로운 직업을 찾았고, 새로 가족을 이루었으며, 군과 무관한 삶을 살았다.

그러나 육군 법무감은 한 번 임관했으면 현역에 있든 아니든 상관없이 누구라도 법적으로 소집될 수 있다고 규정했다. 그리고 중국인들이 압록강을 넘어 쏟아져 들어오자 미국 국방부는 헤아릴 수 없는 실수를 저질렀다. 이것은 미 육군의 예비군 계획을 향후 10년 동안 망치는 것이었다. 큰 전쟁이 일어나지 않을 것이라고 확신하지 못한 국방부는 정규편성 부대에 소속되어 봉급과 훈련을 받던 장교들과 병사들을 동원한 것이 아니라 훈련도 받지 않고 관심도 적어진 활동하지 않는 예비군을 대규모로 소집했다. 정규 부대는 발생하지도 않을 더 큰 전쟁에 대비하기 위해 후방에 남겨두고 훈련받지 않은 사람들이 충원되었다.

개인의 뜻과 상관없이 소집되어 한국으로 보내진 예비역 장교 4만 명 대부분은 전면전에 소집되리라고는 전혀 생각해본 적이 없었다. 이들은 수십만 명에 이르는 주방위군과 현역이 본토에 있는데 왜 자신들이 소집되었는지 결코 이해할 수 없었다.

주방위군 소속의 군인과 많은 예비군 부대들도 소집되기는 했지만, 이는 일시적인 필요에 따른 것이었다. 주방위군 6개 사단은 연방 업무로 소집되었고 몇몇 사람은 자신들이 잘못된 때에, 잘못된 장소에 있다고 종종 느꼈다.

또한 부대 교대 때문에 한국에 새로 파병된 부대는 거의 없었다. 장교들과 보충병들 수십만 명은 개인적인 교체로 한국에 파병되었다. 이들은 아는 사람 하나 없이 외롭게 새로운 사단으로 갔다. 그들 대부분은 훈련도 받지 않은 채 다시 개인적으로 전출될 때까지 단지 머물러 있는 사단에 특별한 감정을 갖지 못했다.

전쟁이 끝난 뒤로 이제까지도 한국전쟁 참전자들의 모임은 거의 없다.

소집된 사람들 대부분에게 영향을 끼친 비극은 그게 끝이 아니었다. 1941년부터 1945년까지 이미 많은 시간적 손실을 입었고 또다시 직업과 사업을 떠나 2년간 소집된 예비역 장교들에게는 돌아갈 직장이 없었다. 결국 이들 중 다수는 육군에 남기로 결심했다. 그러나 한국전쟁이 끝나자 지상전을 다시는 하지 않으리라 생각한 미 정부는 육군의 수를 100만 명 이하로 감축했다. 육군은 군에 남기로 결심한 이들에게 줄 자리가 없었다.

많은 사람들이 연금을 받을 자격이 부족해 서른다섯에서 마흔을 넘긴 나이에 새로운 직업을 찾아 민간으로 돌아가야 했다.

사단에 전입하며 헤이든 보트너 준장과 만난 장교들 중에서 한 명만이 전선으로 가길 원했다. 그들의 요구는 수용되지 않았다. 새로 전입하는 모든 장교를 전방으로 보내는 것이 사단의 방침이었다. 후방에 있는 보직은 전선에서 살아남은 사람들로 채웠다. 역설적이게도 보트너는 전방 근무를 자원했던 웨스트포인트 출신 장교를 후방으로 보냈다.

이 장교는 용감하고 경력을 쌓으려는 의지가 강했지만 도덕적 겁쟁이였다. 그는 부하들에게 강인하지 못했다.

미 23연대는 27일 동안 단장의 능선을 공격했다. 고지를 뺏고 빼앗겼다. 많은 고지들을 점령했지만 확보하지는 못했다. 인민군이 북쪽에서 셀 수 없이 많은 병력을 쏟아부었기 때문이었다.

이후에 벌어진 대부분의 고지전의 특징이 되는 새로운 패턴이 이 전투에서 만들어졌다. 일반적으로 좁은 지역에서의 격렬한 전투는 지옥 그 자체였다. 이전에 보지 못한 엄청난 규모의 포격이 매일 고지 하나에 집중되었다. 전투 지역이 제한적이어서 부대는 축차적으로 투입되었고. 그렇게 투입된 부대는 보통 금방 산산이 부서져 다른 부대로 교체되었다.

양측이 차지하려고 싸우는 고지에서 몇 킬로미터만 떨어져도 전선의 일상은 고요하고 평화로웠다. 연대지휘소 후방에서는 전쟁이 계속되고 있다는 것을 아는 사람도 없었다.

이러한 행동은 모든 미군 교리에 맞지 않았다. 단장의 능선은 물론 나중에 이어지는 발디Baldy, 폭찹Pork Chop, 화살머리Arrowhead, 티본T-Bone, 그리고 다른 10여 개의 고지들[174]에서 승리하는 해결책은 다른 곳에서 적을 타격해 여러 곳에서 균형을 무너뜨리고 돌파하는 것이었다.

그러나 유엔군사령부는 전 전선에 걸쳐서 적을 대규모로 압박할 권한이 없었다. 대규모 전투를 다시 시작할 권한도 없었다. 유엔이 원한 것은 군사적인 승리가 아니라 정전이었다.

적은 작은 지역에서 목숨을 걸고 싸우려 했으며 앞으로도 그럴 것 같았다. 격돌하는 고지는 선전의 대상이 되었고 군사적인 가치와 상관없이 정치적인 가치를 갖게 되었다.

총을 갖고 노는 어린아이들의 게임인 '산 위의 왕King on the Mountain' 게임[175]

---

174 폭찹 고지는 경기도 연천 북방에 있는 해발 300미터 가량의 고지이다. 화살머리 고지는 강원도 철원군 철원읍 대마리 일대로서 동쪽에는 백마고지가 있다. 티본 고지는 경기도 연천군 신서면 마전리 배바위이다. 이들 고지 모두는 현재 비무장지대 안에 있다.

175 산 위의 왕 게임: 높은 곳을 점령하는 편이 이기는 어린이용 게임.

같았다. 고지를 잃으면 체면도 잃었다.

단장의 능선 전투가 몇 주 계속된 후 미 2사단이 능선을 측면에서 공격해야 한다는 것이 분명해졌다. 미 2사단 공병은 고지군 북쪽에 막혀 있던 애로隘路 너머로 미 72전차대대가 지날 수 있는 통로를 밤낮으로 개척했다. 10월 9일, 통로가 만들어졌다.

제2차 세계대전 동안 공을 많이 세운 M-4A3E8 셔먼 전차는 구형이지만 포구 속도를 높인 76밀리 신형 주포를 달았다. 10월 10일 아침 6시, 미 72전차대대 B중대의 셔먼 전차들이 고지를 돌파해 문등리를 향해 질주했다.

미 23연대는 한 치의 땅이라도 더 빼앗기 위해 단장의 능선에서 여전히 싸우고 있었다. 미 9연대는 왼쪽으로 이동했고, 미 38연대는 인민군의 충원이 이루어지고 있는 고지를 장악하기 위해 단장의 능선 후면을 때렸다.

10월 5일부터 15일까지 미 2사단은 김일성 능선이라 불리는 이 고지를 대규모로 타격해 적을 밀어냈다. 이제 적은 문등리 근처 통로 몇 개를 통해서만 단장의 능선의 부대를 증원할 수 있었다.

미 72전차대대 B중대의 전차들은 맹렬한 포격을 가하며 문등리 계곡을 사납게 질주했다. 고지와 애로에는 인민군이 바글댔다. 가용한 모든 포가 인민군을 겨누었다.

그러나 B중대 전차들은 문등리를 3.6킬로미터쯤 지나쳤다. 10월 10일부터 15일까지 미 72전차대대는 적이 모여 있는 계곡으로 하루에 두 번씩 출동해 적의 배후를 차단했다. 전차들은 메마른 비포장도로로 나와 병력 집결지와 벙커에 포탄을 퍼붓고 어두워지기 전에 철수했다.

B중대는 인민군 600명 이상을 사살하고 자주포 1문, 기관총 11정, 벙커 350개, 박격포 3문, 탄약집적소 여러 곳을 파괴했다. 무너진 벙커에서는 부상자가 무수하게 나왔다. B중대는 적의 공격을 받아 3명이 전사하고 5명이 부상을 입었으며 전차 8대를 잃었다.

10월 15일 미 23연대와 72전차대대 B중대의 기동이 단장의 능선 방어선 후방을 무너뜨렸다.

단장의 능선을 방어하던 인민군 군단은 다시는 전투를 치를 수 없게 되었다. 피의 능선에서 발생한 사상자를 합쳐서 인민군 군단의 사상자는 3만 5,000명이 넘었다. 미 2사단은 적을 강하게 위협했다

단장의 능선 정상에 오른 미 23연대원들은 북쪽으로 16킬로미터 떨어진 곳까지 볼 수 있었다. 이들 눈에는 멀어질수록 어두운 색을 띤 고지들이 점점 높아지는 게 보였다. 그리고 이들 고지마다 수많은 중공군과 인민군이 숨어 기다리고 있었다. 압록강과 두만강은 멀었다. 고지에 오른 미군들은 자신들이 얼마나 많은 고지를 점령하든 거기까지는 가지 않으리라는 것을 느낌으로 알았다.

10월 25일, 새로운 회담 장소인 판문점에서 정전회담이 다시 본격적으로 시작되었다.

나중에 일본에서 책으로 발행된 대대 역사를 기록한 장교는 병사들의 심정을 모아 이렇게 썼다. "싸우려는 마음이 사라진 것은 아니었지만 예전처럼 밝지는 않았다."

10월 25일, 단장의 능선을 점령한 군인들은 미 7사단과 교대하고 고지에서 내려왔다.

진정으로 비통했던 것은 미 7사단 병력 5,600명이 전사하거나 부상당하고 그 일부는 아직도 벙커와 갈라진 땅에 시신이 묻혀 있다는 사실이 아니라, 이 모든 희생으로 대체 무엇을 이루었는가였다.

제32장
교착상태

●

외교관의 말은 행동으로 이어질 수 없다. 만일 그렇다면 그것은 어떤 외교인가?
말은 말이고 행동은 행동이다. 좋은 말은 악행을 감춘다.
진정한 외교란 마른 물이나 쇠로 된 나무 같은 것일 뿐이다.

— 이오시프 V. 스탈린Iosif Vissarionovich Stalin

1951년 8월 22일, 공산군 협상단은 비무장지대에 유엔군이 폭탄을 떨어뜨렸다는 것을 구실로 개성에서 열리던 회담을 중단했다. 두 달 동안 본회의는 전혀 열리지 않았지만, 그렇다고 회담 진행이 완전히 끝난 것은 아니었다.

양측에서 온 연락장교들은 협상을 새로 시작할 수 있는 근거를 찾으려 계속해서 만났다.

동시에 유엔군은 공산군을 압박하면서 전선을 정돈하기 위한 작전을 계속해나갔다. 애치슨 국무장관이 6월 연설에서 언급했음에도 불구하고 유엔군 사령부는 38선을 새로운 경계선으로 하자는 적의 강경한 제안을 거부했다. 38선의 대부분은 방어가 쉽지 않았다. 그리고 유엔군사령부는 정전의 지리적 기준으로 현 접촉선을 선호했다. 그러는 동안 미 8군은 유엔의 관점에서 접촉선을 개선해나갔다. 돌출부를 제거하고 고지 아래로 후퇴시키려고 적의 배후를 타격했다. 그 과정에서 인민군과 유엔군 모두 심한 손실을 입었다.

피의 능선, 단장의 능선, 그리고 다른 고지들에서의 손실이 결과를 만들었다. 10월 22일, 공산군은 다시 본회의 개최를 제의하면서 향후 회담 장소로 유엔군이 선호하는 판문점을 받아들였다.

판문점은 공산군 점령지가 아닌 서로 대치하는 선들 사이에 있는, 정말로 주인 없는 땅에 난 흙길을 따라 버려진 움막들이 있는 작은 마을이었다. 이곳에서는 개성을 폭격했다는 거짓 주장 같은 사건이나 사고를 쉽게 예방할 수 있었다. 이 새로운 중립 지대는 면적이 작아서 고정식 풍선 몇 개로 쉽게 표시할 수 있었다. 그리고 공산주의자들은 더 이상 유엔군 협상단이 그들 지역으로 들어오는 것에 아무런 선전 가치를 얻을 수 없었다. 판문점에는 주인이 없었다.

1951년 10월 25일, 인민군 리상조 소장이 협상 탁자 너머에 있는 호즈Hodes 소장과 마주했다. 두 번째 의제인 휴전선을 어디에 그을 것인가는 지난 8월에 양측의 회담이 중단된 후 여전히 결정되지 않았다.

"이제 회담을 시작하겠습니다." 리상조가 말했다.

"좋습니다." 호즈가 답했다.

"군사분계선에 대해 어떤 의견이 있는지요?"

"지난 회담은 귀측의 제안을 요구하며 중단되었습니다. 어떤 안이 있습니까?"

"우리는 귀측의 의견을 먼저 듣고 싶습니다."

호즈가 짜증을 내며 말했다. "우리는 이미 여러 번 의견을 냈습니다. 그리고 우리 제안을 근거로 귀측의 제안을 요청했습니다. 부대표단 회의를 갖자는 귀측의 제안에 우리는 어떤 의견이 있는지 기대하고 있습니다. 말씀해보십시오."

"귀측은 새로운 제안을 했지만 현 교착상태를 깰 새로운 것은 전혀 듣지 못했습니다."

"맞습니다. 귀측은 새로운 안을 제시하지 않았습니다." 호즈 장군이 말했다.

이런 식으로 거의 1시간이 지난 뒤, 15분 휴식을 가졌다.

결국 절박한 유엔군 협상단은 협정 서명 시점에 형성된 전선을 기준으로 폭 4킬로미터 넓이의 비무장지대를 제안했다.

공산주의자들은 장황한 선전에 돌입했다. 공산군 협상단은 전투가 끝나기 전에 휴전선 설정을 원했다.

"귀측은… 올바른 해결책을 피하려 하며 논제에서 상세하게 정해진 의무를 기피하려 하고 있습니다. 이 협상과 신문, 방송을 통해 서명 시기가 알려져 있지 않다는 궤변을 펴고 있습니다. 그렇게 함으로써 본색을 드러냈습니다. … 나는 군사분계선을 설정하자는 우리의 제안을 귀측이 수락함으로써 세계의 평화를 사랑하는 사람들에게 성실성을 보여주기를 진심으로 희망하고 있습니다…."

공산군은 나머지 의제가 해결되기 전에 변경할 수 없는 휴전선을 확정하려 했다. 물론 이렇게 되면 협상이 계속되는 동안 사실상 공산군이 더 큰 군사적인 압박으로부터 자유로워진다는 뜻이었다. 유엔군사령부는 이미 포기하기로 합의한 지상 공세를 개시할 수 없었다.

조이 중장이 말했듯이 이렇게 되면 공산주의자들은 피의 능선과 단장의 능선에서 겪은 것 같은 지독한 압박으로부터 벗어날 수만 있다면 영원히 회담을 지속할 가능성이 있었다.

조이 제독은 반드시 해야만 하는 것이 아니면 동의하는 것을 아주 꺼렸다.

* * *

1951년 8월, 9월, 그리고 10월까지 미 8군이 벌인 제한 공격은 분명히 미 8군의 군사적 입지를 개선하면서 동시에 의심할 여지 없이 적에게 깊은 손실을 안겼다.

그러나 보트너의 말처럼 "모두는 부상자들이 죽는 것을 끔찍하게 싫어했다."

군인은 다른 사람의 자유를 위해 죽거나 조국을 지키기 위해 죽는다. 그러나 집에서 1만 6,000킬로미터나 떨어져 있으며 자신들을 싸우라고 보낸 정부가 결국 포기할 땅을 위해서는 죽으려 하지 않는다. 그들의 상관인 장성들도, 그들이 선출한 정부도 그들이 그렇게 죽어가는 것을 원하지는 않았다.

휴전협상에 대한 기대감이 높아졌는데도 수많은 전사 통지 전보가 친인척에게 발송되자 워싱턴의 근심은 커져갔다. 미국인들은 전쟁이 끝났다고 생각했으나 계속되는 전사자의 소식을 납득할 수 없었다.

도쿄에 있는 리지웨이 대장에게도 이 소식이 전해졌다.

리지웨이는 밴 플리트 중장을 확실히 복종시켜야 했다.

야전 지휘관들은 새로운 제한에 어쩔 줄 몰라했다. "전투는 하지만 누구도 죽게 해서는 안 된다." 이런 명령은 내려질 수 없었지만, 그들은 요지를 분명히 이해했다.

유엔군은 피의 능선과 단장의 능선 전투에서 많은 것을 배웠다. 새로운 적은 전선을 요새화하고 있었고 미 8군은 더 어린 신병으로 구성되고 있기 때문에 적을 효과적으로 압박하기 위해서는 출혈을 감수해야 했으나, 워싱턴은 이를 받아들이지 않았다.

1951년 11월 17일, 유엔군사령부는 휴전협정을 30일 안에 조인한다는 조건으로 공산군이 내놓은 휴전선 제안을 받아들였고, 공산군은 열광적으로 동의했다.

이로써 공산군은 30일을 벌었다. 공산군은 이 기간을 이용해 유엔군의 공격을 무력화시킬 정도로 방어선의 종심을 깊게 강화했다. 방어선의 양옆은 바다였다. 이제 이렇게 강화된 방어선에서 핵무기를 쓰지 않고 공산군을 몰아내려면 제1차 세계대전 중 솜Somme이나 베르됭Verdun과 같은 전장에서 했던 정도의 노력이 필요했다.

1916년, 프랑스군과 영국군 30만 명은 솜 강을 따라 독일이 만든 진지를 돌파하려 했다. 이런 무익한 살육을 다시 벌이겠다고 생각하는 서방국가는 없었다.

11월 27일, 유엔군과 공산군은 현 접촉선을 기준으로 하는 휴전선을 공식적으로 인정했다. 양측은 가假조인된 지도를 서로 주고받았다.

이로써 공산주의자들은 회담을 요구한 바로 그 시간부터 그들이 원했던 대부분을 얻었다. 유엔군이 압록강까지 진격한다거나 전장에서 궤멸될 정도로 패할 수 있다는 위험을 떨어버린 것이다.

지난 여름의 공격이 수포로 돌아가면서 발생한 손실에 가슴 아파했던 유엔군은 휴전선 확정에 동의함으로써 더 이상 적의 전선을 돌파하지 못한다는 것에 대해 실망했고 이 시간 이후로 대규모 공세를 펴지 않았다.

유예 기간 30일이 끝나자, 공산군은 1개월 전에 하기로 했던 휴전협정에 서명할 기색을 보이지 않았다. 이제 공산군은 원한다면 얼마든지 휴전 서명 시점을 늦출 수 있다고 느꼈다. 선전전의 효과를 누리기 위해 실제로 휴전을 지연하겠다는 공산군의 의도는 이내 곧 분명히 드러났다.

한국에서 유엔군은 일종의 휴전을 인정했지만 그렇다고 평화가 온 것은 아니었다.

드러내놓고 말하지는 않았지만 식당 천막에서, 그리고 참호를 따라 병사들이 삼삼오오 모인 곳에서는 "맥아더가 옳았어!"라는 소리가 나오기 시작했다.

* * *

아더 B. 버스비 2세^{Arthur B. Busbey Jr.} 대위는 28세이던 1950년 9월 육군에 소집되었다. 자그마한 체구에 짙은 갈색 눈에 옅은 검정색 머리칼을 가진 그는 텍사스 동부 억양을 쓰고 있었다. 그는 1941년부터 1946년까지 군에 복무했고, 그 뒤로는 위치타 폴스^{Wichita Falls}에 있는 대리점에서 일했다. 소집 명령을 받은 버스비는 전쟁터로 가기로 했다.

버스비는 군에 남기로 결심했다. 운이 좋으면 결국 정규군이 될 수도 있을 것이다.

버스비는 육군에서 늘 공보 업무를 담당했지만 특별히 이 일을 좋아한 적은 없었다. 1951년 3월, 한국 파병 명령을 받은 그는 공보 업무를 시키려는 지휘관들에 맞서며 소총중대 근무를 원했다. 버스비는 제2차 세계 대전에 참전했지만 다른 사람과 달리 한 번도 전투를 치르지 않았기 때문에 작게나마 늘 죄책감을 가지고 있었다. 버스비는 한국에 파병되는 미군 중에서 전선 임무를 자원한 몇 안 되는 군인 중 하나였다.

6월, 버스비는 금화 가까이에 있는 화천호[176] 북쪽을 맡은 미 7사단으로 전입했다. 이곳은 중동부 전선이었다. 버스비는 미 32연대 B중대장으로 취임했다. 미 7사단은 리지웨이 대장이 중공군을 상대로 펼친 킬러 작전Operation Killer을 막 마친 뒤였다.

새로 전입한 모든 장병이 그렇듯 처음에 버스비는 고지를 오르느라 녹초가 되었다. 계단이 1,000개쯤 되는 태백산맥의 경사를 걸어서 올라가 본 적이 없으면 그 경사가 얼마나 가파른지, 기계화된 육군을 얼마나 힘들게 만드는지 절대 모른다.

버스비가 전입하자마자 정전회담 소문이 돌았다. 미 8군이 제자리걸음을 하는 동안 버스비는 7월 내내 전투 상황에서 꾹 참고 버텼다.

그리고 8월에 미 32연대 B중대는 미 8군이 펀치볼 지역에서 전선을 정리하는 작전에 투입되었다.

8월 27일, 미 32연대 1대대장인 우즈Woods 중령은 대대 장교들에게 작전 명령을 하달했다. 공산군의 저항이 약한 곳을 공격해 돌출부를 없애는 작전이었다.

"A중대가 공격을 개시하여 이 첫째 고지를 점령하면 B중대는 큰 봉우리 정상 동쪽에 있는 산등성이를 확보한다. 이 두 고지를 확보하면 A중대와 B중대는 마지막 능선을 확보하기 위해 공격하는 C중대에 화력을 지원한다."

보기에는 간단한 보병 작전이었다. 미 32연대는 봄 내내 이런 작전을

---

176 화천호는 1944년 화천댐이 만들어지면서 생긴 인공호수이다. 한국군 6보병사단이 용문산 전투에서 승리한 이후 이승만 대통령은 오랑캐를 물리쳤다는 뜻으로 화천 저수지에 '파로호(破虜湖)'라는 이름을 붙였다.

성공적으로 수행해왔다.

그러나 지도를 보던 버스비는 자신의 목표물 너머의 거대한 봉우리를 가리켰다. "이 괴물 같은 고지는 누가 책임집니까?"

우즈가 말했다. "사단도 그것을 걱정하고 있네."

그러나 정보과는 그 지역에는 적이 거의 없어 대대는 약한 저항만 받을 것이라 예상했다. 그러나 정보과는 공산군 5개 대대가 이 봉우리들을 지키고 있다는 것을 몰랐다. 편안한 날은 지나갔다.

안개가 긴 이른 아침, 공격이 시작되었다. A중대는 1시간 안에 목표를 점령했다. 버스비의 B중대원들도 공격을 시작했다. 시작하고 가파른 언덕을 300미터쯤 올라갈 때까지는 아무 저항도 없었다. B중대는 소대 단위 종대로 나아갔다.

B중대는 목표의 기슭에서 매우 가파른 언덕길에 다다랐다. 반쯤 올랐을 때, 펫슈Petsche 중위가 이끄는 선두 소대가 포격을 받았다.

포격은 1대대가 한국에 전개한 이후 한 번도 경험하지 못한 정도로 강력했다. 능선 전체가 포탄으로 뒤덮였다. 32연대가 처음 겪는 포격이었다.

버스비가 구덩이로 뛰어들자 소련제 76밀리 포탄이 근처에 떨어져 그는 흙에 파묻혔다.

펫슈의 소대는 꼼짝도 못 했다. 소대원 절반쯤이 포격에 쓰러졌다. 펫슈는 발목이 부러졌고 전령은 펫슈 옆에 서 있다가 전사했다.

바로 그 뒤에 있던 버스비는 중대에 전진하라고 명령했다. 그러나 버스비는 자신의 중대가 소총중대에게는 최악의 지형인 T자를 향해 공격하면서 긴 능선을 따라 펼쳐져 있다는 것을 깨달았다. 적은 양쪽에서 자신의 중대에게 종사縱射[177]하는 동안 자신들은 적에게 화력을 집중할 수 없었다.

버스비는 지원을 위해 C중대를 투입해달라고 요청했다. 1대대는 이 요

---

177 종사: 종심이 있는 표적에 대하여 방향을 전환하지 않고 총구를 상하로 이동시키면서 종심 방향으로 실시하는 사격.

청을 받아들이지 않았다. 대신 버스비에게 다가오는 밤을 대비해 현재의 위치를 유지하라고 지시했다. "현 위치를 사수하라!"

B중대는 가파른 경사면의 측면에 펼쳐져 있어 방어선을 형성하기에는 최악의 위치에 있었다. 그러나 버스비는 포격을 강하게 받으면 후퇴하겠다고 결정하고 버티고 있었다.

작은 계곡 건너편에 있던 A중대도 마찬가지였다. 그때까지 A중대는 아무런 문제도 없었다.

포격을 받으면서 버스비는 어둠이 내릴 때까지 버텼다.

23시, B중대원들은 포성을 들었고 A중대가 있는 능선에서 조명탄이 솟구치는 것을 보았다. 화염은 세 방향에서 A중대 방어선을 향해 집중하는 것 같았다. 얼마 지나지 않아 A중대는 엉망이 되었다. A중대장은 전사했고 방어선도 무너졌다. 그리고 B중대원들이 긴장한 채 기다리는 동안 총소리가 사라졌다.

2시 정각, 이번에는 버스비의 차례였다. 적은 세 방향에서 B중대를 향해 밀려왔다. 버스비는 외곽에 있는 소대를 불러들였다. 그리고 밤새 중대 위로 조명탄을 쏴달라고 포병에 요청했다.

커다란 포병 조명탄이 희끄무레한 빛을 내며 B중대 위에서 터졌고, B중대원들은 이 빛을 이용해 사격을 했다. 포병 진지에 있던 누군가가 조명탄 사격이 너무 비싸다며 투덜댔다.

"제기랄, 그런 것 신경 쓰는 놈도 있나?" 버스비가 무전기에 대고 말했다.

포병의 조명과 화력 지원 덕분에 B중대는 새벽까지 여러 번 몰려온 적을 물리쳤다. 그러자 누군가가 B중대에서 몇 명이나 전사했는지 알고 싶어했다.

"염병! 내가 그걸 어떻게 알아!" 버스비의 대답이었다.

해가 뜨자, 버스비는 공격을 명령했다.

그러나 공격 전부터 걱정했던 거대한 언덕에서 버스비가 공격하려는 능선으로 중공군이 끊임없이 내려왔다. 포병의 화력 지원이 이어졌지만

들이닥치는 중공군의 수를 감당할 수 없었다. B중대는 T자 지형의 고지를 오르려 혼신의 힘을 다 했으나, 어둠이 내리기 전 결국 철수하라는 명령을 받았다.

버스비는 운 좋게 빠져나올 수 있었다. 화기중대의 중사 한 명은 지형 능선Finger Ridge에서 지원 사격을 하던 중 자신의 기관총으로는 더 이상 적을 물리칠 수 없다는 것을 알고 병사들을 후퇴시키고 그들을 엄호했다.

중공군이 압박해 들어오는 동안 기관총이 '찰칵' 소리를 냈다. 탄알이 떨어진 것이다. 적시에 재장전할 수 없었던 중사는 45구경 권총의 총알이 떨어질 때까지 사격했다. 그의 시신은 나중에 발견되었다. 중공군은 시신은 내버려둔 채 기관총을 가져갔다.

버스비가 헨더슨Henderson이라는 이름으로 기억하는 그 중사는 사후에 수훈무공훈장을 받았다. 버스비와 중대원들은 중공군의 강한 압박에도 불구하고 후퇴에 성공했다.

나중에 군단장과 사단장이 모두 대대를 방문해 작전에 문제가 있었다며 사과했다. 이들은 1대대를 커다란 위험 속으로 보낼 의도는 전혀 아니었다.

9월 내내 버스비는 사상자들을 교체하고, 꼭 밥 먹을 때만 되면 적의 포탄이 날아온다고 해서 '포병 고지Artillery Hill'라는 이름을 붙인 이곳 주변에서 주 저항선을 유지했다. 그리고 10월이 되자 콜롬비아 대대가 미 32연대 1대대와 교대했다. 미 32연대는 단장의 능선에 있는 미 2사단과 교대했다.

10월 마지막 며칠 동안, 미 7사단은 단장의 능선 전투 현장에 버려진 잡동사니들을 청소하기 위해 노력했다. 장비와 물자가 사방에 널려 있었다. 적의 시신 또한 고지 전체를 뒤덮었다. 심지어 도로 곁으로 난 도랑에는 여전히 미군 시신들이 있었다. 버스비는 이 시신들이 거기에 어떻게 있게 되었는지 전혀 알 수 없었다.

버스비의 B중대는 한국군 7사단과 연계하여 단장의 능선 너머에 있는,

폭 200미터의 계곡을 지키라는 명령을 받았다. 계곡에는 작은 개울이 흘렀고 미군은 매일 이곳까지 전차를 내보내 정찰했다.

낮에는 사격으로 계곡을 지킬 수 있었다. 그러나 밤에 적이 계곡과 개울 바닥에 지뢰를 묻지 못하도록 개울 근처와 아래를 굽어보는 능선에서 뻗어나간 작은 능선들에 매복조를 투입하는 게 문제였다.

3일째 밤에 B중대 매복조들 중 하나가 큰 건을 터뜨렸다.

중대원 몇 명이 개울 근처에 앉아 있었는데 전투에서 총을 쏴본 적이 없는 부사수가 한 정밖에 없는 기관총을 들고 있었다. 이들은 사람이 살금살금 다가오는 소리를 들었다. 어둠을 틈타 인민군 장교 2명과 대전차 지뢰를 든 병사 6명이 지뢰 정찰을 하고 있었다.

"가까이 올 때까지 기다려!" 기관총 사수가 속삭였다.

경기관총의 약실에 총알을 완전히 장전하려면 노리쇠 뭉치를 끝까지 당기고 두 번 앞으로 밀어야 했다. 노리쇠 뭉치를 한 번만 당긴 부사수는 기관총이 장전되었다고 생각했다. 방아쇠를 당겼지만 "딸깍" 소리만 나는 끔찍한 상황을 맞고서야 부사수는 기관총이 제대로 장전되지 않다는 것을 알았다.

그들은 뭔가 잘못되었다고 생각했다. 인민군이 1.8미터 앞에 있었다. 첫 발이 인민군 중위의 머리 윗부분을 관통했다. 금발의 어린 부사수는 원래 마음먹은 것보다 조금 더 기다리고 있다가 운 나쁘게 기습을 당한 인민군들이 도망가기 전에 모두 사살했다.

다음날 아침, 정기적으로 전선을 시찰하던 미 7사단장 클로드 페렌보우Claude Ferenbaugh 소장은 총탄에 손상되어 뻣뻣해진 인민군 시신들을 보았다. 페렌보우 소장이 말했다. "분명히 말하는데, 나는 늘 이런 보고를 받는다. 그런데 이런 보고를 증명할 시체를 본 것은 이번이 처음이다."

사단장은 떠나기 전 금발의 사수에게 훈장을 달아주었다.

적을 상대로 공세는 전혀 없었지만 가만히 앉아 있을 수는 없었다. 적이 정찰할 때 접촉을 유지해 적이 무엇을 하는지 알고 적이 속임수를 쓰지 못하도록 정찰을 해야 했다.

미 8군의 전 전선에서 병사들이 증오한 것은 끝없이 위험과 죽음 사이를 오가는 바로 이 정찰이었다. 많은 병사들은 보잘것없는 이유 때문에 정찰을 한다고 생각했다.

정찰을 빼면 전선은 조용했지만, 포격은 있었다. 유엔군의 공중 공격을 뚫고 소중한 폭탄을 먼 거리에서 운반해야 하는 적은 포탄을 낭비하려 하지는 않았으나, 표적을 발견하면 거리낌 없이 포탄을 발사했다.

버스비 중대의 소대장인 잭 새들러Jack Sadler는 전투가 벌어지지 않는 것이 불만스러웠다. "75밀리 무반동총으로 저 위에서 적을 쏘면 안 될까요?"

버스비가 말했다. "제기랄, 놈들이 화를 낼 거야."

"아! 한 발만 쏘겠습니다."

그것이 어떤 결과를 초래할지 전혀 예상하지 못한 새들러는 한 발을 적진에 쏘았다.

그러자 그 즉시 적은 새들러의 소대 위로 포탄을 쏟아부었다. 포격에 맞아 소대원 2명이 전사했다. 그 이후로 새들러는 영원히 자신을 자책했다. 그 뒤로 낮에는 서로 가만히 내버려두는, 일종의 암묵적인 신사협정이 생겼다.

이제 전쟁은 이상해졌다. 아주 위험하지도 않지만 훨씬 절망적이 되었다.

적은 밤이면 언제나 제한적이지만 공격을 가했다.

유엔군은 거의 반격하지 않았다.

겨울이 다가오면서 밤이 무척 추워지기 시작했다. 한국에서는 모든 일이 밤에 일어났다. 미군은 좋든 싫든 밤에 경계근무를 해야 했기 때문에 낮에 자라는 명령이 내려졌다. 그렇게 함으로써 큰 문제 없이 밤에 기민함을 유지할 수 있었다.

판문점에 모인 사람들이 합의할 때까지 참호와 벙커로 이어진 전선을 지키고 있는 군대가 할 일은 전혀 없었다. 지루하고 쉬지 못한 병력은 정해진 일과를 싫어했다. 특히 싫어한 것은 매일 밤 선 채로 경계근무를 하는 것이었다.

기온이 0도 가까이 떨어진 어느 날 밤, 새들러는 새벽 2시에 버스비의 중대 지휘소로 전화를 걸었다. "중대장님, 완전 무장을 하고 귀순한 인민군 한 명을 데리고 있습니다…."

때때로 꽤 많은 인민군이 장교들을 따돌리고 자진해서 유엔군 쪽으로 내려왔다. 이는 전혀 새로운 일이 아니었다.

그러나 새들러가 계속 말했다. "이 녀석이 제 뒤에 있는 전차 부대에서 항복했습니다…."

버스비가 바로 말을 채고 나왔다. "어떻게 자네 뒤로 갔지?"

"저런, 그 생각을 못했습니다. 몰랐습니다, 중대장님."

"생각해봐!" 버스비는 이렇게 말하고 전화를 끊었다.

새들러는 부소대장인 트렉슬러Trexler를 깨웠다. 그들은 적병을 심문하기 위해서 한국군에게로 갔다.

새들러는 계곡으로 난 길을 따라 걸어 내려와 그가 2개 정찰조를 상시 배치하는 지역을 가로질렀다. 2개 참호에는 3명이 배치되어 있었다. 이들에게는 언제라도 한 명은 반드시 깨어 있어야 한다는 명령이 내려져 있었다. 새들러와 트렉슬러는 서로를 쳐다본 후 어둠 속으로 나아갔다.

새들러는 오솔길 쪽으로, 트렉슬러는 다른 쪽으로 갔다. 그들은 양편에서 모든 병사들이 침낭에 들어가 지퍼를 올린 채 자고 있는 것을 보았다.

만일 인민군이 그것을 알았다면 버스비가 말한 대로 주말에는 서울까지 걸어 들어갈 수도 있었다.

앞뒤가 안 맞고 더듬대는 이야기를 듣고서 화가 치민 버스비는 병사 4명을 군사재판에 회부했다.

이틀 밤이 지난 뒤 이 4명의 병사가 재판을 기다리는 동안 인민군이 같은 계곡으로 공격해 내려왔다. 이번에는 전초부대들이 정신을 바짝 차리고 있었다. 적은 주 방어선에서 격퇴되었다.

그러나 76밀리 포탄에 맞아 트렉슬러 중사가 전사했다. 사단 법무참모는 경계 중 졸다가 트렉슬러에게 발각된 병사 2명에 대한 기소를 취하해야 할 것 같다고 말했다. 트렉슬러가 죽으면서 증인이 없어졌기 때문이었다. 결국 이 둘은 풀려났다.

그러나 새들러의 증언으로 나머지 2명은 사단에서 열린 군법재판에서 유죄 판결을 받았다. 2명 모두에게 10년 징역형과 불명예제대가 선고되었다.

그들의 어리석음과 책임감 부족 때문에 전우 수백 명이 죽을 뻔했다. 남북전쟁 때였으면 총살당했을 것이다.

그러나 남북전쟁 이후로 오랜 시간이 흘렀고 한국전쟁에는 새로운 요소가 미 군법에 적용되었다. 국민이 열정적으로 지지하는 전쟁이나 성전에서 국민은 군인의 부정행위를 거의 언제나 엄격한 잣대로 바라본다. 전우에게 어떤 영향을 끼치든지 간에 국민은 군인의 태만을 반역 또는 그에 준하는 죄로 간주한다.

실제로 복수는 무익하다. 사법의 목적은 복수가 아니다. 그러나 장교나 병사가 전투가 시작되기도 전에 울부짖으며 싸우기를 거부하거나 무기를 버리고서도 명예롭게 전역하는 것이 허락된다면, 또는 판결이 취소되고 훗날 청원에 따라 권리가 회복된다면 국가는 위험한 짓을 하는 것이다. 언제라도 자신의 임무를 알아서 잘 할 사람의 비율은 정해져 있다. 반면에 임무를 하지 않을, 심지어 임무가 무엇인지조차 모르는 사람은 소수이다. 그러나 대부분의 사람들은 사회가 그들에게 강제할 경우에만 어린이로서 영어 공부를 하든지 병사로서 흑인들과 군 복무를 하든지 간에 불유쾌한 의무를 지킨다.

버스비의 중대에서 경계에 소홀했던 2명의 병사는 10년 형을 받았다. 똑같은 죄를 지은 다른 병사들이 이미 석방되었기 때문에 그 자체로는 공정하지 않다. 그러나 문제는 거기에 있지 않았다. 이 2명 중 1명은 아버지가 미국 동부 주에서 정치적 영향력을 가지고 있었다. 일부는 기소되지 않은 반면, 자기 아들은 그러지 못했다는 것을 안 이 아버지는 당연히 가만있지 않았다.

뉴왁Newark과 댈러스Dallas의 여러 신문들이 이 사건을 보도했다 INSThe International News Service [178] 기자 한 명이 기사거리를 찾아 도쿄에서 미 32연대로 왔다. 기자는 야간 공격에서 받은 피해를 여전히 추스르던 B중대원들과 면담을 했다. 기자와 이야기한 모든 병사들이 이렇게 말했다. "그 녀석들은 받아야 하는 처벌의 절반도 받지 않았습니다." B중대는 그러한 교훈을 얻은 것이었다.

INS 기자는 도쿄로 돌아가 편집장에게 전화를 걸었다. 그러나 그에게는 편집장이 원하는 종류의 기사는 없었다. 많은 언론은 사설에서 보초를 서다가 잠들었다고 10년 징역을 선고하는 것은 모질고 심지어 야만적이라는 입장을 취하고 있었다.

1년 뒤, 동부 주에서 정치적으로 유력한 영향력을 행사하는 인물을 아버지로 둔 병사는 새로 재판을 받았다. 군사재판의 항소를 다루는 민간 법정은 원심 재판 절차에서 결함이 있는 것을 발견했다. 재판장은 피고도 변호사도 출석하지 않은 상태에서 군법회의에 참석한 법무장교에게 "최대한 선고할 수 있는 형기가 얼마입니까?"라고 물었다. 이것은 불법이었다.

새로운 재판이 메릴랜드 주의 포트 미드Fort Meade에서 열렸다. 증인으로 채택된 사람들은 피고들과 함께 참호에 있던 다른 병사들이었다.

당시 볼티모어Baltimore에 있던 잭 새들러는 그때도 나중에도 소환되지 않았다. 당연하게도 평결은 뒤집혔다. 버스비를 빼고 모든 사람이 안도했다.

그 자체로 이 사건은 새로울 것이 하나도 없었다. 군사재판이든 민간재판이든 재판은 완벽할 수 없다.

그러나 조만간 사람들은 당연히 정의를 되찾을 것이고, 해야 할 군복무를 하게 될 것이다.

---

178 INS: 1909년에 신문 발행인인 윌리엄 랜돌프 허스트(William Randolph Hearst)가 창간한 미국의 언론사.

아더 버스비는 아기가 갑자기 사망하는 바람에 청원휴가를 받아 미국으로 돌아갔지만, 획득한 점수가 너무 높아서 그를 극동사령부로 되돌려 보낼 수 없었다. 버스비가 미국으로 떠나기 전에 잊을 수 없는 사건이 일어났다.

B중대는 단장의 능선 너머 계곡에 겨울을 지낼 수 있는 꽤 괜찮은 벙커를 지었다. 정찰대원들은 적의 감시 아래 있는 능선 전방으로 나가기 전에 어둠이 내릴 때를 이용해 따뜻한 식사를 하고 있었다. 버스비는 키가 작고 낯선 병사 하나가 등에 무거운 짐을 지고 언덕을 터벅거리며 올라가는 것을 보았다.

"이보게, 자네! 이리 와봐!" 버스비가 불렀다.

사실상 소년이나 마찬가지인 그 병사가 버스비 앞으로 왔다.

"어디 가는 거지?"

"전선으로 갑니다."

"어느 부대인가?"

"어느 부대든 관계없습니다."

"그래? 저 능선 위가 바로 인민군 전선이야. 자네 어디 소속인가?"

어린 병사는 미 187공수연대라고 대답했다.

"자네 거짓말을 하는군. 그 부대는 일본에 있는 예비부대네."

그러나 그 어린 병사는 거짓말을 하지 않았다. 미 187공수연대는 부산 근처에서 연습 강하를 했고 일부는 곧바로 전선으로 뛰어들었다. 공수부대는 날카롭지만 쉽게 망가질 수 있는 연장 같다. 왜냐하면 한 번 쓰이면 다시 되돌릴 수 없기 때문이다. 따라서 공수부대란 특별한 임무를 위해 아껴놓는 최고의 예비대이다. 미 187공수연대는 오랫동안 임무를 맡지 않았지만, 부대원들은 어디가 되었든 어떤 전투이든 전투를 하고 싶어했다.

버스비는 대대에 전화했다. 대대에서는 그가 탈영한 그 어린 병사를 데리고 있을 수 없다고 알려왔다. 후방으로 보내기 전, 버스비는 만일 공수부대 지휘관이 허락한다면 미 32연대 B중대가 그 병사를 받아주겠다는 편지를 써서 그 병사에게 건네주었다.

1951년 12월, 아더 버스비가 집에 가기 바로 직전, 버스비 대위는 또 다른 미 187공수연대 병사로부터 자신도 편지를 받을 수 있는지 알고 싶다는 편지를 받았다.

제33장
철조망 너머

●

진정으로 문명을 평가하는 것은 인구수를 세는 것도, 도시의 크기도, 수확물도 아니다. 그것은 그 나라가 어떠한 사람을 내놓는가에 달려 있다.

— 랠프 왈도 에머슨Ralph Waldo Emerson의 『사회와 고독Society and Solitude』 중에서

전선이 안정되고 시간이 흐름에 따라 서울 외곽 영등포에 있는 미 육군 971우체국도 안정되기 시작했다. 레너드 모건Leonard Morgan 중위의 새로운 중대장으로 포레스트 패트릭Forrest Patrick 중위가 왔다. 보병장교였던 패트릭은 모진 고통과 쓰라림을 겪어 때로는 군사우체국에 어울리지 않았다.

우편 업무를 하면서 패트릭 중위는 장교 4명과 병사 85명에게 훈시를 하고 군기를 잡으려 했다.

하루는 패트릭이 양조장 옆에 있는 구두공장 밖에 우체국원들을 집합시키더니 5갤런 물통에는 언제나 동네에서 만든 맥주가 차 있다며 문제를 삼았다. 또 한 번은 인천에 있는 미 2공병여단이 내린 지시에 맞추어 대한민국에서 올바른 행동이 어떤 것인지에 대해 토론했다.

"사람들을 친절하게 대하고 좋은 인상을 줘야 한다. 여러분 중 일부가 그래왔지만, 나는 한국인들 집에 들어가서 그들의 물건을 들고 나오는 것을 좋아하지 않는다. 이런 일이 없기를 바란다."

패트릭이 말하는 동안 병사 2명이 커다란 전통 옷장을 각각 등에 지고서 그 뒤로 지나갔다. 이들은 다른 부대 소속이었지만, 그날 패트릭의 연설을 망쳐버렸다.

마침내 새로운 지휘관이 왔다. 부관병과의 해리 스타인버그^{Harry Steinberg} 소령이었다. 이름의 머리글자 H와 S가 섞이면 마치 $처럼 보여 '달러 기호^{Dollar Sign}'라는 별명으로 불린 스타인버그는 능숙한 부대 운용자였다. 그는 일을 잘 처리했다.

지휘관으로 부임한 첫 달에 스타인버그는 징집병들을 위해 샤워실을 만들었다.

둘째 달에는 물이 나오지 않았다. 면밀하게 조사한 결과, 장교 천막을 관리하는 한국인 잡역부 김 씨가 기술자이며 그가 땅 밑으로 지나는 수도관을 한국인 잡일꾼 숙소로 돌려놓았다는 것을 알게 되었다.

김 씨가 해고되자 물이 다시 나왔고, 우편물은 계속해서 몰려들었다.

업무는 순조로웠다.

셋째 달에는 도쿄에서 참모 업무를 하다가 한국으로 들어오는 장교들과 병사들을 통해 공군 주류를 밀수하기로 합의했다. 이들은 한국에서 일이 어떻게 돌아가는가 보고, 빛나는 종군 휘장도 얻고, 그리고 충분히 자주 오면 매달 200달러의 소득세를 면제받는 자격을 얻길 원했다.

그리고 여러 달이 이렇게 지나갔다.

이런 방식으로 36점을 모으려면 굉장히 오래 걸렸다. 그러나 971군사우체국에 근무하는 장병들은 훨씬 나쁜 방법으로 점수를 쌓는 길도 있다는 것을 잘 알고 있었다.

* * *

1951년 3월 17일, 압록강변 벽동 인근의 5포로수용소에 죽음의 계곡에서 출발한 슐리처 상사가 속한 포로들이 수감되었다. 장교들과 부사관들은 병사들과 분리되었고, 모든 계급을 합친 포로의 수는 3,200명에 달했다.

3월부터 10월 사이에 인원은 50퍼센트가 줄어들었다.

미국 군의관들은 진료 소집과 치료를 계속하도록 허락받았지만 치료에 필요한 것은 아무것도 주어지지 않았다. 약은 거의 없었다. 공급되는 음식은 평균적인 미국인의 정신과 육체를 유지하는 데 필요한 열량보다 부족했다.

수용소에 있는 의사 한 명은 매일 옥쌀[179]과 수수 삶은 것 400~600그램, 그리고 가끔 메주콩과 배추가 배급되는데 이것은 잘해야 1,600칼로리라고 슐리처에게 말했다. 때로는 1,200칼로리밖에 안 될 때도 있었다.

이런 극한의 식사로 체중 손실은 피할 수 없었다. 배급 음식에 미네랄과 비타민이 부족한 것은 최악이었다. 동아시아에서 콩은 가난한 사람들에게 거의 유일한 단백질 보급원이다. 그러나 미군 포로들은 어떻게 콩을 요리하는지 몰랐다. 보통 콩을 반만 익혔는데 그러면 소화가 잘 안 되었다. 그렇지 않아도 굶주림에 따르는 설사 때문에 이미 고통받는 미군 포로들은 반만 익어 가장자리가 딱딱한 콩 때문에 더 괴로워했다. 많은 포로들은 미국에서 사료로 쓰이는 콩에 손대는 것을 거부하고 탄수화물만 먹었다. 이렇게 먹은 포로들 중에는 살아남은 사람이 거의 없었다.

제2차 세계대전을 거치면서 일본의 포로수용소를 겪은 서구인들의 경험을 담아 개정된 제네바 협정은 이렇게 규정한다.

"전쟁포로의 건강을 유지할 수 있도록, 그리고 영양 부족이 심해져 체중이 감소하는 일이 없도록 포로의 일상 식사 기록이 유지되어야 한다."

그러나 기근이 일상이던 한국에서 반은 기아 상태에 있는 것이나 마찬가지인 소농보다 포로를 더 잘 먹이기를 기대한다는 것은 그때도 그리고 지금도 미국식 방식을 따른 희망적 사고이다.

나치가 했던 것처럼 중공군이 포로들을 몰살시키겠다는 목적을 가지고 일부러 굶주리게 했다는 증거는 없다. 늦겨울에 포로 사망률이 놀랄

---

[179] 옥쌀: 말린 옥수수를 부순 것.

만큼 높아졌다. 매일 28명씩 사망하자 5호 수용소장인 중국인이 우려의 기색을 보였다. 그는 미국인 의사들에게 당장 포로들이 죽지 않게 하라고 명령했다. 더 많은 의약품이 제공되었지만 많은 음식을 달라는 포로들의 요구를 소장은 화를 내며 거부했다.

그는 포로들이 간수들보다 못 먹는다는 것을 인정했다. 그러나 미군 포로들은 중공이 '계급의 적'이라고 규정한 사람과 똑같은 양을 배급받고 있었다. '계급의 적'은 이 정도 배급을 받으면서 2~3년 교화를 받을 뿐 아니라 중노동까지도 해야 했다. 봄과 여름이 오고서야 중국인 수용소장은 포로들의 식사를 개선했지만 이미 많은 포로들이 죽고 난 뒤였다. 전쟁이 끝날 무렵, 세계 여론 때문에 식사가 다시 개선되었다. 수용소장은 뼈만 남다시피 해 비틀거리는 포로들을 본국으로 송환하고 싶지 않았다.

여러 증거들 중에 분명하게 눈에 띄는 것이 있다. 미군 포로 중 50퍼센트가 사망했다. 영국군 포로의 사망률이 영국 정부의 큰 관심사였던 반면, 한국군 포로들은 별 어려움을 겪지 않았고 터키군 포로는 단 한 명도 죽지 않았다.

화학적인 특성과 문화가 미군 포로들을 죽인 것이다.

미군 포로가 많이 죽은 것은 미군의 군기, 태도, 그리고 조직 때문이었다.

지도력이 엄격하고, 정신이 건강하며, 내부적으로 강인한 조직원들이 서로를 걱정해주는 것처럼 응집력이 극도로 높은 집단만이 정신과 육체에 닥친 충격도 이겨낼 수 있었을 것이다.

영국군 부사관들은 마치 바위처럼 굳건히 잘 대응했다. 주로 공업지대에서 징집되어 목적의식이나 단결력이 거의 없던 다른 징집병들은 잘 견뎌내지 못했다.

그러나 제일 잘 버틴 것은 터키인들이었다.

터키군은 완전히 동질 집단이었다. 공통적인 배경과 문화를 가졌고 지휘체계는 결코 무너지는 법이 없었다.

터키군은 적에 대항해 단결했고 살아남았다.

터키군 포로들은 훌륭한 사회 출신이 아니었다. 불과 몇 십 년 전까지 만 해도 터키인들은 이집트에서 노예처럼 일했고 아르메니아에서는 대규모 학살을 자행했다. 19세기 터키인들은 사소한 범죄를 이유로 살아 있는 사람을 대포 포구로 날려버렸다. 중범죄의 경우 끝이 날카로운 말뚝에 범죄자를 앉히고 발을 땅에서 떼게 하여 체중과 몸의 움직임으로 말뚝이 천천히 몸을 뚫고 들어가게 하는 극형을 부과했다.

터키에서 자유나 민주주의에 근접한 것은 전혀 없었다. 선거가 실시되기는 했지만 선거에 진 사람은 보통 감옥에 갔다.

터키는 중국 공산주의자들처럼 고대의 후진적인 동양적 생활방식을 척결하겠다고 결의한 케말 아타튀르크Mustafa Kemal Atatürk와 그의 후계자들의 철권통치 아래 20세기에 들어서 있었다.

무스타파 케말은 폭력으로 국민을 서구화하겠다는 의지가 강했다. 그는 무슬림 성직자들의 권력을 무너뜨리고, 교육을 바꾸었으며, 전통 모자와 문자를 바꾸었다.

그러나 20세기 중엽에도 터키 공화국에 복무하는 군인은 여전히 관습에 물들고 종교적으로는 광신적이라 할 정도로 독실하며, 농사에 생계를 의지하며 아버지, 국가, 그리고 군대의 강한 규율에 익숙해 있었고, 자신과 자신의 동족에 대한 야만적인 자부심으로 가득 차 있었다.

터키군 포로들은 수용소에서도 옷을 입은 채로 목욕을 하거나 슐리처처럼 무슬림이 아닌 친구에게는 7겹의 베일을 통해서만 코란Koran을 볼 수 있게 했다. 성병이라는 말만 나와도 격노해서 얼굴이 하얗게 변했다.

그렇지만 터키 군인은 자신에 대해 완전히 알고 있었다. 그들은 터키인이었다. 터키인이라는 존재는 자신들이 될 수 있는 것들 중에서 의심할 나위 없이 가장 좋은 것이었다. 더욱이 알라Allah 말고 다른 신은 없었다. 이들은 이를 증명하거나 주장할 필요가 없다고 느꼈다. 터키인은 어머니의 젖을 먹으면서 이런 생각을 함께 받아들였고 그 이후로 마음에는 다른 관념이 마음에 들어서지 않았다.

터키 군인은 러시아인이 공산주의자라는 것과 과거에도, 지금도, 그리고 앞으로도 러시아인이 적이라는 것을 알았다. 터키 군인은 러시아인과 공산주의자를 혐오했다. 이 또한 논쟁의 대상이 아니었다.

터키 군인은 흙과 가까웠다. 그리고 어려움이 무엇인지 알았다. 이들은 알라신이 주신 것이나 중국 공산주의자들의 개가 주는 것이나 불평 없이 먹었다. 이들은 손에 닿는 곳에 있으면 나뭇잎 조각이라도 먹을 수 있었다. 훨씬 교육 수준이 높았던 미군 포로들은 터키군 포로들이 잡초를 먹는 것을 놀란 눈으로 바라보았다.

이를 본 많은 미군 포로가 터키군 포로들을 따라했다.

터키군은 남자다움과 전투 능력을 자랑스러워했다. 이들은 조상들이 비잔틴 제국 이후로 근동 여러 군대의 중추였다는 것 그리고 총검을 가진 이들의 용기에 필적할 것이 거의 없었다는 것을 막연하게나마 알았다. 터키군은 그들이 자랑하는 제국이 화력 때문에 무너진 것과 경제적으로는 터키가 뒤처져 있다는 것 역시 막연하게나마 알았다. 그렇다고 해서 그들이 가진 터키인과 터키 영토에 대한 믿음이 약해지지는 않았다. 그들이 다닌 학교에서는 터키인의 위대함을 가르치는 데 경제적인 논쟁은 전혀 사용하지 않았다.

30여 년의 국가적 반종교주의에도 불구하고 알라에 대한 믿음은 순진하고 무지할 정도로 완벽했다.

터키군은 최소 6년을 복무해야 했으며 첫 6년이 지나기 전에는 중사 진급은 꿈꿀 수도 없었다. 그들은 이 수용소에서 전우들과 오래 같이 지내고 만일 알라가 자신을 살아남도록 해준다면 함께 복무하는 전우들과 다시 복무하기를 꿈꿨다. 터키군은 마치 다시는 서로 안 볼 것처럼 낯선 사람같이 행동하는 미국인들을 이해할 수 없었다.

터키군은 선임 병사가 포로수용소에서 지휘권을 가졌다. 왜냐하면 선임이기 때문이었다. 터키군도 영국군 부사관도 선거로 우두머리를 뽑지 않았다. 반면, 미군은 5호 수용소에서 중사로 가장하며 중국인 간수들 사이에서 인기가 있는 상병을 선거를 통해 우두머리로 뽑았다.

터키군 선임 병사는 매일 상세한 근무자 명단을 만들어 운용했다. 누가 나무를 팰지, 물을 나를지, 또는 아픈 사람을 돌볼지를 두고서 어떤 분쟁도 없었다. 반면, 미군 부사관들, 의사들, 그리고 군목들은 환자에게 밥을 먹이라고, 의식이 없는 사람을 씻기라고, 또는 밖에 나가서 땔나무를 해 오라고 사정하는 일이 잦았다. 그러면 이런 말을 들었다. "꺼져! 당신이 나보다 더 나은 게 하나도 없어."

선임 병사가 고분고분하지 않다며 간수들에게 위협을 받을 때 그 선임 병사를 제거해봐야 아무 소용이 없었다. 두 번째, 세 번째, 심지어 백 번째 선임 병사가 이어받아도 바뀌는 것은 없었다.

중국인들과 사이가 지나치게 좋은 터키군 포로가 있었다. 터키군 포로들은 재판을 열었다.

적에게 상냥했다는 이유로 유죄 판결이 내려지자, 그 병사는 매우 심하게 구타를 당했다. 그를 변호했던 병사 또한 이런 배신자를 감히 두둔한다는 이유로 구타를 당했다.

슐리처가 물었다. "만일 그 병사가 또 그렇게 행동하면 어떻게 되지요?"

"그러면 우리가 그를 죽일 것이오." 슐리처가 들은 대답이었다.

터키군 포로들의 사회는 서구 기준으로 볼 때 감탄할 만한 것과는 거리가 먼 엄격한 사회였다. 충격적이게도 터키군은 공산군에게 포로로 잡혔던 모든 포로들 중에서 가장 잘 견뎌낸 기록을 가지고 있다.

미국인들은 야만인이 무식할지는 모르지만 언제나 멍청하지 않다는 것을 기억해야 한다.

공산군 포로수용소에서 왜 미국인들이 죽어갔는지, 왜 어떤 자는 삶의 의지가 꺾였는지, 그리고 왜 어떤 자들은 살아남았는지를 두고 사회학자, 군인, 그리고 의사들은 오랫동안 주장을 할 것이다. 증거는 컴퓨터가 아니라 마음에 반영되어 있다. 그리고 그 답으로 내놓을 수 있는 것들은 분명하지 않다.

* * *

벽동에 있는 5호 수용소에서 중국인들은 포로들을 재교육하려고 했다. 공산주의 재교육에서 사용하는 방법과 거의 같았다. 반복, 억지주장, 거짓말, 혼란, 그리고 미묘하게 정도를 조정해가면서 힘과 공포를 사용하는 것이었다.

이것은 세뇌라고 불리는데 새로운 것은 아니다. 소련인들도 스탈린그라드 전투에서 사로잡은 독일군 포로들에게 같은 방법을 사용했고 같은 정도의 성공을 거두었다.

철조망에 갇힌 포로들은 자신들을 억류한 공산군을 언제나 두려워했다. 간수들의 행동에 포로들이 전적으로 저항하려면 오직 강한 내면적 규율과 완전한 단결이 있을 때에만 가능했다. 그러나 압박을 받으면 몇몇 포로들은 불가피하게도 공산군에게 협조했다.

터키군 포로들도 협조하라는 요구를 받았다. 그러나 이들은 그러지 않았다. 터키군 포로 하나하나는 자신이 믿는 것에 확신이 있었다. 그리고 같은 터키군이 개인의 일탈을 결코 용납하지 않으리라는 것을 묵시적으로 알고 있었다. 중국인을 돕는 터키군 포로는 사망 보증서에 서명하는 것이나 마찬가지였다. 본인도 이것을 알았다.

철조망 안에 있는 미군 포로들에게는 터키군 포로들에게서 볼 수 있는 그런 응집력이 없었다. 어느 나라에 있든지 인간의 무리에는 범죄자, 바보, 그리고 잠재적인 배반자가 있게 마련이다. 수용소 안의 미군들도 이러한 것들을 못마땅해했지만 용인하는 분위기였다.

몇몇 미군 포로들은 전우를 상대로 범죄를 저질렀다. 극소수는 전우를 배신했다. 또 극소수는 광적으로 저항했다.

공산당에 탄원서를 쓰고 반자본주의 의견을 공개적으로 말하라는 요구를 받는 상황에서 무질서하고 혼란스러우며 어떻게 행동해야 할지 배운 바는 없었지만, 미군 포로 대다수는 소극적으로 저항했다. 이들은 공산군에 부역하는 동료를 터키군 포로들처럼 근절하려고 하지는 않았지만, 부역은 용납하지 않았다. 미군 포로들은 부역을 피하는 쪽으로 행동했다.

중공군 교관들은 악마처럼 똑똑하지는 못했다. 때때로 이들은 믿을 수 없을 만큼 멍청했다. 그러나 포로들은 이들의 손 안에 있었다. 그리고 이들은 계속해서 포로들을 당황하게 만들었다. 포로들은 공산주의자를 결코 이해하지 못했고 그들에게서 벗어날 수 없었다.

찰스 슐리처가 나중에 보고한 바대로, 미군 포로들 거의 대부분은 자신들이 언제라도 고문을 당할 수 있다는 잘못된 믿음에 사로잡혔다. 실제 고문이 일어나지는 않았지만, 이들은 고문당할 수 있다는 협박을 당했다.

날마다 포로들은 학습에 강제로 참가했다. 하루에 6~8시간 나무로 만든 딱딱한 의자에 앉아 있었다. 중공군 강사들은 계속해서 오클라호마 출신 노동자, 가톨릭교도, 그리고 흑인에 대해 이야기를 했다. 미국의 모든 공무원은 부자이며, 모든 의원들은 대학을 나왔고, 미국의 국가 사안에 대해서 노동자는 말 한 마디 할 수 없다고 계속해서 말했다. 이들이 쓰는 영어의 억양은 미국 남부 억양부터 브룩클린 억양까지 다양했다.

포로들은 어떤 이유로도 수업에 빠질 수 없었다. 기절해 쓰러져도 그대로 방치되었다. 심지어 수업 중에는 설사를 하더라도 화장실 가는 것도 허락되지 않았다. 역겨운 냄새가 났지만, 간수들은 해당 포로를 계속 앉아 있게 했다.

중공군 강사들은 미군 포로들이 시민의 권리나 미국 정부의 작동 방식을 거의 모른다는 것을 알게 되자 이것을 크게 써먹었다. 중공군 강사들은 미군 병사들이 별로 아는 게 없는 현실은 지배층의 이해관계가 그것을 원했기 때문임을 증명하는 것이라고 주장했다.

그러나 사실은 한국전쟁이 일어나고 몇 달 사이에 한국에서 포로가 된 어린 미국 병사들 중 다수는 8학년 이상인 사람이 적을 정도로 교육을 거의 받지 못했다. 또한 이들은 자신이 누구이며 무엇을 대표하는지를 가정에서부터 거의 배우지 못했다.

포로들은 공산당 강사가 나쁘다는 것을 알았지만 어떻게 논박할지를 몰랐다. 초등교육 과정 또는 그 이상의 교육 과정에 있는 미국 젊은이들은 헌법에 대한 가톨릭교회의 입장을 배우거나, 대공황 시대 오클라호마 출신들이 이주 노동자로 겪은 고통을 논하거나, 또는 미국인의 삶에서 흑인이 미치는 영향에 대해 토론하는 일이 없다.

중공군 강사의 맹공을 받으면서 미군 포로들 중 일부는 자신이 누구인지, 우주의 거대한 구조에서 자기 자리가 어디인지도 모른다고 느끼기 시작했다. 다행스럽게도 언어 장벽 덕에 공산당 강사의 강의를 이해할 수 없었던 터키군 포로들은 교육을 받았든 아니면 그렇지 않든 상관없이 돼지 같은 중국 공산주의자이기보다는 터키인인 것이 훨씬 낫다고 철썩 같이 믿으면서 행복하게 앉아 있었다.

5호 수용소의 일부 포로들은 미국의 교육이 미국인들이 보다 원만하게 함께 살 수 있도록 하기 위해 사람이 살고 죽는 데 어떤 신조로 삼는 강렬한 믿음을 상당히 제거했다고 느꼈다.

슐리처럼 하나님 안에서 거듭났다고 믿거나, 나이 든 보병 부사관이 자신의 군 복무와 부대를 믿거나, 또는 앵글로-색슨의 제도가 우월하다고 믿는 것처럼 강하고 흔들리지 않는 믿음을 가진 사람들은 전혀 바뀌지 않았다. 중공군 간수들은 이들을 반동으로 분류해 분리시켰다.

강의가 끝나면 포로들은 운이 좋게 자기들끼리 이야기를 나누었다. 그리고 때로는 도발적인 질문으로 괴롭히는 강사들에게 대꾸할 말을 생각해내기도 했다. 비록 중국인들이 그럴 권리를 가졌다고 믿는 사람은 거의 없었지만, 포로들은 강사들에게 대꾸할 수 없었다.

이상하게도 중공군 강사들은 오클라호마 출신, 가톨릭교도, 그리고 흑인을 상대로는 전반적으로 별로 성공적이지 못했다. 사회적으로 혜택을 받지 못한 많은 포로들은 막상 아메리칸 드림의 혜택을 누린 이들보다 아메리칸 드림을 더 잘 이해했다.

강의실에 앉아 있던 다른 많은 이들처럼 슐리처도 병에 걸렸다. 그는 폐렴에 걸려 조악한 중공군 병원으로 후송되었다.

슐리처는 거의 죽을 뻔했다.

그러나 입원한 슐리처는 운산에서 포로가 된 에밀 카폰Emil Joseph Kapaun[180] 대위가 보여준 행동에서 그때까지 살면서 보았던 가장 위대한 신앙의 전형을 보았다. 카폰 신부는 자신도 병이 들었는데도 불구하고 포로들 앞에 서서 기도하고 먹을 것을 훔쳐 다른 사람들에게 나누어주었다. 때때로 굶주린 포로들도 남은 음식을 그에게 주었다.

그러나 카폰 신부는 명령을 할 수 없었다. 그리고 얼마 안 되어 그는 죽을 정도로 병이 깊게 들었다. 굶주림만큼 슬픔도 크게 영향을 미쳤을 것이다.

슐리처는 카폰 신부가 음식과 약도 없이 방에 수용된 것을 보았다. 카폰 신부를 돌보는 것은 전혀 허락되지 않았다. 결국 카폰 신부는 얼마 못 가서 선종했다.

이렇게 죽은 것은 카폰 신부 혼자가 아니었다. 슐리처는 한국에 있는 포로수용소에서 살아남은 군종장교가 있다는 말을 듣지 못했다. 군종장교는 유일하게 몰살된 집단이었다.

공산주의자들은 자본주의의 산물을 전혀 두려워하지 않았다. 이들은 자본주의의 산물을 능가하고 싶어했다. 그러나 공산주의라는 세속 종교를 지지하는 공산주의자들은 공산주의 외의 영성을 뜻하는 것은 무엇이든 두려워하고 증오했다. 또한 거기에는 전혀 자비를 베풀지 않았다. 반드시 조직화된 종교가 아니더라도 공산주의자들은 자신들이 직면한 장애물 중 가장 큰 것이 종교라는 것을 알았다. 그들은 교회 같은 것은 두려워하지 않았다. 왜냐하면 동유럽과 다른 곳에서 공산주의가 교회의 일부를 통제할 수 있었기 때문이다. 그러나 로마의 네로Nero 황제나 갈리에누

---

180 에밀 카폰(1916~1951): 미 1기병사단 8기병연대 군목으로서 1950년 7월에 참전하여 11월 2일 운산 전투에서 포로가 되었고 1951년 5월 23일에 선종했다. 사후에 훈공장(Legion of Merit)이 추서되었고, 특히 2013년에는 명예훈장이 추서되었다.

스Gallienus 황제 또는 막센티우스Maxentius 같은 황제들도 무너뜨릴 수 없었던 힘을 몹시 두려워했다.

병원에서 슐리처처럼 폐렴을 앓던 쿠브닉Kubenick 박사가 슐리처를 불렀다. "슐리처 상사 뭐 하나 해줄 수 있소?"

"뭐든지 해드리지요."

"내 물건들을 고향의 아내에게 전해주시오."

"저는 살고 박사님은 왜 못 산다고 생각하십니까?"

"슐리처 상사, 나는 이게 끝이라는 것을 알고 있소. 약속해주시오."

나중에 슐리처는 얼마 안 되는 쿠브닉의 소지품을 영현등록소에 전달했다. 그리고 나중에 쿠브닉의 아내를 방문했다. 쿠브닉의 아내는 슐리처에게 오로지 남편의 임종을 보았느냐고만 물었다.

공산군 포로수용소에서 사망한 미군 가족들에게는 더 큰 괴로움이 남아 있었다. 그리고 포로로 잡혔다가 생환한 사람들 사이에서는 현재까지도 아무런 모임도 없다.

1951년 10월 3일, 30번째 생일을 맞은 슐리처가 병원에서 퇴원했다. 그 다음날 벽동 5호 수용소에서는 마지막으로 사람이 죽었다.

더 이상 죽는 사람이 없자 이내 중공군은 선전을 하기 시작했다. 미국인 의사들은 환자를 대상으로 한 진료 점호에서 제외되었고 더 많은 의료 물품의 사용이 가능해졌다. 공산당 녹십자가 진료 점호를 대신했다.

슐리처는 수용소의 위생사관이 되었다. "생활환경을 더 좋게 만들려면 무엇을 해야 하겠소?" 중공군 간수들이 외견상 성실하게 슐리처에게 물었다.

"미국인 의사들을 재배치시켜주시오. 심리적 이유만으로도 그게 좋을 것이오." 슐리처가 대답했다.

"아! 그것은 우리가 할 수 없소. 미국 의사들은 당신들이 살든 죽든 신경 쓰지 않았소. 미국 의사들이 당신들을 돌보는 동안 얼마나 많은 사람이 죽었는지 보시오…."

그것은 엄청나게 교묘한 거짓말이었다. 식사는 최악이고 부상당한 포로들이 약 없이 죽어가고 간수들이 협조하지 않았을 때, 미국인 의사들은 큰 영향력을 발휘했다. 최악의 시간이 지나가자 그들은 업무에서 배제되었다.

그러나 포로 중 많은 수가 이 거짓말을 믿었다. 어떤 포로들은 이 거짓을 끝까지 사실로 믿었다. 심지어 미국으로 송환된 뒤에도 그랬다.

수용소 생활이 전부 경악할 만한 것은 아니었다. 중공군 간수들은 수용소를 대대적으로 청소하는 계획을 발표했다. 일을 시키려는 간수들은 죽은 파리 200마리당 담배 한 갑씩을 주거나, 쥐를 잡으면 한 마리당 담배 세 개비를 줄 수 있다고 제안했다.

매일 저녁 위생사관인 슐리처는 죽은 파리와 잡은 쥐를 모아서 수를 세고 이것을 장부에 기록했다. 그리고 간수 한 명과 함께 수용소 관리 앞으로 갔다. 이 관리는 부러진 젓가락으로 이 수가 맞는지 확인했다.

슐리처가 담배를 관리하는 데는 누구도 반대하지 않았다. 슐리처는 담배를 피우지 않았다.

어려서 보이스카우트였던 중사 한 명은 거즈로 만든 파리채를 지독하게 냄새가 나는 변소에 두었다. 1,500마리 가량의 파리가 잡히자 그는 파리채를 압록강으로 가져가 물에 담갔다.

그날 밤, 슐리처가 담배를 달라며 파리채를 들이대자 중국인 검수관의 눈이 튀어나왔다. "이렇게 많은 파리를! 좋아! 좋아!" 그러더니 눈살을 찌푸렸다. "어떻게 짓눌리지 않을 수 있었지?"

그러나 검수관은 파리 수만큼 담배를 주었다.

미국 포로들보다 흙과 친했던 터키군 포로들은 새끼를 밴 쥐를 찾아내 잡은 다음 배를 갈랐다. 때로는 쥐 한 마리를 잡아서 담배 21개비를 얻었다.

공산권 국가들이 보낸 책으로 운영되는 도서관도 몇 개 있었다. 집단주의를 미화하고 자본주의 체제의 오류를 드러낸 책이 대부분이었다. 지루했던 포로들은 이런 책이라도 읽었다.

읽을 수 있는 신문이라고는 딱 두 종류였다. 하나는 뉴욕에서 발행되는 《데일리 워커Daily Worker》인데 날짜가 한참 지난 것들이었고, 다른 하나는 상하이上海에서 발행되는 《데일리 뉴스Daily News》 중 영어 기사가 실린 면이었는데 이것은 공산주의 입장만을 다루었다.

도서관의 유일한 영미권 책은 존 스타인벡John Steinbeck의 『분노의 포도The Grapes of Wrath』, 그리고 공산주의자들은 결코 완전히 이해할 수 없는 찰스 디킨스Charles Dickens의 『크리스마스 캐롤A Christmas Carol』이었다.

1951년부터 1952년까지 끝없이 이어지는 교육 이외에도 일과는 세부 사항들로 채워졌다. 포로들은 밥을 짓고 땔감을 구하면서 전쟁이 어떻게 되어가고 있는지 궁금해했다.

새로운 소식은 거의 없었다. 공산군은 1950년 여름과 겨울에 치러진 여러 힘든 전투 이후로 붙잡힌 새로운 포로들과 기존의 포로들을 격리했다.

공산군 포로수용소였지만 포로들 사이에서는 자유 시장이 만들어졌다. 미군은 군우리 전투 바로 직전에 봉급을 받았다. 그리고 거의 대부분이 군표軍票를 많이 가지고 있었다. 돈은 쓸모없었다. 게다가 모두 다 군표가 바뀌었다는 것을 알았고 정부가 예전 군표를 보상할지 확신이 없었다. 오래된 시계는 하나에 200달러나 했다. 담배 한 개비는 10달러, 또는 세 개비가 한 묶음으로 25달러에 팔렸다.

일부는 도박을 했다. 음식이나 설탕 배급을 판돈으로 걸지는 않았지만 슐리처는 카드 판에 1,000달러까지 걸린 것을 보았다.

결국 5호 수용소의 일부 포로는 수용소의 모든 돈을 갖게 되었다.

비록 차단되기는 했지만 자유 시장도 부분적으로 있었다.

포로들은 기분전환용으로 부르도록 '인터내셔널가Intrnational歌[181]'와 '중국인민지원군행진곡Chinese People's Volunteer Marching Song[182]'을 배웠다. 때로 감정

---

181 인터내셔널가: 프랑스에서 작곡된 국제 사회주의자 노래로, 1944년까지 소련의 국가로 불림.
182 중국인민지원군행진곡: 중화인민공화국의 국가.

이 격해지도록 부르면 포로들은 음식을 추가로 받았다.

사망자는 없어졌지만, 세월은 비통할 정도로 천천히 흘러갔다.

1952년 8월 12일, 슐리처를 포함해 많은 포로가 더 이상 교육에 적합하지 않은 반동분자로 분류되면서 결국 위완^{Wewan}에 있는 4호 수용소로 보내졌다. 이 수용소는 부사관을 수용하는 곳으로 3개 포로중대가 있었다. 1중대에는 프랑스군 부사관, 푸에르토리코 출신들, 미 5연대전투단의 일본계들, 영국 부사관 35명, 그리고 터키군 부사관 23명이 있었다. 2중대에는 미국 백인들만 있었다. 3중대는 미국 흑인들로 채워졌다.

누군가 슐리처에게 물었다. "포로수용소에서 진급한 게 영원할 거라고 봐?" 질문한 사람은 중공군에게 중사라고 거짓말한 이등병이었다.

사후^{死後} 진급과 달리 포로수용소에서의 진급은 유효하지 않을 것이라는 게 슐리처의 대답이었다.

* * *

거제도의 유엔군 주둔지는 중공군과 인민군 포로들로 채워지면서 폭발하기 직전이었다. 거제도 수용소는 부산에 있는 미 2군수사령부의 지휘를 받았다. 미 2군수사령부는 할 수 있는 범위에서 최선을 다해 거제도 문제에 대응했다.

실제로 모든 것이 별 탈 없이 잘 돌아가는 것처럼 보였다.

포로들은 작업장에서 현수막, 깃발, 그리고 신문을 만드느라 바빴고 이렇게 만든 물품들은 섬을 뒤덮었다. 이것들 말고도 포로들은 다른 것들도 만들어 보이지 않게 숨겼다.

미군 부사관 한 명과 믿을 만한 포로 몇 명이 매일 수용소를 검색했다. 수용소는 8만 명 남짓 되는 포로들을 수용하고 있었다. 각 수용소의 포로 수는 통제가 어려울 정도였고 세밀한 조사가 거의 불가능했지만 음식, 피복, 그리고 숙소가 충분하다는 데는 의문 여지가 없었다.

그러나 사라지거나 죽은 채 발견되는 포로들이 여전히 있었다. 수용소마다 알력이 있는 것처럼 보였다. 그러나 수용소 간수들 중 누구도 이것을 관리해야 할 일이라고 생각하거나 큰 걱정거리로 생각하지 않았다.

걱정이나 압력이 없다 보니 수용소 통제는 점차 태만해졌다.

그리고 몇몇 포로들은 시간이 갈수록 점점 더 오만해졌다.

거제도 수용소 지휘부는 급격하게 바뀌었다. 피츠제럴드 대령은 부산에 있는 미 2군수사령부가 보낸 다양한 장교들을 감독하는, 일종의 선임 참모 비슷하게 되었다. 포로라고는 전혀 다뤄본 경험이 없는 지휘관이 13명이나 되었고, 이들 중 상급부대에서 지원을 받는 사람은 아무도 없었다.

유엔의 일부 회원국들은 공통된 지리적 여건 때문에, 또는 미국의 차별을 두려워해서, 또는 다른 이유 때문에 포로 처우에 지나치게 예민했다. 이 나라들과 국제적십자사, 그리고 중립국 점검반은 포로의 권리와 특권을 문제 삼으며 정기적으로 포로수용소 사령부를 방문해 괴롭혔다.

그렇지만 공산주의자들이 격렬하게 반대했기 때문에 그들 중 누구도 북한에는 들어갈 수 없었다. 그들은 거제도 포로수용소를 상대로 2배로 위세를 부리며 분풀이했다. 그들의 계속되는 감시와 불평 때문에 미 8군과 극동사령부는 포로들이 어떤 행동을 하든 상관없이 포로를 상대로 무력을 결코 사용해서는 안 된다는 점을 분명히 했다.

리학구 총좌와 홍철이라는 의문스러운 인물은 수용소의 통제권을 나날이 확장했다. 이를 아는 미군 장교들이 있었지만 그들은 어떻게 할 수가 없었다. 빌 그레고리 소령은 이렇게 말했다. "어느 수용소장도 부산의 윤트Yount 장군, 밴 플리트, 리지웨이 또는 어느 장군으로부터도 지원을 받지 못했다. 리지웨이 대장도 거제도 수용소에서 도대체 무슨 일이 일어나는지 전혀 관심이 없어 보였다."

수용소를 새로 지으라는 허락도, 짓는 데 필요한 철조망과 건축자재의 책정도 전혀 없었다. 언제라도 야수로 돌변할 수 있는 공산군 포로 8만 명이 1951년 초에 허술하게 날림으로 지어진 철조망 뒤에 갇혀 있던 것이다. 더 좋은 시설은 아예 만들지도 않았다. 그런 요구는 즉시 거부되었다.

수용소 문제를 거의 걱정하지 않았던 이유 중 하나는 정전협정이 시작되어 전쟁이 언제라도 끝날 수 있으며, 본국으로 송환하면 포로 문제는 자동적으로 끝난다고 고위층이 생각했기 때문이었다.

수용소 안에는 확실히 해결해야 할 사안이 많았다. 그러나 거제도 수용소에 부임했던 모든 소장들은 만일 간수 하나가 포로를 때려 털끝 하나라도 다치게 해 문제가 커진다면 밴 플리트도 리지웨이도 손가락 하나 까딱하지 않을 것이라는 것을 너무도 분명하게 알았다.

워싱턴과 극동사령부가 세계와 중립국의 여론에 별로 신경 쓰지 않고서 거제도 포로수용소의 질서를 유지하는 데 신경을 더 많이 썼더라면 이곳에 닥칠 비극은 분명히 피할 수 있었을 것이다.

1951년 말, 미군과 중립국들도 거제도 수용소 안에 정치적인 동요가 있다는 것을 분명히 알았다. 수용소 내부는 공산주의 포로와 비공산주의 포로로 나뉘었다. 처음에 이를 믿으려 하지 않던 중립국들은 많은 포로들이 송환되지 않게 해달라고 유엔에 청원하기 시작하자 놀랐다.

미군이 포로를 잘 대우했고 역설적이게도 포로로 잡혀 비공산주의 생활 방식을 잠깐이라도 경험하면서 공산군 포로들 사이에서는 변화가 일어났다. 그러나 그보다 근본적으로 더 중요한 사실은 많은 한국인들과 중국인들이 강제로 공산군에 끌려갔고 그들 다수는 정치적인 믿음은 물론이고 심지어 통치자에 대한 증오 같은 것도 전혀 없었다는 것이다.

유엔은 이런 사실을 이용하는 데 느렸다. 스위스 대표인 레너[Lehner]가 보고한 바와 같이 모든 포로를 공정하게 가려내야 할 상황이었다. 그러나 유엔이 포로의 성향을 판별하기를 꺼려한 데는 말 못할 사정이 있었다.

1951년 11월에 휴전선을 만들기로 동의한 이후 한국에서 전쟁을 빨리 끝낼 수 있을 것이라는 희망이 더 커졌다. 이제 정말로 남아 있는 복잡한 의문점은 양측이 수용한 '포로를 어떻게 처리할 것인가?'였다. 거의 대부분이 한국인인 전쟁포로 6만 4,000명을 잡았다고 자랑하던 공산군은

6만 4,000명 중에서 겨우 1만 1,000명만 송환할 수 있다고 우겼다. 이런 사실을 알게 된 한국인들은 나머지 한국군 포로 5만여 명의 운명을 걱정하면서 분노했으나 전쟁이 끝나기만을 바라는 유엔군에게 이것은 아무 문제도 되지 않아 보였다.

그러나 1952년 3월에 판문점에서 유엔군 대표단은 부산과 거제도에 수용된 공산군 포로 중 다수가 송환을 원치 않는다는 점을 공산군 대표단에게 분명히 전달할 수밖에 없었다. 놀라운 일이기는 했지만, 중공군과 인민군 대표단은 동의하면서 이들을 검증해야 한다고 제안했다.

1952년 4월, 모든 유엔군 포로수용소에 확성기 방송이 이틀 동안 계속되었다. 방송은 포로마다 송환을 희망하는지 아니면 송환을 희망하지 않는지를 심사받을 것이라고 말했다.

돌아가지 않겠다는 의사를 밝힐지도 모를 포로들에게 보장에 대한 약속은 없었다. 실제로 전망은 거의 암울했다. 미군은 여러 달 동안 공산군 포로들을 행복하게 해주며 전향시키려 했다. 그러나 만일 상당히 많은 포로들이 송환을 거부한다면 전쟁을 끝내는 것이 늦어질 수도 있고 북한에 있는 미군 포로의 송환이 더 지연될 수도 있다는 생각이 들었다.

선교사의 아들로서 중국에서 태어난 해롤드 왈론Harold Whallon 대위는 예비군 대위로서 포로 심사를 도우라는 명령을 받고 거제도에 배치되었다. 거제도에 도착한 왈론은 다른 장교들과 병사들이 자기와 비슷한 배경을 가졌다는 것을 알게 되었다.

심사가 시작되었다. 심사는 어려웠다. 동양인 대부분은 아무 조건이 없는 자유로운 선택이 무엇인지 진정으로 이해하지 못했다.

그러나 놀랍게도 중국인 중에서는 많아야 5명 중 1명만이 집에 돌아가고 싶어했다. 중공군 포로 대부분은 자신이 예전에 국민당군이었으며 강압으로 공산군에 입대했다고 주장하면서 스스로를 정치 난민으로 인식했다.

그러나 인민군 수용소는 상황이 달랐다. 북한 공산군 포로들 중 우두머리들은 수용소 여러 곳을 빈틈없이 통제했다. 공산주의를 따르는 포로들과 반공포로들 사이에서 사실상 전쟁이 벌어지고 있었다. 미군 간수들은 수용소 안에 이런 식의 비공식 통제가 있다는 것을 알았지만 이를 깨려면 피를 흘려야 한다는 것도 알고 있었다. 세계의 여론이 거제도에 집중되고 판문점에서 정전협정이 진행되는 상황에서 상급 지휘부는 강력한 대응이 필요하다는 건의를 들으려 하지 않았다.

그러나 포로 심사가 계속되면서 유엔이 확인한 숫자는 전체 포로와 민간인 중 겨우 절반인 7만 명만이 중공 또는 북한으로 자발적으로 돌아가려 한다는 것을 보여주었다.

이것은 이제까지 세계 공산주의를 상대로 거둔 가장 성공적인 선전의 결과였지만, 오직 전쟁에서 빠져나갈 생각만 하는 유엔 관리들에게 우울한 소식에 지나지 않았다.

이를 보고받은 트루먼 대통령은 "강제 송환은 자유세계에 대단히 혐오스런 사태"이며 미국은 이들을 공산주의의 노예 상태로 되돌려 보내지 않을 것이라고 공개적으로 선언했다.

비록 신문 사설의 논평이 호의적이었지만, 트루먼 대통령은 전적으로 박수를 받지는 못했다. 만일 트루먼의 말대로 된다면 당장 한국에 있는 수십만 명의 미국 군인들을 집으로 돌려보내는 것이 늦어질 것이라는 우려가 나왔다.

우려한 대로 판문점에서는 공산군 대표들이 회담을 내팽개치고 강한 분노를 드러냈다. 공산주의자들이 대열에서 이탈하는 것을 공개적으로 인정하는 것은 상상조차 할 수 없는 망신이었다. 공산군 대표단은 포로 개인의 정치적 견해와는 상관없이 모든 공산군 포로를 돌려보내야 한다고 큰 소리로 외쳤다.

공산군 대표단은 적어도 공산군 포로 11만 명을 돌려보내지 않는다면 유엔은 평화를 얻을 수 없을 것이라고 단호하게 말했다. 1952년 4월 25일, 공산군 대표단은 성을 내며 회의를 거부했다.

전혀 생각지도 못한 곳에서 아픈 패배를 당한 공산군은 주의를 다른 데로 돌리는 행동을 계획했다. 그것은 유엔이 포로들에게 많은 이들의 목숨을 빼앗는 선택을 강요한다는 주장을 세계에 보여주는 것이었다.

이는 피비린내 나는 데다가 인민군과 중공군의 목숨을 포함해 수백 명의 목숨을 앗아가는 것이었지만 이를 계획한 남일은 전혀 개의치 않았다.

전문일은 박상형이라는 이름으로도 통했다. 전문일은 소련에서 조선인 난민의 아들로 태어났다. 1937년 하바롭스크 대학을 졸업한 젊은 공산주의자였던 전문일은 진급이 빨랐다.

1945년, 전문일은 북한으로 들어가라는 명령을 받은 한국계 소련인 36명 중 하나가 되는 영광을 얻었다. 전문일은 북한으로 국적을 바꾸고 김일성 그리고 남일과 함께 조선민주주의인민공화국을 건설했다. 전문일은 북한 노동당 부의장이 되었다.

1952년, 키가 작고 악당 같은 얼굴을 한 전문일은 거제도 포로수용소의 공식 포로 명단에는 박상형이라는 이름으로 올라 있었다. 훌륭한 공산주의자라면 명령을 받은 곳이면 어디서든 임무를 성실히 수행해야 한다.

새로 포로가 되어 거제도 수용소로 보내진 포로들 중 일부는 일단 도착하면 공산당 정치위원회의 수장인 전문일에게 보고했다. 이들은 북한의 새로운 소식과 판문점에서 협상하느라 바빴던 남일이 보내는 새로운 명령을 가져왔다.

1952년 4월, 전문일은 특별 명령을 받았다. 이 명령은 어느 소좌를 통해 전해졌다.

모든 공산주의 거물들의 정보를 파악하기 힘들 듯 이름과 정체를 알아내는 것이 어려웠던 이 소좌는 명령을 전하기 전 몇 달 동안 특수 훈련과 지시를 받았다. 그는 가족이 공산주의자들에게 살해되었으며 남몰래 북한 정권을 증오한다는 이야기를 하도록 연습했다. 어떤 위험을 겪게 될 것인지까지 완전히 이해할 정도로 철저하게 준비되자, 북한은 그에게 임무가 성공할 경우 진급과 훈장이라는 영예가 따를 것이고 만일 돌아오지 못하더라도 가족은 40년 동안 연금을 받을 것이라는 점을 다시 한 번 상기시켰다.

소좌에게는 전선의 병사들이 입는 더럽고 해진 군복이 주어졌다. 군복 주머니에는 항복을 권유하는 유엔군의 때 묻은 전단이 들어 있었다.

손을 머리 위로 올린 채 유엔군 진지로 걸어가 큰 소리로 자기 이야기를 털어놓으면서 안전한 행동을 알리는 항복 전단을 휘두르는 것은 위험하기는 하지만 큰 문제는 아니었다.

그 뒤로는 유엔군이 나머지를 해주었다. 이 소좌는 거제도에 도착했다. 수용소 안에서 공산당 연락책과 접선해 남일의 지시를 공산당 정치위원장에게 전달하는 것은 전혀 어려운 일이 아니었다.

이 소좌는 전문일에게 포로 심사와 포로를 공산주의자와 반공주의자를 분리하는 일은 목숨을 걸고 저항해 막아야 한다는 지령을 전달했다. 그리고 고위 미군 장교를 반드시 생포해야 한다고도 지시했다. 이렇게 생포된 미군 고위 장교가 목숨의 위협을 느끼면 포로 심사를 지속하는 데 반대한다는 약속을 받아낼 수도 있을 것이고 만일 그렇지 않더라도 연락할 방법이 없는 유엔군이 폭력을 행사하도록 유도한다면 유엔군이 야만적이라는 공산주의자들의 주장을 전 세계에 보여줄 수 있었다.

정치군관인 전문일은 상좌 한 명과 사단 규모의 병력을 움켜쥐고 있었다. 그는 대좌, 대위, 병사들을 지휘했다. 상급 장교들인 리학구와 홍철은 비록 수용소를 장악해도 더 이상 갈 곳은 없지만 필요하다면 거제도를 탈취할 수 있다고 믿었다. 또한 이제 갓 소장으로 부임한 프랜시스 T. 도드Francis T. Dodd 준장을 납치하는 것도 전혀 어렵지 않다고 보았다. 장군이 거제도 수용소장으로 부임하기는 도드 준장이 처음이었다.

1952년 5월 7일, 이들은 아무 일도 하지 않았다.

제34장
좌절
●

세상에는 용기, 진실, 인격, 그리고 원칙을 섞은 무엇인가가 분명히 존재한다. 여기에 꼭 맞는 이름이 사전에는 없지만 나라마다 이것을 부르는 이름을 가지고 있다. 미국에서는 이것을 '근성'이라고 부른다.

　　　　　　　－ 루이스 아다믹Louis Adamic [183], 『용기에 대한 연구A Study in Courage』 중에서

개성에서 시작되어 해와 달을 넘겨 판문점으로 이어지며 정전회담이 지속되는 동안 미국, 특히 미군은 가장 힘들고 실망스러운 시간을 견뎌냈다.

미국의 정책이 계속 실패하고 지속되는 비용과 희생에도 군사적으로나 정치적으로 의미 있는 결론에 도달하지 못하자, 시민들은 좌절했으며 미 정부 안팎의 정치 지도자들은 국민의 반응에 속을 태우고 걱정하면서 대책을 내놓으려 노력했다. 이 시기는 군에 복무하는 미국인들에게 가장 힘든 때였다.

육군, 해군, 공군, 해병대를 가리지 않고 미군 지휘관이라면 왕성하게 활동해야 실패를 피할 수 있다고 배운다. 그리고 설령 잘못된 것이라도 뭐라도 하는 것이 아무것도 하지 않는 것보다 더 낫다고 배운다.

역사는 대개 전장에서 주저하는 사람들이 패했다는 것을 보여준다.

그러나 마침내 1950년대 초기에 미국은 전투가 벌어지는 전장이 더 이상 정치와 분리될 수 없다고 판단했다. 그리고 국내 정치와 국제 정치

183　루이스 아다믹(1898~1951): 슬로베니아 출신으로 미국에 이민해 귀화한 작가이자 번역가로서 미국 사회의 인종적 다양성을 옹호한 것으로 유명하다.

에 적용되는 규칙은 다르다.

바보들은 우르르 몰려다니지만, 성공은 지혜롭게 때를 기다리는 자에게 오기 마련이다. 맥아더가 거둔 승리를 대체할 방법을 찾던 미국은 때를 기다려야 했다. 반면 무기를 만드는 데 비용은 끝도 없이 들어갔고 미국 젊은이 수백만 명은 몹시 싫어했지만 힘들고 고통스럽게 군에서 복무해야 했다.

군복무는 병종을 가리지 않고 힘들었다. 바다를 봉쇄하고 초계해야 했던 미 해군은 중국해에서 상당한 노력을 들여서 매일 되풀이되지만 활기가 느껴지지 않는 임무를 외롭게 수행했다. 미 해군 항공모함에서 출격한 조종사들은 위험한 정찰 임무를 수행했다. 때로는 미 해군 상륙부대들이 북한에 들어가기도 했다. 그러나 이런 특별한 경우를 빼면 미 해군은 기뢰를 설치 또는 제거하거나, 아니면 한국에서 멀찍이 떨어진 회색빛 바다에 가만히 떠 있으면서 시간을 보냈다.

바다를 완전히 통제하지 못했다면 유엔군은 한국에 설 자리가 없었을 것이다. 그러나 막상 바다를 통제한다는 것은 그저 바라만 본다는 것이었다. 진짜 적은 차단할 수도 없었고 막상 적은 교전할 함선도 없었다. 이런 실망스러운 상황에서도 미 해군은 바다를 통제하고 해상 교통로를 사용 가능하게 유지한다는 기본 임무를 충실히 수행했다.

일본과 한국에서 출격하는 미 공군은 미 8군의 지상 작전을 지원했다. 미 공군은 협동작전으로 기총소사를 하고 로켓과 네이팜탄을 투하했다. 미 공군이 없었다면 한국에서 유엔군의 존재는 진작 끝났을 것이다. 미 공군은 밤낮 없이 북한의 모든 도시, 상점, 공장, 그리고 광산을 초토화시켰다. 미 공군은 전쟁이 터지자 매우 빠르게 한국에서 제공권을 확보한다는 기본 목표를 달성했으며 이렇게 확보한 제공권은 그 뒤로도 잃은 적이 없었다.

그러나 미 공군에게도 좌절이 없었던 것은 아니다. 미 공군은 한국에서 벌어지는 전선을 차단할 수 없었다. 마치 어디 숨었는지 알 수 없는 귀신처럼 움직이는 중공군을 격멸할 수도 없었다. 미 공군의 많은 지휘관들이 마음에 담아둔 믿음, 즉 적에게 피해를 주는 곳을 타격하라는 믿음도 실천할 수 없었다.

미 공군은 북한을 폐허로 만들 수 있었지만 적의 전쟁수행 잠재력을 차단하지 못했다. 이처럼 시대착오적인 전쟁에서 미 공군은 마치 제1차 세계대전 때 공군이 그랬듯이 부수적 역할을 수행할 뿐이었다.

몇몇 짧은 순간들을 빼면 한국전쟁은 진흙탕에서 벌어지는 재래식 전쟁이었다. 새로운 모습은 단 2개뿐이었는데, 이 둘은 모두 공중에서 벌어졌다. 하나는 제트기가 일상화된 것이고 또 하나는 의무후송, 수송, 그리고 정찰 목적으로 헬리콥터를 널리 쓰게 된 것이다.

개전 초기 극동공군은 북한 공군이 가진 한물간 야크-9 전투기와 야크-15 전투기들을 격추시켰다. 1950년 10월 31일이 되자 새로운 공중전이 시작되었다.

이날 북한 하늘에 나타난 소련제 미그MiG-15 제트기 여러 대는 느리게 날며 압록강의 다리들을 폭격하던 B-29 폭격기들을 혼란시켰고 제2차 세계대전에서 활약했던 F-51 무스탕Mustang 전투기와 F4U 코르세어Corsair 전투기를 모는 미군 조종사들을 공포에 빠뜨렸다. 11월 8일, 미 공군 F-80 슈팅 스타Shooting Star 제트기가 처음으로 MiG-15를 격추하기는 했지만, 미 공군은 최신이자 최고로 우수한 F-86 세이버Saber 제트기를 서둘러 극동으로 보내야 했다.

여기에서 시작된 공중전은 끊임없이 이어졌으며 한국전쟁이 끝날 때까지 별 변화가 없었다. 북한 이곳저곳에 비행장이 건설되었으나 폭격으로 파괴되었기 때문에 공산군의 항공기는 압록강 남쪽에 근거지를 두지 않았다. 은빛 공산군 항공기는 혜택을 받은 피난처라 할 수 있는 압록강 바로 북쪽의 널찍한 비행장에 눈에 잘 띄게 계류하다가 이따금 강을 넘어와 미그기 통로라는 뜻의 미그 앨리MIG Alley로 유명한 압록강 계곡을 정찰하는 미 공군 항공기와 교전했다.

아무리 맹렬하게 추격하더라도 미 공군기는 중국 또는 소련 국경을 결코 넘을 수 없었다.

반면 공산군도 수적으로 우세한 공군 전력을 가졌지만 결코 남한 또는 38선을 따라 만들어진 전선까지 공중전을 확대하려 하지 않았다. 양측은 각자 혜택을 누리는 피난처를 향유했고 따라서 공중전은 제1차 세계대전 동안 1916년부터 1918년 사이에 벌어졌던 공중전을 닮아갔다. 심지어 중세 기사의 마상시합과도 같은 모습이 되었다.

날마다 미 공군의 세이버 전투기들은 하늘과 땅을 모두 살피면서 미그 앨리 위로 비행운을 남기고 날아다녔다.

미 공군 조종사들은 가끔 압록강 건너편 활주로에 주기駐機되어 있는 미그기로 한가하게 걸어가는 미그기 조종사들을 볼 수 있었다.

미군 조종사들은 고고도에서 음속으로 날면서 이야기를 나누었다.

청색 편대장이 말했다. "펑청鳳城에 먼지가 일었다. 적들이 모이고 있다."

흑색 편대장이 말했다. "단둥丹東에 36대 정렬."

또 다른 편대장이 말했다. "젠장, 여기 다퉁大同에는 24대만 오고 있음."

"불평하지 마! 여기는 다후산大狐山에서 50대가 오고 있어. 적어도 3대씩은 상대해야 한다고."

근접한 지상통제 레이더의 도움을 받는 공산군 항공기들은 미군 항공기의 연료가 떨어질 때를 기다렸다가 타격했다. 양측은 시속 1,200마일까지 속도를 올려서 교전했다.

양측은 만나기 무섭게 대형을 해체하고 개별 공중전으로 돌입했다. 20세기 전투라기보다는 중세의 격식을 따른 공중전이었다. 여전히 날마다 미 공군은 수적으로 열세였고, 공산군과 달리 안전하게 날아 돌아가기에는 기지가 너무 멀었다. 미군 조종사들은 치명적인 전투를 묵묵히 수행했다.

만주에 있는 기지에서 순식간에 솟아오른 미그-15는 세이버보다 빠르고 더 높이 상승할 수 있었다. 소련이 만든 이 전투기는 20밀리 기총 2정과 37밀리 기총 1정으로 무장한 반면, 세이버는 50구경 1정만 가지고 있었다. 세이버를 제외한 유엔군 전투기 중 어느 것과 비교해도 우세했던 미그-15는 최상의 전투기였다. 세이버는 미그-15와 공중에서 공존할 수 있던 유일한 유엔군 항공기였다.

미그-15가 등장하자, 많은 사람이 깊이 걱정하기 시작했다. 이들은 문화와 무기 혹은 문화와 설비가 서로 연결되어 있다는 사실을 예전부터 받아들이지 않았다. 이들은 사회가 편의 시설과 윤리에서 100년 뒤처졌어도 하드웨어로 따라잡을 수 있다는 사실을 받아들이지 않았다.

그러나 매일 미그 앨리를 따라 나는 세이버는 매우 강인한 전투기였다. 호랑이 같은 본능을 지닌 능숙한 조종사가 조종할 경우 극도의 기동도 가능했다. 이러한 본능은 조종사로 하여금 적기를 격추하기 위해 뚫고 들어가게 만드는 자질이었다. 그리고 무엇보다도 세이버에는 레이더를 이용한 조준 장치가 달려 있었는데, 이는 공산군이 가진 동일 장비 중 어떤 것보다도 뛰어났다.

나중에 미 공군이 인정했듯이 레이더 조준 장치 덕분에 미 공군 조종사들은 11 대 1의 비율로 적 전투기를 격추시킬 수 있었다. 인간의 눈과 손은 초음속으로 나는 비행기를 따라갈 만큼 빠르지 못했다. 800대가 넘는 미그-15가 북한 상공에서 추락해 불길에 휩싸였다.

미그-15를 탄 인민군과 중공군 조종사들은 결코 미 공군 조종사에 필적하는 솜씨를 갖지 못했다.

그러나 전반적으로 전투 시간에 비하면 추락하는 미군 제트기는 거의 없었다. 제트기는 높은 고도에서 빠르게 나는 데다가 엔진이 부서지거나 조종사가 심각한 부상을 입을 정도의 타격을 견뎌낼 정도로 강인하다 보니 초기 공중전과 비교할 때 손실은 적었다.

이것은 미국과 소련 양측 모두에게 시험 단계이자 학습 단계인 과도기적 과정에서 실시된 공중전이었다. 이 과정에서 전술과 무기체계에 대한 평가가 이루어졌고 이렇게 해서 얻은 답인 레이더 사격 통제, 공대공 로켓공학, 자동기관포는 미래로 넘겨졌다.

이 모든 것을 거치면서 미국의 기술, 용기, 그리고 독창성은 현저한 우위를 유지했다.

비록 소중하게 여겨온 전략적 힘을 한국전쟁에서는 쓸 수 없었고 많은 제약을 받아가며 싸웠지만, 해군이 그러했듯이 미 공군도 임무를 완수할 수 있었다. 미 공군은 한국의 하늘을 통제했으며 부가적인 임무들을 적극적으로 수행했다.

1951년 7월부터 전쟁이 끝날 때까지 최악의 좌절을 맛본 것은 미 육군이었다. 미 육군의 임무는 지속되는 지상 전투에서 적에 맞서 적을 생포하거나 격멸하는 것이다.

미 육군은 기세氣勢는 방어가 아닌 공격에 있으며 클라우제비츠가 자신의 책에 언급한 것처럼 언제나 공세가 전쟁을 승리로 이끈다고 배웠다.

미 육군은 승리할 수 없었을 뿐만 아니라 임무에 몰두할 수도 없었다. 마치 레슬링의 잡기 기술에 걸린 것처럼 적과 엉겨붙어 어려움에 빠진 채 인명손실을 입었는데 정전회담이 시작되었지만 이런 사정은 변함이 없었다.

대법원 판사들은 물론 미군 장군들이 선거 결과 보고서를 공부할 수밖에 없었던 것은 이 전쟁이 처음이었다. 일부 예외가 있기는 했지만 미국 정부와 국민은 비싼 승리가 아니라 평화를 원했다. 미국 밖의 상황도 크게 다르지 않았다. 안절부절못한 채 한국전쟁을 바라보는 미국의 동맹국들은 미군 장군들을 무책임하고 전쟁밖에 모르는 강경론자들로 간주하면서 이들이 내놓는 계획이 모두 제3차 세계대전으로 이어질 수 있는 정신 나간 도발이라며 눈을 떼지 않았다.

일부 미국 장성들이 약간 짜증이 났던 것은 이해할 만하다.

* * *

일부는 전선에 남아 있었지만 미 2사단 중 상당수는 1951년 10월 25일에 가평 근처에서 숙영할 예정이었다. 가평에서 교체 병력을 먹이고,

전문병specialist들을 교육할 학교를 세웠으며, 새로 전입하는 장교들을 위한 일주일간의 과정도 열었다. 피의 능선과 단장의 능선 전투로 미 2사단은 기본적인 무기 사용법과 소부대 전술이 가장 필요하다는 것을 알게 되었다. 한국의 전선을 지키는 모든 미군 사단에게도 마찬가지였다. 이 두 가지는 미 육군의 영원한 약점처럼 보였다.

후방에서 이루어지는 훈련은 병사들을 지상 전투에 준비시킬 만큼 충분히 철저하거나 강인하게 이루어지지 않았다.

이런 교육 과정들을 운영할 학교들을 세우는 동안 전투 훈련이 준비되었고 미 2사단 예하의 일부 부대들은 다시 시선을 끌기 시작한 공비들이 활동하는 남쪽으로 파견되었다.

1950년 9월, 낙동강 일대에서 인민군이 무너질 때 죽지도, 포로도 되지 않은 인민군이 2만 명쯤 되었다. 이들은 부산 일대의 바위투성이 고지로 사라져서 이 지역에 있던 공비들과 접촉하고 공동 목표를 세웠다.

후방 전선이 침범당하자 한국군 2개 사단이 대對반란 임무에 투입되었다. 전쟁을 치르는 동안 이 문제는 결코 완전히 해결되지 않았다. 남한 사람 중 대다수가 이승만 정부에 충성한 반면, 남한의 산악지대에서 공비 조직들은 소농들의 지원을 받아가며 무장 저항을 계속했다. 이러한 지원과 험준한 지형 때문에 산골짜기에 있는 마을은 그 자체가 하나의 세계였다. 인민군과 공비들은 남한 사람들 속으로 스며들었다. 낮에는 평화로운 농사꾼처럼 보였지만, 밤에는 무장 약탈자가 되었다.

유엔군 호송대는 계속해서 공격을 받았다. 가끔은 군인들이 죽기도 했다. 매일 철로 주변에 순찰을 돌고 초병을 배치하고 열차에 평판차를 붙여 경계를 위한 보병을 태웠는데도 부산과 대구를 오가는 병원열차와 병력수송열차는 거의 매일 공격을 받았고 이 때문에 때로는 사상자가 발생하기도 했다.

공비들이 즐겨 쓴 방법은 밤에 철로 근처로 다가가서 기관총을 설치하고 실내조명이 잘 된 병원열차가 연기를 뿜으며 다가올 때까지 기다리는 것이었다. 병원열차의 승객은 침상에 끈으로 묶인 채 아무것도 할 수 없는 환자들이었다. 농사꾼처럼 옷을 입은 채 불과 몇 초 안에 병원열차에 총알 세례를 날린 공비들은 기관총을 챙겨서 어둠 속으로 사라졌다.

산에 사는 사람들은 누가 야밤에 이런 일에 나가는지를 알았다. 그러나 아는 것을 말하게 만드는 것은 간단한 문제가 아니었다. 한국 정부는 미국의 조언을 받아 이 문제와 씨름했지만, 결코 완벽하게 해결하지 못했다. 한국전쟁 이전에도 남한의 산골에서는 언제나 공비가 있었고, 이는 앞으로도 있을 문제였다.

이 문제는 전쟁에 영향을 미칠 수는 없었지만 성가신 것이었다.

12월에 미 2사단은 중부 전선에서 철의 삼각지로 알려진 금화 북쪽의 전선으로 돌아갔다. 이번에는 정전협상에 대한 기대가 높았다. 미 2사단이 받은 임무는 전선을 지키라는 것뿐, 그 이상은 없었다. 미 2사단은 미 25사단과 교대했다. 미 25사단은 미 8군 예비대로 전환되어 휴식과 훈련에 들어갔다.

그때까지 전선은 몇 달 동안 안정된 상태였다. 그동안 진지들이 개선되었다. 떠나는 부대는 온전한 진지를 남겼다. 주 저항선 위의 모든 진지는 엄개掩蓋화되었다. 혹독한 겨울 날씨를 견딜 수 있도록 대피소는 난방이 되었고 식당 천막도 준비가 되어 있었다.

보트너 준장은 "엄청나게 추운 것을 빼면, 전투에서 예상할 수 있는 최상의 편안하고 안락한 겨울이었다. 사단의 평균 사상자가 하루에 단 2명뿐이었는데 그것은 아무것도 아니었다"고 말했다.

실제 전쟁을 기준으로 보더라도 이 수치는 정말 적었다. 그렇지만 인간의 목숨은 하찮은 것이 아니다. 그리고 때는 거의 1952년 말, 미국 대통령 선거가 다가오고 있었다. 이제 한국 전선에서 죽는 것은 개죽음이라는 주장이 나올 수 있었고, 미국 정부는 명령을 내려서 될 수만 있다면 아무도 죽어서는 안 된다는 단호한 입장이었다.

야간에도 정찰을 해야 했고 공산군에 대한 포격을 이어갔지만, 균형을 유지하기 위한 공격이라도 소대 규모를 넘는 공격은 군단의 승인 없이는 불가능했다. 군단은 병사들이 다칠 가능성이 조금이라도 있어 보이는 작전을 승인하기를 매우 꺼려했다.

한쪽 눈은 판문점에 둔 채로 정찰에 나서는 부사관들도 약아졌다. 이들은 이 전쟁의 성격과 사단이 시행하는 수천 건의 정찰의 성격을 재빨리 알아챘다. 물론 이 정찰들은 포로를 잡겠다는 목적을 내세웠지만 적과 접촉한 사례는 거의 없었다. 매일 밤 미군과 중공군 수백 명씩은 고지에서 조용히 나와 서로 대치하는 전선을 가로지르는 널찍한 계곡으로 내려와서 서로가 매복하고 있을 것이라 생각하며 귀를 기울이고 기다렸다.

작전 일지에 따르면, 적과 접촉하고 뒤이어 벌어진 전투는 매우 불규칙하게 일어났다. 그리고 전투가 벌어지면 주로 중공군이 주도권을 쥐었다.

중대장들과 대대장들이 이를 아는 것처럼 보트너 준장과 새로운 미 2사단장인 로버트 영Robert N. Young 소장도 이것을 알았다. 그러나 이들은 마치 타인의 부부관계를 대하듯 이를 논하지 않았다.

미 23연대가 미 25사단의 책임지역에 있는 미 27연대와 교대할 때 울프하운드Wolfhound라는 별명으로 불린 미 27연대는 미 23연대장이자 육군 부관감의 아들인 제임스 Y. 애덤스James Y. Adams 대령에게 북쪽 파파산Papa-san[184] 꼭대기에 있는 중공군은 전선 가까운 도로에 차량이 3대 이상 있지 않으면 사격하지 않을 것이라고 말했다. 중공군은 포병이 충분했지만 별 이익이 없는 표적이나 관측자가 볼 수 없는 표적에는 사격하기를 꺼려했다. 중공군은 길고 힘든 길을 거쳐 탄약을 가져왔다. 미군 포병이 전선 후방의 공산군 지역을 정기적으로 포격한 반면, 전선 바로 위에 있는 미군 지역은 마치 샌프란시스코라도 되는 듯 안전했다.

미 27연대 장교들은 지프나 트럭 2대를 길에 내보내는 것은 언제든 괜찮지만, 3대 이상은 자살행위라고 설명했다.

---

[184] 미군은 오성산(1040고지)을 파파산으로 불렀다.

애덤스 대령은 설명을 들어서 전선을 안다고 생각했다. 며칠 뒤 애덤스는 지프 3대로 호송대를 이루어 파파산 아래 도로로 나갔다.

차량 3대가 길 위에 나타나자 미 27연대가 설명한 것처럼 엄청난 혼란이 일어났다. 그 와중에 애덤스 대령의 양 엉덩이는 피투성이가 된 채 너덜너덜해졌다. 미 23연대 부연대장이 지휘권을 이어받았다. 부연대장은 대대장 중 한 명보다 후임이었는데 이 순간에 인원을 바꾸지 말라는 이야기를 들었다. 그러나 부주의한 부연대장은 선임 중령 한 명을 예전 직위로 보냈는데 아마도 잠재적인 경쟁자 한 명을 제거한다는 생각이었던 것 같다. 4시간 뒤, 보트너 준장은 미 23연대를 맡으러 내려갔고 연대장으로 보임할 새로운 대령을 사단에서 찾아올 때까지 미 23연대를 맡았다.

보트너가 여전히 미 23연대를 갈무리하는 중에 크리스마스가 다가왔다. 12월 25일에 공산군이 공격할 것이라는 말이 돌았다. 가볍게 눈이 내리는 12월 25일 아침, 보트너는 전선을 시찰하러 나갔다.

10시에 보트너는 전선 한곳에 아무도 없는 것을 보았다. 보트너는 소대 지휘소로 갔다. 소대 지휘소는 따뜻하게 난방이 된 벙커 안에 박혀 있었고 병사 한 명이 전화기 옆에 붙어 있었다. "소대장에게 전화해!" 보트너가 목소리를 높였다.

"네, 장군님! 전화기가 고장이 났을 뿐입니다."

마치 물고기를 잡아먹는 늑대거북처럼 화가 난 보트너는 소대장을 구속시켰다. 다른 소대장들처럼 이 젊은 소대장 또한 크리스마스에 눈 속에서 부하들이 경계 상태를 유지하고 준비하도록 할 도덕적 용기가 없었던 것이다.

잠시 뒤, 보트너는 이 소대장의 대대장과 통화했다. "대대장! 이 소식 들었나?"

"듣다마다요. 연대 전체가 그 소식을 다 들었습니다, 부사단장님! 여기 오지 마십시오. 모두 다 참호로 뛰어 들어가고 있습니다."

보트너가 으름장을 놓았다. "좋아! 자네 그 소대장을 아주 정신이 바짝

들도록 야단치라고! 그리고 꺼내서 데려가! 그 녀석이 구속되어 있다가 전사하는 꼴을 보고 싶지 않으니까!"

보트너는 목적을 달성했다. 그리고 이날은 크리스마스였다.

며칠 뒤, 보트너는 그 소대장과 벙커 안에 함께 있었다. 벙커 위로 포탄이 비 오듯 떨어지고 있었다. 적의 포격이 멈추자, 그 젊은 장교는 출구 쪽으로 움직이기 시작했다.

"자네 대체 어디 가나?"

"장군님, 포격 보고를 해야 합…." 소대장은 말을 끝내지 못했다. 규정에 따르면 포격을 받은 뒤에는 날아온 포탄의 수량과 구경을 보고하고 탄흔을 조사해야 했다.

이제 보트너가 가장 싫어하는 일이었으나 체면상 그 젊은 소대장과 함께 나가야 했다.

소대장은 부상을 입었고 보트너는 자기가 판 함정에 빠진 것이 아닌가 하는 생각이 들었다.

교착상태의 이 전쟁에서 상급 장교들이 하급 장교들에게서 손을 뗄 수 있을 만큼 해야 할 일이 없다는 문제가 계속되었다. 따라서 상급 장교들은 방화수통을 빨간색으로 칠하는 것부터 병사들 전투복에 붙일 이름표 색깔을 알려주는 것 같은 새로운 사안들을 생각해내야 했다.

클라크 러프너 소장은 미 2보병사단장 보직을 로버트 영 소장에게 넘기기 직전에 보트너 준장에게 말했다. "헤이든, 사단 역사를 써내야 해! 내가 떠나니 자네가 그것을 맡게."

훗날 보트너는 이 순간을 아주 똑똑히 기억했다. 보트너의 대답은 "이런 제기랄!"이었다.

"이제 자네가 했으면 해!"

"네, 그러겠습니다." 보트너가 대답했다. 운 좋게도 미 72전차대대에는 텍사스 A&M 대학교 신문 편집장을 지낸 장교가 있었다. 그리고 보트너는 이 인재를 아주 빨리 빼올 수 있었다.

문제 하나가 해결되자, 신임 군단장이 가져온 문제가 기다리고 있었다. 그는 중국-버마-인도 전역에서 보트너 그리고 당시 중장이던 스틸웰과 함께 있을 때 보트너보다 계급이 낮았다. 그러나 그는 운 좋게 유럽 전역으로 전출되었고 이제는 중장이 되어 극동으로 돌아왔다. 미 2사단장인 로버트 영 소장은 이것으로 보트너를 놀리는 것을 큰 기쁨으로 여겼다.

더구나 신임 군단장은 이렇게 돌아와 다른 사람들처럼 도쿄와 서울에서 지내면서 완전히 세뇌되었다. 사상자를 최소화해야 한다는 점에서 리지웨이 대장(1951년 5월 11일부로 대장 진급)은 여전히 밴 플리트를 강하게 압박했다. 그리고 밴 플리트는 신임 군단장에게 이 점을 분명히 했다.

부상을 입기 바로 직전, 애덤스 대령은 얼어버린 논을 건너 제한적인 전차 공격을 해도 좋다는 허락을 받았다. 이 작전은 연대에 배속된 전차 중대의 2개 소대로 치고 빠지는 식으로 급습하는 것이었다.

5대의 전차로 급습 작전이 예정대로 시작되었다.

그러나 금화 계곡을 벗어나 오른쪽에 있는 전차 2대가 대전차지뢰를 밟으면서 계획이 틀어졌다. 보트너는 전선 후방의 안전한 고지에서 이 작전을 지켜보고 있었다. 아군 진지에서 300미터에서 400미터쯤 되는 공간 사이에서 돈좌된 전차 2대에 타고 있던 승무원들은 적이 조준하기 전에 전차를 버리고 안전한 곳으로 도망쳤다.

그러자 전차소대장은 남은 전차 3대를 이끌고 멈춰 선 전차 2대로부터 20미터쯤 떨어진 곳까지 가서 76밀리 전차포로 전차 2대를 날려버렸다. 파괴된 전차 2대는 검은 연기를 뿜으며 주인 없는 땅에 남겨졌다.

보트너는 정치인이 아니었다. 만일 정치인이었다면 이날 연대 상황보고를 직접 썼을 것이다. 이날 상황 보고는 벌어진 사건들을 끔찍할 만큼 분명하게 열거했다.

이날 밤, 영 소장이 보트너에게 전화를 걸었다. "헤이든, 자네 친구 군단장 말이야, 완전히 꼭지가 돌아버렸어." 영은 군단장을 이런 식으로 불렀다.

"누구에게 화가 났단 말입니까?"

"자네한테지."

"대체 군단장이 무엇 때문에 저한테 화가 났습니까?" 보트너가 궁금해하며 물었다.

"자네가 전차 2대를 잃었다며. 그러고는 자기 군단은 전차를 잃지 않는다고 말하더군!"

다행히도 보트너는 아무 말 하지 않았다.

"헤이든, 자네 사정이 안 좋아. 아주 일이 꼬였다고. 군단장이 아주 화가 많이 났어, 헤이든."

보트너는 정치인이 아니지만 그렇다고 바보도 아니었다.

"밥, 지금 무슨 말을 하는 겁니까? 내가 전차 2대를 망가뜨렸다는 것은 무슨 말이죠?"

"젠장, 자네 상황 보고에 그렇게 쓰여 있어."

"오, 빌어먹을. 그건 실수입니다. 그 전차 2대는 움직일 수 없었습니다. 파괴된 게 아닙니다. 젠장, 내가 그것을 제출할 수 있습니다. 상황 보고에서 그 부분, 그러니까 '파괴되었다'를 지우고 '기동할 수 없게 되었다'로 고쳐주십시오."

영 소장이 전화를 끊자, 보트너 준장은 생각에 잠겼다. '그래, 젠장, 전쟁 중이지. 그리고 이제 제너럴모터스 사의 회계감사관이 나더러 부정직하다거나 거짓말쟁이라고 하겠군. 젠장, 나는 대세에 영향을 미칠 거짓말을 한 건 아니야.'

다음날 보트너는 연대 전차중대장인 주노Juno 대위를 사무실로 불렀다.

"주노 대위, 우리 지금 사정이 안 좋아. 어제 작전에서 버려진 전차 2대를 가져와야 하네. 이제부터 자네에게 필요한 모든 것을 지원해주겠네. 박격포, 공병, 사단 포병…."

주노 대위가 말했다. "장군님, 그 전차 2대는 아무짝에도 쓸모없습니다."

이들 전차는 더 이상 가치가 없는 M-4A3E8이었다. 그리고 같은 종류의 전차들이 디트로이트Detroit와 레드리버Red River의 병기창에 녹슨 채 쌓여 있었다. 이 두 전차는 전차소대장이 쏜 전차탄에 맞아 탄약 기본적재량이 폭발하면서 불길에 휩싸인 뒤 검게 그을린 차체만 남은 상태였다.

"주노 대위, 자네는 자네 일에 전념하고 나는 내 일에 전념할걸세. 나는 자네에게 가서 그 전차 2대를 가져와야 한다고 말하고 있네. 나는 누구도 다치기를 원치 않네. 나는 자네가 필요한 모든 지원을 해줄 거고. 계획을 작성해서 오늘 오후까지 해야 하네."

"이것은 말이 안 됩니다, 장군님!" 주노 대위가 말했다.

"그러는 것 아니… 그냥 하게." 보트너가 톡 쏘듯 잘라 말했다.

보트너에게는 말이 되는 일이었다.

주노는 망가진 전차 2대를 가져왔다. 그는 우군 사격으로 만든 탄막으로 보호를 받으면서 구난전차를 가져다가 다 타버린 차체 2대를 순조롭게 효과적으로, 그리고 아무런 사상자 없이 끌어왔다. 중공군은 너무 놀라 사격도 할 수 없었다. 식은 죽 먹기였다.

검게 변한 차체 2대를 주 저항선 안으로 끌어올 때 보트너는 사단 병기장교와 통화 중이었다. "와서 이 빌어먹을 망가진 전차 2대를 내 지역에서 가져가게."

사단 병기장교가 무어라 말했는지, 또 이 '기동할 수 없게 된' 전차 2대로 무엇을 했는지는 기록에 남아 있지 않다.

그러나 이는 전차분대 수준의 작전에까지 관심을 갖는 새로운 군단장을 만족시키는 방법이었다.

겨울이 지나는 동안 계속된 압박을 느끼던 밴 플리트는 너무 많은 병력을 잃고 있다며 전방 사단들에게 계속해서 호통을 쳤다.

한국전쟁 동안 어떤 사단보다도 많은 사상자를 낸 미 2사단은 다른 사단들보다도 언제나 병력을 50퍼센트는 더 많이 잃는 불운을 겪었다.

미 38연대의 1개 소대 기습작전이 문제였다.

에드워드 로우니Edward Rowny 대령의 연대는 사단 전선에 사격을 가하는 사단 왼편 끝에 있는 적의 고지를 대상으로 1개 소대의 기습작전을 허락받았다. 보트너 준장, 로우니 대령, 그리고 선정된 소대가 속한 대대의 대대장은 우군 고지에서 공격이 진행되는 모습을 보았다. 이 고지에서 이들은 적의 수중에 있는 평강까지 분명하게 볼 수 있었다.

소대는 고지로 돌격했다. 이 고지는 주 저항선 안에 완전히 있는 것도 아니고 그렇다고 다른 주 저항선 안에 있는 것도 아니었다. 소대는 기관총과 박격포가 뿜어내는 불지옥에 맞닥뜨린 채 속수무책으로 꼼짝도 할 수 없었다.

미 8군이 내린 명령에 따르면 1개 소대 이상을 전투에 투입할 때는 군단 본부의 분명한 승인이 있어야 했다. 그러나 속수무책이 된 소대를 본 중대장은 다른 소대를 투입했다. 결국 중대 전체가 나서서 고착된 소대를 구해냈다.

이렇게 하기 위해서 중대장은 공격 대상이 된 고지를 점령하고 그곳에 있던 적을 해치워야 했다. 부하들이 안전해지자 중대장은 애써 빼앗은 고지를 다시 내줘야 했다. 왜냐하면 이 고지는 중공군 전선과 너무 가까워 쉽게 방어할 수 없었기 때문이다. 누구도 피의 능선 같은 전투를 다시 시작하고 싶지 않았다.

소대원들을 구하는 과정에서 사상자가 여럿 나왔다.

부사단장인 보트너 준장, 연대장인 로우니 대령, 그리고 대대장은 극도의 긴장감에서 오는 고통을 느끼며 이 작전을 모두 보았다. 그러나 누구 하나 행동에 나서지 않았다. 만일 그렇게 했다가는 초급 장교들의 신뢰와 지휘 능력을 완전히 무너뜨릴 것이었기 때문이다. 초급 장교들은 마치 어린아이와 같아서 스스로 실수하는 것을 배워야 했지만 이것은 초급 장교들의 부모를 몹시 고통스럽게 했다.

생각만 해도 고통스럽지만 장교는 전투에서 배워야만 한다. 이것 말고는 전투에서 부하를 지휘하는 경험을 쌓는 다른 방법이 없다.

무엇이 잘못되었든 상관없이 전 중대를 투입하여 어려움에 빠진 부하들을 구해낸 중대장의 행동은 옳았다. 그러나 다음날 사상자 보고서가 상급 부대로 올라가자, 큰 혼란이 일어났다. 영 소장이 보트너 준장을 불렀다.

"헤이든, 이게 대체 다 뭔가?"

보트너는 영에게 모든 사정을 설명했다.

"글쎄, 38연대에 가서 철저하게 조사하게. 보고서를 하나 써야 할걸세."

보트너는 명령대로 조사해서 보고했다. 소대를 투입한 습격은 실수였다. 이 습격은 해서는 안 되는 것이었다. 그러나 그렇다고 무슨 일이 있을지 사전에 알 수 있을까?

해당 중대장은 몇 가지 실수를 했다. 그러나 전 중대를 투입하겠다는 결정은 단 한 번이었다. 자신의 눈앞에서 1개 소대가 박살이 나고 있는 것을 본 중대장이 어떻게 가만히 있을 수 있었을까?

아마 보트너는 이런 상황을 바라보면서도 개입하지 않았다고 아마 다른 사람들로부터 지지를 받지 못했던 것 같다. 그러나 어떤 준장이나 연대장이 중대 급에 관심을 기울이고 소대를 지휘하기 시작할까?

이 모든 문제는 하나에서 시작되었다. 1952년에 미 2사단이 공세 중 사상자가 발생했다. 그리고 미국을 통치하는 사람들이 몹시 싫어한 것은 바로 이것이었다.

이제 일이 터졌다. 사상자가 발생한 것이다. 영 소장이 물었다. "이제 이 일을 어떻게 하나?" 영은 로우니 대령을 걱정했다. 로우니는 훌륭한 장교였다. 만일 일이 잘못되면 로우니는 몰락할 수 있었다.

고위층에서는 희생양을 찾으려는 욕구가 점차 강해졌다. 보트너가 말한 것처럼 종종 이해가 되지 않는 것은 흔히 군이 누군가를 희생양으로 삼지만 많은 경우 민간의 압력 때문에 그렇게 한다는 것이었다.

보트너가 영에게 말했다. 부모를 제외하고 바로 위에 있는 장교들이 아니라면 어느 누가 이 젊은 병사들에게 관심을 갖겠냐고. 이 장교들은 병사들과 함께 먹고 생활했고 부하들을 잘 알았다. 몇몇 참모장교, 군단장 또는 군사령관, 또는 도쿄에 있는 전구 사령관이 병사들을 더 잘 알까?

"전투하는 군인은 자기가 잘 아는 부하들, 그것도 함께 밥을 먹어온 부하들이 전사하거나 부상당하는 것을 봐야 하는 반면, 수천 킬로미터 떨어진 곳에 있는 사람들은 마치 아무 감정도 없다는 듯 그 군인을 물어뜯습니다. 이것은 참 멍청하고 불합리합니다."

보트너는 격식을 차린 보고서를 작성했다. 그는 누구도 희생시키기를 강하게 거부했다. 그래서인지 그 문제는 거기서 끝났다.

보트너에게 이 일은 후방에 있는 사람들이 진절머리 나게 비겁하다는 것을 보여주는 생생한 사례였다. 전선에는 '제한'전쟁 같은 것이 없었다. 전선에서 사격이 시작되면 보이지도 않게 멀리 떨어진 곳에 있는 사람이 전투하는 사람에게 무엇을 하고 또는 하지 말라고 말할 수 없었다.

미군 장교가 부하들에게 매정하고 지휘를 받아 싸우다 전사한 부하들에게도 냉담할 것이라고 믿는 사람은 전투에서 소대 이상의 부대를 지휘해본 적도, 비극적인 편지를 집으로 부쳐본 적도 없는 그런 사람일 것이다. 그러나 인명손실이 없는 전쟁은 없다. 제한전쟁이라 해도 다르지 않다.

시간이 흘러 1952년이 저물어갔지만 판문점에서는 평화가 만들어지지 않았다. 전쟁 아닌 전쟁이 끝도 없이 이어졌다. 매일 밤 유엔군의 포와 공산군의 포는 서로에게 불을 뿜었다. 위험을 각오하고 가만히 있을 수 없었기 때문에 야간 정찰이 매일 밤 계속되었다.

매일 밤, 군인들이 죽어갔다.

포가 불을 뿜고 정전회담이 계속되는 와중에 미 정부, 장군들, 그리고 전선의 병사들 사이에서 좌절이 커져갔다.

그리고 공산군이 놓은 덫에 걸린 지도자들의 도덕적인 용기는 점점 줄어들었다. 사상자가 없도록 하라는 도쿄의 압력은 결코 그치지 않았다. 이 압력은 전장인 한국에서 더 강해졌다. 하급자들에게는 자유든 실수할 가능성이든 아무것도 더 이상 허락될 수 없었다.

보트너가 예상한 일들이 일어났다. 1개 소대를 잃으면 대령의 경력이 망가지기 때문에 대대장이 소대를 이끌었고 장군은 중대가 뭘 할지를 지시했다. 한편으로 이것은 효율적인 제도였다. 전선이 안정되고 상급 장교들은 할 일이 많지 않다 보니 이 방법이 통했다.

그러나 이 때문에 군의 지휘체계가 받은 피해를 회복하는 데는 오랜 시간이 걸릴 터였다. 만일 언젠가 새로 전쟁이 벌어진다면, 그곳에는 한국에서 위관장교로서 복무하면서 배웠어야 했던 기본적인 교훈을 여전히 배워야만 하는 대령과 장군들이 나올 것이다.

제35장
거제도

●

펜이 칼보다 더 좋다고 주제넘게 내게 말하지 않도록 하라!

— 스페인 작가 미겔 데 세르반테스 사베드라Miguel de Cervantes Saavedra의
소설 『돈키호테Don Quixote』 중에서

1952년 5월 7일 아침, 거제도에 있는 프랜시스 도드 준장의 사령부에 통상적인 경로를 통해 전갈이 도착했다. 공산군 장교들이 수용된 76수용소의 대변인이 도드 준장이 즉각 기꺼이 집회에 참석해주기를 바란다는 내용이었다.

공산주의자들의 공작 수법이나 인민군 이병 박상형에게 최근에 지령이 내려왔다는 사실을 까맣게 모르는 도드 준장은 집무실과 76수용소 사이가 가까운 직선처럼 보였다.

도드는 은색 별 하나가 박힌 모자를 쓰고 리학구 총좌와 76수용소에 있는 포로들에게 무슨 일이 있는지 알아보기 위해 나섰다.

철조망으로 엉성하게 만든 수용소 문에 다다른 도드는 지프에서 내려서 철조망 가까이에 모여 있는 공산군 포로 대표단과 만났다. 문이 열렸다. 거제도와 임무를 따분하게 여기는 모습이 여실히 드러나는 유엔군 경비병들은 이를 한가하게 바라보면서 곁에 서 있었다.

갑작스런 신호에 이미 치밀하게 연습을 해두었던 포로들이 북새통을 이루며 도드의 주위를 감쌌다. 도드는 포로들에게 납치되어 수용소 안으로 끌려 들어갔다. 대형을 이룬 공산군 포로들이 깜짝 놀란 경비병들을 뒤로 밀어내자 수용소 문이 닫혔다.

경비병들이 소리를 쳤지만 아무 소용이 없었다. 도드는 76수용소 안에 있는 헛간으로 끌려 들어갔다. 도드를 둘러싼 포로들 손에는 어느새 충분한 흉기가 들려 있었다. 쇳조각과 군화 조각을 가지고 직접 만든 흉기들은 경비병들이 철조망을 뚫고 포로들과 싸워 도드를 구하러 오기 전에 그를 죽이기에 충분했다.

갑자기 거제도를 책임지게 된 빌 크레이그Bill Craig 대령은 이것이 엉망이 된 문제들 중 하나라는 것을 깨달았다. 크레이그는 매우 적절하게 이 책임을 전가했다. 하지만 그는 이렇게 넘긴 책임이 거제도를 벗어나 부산으로 튀고 다시 도쿄로 날아가 큰 소리를 내며 태평양을 건너 미국까지 갔다가 지글거리면서 다시 돌아오리라고는 생각지도 않았다. 그리고 이 모든 일은 사흘 안에 일어난다.

크레이그 대령은 찰스 F. 콜슨Charles F. Colson 준장이 올 때까지 수용소장 직무대리를 맡았다. 콜슨은 말이 없고 신중하며 예의 바른 사람이었다. 그는 누가 누구를 지키는지 알 수 없게 되면서 세계의 절반이 비웃는 낭패에 리지웨이 대장이 잔뜩 짜증이 났고, 리지웨이로부터 사령관 직을 인계받은 클라크 장군은 밴 플리트 장군이 난처하게도 이 소동에 대해 몹시 걱정하고 있으며, 워싱턴에서는 프랭크 페이스 2세Frank Pace Jr. 육군장관이 머리를 쥐어뜯고 있다는 것을 전혀 모른 채 거제도에 왔다.

야전 전화기 한 대가 76수용소에 가설되었다. 콜슨과 공산군 포로 주동자들은 이 전화기로 협상을 했다. 콜슨은 비록 수는 적으나 병력과 무기, 그리고 전차를 가지고 있었다. 그러나 76수용소에는 도드가 붙잡혀 있었다. 공산 포로들은 만일 미군이 힘으로 도드를 구출하려 한다면 도드의 목을 베어버리는 것으로 사태가 끝나리라는 것을 분명히 했다.

포로에 대해서 그리고 거제도를 포함해 어디에서고 공산주의자들이 벌이는 선전에 대해 전혀 아는 바 없이 거제도에 무턱대고 걸어 들어온 콜슨에게 공산 포로들은 요구 사항들을 내놓았다. 요구 사항 중에는 포로에게 범죄를 저질렀다고 고백할 것, 공산 조직과 포로들이 수용소를 통제하는 것을 인정하겠다고 다짐할 것, 그리고 "반공주의자라고 자백하도록 포로들을 고문하고 학대하는 것을 멈출 것" 등이 포함되어 있었다.

이것은 오래전부터 쓰인 "아내 때리는 걸 그만두었나?"라는 전술인데, 콜슨은 여기에 말려들었다.

콜슨은 공산 포로들의 요구와 억지주장이 터무니없다는 것을 알았다. 그는 절대 포로를 학대하거나 거칠게 대한 일이 없다는 것을 알았다. 그러나 별다른 뉴스가 없는 전선을 떠나 떼 지어 거제도로 몰려온 기자들이 공산 포로들의 요구들을 그대로 옮겨 전 세계로 타전하면서 수백만 명이 한국 속담처럼 "아니 땐 굴뚝에 연기 나겠어!"라고 말한다는 것, 그리고 판문점의 남일이 기쁨에 차서 정의로워 보이는 분노를 표출하며 악을 쓰고 있다는 것은 몰랐다.

"…당신들 쪽에서 자발적인 송환이라는 이름으로 저지른 이 범죄행위는 포로에 관한 제네바 협약을 철저히 위반하고 인간으로서 최소한의 도리도 지키지 않는 것이오."

"당신들은 포로가 된 우리 쪽 인원들의 안전에 대해 절대적인 책임이 있소."

모스크바의《프라우다Pravda》편집인은 분노에 차 이렇게 썼다.

"거제도! 마이다네크Majdanek**185**의 음울한 그림자가 다시금 세계를 덮었다. 시체 타는 냄새가 다시… 고문당하는 이들의 신음… 우리는 소위 '문명화되었다는 미국인들이 여전히 비인간적이며 피에 굶주린 히틀러 숭배자들보다 훨씬 더 악명이 높다는 것을 배운다. 다하우Dachau**186**는 죽음의 수용소였다. 마이다네크는 죽음의 공장이었다. 거제도는 죽음의 섬이다. 미국 살인자들은 무기가 없는 이곳 주민들을 고문하고, 학대하고, 그리고

---

185 마이다네크: 나치 독일이 폴란드에서 운영한 학살 장소.
186 다하우: 독일 뮌헨 인근에 있던 나치 독일의 수용소.

죽이고 있다. 살인자들은 주민들에게 독을 실험하고 있다…"

공산권 언론과 대변인들은 선전에 열을 올렸다. 그러는 사이 76수용소에 연결된 가느다란 전화선을 타고 나오는 애처로운 요구는 공산권 언론과 대변인들이 무엇을 주장하든 다 뒷받침해주는 듯했다. "고문을 중지하면 도드 준장을 돌려주겠다."

미국인들은 벨젠Belsen[187]과 다하우에 대해 떠돌던 소문도 사실로 밝혀질 때까지는 믿은 사람이 거의 없었다는 것을 잊었다. 1941년에 세상에서 가장 문명화된 국가 중에 독일이 있다고 믿던 소련 사람들은 도처에 있는 독실한 공산주의자들이 그랬던 것처럼 극우정치를 하는 독일을 의심하지 않고 믿었다. 그러나 미국은 중립국들 앞에서 진짜 체면이 말이 아니었다. 이제 중립국들은 무엇을 믿어야 할지 몰랐다.

미국의 가장 확실한 동맹국들 중 몇몇 나라들이 미국에게 정중하게 물어보았다. "거제도에서 대체 무슨 일이 벌어지고 있는 겁니까?"

리지웨이, 클라크, 프랭크 페이스, 그리고 페이스의 상관인 트루먼 대통령도 모두 같은 의문을 가졌다는 것이 공공연한 사실이었다.

사흘 동안 사방에서 전화가 불이 나게 울렸지만, 콜슨은 이런 것을 몰랐다. 그는 76수용소 내부에서 병들고 불안해하는 도드가 떨리는 소리로 말하고 있다는 것을 알았고, 가급적 빨리 동료 장군을 구하고 싶었다.

그동안 콜슨은 미 2군수사령부와 그 이상의 상급 사령부로부터 거의 도움을 받지 못했다. 이것은 콜슨이 해결해야 할 사태였다. 리지웨이와 클라크의 시선은 판문점을 향해 있었다. 때마침 윌리엄 K. 해리슨William K. Harrison 소장은 맨 앞에서 비난을 한 몸에 받는 정전회담 수석대표직을 터너 조이 제독으로부터 물려받고 있었다.

콜슨은 부산의 2군수사령부에 전화를 걸어서 자신이 포로들의 요구를

---

187 벨젠: 베르겐-벨젠(Bergen-Belsen)으로도 알려진 유대인 수용소.

조금이나마 누그러뜨렸다고 말했다. 그러나 공산 포로들의 요구에 담긴 핵심은 "유엔군사령부가 포로들을 더 이상 때리지 않는다"라고 공개적으로 말하는 것이었고, 콜슨은 여기에 동의해주었다. 콜슨은 모든 사람이 이런 억지를 심각하게 받아들이지 않을 것이라고 생각했기 때문에 이런 고백이 별 것 아니라며 무시했다. 콜슨은 도드를 구출하기 위해 이 말이 적힌 종이에 서명했다.

이는 선전전에서 공산주의자들이 거둔 엄청난 승리였다.

1952년 5월 10일, 프랭크 도드 준장이 76수용소에서 걸어 나왔다. 도드는 나오자마자 바로 도쿄로 소환되었다. 도쿄에 온 도드는 화나고 당혹해하는 페이스 육군장관이 "감시병이 있는 집무실에서 대변인을 통했어야 했다"라고 말했다는 것을 들었다.

이 문제에 대한 페이스 육군장관의 견해를 두고 이견은 거의 없었다. 도드 준장은 대령으로 강등되어 전역했다. 이제 콜슨이 남았다.

미군 장교든 여행자보험사 중역이든 눈에 띌 정도로 심하게 잘못한 것은 아니지만 상급자를 당황하게 만들 때 미국인들이 쓰는 관용구는 "판단력 부족"이다. 이것은 마치 1775년에 만들어진 미국 군법 96조 "… 그리고 선량한 질서에 해를 끼치는 모든 다른 행동들"처럼 놀랍게 포괄적인 표현이며 거의 어떤 상황에도 들어맞는다.

농업부든 육군부든 아주 난처한 상황을 만든 사람은 나가야만 한다. 또는 판단력이 부족하면 훨씬 더 문제로 여겨진다.

콜슨의 목도 단두대에 놓여 있는 것이나 마찬가지였지만, 그에게는 알려지지 않았다.

반면 거제도에는 일종의 무정부 상태가 도래했다. 철조망 안에서 포로들은 고함을 지르고 구호를 외치며 깃발과 현수막을 흔들었다. 그러는 동안 철조망 바깥의 경비병들은 무기력하게 서 있었다. 폭동이 이어졌다. 도대체 누가 수용소를 통제하는지 의심스러웠다.

상급 포로들이 음모를 꾸민 76수용소에서는 상세한 계획들이 그려지고 있었다. 만일 이 계획들이 실행된다면 거제도는 정말 죽음의 섬이 되는 것이었다.

* * *

봄이 오자 미 2사단은 전선에서 교체되었다. 반면, 1951년에 극동사령부로 파병된 주방위군 2개 사단의 하나인 미 40사단, 그리고 미 7사단은 철의 삼각지대 아래에 있는 지대를 인수했다. 가평으로 돌아간 미 2사단은 많은 곳으로 퍼져서 예비대 임무를 수행하는 사단에게는 전형적이라 할 수 있는 임무들을 수행했다. 3대대가 빠진 미 9연대는 화천 저수지 서쪽에서 차단진지들을 장악하면서 공격 훈련을 계속 진행했다. 미 9연대 3대대를 배속받아 증원된 미 38연대는 폭동과 반항으로 뒤흔들렸다고 알려진 거제도로 가는 배에 올랐다. 그러는 동안 미 23연대 2대대는 소중한 텅스텐 광산을 지키기 위해 상동으로 향했다. 독립적인 몇 개 중대가 미 9군단 사령부와 그동안 빨치산들한테 시달렸던 무선 중계소를 경비했다. 미 2사단 포병은 한국군 9사단을 지원하러 떠났고, 미 72전차대대는 미 10군단이 맡은 단장의 능선으로 돌아갔다.

전선에 있든지 아니면 전선에서 떨어져 있든지 한국에서는 휴식이 거의 없었다. 미 2사단은 병력 교대에 따라 보충병 4,466명을 받았다. 이들은 반드시 훈련이 필요했다. 보직 교대는 사단 지휘부도 예외가 아니었다. 군악대도 송별 행사로 바빴다. 5월 4일, 영 소장은 사단 비행장에서 거창한 이임식을 하면서 제임스 프라이James C. Fry 준장에게 지휘권을 넘기고 사단을 떠났다.

전선에서 전투를 치러야 하는 압박이 줄자 허례허식이 재빨리 그 자리를 채웠다. 부대들은 오랫동안 안정적으로 유지되었다. 사방에서 깃대가 섰고, 바위에는 색이 입혀졌으며, 지역에는 헌병이 순찰을 돌고 상황이 나아졌다. 사단마다 보여주기 위해 합판을 써서 전투 상황실을 꾸미고, 그 앞에는 번쩍거리는 스테인리스 철모를 쓴 헌병을 배치했다. 더 이상 사상자들을 송영할 필요가 없어진 군악대는 마음껏 음악회를 열었다. 해야 할 일은 점점 더 줄어드는 반면, 평범한 주둔지에서나 볼 법한 자잘한 일을 시켜야만 병력을 바쁘게 만드는 상황이 점점 더 늘어났다.

제2차 세계대전 당시 근무복이자 전투복으로서 실용적이면서 별다른 장식이 없었던 미 육군 전투복은 이제 보기에도 이상하게 변했다. 빳빳하게 풀을 먹이고, 다림질로 칼주름을 넣고, 부대 표지와 색깔이 들어간 이름표를 박음질해 붙인 전투복은 당직장교의 반+정복보다 더 화려해졌다. 심지어 오래지 않아 전투지대에서도 낡고 후줄근한 전투모도 금기시되었다. 이제 전투모는 마치 리지웨이 대장의 모자처럼 전투모 안에 심이 들어가야 했다. 1달러면 병사들과 장교들은 한국에서 만든 빳빳한 전투모를 살 수 있었다. 군에서 보급한 전투모에 심을 넣느라 애쓰기보다는 이게 훨씬 더 간단했다.

군대는 전투를 하지 않으면 보여주는 일을 하게 마련이다. 어쨌든 한국 경제는 이득을 보았다.

바로 이때 보트너는 일본으로 휴양을 떠났다. 보트너는 아들 제임스 G. 보트너James G. Boatner 소위가 극동사령부로 온다는 말을 들었다. '악랄한 목적지Destination Evil'라는 암호명으로 온 명령에 그렇게 쓰여 있었다.

도쿄에서 보트너는 인사 담당자들을 만나 이야기를 나누었다. 그는 아들인 제임스까지 미 2사단에 오는 것은 공정하지 않다고 생각했기 때문에 아들이 미 2사단으로 배치되지 않기를 바랐다. 그렇다고 제임스가 한국에 배치된 주방위군 2개 사단인 미 40사단이나 미 45사단에 배치되는 것은 더욱더 원하지 않았다. 인사 담당자들은 보트너의 말을 듣더니 웃으면서 물었다. "그래서 아들이 어디에 배치되기를 원하십니까?"

톈진天津에 있던 미 15보병연대에서 태어난 제임스 보트너는 결국 미 3사단에 배치되는 것으로 결정되었다. 미 3사단은 미 육군 부대들 중 가장 자부심이 센 부대 중 하나였으며 미 15연대의 상급부대였다.

5월 11일, 보트너는 도쿄에서 가장 큰 PX에 있었다. 확성기에서 안내

방송이 들렸다. "보트너 준장님, 사무실로 와주십시오."

사무실로 간 보트너는 도쿄 다이이치 호텔로 빨리 오라는 말을 들었다. 보트너는 즉각 인사참모차장에게 가서 무슨 일인지 물었다. 보트너의 오랜 친구인 딕 키Dick Key가 말했다. "헤이든, 자네를 거제도로 보내기로 결정이 되었네."

며칠 동안 거제도에서 무슨 일이 일어나고 있는지는 보고서마다 다루고 있었다. 보트너는 풀이 죽었다. "하나님, 말도 안 되는 소리 마!"

"아닐세. 클라크 대장이 당장 자네를 보려 한다고. 그리고 자네를 한 시간 안에 거제도로 보낼 비행기가 대기하고 있어." 키가 말했다. "갈 수 있겠나?"

보트너가 풀이 죽어 대답했다. "명령이라면 당연히 그래야지."

점심시간이었지만 보트너는 나토 사령관이 되어 유럽으로 떠난 리지웨이 대장을 대신해 극동사령관으로 취임한 마크 웨인 클라크Mark Wayne Clark 대장을 만나러 가게 되었다.

코가 길고 교사 같은 인상의 클라크는 이탈리아에서 5군을 지휘하다가 이제 일본으로 왔는데 거제도에서 벌어진 일을 듣고서 깜짝 놀랐다. 클라크는 보트너에게 미군이 망신을 당했다고 말했다. 클라크는 이임하는 리지웨이와 거제도를 방문했는데 폭동을 일으킨 포로들에 대한 징계와 통제가 부족한 것을 보고 충격을 받았다.

클라크가 말했다. "나는 자네를 거기로 보낼걸세. 자네가 거제도를 지휘해." 클라크는 분명했다.

클라크는 미 8군 사령관으로서 리지웨이를 대신해 극동사령관이 되리라 내심 기대했던 밴 플리트 이야기는 꺼내지도 않았다. 밴 플리트는 클라크에 대해서 어느 정도는 쌀쌀맞다고 알려져 있었다. 클라크는 보트너에게 자신의 지시를 직접 받을 것이라는 점을 분명히 했다.

마지막으로 클라크가 물었다. "질문 있나?"

정치가는 아니지만 그렇다고 바보도 아닌 보트너는 거제도에서 큰 문제가 생긴 것은 수용소장 모두가 손발이 묶여 있었기 때문이라는 것을 잘 알았다. 보트너가 말했다. "네, 사령관님! 거제도 사정이 매우 나쁜 게 걱정입니다. 포로들은 통제가 전혀 안 되고 있습니다. 제대로 통제하려면 피를 볼 겁니다."

클라크가 말했다. "전적으로 동의하네. 나도 피를 볼 것이라고 생각해. 그리고 나는 자네를 지지하네."

그러자 보트너는 제네바 협약을 잘 아는 유능한 법무장교를 보내달라고 요청했고, 클라크는 인사참모부장을 시켜 조치하겠다고 답했다.

클라크를 접견하고 나온 보트너는 참모장인 도일 히키Doyle Hickey 중장에게 곧바로 갔다. 사령관을 만나 나눈 대화를 참모장에게 설명하는 것은 관례였지만, 보트너에게는 참모장을 만날 특별한 이유가 또 있었다.

보트너는 거제도에서 유혈사태가 벌어질 수도 있다는 데 클라크가 동의했다는 것을 히키 중장도 이해했다는 것을 확인했다.

그리고 나서 보트너는 휫필드 셰퍼드Whitfield Sheperd 소장과 라이언Ryan 소장을 만나 강력한 조치들이 필요하다는 점을 기록으로 남기게 했다.

그날 밤, 보트너는 비행기로 부산에 도착해서 거제도를 관할하는 미 2군수사령관 폴 F. 윤트Paul F. Yount 준장의 영접을 받았다. 도드 준장은 클라크 대장을 만나러 일본으로 가는 길에 미 2군수사령부에 있었다. 궤양 때문에 몸이 안 좋은 도드는 일본에서 보내온 우유를 마시고 있었다. 당시 한국에는 우유가 없었다. 강등이라는 불명예를 앞둔 도드는 얼빠진 사람처럼 보였다.

보트너의 입장에서 별로 얻은 것은 없었지만 윤트는 자신이 할 수 있는 한 상세하게 거제도 상황을 보트너에게 설명했다. 윤트가 최근 거제도 상황에 분노한 주된 까닭은 우군 항공기가 거제도에 기총소사를 했기 때문이었다.

부산에서 하룻밤을 머문 다음날 보트너는 거제도로 향했다. 그 다음날 보트너는 콜슨 준장의 사무실로 안내를 받았다. 보트너는 이전에 콜슨을 만난 적이 없었지만, 콜슨은 보트너의 형과 동창인 데다 매우 근엄하고 정중하고 품위가 있었다.

콜슨은 긴장이나 압박감을 전혀 느끼지 않아 보였다. 콜슨은 자기가 한 행동이 논쟁거리가 되었으며 워싱턴과 도쿄에서는 그것을 화가 잔뜩 난 말벌집을 건드린 행동으로 받아들이고 있다는 것을 전혀 모르고 있었다.

보트너에게 이야기를 하면서 콜슨은 새로 전입한 장교에게 특별 명령을 심드렁하게 전달해주는 나이 많은 장교 같은 모습을 보였다.

도쿄에서 언론과 적의 선전전이 얼마나 호된지를 깨닫고서 갓 부임한 보트너는 콜슨의 이런 행동에 깜짝 놀랐다.

콜슨이 물었다. "그런데 클라크 대장은 만났소?"

보트너가 답했다. "네, 어제 만났습니다. 클라크 대장께서 화가 아주 단단히 났습니다."

"대체 왜 화가 나셨소?"

"포로들하고 맺은 협정 때문입니다."

"아니, 클라크 대장이 승인했는데. 클라크 대장이 협정 전부를 승인했소. 그런데 어떻게 화를 낸다는 말이오?"

깜짝 놀란 보트너가 물었다. "콜슨 장군님, 클라크 대장이 승인했다는 것을 증명할 수 있습니까?"

"네, 바로 내 책상에 있소." 콜슨은 오른쪽 서랍 상단을 가리켰다.

"그게 뭡니까?"

"2군수사령부와 나눈 대화를 기록한 속기록이오."

보트너가 천천히 입을 뗐다. "부산과 나눈 대화를 남긴 속기록이 클라크 대장이 무엇인가를 승인했다는 것을 증명하지는 않습니다. 말씀드리기는 뭣 하지만 속기록을 모두 극동사령부로 가져가서 지금 한 말을 모두 다 증명해야 할 것 같습니다."

콜슨은 자신이 비난이나 분노의 포화를 맞고 있다는 것을 전혀 깨닫지 못하고 있는 것이 확실했다. 콜슨의 판단력에 대해 뭐라 말하든 간에 보트너를 포함한 많은 사람들은 콜슨이 대령으로 강등되어 전역하는 것을 범죄에 가깝다고 보고 있었다.

전체주의 사회는 물론 민주주의 사회에서도 권력자들을 당황하게 하는 것은 결코 현명하지 않다.

그러나 상황이 가장 안 좋을 때 들어온 보트너는 미국 국방부와 극동사령부가 어떻게 느낄지에 대해서 분명히 알고 있었다. 또한 중립국 감시단, 국제적십자사, 유엔한국통일부흥위원단, 또는 AP통신의 우려나 반대에도 불구하고 극동사령부는 싫든 좋든 자신을 지지할 수밖에 없다는 것도 알았다.

윤트 준장은 5월 7일 국제적십자사를 거제도에서 내보냈고 기자들이 부산에서 거제도로 들어오는 것을 어렵게 만들었다. 그러나 보트너는 문제가 언론보도에 있지 않다는 것을 알았다. 보트너는 오히려 국제적십자사와 기자들이 거제도 있으면서 증인이 되어주기를 원했다.

보트너는 문제를 만들려는 것이 아니라 문제가 일어나면 똑바로, 단호하게, 그리고 공정하게 문제와 마주할 생각이었다.

기자들이 보트너에게 물었다. "기자들이 여기 있어서 기쁘십니까?"

보트너가 대답했다. "맙소사! 제가 그렇게 멍청하지는 않습니다. 그렇지만 여러분이 여기에 있어야 한다는 것은 압니다. 윤트 장군께 제가 절대 반대하지 않는다고 말씀해주세요."

보트너는 콜슨이 쓰던 책상에 앉아 2시간 안으로 도착할 헌병부대장을 기다렸다. 보트너의 전임자 14명이 거제도를 거쳐가는 내내 이곳에 있었던 헌병 대령이 사무실로 들어와 보트너에게 물었다. "장군님, 장군님을 위해 칵테일 연회를 열려고 하는데 어떤 복장을 원하십니까?"

보트너가 헌병 대령을 바라보며 말했다. "칵테일 연회라니?"

헌병 대령이 말했다. "장군님, 새로 오시는 모든 장군을 위해서 칵테일 연회를 엽니다…."

보트너가 말했다. "무슨 말인지 잘 모르겠네."

보트너가 비용을 걱정한다고 생각한 헌병 대령이 미소를 띠며 말했다. "장군님, 연회를 연다고 장군께서 부담할 것은 하나도 없습니다. 장교회관에서 술을 판매해서 돈을 꽤 많이 법니다. 연회는 초과로 생기는 수익금을 쓰는 방법 중 하나입니다."

보트너가 생각했다. '오! 이런.' 보트너는 이제 갓 일본에서 부임했다. 여러 보고서를 계속해서 읽고 있었고 모든 이들은 미국이 당하고 있는 선전전에 분노하는 중이었다. 그런데 막상 거제도에 있는 사람들은 칵테일 연회 따위나 걱정하고 있었다.

"대령, 칵테일 연회는 없네."

그러는 동안 보트너는 거제도에서 근무하는 사람들이 제각기 다른 군복을 입고 있는 것을 알았다. 수용소 부소장은 소모사梳毛絲로 지은 약식 정장을 입었고, 어떤 사람들은 작업복을 입었으며, 경비부대는 전투복을 입었다. "피츠제럴드, 복장 이야기 좀 하지. 왜 다들 다른 복장을 입고 있는 건가?"

"장군님, 사령부가 병력들이 입는 것처럼 똑같이 입기를 바라는 것은 아니시죠?"

단장의 능선에서 치열하게 싸운 보트너는 말을 잃었다. 그러나 잠시 뒤 보트너가 지시했다. "빌어먹을! 그게 바로 내가 원하는걸세! 더구나 어떤 군인은 권총을 차고 있고, 어떤 군인은 안 차고 있네. 모두 다 무장하도록 해!"

"장군님, 그 지시는 제발 안 내리면 안 되겠습니까? 후회하실 겁니다."

"왜가?"

"여기서 아마 많은 병력이 사고로 거제도를 떠나게 될 겁니다. 누군가는 다치게 되어 있다는 말씀입니다."

보트너가 목소리를 높였다. "빌어먹을! 군인이 무기를 다룰 줄 모르면 도대체 우리가 쓸 수 있는 게 뭔가? 모두 무장하라고 해!"

"장군님, 그래도 다시 한 번 생각해보시는…."

보트너는 단칼에 안 된다고 잘라버렸다.

보트너는 수용소 사령부를 둘러보았다. 미 38연대와 미 9연대 예하의 1개 대대가 길에 있었다. 그러나 전쟁이 벌어지고 있다는 것을 대부분 알지 못하는 헌병, 공병, 병참 병력들이 사방에 있었다. 이들 전투근무지원 병력 중 많은 수는 자기 병과 일에도 야무지지 못했다. 장교 중 다수는 전선 근무에 맞지 않아 거제도로 보내진 것이었고 보충병 중에는 자질이 최악인 인원들이 거제도로 집중 배치되었는데, 막상 거제도에 필요한 인원은 그리 많지 않았다.

보트너는 병사의 자질이란 장교가 무엇을 얼마나 어떻게 하는가에 달려 있다고 굳게 믿었지만, 육군을 사랑했고, 병사들을 사랑했다. 사람은 무의식적으로 신을 모독하는 말을 할 때가 있기 마련이다. 보트너는 생각했다. '하느님 맙소사! 이게 대체 무슨 난장판인가!'

보트너가 지휘했던 미 38연대와 미 9연대 병사들은 개인 의견이기는 하지만, 보트너가 지휘하게 된 거제도 수용소 사령부가 얼마나 문제가 많고, 엉망이며, 고압적인지 보트너에게 말했다. 거제도에 주둔하는 전투근무지원 병력과 이들을 보충하기 위해 파견된 전투대대들의 관계는 마치 남북전쟁 때 북군과 남군 같았다.

콜슨을 보면서 보트너는 제대로 기록을 남겨야 한다는 교훈도 얻었다. 보트너는 편지를 쓰고 전문을 보내기 시작했다. "내 군 생활을 통틀어 이토록 부실한 병사 집단을 본 적이 없다…." 보트너는 본국으로 송환될 최악의 병사 400명을 걸러내는 것을 허락해달라고 요구했다.

미 2군수사령부는 화가 났지만 동의할 수밖에 없었다. 강력한 입장을 담아 전문을 보낸 덕에 보트너는 그 즉시 송환 대상자들을 걸러냈다. 이 일은 훌륭한 병사들의 사기를 북돋았다.

거제도 수용소와 미 2군수사령부가 가진 문제는 자신들이 얼마나 중요해졌고, 세계가 얼마나 주의 깊게 자신들을 바라보며, 여기서 일어나는 일이 한국전쟁의 판도를 완전히 바꿀 수 있다는 것을 누구도 깨닫지 못했다는 것이었다.

그리고 보트너는 자신이 포로수용소장으로 취임하기는 했지만 섬을 지휘하는 것은 아니라는 것을 깨달았다. 철조망 뒤 어딘가에는 골수 공산 포로 장교들 사이에 숨은 누군가가 비밀리에 거제도를 꽉 휘어잡고 주도권을 휘두르며 지휘하고 있었다.

보트너는 수용소가 엉성하다는 것을 알았다. 폭동을 모의하고 노래를 부르는 엄청난 포로들이 얼마 안 되는 면적에 잔뜩 들어찬 채 철조망 하나와 얼마 안 되는 무장 병력에게 둘러싸여 있었다. 무엇을 해야 할지가 눈에 보였다.

보트너는 3단계로 일을 나누었다. 첫째 단계는 지휘권을 세우겠다는 의지를 드러내는 것으로서 누가 주도권을 가진 대장인지를 포로들이 알도록 하고 거제도에는 더 많은 무장 병력을 보강하는 것이고, 둘째 단계는 포로들을 수용할 수 있는 새로운 수용소를 확실하게 건립하는 것이고, 셋째 단계는 이렇게 새로 만들어진 수용소로 포로들을 수용하는 것이었다.

보트너는 언제 대규모로 폭발할지 모르는 화산 위에 앉아 있는 격이었다. 살육의 결과로 나타난다면 유엔군에게는 회복이 불가능한 불명예가 될 것이었다. 공산 포로들은 언쟁을 하고 권리를 주장하도록 사주를 받았다. 그리고 이것은 골수 공산주의자들의 손에 놀아나는 일이었다. 보트너는 좋은 시절이 다 갔다는 것을 포로들이 알도록 만들어야 했다. 이를 위해서 공산 포로들의 기고만장한 콧대를 꺾어놓되 결코 서두르지 않고 서서히 해야 했다. 그렇지 않으면 이 화산은 폭발할 수 있었다.

시간이 별로 없었다. 시간이 얼마나 남아 있는지는 사실 보트너도 제대로 짐작할 수 없었다. 76수용소는 전면적인 학살을 일으키기로 이미 날짜를 잡아둔 상태였다.

보트너는 상부로부터 지지를 받았고 중국말을 할 줄 알았다. 보트너는 이런 두 가지 중요한 자산을 가진 유능한 지휘관이라면 누구라도 했을 법한 조치들을 취했다.

보트너는 클라크에게 더 많은 병력을 빨리 보내달라고 요청했다. 일본에서 미 187공수연대전투단이 거제도로 파견되었고, 미 8군에서는 캐나다 중대, 영국 중대, 터키 중대, 그리고 그리스 병력 약간이 지원되었으며, 수용소를 내려다보는 언덕마다 전차가 모습을 드러냈다. 영연방 병력을 수용소에 파견한 것으로 구설수가 일었다. 밴 플리트는 이들을 거제도에 내려보냈다며 꽤나 센 비난을 받았다. 중공에 적대감을 갖지 않는 캐나다의 여단장은 해임되었다. 밴 플리트는 전선과 마찬가지로 포로들 또한 유엔의 문제라는 것을 깨달았다. 그러나 유엔군에 병력을 파견한 국가들 중 거제도의 엉망인 상황에 개입하고 싶어하는 나라는 거의 없었다.

전투 병력과 함께 공병 건설부대도 더 들어왔다. 자금줄이 풀리면서 보트너는 거제도를 며칠 안으로 안전하게 만드는 데 350만 달러를 쓸 예정이었다. 기존 수용소는 폭발 직전이었다. 감시탑은 철조망으로 만든 경계 지역 안에 있어서 상황이 벌어지면 포로들이 몰려들 수 있었다. 포로들을 수용한 지역을 둘러싼 것은 철조망 차단선 하나뿐이었다. 튼튼한 목재가 아니라 이미 썩어 들어가고 있는 가냘픈 막대에 철조망을 두른 게 전부였다.

수용소에는 모든 게 임시방편이고 불안정했다. 감시탑을 철조망 밖으로 옮겨야 했다. 수용소 철조망을 3중으로 둘러야 했고, 더 많은 기관총을 설치해야 했으며, 더 강력한 담장을 세워야 했다.

새로운 공병 부대가 도착한 다음날, 보트너는 이들을 사열했다. 공병대대는 건물의 빗물통을 칠하고 자체 매점을 세우는 등 자신들이 쓸 주둔지를 꾸미려 했다. 보트너가 자신에게 보고하도록 명령하자, 공병대대장은 오히려 변명을 늘어놓았다.

"장군님, 저는 부하들을 돌봐야 합니다."

보트너가 말했다. "자네는 여기에 훌륭한 숙소를 건설하고, 지역을 순찰하며, 빗물통이나 칠하러 온 게 아니라 여기 포로수용소를 만들러 온 것일세. 이제부터 쉬지 않고 24시간 일한다는 각오로 보유한 모든 장비들을 총동원해서 일을 시작하게. 질문이 있으면 지금 하게. 다음에는 자네를 해임할걸세."

공병대대장은 보트너가 한 말을 이해했다.

보트너는 이런 식으로 공병에게 말하기를 싫어했지만, 이 공병대대는 이해할 수 없었다. 이들은 미 국방부와 극동사령부에서 내려오는 어마어마한 압력을 이해하지 못한 채 여전히 삶을 즐겁게 만들고 해오던 대로 일을 할 태세였기 때문이다.

이제 보트너는 첫 단계인 포로들의 콧대를 납작하게 꺾는 일을 본격적으로 시작할 수 있었다. 둘째 단계도 진행 중이었다.

첫 며칠 동안 보트너는 대규모 소요가 일어날까 늘 걱정했다. 만일 소요가 일어나면 수백 명이 죽을 것이고, 그러면 세계 여론이 크게 요동할 것이 분명했다. 보트너는 공산 포로의 수괴들이 냉정하고 자신있게 소요를 일으키려 한다는 것을 알았다. 포로들은 거제도를 떠나기를 바라지 않았다. 이들은 미국이 대규모로 잔혹행위를 벌인다는 낙인을 찍으려 했다.

걱정이 컸지만 보트너는 거친 말을 섞어가며 목소리를 높여 보병과 공병을 몰아쳤다. 느리기는 했지만 보트너가 느끼는 긴박함이 부하들에게 전달되었다.

그러나 1952년 5월 12일, 보트너 준장이 거제도 포로수용소장직을 맡았을 때에는 그를 잘 아는 텍사스 A&M 대학교 어머니회조차도 그가 성공할 것이라고는 기대하지 않았을 것이다.

제36장
화장지 20개
그리고 머큐로크롬 1리터

●

아는 것이 힘이다.

– 프랜시스 베이컨Francis Bacon **188**, Meditations Sacrae, De Haeresibus

텍사스 A&M 대학교에서 학생군사후보생 수천 명을 보살피고 관리하는 일에서 벗어나 거제도에 수용된 8만여 명의 공산 포로를 책임지게 된 헤이든 보트너 준장은 거제도에서 벌어진 폭동들과 유혈사태에 대해 미국이 전혀 책임이 없지는 않다는 것을 잘 알았다.

미군은 이제껏 거제도에서 무력했는데, 그 배경에는 지금까지 전쟁포로 문제를 많이 다뤄보지 못한 경험 미숙이 깔려 있기 때문이었다. 미국은 남북전쟁 이후로 이처럼 포로들을 대규모로 관리한 적이 없었다. 남북전쟁 때 북군과 남군은 모두 포로를 제대로 다루지 않았다. 제1차 세계대전에서 연합국들은 포로 수용 부담을 나누었다. 제2차 세계대전 당시 미국은 1943년까지는 포로가 없었다. 그리고 이후 포로가 된 적은 이미 패배를 인정하고 문화적인 배경을 공유했다.

일본 포로는 문제가 될 만큼 많지도 않았다.

그러나 미군은 한국에서 다른 문화를 가진 적 수천 명을 포로로 잡았을 뿐만 아니라 전혀 다른 심리적 문제에 봉착했다. 미국 본토에서 "특수

---

188 프랜시스 베이컨(1561~1626): 영국의 철학자이자 정치인.

하게 훈련을 받고" 파견된 경계부대들은 동양 사람이나 공산주의자에 대해서 전혀 알지 못했다.

그리고 미국은 언젠가는 끝날 것이라고 생각되는 제한전쟁을 치르면서 포로에 대한 장기적인 대비가 전혀 없었다. 포로를 다룰 경계부대나 장비도 전혀 준비되지 않았고, 포로들에게 지출되는 비용을 못마땅해했다.

월튼 워커 중장이 후퇴할 때, 그리고 1950년 12월에 한국에서 철수할 것을 전제로 계획을 세울 때, 포로들은 거제도로 보내졌기 때문에 부산에서 유엔군이 철수하는 것을 방해할 수 없었다. 포로들이 거제도에 수용되자, 상급 지휘관들은 모두 포로를 그대로 거제도에 두기를 원했다. 눈에 보이지 않으면 관심도 떨어지기 때문이었다. 그리고 상급 지휘관들은 신경 쓸 일이 많았다. 특히 정전회담이 시작되면서 이런 상황은 더했다.

원산에서 온 피난민 수천 명도 거제도에 버려졌고, 이들 중에는 거제도와 북한을 연결하는 첩자도 있었다. 남일 같은 골수 공산주의자에게 공산 포로는 총이나 정보 못지 않은 잠재적 무기였다.

이런 상황에서 진정 문제가 무엇인지, 수용하는 포로가 어떤 사람들인지를 제대로 이해하지 못한 채 뜨거운 감자를 놓쳐 무릎 위에 떨어뜨렸다며 콜슨 준장 같은 사람들을 비난하는 것은 죄악처럼 보였다.

예전부터 중국통인 보트너는 운이 좋게도 다른 지휘관들의 경험을 공유할 수 있었다. 그리고 그는 도움을 청할 만큼 현명했다.

보트너는 버지니아 군사학교Virginia Military Institute를 졸업한 국민당군 장교로서 버마에서 스틸웰 장군의 부관을 지낸 성시Sung Shih 장군이 일본에 있다는 것을 알았다.

전선에서 3킬로미터 이상 떨어진 후방에 있을 때 보트너는 비행기가 뿌린 미군의 심리전 전단 세례를 받은 적이 있다. 그는 미 8군 심리전 부서로 찾아가서 신랄하게 말했다. "미 2사단은 미 8군에 항복할 생각이 전혀 없네!"

심리전 장교가 물었다. "대체 무슨 말씀이십니까?"

보트너는 중공군의 전선이 어디에 있는지 심리전 장교에게 알려주었다. 더 나아가 보트너는 전단이 전혀 효과적이지 않다고 말했다. 전단은 문학 작품에나 나올 법한 고상한 중국어로 쓰여 있었다. 그러다 보니 당장 휴지 없이 화장실로 달려가야 할 상황이라도 이 전단을 대신 쓸 마음이 들지 않을 듯했다.

고급 문학 표현에 나오는 중국어만 공부한 심리전 장교는 이 말을 듣고 무안해하면서 보트너를 찾아와 도움을 요청했다. 보트너는 일본에 있던 성시의 이름을 알려주었다.

보트너는 자신이 잘 아는 성시를 기억해내고 거제도로 오라고 했다.

성시와 미군은 아무런 공식 관계가 없었다. 이런 그가 거제도에 나타나자 장제스를 혐오하는 유엔 동맹국들은 분노하며 목소리를 높였다. 운이 나쁘게도 보트너보다 기자들이 성시를 먼저 만났다. 기자들은 거제도에 온 성시가 당장 돌아가야 한다는 기사를 실었다. 그러나 기사가 실린 시점은 중공군 포로들을 어떻게 다루어야 하는지 성시가 보트너에게 조언한 뒤였다.

성시가 보트너에게 말했다. 중국인에게는 직설적으로 "아니오"라고 말해서는 안 된다. 중국인에게는 사소하지만 언제나 체면을 살릴 수 있도록 빠져나갈 구멍을 한두 개 주는 게 제일이다. 동시에 누가 권한을 가지고 지시하는지를 분명히 보여주어야 한다. 중국인은 그것 말고는 아무것도 모른다.

보트너에게 많은 도움을 주는 충고였다.

거제도에 와서 두 번째 맞는 아침이었다. 보트너는 중공군 포로 6,500명을 수용하는 수용소가 순식간에 아수라장이 되었다는 보고를 전화로 받았다.

보트너는 부산에서 도쿄로 떠나는 병들고 긴장한 모습의 도드를 만났던 것을 떠올렸다. 도드가 포로수용소를 방문했을 때 무슨 일이 벌어졌는지를 알았던 보트너는 이런 생각을 했다. '나는 말려들지 않겠다.'

이런 기분은 몇 초 만에 사라졌다. 보트너는 자신이 지휘권을 가졌다는 것을 깨달았다. 페이스 육군장관이 뭐라 생각하든 보트너는 책상에 앉아서는 지휘를 할 수 없었다.

보트너는 요란을 떨지 않고 오직 부관만 대동한 채 우회로를 타고 중공군 포로 구역으로 갔다. 살금살금 걷지는 않았지만 그렇다고 시선을 끌려 하지도 않았다. 앞쪽에서 아주 소란스런 소리가 들렸다.

중공군 포로 구역에서 보트너는 믿기지 않는 광경을 목격했다.

중공군 포로 구역 안에는 포로 6,500명이 계급에 따라 군기를 완벽히 갖추고 줄지어 서 있었다. 일치단결해 훈련이라도 하듯 손에는 모두가 파란색과 노란색을 섞어 만든 깃발을 흔들면서 구호를 외치고 노래를 불렀다. 이 모든 행동이 250제곱미터밖에 안 되는 좁은 공간에서 벌어지고 있었던 것이다.

철조망 바깥에는 글자 그대로 미군 수천 명이 있었다. 이들 중 거의 대부분은 비번이었다. 이들은 철조망 안에서 벌어지는 대소란이 마치 불구경 거리 또는 공연이나 되는 것처럼 모여 있었다. 중공군 포로들에게 주먹을 흔들거나 "날려버려! 이 더러운 놈들아!"라고 외치거나 그보다 더하게 소리를 지르며 모욕하는 미군도 있었다.

이 광경을 바라보던 보트너는 주 출입문 앞에 대규모로 사람들이 모인 것을 알았다. 보트너는 부관인 로버트 B. 밀스Robert B. Mills 준위를 보냈다. 밀스 준위는 판단력이 매우 뛰어나고 침착한 사람이었다.

"가서 책임 장교를 찾아서 데려와. 올 때 포로 우두머리하고 통역도 데려오고. 다른 사람은 데려오지 말고. 그리고 폭도들 눈에 띄지 말고."

보트너의 첫 번째 행운은 책임 장교가 미 9연대 3대대장인 로버트 W. 개럿Robert W. Garrett 중령이라는 것이었다. 보트너는 개럿을 좋아했고 높이 평가했다. 우디 개럿Woody Garrett─그의 미들네임 W를 사람들은 수풀이 우거졌다는 뜻의 우디Woody로 불렸는데, 이는 그가 미 육군사관학교를 졸업하는 데 5년이나 걸렸기 때문이다─이 보트너에게 출두했다. 머리가 벗겨지고 콧수염을 기른 개럿은 보트너를 개인적으로 알았고 그의 철학을 이해했다.

두 번째 행운은 중공군 포로 대표였다. 공산군 중령으로 35세쯤 된 중국 북부 출신인 그는 보트너가 완벽하게 이해하고 구사할 수 있는 방언을 썼다. 더군다나 그는 펭조-푸 가까이에 사는 옌안延安 지주의 아들이었다. 펭조-푸는 보트너가 미 15연대에서 근무할 때 사냥을 하던 곳이었다.

포로 대표는 교육을 받았고 골수 공산주의자는 아니었지만 아버지의 목숨을 구하려고 어쩔 수 없이 공산군에 입대했다. 그는 철저한 중국인이었다.

보트너가 먼저 영어로 개럿에게 말을 꺼냈다. "빌어먹을, 여기 누가 지휘하는 거야?"

개럿이 대답했다. "접니다."

보트너가 으르렁댔다. "그러면 지휘관처럼 행동하게! 알아들었나? 이 수용소에서 근무가 없는 병사는 한 명도 빠짐없이 빼내!"

개럿은 명령대로 했다. 개럿과 보트너는 서로를 이해했다. 이것은 며칠 뒤 개럿이 한 행동에서도 드러났다. 개럿은 보트너의 주차공간에 팻말을 하나 만들었다. 재미있게도 앞에는 "보트너 장군"이라고 쓰고, 뒤에는 "보트너 대령"이라고 썼다. 이것은 보트너도 도드나 콜슨처럼 될 때를 대비한 것이었다.

보트너도 이에 뒤질세라 개럿을 위해 한쪽에는 "소령"이라고 쓴 비슷한 팻말을 만들었다. 의심할 필요도 없이 위관 장교들은 이게 무엇을 뜻하는지 알아챘다.

소리 지르고 바라보던 미군들이 서둘러 움직이는 동안, 보트너는 분명히 다 알아듣고 있었지만 중공군 포로 대표가 통역을 통해 말하도록 했다. 중공군 포로 대표는 현재의 폭동이나 왜 시위를 하는지와 전혀 관계없는 판문점, 포로 송환, 제네바 협정에 대해 장광설을 늘어놓기 시작했다.

이것은 중공군 포로들이 여러 달 동안 늘상 해오던 일이었다. 이것이야

말로 진정한 선전이었다. 보트너의 말처럼 일종의 헛소리였다.

중공군 포로 대표가 신임 미군 수용소장에게 꽤 많은 물건을 팔았다는 생각에 만족스럽게 말을 끝내자, 보트너가 중국어로 말했다. "나 슈나를 두 와 나?"

문자 그대로 "이게 무슨 대화인가?"란 뜻이다. 중국인에게 이 말은 "지금 나한테 무슨 말도 안 되는 소리를 하는가"라는 뜻이다.

보트너는 표준 중국어를 완벽하게 구사했고 중국인들은 중국어를 구사하는 외국인을 매우 존경했다. 중국인들은 오직 교육을 잘 받은 중국인만이 중국어를 화려하게 구사할 수 있다고 생각한다.

이런 보트너를 본 중공군 포로 대표는 놀라서 입을 벌린 채 다물 줄을 몰랐다.

보트너가 말을 이어갔다. "당신은 군인이고 나도 군인이다. 나는 중국에 오래 살았다. 내가 말하는 것을 알 것이다. 내 아들은 톈진에서 태어났고 그 아이도 중국인이다." 그러나 보트너는 자기 아내가 서양인이라는 것은 말하지 않았다. "나는 스틸웰 장군과 함께 싸웠다." 스틸웰은 중국인들로부터 높이 평가된다. "나는 중국의 벗이다." 그러면서 보트너는 잘 아는 저명한 중국 장교들의 이름을 읊었다. "자네는 이 봉기가 무엇 때문에 일어났는지 모르고 무슨 일이 있었는지는 나도 모른다. 내가 지금 할 수 있는 일은 조사하라고 지시하는 것이라는 걸 자네도 잘 알 것이다. 내가 그렇게 해서 내막을 알게 되면 당신에게 알려주겠다."

앞에 앉은 젊은 포로 대표를 바라보는 보트너의 표정에는 완전한 신뢰가 담겨 있었다. "하지만 포로들이 떼를 지어 노래 부르고 구호를 외쳐대는 것으로 나를 사로잡았다고는 생각하지 말라. 노래하는 동안에는 아무것도 하지 않을 것이다. 약속한다. 돌아가서 포로들에게 말하라. 새로 온 수용소장은 중국을 잘 알고 문제를 조사해서 알려줄 것이라고. 하지만 나에게 허풍을 계속 떨면 나는 아무것도 안 할 테니 그리 알아라. 해산해서 자기들 방으로 돌아가게 하라."

포로 대표는 멋쩍은 표정으로 경비들의 안내를 받아 돌아갔다.

그러자 수천 명이 지켜보는 가운데 보트너가 말했다. "우디! 한 시간 안에 해산해서 다들 자기 침대로 돌아갈걸세. 아무 걱정도 없는 것처럼 그리고 내가 명령을 내려서 뭔가 이행하는 것처럼 행동하게."

좌고우면하지 않고 보트너는 이렇게 끝냈다. "나는 가네. 그런데 말이야, 포로들이 우리 약점을 유심히 보고 있어. 자네 나한테 경례하라고. 나도 답례할 테니. 포로들이 해산하면 나한테 전화하게."

부하들이 숨죽이고 지켜보는 가운데 보트너는 마치 어마어마한 권세를 지닌 총독처럼 행동하면서 지프로 걸어가서 부관과 함께 차를 타고 사라졌다.

22분 뒤, 개럿은 보트너에게 전화를 걸어 상황이 모두 정리되었다고 보고했다.

조사해본 결과, 중공군 포로 한 명이 죽으면서 봉기가 일어났는데 이 경우에 미군이 책임이 없다고 할 수 없었다.

조사가 이루어지는 동안 중공군 포로들은 공식 사과를 요구했고, 장례식에 포로 전체가 참석하도록 하는 것으로 시작해 길게 적은 요구사항을 제시했다. 중공군은 이런 식으로 오랫동안 자기들이 원하는 것을 얻어냈다. 그러나 성시가 한 말을 기억하는 보트너는 무엇을 해야 할지 알고 있었다.

보트너는 중공군 포로 대표에게 편지를 한 통 썼다. 포로들이 군대식 장례를 치를 수는 있지만 장례식에는 중공군 포로 대표들만 참석할 수 있다고 분명히 선을 그었다. 보트너는 트럭을 한 대 보내 중공군 포로 대표들이 오갈 수 있도록 했고 미군 대위를 수용소장 대리로 장례식에 참석시켰다. 군수장교에게 온 거제도를 다 뒤져 두루마리 화장지 20개와 빨간 머큐로크롬 1리터를 구해 중공군 포로들에게 주도록 했다.

포로들은 장례에 쓸 빨간 꽃과 하얀 꽃을 만들었다. 보트너는 이것을 이해했다. 보트너는 많은 돈을 들여 철조망과 감시탑을 강화하는 동안 비록 중공군 포로들에게 돈을 조금 내주기는 했지만 포로수용소 한 구역을 평화롭게 만들었다는 것을 생각하면 이 정도는 매우 남는 거래라고 생각했다.

보트너가 생각한 1단계가 시작되어 진행되고 있었다. 날마다 그리고 매 순간마다 보트너는 자기의 권위를 드러냈다. 합리적이며 인간적이었지만 보트너는 지휘관이었다.

준비를 마칠 때까지, 즉 밤낮으로 올라가고 있는 새로운 포로수용소가 만들어질 때까지 보트너는 포로들을 자극하지 않으면서 차근차근 일을 밀고 나갔다.

공산주의자들이 떠받드는 인물들의 동상, 사진, 국기, 그리고 김일성과 스탈린의 초상화가 포로수용소 곳곳에 버젓이 걸려 있었다. 보트너는 가장 위험해 보이지 않은 구역을 골라서 이것들을 치우라고 명령을 내렸지만 효과가 없었다.

보트너는 개럿 중령을 불러서 계획을 세웠다. 때마침 개럿의 대대는 구역 하나를 비밀리에 급습하는 예행연습을 했다. 보트너가 선택한 구역에 무장 병력을 투입해 공산주의 상징물들을 박살낼 수 있다는 데는 아무 의심도 없었지만, 중요한 것은 유혈사태 없이 성공해야 한다는 것이었다.

세계는 미국이 언제 또 실패할지만 주의 깊게 지켜보고 있었다.

12시까지 중공 깃발을 내리라는 최후통첩을 포로들이 무시하자, 바로 그 순간 경계병들이 중공군 수용소의 문을 열었다. 전차 2대가 굉음을 내며 열린 문을 통해 들어갔고 대비태세를 높인 보병들이 그 뒤를 따랐다. 중공군 포로들이 미처 손을 쓸 틈도 없이 5분 만에 중공기와 초상화들이 철거되고 아무 사건도 없이 모든 미군이 철조망 바깥으로 무사히 나왔다.

보트너는 같은 방법으로 하나씩 무력화시켰다.

보트너는 포로수용소 도로를 따라 날마다 전차를 돌진시켰고 중무장한 보병들이 뒤를 따라 행진하며 무력시위를 했다. 포로에게 손가락 하나 대지도 않고 아무도 다치게 하지 않은 채 보트너는 매일 포로들을 꺾어나갔다.

1단계를 시행하는 데 열흘이 걸렸다. 시간이 촉박했다.

밴 플리트를 대동한 클라크 대장이 비행기를 타고 거제도로 날아왔다. 보트너가 클라크에게 현황을 보고하는 동안 밴 플리트는 거의 묻거나 말하지 않았다. 보고가 끝나자 클라크가 말했다. "보트너 준장, 내가 말한 대로 하고 있군. 아무도 자네를 건드리지 못한다고 했던 말은 앞으로도 유효하네."

보트너가 수용소장으로 취임하고 며칠 뒤 미 8군 사령관 밴 플리트가 거제도를 방문했었다. 이때 밴 플리트는 "경계를 강화하는 게 좋을걸세." 누가 봐도 판문점과 평양에서 거제도까지 이어지는 공산당 비밀 정보망이 있다는 것이 분명했다.

보트너가 말했다. "사령관님, 그러면 수용소 주변의 민간인 수천 명을 몰아내겠습니다. 경계에 문제가 됩니다."

그러나 밴 플리트가 반대했다. "그럴 수는 없네."

며칠 동안 포로수용소는 행상, 창녀, 공산당 간첩과 같은 소란스런 군중에 둘러싸였다. 수용소 철조망을 사이에 두고 포로들과 군중들이 쪽지를 주고받는 것이 일상이었다.

어느 날, 기자들이 왜 이런 관행을 허락하느냐고 묻자 보트너는 밴 플리트 사령관의 명령을 따르는 것이라고 대답했다. 얼마 지나지 않아 밴 플리트의 명령이 바뀌었다.

법적으로 보트너는 포로수용소 주변의 민간인들을 몰아낼 수 있는 권한이 없었지만 그저 간단한 행동 하나로 충분했다. 보트너는 트럭을 준비하되 폭력을 쓰지 말고 민간인들이 자기 발로 트럭에 타도록 했다. 하루 반 만에 모든 민간인이 트럭을 타고 떠났고 다시는 돌아올 수 없었다. 포로수용소 주변의 민간인 때문에 문제가 생기는 일은 더 이상 없었다.

이 시기에 밴 플리트는 보트너에게 트집 잡는 일을 신중하게 자제했다. 이론적으로야 보트너 준장과 유엔군사령관 클라크 대장 사이에는 지휘체계상 여러 명이 있었지만, 무엇을 생각했든 이들 모두는 쓸데없이 나서지 말아야 한다는 것을 충분히 알고 있었다.

새로운 수용소를 짓는 2단계는 거의 30일이 걸렸다. 부지런히 새 수용소를 짓는 동안 보트너는 언제라도 문제가 터질 수 있다고 생각했다. 1952년 6월 10일이 되어서야 3단계를 시작할 준비가 되었다. 3단계는 현재 포로수용소에 있는 포로들을 분산해 새로운 수용소로 옮기는 것이었다.

이러는 동안 보트너는 세 가지 일을 마무리했다. 몇몇 구역들에 존재하던 강력한 공산당 통제 조직을 무너뜨렸고, 탈출 가능성이 거의 없는 보다 확실한 구역으로 포로들을 옮겼으며, 마지막으로 거대하고 다루기도 쉽지 않았던 기존 구역들을 보다 관리가 쉽도록 축소시켜놓았다.

반드시 그럴 테지만, 보트너는 공산 포로 지도부가 죽음을 각오하고 저항하리라는 것도 알고 있었다.

보트너는 이 세 가지 일을 마치 군사작전처럼 계획하고 조직했다. 4주 전에 3단계는 불가능했었다. 그러나 보트너는 한 달을 잘 이용했다. 날마다 공산 포로들의 기를 꺾어놨을 뿐만 아니라 자신이 지휘하는 미군 조직을 명령만 내리면 즉각적이고 효율적으로 반응하도록 군기를 바로잡고 준비시켰다.

3단계를 시작하면서 보트너는 골수 공산주의자들부터 무너뜨리기로 결심했다. 76수용소는 공산 포로들 중 가장 핵심 인물들을 수용했다. 도드 소장 납치가 벌어진 것도 여기였다. 76수용소는 미군 간호장교들이 근무하는 미군 병원과 가장 가깝기도 했다. 76수용소에 있는 공산 포로들은 가장 비열하고 사악하면서 동시에 가장 강력하게 다른 포로들을 통제했다.

보트너가 첫 작전으로 76 수용소를 지목한 것은 다른 수용소의 저항을 줄이는 데 유리할 것으로 생각했기 때문이었다.

76수용소를 따라 난 도로에 미 187공수연대와 미 38보병연대 예하의

2개 대대를 눈에 띄는 곳에 배치했다. 역시 잘 보이는 곳에서 보병과 공수부대원들은 포로수용소를 겨냥해 기관총과 박격포를 배치했다.

그런 뒤 보트너는 76수용소 옆 빈 수용소에서 공수부대원들이 착검하고 화염방사기와 함께 진입하는 훈련을 시켰다. 공산 포로들은 이 광경을 다 보았다. 진입 시연은 시계처럼 착착 맞아 들어갔다. 초 단위로 계획이 만들어졌고 모든 장교는 자기가 무슨 역할을 해야 하는지 상급자에게 직접 보고했다.

시연은 볼 만한 것이면서 동시에 두렵기도 했다.

이렇게 한 뒤 보트너는 76수용소에 있는 공산 포로 선임자를 불러왔다. 보트너는 76수용소의 포로들이 훨씬 나은 곳으로 옮겨질 것이라고 말했다. 그는 공산 포로 선임자와 함께 새 수용소를 점검하며 포로들 사이에서 근거 없는 공황이 일어나지 않도록 언제 그리고 어디로 옮겨질지도 말해주었다.

그러나 공산 포로들을 통제하는 지도부가 이런 사실을 포로들에게 말해줄 것이라고 믿을 수는 없었다. 수용소 주변에 확성기를 설치해서 영어, 한국어, 그리고 중국어로 같은 내용을 방송했다. 포로들이 다른 곳으로 옮겨질 것이며, 필요하다면 수용소는 무력을 쓸 것이고, 만일 저항한다면 포로들이 결과에 책임을 져야 한다는 내용이 직설적으로 전달되었다. 76수용소 이외의 수용소에는 이동 시 문제가 발생하더라도 놀라지 말라는 방송도 있었다.

1952년 6월 9일, 이런 내용이 확성기를 통해 수용소에 퍼지고 있을 때 수용소에 근무하는 장교들은 76수용소에 있는 인민군 포로들이 이동할 준비를 하는 대신 아무도 보트너의 지시를 따르지 않는다는 것을 보여주는 피켓이 걸려 있다고 보고했다.

다음날인 6월 10일 아침 일찍이 보트너 준장과 미 187공수연대전투단의 트랩넬Trapnell 준장은 76수용소 밖의 낮은 언덕에서 지켜보았다.

미군 병력은 이미 명령을 받은 상태였다. 미군은 무슨 일을 어떻게 해야 할지 분 단위까지 계획을 세웠고 예행연습까지 마쳤다. 수용소 안에 가상의 통제선이 그어졌고 미군은 주어진 시간에 이들 통제선을 통과할 예정이었다. 이 작전에는 공수부대원이 대규모로 투입되었다. 공수부대 원들은 76수용소 안의 정해진 지점에서 작전을 시작해서 마치 비로 쓸 듯 포로들을 바깥으로 밀어낼 예정이었다. 공수부대원들은 착검한 소총 을 들었지만 탄창에는 총알을 장전하지 않았다. 이들은 장교의 분명한 명 령이 있을 때에만 사격을 할 수 있었다.

76수용소가 무장한 병력으로 완전히 포위되자, 진입할 공수부대원들이 집결했다. 6시 15분, 공수부대원들은 철조망을 끊고서 안으로 들어갔다.

공산 포로들은 구역 안에 미리 계획해둔 방어선까지 물러서더니 작업 장에서 만들어둔 긴 창과 날카로운 칼을 갑자기 휘두르기 시작했다.

공수부대는 공산 포로와 접촉하지도 않고 아무런 충돌도 없이 76수용 소의 8분의 1을 차지하는 A통제선에 다다랐다. 공수부대는 천천히 신중 하게 저항할 수 없게 움직였으며 그들 앞의 많은 포로들을 밀어내며 한 쪽에 만들어둔 정해진 지점까지 몰아갔다. 76수용소의 절반을 차지하는 B통제선에서 공수부대원들은 충격용 수류탄을 던지기 시작했다.

상당수의 포로들이 흩어져 단호한 미군을 피해 무장병력이 포위하고 있는 들판으로 도주했다. 이들은 새로 지어진 수용소로 쫓겨 들어갔다.

그러나 76수용소 안에 한쪽에 참호를 여럿 파 연결한 선 뒤를 거점으 로 삼아 저항하는 공산 포로 150명은 항복을 거부했다. 이들은 고함을 지르고 반항하면서 창과 칼을 위협적으로 휘둘렀다.

공수부대는 느리지만 단호하게 앞으로 나아가며 이들을 뒤로 몰았다. 그 뒤에 벌어진 것은 대혼란이었다. 포로들이 움막에 불을 놓아 생긴 연 기가 시야를 가렸고 사람들의 숨을 막았다. 한국 기자들 여러 명이 겁에 질려 도망가려 했다.

이들은 동족이 등 뒤에서 쑤신 창에 찔려 살해되었다.

그러자 공수부대원들이 저항하는 공산 포로들과 마주했다. 거칠게 치고받으며 공산 포로들의 저항 거점이 무너졌다. 공산 포로 43명이 사망하고 135명이 부상을 입었는데, 이 중 절반은 인민군 장교들에 의한 것이었다. 이런 혼란을 거치고서 76수용소에 있던 골수 공산 포로 6,500명은 500명 단위로 나뉘어 새로 만들어진 수용소로 옮겨져 수용되었다.

공산 포로들의 저항이 끝난 뒤 보트너는 여전히 불타고 있는 76수용소로 걸어 들어갔다. 이곳은 몇 주 동안 미군이 들어올 수 없었다. 원형으로 배치된 움막 몇 채에서 얼마 멀지 않은 곳에서 보트너는 전장을 속속들이 아는 군인이라면 익숙한 냄새를 느꼈다. 바로 죽음의 냄새였다.

움막 안에서 죽은 지 닷새쯤 되는 시신 한 구가 나왔다. 시신은 발목에 줄이 묶여져 거꾸로 매달려 있었다. 이것은 공산주의자들이 어떻게든 76수용소를 지배하고야 말겠다는 의지를 드러내고 겁을 줄 목적으로 한 짓이었다.

공수부대원들은 배수로에서 잔뜩 웅크리고 있던 리학구 총좌를 발견했다. 공수부대원들은 그를 거칠게 끌어내고 등을 떠밀어 걷게 했다. 죽을 수도 있다고 생각한 리학구는 그 뒤로 별로 문제를 일으키지 않았다.

76수용소가 이처럼 무참히 깨지는 것을 직접 보거나 밀정을 통해 소식을 들은 다른 공산 포로들은 자기 차례가 오자 얌전하게 새 수용소로 옮겨갔다.

76수용소를 수색하던 중 계획서 두 건이 발견되었다. 한 건은 인민군 포로들이 76수용소를 방어할 때 쓴 방어계획이고, 다른 한 건은 1952년 6월 20일을 목표로 수용소에 있는 극렬 인민군 포로들이 대규모로 탈주하려던 계획이었다.

탈주 계획에 따르면 인민군 포로들은 철조망을 끊고 수용소 주변 고지로 탈주하는 도중에 모든 것을 잔인하게 살상할 예정이었다.

그러나 이 계획은 8일 늦었다. 1952년 6월 12일, 포로수용소 내 여러 구역들이 와해되면서 황소라는 별명으로 불린 보트너 준장은 마침내 거제도를 완전히 장악했다.

제37장
여름, 겨울, 봄, 그리고 가을
●

인간의 운명은 물질적인 계산으로 결정되지 않는다. 세상에서 큰 명분이 움직이고 있을 때… 인간은 동물이 아닌 영적인 존재라는 것과 우주와 시간 안에서 그리고 우주와 시간을 초월해 무엇인가가 움직인다는 것을 깨닫는다. 그 무엇인가는 우리가 좋아하든 아니든 의무를 뜻한다.

　－ 1941년 6월 16일 로체스터 대학에서 명예 법학박사 학위를 받는 윈스턴 처칠이 한 연설 중에서

탁한 갈색 논에서 벼가 익기 시작하고 12월에는 얼음이 얼던 한국의 계곡들이 말라리아 모기로 가득한 웅덩이로 바뀌는 1952년 여름까지 휴전을 가로막은 유일한 장애물은 포로 문제였다. 휴전선은 이미 그어졌다. 이 때문에 양측 누구도 상대방이 차지한 땅을 크게 바꾸려는 계획을 포기한 상태였다.

　그러나 북한과 중공은 자국 출신 포로 13만 2,000명 중 많아야 8만 3,000명만이 자발적으로 본국에 돌아오려 한다는 사실을 부인할 수 없었다. 이 수치는 공산군 포로들이 강력한 통제를 받는 상황에서 나온 것이었다. 이는 인민군과 중공군의 체면을 구기는 일이기 때문에 받아들일 수 없었다.

　판문점에서 유엔군 수석대표인 해리슨 소장은 모든 상상할 수 있는 사악한 전술과 마주하고 있었다. 여기에는 가장 악명이 높은 거짓말과 개인에 대한 적대적인 유린이 포함되어 있었다. 유엔군사령부는 공산주의자들이 포로가 단지 1만 2,000명에 불과하다고 해서 깜짝 놀랐다. 이 수치는 미군 수천 명과 남한 사람 25만 명은 뺀 것으로서 후자는 대부분 공산

군이 남한을 점령했을 때 실종되었으며 어떻게 그렇게 되었는지 설명이 되지 않았다. 게다가 자국민을 고문하고 살해하면서도 공산주의자들은 유엔군이 비밀리에 공산군 포로 4만 명을 더 숨기고 있다고 주장했다.

저지른 만행이 무엇이든 또는 저지르려 했던 것이 무엇이든 공산주의자들은 이를 상대방을 먼저 비난하는 데 유용한 전술로 생각했다.

유엔군 포로 수천 명이 공산군 포로수용소에서 죽거나 사라졌기 때문에 공산주의자들이 유엔군도 똑같은 짓을 한다고 비난하는 것은 불가피했다. 그러나 거제도에서 계획했던 대탈출이 실패로 돌아가면서 진실이 무엇인지는 분명해졌다. 만일 대탈출이 성공했으면 진정한 사실은 영원히 혼란스럽게 남거나 숨겨졌을 것이다.

보트너 준장이 거제도의 분위기를 일신하자 그동안 거제도에 들어갈 수 없었던 국제적십자사가 7월 2일 거제도로 돌아왔다. 국제적십자사가 보트너가 시행한 '대청소'에서 죽거나 다친 몇몇 포로들을 거론하며 신랄한 비난을 담은 보고서를 클라크 대장에게 제출하자, 클라크 대장도 비슷하게 쏘아붙였다. 그동안 국제적십자 같은 중립적인 감시자들은 유엔의 말을 계속해서 확인했다.

공산주의자들은 다른 수를 들고 나왔다. 예를 들면, 유엔군이 세균전을 벌였다고 비난하는 것 같은 선전전이었다. 북한 전역에서 티푸스가 창궐한 것은 사실이다. 그러나 이는 전쟁으로 황폐화되고, 미 공군이 끊임없이 북한을 폭격해 기반 시설을 파괴한 데다가, 특히 위생의료시설이 부족한 북한으로 위생적이지 않은 중공군이 대량으로 넘어왔기 때문이지 미국이 의도적이고 사악하게 박테리아를 살포했기 때문이 아니다.

공산주의자들은 북한 상공에서 격추되어 포로가 된 미군 조종사들의 진술을 근거로 자신들의 억지를 뒷받침했다. 육체적·정신적으로 엄청난 압박을 받은 상당수 미군 조종사들은 미국이 세균전을 전개한다고 거짓 자백을 하거나 마지못해 수긍했다.

서구에서야 자연히 웃음거리가 되었지만 사진이 들어간 문서는 동구에서 큰 반향을 불러일으켰다.

무엇보다도 모든 아시아 국가들은 누가 최초로 핵폭탄을 누구에게 투하했는지 잘 알았다.

20세기 중반 가장 역설적이며 비극적인 경향은 서구 사람들은 자신들의 인종적 관습과 의식에서 점차 벗어난 반면 서구를 제외한 나머지 지역에서는 악의에 찬 인종적 인식을 받아들이고 있었다는 것이다. 이야기는 안 했지만 이것은 모든 국제 정책에 영향을 끼치게 된다.

피부와 안구에서 출혈이 생기는 출혈열은 특별히 더 무시무시한 데다가 치명적인 병이다. 서부 전선에서 유엔군에게 출혈열이 발병하자 병원선에 연구실이 차려졌다. 그러자 이 배는 세균전 공장이라는 낙인이 찍혔다. 버지니아 주 유력 가문 출신으로 말이 별로 없고 점잖은 해리슨 소장은 한 번은 화가 잔뜩 나서 이렇게 말했다. "공산주의자를 다루는 것은 잡범을 다루는 것과 같다."

그러나 해리슨 소장의 이런 생각은 잘못된 것이었다. 이는 공산주의를 다룰 때 서구가 지닌 위험한 약점을 보여준 사례였다. 히틀러나 유대인 학살을 지휘한 아돌프 아이히만^{Adolf Eichmann}이 태어난 사회의 윤리규범으로 재단할 때 이들은 범죄자였다. 그러나 공산주의 사회는 서구와 공유하는 윤리규범이 없다. 서구에 공통적인 문화적 기준으로 공산주의를 평가하는 것이 불가능하다.

이런 결정적인 차이점 때문에 해리슨은 판문점에서 절망을 느낄 만큼 어렵게 일해야 했다.

공산주의자들은 휴전의 조건을 내걸면서 송환을 내켜하지 않는 포로에게는 총부리를 들이대서라도 본국으로 돌려보내라고 요구했다. 미국과 유엔 참전국들에게는 지극히 당연한 이야기였겠지만, 이들은 양심상 공산주의자들의 요구를 들어줄 수 없었다.

거제도 포로수용소에 있는 얼마 안 되는 더러운 포로들 때문에 전쟁이 계속된다며 미국에서 불평이 터졌다. 유럽에서는 더했다. 포로들 자신도 정확히 무엇을 원하는지 모르는 것이 분명했다. 그러나 미국 정부는 흔들리지 않았다.

국무부가 보고한 바에 따르면, 윤리적인 쟁점과는 상관없이 포로를 강제로 송환하는 것은 선전전에서 엄청나게 패배하는 것이며 이는 항복이나 마찬가지고, 미국이 스스로의 신념을 무너뜨린다는 것은 아시아에서만 패배하는 것이 아니었기 때문에 중요한 사안이었다.

송환을 바라는 포로들만 돌려보낸다고 제안하면서 유엔군사령부는 다음 발언을 되풀이했다.

> "(공산측은) 4월 28일에 유엔군사령부가 제시한 최종 입장을 이미 여러 차례 들어서 알고 있다. … 유엔군사령부의 입장은 변함이 없다. 유엔군사령부는 더 이상 양보하지 않는다. 그러나 유엔군사령부는 언제나 제안의 원칙을 설명할 준비가 되어 있다."

답은 '아니오'였지만 문은 항상 열려 있었다.

유엔군사령부는 송환을 거부하는 포로는 정치적 난민으로서 피난처를 제공해야 하며 국적에 따라 대한민국이나 대만으로 보내야 한다고 미국 정부에 권고했다. 국제법 권위자인 에드윈 D. 디킨슨Edwin D. Dickinson [189]은 《뉴욕 타임스》에 "양측이 서명한 조약이 없기 때문에 국가가 망명을 허락할 수 있는 권한은 무제한적이다"라고 기고했다.

국가는 정치적 난민에게 피난처를 무제한 허용할 수 있지만 이것이 의무는 아니다. 미국 정부는 유엔군사령부의 제안을 거부했다.

유엔군과 공산군 모두 고집스러웠지만 여전히 대화할 생각은 있었다. 포로 문제를 주제로 7월과 8월 내내 지루하게 협상이 이어졌다.

유엔군사령부가 추가 제안을 내놓았다. 중립국이 포로를 다시 심사하

---

[189] 에드윈 디킨슨(1887~1961): 미국의 법학자로서 국제법 전문가.

고 공산주의자들이 공개적으로 심사한다는 것이었다. 이 두 제안에 대해 중공과 북한은 비열하고 요란하게 반응했다.

낙담이 커져가면서 유엔군 협상단은 종종 협상을 중단했다. 모두 합쳐 세 가지 대안을 제시했지만, 이 중 어느 것도 송환을 거부하는 포로를 강제로 송환한다는 내용을 담지 않았다.

초가을까지 공산군 측에서는 포로 전원 송환이 빠진 제안에 절대 응하지 않을 것이라는 게 분명해졌다. 또한 미국이 대통령 선거를 앞두고 치열하게 갑론을박이 벌어지는 점을 이용해 공산군은 시간을 벌고 선전전을 지속한다는 것도 분명해졌다.

1952년 10월 8일, 중장으로 진급한 해리슨은 다음의 성명을 발표했다. "유엔군사령부는 더 이상 제안을 하지 않을 것이며 기존 제안은 여전히 유효하다. 앞으로 유엔군 협상단은 거짓 선전과 욕설을 듣기 위해 판문점에 오는 일이 없을 것이다. 따라서 유엔군사령부는 휴회를 요구한다. … 명예로운 휴전으로 이어질 수 있는 우리의 제안들 중 한 가지라도 기꺼이 받아들이려 한다면 우리는 언제라도 만날 것이다. … 더 이상 할 말은 없다."

클라크 대장 휘하의 유엔군사령부는 거짓말, 비방, 그리고 격렬한 선전을 신물이 나게 들었다.

판문점에서 회담이 중단되었다. 연락장교 회의를 제외하고는 다음해까지 회담이 다시 열리지 않았다.

* * *

차기 미국 대통령 선거일이 다가오면서 민주당과 공화당 사이는 물론 같은 정당 안에서도 기본적인 의견 불일치가 있었다. 문제의 발단은 한국이었다.

한국에서 벌어지는 전쟁에서 미국의 승리도, 휴전협정의 성사도, 한국에서의 철수도 어려울 것 같아 보인다는 것이 문제였다. 미국인들은 이런 상황을 한 번도 본 적이 없었다. 1년 이상 지속된 휴전회담에서 미국 정부가 상황을 제대로 처리하지 못했다는 것도 그 이유 중 하나였다.

미국은 공중 폭격을 제외하고는 적을 새롭게 압박하기 위해 필요한 희생을 감수할 생각이 없었다. 그리고 어떻게든 휴전을 원했기 때문에 어떤 방법으로도 상황을 뒤엎기를 꺼려했다. 따라서 반공포로를 석방하자는 제안은 중공과 북한을 자극할 수 있다는 우려 때문에 받아들여지지 않았다. 그리고 유엔의 제약은 미국의 작전을 강하게 구속했다. 유엔이라는 틀 안에서 일을 하려면 미국은 유엔이 원하는 바를 지켜야 했지만 유엔은 오직 휴전만을 원했다.

1952년 가을이 되자 미국인들은 한 가지에는 동의할 수 있었다. 1950년 7월, 애치슨 국무장관은 트루먼 대통령에게 "대통령의 결정이 언제나 인기 있는 것은 아닙니다"라고 말했는데, 이 말은 지난 10년에 대한 절제된 표현이었다.

그러나 한국에 개입하기로 결정해서 좌절과 분노와 불안이 생긴 것은 아니었다. 그렇게 된 것은 바로 교착상태가 계속 이어졌기 때문이었다. 점점 더 많은 미국인들이 "전쟁에서 이기든지 아니면 한국을 떠나든지"라고 말하기 시작했다.

정치적 승리도, 전략적 후퇴도 불가능한 미국 정부의 고민은 쉽게 이해될 수 있었다. 미국 정부는 공산주의자들은 이익이 있거나 견딜 수 없는 압박을 받아야만 협상한다는 사실을 실패를 거치면서 분명히 이해했다. 미국 정부는 공산주의자들이 놓은 덫에 빠지고 말았다. 대부분의 서구 정치인들은 자신들과 공산주의 진영 사이에는 과거는 물론 앞으로도 이익을 나눌 영속적인 공통점이 존재하지 않는다는 점을 제대로 이해하지 못했다. 정치인들은 이런 식의 이해를 종종 배격했다. 이를 받아들인다는 것은 세상은 압력이 그치지 않고 어느 누구도 보지 못한 경쟁이 지배하는 장기판이 된다는 것을 의미했기 때문이었다.

이상하게도 미국에서는 화평론자와 주전론자 모두 정부에 불만이 많았다. 국방예산에 한 번도 찬성표를 던지지 않은 의원들이 목 놓아 승리를 외쳤다. 반면, 반공주의자들은 미국이 포로를 버리고 '난공불락의 미국 요새'로 돌아와야 한다는 뜻을 넌지시 비쳤다.

대통령 선거 전에 휴전을 얻어내려면 포로 문제에 대한 공산주의자들의 요구를 받아들여야 한다는 기류가 정부 안에 상당했다. 이런 기류는 국내 내각, 즉 '정치적' 영역에서 집중적으로 나타났다. 국무부와 국방부는 정치적으로 견딜 수 없더라도 미국이 현 정책을 단호하게 유지해야 한다는 입장이었다.

반대 진영도 분열되기는 마찬가지였다. 일부는 어떻게 해서든 휴전을 원했고, 다른 측은 어떤 비용을 치르더라도 완전한 승리를 얻어야 한다고 했다. 또 다른 측은 해결할 수 없는 문제도 적고 위험도 적은 세계로 도피하자는 고립주의적인 주장을 내놓았다. 미국에서는 반대파가 주기적으로 등장하는데 이들은 분명 장점이 있다. 반대파는 상세한 해결책은 내놓지 않은 채 과거와 현재의 실수를 꼬투리 잡아 비난한다.

1952년 대통령 선거에서 연설과 쟁점은 대부분 한국과 상관이 없었다. 찬성 측이든 반대 측이든 연설과 쟁점의 대부분은 지금 당장 벌어지는 문제와는 아무런 연관이 없었다.

인간은 한 세대가 지나 퇴물이 된 뒤에도 예전 정치 구호와 주장을 반복한다. 후버Herbert Hoover 대통령에 반대하는 민주당원들이 있었고, 비록 1929년은 이미 한 세대 전이고 뉴딜New Deal 정책은 1939년에 시끄럽게 진행되어 실용적으로 끝났지만 여전히 프랭클린 루스벨트에 반대하는 공화당원들이 있었다.

정치사가政治史家들은 한국전쟁과 국내외적으로 공산주의에 대한 두려움 같은 압박감 덕에 공화당이 대통령 선거에서 승리했다고 보는 데 별 이견이 없다.

당시 미국에는 인플레이션 속에 성장이 지속되었다. 총, 자동차, 마가린이 천지에 널렸고, 수백만 명이 만족했으며, 극동에는 아무도 관심이 없었다.

그러나 미국인 수백만 명은 무자비하고 위험한 전선을 지키는 군인들 때문에 어떻게든 영향을 받아 마음이 불편했다.

국내 정책과는 대조적으로 미국의 외교정책에서 민주당 정부는 여전히 효과적으로 소통하지 못했다. 그토록 많은 미국인들이 외교정책을 인정하지 않은 게 문제가 아니었다. 문제는 꼭 했어야 했던 것과 실제로 했던 것을 미국인들이 이해하지 못했다는 것이었다. 행정부에는 외교정책을 선전하는 것을 언제나 꺼리는 분위기가 있었다. 미국 정부는 민감한 문제를 국민 앞에 드러내기보다는 할 수만 있다면 비밀리에 행동하는 것을 선호했다.

그러나 20세기 중반에 이러한 방법은 불가능했다. 메테르니히^{Metternich} 와 탈레랑이 모신 상관들 중에서 선거에 나가야 했던 사람들은 없었다. 그러나 트루먼 대통령의 후임 애들레이 스티븐슨^{Adlai E. Stevenson}은 선거에 나가야 했다.

대통령 선거가 치러지는 1952년 11월 첫째 주를 앞두고 이미 많이 늦기는 했지만, 만일 조금은 뻔뻔하게 연설을 하고, 정부의 비밀 전문을 해제하고, 본인이야 감정적인 표현을 혐오했겠지만 애치슨 국무장관이 공산주의는 반反그리스도라고 공개적으로 큰 소리로 연설하고, 30~40대에 공산주의자를 인간적이라고 착각했던 추종자 몇몇과 그렇게 오도된 관리들을 늑대들에게 던져주었다면 봉쇄정책의 설계자들을 구할 수 있었을 것이다.

그러나 아마도 때는 변화의 시기였다. 그리고 무엇도 이들을 구할 수 없었을 것이다. 실제로 그랬다. 이들은 자국의 선거를 빼고는 모든 자유세계의 선거에서 승리했다.

* * *

공화당의 공격은 여러 곳으로 나뉘었다. 그러나 사람들은 전쟁에 대해 미국이 가진 전통적인 시각을 대대적으로 주장하면서 공격의 선두에 섰다. 가능하면 얽히지 않되 만약 개입했다면 적에게 뜨거운 맛을 보여주라는 것이 미국의 전통적인 전쟁관이다.

애치슨이 말할 때는 금속성의 목소리에 상황에 어울리지 않던 도덕적인 주제가 덜레스의 입에서 나올 때는 냉정하고 정의롭게 들렸다. 미국인들은 영국을 상대로 독립전쟁을 시작했던 1776년 이후로 언제나 도덕적인 사안을 위해 싸웠지 세력 균형이나 세계 질서를 회복하려고 싸운 것이 아니었다. 그리고 이런 승리가 세계를 파멸로 몰아가더라도 미국은 균형을 위해서가 아니라 승리를 위해서 적을 강하게 몰아쳤다.

전쟁을 끝내거나 전쟁의 근원적 악을 제거하겠다고 주장하거나 암시하던 공화당 지도자들은 봉쇄정책을 추진했던 민주당원들보다 국민의 마음을 훨씬 더 가까이 파고들었다.

공화당 지도자들은 철의 장막을 원래대로 되돌리라고 요구했지만 봉쇄정책의 설계자들은 전면전 없이는 철의 장막을 거둘 수 없다는 것을 알았다. 그러나 이 요구는 미국에 거부권을 휘두르는 소련을 바라보며 좌절하고 불안해할 수밖에 없었던 미국인 수백만 명의 감정을 만족시켰다.

공화당의 견해와 행동 요구는 1952년 민주당 지도자들보다 민주당 출신 거물 지도자였던 윌슨이나 루스벨트에 훨씬 더 가까웠다. 1952년에 새로운 민주당 지도자들은 공화당 지도자들에 비해 외부 세계가 변화했다는 것을 받아들이려는 경향이 훨씬 강했다.

아마도 1952년에는 야당인 공화당이 선거에서 승리하는 것이 필요했을 것이다.

미국 국내 문제가 어떻든 오직 새로운 공화당 정부만이 진보적인 중산층의 관심을 그들이 가장 불신하는 세계 주요 현안들로 돌려놓을 수 있었을 것이다. 평생 동안, 심지어 대학을 다니면서도 극좌에 한 번도 끌리지 않았던 사람들로 이루어진 내각만이 비록 공산주의를 반대하지만 미국인들에게 공산주의와 공존해야 한다는 것을 이해시킬 수 있었다.

이 공화당 정부는 '대량보복' 같은 해결책을 만지작거리며 '비용대비 효율성'이라는 값싼 해법을 구하면서 손해를 끼쳤다. 더욱이 공화당 정부는 전문화된 군대를 계속해서 혐오하고 없애버리려 했다. 그들은 기업 중심의 자유사회에게 소중한 낡은 사상들이 더 이상 작동하지 않는다는 것을 고통스럽게 깨달았다.

공화당 정부는 1~2년 후에 봉쇄정책을 채택하고 트루먼 정부의 모든 대외 정책을 사실상 변함없이 이어가게 된다.

훗날 민주당 출신의 새 대통령도 알게 되듯이, 미국인들은 새로운 모습과 해결책을 요구했지만, 새로운 모습이란 아무 감정도 없는 공산주의의 진면목과 소련의 힘을 드러낼 뿐이었고 새로운 해결책이란 매력적으로 보이지만 여전히 너무 위험하다는 것을 알게 되었다.

그리고 이 시기 미국인들의 비극이 그 안에서 계속되었다. 자연히 공산주의 봉쇄정책은 결코 해결책이 될 수 없었다. 봉쇄정책은 가능한 한 오랫동안 위험한 선을 유지하려고 쓰는 임시방편이자 일시적인 계략일 뿐이었다.

그러나 미국의 운명은 희망적이게도 실용주의나 임시방편에 있지 않았다. 실용적인 인간은 오늘이나 내일을 걱정하지 내일 이후는 결코 걱정하지 않는다. 실용주의자들은 구하려 노력하지도 않고 무엇인가를 창조하는 일도 거의 없다.

실용주의자들은 결코 새로운 삶의 방식을 만들어내지 않는다. 새로운 종교를 발견하지도 않고, 새로운 종교를 위해서 순교자가 되지도 않는다. 이들은 균형, 타협, 조정을 믿는다. 실용주의자들은 열정을 불신하고 효과가 있는 것을 믿는다.

실용주의자들은 좋은 정치가, 최고의 은행가, 그리고 뛰어난 외교관을 만든다.

이들은 땅 위에서든 영적으로든 결코 제국을 세우지 않는다.

이들은 현명하고 적절하게 제국의 해체를 이끌어낸다.

실용주의자들은 1620년 플리머스 록Plymouth Rock[190]에 상륙하지도 않았고 1776년 필라델피아에서 "그들의 생명, 재산 및 성스러운 명예를 걸기로 다짐" 하는 독립선언문에 선서하지도 않았다.

1940년대에 만들어져서 1950년대와 1960년대까지 시행된 봉쇄정책은 실용적인 정책이었다. 모든 것에 때가 있는 것처럼 방어에도 때가 있기 때문에 봉쇄정책이 필요했다. 그러나 봉쇄정책은 무익했다. 그 자체로 시간만 벌 뿐이었다. 시간은 몇 가지 문제를 해결하지만 많은 문제를 해결하지는 못한다.

20세기 중반에 희망적으로 민주당과 공화당이 선거운동 중에 낡아빠진 주장들을 두고 서로를 공격할 때, 그리고 군인들이 한국에서 문명의 전투선을 따라 높고 외로운 고지들을 지킬 때 새로운 정책이 나와야 했다.

지금이 바로 — 너무 멋진 비전이었고 그 결함만 아니었다면 성취 가능했을 — 윌슨의 세계 민주주의처럼 훌륭한 개념이 나와야 할 때이며, 영혼의 공허함 없이 봉쇄정책의 실용적 개념을 가진 성전을 벌여야 할 때인 것 같았다. 20세기 중반에 미국인이 가질 수 없었던 것은 전쟁 이전 상태로 돌아가는 것이기 때문이었다. 미국인은 멀리 떨어진 변경을 돈, 총, 병력 또는 무역으로 유지할 수 있었다. 미국인은 날마다 그리고 해마다 애치슨에서 덜레스로, 그리고 허터Christian Archibald Herter[191]에서 러스크Dean Rusk로 나빠지는 세상을 시대가 요구하는 대로 완화시키려고 노력할 수도 있었다.

그러나 새로운 정책도 없고 오직 봉쇄만 추구한다면 외부의 적은 언제나 주도권을 쥐게 마련이다.

1952년 11월, 아이젠하워가 대통령으로 당선되었다. 새로운 것은 없

---

190 플리머스 록: 영국 청교도들이 메이플라워(Mayflower) 호를 타고 오늘날 미국이 되는 땅에 내린 곳으로 알려져 있다.

191 크리스천 아치볼드 허터(189~1966): 미국 국무장관(1959~1961).

었지만, 이 변화는 역사에 영향을 미쳤다. 하나는 좋은 쪽으로, 다른 하나는 나쁜 쪽으로 영향을 미쳤다. 이 변화는 미국 사람들의 마음속에 머나먼 전선을 유지하러 군대를 파견하는 것은 정치적으로 위험하다는 믿음을 더욱 굳게 심어줬다. 앞으로 미국에 들어설 모든 정부는 이런 명령을 내리기를 꺼려하게 된다. 그러나 이 변화는 한국전쟁의 종료를 서둘렀다.

* * *

한국에는 교착상태가 이어졌다.

어느 쪽도 진격할 수 없었고 그렇다고 물러나지도 않았다. 양쪽 모두 고지와 깊은 계곡을 점령했지만 1951년 11월부터 공산군은 유엔군보다 계속해서 훨씬 더 공격적이 되었다.

공산군은 공격적으로 정찰했으며 제한적인 공격을 계속해서 이어갔다. 적은 고지를 차지했고 고지에 있던 유엔군 소대와 중대를 몰아냈다. 그리고 공산군은 유엔군이 잃어버린 고지를 되찾으려고 공격할 때면 훨씬 더 많은 병력을 죽였다. 중공군이 인해전술을 펴거나 포병이 분당 수백 발 발사하는 경우를 제외하면 전투는 소규모였다.

한국에 있던 사단장 한 명은 이곳에서 벌어지는 전쟁이 1915년부터 1918년까지 유럽 서부전선에서 벌어진 전쟁과 비슷하다고 느꼈다. 그리고 서부전선의 참호전과 마찬가지로 그 대가는 참호전에 익숙하지 않은 사람들이 생각하는 것보다 훨씬 더 컸다.

한반도를 남북으로 오르내리며 치른 기동전에서 죽거나 부상을 당한 병력의 꼭 절반이 이 교착상태에서 죽거나 부상을 당했다.

1952년 여름 무렵, 공산군은 훨씬 더 공격적이 되었다. 공산군은 마방에서 금성과 엄연까지 뻗은 전선을 따라 난 유엔군 전초前哨기지들을 상대로 격렬한 투쟁을 전개했다. 1952년 7월 17일 22시, 충격적인 포병 준비사격이 끝나자 중공군 1개 대대가 쌍방이 점령하지 못한 철원 서쪽의 올드 발디Old Baldy에 있는 유엔 전초기지를 유린했다.

4일 동안 포격을 받아 벌거숭이가 된 고지를 두고 뺏고 빼앗기는 전투가 치열하게 벌어졌다. 미 23연대는 E중대, F중대, I중대, L중대, B중대, K중대, 그리고 G중대를 한 번 이상 고지에 투입했다. 그 과정에서 수백 명의 사상자가 발생했다. 휴식도 없이 날마다 전투를 통제하려 했던 미 23연대장은 통제력을 잃어 해임되어야 했다.

올드 발디 전투에서 중공군은 결국 패했지만, 공산군도 유엔군만큼 많은 야포를 가지고 있다는 것이 증명되었다. 그러나 중공군은 미군만큼 효과적으로 야포를 사용하거나 화력을 전환할 수 없었다.

미 23연대 1대대가 총공격으로 고지를 탈환한 것은 7월 31일이 되어서였다. 이 고지가 아무 문제 없이 수용할 수 있는 병력의 수는 1개 소총중대 인원뿐이었다.

다른 고지에서처럼 여기서도 유엔군은 참호를 더 깊게 파야만 한다는 교훈을 배웠다. 얼마 되지 않아 더 많은 진지들이 완전히 지하화되었다. 비나 포격으로 무너지던 벙커는 통나무로 보강되었다.

9월 16일, 중공군이 올드 발디를 목표로 공격을 재개했다. 우선 최초

10분 동안 약 1,000발로 추정되는 포탄이 이 작은 고지 위로 떨어졌다. 그러더니 고지를 포위한 1개 대대가 사방에서 몰려오며 공격했다. 중공군은 올드 발디 북동쪽에 있는 폭찹 고지에 견제공격을 하는 동안 눈 깜짝할 사이에 올드 발디를 점령하고 이곳에 있던 미 38연대 K중대를 무너뜨렸다.

9월 20일 밤, 미 38연대 2대대는 올드 발디 고지를 되찾기 위해 엄청난 공격준비사격을 퍼부은 뒤 공격을 시작했다. 쏟아지는 중공군의 사격에 쓰러져가면서 2대대는 능선을 확보했고, 9월 21일에는 고지를 통제했다. 공격은 조직적으로 잘 이루어져 1,000명 이상의 중공군이 죽거나 부상을 입었다.

그러나 미군의 손실도 그에 못지않았다.

단장의 능선 전투 그리고 피의 능선 전투와 비슷한 이런 고지 전투가 계속해서 반복되었다. 공격적인 중공군은 전방 고지 또는 전초에 어마어마한 포격을 집중한 후 대규모 병력을 투입해 공격한 뒤 고지를 유린했다.

좁은 지역에서 뺏고 빼앗기는 전투가 벌어지면 2~4개 사단 포병들이 좁은 지역에 포탄을 쏟아붓는 상황이 벌어지곤 했다. 통상 유엔군은 이런 공격을 시작하지는 않지만 적이 이런 공격을 하도록 허락하지도 않았다. 1인치라도 내주면 1마일을 차지하기 위해 공격하는 것이 중공군의 습성이었다. 유엔군은 중공군의 공세를 엄청나게 되받아쳐야만 했다.

어마어마한 포격을 주고받고, 이어서 보병이 돌격하는 결투가 벌어지는 동안 수천 명이 죽거나 부상당하면서 양측 전투 부대들은 엄청난 공포에 시달렸으나 연대 이상의 상급 제대로 올라가면 전쟁이 벌어지고 있는지를 까맣게 몰랐다는 점이다.

중공군은 계속해서 제한된 지역으로 마음껏 공격했다.

10월 6일, 중공군은 올드 발디와 폭찹 고지의 동편에 있는 화살머리고지와 백마고지 쪽으로 공격했다. 오랫동안 점령하면서 전선에 있는 고지마다 모두 이름이 붙었다. 공격준비사격은 이전에 있었던 어떤 것보다도 맹렬했다. 미 2사단장인 프라이 소장은 이 공격준비사격이 자신이 예전에 경험했던 것보다 치열했다고 말했다.

한국전쟁 후반기에 한국 전선에 매일 쏟아부은 포탄 사격량은 두 번의 세계대전 중 이루어진 어느 포병 사격과 비교해도 훨씬 더 많다. 유엔군 전선에 떨어진 포탄은 하루 평균 2만 4,000발이었다.

중공군은 백마고지와 화살머리고지에 2개 사단을 축차적으로 투입했다. 프랑스 대대는 쉴 틈 없이 공격을 받으면서도 4일 동안 화살머리고지를 지켜냈다. 한국군 9사단이 맡은 백마고지는 10월 6일부터 15일 사이에 주인이 24번이나 바뀌었다. 백마고지 전투가 끝났을 때 전투가 벌어졌던 유엔군 지역은 모두 우군의 차지였다.

고지는 수천 구의 한국군과 중국군 시신으로 뒤덮였다.

철의 삼각지 근처에 있는 백마고지와 중부전선 전투에서 한국 육군은 이제 충분히 성장했다는 것을 보여주었다. 미군보다 화력이 약했던 한국군은 미군 전차 몇 대를 배속받고 보통 미군의 포병 지원을 받았다. 그러나 한국군은 처음에는 쉽게 유린당했다. 중공군은 가급적 한국군을 타격하려 했다. 한국군이 강해지는 데는 2년이 필요했다. 성장한 한국군은 쉽게 꺾이지 않는 용기로 반격했다. 매번 중공군을 뒤로 밀어냈다.

금화 지구에서 한국군과 중공군 모두 제한된 목표를 두고 치열한 접전을 치렀다. 1952년 11월 내내 주인이 매일같이 바뀌는 저격능선에서 한국군은 선조들의 중국에 대한 미신 같은 공포를 떨쳐버렸다는 것을 증명했다.

그해 가을 한국군에는 사상자가 4만 명이 발생했지만 수많은 중공군을 사살했다. 그러나 전선은 거의 바뀌지 않았다. 중공군은 한국군 진지정면에서 겨우 540미터의 거리만을 후퇴했다.

이처럼 선혈이 낭자한 전투가 벌어지는 동안 미 군사고문단이 미군의 목숨을 보전하기 위해 한국 육군을 서서히 죽도록 조종했다는 말이 돌았다.

비록 대부분 서부 지대이기는 했지만 모든 전선에 걸쳐 격렬하게 벌어진 고지전은 사상자가 많이 발생했음에도 불구하고 얻은 것이 별로 없었다. 사상자가 많이 발생했다는 사실에 미군 고위층은 또다시 큰 충격을 받았다. 전체 사상자 수를 보고받은 워싱턴은 절망했다. 몇몇은 비밀리에 공세를 논했고, 극비리에 핵폭탄의 사용을 논의했다.

서구와 달리 중공군은 징집된 병사의 목숨을 전혀 배려하지 않는 듯 보였다. 유엔군사령부는 병사들의 목숨을 보존하기 위해 최선을 다하면서도 땅을 지켜야만 했다. 군인들이 죽어가는 동안 빌어먹을 이름들, 버려진 구릉들, 보다 정확히 말하자면 미 해병대가 맡은 리노^Reno, 카슨^Carson, 그리고 베가스^Vegas 고지, 미 2사단이 맡은 올드 발디, 화살머리, 폭찹 고지, 그리고 한국군이 맡은 삼각고지^Triangle Hill, 저격능선, 그리고 피의 능선이라 불린 큰 노리^Big Nori, 그리고 이것들 말고도 다른 십수 개 고지들이 악명을 떨치기 시작했다. 미군과 한국군 사단들은 공격과 후퇴를 반복했다. 그들은 소중한 영토를 다른 부대에 넘겨주고 몇 주 후 그것을 넘겨받기 위해 돌아왔다.

고지전에서 많은 전사자가 발생하면서 그들의 전우들은 침울해하면서 다른 한편으로 해당 고지에 대해 친밀감을 갖기 시작했다. "폭찹 고지를 잘 보살펴!" 태국 대대 병사들이 미 7사단에 고지를 넘길 때 벙커 벽에 남겨 놓은 글귀이다.

1952년 한 해 동안 공산군이 유엔군 전초 기지를 목표로 벌인 극심한 공세는 말할 필요도 없이 정치적인 것이었다. 중공군은 포로 문제로 주춤했지만 대통령 선거가 벌어진 1952년에 미국에게 전쟁의 압력을 가하기 위해 유엔군 전초기지들을 공격했다. 그 전략은 비싼 대가를 치르고 실패했다.

1952년 말과 1953년 초에 전선을 지킨 미군 장교와 병사는 전쟁 초기에 한국에 파병되어 1951년에 대규모 전투를 치렀거나 또는 두 번째 겨울을 전선에서 보냈던 부류와는 전혀 달랐다.

재소집된 병사들은 고참병의 경우 17개월, 일반병의 경우는 24개월 만에 전역했다. 주방위군인 미 40보병사단과 미 45보병사단은 여전히 극동사령부의 부대 명단에 올라있기는 했지만, 미국 육군 부대들이 다른 인원들로 채워지면서 이미 본토로 돌아갔다.

보병중대 병력은 보통 선발된 징집병이었는데, 이들은 빠른 시간 내에 훌륭한 전투병이 되었다.

1950년 여름에 발령된 소집령은 마치 진공청소기와 같았다. 사전 경고는 없었고 병사의 숙련 여부를 전혀 고려하지 않은 채 고등학교를 갓 졸업했던 대학교 교수든 가리지 않고 불러들였다. 미국인들은 소집을 피할 시간이 전혀 없었다.

미 육군은 꼭 필요했던, 숙련된 병사들을 상당수 확보하게 되었다. 역사상 많은 사람들을 군에 입대시킬 수 있었던 것은 오로지 가난과 징집위원회의 영장뿐이었다. 이는 카르타고든 영국이든 또는 미국이든 상업사회가 갖는 방어적 약점이었다. 그러나 1951년 미국은 가난도 거의 없었고 징병 압력도 느슨했다.

보병 전쟁을 할 생각이 전혀 없는 젊은이 수천 명은 이를 피해 다른 병종으로 입대했다. 보통 해안경비대, 해군, 그리고 공군 순이었다. 해안경비대는 제일 좋은 자원을 고를 수 있었다. 해군과 공군은 기술이 보다 대우를 받는 데 반해 전투를 치를 위험, 특히 한국전쟁에서 전투를 치를 위험은 적었다. 장진호 전투에서 가장 영광스러운 역사를 써냈고 기준을 높게 유지했던 해병대는 인가된 병력 수를 채우는 것이 어려웠다. 예비역으로 장진호 전투에 참전했던 고등학생이 모교로 돌아가 이렇게 말했다. "제발, 여러분이 어느 징집 명단에 올라 있는지 주의 깊게 보세요. 해병대는 여러분을 죽일 겁니다!"

학생들을 징집에서 면제해주기도 했다. 대학에 입학해 좋은 성적을 유지하거나 학생군사교육단에 가입하면 그럴 수 있었다. 입대한 이후에 생긴 자녀를 돌봐야 한다는 것도 군에서 빠져나가는 좋은 방법이었다.

국민이 열광하지도 않고 별로 지지하지도 않는 인기 없는 전쟁에서 보병으로 남겨진 병사들의 질이 떨어진다는 것은 이해할 만했다.

1952년 5월 무렵 텍사스의 포트 후드Fort Hood에 있는 미 1기갑사단에 5,000명이 넘는 훈련병이 입소했다. 이들 중 절반 조금 넘는 수가 미 육군 일반 분류 평가 점수에서 80점 또는 그 이하를 받았다. 미 육군이 정한 기준에 따르면 이는 취사병이나 제빵병을 포함하여 어떤 병과학교훈련에도 적합하지 않았다. 너무 멍청해서 빠져나갈 방법을 생각할 수 없는 사람만이 육군에 오는 것으로 봐도 크게 틀려 보이지 않았다.

그러나 이런 자원들도 훈련을 받으면 싸울 수 있다는 것을, 그것도 잘 싸울 수 있다는 것을 증명했다.

원해서 갔던 것은 아니지만 피의 능선과 단장의 능선에서 연속해서 싸웠던 예비역 장교들 대부분은 자신들이 복무했던 곳을 "잊고 싶은 기억 Damnatio memoriae"[192]이라고 말하면서 떠났다. 그리고 그들이 떠난 능선은 학생군사교육단을 마친 대학 출신 장교들이 맡았다.

학생군사교육단 출신 장교들은 미군 역사상 전시 어느 장교단보다도 더 똑똑하고 교육을 잘 받았지만 전선에 배치되기 전까지 어떤 어려움도 직접 몸으로 겪어본 적이 없었다. 이들은 열정적이며 기민했으나 부하들에게 관대한 경향이 있었다. 이들은 소대 지휘를 어려워했다. 학생군사교육단에서는 전투가 거칠고 예측하기 어렵다는 것을 알려주는 실질적인 경험을 거의 할 수 없었기 때문이었다. 그러나 소대장을 마치고 참모 직위로 옮긴 뒤에는 품위와 교육 사이에서 균형을 이루면서 육군에 없어서는 안 될 자산이 되었는데, 이는 병사에서 임관한 장교들이 할 수 없던 것이었다.

---

192 Damnatio memoriae(담나티오 메모리아이)는 직역하면 "기억을 지옥으로 보내기"라는 뜻으로, 이는 로마 제국 때 시행된 형벌인 '기록말살형'을 뜻한다. 승하한 황제의 행적에 심각한 문제가 있을 경우 기록말살형이 내려지면 유죄 판결을 받은 황제의 흉상과 조각은 모두 파괴하고 공식적인 기록에서 이 황제의 이름은 모두 삭제하며, 그의 생애나 업적이 새겨진 동판이나 대리석은 녹여버리고 부숴버림으로써 한 인간의 생애 흔적이나 공적을 지상에서 완전히 없애버렸다.

역설적이게도 소부대를 잘 이끌고, 야전에서 불편한 생활도 별 탈 없이 잘 하고, 병사들 곁에서 더러움과 위험을 함께하면서 친밀한 병사들로부터 멸시받지 않던 장교가 책상 뒤에 앉게 되면 무기력한 모습을 보이는 경우가 많다.

21세에서 24세 사이의 학생군사교육단 출신 장교들은 소대 또는 중대를 지휘하면서 대대장에게 걱정을 끼쳤다. 이들은 소부대를 지휘하면서 살아남으면 언제나 칼보다 펜이 더 힘을 발휘하는 참모 직위에서 매우 소중한 자원이 되었다.

왜 이 전쟁을 치러야 하는지, 그리고 승리해야 하는지 신념을 갖는 사람은 장교든 병사든 매우 드물었다. 대부분은 와야 해서 왔고, 한 눈은 판문점을 바라본 채 할 일을 할 뿐이었다. 그리고 때가 되면 고향으로 돌아갔다.

특이하게도 미군은 전투 기량에서는 결코 자신감을 갖지 못했다. 미군 장교와 병사 대부분은 한국에 파병되어 유엔군을 이루는 다른 나라의 다양한 전문 군인들 앞에서 열등함을 느끼면서 동시에 이들을 깊이 존경했다. 프랑스군, 태국군, 터키군, 그리고 에티오피아군 같은 동맹군을 향한 미군의 찬양은 기존에 치른 대부분의 전쟁들에서 동맹군을 향해 던졌던 불평과는 거리가 있었다. 미군들 대부분은 유엔군이 자신들보다 훨씬 더 낫다는 것을 인정했을 것이다.

그러나 아주 놀라운 것은 가장 최근에 노획된 중공군 정보 문서에 중공군이 항상 미군을 가장 뛰어나다고 여겼다는 기록이 있다는 것이다.

미군은 잘난 체하지 않고 공격적이지도 않았으며 되놈이라 부르는 적을 죽일 욕망도 없었지만, 코너에 몰렸을 때 또는 고지로 돌격할 때면 알라모 전투Battle of Alamo[193]에서 선조들이 보여주었던 기상이 죽지 않았다는

---

[193]   알라모 전투: 텍사스 독립전쟁 당시(1836년 2월 23일~3월 6일) 텍사스 주민 186명이 요새 알라모에서 멕시코 정규군 약 1,800명에 맞서 싸우다가 전사한 전투이다.

것을 보여주었다.

미군은 이전에 벌어진 일들로부터 혜택을 받았다. 미군은 한국이 어떠할 것이라는 것을 어느 정도 알고 한국에 왔다. 한국에 대한 소문이 나돌았으니까. G중대장 보직을 제안 받은 프랭크 무뇨즈처럼 이들은 자원하지는 않았지만 해야 할 일은 했다.

만일 미군에게 임무가 주어졌을 때 그들이 도망가지 않고 임무를 수행해야만 한다는 것을 이해한다면, 그리고 그들이 임무를 수행하도록 훈련받는다면, 1951년 이후의 미군들처럼 그들은 해야만 하는 임무를 해낼 수 있을 것이다.

만일 한국에 이어서 다른 곳에서 전쟁이 벌어진다면, 또는 미국의 정책이 다른 어떤 곳에서 위협을 받는다면, 미군은 몇 년이나 몇 달이 걸려 투입되었던 두 번의 세계대전이나 며칠이 걸려 투입되었던 한국전쟁 때와는 달리 불과 몇 시간 안에 투입될 것이다.

전투에서 살아남은 미군은 빠르게 배운다.

유감스러운 점은 미국이라는 사회는 상대방이 먼저 총을 쏠 때까지 미군을 기다리도록 만들어 왔다는 것이다.

오래지 않아 다음과 같은 뉴스가 보도되었다.

1952년 5월에 미국은 일본과 평화협정을 체결했다.[194] 이로써 미군은 더 이상 일본에서 점령군이 아니라 쪼그라든 일본 제국의 영예로운 초대 손님이 되었다.

일본이 그럴 용기가 있다면 최고의 손님인 미국을 마음껏 비판할 수 있게 되었다는 것을 빼고는 별로 변한 것은 없었다.

일본에게 한국전쟁은 언제나 가까우면서도 먼 일이었다. 한국인들은 전쟁의 실제 피해자일 수밖에 없었던 반면, 일본인들은 한국전쟁의 진정

---

194 1951년 9월 미국 샌프란시스코에서 일본을 상대로 48개 국가가 서명한 강화조약으로, 1952년 4월 28일 발효되었다.

한 승자였다. 한국전쟁으로 미화 수십 억 달러가 일본 경제로 쏟아져 들어갔다.

전쟁터로 향하거나 전쟁터에서 떠나는 미국인 수백만 명이 일본을 거쳐갔다. 이들은 일본인들이 보기에 믿을 수 없을 정도로 많은 돈을 가지고 있었다. 그리고 전 세계에서 가장 근면한 사람에 속하는 일본인들은 미군이 기회만 된다면 이 돈을 어디에라도 쓸 것이라는 것을 알았다.

인간의 벗은 몸을 자연스럽게 여겼던 일본인들은 나체의 높은 상품성을 곧 알게 되었다. 일본인들은 농촌 지역을 샅샅이 뒤져 서구 기준에 맞는 가슴 큰 젊은 여자들을 찾았다. 이 여자들은 옷을 걸치지 않은 채 클럽을 어슬렁거렸다. 거리에서 담배를 파는 젊은 여자들로부터 담배를 사는 미군들이 가짜 담배를 집어든 것은 충분히 그럴 만한 일이었다.

다른 새로운 산업들도 시작되었다. 전차대대 출신의 젊은 감리교도 군목은 미국에 가족이 있었는데 1952년에 도쿄의 호텔에서 택시를 타기 위해 걸어가는 동안 무려 14번이나 뚜쟁이가 따라붙는 경험을 했다.

일본을 거쳐가는 모든 미군은 품질 좋은 캐나다산 위스키 750밀리리터의 가격이 미국의 4분의 1인 1달러 50센트라는 걸 알고 있었다. 장교한 명은 아주 행복해하며 이렇게 말했다. "이 가격이면 제정신으로 있는게 불가능하지요!"

이 모든 것은 전쟁 중이라 불가피했다. 전장으로 오가는 군인들은 심지어 성전聖戰을 치르는 것이라 해도 똑같은 것을 원하기 마련이었다. 나라를 거대한 홍등가로 바꿔놓았다고 일본인들을 비난할 일은 아니었다. 돈을 가진 고객은 원하는 것이 있으면 언제든 그것을 얻기 마련이기 때문이다.

그러나 일본 경제를 달아오르게 만든 돈과 번영은 미국이 무기를 구매하면서 온 것이었다. 미군 구매 장교들은 일반적으로 생각하는 것보다 일본의 산업이 훨씬 유능하고 효율적이라고 생각했으며 일본은 전선에서 필요한 거의 모든 것을 생산할 수 있다고 보았다. 미국에서 생산되어 태평양을 건너오는 것보다 훨씬 싸다는 것도 알고 있었다.

한국에서 파괴되거나 수명이 다한 미군 차량 수천 대가 일본의 제작소에서 재생되었다. 많은 경우 세 번까지 재생되었는데 이는 새로운 차량으로 대체하는 것보다 훨씬 저렴했다. 계약을 맺은 일본인들은 탄약, 공구, 장비를 포함해 거의 모든 것을 제작할 수 있었다. 일본에서는 극동사령부 소속의 한국군과 미군이 먹을 식량 수백만 톤이 생산되었다. 일본 경제는 전반적으로 호황이었다. 일본은 큰돈을 벌고 있었다.

그러나 일본만 이익을 본 것이 아니었다.

만일 전쟁으로부터 안전한 일본에 튼튼한 산업 기지가 없었다면 미국은 영국 없이 디데이^{D-Day}에 노르망디^{Normandie}에 상륙하는 것만큼이나 한국전쟁을 치르기가 어려웠을 것이다.

제38장
마지막 봄

●

… 영웅적인 행동과 희생이 모두 보고된 것은 아니다. 폭찹 고지에서 거둔 멋진 승리는 이겼으면서도 진 전투라는 표현이 적절하다. 병사들은 폭찹 고지 전투에서 이겼다. 동시에 병사들을 진격시킨 사람들이 보기에 폭찹 고지 전투는 진 전투이다.

— 새뮤얼 리먼 앳우드 마셜Samuel Lyman Atwood Marshall이 저술한 『폭찹 고지Pork Chop Hill』 중에서

게티스버그, 바스토뉴, 또는 베르됭과 비교하면, 한국전쟁 중에 때때로 벌어진 전초 전투는 소규모 교전이었다. 비유하자면, 세계대전에서 치른 전투의 상처 옆에 난 아주 작은 구멍 정도쯤 된다. 그러나 실제 교전한 부대 본대에서는 사상자 수가 대단히 많았다. 중대 규모가 40명까지 줄어들면 소대는 6~7명까지 줄어든다. 살아남은 이들에게 이는 제한전쟁이라 할 수 없다.

고정된 전선을 따라 치러진 고지전으로 인해 미군은 사상자가 1년에 3만 명까지 치솟고 있었다.

이는 여전히 연간 교통사고 사망자 수보다는 적었지만, 미국인들은 고속도로 교통사고 사망자 수에 적응이 된 반면 명백히 헛된 이유 때문에 전선에서 발생한 사망자 수는 받아들일 준비가 되어 있지 않다.

평화가 가까워진 것이 분명했지만 한국전쟁 중 마지막 봄은 다른 두 번의 봄보다도 더 끔찍했다.

1953년까지 극동에 있는 부대 지휘관들 거의 모두는 현 상황에서 한국전쟁을 지속하는 것은 낭비일 뿐만 아니라 범죄에 가깝다는 의견을 가지고 있었다. 때로는 국민들이 그럭저럭 해내고 있을 때 전선은 유지되어

야 한다고 말하는 것이 옳지만, 다른 군인들이 임시변통으로 대처하는 동안 그들이 더 이상 고통을 감내하려 하지 않으면 군인들이 왜 싸워야 하는지의 논리를 찾지 못하는 때가 오게 마련이다.

이제 장군들은 1951년에 공산군에 대한 압박을 거둔 것이 실수라고 자유롭게 말하기 시작했다. 유엔군이 압록강까지 진격했어야 한다고 믿는 사람이 많았지만, 장군들은 이렇게 말하지는 않았다. 그러나 개성에서 휴전협상에 최종 서명이 이루어질 때까지 공산군의 목을 조였어야 했다는 데 동의했다.

이제 와 돌아보면 서구가 협상장에서 공산주의의 동기와 방법을 순진하게 받아들였기 때문에 불필요한 사상자가 수천 명 더 발생했다는 것은 의문의 여지가 없어 보인다. 만일 유엔군이 안도의 한숨 대신에 매서운 눈초리로 협상장에 들어섰더라면, 그리고 즉각 압박을 풀어주기보다는 계속해서 전투태세를 유지했더라면, 휴전협상은 1951년에 마무리되었을 가능성이 훨씬 더 높다.

리지웨이 대장이 글로 남겼듯이 역사에 가정은 무의미할 수 있다. 아마 미국은 평화에 대한 열망을 증명하는 것이 필요했을 것이다. 그러나 2년 더 전선을 지키느라 힘든 시간을 보낸 군인들에게, 그리고 1951년 7월부터 1953년 7월까지 전사하거나 부상당한 병사들의 친구와 가족들에게 이 질문은 앞으로도 영원할 것이다.

* * *

이 모든 사람들에게 가장 비통한 것은 마지막 봄에 벌어진 쓰라린 전투 대부분이 보고되지 않았다는 것이다. 몇 달 사이에 적은 유엔군 최전방 전초선을 박살낼 생각으로 중대부터 사단 규모까지 104번 공격을 시도했다. 공산군은 24시간 동안 무려 포탄을 13만 1,800발까지 전초선에 쏟아부었다. 그렇지만 이런 전투들은 모두 보도되지 않아 아무런 반향도 불러일으키지 못했다.

이 공격들은 전초들을 파괴하고 병력을 살상하기 위한 제한 공격으로서 제1차 세계대전 기간 중인 1915년부터 1918년 사이에 서부전선에서 벌어진 피비린내 나는 밀고 밀리는 교전과 비슷했다. 이런 공격 자체로는 전쟁에 아무런 영향도 미치지 못했다. 그러나 전투가 끝날 때마다 군인들이 죽어나갔다.

전선이 꿈쩍도 하지 않으면 참호전에는 극적 요소가 없다. 이런 전쟁에는 국민도 그리고 후방에서도 이내 관심을 잃는다. 국민에게는 아무 일도 일어나지 않는 것으로 보인다. 그러나 매일 밤낮으로 대검과 수류탄, 기관단총에, 그리고 참호와 벙커, 방벽을 목표로 한 격렬한 야간 강습이나 경고도 없이 계속 쏟아지는 치명적인 포격에 병사들이 죽어나간다.

이는 마치 죽음의 순간이 오기만을 병사들이 기다리는 것 같다. 끝이 없어 보이는 이 기다림은 아마도 세상에서 가장 최악일 것이다.

그리고 끝으로 가장 괴로운 것은 이런 형태의 전쟁을 스스로 자초했다는 것이다. 1915년에는 무기가 발전되지 못해 전선이 교착되었다. 누구도 다른 방법은 몰랐다. 1953년, 전초선을 따라 배치된 군인들은 자신들을 이곳까지 보낸 권력자들이 분명 적에게 놀아나는 선택을 했다는 것을 알았다.

한국군은 훨씬 더 좋아졌다. 한국군 고위 지휘부는 여전히 약했지만, 한국군 사단들은 중공군에 대한 공포를 떨어냈다. 중공군의 인해전술에 맞닥뜨려서도 더 이상 무기력하게 무너지지 않았다. 한국군 사단들은 여전히 손실을 크게 입었지만 버텨냈다. 비공산권 세계에서 가장 규모가 큰 군대가 되었지만 한국 육군은 여전히 '세계 2위 군대'와는 거리가 있었다. 미군이나 중공군에 못 미쳤지만 한국 육군은 이제 부끄러울 것이 없었다.

1951년 이후로 미 육군은 바뀐 것이 거의 없었다. 미군들은 한국에 왔다가 떠났고, 사람은 계속해서 바뀌었다. 미 육군 사단들은 다른 전투부대들에 비해 큰 약점을 하나 안고 있었다. 그것은 병력 순환에 따라 최고로 훈련된 병사들을 끊임없이 잃는다는 것이었다. 병력 순환 때문에 미 육군의 질은 언제나 제자리였다. 1951년에 전투를 겪으면서 미 육군 사단들은 탁월한 병사들을 보유했다. 이들은 능숙하게 무기를 다루고, 통신에 뛰어났으며, 포격과 사격 지휘에 능통했다. 그러나 부대는 신병으로 교체되어 마지막까지 다소 서투르고 발걸음이 무거웠으며 그들의 정찰은 아쉬움을 남겼다.

신병들은 감당할 수 없는 걸음으로 한국의 산악지대로 와서 바람 부는 고지와 어느 편도 점령하지 못한 깊은 계곡을 정찰하는 방법을 배울 때쯤에는 부상을 당하거나 집으로 돌아갈 충분한 점수를 얻었다.

모든 면에서 가장 많이 바뀐 것은 중공군이었다. 1953년이 되면서 중공군은 더 이상 피리와 나팔소리에 맞추어 대규모 병력을 계곡을 따라 몰아내던 어설프고 무식한 군대가 아니었다.

중공군에는 병력 순환이 없었다. 그리고 현대 지상 무기의 뼈아픈 교훈은 고향을 생각할 여유를 주지 않았다.

1950년 공포를 느낄 만한 북한의 산악에서 중공군은 정보의 실패로 괴로움을 당하고 불가능한 기동 계획에 따라 즐거운 듯 적의 함정으로 걸어 들어간 현대적인 군대에게 최초의 승리를 거두었다. 1951년에 임진강에서 소양강까지 중공군은 기동할 공간과 싸울 의지를 모두 가진 현대적인 군대를 상대로 허겁지겁 공격한들 먹히지 않는다는 것을 비싼 대가를 치르며 배웠다.

옛 일본 제국 육군과 달리 중공군은 화력의 교훈을 이해했고 실수를 되풀이하지 않았다.

1951년 이후, 중공군 병사들은 전에 북한의 고지에서 그랬던 것처럼 다시 유령 같은 존재가 되었다. 엄청난 노동력을 투입한 중공군의 야전축성과 현장작업은 미군을 거의 언제나 능가했다. 압도적 공군력에 시달렸기 때문에 중공군은 완전히 지하로 들어가버렸다. 중공군은 야간에 눈에 안 띄게 이동하는 방법을 배웠다. 중공군은 은밀해졌으며 빠르고 기만에 뛰어났다.

중공군은 어둠 속을 소리 없이 걸어 유엔군 전선 앞에서 탐지되기 전에 1개 대대를 집결시키고 날이 밝기 전에 사라질 수 있었다. 중공군은 수백 미터 앞에서 소리를 내며 다가오는 미군 정찰부대의 매복에 익숙해졌다. 어둠 속에서 그리고 깊은 계곡에서 점점 더 많은 승리가 중공군에게 돌아갔다.

중공군은 이제 포로가 되는 일도 별로 없었다. 이것은 미국 정보기관의 걱정거리였다. 중공군은 유엔군 전선까지 들키지 않은 채 소부대를 여럿 보내서 침대에서 자고 있는 미군 병사들을 끌어낼 수 있음을 보여주었다. 미군은 계속해서 어둠을 혐오한 반면, 중공군은 밤을 마치 친구처럼 좋아했고 이용했다.

중공군은 강하게 방어되는 유엔군 고지와 전초들로 마치 귀신처럼 다가와 몇 분 만에 그곳을 차지하곤 했다. 그러나 신속히 집결하는 압도적으로 우세한 미군의 포격을 맞아가며, 그리고 날이 밝으면 포병, 공군, 그리고 기갑 전력의 엄호 아래 끝도 없이 계속되는 공격을 받아가며 점령지에 남아 있는 일은 거의 없었다.

한국에 갓 도착한 미군 신병들은 중공군을 얕잡아봐서는 안 되며 한 사람 한 사람을 비교하면 중공군이 미군만큼 훌륭하다는 장교들의 말을 듣고 깜짝 놀랐다. 신병들은 중공군이 매우 많이 향상되었다는 말을 들었다. 당시 중공군은 소련으로부터 보급을 받아 포병과 통신 수단을 보유했으며, 그보다 더 중요한 사실은 사기가 높아졌다는 것이었다.

중공군에서 부패와 탈영은 사라졌다. 아시아 여러 군대에서 전형적인 특징 같던 강간과 노략질은 더 이상 중공의 야전 사령관이나 일반 병사에게서 볼 수 없었다. 계속 사상교육을 받으면서 중공군 병사들은 상관에 대한 공포보다는 점점 더 참전 명분과 자부심을 바탕으로 싸웠다. 중공군은 작전에 나가기 전 분대에 있는 이등병에게까지 브리핑을 했다. 이는 작전 보안이 깨질 우려 때문에 어느 서구 군대도 시도하지 않았던 것이다.

중공군에게는 민주주의도 선택의 자유도 없었다. 중공군 병사들은 여전히 소농에서 징집되었고, 이들에게 적용된 군기는 가혹했다. 그러나 공산군 지도부가 보여준 근본적인 금욕주의가 서서히 밑으로 퍼져나갔다. 거제도 포로수용소에서 중공군 포로 한 명이 보트너 준장에게 자랑스럽게 말한 것처럼 중공군에서는 부패한 지휘관을 밀고할 수도 그리고 비난할 수도 있었다.

중국군 장군이 매수할 수 있던 '은탄환'의 시대는 끝났다. 한국에 들어올 때는 없던 전투 기술을 익히고 기관총, 수류탄, 그리고 다른 휴대무기를 사용하게 된 중공군은 정확하게 실탄을 사격했다.

한국에서야 여전했지만 중국인의 삶을 꼭대기부터 바닥까지를 관통하던 부패가 사라지자, 확실히 많은 중국인이 새로운 정권을 지지하게 되었다. 이렇게 지지를 보낸 중국인이 모두 공산주의자는 아니었다.

클라크 대장과 새뮤얼 마셜 준장은 모두 중공군이 한국에 머물렀던 2년 반은 중공군에게 매우 귀중한 시간이었다고 평가했다. "한국이라는 훈련장에서 중공군은 타격, 도피, 그리고 생존 기술에서 전 세계 어디 내놓아도 뒤지지 않는 뛰어난 군대가 되었다."

* * *

서구인들이 노동절을 대하는 것처럼 공산주의자들이 선거에 대해 갖는 생각도 비슷했다. 미국 선거를 앞두고 중공군이 폈던 격렬한 공세는 1952년 12월 중에 완화되었다.

1953년 1월 무렵에 중공군의 삶은 다시 비참해졌다. 올드 발디가 미 7사단에 의해 점령되고 한국군 1사단과 맞선 노리, 영국군이 굳게 지키는 훅Hook과 지브롤터에서 중공군은 비참했다.

남북전쟁 당시 격전지였던 콜드 하버Cold Harbor[195]에서 벌어진 전투와 같

---

195 콜드 하버: 버지니아 주 리치몬드(Richmond) 북동쪽에 있는 곳으로, 남북전쟁 중이던 1864년 격전이 벌어졌다.

은 야만적인 소규모 전투에서 영국군은 파이프 제1주자를 잃었다. 미군과 한국군이 당혹스럽게도, 이 상실을 영국군은 영국 제국에 대한 일격으로 여겼다. 영국 군인들은 화를 내며 훌륭한 파이프 제1주자를 만드는 것보다 대령을 만드는 것이 훨씬 더 쉬운 일이며 문제가 되고 있는 사령관은 적절히 처신했어야 했다고 말했다.

아이젠하워가 대통령으로 취임하고 얼마 지나지 않은 1월, 좀처럼 적을 공격하는 일이 드물던 미 7사단은 포로를 잡을 목적으로 공산군을 급습했다. 곤두서 있는 중공군 방어시설을 향해서 미 7사단은 1개 중대를 기동시켰다. 작전의 이름은 '한 대 후려치다'라는 뜻의, 스맥 작전^{Operation}이었다. 얼어붙은 땅 위로, 그것도 벌건 대낮에 움직이던 미 7사단은 호되게 한 대 얻어맞았다.

이 작전은 사전에 계획이 된 터라 미 8군의 고위 장교들을 포함해 여러 부대의 미군 고위 장교들 상당수가 이 작전을 참관하러 왔다. 당시 언론은 스맥 작전 전체가 장군들을 위해 준비한 한 편의 쇼와 같다고 비난했다. 로마 원형 경기장에서 초기 기독교인들이 죽어간 것과 비슷한 모습으로 미국 젊은이들이 죽어갔다. 이 말도 안 되는 작전으로 다음 세 가지 사실이 명확하게 드러났다. 첫째는 중공군이 이미 구축한 전선 어디에든 유엔군이 작전을 벌이려면 유엔군은 아주 많은 대가를 치를 각오를 해야 한다는 점이고, 둘째는 어떤 종류의 손실이든 미국인들은 더 이상 이를 수용할 수 없게 되었다는 점이고, 셋째는 장군들이 할 수 있는 일이 별로 없다는 점이었다.

1952년 2월 11일, 제2차 세계대전 당시 101공수사단장으로서 노르망디에 낙하산을 타고 강하했던 맥스웰 D. 테일러^{Maxwell D. Taylor} 중장이 밴플리트 대장을 대신해 미 8군 사령관으로 취임했다. 극동사령관으로 영전하지 못한 데 실망한 밴플리트는 전역했다.

미남인 데다 공수부대원이고 최고의 군인인 테일러 중장은 한국의 상황을 완벽히 이해한 상태에서 부임했다. 전선에 내린 최초 지침들 중 하나는 모든 군인이 포탄의 파편을 막을 수 있는 새로운 나일론과 강철로 만든 방탄복을 항상 입으라는 것이었다. 계급의 높고 낮음을 떠나 부하들이 죽는 장교는 곤욕을 치르게 되었다.

전초에서 전투가 계속되는 가운데 2월이 지나갔다. 압록강과 청천강 사이의 미그 앨리 위로는 유엔군이 제공권을 장악하고 있었지만 수백 대의 공산군 전투기가 출현해 공중전이 날로 증가했다. 북한에 대한 유엔군의 항공차단이 계속되면서 남은 것이 없을 정도로 북한 경제가 파괴되었으며, 북한 주민의 삶은 극도로 피폐해졌다. 그러나 압록강 너머의 안전한 피난처로부터 보급을 받으며 참호 안에 있던 중공군과 인민군에게 유엔군의 항공차단은 별다른 영향을 주지 못했다.

3월이 왔다. 이 전쟁이 정치적 합의로 해결될 것이라는 소문이 전방 사단 병사들에게까지 퍼져나갔다. 병사들은 지난 10월 이후로 진전이 없던 휴전회담이 마침내 판문점에서 재개된다고 들었다.

그러나 3월 내내 공산군은 전선을 따라 더욱 공격적으로 나왔다.

공산군은 미 해병이 맡은 카슨, 베가스, 그리고 리노에 있는 전초들을 공격했다. 미 1해병사단은 카슨과 베가스를 잘 지켜냈지만, 북쪽으로 돌출되어 이미 여러 차례 전투를 치른 리노는 포기해야만 했다. 중공군은 미 7사단에 배속된 콜롬비아 대대가 지키고 있던 올드 발디를 다시 공격했다. 치열한 혼전 끝에 중공군이 올드 발디를 차지했다.

격렬한 전투를 치른 뒤, 소총병들이 성형 작약Shaped Charge이라는 별명으로 부른 트루도Arthur Gilbert Trudeau[196] 소장과 테일러 미 8군 사령관은 올드 발디를 되찾기에는 너무 많은 대가가 따를 것이라고 판단했다. 중공군은 올드 발디를 점령하고 있었다.

그러자 올드 발디를 지키기 위해 수천 명이 피를 흘렸던 미 2사단 병사

---

196 아서 길버트 트루도(1902~1991): 미 육군 중장. 한국전쟁 당시 미 7사단장으로서 폭찹 고지 전투를 지휘한 것으로 유명하다.

들과 모래시계[197]라는 별명의 미 7사단 병사들 사이에는 주먹싸움과 거친 말이 오갔다.

올드 발디를 내주자 폭찹 고지는 중공군에게 측면이 노출되었고 군사 논리로 볼 때는 포기하는 것이 옳아 보였다. 그러나 유엔군사령부는 고지전의 정치적인 본질을 서서히 깨닫기 시작했다. 중공군은 1951년 11월 판문점에서 체결한 협정에 따라 언제라도 버릴 수 있는 가치 없는 땅을 얻으려고 싸우는 것이 아니라 유엔군의 의지를 시험하기 위해 싸우고 있었다. 가치 없는 땅에 병사들을 투입해 위험과 죽음에 노출시키는 것이 바보짓처럼 보였지만, 유엔군사령부는 누가 땅의 주인인가를 놓고서 중공군과 싸울 수밖에 없는 상황이 되었다.

고지를 내줄 때마다 중공군의 공격욕을 돋우고 공산주의자들을 더욱 비협조적으로 만든다는 것이 분명해졌다. 중공군은 자신들의 방식대로 유엔군이 포로 처리 문제를 포기하게 만들고, 자신들이 제시하는 조건대로 전쟁을 끝내려 했다.

완강해진 유엔군사령부는 폭찹 고지를 포기하려 하지 않았다. 그리고 4월에 폭찹 고지에서 미군은 1953년 최대의 전투를 치렀다.

* * *

1953년, 한국의 봄은 잔인했다. 다시 봄이 오자 전초에서는 폭발로 윗부분이 잘려나가 아랫동아리만 남은 그루터기와 뒤집어진 땅 너머로 풀들이 포탄 파편과 뼛조각을 뚫고 치열하게 자랐다. 철새들은 끼룩대며 만주 국경을 향해 북쪽으로 날아갔다. 전선 너머로 오랫동안 버려진 논에서는 푸른 목을 자랑하며 멋지게 생긴 꿩들이 새로운 열정을 가지고 먹이를 쪼아댔다.

날이 풀리면서 샘물이 산비탈을 따라 흘러내렸고 나무 수액 냄새가 공

---

197 7사단의 부대 표지가 모래시계처럼 생겨서 생긴 별명이다.

기 중에 가득했다.

포 소리가 잦아드는 군단 전투지경선 뒤에는 경작 허가선 너머로 경작하지도 않고 비료를 주지도 않아 북쪽까지 사라졌던 인분 냄새가 새롭게 풍기기 시작했다. 여기부터 한일해협까지 이어지는 땅에서 펼쳐지는 삶은 예전에도 그랬듯이 힘들고, 고통스럽고, 빚으로부터 벗어나지 못했다.

대한민국의 새로운 생명수라 할 수 있던 미국 돈의 대부분이 자동차와 수입된 사치품이 있는 서울에 몰려 있었지만 포격으로 무너지고 불타버린 도시들이 되살아나고 있었다. 미 1군단 전투지경선 상에 있는 동두천처럼 재건 중인 도시들로 노숙자와 실직자 수천 명이 몰려들어 불결하게 살았다. 공산주의자들이 저지른 학살로 남편이나 아버지를 잃어 매춘에 나선 여자들, 노인들, 그리고 고아 수천 명이 이곳을 무단 점유했다. 이들은 나뭇가지로 지은 움막에 살면서 살아남기를 희망했다.

이들은 종종 길을 잃어 동두천에서 벗어나 미 1군단에서 금지한 지역까지 들어갔다. 미군 헌병이 이들을 잡아 한국 경찰에게 넘겨주면 한국 경찰은 미군들이 '작은 시카고Little Chicago'라고 부르는 곳으로 가도록 그들을 놓아주었다. 한국 경찰은 감정이 전혀 없었다. 그러나 한국 경찰은 모든 사람이 할 수 있는 한 최선을 다해서 자기 밥벌이는 할 권리가 있다는 것을 이해했다.

한국 여자들은 집요하게 매춘을 권했다. 노인들은 시끄러운 외국인들을 위해 리지웨이 모자라고 불리는 모자를 만들었다. 고아들은 구걸하고 훔쳤다.

한국에 온 수많은 미군들은 "이 전쟁은 형편없는 수많은 아시아인들을 위한 거야"라고 말하며 작은 시카고를 거쳐갔다. 이들 중 수천 명이 선교사업과 고아원들에 수백만 달러를 기부했다.

공산주의를 극도로 혐오했던 테드 워커Ted Walker 대령 같은 사람들은 비쩍 마른 한국 아이들을 입양한 뒤 미국에 있는 학교에 보냈다. 1953년에 미 육군의 눈부신 행동이 모두 다 전선에서만 이루어진 것은 아니었다.

버림받았다는 느낌과 위험이 따르는 전투에 투입된다는 두려움에 사로잡힌 미군은 한국과 일본을 거쳐가면서 매춘을 하고 폭음했다. 매춘과 폭음은 일상이었다.

대대에서 돕는 고아원이나 사단에서 기부하는 학교를 주제로 글을 쓰는 사람은 거의 없었다. 도움을 받은 한국인들은 아니겠지만, 이런 고아원들과 학교들을 기억하는 미군은 거의 없을 것이다. 고아원과 학교들을 만족시킬 만큼 지원도 충분치 않았다.

군인들이 떠난 뒤 농부들은 똥냄새 나는 논에서 흙탕물을 튀기며 벼가 잘 자라게 해달라고 산신령에게 빌었다. 극동에는 작황이 나쁜 해가 없다. 오직 수확이 잘 되든지 아니면 재앙이든지 둘 중 하나뿐이다.

1953년 가을에 거둘 수확물은 이미 저당을 잡힌 상태였다. 아무리 인민군이라고 해도 대부업자들을 모두 색출할 수는 없었다. 봄에 굶주리는 농민들은 빚에서 해방되리라는 기대는 아예 하지 않았다.

극동에서 땅의 모습을 크게 바꿔놓지 못한 전쟁이 남긴 물리적 상흔은 치유하는 데 그리 오래 걸리지 않았다.

한국인들의 마음에 남은 다른 상흔은 훨씬 더 찾아보기 힘들었다. 한국인들은 자신의 불행은 마음속에 묻어두어야 한다고 수세기에 걸쳐 배워왔기 때문이다.

1953년 봄, 예전과 다른 한국인들이 나타났다. 눈이 검고, 키가 작으며, 말수가 적지만 체구가 건장한 이들은 대한민국 군복을 입었다. 소농의 자식으로 태어나 전쟁에 나갔던 이들은 이전과는 미묘하게 달라져 있었다. 이들은 부하를 지휘하는 법을 배웠다. 그리고 자신만만하고 어리둥절해하는 미국들과 함께 싸우며 많은 것을 배웠다.

작고 용감하며 미군 장교복을 입은 많은 한국군 장교들이 미국에 갔다. 한국에서는 미국이 아름다운 나라라는 뜻으로 쓰이지만 일본은 미국을 거대한 쌀이라고 불렀다. 이들은 조지아에 있는 보병학교에서 보병 전술을 배우고 오클라호마에 있는 포병학교에서 포병 전술을 배우는 동안 미국이 아름다운 것이 아니라 대단히 공허하다고 생각되었다. 이들은 모든 사람들이 은둔의 왕국인 한국 사람들과는 다르게 산다는 것을 알게 되었다.

미국에서는 농부라 하더라도 자기 땅을 소유하고 빚을 지지 않는 것이 가능했다. 미국에서는 상급 기관에 근무하는 관리라 하더라도 평범한 시민들보다 더 잘 살지 않았다. 신의 은총을 받아 사는 사람과 굶주리는 사람이 미리 운명으로 정해진 것도 아니었다.

아름다운 땅에도 사람들이 모두 인정하는 문제는 있었다. 미국인들은 문제가 영원할 것이라고 받아들이지도 않았다.

갓 맞춘 대령 군복과 장군 군복을 입은 작고 근면한 한국군 장교들은 1950년 6월 맹렬한 포격 아래서 군대를 지휘하다 전사한 시민과 상인과 관료의 아들을 대신해 상급 사령부를 지휘하게 되었다. 한국군 장교들은 위스키소다를 마시는 법은 전혀 배운 적도 없었고, 특징을 붙여 부르는 서구식 별명을 농담 삼아 받아들이지도 못했다.

운이 없게도 그들은 미국에서 골프도 배우지 못했고 자유로운 인간이 어떻게 사는지를 규정하는 원칙도 배우지 못했다. 그들이 유일하게 배운 것은, 삶이란 대한민국에서 살았던 방식과 다를 수 있고 달라야 한다는 것이었다. 미국에서 부하, 무기, 그리고 군대를 지휘하는 법을 배우고 복종을 기대하게 된 그들은 언젠가는 그들이 아는 유일한 방법으로 갑자기 이것들을 이뤄낼 것이다.

경작 허가선 남쪽에는 곡식 창고가 비었다. 새로 작물을 심지도 못했고 기다리는 것은 어려웠다.

북쪽에서도 기다리는 것이 어렵기는 마찬가지였다. 여기는 오직 미 8군만 있었다. 미 8군은 트럭 수천 대를 움직여 도로를 오가며 먼지를 날리고 바퀴자국을 깊게 남겼다. 미 8군은 이제 한국에 단단히 뿌리를 내렸다. 한국의 혹독한 더위와 추위를 견디기 위해 천막에는 널빤지로 벽을 두르고 바닥을 깔았다. 미 8군 사령부는 영원히 있을 것처럼 목재로 단단하게 만들어졌다. 미 8군 깃발은 높이 솟은 깃대에서 선명하게 휘날렸고 희게 칠한 돌을 깔아 중대 단위 지역을 표시했다.

몇 개월이 흐르는 동안 더 많은 깃발을 올리고 길을 표시하는 돌에 색칠하는 것 말고 미 8군이 할 일은 거의 없었다.

기다리는 일은 여전히 힘들었다.

차량 통행이 없고 고지가 헐벗어 흙이 드러난 먼 북쪽에서는 기다리는 일이 가장 고된 일이었다.

평평하지 않은 땅에 줄지어 파인 교통호에는 통신선과 모래주머니가 있었다. 미군 수천 명이 깊이 판 참호와 보강된 벙커에 들어가 있었다.

북쪽의 주 저항선 정면에서 멀리 떨어져 있는 음침한 중공군 고지의 여러 전초들에서는 봄을 앞두고서 병사들이 찬 진눈깨비를 맞으면서 평화를 이야기했다.

이따금 포가 발사되어 포탄이 고지에 떨어지며 폭발했다. 병사들은 평화를 말하면서도 북쪽을 주시했다. 나무가 없어 검게 보이는 고지와 안개 낀 계곡이 있는 북쪽에는 아무것도 움직이지 않았다. 관측소에서도 보이는 것이 없었다. 머리 위로 날아다니는 우군 비행기에서도 별다른 보고가 들어오지 않았다.

이따금 포탄이 날아갔지만 포병은 허공에다 대고 포를 쏘는 느낌이었다.

그러나 거기에 적이 있다는 것은 모두가 알았다. 보이지 않지만 적은 굴 안과 산을 파내고 모여 있는 게 분명했다. 적은 어둠을 틈타 귀를 찢듯이 터지는 포탄 소리를 뒤로한 채 참호와 엄체호로 몰려들어와 총을 쏘고 아군을 죽였다.

적은 판문점에서 휴전회담을 하고 있었지만 또 올 것이 분명했다.

* * *

4월 16일, 세계의 눈과 특파원 대부분이 판문점에 집중된 가운데 공산군은 병이 들거나 부상당한 포로들을 교환하는 데 동의했다. 그러면서 중공군은 미 7사단의 전초 선단을 공격해 무너뜨렸다. 중공군은 이리Eerie와 아스날Arsenal을 공격하고 데일Dale을 집어삼켰다.

폭찹 고지에는 병력이 부족한 미 31연대 E중대가 있었다. E중대 병사들은 적이 점령한 하삭골Hasakkol 고지에서 흐느끼듯 들려오는 단조 선율을 들었다. 중공군은 노래를 부르며 협조된 행동을 시작하는 것을 좋아했다.

노래는 마치 깊은 굴에서 나오는 것처럼 나지막했다. 저녁을 먹으며 노래 선율을 듣던 토머스 V. 해롤드Thomas V. Harrold 중위가 지휘하는 부하들에게 별로 유쾌하지 않은 농담을 던졌다. 겨우 76명밖에 안 되는 이들은 '산 위의 왕' 게임과 같이 극도로 취약한 곳에 있었다.

비밀리에 전선을 넘나드는 첩보원들로부터 공격이 임박했다는 말을 들은 사단 정보참모는 해롤드 중위에게 이를 알려주었다. 그러나 전쟁에서 경미한 사고는 불가피하게 벌어지게 마련이다. 이 정보는 폭찹 고지 너머에 있는 최전방 전초까지 전달되지 않았다.

어둠이 내렸다. 첩보원들은 최첨단의 청음초聽音哨 진지까지 내려와서 풀숲 사이를 기어갔다. 풀밭에는 야생 자두가 꽃을 피우고 있었다. 맑은 밤하늘에 별이 반짝였다.

22시가 지나자 중무장한 중공군 2개 중대가 하삭골에서 조용히 나와 넓은 계곡을 가로질렀다. 중공군은 경보가 발령되기 전에 살금살금 걸어 폭찹 고지에 도착했다.

중공군은 포격 속에서 E중대 1소대를 돌파했다. 20명 남짓했던 1소대원 중 7명만이 살아남았다.

해롤드가 빨간 신호탄을 쏘아 올렸다. 심각한 공격을 받고 있다는 뜻이었다. 그리고 잠시 뒤 폭찹 고지에 포병 사격을 요청했다. 23시 05분, 이미 중공군으로부터 포격을 받고 있던 폭찹 고지에 미 7사단 포병이 포격을 시작했다. 폭찹 고지의 진지들 주변으로는 포탄이 마치 말굽 모양을 이루듯 쏟아졌다. 고지 정상에는 근접신관이 달린 포탄이 떨어졌다.

그러나 중공군은 이미 참호와 벙커 안에 들어가 있었다. 폭찹 고지에서는 백병전이 벌어졌다.

미 31연대는 F중대와 L중대에서 1개 소대씩 차출해 해롤드 중위가 지휘하는 E중대를 증원했다. 어둠 속에서 길을 잃은 F중대는 폭찹 고지에 다다르지 못했다. L중대에서 온 소대원들은 상황을 오해했다. 언덕을 걸어 올라가서 중공군이 쏘아대는 사격 지대로 들어갔다. 이들은 중공군이 이미 산마루에 올라가 있다는 것을 몰랐다. 위에서 쏟아지는 총알 세례를 받고서는 깜짝 놀라 다시 계곡으로 내달렸다.

폭찹 고지가 중공군에게 점령당했다. 그러나 이곳 진지는 참호, 벙커, 그리고 강화된 진지로 만들어진 미로와 같았다. 해롤드와 부하들은 모래주머니, 탄약상자, 그리고 침낭을 벙커 입구와 총안銃眼[198]에 쌓고 수색을 위해 흩어진 중공군과 싸웠다. 새벽이 올 때까지 해롤드와 중대원들은 여전히 버티고 있었지만 실제로 폭찹 고지는 이미 중공군에게 떨어진 상태였다.

벙커에 처박혀 있던 해롤드는 밤사이 무슨 일이 일어났는지 알 수 없었다. 전투의 특성상 해롤드는 전투 장면을 거의 볼 수 없었다. 해롤드로부터 보고받은 대대장도 폭찹 고지의 상황이 어떤지 전혀 알 수 없었다. 대대는 증원을 위해 1개 중대만 보내도 충분하다고 생각했다.

3시 30분, K중대장 조셉 클레몬스 2세Joseph Clemons, Jr.는 폭찹 고지 바로 아래까지 중대를 이동시키라는 명령을 받았다. 클레몬스 중위는 L중대의 2개 소대가 폭찹 고지 오른쪽에서 공격하는 동안 K중대로 고지를 강습할 생각이었다.

클레몬스가 공격 대기 지점으로 정한 곳에서부터 폭찹 고지의 강화진지까지는 150미터밖에 떨어지지 않았지만 경사가 급했고 곳곳에는 탄흔과 바위, 그리고 통신선이 나와 있었다.

고지 능선까지 도달하는 데 거의 30분이 걸렸다.

그리고 적을 고지에서 밀어내는 싸움이 시작되었다. 중공군은 마치 들

---

198 총안: 성벽 따위에 안쪽을 바깥쪽보다 넓게 뚫어 놓은 구멍.

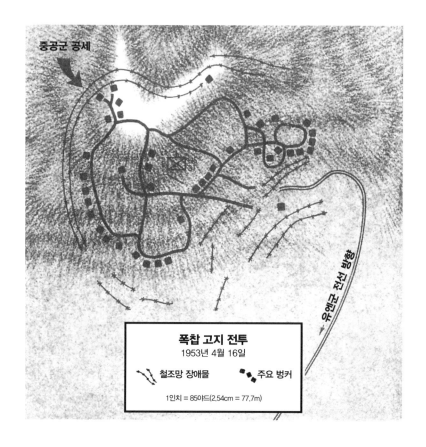

중공군 공세

폭찹 고지 전투
1953년 4월 16일

✕✕ 철조망 장애물　　◆◆ 주요 벙커

1인치 = 850야드(2.54cm = 77.7m)

쥐처럼 폭찹 고지에 굴을 팠다. 중공군 포병은 일정한 시간마다 고지 위에 물을 주듯 포격을 가했다. 2시간이 지나는 동안 미군은 겨우 200미터쯤 나아갔을 뿐인데 지쳐버렸다. 떨어지는 포탄 아래에서 고지는 이미 산산조각이 나 있었다. 그리고 이렇게 만들어진 돌무더기들은 소총수와 유탄수들이 숨기에 좋았다.

오른쪽 정면의 좁은 길을 올라가던 L중대의 2개 소대는 이미 능선에 몸을 숨긴 채 사격하는 중공군에게 산산조각이 났다. 포레스트 크리텐든 Forrest Crittenden 중위의 지휘로 공격에 참여했던 62명 중 10명은 유일하게 살아남은 장교의 지휘를 받아 기진맥진한 채 클레몬스 중위의 방어선이 있는 폭찹 고지 정상에 도착했다.

4월 17일 8시가 되자 클레몬스는 물도, 탄약도, 그리고 병력도 다 떨어졌다. 중공군은 손을 뻗으면 닿을 거리에 있었다. 중공군도 사정은 비슷했다. 만일 K중대가 단호하게 공격을 했더라면 폭찹 고지 전투는 끝났을 것이다. 그러나 K중대에는 병력이 거의 남아 있지 않았다. 중공군 포격보다 한국의 경사가 병사들을 더 빠르게 소진시켰다.

8시 직후 폭찹 고지 후사면으로 몇 안 되는 교대 병력이 도착해 클레몬스의 부하들과 합류했다. 미 17연대 G중대 1소대가 도착했다. 나머지 G중대원들은 집중포격을 받으면서 고지 뒤로 오르고 있었다.

G중대장을 본 클레몬스가 물었다. "대체 여기 어쩐 일이야?"

G중대장 월터 러셀Walter Russell 중위는 클레몬스 중위의 처남이었다.[199] 클레몬스가 러셀과 소식을 마지막으로 주고받은 것은 미국에서였다. 러셀은 K중대가 고지 소탕하는 일을 돕고 고지에서 철수하라는 명령을 받았다고 말했다.

대대와 연대는 고지에서 대체 무슨 일이 벌어지는지 전혀 몰랐다. 생존자, 그것도 지쳐버린 생존자 35명에 L중대 출신 10명, 돌무더기에서 구조된 E중대 12명만 남은 이 부대는 소탕을 하는 것이 아니라 안간힘을 써서 버티고 있었다.

러셀의 부하들이 탄흔으로 뒤덮인 경사를 죽을힘을 다해 오르고 있던 그 시간에 생생한 중공군 1개 중대가 능선 다른 끝에서 몰려왔다. 새로운 병력이 투입되면서 폭찹 고지 전투는 다시 불이 붙었다. 그러나 폭찹 고지는 여전히 여기저기에 참호와 산산이 부서진 벙커, 그리고 탄흔으로 덮인 곳이었다. 이곳에서 이리저리 구르고 사격을 해대며 수류탄을 던졌지만 어느 쪽도 승기를 잡을 수 없었다.

새로 투입된 병력은 빠르게 줄어들었다. 고지 위로 마치 비 오듯 쉬지

---

199 클레몬스는 미 육군사관학교 동기생인 월터 러셀의 여동생인 세실 러셀(Cecil Russel)과 1952년에 결혼했다.

않고 쏟아지는 포격은 무시무시했다. 오래지 않아 러셀이 지휘하는 G중대는 50명 남짓까지 줄었다.

정오가 되어 클레몬스는 대대장의 명령을 받았다. 명령을 직접 가지고 온 대대 정보장교는 클레몬스가 전투를 지휘하고 있는 벙커에 비틀거리며 들어왔다. E중대 생존자 전원을 즉시 후방으로 보내고 러셀은 15시에 고지를 벗어나라는 지시였다.

기진맥진한 클레몬스가 정보장교에게 말했다. "여기 상황을 대대든 연대든 제대로 모른다고 전달해. 나는 부하가 거의 없어. 있어도 모두 다 지쳤고. 러셀은 겨우 55명 남았어. 러셀의 G중대가 나가면 우리가 고지를 지키는 것이 가능하지 않아."

정보장교가 돌아갔다. 1시간 뒤, 폭찹 고지 정상에서 벌어지는 상황은 더 나아지지 않았지만 대대에서 클레몬스가 보낸 보고를 받았다고 연락이 왔다. 그러나 그게 다였다.

부하들이 계속해서 죽고 다치는 동안 폭찹 고지 전투를 둘러싼 모든 것은 어이가 없었다. 14시 45분에 포격을 뚫고서 공보장교가 클레멘스의 지휘소로 뛰어 들어왔다. 공보장교 배로우스^Barrows 중위는 미군의 영광스러운 전투 장면일 법한 사진을 찍고 이야기를 기록하겠다며 사진사 2명을 데리고 사단에서부터 나왔다.

클레몬스가 간단히 말했다. "사진은 잊어버려! 대신에 이 보고나 대대에 전해주게." 클레멘스는 "도움을 받지 못하면 고지를 지킬 수 없습니다"라고만 적었다.

폭찹 고지에서 벌어지는 참혹한 광경을 본 배로우스는 단번에 대대로 달려갔다.

이번에도 대대에서는 알았다는 말만 있을 뿐 그 이상은 없었다.

대대장 데이비스 중령^Davis과 미 31연대장 윌리엄 컨^Willaim B. Kern 대령은 이번에는 클레몬스가 보낸 보고를 받았다. 문제는 간단했다. 클레몬스는 후방으로 결사적으로 보고를 했지만 인명 손실에 대해서는 한 번도 말하지 않았다.

대대나 연대나 클레몬스의 중대가 비록 피로는 쌓였지만 여전히 상당히 강한 중대라고 생각하고 있었다. 인명 손실 보고가 전혀 없다 보니 사단 또한 클레몬스의 능력을 확신했다.

이제 드디어 문제가 불거졌다.

클레몬스는 여전히 아무 답도 받지 못했다.

답은 간단하면서 동시에 복잡했다. 상대적으로 가치도 없고 거칠게 튀어나온 땅 조각에 불과한 폭찹 고지에서 많은 병력이 스러져갔다. 중공군이 점령한 땅에서 폭찹 고지의 존재는 모욕적이었다. 본질적으로 폭찹 고지는 미군이든 한국군이든 한 사람 목숨의 가치만큼도 없었다. 그러나 폭찹 고지에서 벌어진 전투는 하루에 1개 대대를 투입해도 그대로 사라져버리는 또 다른 피의 능선이나 삼각 고지 전투가 되었다.

대대도 연대도 폭찹 고지에 병력을 더 투입한다는 결정을 내릴 수 없었다. 결정은 미 7사단으로 넘어갔다.

미 8군 사령관 테일러 중장의 지시에 따라 올드 발디 고지에 더 이상 병력을 투입할 수 없던 사단은 이러한 결정권을 받아들일 준비가 되어 있지 않았다. 만일 폭찹 고지가 적에게 넘어간다면 사기가 오른 중공군은 또 다른 고지를 공격할 것이라고 생각했다. 그렇다고 미 7사단은 앞으로 발생할 인명 손실을 받아들일 결정을 내릴 수도 없었다. 미 7사단사령부는 클레몬스에게 버티라는 명령을 내렸다. 그러나 상급부대에서 지시를 받을 때까지 도움을 줄 수는 없다는 단서를 붙였다. 사단사령부는 이미 손실이 많은 폭찹 고지에 더 많은 병력을 투입할 생각이 없었다.

미 7사단장 트루도 소장은 미 1군단에 전화를 걸었다. 그리고 데이비스 중령의 지휘소에서 기다리기 위해 전선 가까이로 헬리콥터를 타고 날아갔다.

미 1군단은 미 8군과 접촉했다. 미 8군은 도쿄에 있는 극동사령부와 논의해야 한다고 결정했다.

폭찹 고지는 의지가 걸린 전장이었고, 유엔군은 이 전장에서 이기지 못하고 있었다.

4월 17일 15시, 새로운 명령을 받지도 못하고 몇 시간 사이에 중대원 절반을 잃은 러셀 중위는 클레몬스 중위가 운이 좋기를 바라면서 부하들을 고지 아래로 후퇴시켰다. 아침에 폭찹 고지에 올라온 이후로 클레몬스에게 이제 남은 병력은 25명이 전부였다.

폭찹 고지에 붙은 땅덩어리 한곳에 조그맣게 원형 방어진지를 구축한 클레몬스와 부하들은 이제 무엇이 되든지 결과를 기다렸다.

클레몬스와 중대원들은 몇 시간째 마실 물이 없었다. 무기는 더러워졌고 작동이 잘 되지 않았다. 모두가 탈진해서 몽롱할 지경이었다. 그러나 클레몬스의 지휘 아래 중대원들은 여전히 군기가 살아 있었고 고지를 지키겠다는 의지를 가지고 있었다. 오후 내내 클레몬스의 K중대를 향해 소화기 사격이 이어졌다. 중공군 포병은 클레몬스의 중대를 찾아냈다. 클레몬스의 중대에서는 겨우 14명만 살아남았다.

17시쯤, 클레멘스는 저격수 2명을 소총으로 격퇴한 뒤 대대에 무전을 날렸다. "…여기에 있는 20명 정도만 여전히 무사하다. 완전히 힘이 떨어졌다. 중대는 더 이상 싸울 힘이 남아 있지 않다. 만일 교대되지 않으면 철수해야 한다."

이때 대대에 있던 트루도 소장은 바로 헬리콥터에 올라 전화하기 위해 사단 사령부로 날아갔다. 트루도 사단장은 미 1군단장인 브루스 C. 클라크Bruce C. Clark 소장에게 전화를 걸었다. 클라크 소장은 지금 전투가 벌어지는 폭찹 고지에 병력을 더 투입시킨다면 폭찹 고지를 끝까지 포기하지 않겠다는 약속을 원했다.

미 육군이 의지의 싸움에서 이기기 시작한 것은 바로 이 순간이었다. 무시무시한 말뚝을 두고서 애들이 벌이는 악몽 같은 싸움처럼 보일 수도 있었지만, 미 육군은 판문점에서 성공을 원한다면 누가 고지의 주인인지를 중공군에게 보여야만 했다.

L중대장 덴튼 중위에게 폭찹 고지를 공격하라는 명령이 내려졌다. 덴튼이 부하들을 이끌고 클레몬스가 지키던 곳에 도착했을 때 클레몬스에게는 겨우 16명만이 남아 있었다. 덴튼과 L중대 잔여 병력은 밤이 끝나기 전에 클레몬스가 겪었던 것만큼 끔찍한 경험을 하게 된다.

18시 직전에 미 17연대 2대대가 컨Kern 대령이 지휘하는 미 31연대에 배속되었다. 컨 대령은 이로써 새로운 2개 소총중대를 얻었다. E중대에게는 알리지 않은 채 미 17연대는 먼로 킹Mornoe D. King 대위가 지휘하는 F중대에 폭찹 고지를 공격해서 클레몬스의 K중대와 교대하라는 명령을 내렸다. 21시가 지나서 F중대는 고지 후사면을 올랐다. 그리고 K중대의 생존자들이 후방으로 내려오기 시작했다.

포병의 강력한 화력 지원과 고지의 모든 저항을 분쇄하기 위해 필사적인 중공군 앞에서 F중대로는 충분치 않았다. 미 17연대 E중대가 다시 투입되어야 했다.

이토록 치열하게 전투가 벌어지는데도 전선의 다른 곳들은 모두 소강상태였다. 판문점에서는 포로가 교환되고 있었다. 그러나 폭찹 고지에서 소총중대의 목숨은 경각에 달려 있었다.

4월 18일 새벽에 미 17연대 A중대가 투입되었다.

돌이켜보면 E중대와 A중대는 더 일찍 투입되었어야 했다. 단장의 능선 전투 이후로 민간인들은 군이 너무 많은 병력을 투입해 너무 많은 사상자를 낸다고 엄청나게 군을 압박했다. 그 결과, 축차적으로 병력을 투입하게 되었고 이는 역설적으로 원래 필요했을 희생자보다 훨씬 더 많은 희생자를 불러왔다.

미 17연대 A중대는 4월 18일 하루 내내 F중대와 E중대 잔여 병력들과 함께 중대에서 중대로 이어지는 중공군 증원병을 상대로 싸우면서 결국 전투의 승기를 잡았다.

폭찹 고지에서 클레몬스의 K중대를 구원한 L중대, F중대, 그리고 E중대는 거의 비슷하게 사상자가 발생했다. 1,000명의 미군을 사살하거나 여름 내내 공격을 하더라도 폭찹 고지를 점령할 수 없다는 것을 깨닫자, 중공군은 시작할 때와 마찬가지로 빠르게 공격을 중단했다.

4월 18일 해가 진 뒤 포격 소리도 멈추었다. 옅어진 화약 연기 사이로 별들이 드러났다.

미 육군은 24시간 동안 포탄을 13만 발 이상 쐈고 사상자도 수백 명이 발생했다. 폭찹 고지 전투는 '고지 위의 왕' 게임이었다.

때로는 게임의 비용이 막대하기 마련이다.

제39장
휴전
●

> 한국에서 전쟁을 시작하기는 매우 쉬웠으나 멈추는 것은 쉽지 않았다.
>
> — 1958년 불가리아 공산당 전당대회에 참가한 흐루쇼프Nikita Khrushchyov의 연설에서

1952년 말에 치러진 미국 대통령 선거에서 공화당 후보인 드와이트 E. 아이젠하워는 이렇게 말했다.

"당선된다면 한국에 가겠습니다."[200]

대단한 약속은 아니었지만 이 약속의 효과는 반대 진영의 고민을 불러왔다. 이 약속은 싸구려 정치라고 즉각 공격을 받았지만, 한국에 가족을 보낸 수많은 유권자의 표심을 흔들었다는 것은 분명했다. 이것은 현 정부가 피하고 싶어하는 단순한 사실, 즉 한국에서 벌어지는 전쟁이 대통령 선거의 핵심이며, 현 조건으로 전쟁을 계속하기란 정치적으로 불가능해지고 있다는 뜻이었다.

해리 트루먼과 그의 후계자인 스티븐슨을 괴롭히는 것은 참전이 아니라 1951년 이후 계속되는 군사적·외교적 교착상태였다.

교착상태에서 한 달에 미군 사상자가 2,500명이 발생했다. 별로 대수롭지 않은 것이었지만 미국인들의 마음을 매우 불편하게 한다는 것이 문제였다.

나폴레옹이 집권하던 마지막 여러 해 동안 나폴레옹의 참모들은 프랑

200　1952년 10월 24일 미시건 주 디트로이트에서 한 라디오 연설로서 일명 "I shall go to Korea"로 알려져 있다.

스가 치르는 전쟁에서 매달 사상자가 10만 명이 발생해도 감당할 수 있다고 계산했다. 이 수치는 당시 프랑스 전체 인구와 매년 징병 대상이 되는 남자의 나이를 고려한 것이었다. 그러나 그들이 고려하지 않은 것은 이미 포르투갈의 리스본Lisbon부터 러시아의 모스크바Moskva까지 이어진 전장에서 200만 명에 달하는 전사자가 발생했음을 알고 있는 프랑스 국민들이 이유가 타당하다 할지라도 난관에 발을 들여놓는 것에 대해 전적으로 냉담했다는 사실이었다.

직업군인은 외교 무대에서 장기판의 졸로 사용되어왔고 그럴 수도 있다. 그러나 미국인들은 깊이 감명을 받더라도 큰 결과가 없으면 그렇게 사용될 수 없다. 1952년 11월, 아이젠하워는 대통령 선거에서 압도적인 득표로 당선되었다.

11월 21일, 도쿄에 있는 클라크 대장은 대통령 당선자인 아이젠하워가 12월 초에 한국에 올 것이며 환영식도, 외교적인 접대도, 이와 유사한 어떤 것도 원치 않는다는 연락을 받았다. 아이젠하워 당선자는 전선을 둘러볼 예정이었다. 클라크는 아이젠하워의 경호 문제로 엄청나게 고민하게 되었다. 아이젠하워의 동선을 적대 진영에 가급적 비밀로 해야 하며 적의 사격 범위 안으로 들어가게 해서는 안 되었다.

대통령 당선자가 한국에 온다는 소식은 한국과 관련된 사람들에게 뚜렷한 효과를 가져왔다. 고위 장성이든 이등병이든 많은 장병들은 자신들이 잊힌다는 생각에 사로잡혀 있었다. 미국 본토의 생활은 전과 마찬가지인 반면, 미국은 미 8군이 멀리 떨어진 전선을 영원히 지키고 있는 상황에 천천히 적응하는 듯 보였다. 여론은 한국전쟁에 적대적이었지만, 많은 미국인들이 전쟁을 잊길 원한다는 명백한 증거도 있었다.

한국전쟁에서 돌아간 참전 군인들을 환영하는 일은 거의 없었다. 미국인들은 승리하지 못한 전쟁을 어떻게 받아들여야 할지 전혀 몰랐다.

아이젠하워가 온다는 소식이 전해지자, 장군들은 교착상태로 묶여버린 제한을 풀 수 있겠다고 예측하기 시작한 반면, 병사들은 그것이 자신들이 곧 고향으로 돌아갈 것이라는 의미인지 궁금해했다.

대부분의 극동사령부 장성들과 함께했으며, 맥아더와 같은 좌절감을 느꼈던 클라크는, 한국전쟁에서 군사적 승리를 위해서 필요한 병력의 상세한 리스트와 계획을 준비했다. 클라크는 대만에 있는 장제스의 게으르고 늙은 사단들을 한국에서 사용할 수 있을 것이라는 데 특히 낙관적이었으나, 유럽 국가들의 반감 때문에 실행에 옮기지 못하고 있었다.

1952년 12월, 아이젠하워는 대규모 수행단을 이끌고 아침 일찍 수원으로 날아왔다. 수행단에는 국방장관으로 지명된 찰스 E. 윌슨Charles E. Wilson, 합참의장 오마 브래들리Omar Bradley 대장, 미 태평양함대사령관 아서 래드포드Arthur Radford 대장, 래미Ramey 공군 소장과 퍼슨스Persons 같은 장군들, 허버트 브라우넬Herbert Brownell과 아이젠하워의 공보비서 짐 해거티Jim Hagerty가 포함되어 있었다.

아이젠하워 당선자는 전선의 후방 지역을 쉴 틈 없이 돌아봤다. 그리고 이승만 대통령과 짧은 만남을 가졌다. 아이젠하워는 일 이야기는 거의 하지 않았다. 이런 점에서 이번 방문은 반대자들이 주장하듯이 적은 비용으로 선거 때의 약속을 지켰다는 생색을 내는 행동처럼 보였다. 그러나 이번 방문으로부터 매우 중요한 사실 두 가지가 눈에 띄었다.

아이젠하워는 전쟁에 승리하기 위한 클라크의 요구사항을 보지도 않았다. 이 사안은 논의되지 않았다. 클라크에게 새로 들어설 아이젠하워 정부는 전쟁의 확대가 아니라 명예로운 평화를 위해 압박한다는 것이 분명해 보였다. 이런 차원에서 아이젠하워의 한국 방문은 장군들에게 갑자기 정책이 바뀌지 않을 것이라는 것을 알려준 것 말고는 해결한 것도, 달성한 것도 없어 보였다.

논의가 된 또 다른 중요한 문제는 보안 때문에 가려 있었다. 지난 2년 동안 공산군은 유엔군을 선전전으로 두들겨댔다. 반면, 이를 되받아치려고 시도한 유엔군은 헛발질을 해왔다. 아이젠하워 당선자는 일본이 수행했던 심리전에 매우 예민한 관심을 가졌다. 2년이 넘는 동안 유엔군사령부는 자신의 의도를 세계는 물론 적에게까지 떠들어댔다. 그러나 이러한 모습은 이제 바뀌게 되었다.

옳든 그르든 아이젠하워와 측근들은 소련이 큰 전쟁을 원치 않으며, 이제 미국이 상당한 정도의 주도권을 잡아 가능하다면 상대방이 균형을 잃게 만들 때라고 생각했다. 이 전술은 이미 전에도 논의가 되었지만, 너무 위험하다며 폐기되었다. 결과적으로 기존 정책은 공산주의자들이 자신들의 의도를 드러내지 않은 반면, 미국은 자신의 상황이 무엇인지를 공산주의자들에게 정확히 말해주는 것이었다.

새 정부는 적에게 심리적 압박을 높이기로 마음먹었다. 공산 세계는 취약한 지역이 많았다. 어쩔 도리가 없는 유럽인들처럼 이런 지역에 대해 아이젠하워 정부는 너무 과민했음을 알았다. 미국은 전쟁의 위험을 무릅쓸 때에만 철의 장막 너머로 간섭할 수 있었다.

그러나 한국 상황과 같이 이용해야 하는 다른 지역도 있었다. 이제 한국전쟁을 끝내는 데 중요한 영향을 미치는 조치들이 계획되었다.

한국을 방문하는 동안 아이젠하워는 클라크 대장으로부터 탄약이 부족하다는 보고를 받았다. 미국 언론은 탄약 부족을 주요 추문으로 보도했다. 포병탄과 박격포탄 중 일부 탄종의 공급이 부족한 것은 사실이었다. 클라크는 부족한 탄종의 배급을 실시해 전선에서 탄약 부족이 문제가 된 적은 한 번도 없었다.

탄약이 일부 부족한 것은 사실이었다. 전선에서 전례 없이 많은 탄을 소모하면서 후방 탄약 집적소가 바닥을 드러냈다. 생명을 구하기 위한 칭찬받을 만한 노력으로 고지전이 벌어지는 동안 미군 포병은 어마어마한 양의 포탄을 퍼붓듯 쏘는 경향이 있었다. 탄막을 만들 정도로 집중된 포병 사격은 제1·2차 세계대전 중 어떤 포병 사격과도 비교할 수 없었고 한국이라는 제한된 전쟁터에서 1953년까지 발사된 포탄의 양은 제2차 세계대전 동안 발사된 것보다 훨씬 더 많았다. 적도 유엔군이 가진 만큼 포를 가지고 있다고 추정되었다. 그러나 탄을 아낌없이 사격 양을 세지 않고 쏜 것은 미군이었으며, 단장의 능선부터 폭찹 고지까지 거의 모든 고지전에서 유엔군이 승리한 것도 이러한 우월한 포병 덕분이었다.

나머지 탄약이 부족한 것은 극동사령부 군수참모부 병기과에서 관리를 잘못했기 때문이었다. 새로운 병기장교가 보임되었고 계수 방법이 개선되었다. 미국에서 배로 운반해오는 탄약 운송의 속도도 빨라졌다. 전방의 병사들에게 기자들에게는 어떤 사항도 말하지 말라는 명령이 내려졌다. 탄약 부족에 대한 물음은 자연스럽게 사라진 반면, 어떤 사단들은 하룻밤 사이에도 1만 발쯤 되는 포탄을 계속해서 쏟아부었다.

보고와 논의가 모두 끝났다. 아이젠하워는 미국으로 돌아갔고, 성탄절이 다시 찾아왔다. 전쟁은 예전처럼 계속되었다. 장군들과 병사들이 가졌던 기대도 무뎌졌다.

그러나 사방에서 새로운 압박이 높아졌고, 벌어지는 일들은 결론을 향해 나아갔다.

* * *

동부 산악부터 서쪽의 임진강 하구에 있는 해병 지역까지 불안한 전선을 따라 고지를 점령하기 위한 전투가 벌어지는 동안, 미국인들은 전쟁이 다른 곳으로 확대될까봐 초조해졌다. 한국전쟁이 길어질수록 큰 전쟁이 벌어질 가능성이 커지기 때문에 초조함은 커지는 공포의 영향을 받았다. 유엔의 작은 나라들은 전쟁포로 때문에 생긴 교착상황에서 벗어나기 위한 방법을 늘 모색했다.

이는 쉽지 않은 일이었다. 미국은 독재국가를 향해 총구를 돌리라고 병사들에게 명령하는 것을 변함없이 거부했다. 여기서 도덕적인 문제는 분명했다. 중공군과 인민군은 완전 송환 이외의 어떤 것도 받아들이기를 단호히 거부했다.

이것은 휴전을 방해하는 유일한 난관이었다. 한국의 통일이나 한국의 독립 보장 같은 문제들은 1951년 2월 유엔 결의안에 별도의 위원회[201]를 설치해 휴전이 이루어지면 정해지지 않은 시점에 편리하게 "평화로운 방법을 통해서" 해결되어야 한다고 정해졌다.

처음에는 판문점에서 남일과 공산군 지도부의 과도한 요구 때문에 세계 여론은 포로 문제를 두고서 혼란스러워했다. 특히 중립국들 사이에는 미국이 진실을 말하는지, 거제도에 수용된 포로 수천 명이 반란을 일으켰을 때 포로들에게 어떠한 강압도 없었다는 것이 의심스럽다는 의견도 있었다. 만일 대규모 탈옥이 벌어지기라도 했으면 미국은 이렇게 의심하는 사람들을 상대로 진실성과 도덕성을 확신시킬 수 없었을 것이다.

그러나 포로들은 엄격한 통제 아래 있으면서 중립적인 입장을 가진 외부인들로부터 점검을 받았다. 미국의 입장이 사실이라는 것이 느리기는 했지만 점점 분명해졌다.

헤이든 보트너 준장이 1포로수용소를 통제한 이후로 공산주의자들은 포로를 이용한 선전전에서 지기 시작했는데, 이는 당연한 것이었다. 결국 그들은 포로수용소를 국제적십자사를 포함해 누구에게도 공개하지 않았다.

공산주의자들이 많은 포로들이 송환을 거부한다고 공공연히 인정하든 말든 세계는 점점 더 이 사실을 알게 되었다. 그리고 멕시코부터 인도까지 더 많은 세계는 공산주의의 비타협적인 태도에 짜증을 내게 되었다.

1952년 11월, 결코 미국에게 호의적이지 않은 인도 대표 V. K. 크리슈나 메논V. K. Krishna Menon은 양측 전쟁 당사자들의 통제로부터 완전히 벗어난 중립 송환 위원회로 포로들을 보내야 하며 포로의 수와 교환 지점들은 사전에 동의되어야 한다고 유엔에 제안했다. 중립 송환 위원회가 포로들을 면밀하게 확인하고 송환이 결정되지 않는 포로에 대해서는 유엔이 책임을 지는 조건이었다.

---

201 유엔한국통일 부흥위원단(United Nations Commission for the Unification and Rehabilitation of Korea, UNCURK)을 말함.

공산군 측은 이 제안에 격노했다.

12월에 유엔 총회 의장인 캐나다 출신의 레스터 피어슨Lester Pearson이 제시한 수정안이 받아들여지면서 메논의 제안은 유엔 총회에서 일부 수정되어 결의로 채택되었다. 이 결의는 "한국에서 건설적이고 견실한 평화를" 받아들일 것을 요청하면서 중공과 북한에 전달되었다.

중공과 북한은 이 제안이 "불법적이고, 불공평하며, 불합리하다"고 논평하며 바로 거부했다.

당시 단호하게 반공을 천명한 포로들을 다수 수용하고 있던 남한 또한 인도의 결의안을 맹렬히 비난했다.

메논을 별로 믿지 않던 미국은 조심스럽게 동의했다.

열렬하게 평화를 갈구한다고 계속해서 부르짖던 공산주의자들은 선전전에서 지기보다는 차라리 계속 피를 흘리는 전쟁을 선호하는 것이 명백해 보이는 궁지를 향해 뒷걸음질 쳤다. 그렇게 함으로써 그들은 패배하고 있었다.

유엔 사무총장인 트뤼그베 리는 한국을 침략하기 시작한 자들이 전쟁을 끝내기를 원치 않는 것 같다고 공개적으로 발언했다. 이 말은 널리 인용되었다.

1952년 늦게 세계 여론은 북한과 중공에 천천히 그러나 확실히 반대로 돌아섰다. 이 나라들에 의해 계속된 싸움은 동요를 격화시킬 뿐이었다.

* * *

아이젠하워가 12월에 극동을 떠나자, 클라크 대장은 새 정부가 전쟁을 격화시키기보다는 협상으로 평화를 선택하리라는 것을 확신했다. 아이젠하워가 대통령으로 취임하고 얼마 지나지 않아 클라크 대장은 공식적으로 이를 통보받았다.

그리고 나서 2월 19일 클라크는 1952년 12월 13일에 제네바에서 열린 적십자연맹League of Red Cross Societies 집행위원회가 한국전쟁에서 병들거나 부상당한 포로들은 휴전협상 전이라도 교환되어야 한다는 결의를 15 대 2로 통과시켰다는 내용을 합동참모본부로부터 들었다. 반대한 두 나라는 중공과 소련뿐이었다. 합동참모본부는 유사한 결의가 유엔에도 대기 중이라는 것을 알았다. 합동참모본부는 국무부의 동의를 얻어 클라크 대장에게 유엔이 결의를 채택하기 전에 먼저 적에게 이 제안을 제시하라고 재촉했다.

유엔군사령부는 1951년 12월에 공산군 측에 같은 제안을 한 적이 있었으나, 공산군은 이를 거부했다.

1953년 2월 22일, 클라크 대장은 북한의 김일성과 중공군 지휘관인 펑더화이에게 서신을 썼다.

"유엔군사령부는 심각하게 아프거나 부상을 당했지만 여행할 수 있는 포로들을 제네바 협정 제109호 조항에 따라 귀측으로 돌려보낼 준비가 된 상태이다. 나는 이런 포로들을 송환하는 문제에서 귀측이 이를 즉시 진행시킬 준비가 되어 있는지 알기를 원한다. … 유엔군사령부 연락장교들은 귀측 연락장교들과 만나 필요한 조치를 취할 준비가 되어 있다."

클라크 대장의 서신이 판문점을 통해 공산군 측에 전해졌다. 36일 동안 답이 없었다.

1953년 1월 내내 선전전이 중공군에게 불리하게 돌아가기 시작했다. 공산주의 국가들의 수도에서는 미묘하든 미묘하지 않든 다른 여러 압박들이 느껴지기 시작했다.

공산주의 지도자들은 미국 행정부 교체의 의미에 대해 평가하려 노력했지만 별 성과는 없었다. 1952년에는 공산주의자들에 대한 직접적인 행동을 가장 강하게 요구했던 것이 공화당 지도부였다. 그런데 이 요구가 이런저런 방식으로 범법자들에 대한 처벌의 완화를 어렵게 만들고 있었다.

해임된 맥아더를 미국 대통령 선거에 후보로 내야 한다고 했던 사람들 대부분이 공화당원이었다. 의회에서 맥아더를 지지했던 사람들 대부분도 공화당원이었다.

이제 공화당이 권력을 쥐었다. 그 정점에는 예비역 원수가 있었다. 공산당 지도부도 본질적으로 민간인이다 보니 미국 의회가 장군들을 걱정하듯 크레믈린도 장군들을 걱정했다. 공산주의 지도자들 또한 장군들이 정치인이나 외교관과 비교해서 전쟁이 불가피하다고 생각하는 경향이 훨씬 더 강하다고 보았다.

공산권 지도부는 미국의 지배층 백만장자 패거리들이 이상하게도 맥아더를 우상화했으며, 이러한 '패거리'의 가장 중심에 있는 태프트 상원의원이 맥아더를 지지했다는 것을 알았다. 공산권 지도자들은 서구가 인정한 것보다 자신들을 과대평가했다. 이것은 신화였다. 공산권 지도자들은 이제 스스로 만든 신화의 함정에 빠졌다. 공산주의자들은 전쟁이 사회에 격변을 불러오기 마련이기 때문에 어떤 서구 국가에서든 부자들이 다른 집단보다 전쟁을 더 원하지 않는다는 사실을 무시한 채 자본주의자들이 이익에 눈이 멀어 전쟁을 열망한다고 주장했다.

1953년 공화당 지도부는 한국에서 벌어지는 전쟁에서 무엇을 해야 할지 정확히 몰랐던 것 같다. 그때까지 공화당 지도부는 미국인들을 제대로 이해시키지 못했다. 그러나 더 중요한 것은 공화당 지도부가 공산 세계를 이해시키지도 못했다는 것이었다. 이제 막 새로운 문제들이 발생하던 공산 세계는 절망에 빠진 미국이 단호한 태도를 보이지 않으리라는 것을 확신하지 못한 채 정말 걱정이 많았다.

도쿄에서 시작된 어떤 압박이 예민한 곳에 가해졌다.

네바다 주에 있는 핵실험장인 프랜치맨 플랫Frenchman Flat에서 솟아오르는 밝은 섬광과 험악하게 생긴 버섯구름은 전술 차원의 전장에 어마어마한 변화가 있을 것이라는 점을 암시했다. 이는 이 핵실험 이후 미국이 발표한 성명과는 정반대였다. 핵무기는 전략무기였다. 히로시마에서 나타난 것처럼 도시와 산업시설을 겨냥하고 남녀노소를 가리지 않고 수백만 명을 살상할 수 있었다. 그러나 야전포병이 포로 발사할 수 있게 되기까지는 제한적인 전장에서 전혀 도움이 되지 않았다.

1953년에야 비로소 미군을 포함하여 전 세계 군대들은 핵분열 물질이 전쟁에 사용될 수 있다는 생각을 하게 되었다. 임시로 몇 년밖에 쓰이지 않았지만 구경 280밀리 야포는 이 모든 것을 영원히 바꾸어놓았다. 낮은 킬로톤급 전술핵을 운반해 선별적 표적에 투사할 수 있는 원자포atomic cannon[202]로 말미암아 지상전은 화력이 출현한 이래 가장 큰 변화의 앞에 서 있었다.

원자포는 지상에 존재하는 어떠한 방어시설도 파괴할 수 있었다. 심지어 그 파괴 깊이가 20킬로미터나 되었다. 배치된 병력을 포함하여 모든 방어시설을 깔끔하게 선별적으로 지워버릴 수 있었다. 아무리 많은 병력을 배치하더라도 그 앞에서는 그저 좋은 먹잇감일 뿐이었다.

우위에 있는 유엔군의 화력에 대규모 병력을 집결시켜 맞서는 공산군에게는 종말을 고하는 사건이었다. 그리고 1953년에 공산군은 쓸 수 있는 전술핵무기가 없었다.

280밀리 포가 극동에 도착했다. 그리고 핵탄과 재래식탄을 모두 쏠 수 있는 전술핵탄두가 뒤따라 도착했다. 한국으로 반입되지는 않았지만 한국과 가까운 곳의 무기고에 수용되었다. 포와 탄이 모두 극동에 배치되었다는 말이 더 비밀스럽게 공산권에 흘러 들어갔다.

동시에 공산권에는 검증할 수도 막을 수도 없는 소문이 소리 없이 퍼져나갔다. 미국이 여름 넘어서까지 교착상태를 용인하지 않을 것이라는 말이 돌았다.

중공군 정보부가 느끼는 심리적 압박이 엄청나게 늘어났다. 평가 부서도 수집 부서도 감히 증거를 무시하려 하지 못했다.

선전전에서 지고 있던 중공은 한반도 전장에서 엄청난 명성을 아직 갖고 있었다. 중공은 서구의 군대와 싸워 그들을 외견상 정지 상태로 몰아넣었다. 중공은 하루 만에 동양에서 강대국 지위로 뛰어올랐다. 그러나 간신히 이루어놓은 균형에 만일 미국이 산업과 핵전력을 투사한다면 중

---

202 원자포: 소형 핵을 발사할 수 있는 대구경 화포.

국의 이득은 더 빠르게 사라져버릴 터였다. 특히나 핵전력은 이제껏 미국이 사용을 자제하고 있던 것이었다.

중공군이 여전히 허풍을 떨며 이야기할 때, 베이징에는 걱정하는 사람들이 있었다. 군사적인 염려 말고도 공산권이 시작되는 엘베Elbe 강부터 공산권이 끝나는 압록강까지 1953년은 경제 사정이 안 좋았다. 많은 곳에서 수확이 적었는데, 이는 앞으로 여러 달 동안 문제를 일으킬 수 있었다.

1953년 3월 5일, 이오시프 스탈린Iosif Vissarionovich Stalin이 사망했다. 모든 독재자들이 그러하듯 스탈린 또한 후계를 논하려 하지 않은 채 자기를 대신할 만큼 능력이 있어 보이는 인물들은 조직적으로 제거했다. 따라서 소련 공산당의 유일 체계는 끝장을 맞게 되었다.

스탈린을 칭송하며 무덤에 묻기도 전에 모스크바에서는 벌써 권력 투쟁이 벌어졌다. 앞으로도 한참 걸릴 투쟁이 끝나기 전에 소련의 기초가 뿌리부터 흔들리게 되었다.

스탈린이 죽고 소련에서 권력 투쟁이 벌어졌다는 소식과 함께 이미 기아와 물자 부족에 시달리던 소련의 위성국가들은 갑자기 희망을 느끼면서 봉기로 들썩였다. 여름이 되기 전에 동독에서는 동요가 공개적인 반항으로 나타났다.

소련은 내부 권력 투쟁과 위성국가들에서 벌어진 봉기를 모두 극복했다. 그러나 크렘린 안의 모든 파벌들은 외국에서 모험을 할 시간이 없었다. 제2차 세계대전이 끝난 지 몇 년이 지났지만 그때 당한 피해에서 여전히 벗어나지 못한 채 스탈린의 강압적인 의지에 계속 떠밀리던 소련은 이제 스탈린이 사라졌기 때문에 상당한 기간 동안 한숨을 돌리는 시간이 필요했다.

1953년 3월 6일 땅에는 평화를 뜻하는 비둘기 소리가 울리고 평화 공세가 필요한 때였다.

이제 더 이상 운명을 시험하지 않고 중국의 동지들에게 약간 미묘하지만 실수 없이 압박을 가할 시점이었다. 중공은 비록 걱정은 하고 있었지만 좋은 것을 단념할 생각이 전혀 없었다.

여러 일이 함께 일어나면서 세상은 큰 사건들을 향해 나아갔다. 1953년 봄에 미국과 비공산권의 지도자들은 평화를 원했다. 공산 진영의 지도자들도 평화를 갈구했다.

비록 잠깐이기는 하지만 역설적이게도 세상에는 갑자기 이익 공동체가 생겼다.

1953년 3월 28일 도쿄에서 한밤에 웨인 클라크 대장은 펑더화이와 김일성으로부터 온 전문을 받으려 침대에서 일어났다. 여느 공산측 전문과 마찬가지로 불평, 욕설, 그리고 핑계로 가득한 전문을 읽는 동안 클라크 대장은 갑자기 한 문장이 눈에 들어왔다.

펑더화이와 김일성은 병들고 부상당한 포로들을 교환하는 게 좋은 생각이라고 동의할 뿐만 아니라 1952년 10월 8일 이후로 휴회한 본회의를 판문점에서 즉각 재개하자고 제안했다.

흥분은 되었지만 상당한 의심을 가지고 바라본 클라크 대장이 휴전회담을 재개하는 데 동의했다. 다른 무엇보다도 클라크는 공산군이 비밀로 하는 새로운 속임수가 무엇인지 궁금했다.

그러나 3월 30일에 중공 외교부장 저우언라이는 중공과 북한이 모든 포로들의 심사를 위해서 중립 송환 위원회를 받아들일 수도 있다고 공개적으로 발표했다.

판문점에서 북한 연락장교들은 회담을 진전시키는 데 갑자기 관심을 보였다. 이전에는 전혀 보이지 않던 관심이었다.

워싱턴에서 아이젠하워 대통령은 "우리가 신뢰할 가치가 없다고 판명될 때까지" 미국은 공산측의 제안을 있는 그대로 받아들일 것이라고 말했다. 예전부터 깊이 걱정하던 공산측 지도자들이 아이젠하워 대통령이 진정으로 평화를 바라는 사람이 아닌지에 대해 생각하기 시작한 것은 바로 이때였다. 그러나 주사위는 이미 던져졌다. 공산측 지도자들은 비밀회의를 통해 이미 결정을 내린 뒤였다. 공산권은 한국으로부터 가능한 한 많은 것을 지켜내려 했다. 그러나 공산권은 철수하게 된다. 모험은 끝났다.

공산권의 구조 작전 때문에 전쟁을 끝내는 것은 갑자기가 아니라 서서히 오게 되었다. 공산주의자들이 전쟁포로 문제의 실패에서 무엇인가를 얻어내려고 완강하게 버티고 연합군의 의지를 시험하려고 앞서가지도 않았기 때문에, 병사들은 음울한 고지에서 여전히 죽어갔고 전투는 계속되었다.

4월 11일, 양측은 부상 포로와 병든 포로의 교환 조건에 합의했다. 유엔군은 5,800명을 돌려보내고, 공산측은 겨우 684명만 돌려보내기로 했다. 684명 중 한국군은 471명, 미군은 149명, 그리고 나머지 64명은 다른 나라 출신들이었다.

처음으로 미국은 공산군에게 포로로 잡힌 8,000명이 전부 귀환하지 못할 수도 있다는 확실한 증거를 갖게 되었다. 미국은 압록강을 따라 들어선 을씨년스러운 포로수용소들에서 미군 포로 중 58퍼센트가 이미 죽었다는 것을 여전히 몰랐다. 이러한 사실을 알았을 때는 휴전회담이 이미 상당히 진행된 뒤였다. 공산군의 잔악행위를 폭로한다고 해서 휴전회담으로 나아가는 추세를 늦출 수는 없었다.

전 세계에 한국에서 전쟁이 끝날 수 있다는 희망이 퍼졌다. 1950년 여름 이후로 발길을 끊었던 기자들이 한국으로 몰려들었다. 희망이 최고조에 달했을 때, 그리고 기자들이 비무장지대 바깥에 몰려들었을 때, 중국은 마지막으로 폭찹 고지에서 미국을 시험했다. 폭찹 고지에서 벌어진 살상은 이전보다 두 배는 더 잔인했다.

4월 20일, 폭찹 고지에서 뜨거운 전투가 벌어지고 있을 때 리틀 스위치Little Switch라는 이름으로 포로 교환이 이루어졌다. 미국이 생각한 대로 병들고 부상당한 미군 포로들이 집으로 돌아왔다. 미국은 한참 뒤인 4월 26일이 지나서야 적이 꼼수를 썼다는 것을 깨달았다. 포로 교환으로 돌아온 포로 중 다수는 병들거나 부상당한 포로가 아니라 중공군의 말을 잘 들은, 한마디로 '부역자들'이었다. 공산군은 이들을 돌려보내면서 포로를 잘 대우했다는 것을 보여줄 생각이었다.

언론이 폭포처럼 쏟아낸 감성의 물결이 지나간 뒤, 공산군에 협조했던 포로들을 처벌하려는 시도는 시작부터 삐걱거렸다. 중공군이 던진 수는 매우 성공적이었다. 잘했든 잘못했든 간에 미국인들이 '병들고 부상당한' 포로들을 즉각 용서한 것은 이해할 만했다. 군은 돌아온 포로들이 포로수용소에서 군인답지 못한 행동을 했기 때문에 문제가 있다고 주장했지만, 이들을 상대로 엄격한 조치가 필요하다는 여론을 모을 수 없었다.

리틀 스위치 작전이 끝난 다음날인 1953년 4월 27일, 전쟁을 끝내기 위한 협상이 진지하게 시작되었다. 공산군은 6개항의 제안을 내놓았다. 핵심은 다음과 같다.

1. 송환을 희망하는 모든 포로는 휴전협정 체결 후 2개월 안에 본국으로 송환된다.
2. 송환을 희망하지 않은 포로는 그로부터 1개월 뒤 중립국으로 보내진다. 본국이 파견한 인원들은 중립국에서 6개월 동안 이 포로들을 접견하면서 설명할 수 있다.
3. 포로들이 중립국에서 본국 송환을 요구하면 즉각 석방된다.
4. 이런 6개월의 과정을 거친 뒤에도 남아 있는 포로가 있으면 이들을 처리하는 문제는 휴전협정 뒤에 이어지는 정치회담에 의제로 제출해 처리한다.

1953년 5월 유엔군과 공산군은 위의 제안을 수정하는 데 시간을 보냈다. 유엔군은 중립국 위원회에 포함될 수 있는 국가들을 선정하는 데 합의를 이루어내며 포로 송환 일정을 엄격하게 제한했다. 5월 말에 공산군은 전 전선에서 보다 활발하게 활동했다. 그러나 이들의 공세는 미군이 아닌 다른 유엔군에게 집중되었다. 전초 몇 개를 공산군에게 잃었다.

6월, 비밀리에 본회의가 몇 차례 열렸다. 그 와중에 공산군은 유엔군 전선 104곳에 산발적인 공격을 퍼부으며 하루 사이에만 포탄 13만 1,800발을 쏴댔다. 6월 내내 그리고 7월까지 지난 2년 동안 공산군이 감행했던 가장 강력한 공격과 포격이 전선에서 이어졌다. 미국 내 여론이 둘로 갈리었다. 한쪽에서는 공산주의자들이 휴전회담을 망치려 한다고 생각했고, 다른 한쪽에서는 휴전이 성사되기 전에 어마어마하게 비축한 탄약을 계속해서 쏘는 것으로 생각했다.

6월 4일, 공산군 측은 미국이 제시한 모든 주요 대안에 사실상 동의했다. 동의까지 오는 길은 쉽지 않았다. 공산군은 작은 사안에까지 일일이 이의를 제기하면서 승산이 없는 말싸움을 계속했다.

포로 문제는 다음과 같이 최종 타결되었다.

1. 2개월 안에 공산군과 유엔군은 지체 없이 송환되기를 희망하는 모든 포로를 본국으로 돌려보낸다.
2. 양측에서 송환되기를 거부하는 포로를 보호할 수 있는 중립국 위원회를 비무장지대 안에 설치한다. 중립국 위원회와 이 포로들은 인도군이 경비한다.
3. 이후 90일 동안 양측이 정한 대표자들은 송환되기를 거부하는 포로들에게 설명하는 시간을 갖는다.
4. 이후 30일 동안 인도군이 계속해서 포로들을 경비하고 최종적으로 송환되기를 거부하는 포로들의 거취 문제를 다룰 회담을 개최한다.
5. 30일이 경과한 이후에도 이 포로들에 대한 조항이 결정되지 않으면 이들은 민간인으로 신분이 전환된다.
6. 특별한 규정이 없는 한 국제적십자위원회는 이렇게 민간인으로 신분이 바뀐 이들이 새로운 정착지를 찾는 것을 돕는다.

공산군과 유엔군이 모두 동의한 가운데 대한민국과 연로한 이승만 대통령만이 휴전을 가로막고 있었다. 6월 내내 이승만 대통령은 절망과 반항을 오갔다.

감정적으로나 정치적으로나 이승만 대통령은 휴전 조건을 받아들일 수 없었다. 휴전 조건은 대한민국과 국민들을 분단시키고, 남한 사람 100만 명의 죽음을 헛되게 만드는 것이었다. 이 기간 동안 이승만 대통령이 휴전협상을 망칠 것처럼 보였을 때 연로한 그에 대해 감정이 격해진 미국인들은 만일 영국과 프랑스가 1863년 미국에게 분단을, 그것도 영원한 분단을 강요했다면 링컨 대통령이 어떻게 느꼈을지를 한 번 생각해봤어야 했다.

이승만과 대한민국의 비극은 간단했다. 대한민국은 미국의 도움 없이 싸움을 계속할 수 없었지만, 휴전을 받아들이는 것은 한국인들에게 영구 분단을 뜻했다. 또한 대한민국은 영원히 경제적으로 스스로를 지탱할 수 없게 된다는 뜻이었다.

입에 발린 소리부터 직설적인 말까지 미국의 모든 압박은 이승만 대통령이 휴전에 찬성하도록 만들려는 것이었다. 그러나 이승만 대통령은 한결같았다. "휴전은 결코 안 되오!"

6월 18일, 이승만 대통령은 휴전회담을 완전히 망쳐버릴 뻔했다. 그는 클라크 대장의 지휘 아래에서 한국군을 빼냈다. 그리고 부산 포로수용소에서 반공포로 2만 7,000명을 석방하라고 명령했다. 석방된 포로 대부분은 한국인들 사이로 숨어들었다. 그리고 이들 중 많은 수는 즉각 한국군에 합류해서 탈출하지 못한 반공포로들을 경비하러 돌아왔다.

원주에 있는 5호 수용소의 미군 경비병들은 반공포로들이 수용소를 탈출하는 동안 한국군의 사격을 피해 머리를 숙이고 있었다. 이들은 탈출을 심한 농담 정도로 여겼다. 원주에서 포로 수천 명이 탈출해 큰 난리가 나고 얼마 지나지 않아 한국군과 미군 부사관들은 부사관회관에 쌓여 있던 물품을 써서 큰 잔치를 벌였다.

그러나 워싱턴은 한참 동안 깜짝 놀랐다. 이승만을 비난하는 소리가 전

세계에서 쏟아져나왔다. 이승만 대통령이 석방한 포로들 중 공산주의자들에게 돌아간 사람들은 한 명도 없겠지만, 공산주의자들은 으레 자신들만 옳다는 태도로 받아들이기 힘든 이 상황에 비명을 질렀다. 공산주의자들은 매우 골치 아픈 질문들을 던졌다. "만일 이승만이 휴전을 받아들이기를 거부하면 미국은 한국을 통제할 수는 있는가?"

그러면서도 공산주의자들은 자신들의 분노와 선전을 통한 비난을 상당 부분 미국이 아닌 "살인자 이승만"에게 집중했다. 공산측은 여전히 휴전을 바랐다.

아이젠하워 대통령은 미 국무부 극동차관보 월터 S. 로버트슨Walter S. Robertson을 서울로 급파했다. 1953년 6월 25일 로버트슨 차관보가 서울에 도착했다. 이날은 북한 공산군이 한국을 침공한 지 3년이 되는 날이었다. 지나가는 주요 도로마다 로버트슨 차관보의 눈에는 휴전에 반대하는 문구와 구호가 들어왔다. 이들 중 많은 수는 영어로 "Don't sell Korea!(한국을 버리지 말라!)"고 적혀 있었다.

한국 정부의 지시에 따라 수천 명의 시위대가 도로로 쏟아져나와 "북진北進!"을 외쳤다.

특파원들이 자리 잡은 구역 바깥에는 흙바닥에 여학생 수백 명이 주저앉은 채 울고 있었다.

12일 동안 로버트슨과 이승만 대통령은 작은 휴전회담이라 불린 회담을 했다. 이제 미국은 동맹인 한국과도 평화를 이뤄야 했다. 어린 여학생 수백 명이 울든 말든 미 육군의 지원 없이는 대한민국이 북진할 희망이 전혀 없다는 것이 사실이고 동시에 미국이 대한민국을 버릴 수 있을지 없을지 알 수는 없었지만, 그럼에도 불구하고 대한민국의 가치는 컸다.

도움받을 곳이 없는 대한민국으로서는 고통이 얼마나 컸든 간에 전쟁으로 가장 큰 손해를 입는 것이 자신들이라는 사실을 받아들여야 했다. 그 대가로 이승만 대통령은 미국의 비용으로 한국 육군의 사단을 20개로 늘리는 한미상호방위조약 체결과 계약금 2억 달러의 장기 경제 원조, 그리고 950만 달러어치의 식량 450만 톤 지원을 미국으로부터 약속받았다.

38도 선 상의 평화를 조건으로 미국은 대한민국의 보호자, 그것도 사실상 영원한 보호자가 되는 데 동의했다. 미국 없이는 대한민국은 존재할 수 없었기 때문이다.

대신에 이승만 대통령은 휴전을 방해하지 않기로 했다. 이승만은 휴전협정에 서명하지도 않고 또 한국이 휴전협정을 비준하지도 않았지만 휴전을 지지할 것이었다.

로버트슨과 이승만이 협상하는 동안 화가 난 중공은 전선에서 맹렬하게 압박을 가했다. 매일 유엔군 900명이 죽거나 다쳤다. 한국군이 맡은 지역에도 대규모 공세가 벌어졌다. 한국군 2개 사단이 더 이상 전투가 불가할 만큼 와해되었지만, 중공군 포병의 고정 진지는 땅에 파묻힐 만큼 포격을 받았고 미군 사단들이 한국군을 지원해 신속히 기동했다. 중공군은 공세로 돌파구를 만들 수 있으리라는 희망을 더 이상 갖지 않았다.

전선에서 압박이 한국군에 집중되었지만 미군과 다른 유엔군 부대들도 여파에 시달렸다. 한국군을 지원하는 미군 포병부대들은 녹초가 되었다. 한국군 보병과 함께한 미군 전차부대들은 서해에서 실종되었다. 살아남은 사람들은 이후로 이승만 대통령을 결코 높이 평가하지 않았다.

그러나 중공군은 중요한 한 가지를 증명했고 한국인들에게 아마 변치 않을 교훈을 가르쳤다. 외부의 도움 없이 대한민국은 공세를 펼칠 수도 없었고 전선을 지킬 수조차 없었다.

전선이 불길에 뒤덮였지만 한국인들이 얼마나 죽든 상관없던 대다수 미국인들에게는 휴전의 향기가 황홀하게 다가왔다. 최종 협상이 진행되었다. 7월 19일 유엔은 이미 합의가 이루어진 조건들을 대한민국이 뒤엎는 일은 없을 것이라고 공산측에 엄숙히 보장했다.

이미 여름으로 접어들어 초록과 열기로 뒤덮인 1953년 전선은 사람들을 끊임없이 피곤하게 만들었다. 전선에 배치된 유엔군은 그간 입은 손실을 곱씹으면서 평화를 기대해도 좋은지 궁금해했다. 2년 동안 100번이나 평화가 올 것이라는 소문이 무성했다. 그리고 그런 소문들은 매정하게도 산산조각났다. 전선에서 전쟁이 끝날지 궁금해하는 와중에도 포들은 여전히 계속해서 불을 뿜고 있었다.

그러나 회담이 성사되었다. 유엔군과 공산군은 1951년 7월 11일 이후로 사실상 바뀐 것이 없는 상황을 받아들였다. 휴전선은 1951년 11월 27일에 양측이 동의했고, 포로 문제는 1953년 6월 4일에 해결되었다. 이렇게 합의가 이루어졌음에도 양측에서 수천 명이 죽거나 다치는 일이 계속되었다.

아마도 유엔군이나 공산군은 무엇인가를 배웠을 것이다. 공산주의자들은 자유로운 인간의 의지는 비록 그들이 평화를 추구할 때도 쉽게 꺾이지 않는다는 것을, 그리고 서방 세계는 공산주의자들이란 얻을 것이 있는 한 인간의 목숨을 싸게 취급한다는 것을 각각 깨달았다.

이 얼마 안 되는 교훈을 위해 많은 나라에서 온 많은 사람들이 죽었다.

1953년 7월 27일 월요일, 유엔군사령부의 윌리엄 K. 해리슨 중장과 북한의 남일이 판문점의 목조 건물에 들어섰다. 이 건물은 1952년 공산군이 후퇴할 당시 세운 것이다. 피카소의 평화의 비둘기는 유엔군의 요구에 따라 옮겨졌다. 10시 1분, 해리슨 중장과 남일은 양측이 각각 준비한 18부의 정전협정문 중 첫째 협정문에 서명했다. 모든 문서에 서명하는 데는 12분이 걸렸다. 서명을 마친 두 사람은 일어나 아무 말도 없이 건물을 떠났다.

나중에 영어, 중국어, 한국어로 된 정전협정문에 마크 웨인 클라크 대장과 펑더화이, 그리고 김일성이 각각 서명했다.

웨인 클라크 대장은 파커 사Parker Company가 이번 서명을 위해 특별히 그에게 보낸 금색 펜으로 서명하고 이를 치우면서 이렇게 말했다. "나는 지금 기쁨을 느낄 수 없다…. 만약 우리가 정전협정에서 희망을 얻는다면, 끊임없이 경계하고 노력해야 우리가 구원받을 수 있다는 인식으로 그 희망을 누그러뜨려야 한다."

이제 전선을 따라 배치된 부대에 지시가 내려졌다. "됐어. 적을 맘껏 쏴버려!"

많은 병사들은 클라크 장군과 마찬가지로 터질 듯한 격정을 억제하면서 슬픔에 젖어 전선에 쌓아두었던 탄약을 쏴버렸다.

한국의 고지들이 화염과 폭음으로 흔들리는 것이 마지막이기를 모든 병사들은 희망했다.

판문점에서 정전협정문에 서명을 하고 12시간이 지나서 전선을 따라 자리한 고지들이 고요해졌다. 바다에서는 회색빛 찬 북한 바다에 나가 있던 배들이 뱃머리를 돌렸고, 활주로에는 은빛 항공기들이 조용히 서 있었다.

더 이상 전쟁은 없었다. 그러나 평화도 없었다. 승리도 없었다.

이것은 정전cease-fire으로 불렸다.

* * *

위완Wewan에 있는 4호 수용소에 있는 찰스 슐리처 상사는 1952년 8월부터 포로 1중대의 진료 소집을 담당해왔다. 주변에는 터키인, 영국인, 프랑스인, 일본인 2세, 그리고 푸에르토리코 출신들이 있었다. 슐리처는 이들과 정도의 차이는 있었지만 모두 친구가 되었다.

터키군 중 일부, 특히 벨리 하산Belli Hassan과 슐리처가 중공군 의사와 영어로 이야기할 때 다른 터키군에게 영어로 통역해주던 힐미 안드라날리Hilmi Andranali 중사와는 매우 친했다.

슐리처는 중공군 앞에서 터키군 포로들이 보여준 강철 같은 군기와 맹렬하기까지 한 자존심을 존경하지 않을 수 없었다. 시간이 몇 년 흘렀지만 슐리처는 여전히 이들 중 일부와 편지를 주고받는다. 슐리처는 포로로 있는 동안의 공로를 인정받아 터키 정부와 영국 정부로부터 각각 훈장을 받게 된다.

시간이 흘러가는 동안 매일 아침 터키군 포로들은 "나사-산, 아카다쉬?(오늘 어때, 친구?)"라며 슐리처에게 진지하게 안부를 물었다. 포로 생활이 결코 끝나지 않을 것 같았다. 좋은 소식은 없었지만 생활환경은 나아졌다. 중공군은 포로들을 점차 살찌웠다. 포로 대부분은 이제 건강 상태가 좋아지고 있었다. 포로들 대부분은 이렇게 중공군이 잘 먹이는 데에는 이유가 있을 것이며 그 이유는 좋은 것이라고 짐작했다.

슐리처는 고향 캘리포니아에 있는 사무실에서 자신의 부인을 방문해 병사보험 혜택과 전사위로금을 제안했다는 사실을 알지 못했다. 슐리처는 전투 중 실종자 명단에 2년 동안 올라 있었다. 그리고 미국 정부는 슐리처 부인에게 보상할 의향이 있었다. 엘리자베스 슐리처는 눈물을 보이며 제안을 거부했다.

슐리처 부인은 방문한 장교에게 남편이 무슨 일이 있어도 돌아올 것이니 헤어졌던 그 장소에 있으라고 했다고 말했다. 다른 모든 것이 없었지만 슐리처 부인은 오직 그 말에 의지하고 있었다. 왜 그런지는 모르지만 슐리처를 아는 사람들 중 유일하게 슐리처 부인만 남편이 죽지 않았다고 믿었다.

1953년 4월, 갑자기 포로 중 일부가 송환을 위해 선별되었다. 리틀 스위치였다. 송환되는 포로는 유엔군과 공산군에서 아프거나 부상을 당한 사람들이어야 했으나 공산군은 이 조건으로는 교환되지 않을 포로들을 주로 골랐다. 이들 중 많은 수가 공산군에 부역했다.

'반동분자'들은 끝까지 붙잡아둔다는 것이 공산군의 정책이었다. 슐리처도 반동분자 중 한 명이었다.

슐리처와 위완에 있는 포로 대다수는 1953년 긴 봄과 여름 내내 판문점과 한국 다른 곳에서 무슨 일이 벌어지는지 전혀 알지 못했다.

그리고 갑자기 이들은 "너희들은 이동한다"라는 말을 들었다. 슐리처와 포로들은 남쪽에 있는 커다란 포로수집소로 옮겨졌다. 여기에는 유엔군 포로 수백 명이 모여들고 있었다.

슐리처는 포로수용소에서 트럭에 태워진 포로들이 줄지어 남쪽으로 내려가는 것을 보았다. 그러나 아무 말도 듣지 못했다.

1953년 9월 6일 아침, 슐리처와 포로들은 트럭에 타라는 지시를 받았다. 포로 중 한 명이 난데없이 격렬한 불안 증세를 보였다. 소리를 지르더니 뛰어내려 도망쳤다. 그러고는 앞뒤 살피지 않고 전력을 다해 기둥으로 달려갔다.

슐리처는 영어를 하는 중공군 의사에게 도망가는 포로를 도와달라고 했다. 중공군 의사가 어깨를 으쓱하면서 포로의 나라에서 돌봐줄 거라고 얘기했을 때, 슐리처는 무슨 일이 일어나고 있는지 알았다.

슐리처는 자신이 집에 가게 되었다는 알았을 때 느낀 감정을 말로 설명할 수 없었다.

11시, 슐리처가 탄 트럭이 판문점에 멈춰 섰다. 미군 포로에 대한 마지막 교환이 이루어졌다. 콧수염을 기른 우람한 해병 상사가 트럭 곁으로 걸어와서는 크게 말했다. "여러분 성을 부르면 이름, 가운데 이름 머릿글자 그리고 군번을 말합니다."

"슐리처!"

슐리처는 있는 힘을 다해 대답했다. 그리고 트럭에서 내렸다.

해병 상사가 진지하게 말했다. "상사! 집에 돌아가게 되어서 기쁘오."

"제가 얼마나 기쁜지 모를 겁니다." 슐리처의 답이었다.

마지막 미군 포로 160명이 한 명씩 판문점을 통과했다. 이 포로들은 적이 '전쟁범죄자'라고 분류했던 사람들이었다. 그리고 이 '전쟁범죄자'들은 과일주스, 우유, 그리고 아이스크림이 차려진 뒤편 탁자로 가기 전에 어떤 모습이 되었든 무릎을 꿇고 자신들이 살아 돌아온 것에 대해 하나님께 감사했다.

마크 클라크 대장은 이들을 맞이하러 그곳에 있었다.

미 육군 상사 찰스 B. 슐리처는 이렇게 집으로 돌아왔다. 그는 자기 임무를 마치고 돌아오는 데 1,010일이 걸렸다.

1953년 9월 23일, 미국인들 사이에서 한국전쟁이 이미 상당 부분 잊힌 상태에서 슐리처가 탄 배가 샌프란시스코 항구 외곽에 도착했다. 태평양에서 만들어진 짙은 안개가 도시를 덮은 춥고 으스스한 날이었다. 그러나 귀환하는 미군들은 바깥을 보려고 안간힘을 쓰며 갑판을 빽빽하게 메웠다.

그때 확성기에서 선장의 목소리가 들렸다. "여러분, 배 앞을 본다면 다시 보리라 생각도 못 했던 것을 보게 될 겁니다…."

걷히는 안개 사이로 금문교가 모습을 드러냈다.

항구에 나온 공군 군악대가 〈신이여 미국을 축복하소서^{God Bless America}〉를 연주했다. 공산군 포로수용소에서 포로로 1,000일을 넘게 보낸 사람들에게 이 곡은 예사로이 들리지 않았다. 이미 눈물이 맺힌 슐리처의 눈에 모든 군인들이 울고 있는 것이 보였다.

호각이 울리고 군악대가 북을 쳤다. 부두에는 엘리자베스가 보였다.

운명이 어찌되었든 어떤 사람들은 운이 좋았다.

휴전협정이 규정한 대로 휴전 이후 90일 동안 모든 포로들은 심사를 받고 송환되거나 또는 다른 방법으로 처리되어야 했다. 빅 스위치^{Big Switch}라 불리는 대규모 포로 교환이 끝난 뒤, 미국은 공산군이 여전히 포로 3,404명을 억류하고 있으며 그중 944명이 미군이라는 증거를 가지고 있었다.

중공군은 여러 가지 이유를 대면서 320명을 돌려보내지 않을 것이라고 말했다. 그 여러 가지 이유 중에 미군 23명이 남기를 택했다는 이유도 포함되어 있었다. 무엇이 되었든 미국 정부가 할 수 있는 일은 없었다.

유엔군과 한국군이 잡은 포로 13만 2,000명 중에서 송환을 택한 것은 9만 명이 안 되었다. 송환을 거부한 포로 중 한국인은 대한민국에 정착했고 1만 3,000명쯤 되는 중국인은 노래를 부르면서 대만으로 갔다.

송환을 거부한 중공군과 인민군 포로들은 판문점에 있는 자유의 마을에서 중립국 위원회의 심사를 거쳤다. 인도군이 경계하는 동안 중공과 북한에서 보낸 사람들이 그들을 설득하려 했다.

공산군의 전술을 지켜보던 인도군은 인도 정부의 정책이 무엇이든 상관없이 반공으로 돌아섰다. 인도군은 비무장지대를 출입하는 데 항공기를 이용해야 했다. 이 때문에 유엔군사령부는 상당한 어려움을 겪었다. 이승만 대통령은 인도군 한 명도 한국 땅에 들일 수 없다고 했기 때문이다.

거제도 포로수용소에 있던 공산군 포로들 중 474명은 북한 여군이었다. 이들은 최악이었다. 슐리처와 동료들이 집으로 향하고 있을 즈음, 이 여군 포로들은 송환을 위해 남한 기차에 실려 판문점으로 보내졌다. 북쪽으로 가는 도중 이들은 공산군 깃발을 꺼내들고 철로 근처에서 바라보는 남한 사람들에게 고함을 질렀다.

판문점에 가까워지면서 이들은 공산주의의 순수성을 가지고 고향에 돌아간다며 자본주의자들이 만들고 제국주의자들이 지급한 의복을 벗어 던지기 시작했다. 그러더니 소리를 지르면서 기차 의자를 찢었다. 파괴할 수 없는 것에는 오줌을 쌌다.

기차에서 내리기 전에 일부는 통로에 대변을 보았다. 인민군 남녀 포로들은 다른 길로 송환되었다.

* * *

갯벌이 가득한 서해에서부터 차가운 회색빛 동해까지 접촉선을 따라 서로 마주보는 군대는 2킬로미터씩 물러나 합의한 대로 비무장지대를 만들었다.

유엔군이 물러남에 따라 올드 발디 고지, 폭찹 고지, 피의 능선, 단장의 능선, 저격능선, 화살머리고지, 백마고지, 켈리, 노리, 훅, 지브롤터, 그리고 이것들 말고도 100개쯤 되는 고지들을 포기했다. 피로 물들고 인간의 용기로 신성해진 이 고지들에는 사연이 깃들지 않은 곳이 없었다. 이제 이 고지들은 누구의 땅도 아닌 곳에 있게 되었다. 포격으로 뒤집어지고 악취를 풍기는 이 땅은 인간들 사이의 끝없는 충돌을 상징하는 곳이 되었다. 어떠한 기념비도 이곳에 설 수 없고 산산조각이 난 무덤에는 어떠한 순례자도 방문하지 않을 것이다.

새로운 봄이 오고 이 봄이 아마 두 번쯤 지나면 소나무, 개나리, 그리고 야생 자두가 녹슨 철조망과 포탄의 파편 사이로, 그리고 썩어가는 사람의 뼈 사이로 싱싱한 푸른 잎을 뻗어 올리며 다시금 자랄 것이다.

이 고지들에서 싸웠던 군인들을 빼면 이 고지들은 곧 잊혀질 것이다.

휴전협정이 체결되고 잉크가 마르기도 전에 이 고지들 북쪽에서는 휴전협정을 위반하는 일들이 벌어졌다. 새로운 병력, 새로운 무기, 새롭고 현대적인 항공기들이 압록강을 넘어 쏟아져 들어와서 산속에 깊이 자리 잡은 새로운 요새화된 기지로 들어갔다. 이 무기들이 언제 쓰일지는 아무로 몰랐다.

휴전선 남쪽에서는 한국군과 소수의 미군만이 불편하게 야간에 보초를 섰다. 사람들이 모두 잊은 이 야간 보초가 언제 끝날지 보이지 않았다. 한국전쟁은 선전포고도 없었고 결코 끝나지도 않았다.

200만 명이 죽었다. 계획에 없던 교전에서 미 육군과 공군 4만 명이 사망했다. 가장 멀리 있는 전선을 지켰다는 것을 빼고는 승리도 이익도 없었다.

엄청난 비용을 치르고 짧은 시간을 벌었다. 세계의 자유국민들이 어떻게 생각하는가에 따라 이 시간이 잘 쓰일 수도 아닐 수도 있을 것이다.

제40장

교훈

●

난리와 난리 소문을 듣겠으나 너희는 삼가 두려워하지 말라.
이런 일이 있어야 하되 아직 끝은 아니니라

– 마가복음 24장 6절

한국전쟁Korean War은 1953년 7월 27일 결론 없이 끝났다. 휴전협정을 체결하고 얼마 지나지 않아 전쟁이라는 이름으로 자리를 잡기도 전에 미국 정부가 완곡하게 한국분쟁Korean conflict으로 부르면서 미국 역사상 빠르게 가장 많이 잊힌 전쟁이 되었다. 거의 재앙에 가깝게 시작해서 명예롭지만 절망적인 끝으로 이어지기까지 한국전쟁에는 미국인들의 감성에 호소할 것이 거의 없었다. 만족스럽게 돌아볼 수 없었거나 전쟁에 진 국가에서 나타날 수 있는 쓸데없는 자존심 때문이거나 간에 미국인들은 한국전쟁을 돌아볼 생각을 전혀 하지 않았다.

늘 그렇듯 인간은 위험을 무릅쓰고 잊게 마련이다.

냉전, 공산주의와 서구 자본주의의 경쟁, 그리고 한국에 대한 수많은 기록이 존재한다. 그것에 대한 사례로 핸슨 볼드윈Hanson Baldwin 소령이 남긴 다음의 글이 적절할 것 같다.

날카롭게 오가는 성난 목소리─한국에서 졌다는 사람들과 '승리'했다는 사람들이 서로 헐뜯는 논쟁─는 이 땅에서 이내 사라질 것이다. 그러나 실제로 전쟁에서 전사하거나 살아남은 사람들의 행동은 그들의 후손에게 이어질 것이다. 한국이 역사의 기로에 있다 해도 미래의 세대에게 논쟁과 목적, 대전략과 국가의 정책은 격렬한 전쟁이 일어났던 한반도의 악취가 진동하는 계곡들과 헐벗은 고지들에서 펼쳐진 삶과 죽음의 인간 드라마에 비하면 의미가 적을 것이다.

스미스 중령이 이끄는 특수임무부대가 비를 맞아 축축해진 수풀로 뒤덮인 고지에서 강력한 공산군이 불길하게 진격하는 것을 처음 보았을 때, 해병 5연대와 7연대가 얼어붙은 유담리에서 완전히 포위되었다는 것을 깨달았을 때, 리지웨이 대장이 맥아더 원수에게 "옳다고 생각되면" 공격을 허가하겠냐고 물었을 때, 이와 같은 삶과 죽음을 결정하는 운명적인 순간은 워싱턴의 각료회의에서 나오는 말과 모든 장황한 공식성명, 봉쇄정책에 대한 듣기 괴로운 맹비난보다 훨씬 더 큰 역사적 의미를 가지고 있다.

국가나 국민은 자신들의 아들을 전투에 투입할 때마다 불가피하게 모든 위신, 미래에 대한 희망, 그리고 무엇이 되었든 간에 지속되는 삶의 방식도 투입한다. 미국의 지상군이 결국 한국을 지켜낼 수 없었다면 미국인들은 두 가지 선택에 직면했을 것이다. 하나는 학살이고, 또 다른 하나는 굴욕이다. 전쟁에서 패배를 결사적으로 모면할 목적으로 전면적인 핵전쟁을 벌였다면 미국인들은 이 세상에서 얻고자 한 것을 하나도 얻지 못했을 것이다. 만일 미국이 전쟁에서 지고 한국에서 철수했다면 아시아는 필연적으로 발흥하는 공산주의의 수중에 떨어졌을 것이며, 전 세계에 걸쳐 자유롭고 질서 있는 사회를 향한 미국의 희망은 무너졌을 것이다.

모든 종류의 전쟁에 대비하지 않는 국가는 국가 정책에서 전쟁을 포기해야 한다. 싸울 준비가 되지 않은 국민은 정신적으로 항복할 준비를 해야 한다. 제한적인 피비린내 나는 지상 작전에 대비하지 않고 군인과 시민을 그러한 지상 작전에 참여하도록 만드는 것은 범죄에 가까운 어리석은 짓이다.

오산에서의 급격한 후퇴부터 청천강에서의 철수, 지평리, 임진강, 소양강, 그리고 폭찹 고지에서의 영웅적 저항에 이르기까지 이것은 미국과 다른 나라들이 한국에서 반드시 배워야 하는 교훈이다.

한국전쟁은 다른 대규모 전쟁이 그러했듯이 한 세기의 끝이 아니라 제 2차 세계대전 이후 한 세기의 중간에 벌어진 피비린내 나는 충돌이었다. 그렇기 때문에 한국전쟁의 최종적인 역사는 아직 쓰여지지 않았다. 한국전쟁의 주요 인물들은 여전히 살아 있다. 그리고 이들 중 많은 수는 여전히 권력을 쥐고 있다. 게임은 여전히 진행형이다.

그러나 한국은 미래를 위한 확실한 본보기가 되었다.

공산 진영, 특히 소련은 내전 형태의 분쟁이 세계의 주요 강대국 대부분이 참전한 대규모 전쟁으로 빠르게 확대된 것을 기억할 것이다. 한국전쟁 이후로 공공연히 드러내놓고 잔혹하게 무력 침공을 감행하는 것은 피하고 있다. 이러한 무력 침공은 서방 국가들로부터 예기치 못한 격렬한 대응을 불러왔기 때문이다. 현재 강조되고 있는 것은 주변부 지역에서 침투, 전복, 그리고 반란으로 공산주의 목표를 달성하는 것이다. 이러한 술수는 한국을 침공했을 때 그랬던 것처럼 결코 다시는 서방 국가들에게 확실한 도덕적 구실을 제공하지 않기 위한 것이다.

한국에서 얻은 교훈을 연구하는 공산주의 기획자들은 만일 허술한 경계를 뚫고 남한에 비밀리에 인민군 몇 개 사단을 침투시키고 이들에게 보급을 계속해주었더라면 그 결과가 어땠을지 궁금해할 수밖에 없었을 것이다. 이들이 서방 국가들이 자신들의 이해관계가 위태로워지더라도 독재적인 이승만을 옹호하고 나섰더라면 어땠을지 궁금해하는 것은 당연하다.

병력 손실에 전혀 개의치 않았던 중공은 유엔에 대항하고 서구 군대들을 견제하여 대국의 지위로 갑자기 부상한 것을 매우 기뻐했다. 중공은 극동지역에서 강대국이 되었다. 중공은 현대 지상전에서 많은 교훈을 얻었다. 중공군은 야전에서 훌륭하게 작전을 수행할 수 있음을 증명했다. 중공군은 잃을 것이 별로 없었기 때문에 소련군보다도 훨씬 더 강력하게 시도하려 했다. 그렇지만 소련의 지원과 동의 없이는 여전히 움직일 수 없었다.

강대국 중 누구도 전면전을 원치 않았다. 말에 있어서가 아니라 행동에 있어서 서방 측이나 공산 측 모두 현실주의자였기 때문이다.

그들은 패한 것이 아니라 저지당한 것이었다. 한국에서가 아니라도 다른 곳에서 불가피하게 다시 시도할 것이다. 한국전쟁이 끝나고 1년쯤 지나서 양측은 베트남에서 싸움을 이어갔다. 이번에는 공공연한 침략은 아니었다.

미국은 한국전쟁으로부터 난처한 결론을 얻었다. 미국의 정책은 38선에서 공산주의를 봉쇄한다는 것이었고 성공적이었다. 그러나 처음에는 이를 위해 얼마나 많은 비용이 드는지 전혀 깨닫지 못했다. 한국전쟁은 미국인들의 마음속에 아시아 대륙에서 벌이는 지상전에 대한 혐오를 다시 한 번 확인시켜주었다. 아울러 이를 피하는 것은 미국의 대외정책의 기초가 되었다. 그러나 공산주의의 사소한 침략에 대해서도 전면적으로 대응하지 않는다면 아시아의 봉쇄정책은 핵무기와 핵무기 위협만으로는 충분하지 않다는 것을 이 전쟁은 보여주었다.

그러나 미국인, 군부, 그리고 정치 지도자들은 공산주의에 단호하게 대응하기 위한 성전 대신에 정책 전쟁을 받아들일 생각이 없었다. 순수함은 이미 사라졌지만 손실은 부정할 수 없었다. 한국에 병력 투입을 명령했던 미국 정부는 문제는 이승만 대통령이 옳고 그른가가 아니라 만일 이승만 대통령이 무너질 경우 미국의 위상에 부정적인 영향을 미칠 것인가라는 것을 알았다. 이는 논쟁의 여지가 없었다.

트루먼 정부가 소통에 무능력하고 선거에서 패하면서 많은 사람들은 봉쇄 전쟁에 미국의 지상군을 투입하는 것이 정치적으로 위험하다고 확신하게 되었다. 그러나 전 세계에 제한적인 병력을 계속해서 전개하지 않고서는, 또는 그러한 병력이 없이는 질서란 있을 수 없었다. 세계는 함정과, 비행기와 그리고 폭탄만으로 질서가 잡히지 않았다. 경찰도 있어야 했다.

한국전쟁이 끝나고 1년도 지나지 않아 베트남은 서방 측에 패배를 안겼다. 공산주의와의 불확실한 소규모 접전에 25만 명의 지상군을 투입하는 것에 대해 미국인들이 반감을 가지고 있었기 때문이다. 이보다 더 중요한 것은 미국 합동참모본부가 보고한 바와 같이 미국은 그럴 병력도 없었다.

오산에 투입된 스미스 특수임무부대부터 전쟁 끝 무렵 폭찹 고지에 이르기까지 한국의 사례는 봉쇄정책은 전문 역량을 가진 군대 없이는 이행될 수 없다는 것을 보여준다. 그러나 모든 민주 정부는 이러한 사실을 받아들이기를 꺼려한다. 모든 자유국가에서 예비군과 징집병들은 적의 공격에 대비하고 커다란 전쟁이라는 대참사 속에서 죽을 준비가 되어 있다. 예비군과 징집병들은 이외의 다른 것을 위해 준비하고 죽는 것은 전적으로 꺼려한다. 멀리 떨어진 아시아의 변경에 있는 전선에서 위험하게 밤을 새며 외롭게 지내기를 아무도 원치 않는다. 냉전을 위한 대규모 징집은 결국 대규모 불만으로 이어진다는 징후는 언제나 있었다.

미국은 균형의 세기 동안 정책 전쟁을 치뤄야 할 것이다. 세계가 공산주의자들의 손에 놀아나고 세계의 균형을 공산주의 쪽으로 기울게 만드는 불만과 봉기로 끓어오르기 때문에 이는 불가피하다. 그러나 이런 불만과 봉기는 정당화되고 관심을 받는다. 군사력만으로는 이 문제를 풀 수 없다. 그러나 동남아시아처럼 특정 지역에서 군사력을 사용하지 않고는 미국은 패배할 수밖에 없다.

자유로운 사회에는 불편한 소리이겠지만 변경 지역에서 기꺼이 자유세계를 지킬 사람은 책임감이 있는 징집병이 아니다. 질문 없이 군대의 깃발을 따라가고, 따지지 않고 숲과 산악지대에서 도깨비처럼 실체가 분명치 않은 적과 싸우며, 고난을 겪으며 죽더라도 불평하지 않는 사람은 로마 제국부터 해가 지지 않는 대영제국을 거쳐 민주적인 미국에 이르기까지 언제나 전문 직업군인이었다. 전문 역량을 가진 군대는 전문 직업군인으로 이루어진다.

전문 직업군인의 자부심은 그가 속한 연대와 깃발, 힘들고 철저하며 지극히 현실적인 훈련, 그리고 명령에 대한 복종에서 나온다. 전문 직업군인으로서 그는 고대 세계 문명의 문을 지켰다. 미국 평원에서 인디언들을 몰아낸 사람들은 해병대의 전신이었다. 그들은 민병대는 결코 하지 않을 정말 필요한 일을 한다. 그들의 임무는 그들을 파견하는 명령에 따라 도덕적일 수도, 비도덕적 일 수도 있다. 인간이 경쟁하는 이상 이것은 불가피하다.

천지가 개벽한 이래로 인간은 서로 경쟁하며 살아왔다. 곤봉, 석궁, 대포, 돈, 투표, 그리고 경품은 경쟁의 방법이었다. 물론 인류의 대부분은 경쟁을 정말 싫어한다. 그리고 이들은 주체적인 행위자가 아니라 여전히 타인의 영향을 받고 있다.

앞으로 경쟁이 없을 것이라고 말하는 사람들은 한마디로 인간의 본성을 이해하지 못한 것이다.

이 시대의 가장 큰 딜레마는 두 강대국에 의해 세계가 둘로 나뉜 채 서로가 서로를 극도로 믿지 못하고 적어도 경쟁하려고 안달이 난 상황임에도 불구하고 우리가 핵무기로 맞설 수 없다는 것이다. 무엇보다도 경쟁은 목적을 가지고서 통제된 행동 또는 통제된 폭력이다. 핵무기는 통제가 불가능하다. 핵전쟁에는 승자라 해도 얻는 것이 없다.

그러나 인간은 경쟁을 해야만 한다.

두 강대국 중 하나가 또는 양쪽 모두가 마지막이 될 시도를 하는 것이 여전히 가능하다. 예전보다 작은 규모로 충돌하게 될 것으로 보인다. 그러나 규모가 작아도 이기지 못하면 이 충돌은 지는 것이다.

우리가 마주하는 적의 속성 때문만이 아니라 우리의 속성 때문에 이 게임에서 질 수 있다. 우리는 경쟁을 무시할 수 없다는 것을 알고 경쟁자를 멋지게 밀어냄으로써 경쟁을 끝낼 수 없다는 데 좌절감을 느끼지만, 앞으로 올 여러 해 동안 호랑이들로부터 시달리면서 이러한 간극을 따라 걸어가야 한다는 사실을 기꺼이 받아들이려 하지 않을 것이다.

한국 같은 여러 변경 지역에서는 보다 많은 위협들이 있을 것이다. 공산주의 교리가 이것을 요구하기 때문이다. 이곳에서는 목적과 도덕도 모호할 것이다. 이 위협들에 대응할 수 있는 싸고, 쉽고, 또는 인기 있는 대책이란 있을 수 없을 것이다. 우리는 이 게임에서 일시적인 목적을 위해 제한적인 통제된 폭력을 선택하거나 이 게임을 완전히 끝내는 휘슬을 부는 것만을 선택할 수 있다.

적은 폭찹 고지에서 드러났듯이 슈퍼맨이 아니다. 적이 할 수 있는 것이라면 우리가 의지만 가지고 있으면 더 잘 할 수 있다. 폭찹 고지에서 병사들은 우리가 우리 게임이 아니라 적의 게임을 하고 있다고 말했다. 그러나 사이공에서 베를린까지 적의 게임은 동일할 것이다.

이런 세상에서 쉬운 것은 하나도 없다는 것, 남은 20세기 동안 사정이 나아지기보다는 오히려 나빠질 것이라는 것, 그리고 핵무기로 모든 것을 사라지게 하는 절망적인 얘기가 답이 아니라는 것을 한국은 보여주었거나 보여줬어야 했다. 만일 자유국가들이 어떤 세상을 원한다면 이들은 그런 세상을 만들기 위해 용기, 돈, 외교, 그리고 전문적인 군대를 동원해 싸워야 한다.

한국은 군을 지휘하는 사람들에게 이 세상에 쉬운 것은 하나도 없다는 것, 어딘가에는 호랑이들이 있다는 것, 이들에게 모든 것을 말살시키는 핵뿐 아니라 호랑이를 잡을 총을 공급할 때라는 것을 보여주었다. 한국은 자유로운 정부는 인기 없는 일을 할 준비가 되어 있어야 한다는 것도 보여주었다. 심지어 이 일이 정부를 무너뜨리더라도 말이다. 정부는 중요하지 않다. 그러나 국가와 국민, 그리고 정부가 지향하는 바는 중요하다.

이제는 자유롭고 올바른 사회가 군사력을 계속해서 통제하면서 인생에 대한 자유로운 견해에 대해 침묵을 강요하는 것을 중단해야 할 때이다. '현대' 보병은 항공기를 타고 전장으로 이동하고, 계기장비를 통해 무기를 사용하거나 감지하며, 미래에는 무서운 살상력을 가진 장비를 사용할 것이다. 그러나 이들 또한 옛날 군인들이 그랬듯이 무쇠처럼 용감하고 성실하고, 명령에 즉각 복종할 준비가 되어 있으며 진흙탕 속에서 죽을 준비가 되어 있어야 한다.

자유롭고 올바른 사회가 이 모든 것을 수행할 수 있도록 스스로를 단련하지 못하면 세계에 제공할 것은 아무것도 없다. 이런 사회는 오래갈 수 없을 것이다.

아리스토텔레스^Aristoteles는 이런 말을 남겼다. "거의 모든 것이 밝혀졌지만, 일부는 잊혀졌다."

비 내리는 오산에서 검은색 T-34 전차가 굉음을 내며 다가오는 것을 본 브래드 스미스, 사라진 A중대, 군우리의 공포를 겪은 프랭크 무뇨즈와 그의 중대, 오봉리의 마이크 신카, 장진호 인근의 얼어붙은 고지에서 앞을 제대로 보지도 못한 채 이끌려 철수한 존 얀시, 폭찹 고지에서 진정한 왕이었던 조 클레몬스의 부하들. 미국인들은 이들에 대해 알게 되었다. 이것이 바로 한국전쟁이다. 고통, 낭비, 영광, 용기, 트라우마는 아직도 계속되고 있다. 미국인 수백만 명은 여기에 나열한 것 중 어떤 것에서도 의미를 찾을 수 없다.

사람들이 역사의 교훈을 대수롭지 않은 듯 말하는 것은 그 교훈을 무시하기 때문이다.

한국전쟁의 교훈은 이 전쟁이 실제로 일어났다는 것이다.

연표

●

1950년 6월 25일	인민군, 대한민국을 침공.
	유엔 안전보장이사회, 공산군의 침략 중단을 요구.
1950년 6월 27일	유엔, 회원국에 한국 도움 요청.
1950년 6월 28일	서울 함락. 대한민국 육군 궤멸(潰滅).
1950년 6월 30일	트루먼 대통령, 미군 지상군 한국 투입 명령.
1950년 7월 5일	미군의 첫 지상군 부대 오산 전투에 투입.
1950년 7월 7일	유엔, 유엔군사령부를 창설.
	미국이 지명하는 사령관 유엔군사령부를 지휘.
1950년 7월 5일~8월 4일	유엔군, 남한 전역에서 지연작전 전개.
1950년 8월 4일	한국 남동쪽에 낙동강 방어선 형성.
1950년 8월 5~19일	낙동강 돌출부에서의 첫 전투.
1950년 8월 27일~9월 15일	낙동강 전선 방어 전투 지속. 다부동 전투를 포함하여 한국전쟁 중 가장 격렬한 전투 전개.
1950년 9월 1~5일	인민군, 낙동강 전역 총공세.
1950년 9월 15일	인천상륙작전 성공.
1950년 9월 18일	유엔군, 낙동강 방어선 돌파.
1950년 9월 19일~10월 1일	유엔군, 적을 추격해 전과 확대.
1950년 9월 28일	서울 수복.

1950년 10월 7일	유엔군, 38선 돌파.
	유엔, 북진과 한국 통일 승인.
1950년 10월 12일	중공군, 한국에 개입.
1950년 10월 15일	트루먼 대통령, 맥아더 사령관과 웨이크 섬에서 회담.
1950년 10월 19일	평양 점령.
1950년 10월 26일	미 10군단, 원산 상륙.
1950년 11월 1일	중공군, 운산에서 미 1기병사단을 매복 공격.
1950년 11월 10~26일	동쪽에서는 미 10군단이, 서쪽에서는 미 8군이 압록강으로 진격.
1950년 11월 24일	맥아더 사령관의 '마지막 공세' 시작.
1950년 11월 25일	중공군, 서쪽에서 청천강을 따라 미 8군을 타격.
1950년 11월 27일	중공군, 동쪽의 장진호에서 미 1해병사단과 7보병사단을 타격.
1950년 11월 26일~12월 1일	서부전선 미 2보병사단과 25보병사단, 청천강에서 패배.
1950년 11월 27일~12월 10일	미 10군단, 흥남으로 철수. 해병 고토리에서 후퇴.
1950년 12월 22일	워커 장군, 교통사고로 사망.
	리지웨이 장군, 워커의 뒤를 이어 미 8군을 지휘.
1950년 12월 24일	미 10군단, 흥남에서 배로 철수. 북한에서 후퇴.
1951년 1월 4일	서울, 중공군에게 함락.
1951년 1월 14일	유엔군 전선, 남한의 37도 선 일대에서 형성.
1951년 1월 25일	유엔군, 공세를 재개.
1951년 2월 1일	유엔, '평화적인 방법'으로 한국에서 분쟁 종식 결의.
1951년 2월 14일	중공군, 공세 개시. 중공군, 지평리에서 패배.
1951년 2월 17일~3월 17일	유엔군, 공세를 계속하면서 북진.
1951년 3월 18일	유엔군, 서울 수복.
1951년 4월 11일	맥아더 해임.
	리지웨이, 미 극동사령관에 취임.

	밴플리트, 미 8군 사령관에 취임.
1951년 4월 22일	중공군, 춘계공세 시작.
	영국군 글로스터 대대, 임진강 사수.
1951년 4월 30일	중공군, 전선에서 퇴각.
1951년 5월 16~22일	미군, 중공군의 소양강 공세 방어. 5월 대공세.
1951년 5월 23일~6월 1일	유엔군, 북쪽으로 진격.
1951년 6월 13일	유엔군, 38선에 도달.
1951년 6월 23일	주 유엔 소련 대사 말리크, 유엔에서 휴전 제안.
1951년 7월 10일	휴전회담, 개성에서 시작.
1951년 8월 1일~10월 31일	유엔군, 전선 정리 작전으로 피의 능선과 단장의 능선 공격.
1951년 11월 27일	휴전회담, 판문점에서 재개.
	양측, 접촉선을 휴전선으로 하는 데 동의.
1951년 11월~1952년 4월	판문점에서 휴전회담이 계속되는 동안 전선에서 교착상태 지속.
1952년 4월 2일	유엔군 포로 심사 시작.
	공산군 포로들, 거제도에서 폭동.
1952년 5월 7일	거제도 포로수용소에서 공산 포로들이 수용소장인 도드 준장 납치.
1952년 5월 12일~6월 12일	마크 클라크 대장, 리지웨이 대장의 후임으로 극동사령관에 취임.
	보트너 준장, 거제도 포로수용소 폭동 진압.
1952년 6월~10월	포로 송환 문제로 정전회담 결렬. 전선 교착상태 지속.
	올드 발디 고지, 백마고지 등에서 치열한 고지전 전개.
1952년 10월 8일	판문점 휴전회담 휴회.
1952년 10월~11월	공산군, 중부전선에 배치된 한국군 강공.
1952년 11월	인도, 유엔에 포로 문제 해결을 제안.

1952년 12월	미국 대통령 당선자 아이젠하워 한국 방문.
	유엔군의 심리전 한층 강화.
1952년 12월, 1953년 1월	교착상태 지속. 치열한 고지전 지속.
1953년 2월 11일	맥스웰 테일러 대장, 밴플리트를 대신해 미 8군 사령관에 취임.
1953년 2월 22일	유엔군사령부, 환자 포로 교환 다시 제의.
1953년 3월 5일	소련 공산당 서기장 이오시프 스탈린, 사망.
	소련 공산당 내부에서 권력 투쟁.
	소련 위성국가들 불만 고조.
1953년 3월 28일	공산군, 유엔군사령부의 포로 교환 제안에 동의.
1953년 3월 30일	중국의 저우언라이, 1952년 11월 인도측 제안 수락 시사.
	판문점에서 휴전회담 재개.
1953년 4월 16~18일	폭찹 고지 전투.
1953년 4월 20~26일	판문점에서 환자 포로 교환.
1953년 4월 27일	판문점에서 정전회담 전원회의 속행.
1953년 5월	정전협정 세부 내용을 두고 판문점에서 조율이 이루어지는 동안 교착된 전선을 따라 끔찍한 전투 진행.
1953년 6월 4일	공산군, 유엔군의 정전 안에 사실상 동의.
1953년 6월 25일	로버트슨, 이승만 대통령과 대한민국이 휴전을 받아들이도록 '작은 휴전협상' 시작.
	중공군, 한국군 부대들을 대상으로 대규모 공세 개시.
1953년 7월 7일	대한민국, 휴전 조건에 동의.
1953년 7월 27일	판문점에서 정전협정 조인. 전투 종결.
1953년 9월 4일	판문점 자유의 마을에서 포로 심사와 송환 시작.
1953년 10월 1일	한미상호방위조약 체결.
1954년 11월 17일	한미상호방위조약 발효.

한국전쟁에 사용된 주요 무기

●

한국전쟁이 제한적인 성격을 가졌기 때문에 양 진영의 전투원들은 대부분 제2차 세계대전의 잉여 무기로 싸우는 쪽을 선택했다. 전쟁 중에는 놀랄 만한 무기나 전술의 발전은 없었다. 미국은 병참 기술, 방한복, 의무지원을 혁신하고 개선했지만, 헬리콥터를 이용한 정찰, 수송, 철수, 그리고 전장에서의 제트기 운용은 완전히 새로운 발전이었다. 당시 가장 현대적인 전투기인 F-86 세이버는 공산군이 1급 최신예기인 미그-15를 야전 시험용으로 먼저 투입하고 나서야 전장에 전개되었다.

무기, 무전기, 차량은 새로운 개량형이 개발·생산되었으나, 전쟁 전체 기간 동안 제2차 세계대전 때 만들어진 제품이 사용되었다. 그런 관점에서 한국전쟁은 핵무기를 사용하지 않았다는 점뿐만 아니라 최신 수송·통신장비, 그리고 최신 재래식 무기가 다양하게 사용되지 않았다는 점에서도 시대에 뒤처진 감이 있다. 전쟁이 시작될 당시 미군은 최신 재래식 무기가 없다는 큰 약점을 가지고 있었는데, 이는 제2차 세계대전이 끝난 뒤 지상전 무기 획득을 완전히 중단했기 때문이다. 반면 사실상 위성국가를 이용하여 전쟁을 치른 공산권은 오직 구식 혹은 퇴역 무기만 사용했다는 점에서는 미국과 유사하나, 이들 무기의 대다수는 1950년의 미군이 가진 것들과 비교할 때 보다 최근에 생산되었을 뿐 아니라 상태도 양호했다.

공산 진영이 장차 전쟁을 어떻게 생각했는지를 보여주는 단서 중 하나는 제2차 세계대전과 한국전쟁 이후로 오늘날까지 공산주의 국가들은 핵무기와 운반 수단에 더하여 다양한 재래식 무기들을 완전히 새롭게 개발하고 양산한다는 사실이다. 최근 미국은 재래식 무기들을 생산하고 있으나 전적으로 핵 억지력에 기반한 전략을 선호하기 때문에 보급이 부족하고 재래식 무기 생산을 정부가 눈에 띄게 주저하는 모습이 보인다.

한국에서 사용된 주요 보병 무기는(영국제 무기를 사용한 영연방 참전국들은 제외) 다음과 같으며 이 장비들 중 대부분은 현재 도태된 상태이다.

미군

1. 미 육군 30구경 M-1 개런드 Garand **소총:** 미군, 한국군, 기타 여러 유엔군 소총연대의 기본 화기. 1930년대 중반에 등장한 유서 깊은 가스 작동식 반자동 소총으로 8발들이 클립을 사용한다. 중량은 4.3킬로그램(착검할 경우 4.76킬로그램)이고, 유효사거리는 약 457미터이며, 발사속도는 분당 약 30발이다.

2. 미 육군 30구경 카빈 소총: 반자동과 완전자동 무기로 생산된 카빈은 M-1보다 가벼운 탄약을 사용하는 대신 사거리, 정확도, 살상력이 떨어진다. 15발들이 탄창 또는 일명 '바나나 탄창'이라 불리는 30발들이 탄창을 장착한다. 가스 작동식이며, 주로 위관장교, 부사관, 행정병 등이 소지했다. 중량은 2.72킬로그램이며, 개런드 설계를 바탕으로 제2차 세계대전 때 제작되었다.

3. 45구경 M-1911 A1 권총: 미군의 기본 부 무장인 반자동 권총. 저지력이 강하고 유효사거리는 약 23미터이다. 제1차 세계대전 이전에 개발되어 보급되었으며 주로 영관장교, 가설병, 포병, 전차병 등 임무 상 소총이나 카빈 소총을 소지하기에는 부담이 되는 보직에 지급되었다.

4. 브라우닝^{Browning} **자동소총(BAR):** M1과 동일한 탄창을 장착해 자동 또는 반자동으로 견착하거나 양각대를 펼쳐 사격할 수 있다. 분당 약 500발의 발사속도를 가진 브라우닝 자동소총은 소총중대의 기본 자동화기였으며, 소총분대마다 1정 이상이 지급되었다. 중량은 7.3킬로그램이고, 제1차 세계대전 중 브라우닝 사에서 개발했다.

5. 미 30구경 기관총, M1919 A-3(경기관총 또는 LMG): 14.5킬로그램의 완전 자동식 공냉식 기관총으로, 양각대와 견착대가 포함되어 있다. 브라우닝의 반자동식을 바탕으로 설계해 분당 최대 450~500발의 사격속도를 유지할 수 있다. M1이나 BAR와 동일한 탄창을 사용할 수 있어 보병소대 기관총으로 지급되었다. 제1차 세계대전 때 개발되었다.

6. 미 30구경 기관총, M-1917 A-1(중기관총 또는 HMG): 위에 설명한 M1919보다 더 강화된 형상으로, 수냉식이며 삼각대를 사용하기 때문에 더 많이, 더 오래, 그리고 더 정확하게 사격할 수 있다. 보병대대의 화기중대에 지급되었다. 미군 보병사단에는 두 종류의 기관총 500정 가량이 있었다.

7. 50구경 기관총, 브라우닝: 중량 37킬로그램인 이 대구경 기관총은 트럭과 전차를 비롯한 차량에 장착하여 사용했으며, 근접보병전투에 동원하는 일은 없었다. 공냉식이지만 총신이 무거워 50구경으로 분당 575발을 사격할 수 있으며, 사거리는 1.8킬로미터이다. 1개 보병사단에 350정

가량이 배치되었다.

8. 3.5인치 또는 2.36인치 로켓발사기(바주카): 제2차 세계대전 때 개발된 로켓발사기는 중공 성형작약탄을 발사해 두꺼운 장갑판을 관통할 수 있었다. 1950년에 구형 2.36인치 로켓발사기를 대체한 3.5인치 로켓발사기는 약 6.8킬로그램이며 작약의 무게는 3.86킬로그램이다. 한국군 사단에 약 600문이 배치되었다. 크고 뚜렷한 후폭풍이 특징적인 바주카는 알루미늄으로 발사관이 만들어졌으며 중†장갑판을 상대로 70미터 밖에서는 효과가 없었다. 일반적으로 보병 대전차화기로 널리 보급되었다.

9. 57밀리, 75밀리, 105밀리 무반동총: 휴대용 보병 대전차포. 장약에서 빠져나가는 가스로 엄청난 폭발을 일으키지만 곡사포나 기관포처럼 반동이 없다. 구형 57밀리 무반동총은 어깨에 올려놓고 발사할 수 있었던 반면, 무거운 신형은 사수가 삼각대에 얹어서 발사했다. 보병이나 엄체호 같은 방호시설을 상대로 유효했으며, 보통탄은 장거리를 날아가며 평평한 궤적을 그렸다. 105밀리 무반동총은 한국전쟁 중에 개발되었다.

10. 60밀리, 81밀리, 4.2인치 보병 박격포: 기본적으로 인마살상무기인 박격포는 약실을 밀봉한 간단한 발사관과 포판으로 이루어져 고폭탄을 고각으로 쏴올려 직사로는 맞히기 어려운 계곡이나 참호를 타격한다. 60밀리 박격포는 소총중대 진지에 함께 배치되었으며, 81밀리 박격포는 화기중대에서 운용했고, 4.2인치 박격포는 연대의 특수박격포중대에서 운용했다. 유효사거리는 60밀리 박격포가 1.65킬로미터인 반면 81밀리 박격포의 유효사거리는 3.65킬로미터, 중량은 45킬로그램 이상이었지만 험한 지형에서 보병이 쉽게 이동할 수 없었다. 4.2인치 박격포는 포병 화기로서 통상 차량에 얹어 운용한다.

11. 5구경 4열 기관총: 제2차 세계대전 때 등장한 유서 깊은 반무한궤도 차량으로서 한 조로 사격이 가능한 50구경 기관총 4정이 설치되어 있다. 원래 대공무기로 개발되었으나, 고속 제트기가 등장하면서 경사면이나 계곡에 계속 엄청난 화력을 쏟아부어 적 보병을 저지하기거나 야간에 적 기동로에 장거리 교란사격을 하는 대인무기로 쓰였다. 하루에 최대 10만 발을 사격할 수 있는 4열 기관총을 탑재한 차량은 고지를 오르며 마치 진공청소기가 물체를 빨아들이듯 생명체를 살상할 수 있었다.

12. 듀얼 Dual **40:** 대공무기로 개발된, 전차처럼 생긴 무한궤도 차량으로서 보포스Bofors 40밀리 대공기관포가 쌍열로 설치되어 있었다. 5구경 4열 기관총과 마찬가지로 보병을 지원하는 데 사용되었다.

야포: 한국전쟁 중에는 제2차 세계대전 때 미 육군 포병의 제식 화기인 105밀리 곡사포, 155밀리 곡사포, 그리고 8인치 곡사포와 소총이 엄청 나게 많이 운용되었다. 사격지휘, 표적 식별, 레이더 탐지 분야에서 발전 이 있었다. 전쟁이 끝으로 가면서 한반도는 근본적으로 포병 전쟁이었으 며, 쌍방은 기동하기보다는 참호를 파고 들어가 서로에게 포탄을 주고받 았다.

기갑: 전쟁이 일어났을 때 극동에는 소련의 구형 T-34에 대항할 능력 이 있는 미군 전차가 단 한 대도 없어 큰 단점으로 작용했다. 기본적으 로 장갑판이 얇은 데다 75밀리 주포만 장착한 정찰장갑차인 M-24 경전 차가 1950년 8~9월에 증원되었으며, 90밀리 포가 장착된 M-26 퍼싱 Pershing을 비롯한 다양한 중中전차들이 임시로 투입되었다. 제2차 세계대 전의 주역이던 구형 M4A3E8 셔먼Sherman 전차가 신형 76밀리 고속포를 장착해 점차 한국에 투입되어 한반도에서 기본 주력전차가 되었다. 차체 가 높고, 경장갑을 둘렀으며, 충분치 못한 전차포를 장착했음에도 불구하

고 셔먼 전차는 더 두터운 장갑과 더 큰 구경의 포를 장착한 영국제 센추리온^{Centurion} III 전차를 비롯해 더 현대적인 전차들보다 가파르고 험준한 한반도 지형에서 훨씬 기동력이 뛰어났다. 좋은 주력전차를 양산하는 데 실패한 것이 이 시기 미 육군의 주요 약점들 중 하나였다. 이 당시의 미군은 훨씬 값비싼 전차에 의존하기보다는 효과가 높은 대전차무기를 개발하는 데 집중했다.

공산 진영

한국전쟁 내내 적군은 미군 무기와 장비를 노획하여 운용하는 데 능숙했다. 개전 후 첫 90일 동안 인민군은 한국군과 미군 사단들로부터 물자를 충분히 노획하여 몇 개 사단을 무장시킬 수 있었고, 상당수 중국군은 한반도에 진입할 때부터 제2차 세계대전과 대전 후 미국이 국민당 정부에 지원했으나 공산당 손에 들어간 미제 무기로 무장하고 있었다. 한국군과 마찬가지로 중공군도 일본군이 항복하면서 남기고 간 소총부터 야포까지 무기와 탄약을 상당량 보유하고 있었다. 하지만 인민군과 중국군 모두 무기의 주요 공급처는 소련이었다. 유엔군이 사용한 탄약의 90퍼센트를 미국이 공급했듯이, 소련 또한 모든 공산 진영의 무기를 설계하고 대량 생산하여 공급했다.

미군 무기들처럼 소련제 장비 대부분은 제2차 세계대전 때 명성을 떨친 것들이었다.

소련제 장비 대부분이 그렇듯이 소련군의 무기체계는 뚜렷한 특징이 있다. 소련제 무기는 엄청나게 투박하고, 한결같이 효율성에 집중하여 설계가 단순하며, 관리가 매우 쉬웠기 때문에 훨씬 정교한 미제 무기보다 소농으로 이루어진 군대를 무장시키는 데 적합했다. 소련제 무기는 단순하고 세련되지 못했지만 우수했다.

1. 보병소총: 공산군은 다양한 견착식 화기로 무장했는데 1944년식 소련제 7.62밀리 볼트액션 카빈 소총에서부터 1945년 일본 관동군으로부터 압류해 중공군이 인수한 일본 육군의 7.7밀리 소총까지 다양했다. 공산군은 비록 정확성이 떨어져도 숙련되지 않은 전투원이 훨씬 더 많은 탄을 발사할 수 있는 기관단총을 소총보다 선호하는 경향이 있었다.

2. 7.62밀리 PPSh 41 기관단총(버프^{Burp} 총): 제2차 세계대전 중에 설계된 PPSh 41 기관단총은 명중률이 매우 높은 소화기가 지상군 손에서 낭비될 뿐이며 집중사격이 필수적이라는 소련의 믿음을 증명한다. 제작비가 싸고, 조작이 간단하며, 어떤 전장 환경에서도 신뢰할 만한 이 소련제 기관단총은 제2차 세계대전 내내 동급 기관총 중 최고로 꼽혔다. 완전 자동 혹은 반자동으로 사격이 가능하며, 72발짜리 탄창의 발사속도는 분당 100발이다. 근거리가 아니면 명중률이 낮았다. 한국전쟁 말기에는 중공군 보병이 공세를 취할 때 거의 기관단총이나 수류탄만을 소지했다.

3. 토카레프^{Tokarev} 7.62밀리 반자동 소총: 소염기와 양각대가 장착된 토카레프 기관총은 미 육군의 브라우닝 기관총(BAR)과 유사한 목적으로 사용되었다.

4. 덱타레프^{Degtyarev}) 14.5밀리 대전차 총, PTRD-1941: 매우 길고 어색하게 생긴 이 무기는 제2차 세계대전 초반에 등장한 전차들을 상대하기 위해 설계되었다. 전차의 장갑이 두터워지면서 주로 차량 제거용으로 사용되거나 장거리 대인저격용으로 사용되었다. 인민군 사단들은 덱타레프를 36정씩 보유했으며, 미군은 이를 '코끼리'나 '버팔로' 총이라고 불렀다.

5. 기관총: 인민군과 중공군은 차량에 장착되는 코류노프^{Coryunov} 중重기관총과 함께 다양한 종류의 경기관총들을 사용했다. 소련 기관총은 뛰어

난 군용 탄약인 7.6밀리 탄을 사용했다.

6. 박격포: 다른 무기와 마찬가지로 공산군에서는 다양한 구경과 종류가 발견되나, 소련제 표준 박격포가 압도적으로 많았다. 손으로 들어서 옮길 수 있고 생산비가 쌌기 때문에 박격포는 인민군과 중공군이 모두 선호했다. 인민군 연대는 120밀리 박격포 6문을 보유했으며, 예하의 3개 대대는 각각 82밀리 9문을, 그리고 중대에서는 더 구경이 작은 61밀리를 사용했다. 소련제 박격포들은 구경이 더 컸기 때문에 미제 60밀리 박격포탄이나 81밀리 박격포탄을 사용할 수 있는 이점이 있었으며, 공산군은 미군 포탄을 대량으로 노획해 사용했다. 안타깝게도 미군의 포신으로는 소련제 포탄을 쓸 수 없었다. 로켓발사기나 무반동총 같은 기타 보병 지원 화기는 공산군의 표준 보급품이 아니었기 때문에 오직 노획했을 때에만 운용했다.

포병: 인민군과 중공군 사단들은 제2차 세계대전의 소련 사단이 시행하던 포병 지원 방식에 가까웠으나, 기본적으로 중공군은 압록강을 건너올 때 중형 야포들 대부분을 중국에 남겨두고 왔다. 1개 사단은 122밀리 곡사포 12문, 76밀리 야포 24문, T-34 차대 위에 얹힌 SU-76밀리 자주포 12문, 그리고 45밀리 대전차포 12문을 보유했다. 추가로 사단 예하의 3개 연대마다 76밀리 곡사포 4문을 보유했다. 소련은 122밀리 강선포도 제공했다. 극히 소수였던 일제 포를 제외하면 공산군 야포는 소련제였으며, 전쟁 말에는 소련군이 1945년에 베를린을 공격할 때 대량으로 집결시켰던 것처럼 야포가 대량으로 사용되었다. 152밀리 포처럼 훨씬 크고 사거리가 긴 야포가 드물게 사용되기는 했지만, 이는 미국이 155밀리 중重야포를 대량으로 운용한 것과 대비되었다. 중공군은 관측할 수 없는 표적에 포격하는 것을 상당히 주저했다.

기갑: 제2차 세계대전 때 소련의 주력전차로 1943~1944년 겨울부터 전쟁 막바지에 등장한 T-34/85 전차는 한국전쟁 내내 공산군의 주력전차였다. 무게 35톤에 시속 55킬로미터인 T-34는 견인력이 뛰어났으며, 패튼 전차처럼 더 무거운 전차들이 험준한 지형에서 주행하는 것이 쉽지 않았던 반면, 한반도 지형에 적합했다. 소련 사람들은 85밀리 전차포와 7.62밀리 기관총 2정을 장착한 T-34 전차를 1950년 당시 진부한 것으로 여겼다. 이오시프 스탈린 III호처럼 더 무겁고 더 현대적인 전차는 위성국가나 보조적인 군대에는 배치되지 않았다. 한국전쟁이 발발하고 몇 주 동안 T-34 150대가 인민군의 선봉을 맡아 한국군과 미군 모두를 혼란에 빠뜨렸다. 이후 미군의 우세한 기갑부대와 항공력 덕분에 공산군 기갑부대는 역할이 축소되었으며, 나중에 공산군 기갑부대는 조심스럽게 은폐되어 전투에 거의 전개되지 않았다.

유엔군과 공산군 모두 T-34/85나 셔먼 M4A3E8, 혹은 1944 7.62밀리 소총과 2차 세계대전 이전에 나온 M1 등과 같은 도태되는 구식 무기를 사용하는 경향이 있었으며, 한국전쟁 중 위에 언급된 것 외의 무기체계에 대한 비교는 유효하지 않거나 큰 의미가 없다. 일반적으로 공산군 장비는 적절하다는 것이 증명되었으며, 무기의 등급 역시 미제 무기 성능에 필적할 만했다.

하지만 중요한 것은 소련이 완전히 새로운 소화기와 지원무기체계들을 개발했으며, 제2차 세계대전 때 운용된 무기들보다 월등한 이 무기들을 대량으로 양산했다는 점이다. 미국을 비롯한 서방 국가들은 우수한 무기를 설계해놓고도 양산하지 않았다. 향후 제한적인 분쟁이 발생한다면 서방은 재래식 무기체계에서 적에게 압도당했다는 사실을 뒤늦게 깨닫게 될지도 모른다.

옮긴이 후기

●

2014년 11월 중순, 나는 새로 보직된 한미연합군사령부로 출근하기 시작했다. 함께 근무하는 미군의 책상에는 말로만 듣던 이 책이 놓여 있었다. 이런저런 이야기를 하던 중 그는 나에게 이 책을 읽어보았냐고 물었다. 지명도가 있는 책이기에 대략적인 내용은 알고 있었지만 아직 읽어보지 못했다고 대답하자 그가 힘주어 말했다. "꼭 읽어보기 바란다."

2015년 봄, 우연한 기회에 1963년 초판본(2쇄)을 읽어볼 기회가 있었다. 군인으로서 나름 전쟁사 공부가 되어 있다고 생각했지만 출간된 지 50년도 더 된 이 책에 담긴 통찰력 있는 분석, 그리고 시대를 뛰어넘는 교훈에 압도되었다. 저자인 페렌바크는 6·25전쟁을 직접 겪었지만 시작부터 끝까지 철저하게 제3자의 눈으로 전쟁을 냉철하게 기술했다. 그는 신문 기사 같은 공개된 자료는 물론 부대 일지, 전투보고서, 참전자 면담과 일기 같은 사료를 폭넓게 조사해 책에 반영했지만, 각주도 참고문헌도 남기지 않았다.

방대하면서도 세밀한 서술이 돋보이는 이 책은 6·25전쟁을 미국의 시각에서 바라보고 분석한 종합적인 역사서일 뿐만 아니라 '전쟁을 준비하지 않은 미국'을 되돌아보는 미국판 징비록懲毖錄이라 할 수 있다. 이 때문에 이 책은 미 육군참모총장 전문도서목록THE U.S. ARMY CHIEF OF STAFF'S

PROFESSIONAL READING LIST의 역사(군사사) 분야 필독서로 포함되어 군사교육기관을 거치는 장교들, 한국에 부임하는 외교관들은 물론 평범한 일반인들에게도 널리 읽히고 있다.

이 책은 치열한 전장에서 생과 사를 가르는 군인들의 용기, 나약함, 암울한 시련, 영웅적인 희생, 때로는 이등병부터 장군까지 군인 개개인의 비극적인 실수를 깨알 같은 사례를 들어 설명한다. 백악관과 미국 의회는 물론 유엔과 공산권까지 짚어가며 6·25전쟁에서 벌어진 외교의 굴곡과 전쟁의 전략적인 전환을 섬세하게 조망하고 분석한 문단들을 읽다 보면 미국이 생각했던 전략 목표와 전술적 현실이 한반도 전역戰役의 작전적 차원에서 부조화했다는 불편한 현실과 마주한다. 당시 국제정세 속에서 한국의 근대 사회와 역사의 특수성을 배경으로 대한민국과 한국군의 모습을 제3자의 눈으로 객관적이고 노골적으로 짚어낸 것 또한 이 책이 가진 장점이다. 더욱 중요한 것은 6·25전쟁이 끝나고 10년 뒤에 차분하게 전쟁을 뒤돌아보며 다각도에서 예리하게 내렸던 평가가 6·25전쟁 70주년을 1년여 앞둔 현재도 한반도를 둘러싼 안보 환경을 이해하고 도전에 대응하는 데 여전히 유효하다는 점이다.

이 책의 가치는 유명 인사들의 평가에서도 잘 드러난다. 2007년에 고故 존 매케인John McCain 상원의원은 《월스트리트 저널Wall Street Journal》과의 인터뷰에서 이 책을 "한국전쟁을 다룬 최고의 책"이라고 평가했다. 2017년 해군장관 상원군사위원회 청문회에서 알래스카 주 상원의원인 댄 설리번Dan Sullivan은 후보자인 리처드 스펜서Richard B. Spencer에게 훈련에 대한 견해를 물으면서 이 책을 읽고 교훈을 얻기를 권하기도 했다. 가장 최근인 2017년 10월 9일, 제임스 매티스James Norman Mattis 당시 미국 국방장관은 미 육군협회 행사에서 "한반도에서 분쟁 가능성을 낮추려면 미군이 무엇을 할 수 있을까요?"라는 질문에 "제가 페렌바크의 책을 권하는 데에는 이유가 있습니다. 우리 모두 이 책을 꺼내어 다시 한 번 읽어야 합니다"라는 답변과 함께 다음 말을 덧붙였다.

"현재 우리는 경제제재로 뒷받침하면서 북한의 핵 개발을 억제하려고 외교적으로 노력하고 있습니다. 미래가 어떻게 될지는 여러분도 저도 말할 수 없습니다. 미 육군이 할 수 있는 일이 하나 있습니다. 그것은 바로 대통령이 필요할 때 쓸 수 있는 군사 수단을 확실히 준비하는 것입니다. … 이것은 미 육군이 반드시 준비되어 있어야 한다는 뜻입니다."

번역에 오류가 있다면 그것은 모두 옮긴이들의 책임이다. 독자의 이해를 돕기 위해 옮긴이 주를 더 많이 추가하려 했으나 분량이 늘어나는 문제로 그럴 수 없다는 점이 아쉬움으로 남는다.

끝으로 번역에 몰두하느라 많이 놀아주지 못한 아빠를 이해해준 최필영의 큰딸 안지와 작은딸 지혜, 그리고 번역 중에 세 돌을 맞은 윤상용의 딸 혜주에게 고마움을 전한다. 아이들을 돌보며 작업을 성원해준 사랑하는 아내들에게 가장 고맙다는 말을 전한다.

2019년 6월 7일
옮긴이를 대표하여 최필영

한국국방안보포럼(KODEF)은 21세기 국방정론을 발전시키고 국가안보에 대한 미래 전략적 대안을 제시하기 위해 뜻있는 군·정치·언론·법조·경제·문화 마니아 집단이 만든 사단법인입니다. 온·오프라인을 통해 국방정책을 논의하고, 국방정책에 관한 조사·연구·자문·지원 활동을 하고 있으며, 국방 관련 단체 및 기관과 공조하여 국방 교육 자료를 개발하고 안보의식을 고양하는 사업을 하고 있습니다. http://www.kodef.net

KODEF 안보총서 **103**

이런 전쟁
THIS KIND OF WAR

초판 1쇄 발행 | 2019년 6월 14일
초판 9쇄 발행 | 2024년 2월 13일

지은이 | T. R. 페렌바크
옮긴이 | 최필영 · 윤상용
감수 | 황규만
펴낸이 | 김세영

펴낸곳 | 도서출판 플래닛미디어
주소 | 04044 서울시 마포구 양화로6길 9-14 102호
전화 | 02-3143-3366
팩스 | 02-3143-3360
블로그 | http://blog.naver.com/planetmedia7
이메일 | webmaster@planetmedia.co.kr
출판등록 | 2005년 9월 12일 제313-2005-000197호

ISBN | 979-11-87822-31-8 03900